CoinWorld

Guide to U.S. Coins, Prices & Value Trends

By William T. Gibbs
and
Coin World Values Analysts
Steve Roach, Tom Mulvaney,
Tony Cass and Jeff Ambio

Twenty-third Edition
2011

A SIGNET BOOK

SIGNET
Published by New American Library, a division of
Penguin Group (USA) Inc., 375 Hudson Street,
New York, New York 10014, USA
Penguin Group (Canada), 90 Eglinton Avenue East, Suite 700, Toronto,
Ontario M4P 2Y3, Canada (a division of Pearson Penguin Canada Inc.)
Penguin Books Ltd., 80 Strand, London WC2R 0RL, England
Penguin Ireland, 25 St. Stephen's Green, Dublin 2,
Ireland (a division of Penguin Books Ltd.)
Penguin Group (Australia), 250 Camberwell Road, Camberwell, Victoria 3124,
Australia (a division of Pearson Australia Group Pty. Ltd.)
Penguin Books India Pvt. Ltd., 11 Community Centre, Panchsheel Park,
New Delhi - 110 017, India
Penguin Group (NZ), 67 Apollo Drive, Rosedale, North Shore 0632,
New Zealand (a division of Pearson New Zealand Ltd.)
Penguin Books (South Africa) (Pty.) Ltd., 24 Sturdee Avenue,
Rosebank, Johannesburg 2196, South Africa

Penguin Books Ltd., Registered Offices:
80 Strand, London WC2R 0RL, England

Published by Signet, an imprint of New American Library,
a division of Penguin Group (USA) Inc.

First Signet Printing, November 2010
10 9 8 7 6 5 4 3 2 1

Copyright © Amos Press, Inc., 2010
All rights reserved

 REGISTERED TRADEMARK—MARCA REGISTRADA

Printed in the United States of America

Foreword

The information included in the *2011 Coin World Guide to U.S. Coins, Prices & Value Trends* has been compiled and edited by William T. Gibbs, *Coin World* news editor, with proofreading and fact-checking assistance by Fern Loomis, *Coin World* editorial assistant. Price guide values have been researched by *Coin World* Associate Editor Steve Roach and valuing analysts Tom Mulvaney, Tony Cass and Jeff Ambio. Roach also wrote Chapter 4. Graphic designer Jeff Brunswick designed the cover and Jennifer Lenhart designed the book.

For more than a half century, since 1960, *Coin World* has reported on people, laws, new issues, auctions, pricing trends and other elements that affect the hobby and business of collecting coins and related items.

In the *Coin World Price Guide*, the *Coin World* editors present in an easy-to-use format a wealth of information and insights. The retail value guide included in the *Coin World Price Guide* is from *Coin World's Coin Values,* a monthly price guide magazine available by subscription either in print in a glossy magazine or in digital form. The value of the information included in this section has been proven over time.

To contact the editors of *Coin World* or request subscription information, write to *Coin World,* P.O. Box 150, Dept. 02, Sidney, Ohio 45365-0150.

Visit Coin World Online at **www.CoinWorld.com** and sign up for the free monthly e-mail newsletter. Check out the latest coin values at **www.CoinValuesOnline.com**.

Contents

Introducing the guide 1

Welcome to the world of coins. *Coin World's 2011 Guide to U.S. Coins, Prices and Value Trends* is designed for the collector, whether neophyte or advanced. However, it should also be useful to the noncollector who has inherited some old coins or who has just become interested in coins, and to the history buff interested in facets of American history virtually ignored in most history textbooks.

This year's feature is about the new America the Beautiful quarter dollars program. The 11-year program is a successor to the 2009 District of Columbia and U.S. Territories program and the 1999 to 2008 State quarter dollars program. Each coin will feature a design commemorating a national park, national forest or other significant site in each state, the District of Columbia and the five U.S. territories. The coins will be introduced in the order in which the sites were federally recognized.

Our comprehensive analysis of the rare coin market during the period from August 2009 to August 2010, written by *Coin World* Associate Editor Steve Roach, follows the annual feature and circulating commemorative chapters, and then we get right into what many of you buy this book for—the retail price guide of U.S. coins. Within the valuing section, we also present the technical specifications for each series, such as size, weight, composition and specific gravity.

Following the valuing section are chapters devoted to mintages, Proof and Uncirculated Mint sets and commemorative coins. Then you'll find a chapter about the art and science of grading (determining a coin's level of preservation and ultimately its value), a background history of U.S. coins, and a look at Mint marks and why they are important.

We then discuss the history and latest techniques of coin manufacturing, followed by an illustrated guide to error and die variety coins. You'll also find a glossary of often-encountered terms.

Why do people collect coins?

People collect coins for many different reasons.

You may want to collect coins because of their historical significance. Coins reveal much about a nation. For example, the word LIBERTY, appearing on most United States coins, says volumes about Americans' love of freedom. The motto E PLURIBUS UNUM, Latin for "out of many, one," defines the nation's character, forged from 50 states and the many peoples who make up such a diverse country. The motto IN GOD WE TRUST was introduced during the Civil War and, while at first optional, became mandatory after Theodore Roosevelt, facing strong public criticism, backed down from his insistence the motto *not* be used on new gold coins introduced in 1907 (he thought the motto's use sacrilegious). Even today, the use of the motto—or its disappearance from a coin—elicits strong emotions in some.

You may collect coins for their artistic beauty. The country's greatest sculptor at the beginning of the 20th century, Augustus Saint-Gaudens, sculptured classical designs for gold $10 and $20 coins (a version of one of which was resurrected in 2009). Many other U.S. coins are amazing examples of the coiner's art. Others, sadly, are unattractive at best.

You may, like some people, collect for financial reward. This book is not an investment advisory; *Coin World* has always promoted coin collecting, not coin investing. Many authors are willing to give you their personal recommendations. However, we would be remiss if we did not point out that many individuals have profited from collecting U.S. coins. As is true for any investment, investing in rare coins is a calculated risk. The collector should know exactly what he is buying and understand the risks.

The risks may be great, but so may be the rewards.

You may collect simply for the love of collecting. A true collector can't explain to the uninitiated the inner joy that comes from owning a 160-year-old half cent that costs less than $40, or a unique misstruck coin pulled from circulation at face value, or an 1861 Seated Liberty half dollar that may have been struck by the Confederate States of America after it took control of the three U.S. Mints located south of the Mason-Dixon Line.

Regardless of your vantage point, we hope you will find this book useful, educational and entertaining.

Tips for new collectors

Beginning collectors soon learn that there are no "wrong" ways or "right" ways to collect coins and related items. No one way or method of collecting is objectively better than another. However, there are right and wrong ways to do many things collectors routinely do.

Here are some useful tips any collector, beginning or experienced, can benefit from:

➤ Never hold a coin by placing your fingers on the coin's surfaces. Instead, hold the coin by its edge. The human skin contains oil and contaminants that can damage a coin's surfaces.

➤ Never speak or sneeze while bending over a coin. While this advice may sound silly, it's practical. Saliva and mucus can damage a coin's surfaces if contact is made.

➤ Avoid the impulse to clean your coins. Experienced hobbyists use chemicals to safely remove undesirable toning from a coin, and dirt and other substances can be removed without harming the coin; however, these techniques are best left to the expert. Cleaning coins with abrasive cleaners like scouring powder or pencil erasers will damage them; never use an abrasive cleaning method. As for the impulse to clean naturally toned coins, they usually should be left alone. A patina—the film that builds up on the surfaces of the coin—forms on copper and silver coins as a natural result of the chemical reaction of the coinage metal to the environment. This film may actually help protect the metal from further reactions. In addition, many collectors and dealers find natural toning attractive, and will even pay a premium for pleasingly toned coins.

Wrong way to hold a coin.

Right way to hold a coin.

➤ Store your coins properly. Hobbyists have found that certain types of plastic used in coin holders and flips (plastic holders creased in the middle, with the coin housed on one side) actually damage the coins placed in them. Avoid storage materials made of polyvinyl chloride (PVC); ask your dealer what is safe. In addition, some forms of paper envelopes and albums contain high amounts of sulfur, a substance that will cause copper and silver coins to tone. Do not leave your coins exposed to sunlight, high heat or high humidity for very long; all can damage a coin.

➤ Learn about grading. **Chapter 7** discusses grading in more detail. Even a basic knowledge of what grading represents is important if you begin to buy coins from others. That's because the higher the grade or condition a coin is in, the more it is worth. However, if a collector does not know whether a coin's grade is represented accurately, he might pay more than a coin is worth, if the coin grades lower than its seller indicates.

Getting started

Collecting can be fun for the individual and for the entire family. It can be as easy as getting a couple of rolls of coins from a bank and placing the coins into folder-style albums (one of *Coin World's* most popular columns is "Found in Rolls," written by a collector who searches through many rolls every week), or a family trip to a local coin show (coin shows are held every weekend in some part of the United States; there's probably one in your area within the next few months).

Presidential dollars, State quarter dollars and Jefferson 5-cent coins are good places to start since their designs have changed, offering multiple designs. It takes little effort to go to the bank, buy several rolls of the coins and put individual dates and Mint marks into the holes of an inexpensive album or holder. Most coin stores carry some sort of album or holder for the coins. After going through the rolls and saving the coins needed, take the unwanted coins back to the bank and get some more, or just spend them. If you have duplicates of some coins, trade them with other collectors for the dates you need.

Sorting pocket change and searching new rolls from the bank brings enjoyment to many beginners. It's inexpensive and doesn't take a lot of time or effort. You may want to substitute Roosevelt dimes for the quarter dollars or 5-cent coins, or maybe the Lincoln cent, but the goal is still the same—collecting an example of each date and Mint mark for any given series.

Coin collecting opens many doors: economics, history, art and technology, both old and new. Welcome to the world of collecting and U.S. coins!

America the Beautiful quarters 2

America is a land of infinite beauty, from sea to shining sea, as the closing lyrics in the iconic song "America the Beautiful" say. From 2010 to 2021, the United States Mint will attempt to capture the nation's natural beauty and its history on a new series of circulating commemorative coins: the America the Beautiful quarter dollars.

The America the Beautiful quarter dollars series represents the country's third circulating commemorative quarters program since 1999. The first was the 10-year State quarter dollars program, which offered 50 quarters, one for each state, issued at the rate of five per year from 1999 to 2008. The second series was the one-year District of Columbia and U.S. Territories quarter dollar program of six coins. While the authorizing act for both programs placed certain restrictions on the themes and designs—no "frivolous or inappropriate" designs, no head and shoulders portraits, no depictions of a living individual—in general no restrictions were placed on the kinds of themes that could be used. Thus some coins feature a historical theme, like the 1999 Delaware quarter dollar's depiction of Caesar Rodney riding to Philadelphia to cast the deciding vote on the Declaration of Independence; others feature a design reflecting something about the entity's various contributions, like the 2004 Wisconsin quarter dollar's depiction of a cow's head, a wheel of cheese and ear of corn; some honor a specific individual, like the 2003 Alabama coin honoring Helen Keller; and still others feature the entity's natural beauty.

The new American the Beautiful quarter dollar program is all about natural beauty, for the most part. During the 11-year course of the program (or 22 years, if an option granted to the secretary of Treasury is executed), each coin will depict a scene reflecting a national park or other national site. The coins will be issued in the order in which the selected site was federally recognized. Like the State quarter dollars program, five coins will be released annually. What is unclear at this time is whether the new coins will prove as popular with the public as the State quarter dollars. The answer may depend on two factors: the economy and how the coins are released into circulation.

The America the Beautiful quarter dollar program was the creation of Rep. Michael Castle, R-Del., the chief sponsor of the legislation authorizing both the State quarter dollar and Presidential dollar coin programs (see Chapter 3). With the conclusion of the State quarters program in sight at the end of 2008 and Mint officials gearing up for the one-year District of Columbia and U.S. Territories coin program in 2009, Castle sought what he perceived as the natural continuation of both programs. The State quarter dollars program was successful on nearly every level. It generated $8.6 billion in revenue and returned to the government nearly $6.3 billion in seigniorage through sales of the coins at face value to the Federal Reserve Banks. The sales of numismatic products featuring the State quarters generated $470.1 million in revenue and $136.2 millions in earnings and seigniorage. As many as 147 million individuals collected State quarter dollars at the peak of interest in the series. Only in the category of design did the program fall short of excellence. While some of the 50 designs used for the State quarter dollars truly are of high quality, many are mediocre and a few are judged awful by most critics. Given the achievements of the State quarter dollars program, it is probably no surprise that Castle decided to follow up with a new program.

A suitable replacement

He introduced the America's Beautiful National Parks Quarter Dollar Coin Act of 2008 on June 4, 2008. The theme did not surprise many collectors, nor did the proposal to introduce another circulating commemorative coin program (see **Chapter 3** for details of the growth of circulating commemoratives). One prescient *Coin World* reader had groused about the proliferation of circulating commemoratives and wondered what was next in a Letter to the Editor published in the Oct. 8, 2007, issue of the newspaper:

"As a former stamp and coin collector on and off for 60 years, I have seen the heyday of stamp collecting and its demise. Beginning when it [the U.S. Post Office/Postal Service] issued stamps for any reason, honoring anyone or anything. And today it issues thousands of stamps every year if you count your picture or anyone else on a stamp.

"The same is happening to coins. The State quarter dollars program was a great idea and gave the hobby a big shot in the arm. But everything else is a big mistake. You can't clone a great idea and get the same results. Now it's Presidential dollars, First Spouse coins and American Indian theme.

"Soon, others will suggest national parks, state animals, state birds and state flowers, like already can be found on stamps, and in various finishes too. The United States Mint is reaping in dollars, but if it continues on this path of self-destruction, it will be cents."

The U.S. Mint, of course, had no say in the matter. Under the Constitution, Congress has control over all U.S. coinage with the Mint, which is part of the administrative branch of the government, responsible for carrying out congressional orders. Congress may consult with the Mint when considering certain legislation, but ultimately, the legislative branch is responsible for what U.S. coins are issued. That included coins sought in a surprise provision in the House bill seeking the America the Beautiful quarter dollars.

Five-ounce silver quarter dollars?

In many areas, H.R. 6184, the America's Beautiful National Parks Quarter Dollar bill, mirrored the earlier State quarters legislation, though expanded from the start to also authorize coins honoring the District of Columbia and the five U.S. territories—the Commonwealth of Puerto Rico, Guam, American Samoa, the Commonwealth of the Northern Mariana Islands and the United States Virgin Islands. The Mint would be granted authority to continue to use certain inscriptions on the obverse of the coins rather than on the reverse, just as permission had been granted in 2007 when the State quarter dollars were approved; that provision meant the Mint could continue to use all statutory inscriptions on the obverse in order to make space on the reverse for the special commemorative inscriptions. The design selection process outlined in the legislation closely followed the process used in the State quarter dollars program and the restrictions against certain types of designs mirrored the restrictions in the State quarters program. But the new legislation had one difference that was literally huge.

A provision in the legislation called for 5-ounce .999 fine silver bullion coin versions of the regular coins. Large-size silver bullion pieces are not a new concept. Canada issued a Maple Leaf 10-ounce silver bullion coin in 1998 and private firms have issued bullion pieces in multiples of an ounce for years. However, the United States Mint had never made such a piece before the America the Beautiful program.

The bill called for the 5-ounce bullion coins to bear the same designs as the regular coins. Although they will carry a bullion value that at a silver price of $18 an ounce equals about $90, the coins will be denominated as quarter dollars. These quarters, however, not only will dwarf every quarter dollar ever struck, they will be larger than any coin or pattern piece ever struck by the U.S. Mint. The coins will bear an edge inscription stating the bullion content of each piece (the only inscription difference from the regular quarter dollars). The 5-ounce bullion coins will be sold through the same network of authorized purchasers that sells the Mint's American Eagle and American Buffalo bullion coins and by national parks and other related sites.

The coins will be huge. Each America the Beautiful bullion coin will have a diameter of 3 inches and weigh 5 troy ounces; those specifications were dictated by the legislation. In contrast, the largest-diameter coin in widespread circulation today—the quarter dollar—is 0.96 inch in size, less than a third the diameter of the new bullion coins. It will take nearly 28 copper-nickel clad quarter dollars to match the weight of a single America the Beautiful 5-ounce silver bullion coin.

The previous largest legal tender U.S. coinage—the silver dollars, the gold $20 double eagles and the former champions, a pair of 1915 gold $50 commemorative coins—will look positively small when they rest side by side with the new bullion coins.

Until 2010, the largest-diameter U.S. coins ever issued for circulation were the Flowing Hair and Draped Bust silver dollars of 1794 to 1803 at 1.56 inches, slightly more than half the diameter of the new silver bullion coins. The standard silver dollars—the Seated Liberty, Morgan and Peace dollars—are 1.5 inches in diameter, precisely half the diameter of the new bullion coins.

The previous heavyweight champions among circulating coinage were the Coronet and Saint-Gaudens double eagles at 1.07 ounces, about one fifth the weight of the new coins.

The largest current noncirculating U.S. coins also fail to measure up when compared to the new bullion coins. The largest U.S. coin now in production in terms of diameter is the American Eagle silver dollar at 1.58 inches. The four heaviest bullion coins now in production are the 1-ounce American Eagle silver, gold and platinum coins and the American Buffalo gold coin. The American Eagle silver dollar and American Buffalo gold coin both are made of .999 pure metal and weigh precisely 1 troy ounce. The American Eagle gold and platinum coins actually weigh a little more than 1 ounce because of the alloyed metals each contains.

The largest legal tender U.S. coins issued before 2010 are the round and octagonal commemorative 1915-S Panama-Pacific International Exposition gold $50 coins. Each $50 coin has a diameter of 1.74 inches and total weight of 2.686 troy ounces. They are just a bit more than half the size of the America the Beautiful bullion coins.

The U.S. Mint ventured into similar territory just once, in 1877, when it produced $50 half union patterns in gold and copper. The half unions are larger in diameter than other coins—about 2 inches in diameter. Had half unions been issued for circulation, they would have weighed about 2.7 ounces each.

The provision seeking the 5-ounce silver bullion coins was not universally embraced in the collector community, particularly after Mint officials made an unpopular decision in 2009. Officials chose to not strike Proof and Uncirculated versions of the 2009 American Eagle silver and gold bullion coins, citing a need to divert all planchets to bullion coin production. Demand for the 1-ounce gold and silver bullion coins was extremely high (at year's end, the American Eagle silver bullion coin would set records in both sales and mintage) and the Mint is required by law to make enough bullion coins to meet demand. The Mint is not required to make the collector versions available annually, although until 2009 it had made the Proof silver and gold coins every year since the program's start in 1986.

Some critics of the Mint's decision not to issue collector American Eagle silver and gold coins wondered how the Mint could obtain 5-ounce silver planchets for the new program when it could not even obtain sufficient numbers of the planchets for the 1-ounce silver bullion coins. Critics also wondered whether the 5-ounce coin program would make it even more unlikely that the collector American Eagle silver coins be produced in 2010.

Passing the legislation

The America's Beautiful National Parks Quarter Dollar bill moved very quickly along the legislative path in the House of Representatives. The House Committee on Financial Services passed legislation June 25, 2008, just a few weeks after the measure had been introduced. The full House approved the measure July 9 with a vote of 419-0. In addressing the House, Castle said: "This is an easy bill to understand and I hope an easy bill to like. The national parks quarters program is a follow-up to the State quarters, and I believe nothing could be more logical than recognizing the sites all Americans hold most dear, places like Yosemite, Yellowstone or Glacier National Park."

Legislators from Oregon and New York, who spoke in support of the bill prior to the vote, highlighted national parks in their states. Among them was Rep. Greg Walden, R-Ore., who said his state "is in the lead when it comes to recognizing national parks." (The Oregon State quarter dollar reverse depicts Crater Lake National Park.)

Rep. Carolyn Maloney, D-N.Y., said she was excited about "the new designs on everyday coins because they encourage more Americans of all ages to pay attention to the coins in your pockets and learn a few facts about what is depicted."

Maloney, a former educator, said the State quarter dollar program became a very popular teaching tool, with many teachers devising lesson plans around the coins. "My own daughter had a book with each of the quarters in it; and many people would ask me, 'when is the next quarter coming out?' And because it was so successful, the 50 State quarter program raised $6.2 billion over the past 10 years of its life span which is just ending this year," Maloney said prior to the vote.

In the Senate, several silver bills were introduced. Similar legislation, S. 3214, was introduced June 26 by Sen. John Barrasso, R-Wy., and referred to the Senate Committee on Banking, Housing and Urban Affairs. A little later, a second bill, S. 3290, was introduced though with some changes. Barrasso sought to make his home state of Wyoming the first to issue a coin by designating Yellowstone National Park—the first national park authorized—as the design subject and specifying that others be issued in reverse alphabetical order of each state.

The Senate chose not to act on Barrasso's two bills but instead took up the bill passed by the House. The Senate on Dec. 10 approved, by unanimous consent and without amendment, H.R. 6184.

In reacting to passage of the measure in the Senate, Rep. Castle said: "I am delighted that this bill has the potential to raise revenue for the federal government. The U.S. Mint Director recently deemed the 50 State Quarters program the most successful coin initiative in American history, netting between $2.7 and $2.9 billion.

"I am encouraged that this initiative will be every bit as successful as its predecessor—both as an educational tool and a collector's item. I hope the president does not delay in signing this legislation so that the U.S. Mint can hit the ground running on development of the new program," Castle said.

President George W. Bush signed H.R. 6184 into law Dec. 23, 2008.

Under the act, coins will be issued in the order in which each selected site was first established as a national site. The legislation required the selection of sites to be completed within 270 days after it was signed into law. The act authorized the Treasury secretary to make site selections after consultation with the Interior secretary and the governor or other chief executive of each state, territory or the District of Columbia.

Hot Springs National Park in Arkansas was chosen for the first coin in the America the Beautiful quarter dollars series. Although it is not the first national park, it is the first nationally protected site. Hot Springs' thermal waters are channeled into several fountains along Bathhouse Row, including this one in front of the park's visitor center.

A provision in the legislation gives the Treasury secretary the authority to decide during the ninth year of the program whether a second site would be selected for each state, territory and the District of Columbia, essentially extending the program for a second 11-year period.

The legislation also takes the guesswork out of what designs will go on the quarter dollar once the program ends (whether the series extends 11 years or 22 years). Once the program ends, the obverse design is to return to the image of George Washington used in 1998 and the reverse is to depict an image of Washington crossing the Delaware River prior to the battle of Trenton, N.J. That scene is depicted on the 1999 New Jersey State quarter dollar.

Selecting the sites, selecting the designs

With passage of the legislation at the end of 2008, the next step was the selection of the 56 sites (50 states, the District of Columbia and the five U.S. territories) by the 270-day deadline mandated in the bill. The secretary of the Treasury had until Sept. 19, 2009, to select the 56 sites. Equally important, the Mint had only a few months in which to create designs for the first five coins to be issued in 2010, during the program's initial year.

Subjects for the State quarter dollars were selected over a period of years. For the State coin program, the U.S. Mint contacted the governor of each state approximately 24 months prior to the release of a particular state's coin. At that point, each state then began the subject selection process, and after a few months provided the Mint with a selection of subjects on which designs were created and reviewed by various parties before final design selection.

Following the requirements set forth in the authorizing act for the new quarter dollar program, officials at the national

Old Faithful Geyser erupts at Yellowstone National Park in Wyoming, subject of the second coin in the America the Beautiful quarter dollars program.

and state/territorial levels worked at devising the list. The list was publicly released Sept. 9, 2009, 10 days ahead of the deadline.

Maybe the biggest surprise about the 56 sites was that the first site to be recognized—Hot Springs National Park in Arkansas—is not the nation's first national park. It is, however, the first nationally protected site. The Hot Springs Reservation came under federal protection under legislation passed by Congress on April 20, 1832, becoming the nation's first nationally protected area. Arkansas was still a territory at the time. It became the 25th state on June 15, 1836.

The second coin on the list was for Wyoming and it would depict the first national park—Yellowstone, which was formally granted national park status under legislation signed into law March 1, 1872, by President Ulysses S. Grant.

The sites selected for the 56 coins are national parks, national forests, national military parks, national historical parks, national historic sites, a national recreation area, several national monuments, wildlife refuges, a national scenic roadway, a national scenic waterway, national lakeshores, a national seashore, a national wilderness area and a national preserve. While a few sites have been depicted on U.S. coins previously—the aforementioned Yellowstone National Park on Wyoming's coin and the Statue of Liberty/Ellis Island for New Jersey—most have never been commemorated on any federally issued coin or medal.

As noted, the Mint engraving staff did not have much time to prepare designs for the first five coins.

Mint officials are following a seven-step design selection process, paraphrased as follows:

Step 1: The United States Mint will initiate the formal design process for each national site as identified by the order of the official list approved by the secretary of the Treasury. ... Designs will be processed at a rate of five per year.

Step 2: The U.S. Mint will contact the head of the federal entity responsible for the supervision, management or conservancy of each national site. The Mint will ask the federal entity's head to appoint a knowledgeable federal official to serve as its liaison for the national site (e.g., national park superintendent, national forest supervisor, federal preservation officer). The liaison will assist the Mint by identifying source materials for candidate designs.

Step 3: Based on the source materials, the Mint will produce three to five candidate designs focusing on aesthetic beauty, historical accuracy, authenticity, appropriateness and coinability.

Step 4: The United States Mint will consult with the federal liaison to ensure the historical accuracy, authenticity and overall composition of each candidate design to ensure it appropriately represents the site.

Step 5: Final candidate designs will be submitted to the secretary of the interior, the chief executive of the host jurisdiction (state/District of Columbia/territory), the Commission of Fine Arts and the Citizens Coinage Advisory Committee for review and comment. The U.S. Mint may make changes to address any concerns or recommendations resulting from this review process.

Step 6: The director of the United States Mint will make a final recommendation to the secretary of the Treasury, after considering all relevant factors, including the comments and recommendations of the secretary of the interior, the chief executive, the CFA, the CCAC and the federal entity responsible for the supervision, management, or conservancy of each national site.

Step 7: The secretary of the Treasury will make the final design selection.

The Hot Springs National Park quarter dollar depicts a fountain in front of the park's visitor center.

Design production for the 2010 coins unfolded at an accelerated pace because of the need to begin die production for the first five coins, and design work undoubtedly was already under way when the list of sites was released Sept. 9. Within a few weeks of the announcement of the sites, the two federal design review panels were presented the designs for review, comments and recommendations. Members of the Commission of Fine Arts reviewed 2010 design candidates during their meeting in Washington, D.C., on Sept. 17, 2009. CFA members gave the designs a chilly reception, describing some of the designs as half finished and declining to recommend any design for the Yellowstone National Park coin. The Citizens Coinage Advisory Committee reviewed the designs at its Sept. 22 meeting where it gave the designs a warmer reception.

Both panels met again in January 2010 to review designs for the five 2011 America the Beautiful quarter dollars. Both panels liked some of the designs presented to each group but were critical of other designs.

Following the CFA and CCAC reviews of the 2010 designs, Secretary of the Treasury Timothy F. Geithner made his selections. U.S. Mint officials revealed the designs for the 2010 reverses at the Newseum in Washington, D.C., on March 24. The first selections depict the following:

➤ The facade of the park headquarters building of the Hot Springs National Park in Arkansas is backdrop for a fountain fed by one of the park's springs.

➤ A mature bison bull stands in front of the Old Faithful Geyser on the Wyoming quarter dollar that celebrates the 1872 creation of Yellowstone National Park.

➤ El Capitan, the iconic monolith that rises more than 3,000 feet in Yosemite National Park, is featured in the design for California's coin.

➤ The granaries in Marble Canyon are featured on the Grand Canyon National Park coin that celebrates the Arizona park.

➤ Mount Hood looms over Lost Lake on the coin for Oregon's Mount Hood National Forest.

The delay in finalizing the designs for the 2010 coins and the time needed to produce hubs and dies meant that no quarter dollars were produced in January or February. Production of the first 2010 America the Beautiful quarter dollar, honoring Hot Springs National Park, began in March; the coin was released April 19. The Yellowstone National Park coin was released June 1; the Yosemite National Park quarter dollar was issued July 26; the Grand Canyon National Park coin was to be released Sept. 20; and the Mount Hood National Forest quarter was set for release Nov. 15.

George Washington or Theodore Roosevelt?

Well before any sites were selected for the America the Beautiful quarter dollar program and before any designs were being prepared, members of the coin collector community and, most importantly, the Citizens Coinage Advisory Committee, began conducting a campaign to replace the portrait of George Washington on the obverse of the coin with one of Theodore Roosevelt.

The idea had been floated for several years. The Editorial in the June 23, 2008, issue of *Coin World* had recommended replacing Washington's portrait with one of the president that most people connect with the National Parks System. "President Theodore Roosevelt's visionary leadership in conservation and creation of national parks during his administration makes him the ideal candidate to occupy the obverse of quarters issued under this program," wrote *Coin World* Editor

Beth Deisher. During the months that followed, support for the idea grew in the coin community, with one individual embracing the suggestion also in a position to take action. At the CCAC's Jan. 27, 2009, meeting in Washington, one of the panel's members, Richard J. Meier of Rockford, Ill., described his desire to personally lobby for the idea.

Meier had outlined his idea a few weeks earlier in a "Guest Commentary" published in the Jan. 19, 2009, issue of *Coin World,* published Jan. 5. (At the time, most in the hobby were calling

Old Faithful Geyser and bison appear on the Yellowstone National Park quarter dollar.

Third 2010 America the Beautiful quarter dollar honors Yosemite National Park in California.

the series the National Parks quarters, even though many of the sites to be honored with the coins are not national parks.)

"If the State quarter dollar series is any indication, the National Parks series will be every bit as popular with the general populace. Certainly the State quarters, plus the quarter dollars for the 2009 District of Columbia and U.S. Territories program, have engaged a whole new generation of collectors, since the entire series is compelling and can be acquired at face value!" Meier wrote.

"However, I believe there is one component still missing from Rep. Michael Castle's proposal, and there's still time to rectify it. Namely, I think the time has come to change the obverse of the quarter dollar for the duration of National Parks series.

"The president who deserves to grace the obverse of the National Parks series, in my opinion, is Theodore Roosevelt.

"President Roosevelt was known as the naturalist and conservationist who set aside millions of acres of land for national parks and forests. He has never been featured on a circulating coin, yet he and the National Parks Service go hand-in-hand.

"According to my research, under the watch of our 26th president 150 national forests, five national parks, 18 national monuments, four national game preserves and 21 reclamation projects were set aside for the benefit of generations to come. Roosevelt successfully gained federal protection for about 230 million acres.

"In addition, he appreciated artistic coinage, saying that the redesign of American coins was his 'pet baby.' As evidence of this, it was Roosevelt who personally commissioned the world-renowned sculptor Augustus Saint-Gaudens to create new designs, such

The Grand Canyon National Park is commemorated on the 2010 America the Beautiful quarter dollar for Arizona.

as we see on the famous gold $20 coin, ..." Meier wrote.

"Although I am not in a position of decision-making, I would urge Rep. Castle and Congress to give my proposal their consideration. President Theodore Roosevelt is the most deserving person to be represented on our nation's 25-cent piece during the time that the national parks are featured on the reverse of that denomination. His representation on the obverse of the quarter will educate the public to understand the pioneering importance that this president gave to ecology, conservation and the greening of America. The National Parks system, and all Americans in turn, arguably owe him a greater debt of gratitude for his ecological commitment than to any other president. Therefore, may his image duly grace the obverse of the soon-to-be-realized National Parks quarter!"

As reported in *Coin World's* Feb. 16, 2009, issue, several of the other CCAC members voiced strong support for Meier's idea as soon as he aired it at the Jan. 27 meeting. Mint officials at the meeting were less enthused about the idea.

Donald Scarinci, a New Jersey lawyer who sits on the panel, wondered whether the idea should be suggested to Treasury Secretary Timothy F. Geithner, who had been sworn into office the previous day. "The worst case scenario he could do is say he doesn't

The Mount Hood National Forest is the subject of the Oregon coin in the 2010 America the Beautiful quarter dollars series.

have time to deal with it," Scarinci said. Geithner became the nation's chief financial officer with an economy in ruins, a banking industry in crisis and plummeting employment.

Mint officials at the January meeting seemed to be surprised at Meier's suggestion, but the idea swiftly shot through the committee, as reported in the Feb. 16 *Coin World*. "We're here to give advice," said Scarinci, seeking to assure Mint officials. "There's no harm in passing a resolution."

Mint staff advisers to the CCAC suggested the committee move a little slower. After all, Geithner had been in office less than 24 hours and Mint officials said they didn't know how he might view the issue.

In addition, the U.S. Mint's legal counsel, Greg Weinman, said the Mint is not keen on the committee acting on new issues, as reported in

Coin World. Weinman said the Mint preferred that the CCAC stick to reviewing Mint-approved coin designs and outlining new coin proposals in the committee's annual report, he said, as the panel is federally empowered to do. Weinman said that advising the Treasury secretary on what might be considered for the quarter dollar's obverse is "somewhat a gray area," the Feb. 16 *Coin World* reported.

At the meeting, Weinman acknowledged that the authorizing act did not specify what design should appear on the obverse of the coin, prompting the committee to move forward with a resolution, though not before Michael Brown, a former Mint staff member who sits on the CCAC, cautioned that he could envision "the ladies of Mount Vernon with pitchforks in hand" being infuriated by the idea. All eight CCAC members voted unanimously for Meier's idea by voice vote.

The proposal found support from some in the coin collecting community. "Bravo to members of the Citizens Coinage Advisory Committee for voicing their opinions and refusing to be browbeaten into silence by the U.S. Mint's bureaucrats," Deisher wrote in the Feb. 16 issue. She noted that since publication of the June 23, 2008, Editorial, "Many collectors have communicated with *Coin World* ... supporting the idea of TR's portrait on the obverse of the National Parks quarters."

At the CCAC's Sept. 22 meeting in which the panel reviewed the 2010 reverse designs, committee members berated Mint officials for not placing a portrait of Roosevelt on the coins. In response, Mint officials at the meeting told the committee that nothing happened to the CCAC's recommendations. They reported that Geithner never acted on it one way or the other and no member of Congress introduced legislation on the idea. As a result Mint officials told the CCAC they decided it was best to keep Washington on the quarter dollar and showed a computerized "enhanced" version of John Flanagan's 1932 portrait of Washington, which is smaller than the artist's original. The design uses the same template as the State quarter dollars Washington obverse, although the portrait was modified using computer scans of Flanagan's original model, still held in the Mint archives. The portrait had been modified over the years, especially in the detailing of Washington's hair. CCAC members praised the work done to restore Flanagan's original portrait but voiced disappointment in the rejection of Roosevelt.

Finally, at the CCAC's Nov. 12 meeting, the committee retreated from the Roosevelt initiative. Panel members discussed instead recommending full debate on creating a new obverse design for the denomination but also acknowledged that removing Washington from the coin and replacing him with a different subject such as Roosevelt or a representation of Liberty was likely a lost cause.

As this book went to press in the fall of 2010, no official initiative was under way that would change the obverse side of the America the Beautiful quarter dollars.

Early impediments with bullion coins

Concurrent with preparing designs for the 2010 coins, Mint officials moved forward to implement the silver bullion coin provision in the authorizing act. The production of the pieces would prove difficult.

The authorizing act was very specific; the diameter of the 5-ounce silver bullion coins had to be 3 inches. That requirement did not permit the Mint to experiment with diameters and thicknesses that would provide the best results in production. The restrictions in the act gave Mint technicians trouble.

During a Feb. 10, 2010, Mint forum in Springfield, Ill., the night before the release of the new Union Shield reverse for the Lincoln cent, Mint Director Edmund C. Moy reported that the 5-ounce silver bullion coin program was in trouble. One problem, he said, was that the required specifications create a very thin coin that is actually bendable by hand. Two, Mint technicians had difficulties placing the weight and fineness incuse on the edge. Because of the coin's thinness, applying the inscription was causing the edge to crumple on the trial strikes, Moy said at the forum.

Early trial strikes for the 5-ounce coins were produced on a press typically used for making large medals but that press could not be used for regular production of the bullion coins, according to the Mint. "The press tonnage required to achieve acceptable relief on the 5-ounce, 3-inch diameter dimensions required that the Mint purchase a new press," a Mint official said. "The existing press that could achieve the required tonnage is older, of low output, and requires modification to support the 3-inch, 5-ounce bullion coin. We anticipate output in excess of 1 million coins per year, although output still needs to be confirmed with a pre-production trial strike run," according to the official.

To implement the bullion coin program, the Mint purchased a German-made GMP 1000 coin and medal embossing press from Gräbener Pressensysteme GmbH & Co. KG for the program. A U.S. Mint technical team visited Gräbener's facility from Dec. 14 to 17, 2009, to witness the operation of the press prior to its packing and shipping to the U.S. Mint. During the four-day visit, approximately 90 experimental pieces were struck with "nonsense" dies (bearing designs that simulate but do not replicate any designs found on U.S. coins) to demonstrate the press' capabilities. The .999 fine silver 5-ounce, 3-inch planchets for the experimental strikes were supplied by Sunshine Minting Inc., located in Coeur d'Alene, Idaho. The press was installed at the Philadelphia Mint, where the 5-ounce coins will be produced. Additional testing was carried out during the spring and summer of 2010 although Mint officials released few details of the experiments. Mint Director Moy did say at another Mint forum, held March 27 in Fort Worth, Texas, that technicians continued to have problems producing the pieces. He continued to blame the size of the coin for the problems, noting that most silver coins that are 3 inches in diameter are typically 10 ounces in weight, providing a much thicker planchet (and one that presumably would be unlikely to bend and would provide a wider edge for the bullion inscription).

As of the end of July, Mint officials had not revealed any images of the 2010 bullion coins. They did say on July 29 that the first year's mintage would likely be limited to 500,000 pieces.

Other impediments

While the originator of the legislation, Rep. Castle, and other supporters had hoped that the America the Beautiful quarter dollar program would be as successful in generating profits and attracting collector interest as the State quarters series, early evidence suggests that several serious impediments exist to that level of success.

The most important impediment, probably, is the much smaller mintages for the America the Beautiful quarter dollars when compared to the State quarter mintages. The economic recession that began in December 2007 is resulting in much reduced demand for all denominations of coinage, including quarter dollars. The 2009 mintages for many U.S. coins, especially the 5-cent coin and dime, were at 40-year lows. Whereas mintages for the State quarter dollars totaled hundreds of million of pieces for each release, mintages for the 2009 District of Columbia and U.S. Territories coins were well below 100 million pieces for each release. Mintages for the first few 2010 America the Beautiful quarters were also well below 100 million. With Federal Reserve inventories of quarter dollars high, any orders for the coins from the Fed and resulting mintages seem unlikely to rise in the near future. Rep. Castle, during a House subcommittee hearing on July 20, 2010, expressed surprise and disappointment when told by Mint and Federal Reserve officials present at the hearing that orders for the coins were well below the levels for the State quarters series.

The reduced number of coins, as might be expected, makes it harder for individuals to find the coins in circulation. Many people are having trouble finding the coins in circulation for another reason. Federal Reserve officials are not permitting banks to order examples of each new America the Beautiful quarter dollar as it is released, unlike the Fed's policy during the State quarters program. Orders for quarter dollars are filled with whatever coins are in inventory. Individuals who during the State quarters program could go to their local bank every few months and obtain rolls of the newest coin can no longer do so in most regions of the country.

The America the Beautiful quarter dollars program has promise, but whether the program will reach the levels achieved by the State quarters program is unclear. Still, the impediments in place during the first year of the program could disappear if the economy improves and Fed orders for the coins increase. Finding the coins in circulation may be more challenging than for the State program but no less enjoyable. So get out there and start looking!

List of America the Beautiful quarter sites

Year	Jurisdiction	Site	Date Formed
2010	Arkansas	Hot Springs National Park	4/20/1832
	Wyoming	Yellowstone National Park	3/1/1872
	California	Yosemite National Park	10/1/1890
	Arizona	Grand Canyon National Park	2/20/1893
	Oregon	Mount Hood National Forest	9/28/1893
2011	Pennsylvania	Gettysburg National Military Park	2/11/1895
	Montana	Glacier National Park	2/22/1897
	Washington	Olympic National Park	2/22/1897
	Mississippi	Vicksburg National Military Park	2/21/1899
	Oklahoma	Chickasaw National Recreation Area	7/1/1902
2012	Puerto Rico	El Yunque National Forest	1/17/1903
	New Mexico	Chaco Culture National Historical Park	3/11/1907
	Maine	Acadia National Park	7/8/1916
	Hawaii	Hawai'i Volcanoes National Park	8/1/1916
	Alaska	Denali National Park	2/26/1917
2013	New Hampshire	White Mountain National Forest	5/16/1918
	Ohio	Perry's Victory and International Peace Memorial	3/3/1919
	Nevada	Great Basin National Park	1/24/1922
	Maryland	Fort McHenry National Monument and Historic Shrine	3/3/1925
	South Dakota	Mount Rushmore National Memorial	3/3/1925

Year	Jurisdiction	Site	Date Formed
2014	Tennessee	Great Smoky Mountains National Park	5/22/1926
	Virginia	Shenandoah National Park	5/22/1926
	Utah	Arches National Park	4/12/1929
	Colorado	Great Sand Dunes National Park	3/17/1932
	Florida	Everglades National Park	5/30/1934
2015	Nebraska	Homestead National Monument of America	3/19/1936
	Louisiana	Kisatchie National Forest	6/3/1936
	North Carolina	Blue Ridge Parkway	6/30/1936
	Delaware	Bombay Hook National Wildlife Refuge	6/22/1937
	New York	Saratoga National Historical Park	6/1/1938
2016	Illinois	Shawnee National Forest	9/6/1939
	Kentucky	Cumberland Gap National Historical Park	6/11/1940
	West Virginia	Harpers Ferry National Historical Park	6/30/1944
	North Dakota	Theodore Roosevelt National Park	2/25/1946
	South Carolina	Fort Moultrie (Fort Sumter National Monument)	4/28/1948
2017	Iowa	Effigy Mounds National Monument	10/25/1949
	District of Columbia	Frederick Douglass National Historic Site	9/5/1962
	Missouri	Ozark National Scenic Riverways	8/27/1964
	New Jersey	Ellis Island National Monument (Statue of Liberty)	5/11/1965
	Indiana	George Rogers Clark National Historical Park	7/23/1966
2018	Michigan	Pictured Rocks National Lakeshore	10/15/1966
	Wisconsin	Apostle Islands National Lakeshore	9/26/1970
	Minnesota	Voyageurs National Park	1/8/1971
	Georgia	Cumberland Island National Seashore	10/23/1972
	Rhode Island	Block Island National Wildlife Refuge	4/12/1973
2019	Massachusetts	Lowell National Historical Park	6/5/1978
	Northern Mariana Islands	American Memorial Park	8/18/1978
	Guam	War in the Pacific National Historical Park	8/18/1978
	Texas	San Antonio Missions National Historical Park	11/10/1978
	Idaho	Frank Church River of No Return Wilderness	7/23/1980
2020	American Samoa	National Park of American Samoa	10/31/1988
	Connecticut	Weir Farm National Historic Site	10/31/1990
	U.S. Virgin Islands	Salt River Bay National Historical Park and Ecological Preserve	2/24/1992
	Vermont	Marsh-Billings-Rockefeller National Historical Park	8/26/1992
	Kansas	Tallgrass Prairie National Preserve	11/12/1996
2021	Alabama	Tuskegee Airmen National Historic Site	11/6/1998

Circulating commems 3

What if the United States Mint struck millions of circulating commemorative coins but few could find them at face value in circulation? An unlikely scenario, maybe, except that it happened in 2009.

The celebration of the 200th anniversary of the birth of Abraham Lincoln in 2009 included the production of four 2009 Lincoln cents with commemorative reverses, each marking a period in Lincoln's life: his birth and early childhood in Kentucky, his formative years in Indiana, his professional life in Illinois and his presidency in Washington, D.C.

Long before any of the cents had been struck, many in the coin collecting community predicted that they would be a hit with collectors since the Lincoln cent has long been one of the most popular series. No one, however, was prepared for just how popular the coins became, and few could have predicted how frustrated many collectors would become in searching for the coins in circulation.

The first 2009 Lincoln cent was placed into circulation Feb. 12, on the 200th birthday of Abraham Lincoln. A ceremony was held at Larue High School in Hodgenville, Ky., not far from the site of the Lincoln birthplace, concluding with a cent exchange. Individuals were afforded an opportunity to acquire rolls of the cents, and after officials determined they had enough coins on hand to meet the demand of those present, individuals were permitted to acquire $25 boxes of rolled cents at face value. Some persons at the event immediately offered participants sizeable profits for their rolls and boxes of cents.

Similar exchanges were conducted Feb. 12 at three locations in Washington, D.C.: Mint headquarters, the Mint sales counter at Union Station, and on Capitol Hill. The Mint also began selling two-roll sets of the cents, one roll each from the Denver and Philadelphia Mints, for $8.95 plus $4.95 shipping and handling. Collectors who had been unable to participate in the Feb. 12 cent exchanges and who were unwilling to the pay high premium the Mint was charging for the cents waited to find them in circulation, and waited, and waited some more. Meanwhile, prices for the rolls of cents acquired at the Feb. 12 exchanges and from the Mint at a premium began climbing.

Reports of the 2009 Lincoln cents being found in circulation began trickling in, but it was clear that many collectors were frustrated in their efforts to find the cents at face value at their local banks.

Why the difficulty in finding the coins in circulation? The severe economic recession that spread nationwide had a direct effect on coinage circulation in the United States. Coins began flooding back to banks and to the Federal Reserve, whose vaults became clogged with coins. The Fed began ordering vastly fewer new coins from the Mint than it had in 2008 because of the recession. What new coins were being struck, including the 2009 Lincoln cents, sat in vaults longer than new cents had rested before 2009. Also, Mint and Federal Reserve officials made no special provisions enabling local banks to order the 2009 cents by design as had been done with the State quarter dollars program of 1999 to 2008. Many collectors became increasingly upset that they could not find the cents in circulation, blaming the Mint, the Federal Reserve, dealers and anyone else they could scapegoat.

The second 2009 Lincoln cent—commemorating Lincoln's Formative Years—was released May 14 at Lincoln State Park in Lincoln City, Ind. People began lining up at the exchange site well before dawn, hours before the 10 a.m. ceremony, with rainy skies still dark. When the gates were opened, participants were handed a notice that banned secondary market sales of the coins on park grounds without acquisition of a license (and no licenses were granted).

Several coin firms sent multiple representatives to the event to acquire the maximum number of rolls available (six rolls per pass through the line), and at least one firm gained permission from the owners of a nearby private residence to set up shop, where they were ready to buy the coins from collectors, paying each a profit for the coins. The line to acquire the coins stretched a half mile or so at times, but eventually everyone was able to get the coins. Rolls of the cents immediately began selling on eBay for huge premiums, starting at more than $100 for a 50-cent roll. Prices fell as more cents from the May 14 event entered the marketplace and some of the fervor subsided. Cent exchanges were also held at the Mint headquarters and Union Station sites in Washington the same day, and another exchange was held on Capitol Hill May 15.

As with the first cent, the second cent trickled into circulation slowly. Again, collectors expressed their frustration and displeasure at being unable to find the coins.

The third 2009 Lincoln cent—honoring Lincoln's Professional Life in Illinois—was released Aug. 13 in Springfield, Ill., where Lincoln practiced law. The ceremony and distribution of the cent were both

2009 obverse

Childhood

Formative Years   Professional Life

Presidency

conducted at the Old State Capitol in Springfield. That event, too, was well attended and lines for the cents were long.

The fourth coin—celebrating Lincoln's presidency—was released Nov. 12 in the District of Columbia. Many had predicted the main Washington ceremony would be the best-attended of the four launch events but instead only about 150 showed up to participate and acquire rolls of cents. The poor attendance was probably the result of the driving, horizontal steady rain spawned by a spin-off storm from Hurricane Ida that soaked the area the day of the ceremony.

As with the first two coins, it took time for the third and fourth cents to enter circulation. While many collectors have now found all four 2009 Lincoln cents in circulation, others still wait one or more of the coins, and some still have yet to find their first one.

The other one-year circulating commemorative coin program of 2009 saw the release of the six coins in the Washington, D.C., and U.S. Territories quarter dollars series. The Mint and local officials conducted launch and coin-exchange ceremonies for all six issues honoring the District of Columbia and the territories of Puerto Rico, Guam, American Samoa, U.S. Virgin Islands and Northern Mariana Islands. Many collectors experienced the same difficulty finding the 2009 quarters as they did with the 2009 Lincoln cents, for the same reasons: lower mintages, a stagnant economy keeping coins sequestered in vaults and an inability of banks to order the coins by design from the Federal Reserve bank. Some collector report they have yet to find a single 2009 quarter dollar in circulation. Still, with tons of State quarters in circulation, collectors were more fortunate than collectors decades earlier had been.

A long road to circulating commems

That new circulating commemorative coins would be struck and placed into circulation would have surprised collectors a few decades ago. Since the early 1960s, Mint hostility to coinage redesign had become entrenched. By the end of the 20th century, however, Congress and the Mint both had embraced circulating commemorative coins. As of 2012, just one denomination has not been redesigned as a circulating commemorative coin: the dime. Every other current circulating U.S. coin from the Lincoln cent to the dollar either has circulated with commemorative designs or is currently circulating as a commemorative.

Consider this list, by date:

1975 to 1976: quarter dollar, half dollar and dollar, with designs commemorating the Bicentennial of the Declaration of Independence

1999 to 2008: quarter dollar, with designs commemorating each of the 50 states

2004 to 2005: 5-cent coin, with designs commemorating the bicentennials of the Louisiana Purchase and the Lewis and Clark Expedition

2007 to 2016 (or later): golden dollar, with designs commemorating most or all deceased U.S. presidents, four issues annually

2009: cent, with designs commemorating the bicentennial of the birth of Abraham Lincoln, with four commemorative reverses

2009: quarter dollar, six coins commemorating the District of Columbia and five U.S. territories

2009 to 2016 (or later): dollar, one Sacagawea dollar each year with a commemorative reverse honoring a Native American theme

2010 to 2019 (and maybe later): quarter dollars commemorating a national park, historic site or memorial in every state, the District of Columbia and the U.S. territories

Upon reading this list, two things should quickly become apparent: (1) U.S. circulating commemorative coins are a largely 21st century phenomenon; and (2) such programs are set to continue for many years.

Bicentennial coinage

Collectors some 30 years ago would never have imagined the prevalence of circulating commemorative coin programs today. Had Treasury Department officials had their way, the Mint would have issued no Bicentennial coinage for the 1976 celebration.

Treasury's response to collectors lobbying for circulating and noncirculating commemorative coins for the Bicentennial was (1) production of such coins conflicted with the Mint's main purpose, i.e., to provide coinage for commerce; and (2) circulating commemoratives also would trigger coinage shortages, by encouraging hoarding of new designs.

Until the Bicentennial, the Mint never issued a true circulating commemorative coinage. Circulating coins honoring Abraham Lincoln and George Washington were introduced on significant birthdays of the men depicted on the coins (100 years for Lincoln in 1909, 200 years for Washington in 1932), but these coins were intended as permanent replacements for the old designs and are not considered true circulating commemoratives. The coins bear no commemorative inscriptions. When the Washington quarter dollar was authorized, officials noted that the coin was not to be considered a "special coin"—a Mint phrase used to describe commemorative coins—in any way.

Treasury opposition did not keep collectors from lobbying for "special coins," especially as the nation's 200th birthday neared. Collectors had been lobbying for a Bicentennial coinage since the mid-1960s. By the early 1970s, collectors' wish lists grew: Bicentennial designs on all circulating coins, plus noncirculating commemoratives, including a gold coin. Treasury officials opposed all such recognition of the Bicentennial.

Bicentennial coins

However, by November 1972, as collectors' lobbying efforts intensified, Treasury officials agreed to add the date 1776 to all 1976 coins—a concession that fell below the collector community's proposals.

One of 12 Canada 125 25¢ coins

Congress, however, listened to the collector electorate and rejected Treasury's do-nothing attitude. Members of Congress in January 1973 began introducing legislation proposing Bicentennial coinage. As the number of Bicentennial coin bills grew, Treasury officials, realizing that Congress was likely to authorize some sort of coinage over their objections, decided to support a modest plan: changing the reverses of the half dollar and dollar. Collectors, however, complained that the Treasury's do-little proposal fell short of what they believed the nation should do in recognition of the Bicentennial (neither denomination circulated widely). Treasury officials relented a little more in July 1973, agreeing to support legislation that would include the quarter dollar in the redesign effort. Finally, in October 1973, the modest, three-coin Bicentennial coinage bill became law.

Production of the three Bicentennial coins began in 1975 with the 1776-1976 date used for both the 1975 and 1976 production.

Despite Mint worries about the hoarding of the new designs, no coinage shortages developed. The Bicentennial quarter dollars can still be found in circulation occasionally, and the two higher denominations can be found in bank rolls at some banks.

After the Bicentennial coin program ended, coinage redesign and circulating commemorative coins again became a nonissue. As far as Treasury officials were concerned, it wasn't going to happen again.

Mint officials in Canada, however, embraced a circulating commemorative coin program to celebrate that nation's 125th anniversary of confederation in 1992. It placed a commemorative design on the circulating dollar coin and issued 12 commemorative 25-cent coins, each bearing a design commemorating a Canadian province or territory.

State quarter dollars

Collectors in the United States awaited each new Canada 125 25-cent coin as eagerly as collectors did in Canada. American collectors also began calling for a similar program in the United States—50 circulating commemorative coins, one for each state. In July 1995, they found a powerful ally in the House of Representatives who could make their dream come true: Rep. Michael Castle, R-Del.

Castle was chairman of the House subcommittee in charge of coinage legislation in the mid-1990s. At the time, many collectors, dealers and hobby leaders were becoming concerned with too many noncirculating commemorative coinage programs, a concern Castle shared. He convened a hearing on the issue and invited hobby leaders to testify. During the meeting, Castle asked one speaker—veteran New York City dealer Harvey Stack—whether he had anything else to discuss while testifying before Congress. Stack immediately advocated a circulating commemorative quarter dollar honoring all 50 states. While Stack may not have been the first to suggest the idea publicly, he was the first to do so publicly to someone in government who would act on the proposal.

Castle embraced the idea, and introduced legislation calling for such a program. A State quarters program became law in 1996.

Under the program, five State quarter dollars were issued annually. The program opened in 1999 with the release of the Delaware quarter dollar and closed in 2008 with the issuance of the Hawaii coin.

New profits, and a change in philosophy

The popularity, and profit, of the State quarter dollars program birthed a changed philosophy at the United States Mint: Coinage redesign is good, especially for the bottom line. As many as 140 million individuals, many of whom had previously shown little interest in collecting coins, collected the new quarter dollars, eagerly awaiting each newest release. Mint officials, who earlier had worried that coin shortages might result from the widespread hoarding or collecting that any new designs might encourage, found that no such shortages arose, despite hundreds of millions of State quarter dollars being pulled from circulation and held in collections. Mint officials also appreciated the profits they derived from the program, and not only from sales of collector versions of the coins.

The Mint derives revenue from sales of circulating coins to the Federal Reserve Bank. In Fiscal Year 1998, the last year for the old-style Washington quarter dollar, the Mint's revenues from sales of quarter dollars to the Federal Reserve totaled $419.3 million. In FY2000, quarter dollar revenues totaled more than $1.5 billion. While revenue has dropped since then, every quarter dollar pulled from circulation represents profit to the Mint.

In less than a decade, the official Mint position of opposing design change was replaced by a position of expanding coinage redesign through circulating commemoratives. In April 2002, the Mint director told collectors at a forum in Ohio that the Mint was considering changing the designs of the Jefferson 5-cent coin in 2003 to reflect the bicentennial of the Louisiana Purchase and the Lewis and Clark Expedition. The comments were met with strong collector support, and Mint officials seemed poised to change the designs of the 5-cent coin in 2003. In a reversal of positions as compared to the 1970s and 1990s, opposition arose in Congress in June 2002 from the Virginia delegation when it heard of the Mint's plans. (Jefferson was a native Virginian, and Monticello, depicted on the 5-cent coin, is located within the state.) Virginian legislators introduced legislation in 2002 that would permit the redesign of the 5-cent coin from 2003 through 2005 to commemorate the two bicentennials, but would require that Jefferson and Monticello appear on the coin from 2006 onward. The bill did not become law in that Congress, but a new version did pass in the next Congress. It became law in April 2003.

Because of the lateness in the bill's passage, Mint officials did not have enough time to change the designs of the 5-cent coin in 2003.

In 2004, Mint officials introduced two new reverses on the coin: The first celebrates the bicentennial of the Louisiana Purchase with a design based on the Jefferson Indian peace medal Lewis and Clark distributed to native leaders; and the second depicts the larger boat the expedition used along the Missouri River for a portion of the journey. Both coins retain the existing obverse portrait of Jefferson.

The Mint introduced a new Jefferson portrait in 2005 and two more commemorative reverses. The new portrait is an off-center, right-facing portrayal of Jefferson, the portrait abutting the slightly higher rim at the left side of the obverse. The first of the year's special reverses depicts a plains bison, one of the many animal species Lewis and Clark Expedition members saw during their journeys. The second reverse depicts a scene of the Pacific Ocean coastline to represent the end of the westward journey of Lewis and Clark.

The Mint marketed the series as the Westward Journey Nickel program. All four 2004 and 2005 circulating commemorative Jefferson 5-cent coins proved popular.

In 2006, the Mint introduced another new Jefferson portrait. The new portrait depicts Jefferson facing the viewer. For the reverse, Mint officials considered a number of new renditions of Monticello, but in the end reverted to the original design introduced in 1938. However, a Mint engraver did restore to the design all of the detail that the

Mint engraving staff had removed from the coin over the decades, resulting in a sharper, crisper design than had been used in years.

With coinage redesign and circulating commemoratives now embraced by collectors, Treasury and Mint officials, and members of Congress, two other denominations were singled out for change: the cent and the dollar. The same 2005 act approved changes to both coins.

With the State quarter dollars program nearing its December 2008 end, its creator, Rep. Castle, began looking for a similar coin program—one that would pump multiple new coin designs into circulation every year, and both promote coin collecting and continue a concept that the State quarter dollars represent: coinage as history lessons. Castle conceived of depicting every U.S. president on a circulating dollar coin, struck on the same manganese-brass clad planchets used for the Sacagawea dollars. He predicted that not only would the program be embraced by collectors, it would encourage wider circulation of a dollar coin. Historically, dollar coins have never circulated widely in the United States.

Others in Congress, looking to the 200th anniversary of the birth of Abraham Lincoln in 2009, started promoting new designs for a circulating Lincoln cent. Both measures became part of the Presidential $1 Coin Act of 2005.

Beginning with the release of the George Washington Presidential dollar Feb. 19, 2007 (the official federal holiday celebrating Washington's Birthday), four Presidential dollars will be issued every year, through 2016 at least, and possibly beyond. Sitting presidents and living former presidents are ineligible to be depicted. Any former president must be deceased at least two years before becoming eligible for depiction on one of the coins.

By mid-2008, it had become clear that the Presidential dollar program had not resulted in the wide circulation of the coin in commerce. The failure of the coin to circulate had the same affect on mintages as it did for the earlier Anthony and Sacagawea programs: The mintages for the Presidential dollars (like the Anthony and Sacagawea coins) have fallen steadily since the production of the Washington coin.

In 2009, the Mint produced a record four circulating commemorative programs: Presidential dollars, Native American dollars, Lincoln Bicentennial cents and District of Columbia-Territorial quarter dollars.

First Presidential dollar

Supporters of the aforementioned District of Columbia-territories quarter dollar program had long sought the same level of coinage recognition as given to the states. The member of the House of Representatives representing the District of Columbia introduced legislation seeking such coins five times before one of the measures became law.

One of the America the Beautiful quarters

In 2010, the America the Beautiful quarter dollars program began, with coins for the states, Washington, D.C., and the territories to be issued in the order the sites shown on the coins were authorized.

The Sacagawea dollar is being reimagined as a circulating commemorative coin platform, starting in 2009. Under the Native American $1 Coin Act, passed in 2007, the Mint annually will issue a Sacagawea dollar with a new reverse design emblematic of an American Indian or tribal contribution. The traditional Sacagawea reverse will disappear.

The 2010 America the Beautiful quarter dollars, the Presidential dollars and the Sacagawea, Native American dollars will continue an amazing period of regular coinage redesign. The stagnant designs of the Roosevelt dime, which have not been changed since their introduction in 1946, and the Kennedy half dollar, redesigned just once for the Bicentennial more than 30 years ago, have become the oddities rather than the norm. The embracement of circulating commemorative coins and other coin redesign has been an incredible reversal of government policy.

Frequent design change has fulfilled the desire of coin collectors nationwide. It is clear to many longtime observers that the coinage redesign has helped the hobby of coin collecting to grow by bringing in fresh, new collectors, some of whom have begun collecting older coinage. However, is it becoming too much of a good thing?

Some collectors have voiced a little weariness at all of the coins entering circulation. Still, few among us would likely desire a return to the old days, when Mint officials considered new designs anathema and the coins in circulation looked identical. Change has been good.

Coin market analysis 4

The rare coin market showed surprising resilience between August 2009 and August 2010, although it got off to a somewhat rocky start with a lukewarm 2009 Los Angeles American Numismatic Association convention characterized by modest public attendance and a lack of "buzz." The auctions at the 2010 Boston ANA convention were substantially stronger, while the attendance at the show remained modest and fell below pre-convention expectations.

Gold, as it was during the last period, continued to be the driving force of the market.

During the 12-month review period, gold had a fairly bumpy ride. It hit the low on Aug. 17, 2009, at $932.75 per ounce. Starting in October 2009, gold rose above $1,000 an ounce and stayed there consistently, hitting $1,106.75 on Nov. 11, 2009, and crossing $1,200 an ounce to $1,212.50 on Dec. 2, 2009.

By mid-June, it seemed that each day would mark a new record for gold. The market reached an apex June 21, when gold hit $1,260 an ounce, the price then hovering at the $1,230 level for the next 10 days before dipping to the $1,150 level. By Aug. 17, 2010, gold had rebounded to a healthy $1,227 an ounce.

Silver was dynamic as well, finding a low of $13.58 on Aug. 19, 2009, then advancing to $19.18 on Dec. 2, 2009, and achieving a high of $19.64 on May 14, 2010 (all gold and silver prices are London p.m. fixes).

Large cents sizzle

Perhaps the auction event of the year beginning in August 2009 was the Dan Holmes Collection of Early Date Large Cents, an extraordinary grouping of large cents auctioned by Larry & Ira Goldberg in Beverly Hills, Calif., on Sept. 6, 2009. The auction posted $15.08 million, including an astounding $1.265 million that a 1795 Liberty Cap, Reeded Edge cent realized. It was the first million-dollar large cent at auction and was followed by a Mint State 1799 Draped Bust cent that sold for $977,500. Two 1793 Flowing Hair, Wreath, Strawberry Leaf cents brought $264,500 and $218,500 each. That these two coins represent half of the known examples of these mysterious varieties speaks to the depth and quality of the Dan Holmes Collection.

The next day, the same auction house offered a collection of Hawaiian coins, described as "the most extensive ever to appear at auction or elsewhere in the history of American numismatics," and the success of the auction along with several other specialty sales peppered throughout the year proved that when quality coins are offered, even in areas often considered the domain of specialists, prices can rise to the occasion.

Forgeries in the market

Fake coins produced in China continued to enter the market, although the hobby's awareness of them has increased. The counterfeiters are becoming better at their jobs, and Internet auction sites such as eBay continue to provide the counterfeiters with an easy way to sell their coins to U.S. collectors.

At the September 2009 Whitman Coin & Collectibles Expo in Philadelphia, a highly deceptive "coin" made the rounds. It was a 1903-S Morgan dollar, in a fake Professional Coin Grading Service Mint State 65 holder, that was likely created by combining the genuine obverse of a 1903 Philadelphia Mint Morgan dollar with the reverse of a genuine San Francisco Mint issue. Once encapsulated, the edge, which would show the telltale signs of the alteration, was hidden.

The forgers used the correct bar code on the slab, so dealers who were trying to scan it into inventory had no problem doing so. That a major dealer made an expensive mistake on that coin served as a cautionary tale to dealers that fakes continue to be a problem and that they are not just found on the Internet with cheap coins.

Easy profits for a Mint product

In the fall of 2009, the United States Mint's Lincoln Coin and Chronicles set generated some interest and easy profits for collectors. The set had a limited mintage of just 50,000 and featured one Proof 2009-P Lincoln silver dollar and four Proof 2009-S Lincoln cents.

The sets were released by the U.S. Mint on Oct. 15 for $55.95 and sold out the next day, with Mint Web site glitches frustrating collectors. The limit of just one set per household meant that no one person could amass a substantial supply so dealers who wanted to assemble quantities were left to either ask employees and friends to purchase a set, or purchase directly from collectors on the secondary market. At the time of issue, several dealers were offering $100 and paying immediately for later delivery, with one dealer offering $150 per set for up to 50 sets. On eBay these sets sold for up to $200 each, before settling in at the $150 level where they remain. While not the bonanza that the 2009 Saint-Gaudens, Ultra High Relief gold $20 coin offered early buyers, it still represented easy money for thousands of collectors.

Grading service changes

A major theme for the past year has been changes at the major grading services. At the start of 2010, PCGS announced that it would be limiting its guarantee on non-U.S. coins to $10,000 per coin, with a limit of $1,000 per coin for Chinese coins. This was a direct response to the increasing sophistication of counterfeiters.

Also, PCGS announced that it would change its policy on copper coins, stating that "since environmental factors can create changes in the color of copper beyond our control, we will not be guaranteeing the color of copper coins graded or sold after Jan. 1, 2010." PCGS further revealed in a press release its top 12 rare coin buybacks – coins it purchased back pursuant to its grading guarantee – and the casualties included three copper coins that "turned" color in the holder.

Numismatic Guaranty Corp. continues to offer a limited guarantee on copper color for 10 years post-encapsulation.

In March, PCGS announced that it would soon launch "the big one," a new concept for its grading service that it called the next step that would "totally revolutionize the coin grading business." Speculation ran rampant on what the announcement could be and on March 25 at the ANA National Money Show in Fort Worth, Texas, PCGS announced a new grade designation of a + sign that PCGS predicted would "unlock value" for 15 to 20 percent of coins within 11 grades between Extremely Fine 45 and Mint State 68. For example, an exceptional MS-65 coin may now be awarded an MS-65+ grade.

The adoption of the plus sign was perhaps an expected step, since Certified Acceptance Corp. has, for several years, used stickers that indicate a coin has met CAC's "stringent quality standards." Coin buyers have seemed to embrace stickers, indicating that collectors wanted a reliable way to differentiate quality within a grade.

The PCGS announcement also included a description of its new Secure Plus tier that uses digital technology to create a unique "fingerprint" of a coin to be entered into a permanent data base. The system is supposed to identify a coin that has been artificially toned or processed in an effort to get a higher grade, methods also called "doctoring."

As PCGS has stated, "neither the coin's appearance nor its grade can be changed without flagging the system."

Concurrent with the PCGS announcement, NGC shared that it, too, would adopt the new plus grade, and in July PCGS announced that it would be expanding the plus grade across more submission tiers.

In May, PCGS initiated a lawsuit against individuals it named as coin "doctors" and in July, the Professional Numismatists Guild put forth a definition of coin "doctoring," further showcasing the problem of "doctored" coins in the marketplace.

Rarities sell by auctions and privately

The Florida United Numismatists show in January sets the pace for the year, and the 2010 FUN Heritage Auction Galleries U.S. coin auction showed that well-heeled collectors were still putting money into the top rarities. The top five lots in the Platinum Night session realized an astounding $7.14 million and the top 10 lots realized $8.49 million, led by a 1913 Liberty Head 5-cent coin that sold for $3,757,500 with three bidders competing. In total, Heritage's U.S. coin sessions at the 2010 FUN show realized nearly $37 million.

By comparison, Heritage's Platinum Night auction at the Central States Numismatic Society convention in Milwaukee on April 29 offered a less stellar group of coins.

While the 2009 and 2008 CSNS Platinum Night auctions featured 1804 Draped Bust silver dollars that realized $2.3 million and $3.7 million respectively, the 2010 CSNS sale lacked a million-dollar head turner, and the top lot, a 1921 Saint-Gaudens gold $20 double eagle graded PCGS MS-63, sold for $218,500.

To put it into perspective, at $218,500, the top lot in the auction would not have placed in even the top 10 of either the 2009 or 2008 CSNS Platinum Night auctions or the 2010, 2009 or 2008 FUN Platinum Night sales. As 2010 moved on, it seemed that collectors and dealers were increasingly hesitant to put their top-rarities up for auction.

High-grade, rare Saint-Gaudens double eagles were the highlights of most sales between FUN and Summer ANA, as they were reliable sellers to the many serious and well-heeled collectors of the series.

While great rarities at auction were scarce after FUN, on May 13, a 1794 Flowing Hair silver dollar graded Specimen 66 by PCGS sold to the

Cardinal Collection Educational Foundation with a listed price of $7.85 million. It was the most impressive of the many private treaty sales that generated headlines during the past 12 months. The buyer was a non-profit foundation focused "on the study and publication of information on the Early Coinage of the United States of America." The price is the highest amount ever paid for a single U.S. coin.

The Boston ANA auctions were especially strong. At the Bowers and Merena Auctions' pre-ANA sale in August 2010, a 1794 Flowing Hair silver dollar graded MS-64 realized $1,207,500. It had been consigned by the Cardinal Collection.

The official 2010 ANA auctions in Boston by Heritage realized a combined $46 million across U.S. coins, paper money and world coins, with 93.3 percent of the lots finding new buyers. While there were no million dollar coins, the results were strong across the board with exceptional collections of Barber half dollars and Winged Liberty Head dimes leading the way. At the Heritage auction, a selection of early Massachusetts silver coins from the collection of Dwight M. Manley did well, including a 1652 New England shilling that sold for $416,875.

American Eagle bullion coins

The absence of Proof 2009-W American Eagle gold and silver coins put added pressure on the market for the 1986 to 2008 issues during the market period in review, with major wholesalers paying between $42 and $57 during the year for Proof American Eagle silver dollars and between $1,425 and $2,200 per ounce for the Proof American Eagle gold coins.

The largest source of demand on the market came from laws allowing Proof and regular American Eagle coins to be included in Individual Retirement Accounts. Salespersons for gold IRAs can place a substantially higher markup on the Proof coins, making placement of Proof American Eagle gold coins more profitable for the salesperson.

The lack of Proof 2009-W American Eagle bullion coins and the possible nonproduction of 2010 examples heated the demand for the current supply. But, at the end of July, speculators were reminded of this market's volatility: wholesale buy prices for the gold Proof issues declined from $2,050 to $1,650 in the matter of weeks as rumors circulated that the Mint would produce and sell Proof American Eagle bullion coins in 2010.

The popularity of grading services' registry sets continued to put pressure on Proof 70 and Mint State 70 examples, with some huge prices generated in auctions, such as a 1991 American Eagle silver dollar graded MS-70 by Numismatic Guaranty Corp. that realized $34,500 and a 1999 issue in the same grade that realized $27,600 at a September 2009 Heritage auction.

The key Proof 1995-W American Eagle silver dollar, with a low mintage of just 30,125 pieces, has suffered some steep declines in the past several years with examples selling at auction for around $3,000, nearly half the price that these same coins were bringing in 2006.

As noted in last year's report, the 2009 Saint-Gaudens, Ultra High Relief gold $20 coin continued to provide easy profits to both collectors and dealers during the year, but as ordering limits were lifted during the year, demand cooled. These coins are almost always found in high grade; nearly 70 percent of those certified by Professional Coin Grading Service received MS-70 grades. The final sales total was 115,178. Examples in original Mint packaging can be found today for $1,850, a substantial premium to the initial issue price of $1,189.

Finally, key-date Mint State American Eagle half-ounce gold bullion $25 coins were strong sellers and their prices advanced substantially this year. They have low mintages and are difficult to acquire in any quantities. For example, the 1990 and 1991 issues have mintages of just 31,000 and 24,100, in contrast to the 600,000 struck in the series' first year, 1986.

Going forward

Considering the dramatic shifts in the economy over the past several years, the coin market has held up remarkably well. Going forward, the market will continue to adjust as it figures out what to make of the new plus grades instituted by PCGS and NGC.

Just as collectors became increasingly aware of the presence of counterfeits on the market during the review period, in the future collectors will be constantly reminded of the presence of "doctored" and artificially toned coins in the marketplace.

Further, as discovery continues in the PCGS lawsuit against "coin doctors," more information on the extent of the problem will be gleaned.

As long as the gold market continues to be strong, the rare coin market should continue to be healthy, and the sale of landmark rarities will continue to bring positive publicity to the market.

Values of U.S. coins **5**

Rare coin prices rise and fall based upon the interest of collectors, investors and dealers, the overall economy, changes in precious metals prices and a host of other factors.

We make no predictions in these pages about what the future may bring for rare coins. We provide the reader with information. The *Coin Values* listings that follow give a guide as to retail value. However, users of this book should note that the price information included here was compiled in the summer of 2010, and while many of the values given will not change substantially, some may. Users seeking the latest pricing information should consult the information published monthly in *Coin World's Coin Values,* available by subscription either in print in a glossy magazine or in digital form, or the weekly updates at Coin Values Online (**www.CoinValuesOnline.com**), which is accessible free to subscribers.

We will note that, historically, the rare coin market appears to move in cycles. Q. David Bowers, a longtime and well-respected dealer, was one of the first in the hobby to write about price cycles. The overall market moves in cycles, with peaks and slumps. (See **Chapter 4** for *Coin World* Associate Editor Steve Roach's examination of the market from August 2009 to August 2010.)

Individual series also experience cyclical movements, with gold coins popular in some years, Proof sets and rolls in other years, and high-grade "modern" U.S. coins at yet other times.

How coins become rare

The first factor that makes a coin rare is its mintage. The term mintage is the number of examples struck for any given date at a specific Mint. However, mintage figures are often deceptive. For example, the United States Mint struck 312,500 1933 Indian Head gold $10 eagles. However, perhaps as few as 30 to 40 pieces exist.

What happened? The coins were struck shortly before President Franklin D. Roosevelt signed an executive order forbidding Americans to own certain gold coins. The only gold coins not banned from private ownership were those with numismatic value held by collectors and dealers. Only a few of the 1933 Indian Head eagles struck were released (acquired over the counter from the government at face value by collectors and others, which was legal); the rest were melted.

Another case of how mintage figures can be misleading is raised by the two 1883 Liberty Head 5-cent coin subtypes. Two distinct subtypes were struck that year. The first bears the denomination on the reverse in the form of the Roman numeral V; the word CENTS does not appear. After larcenous individuals began gold-plating the Liberty Head, Without CENTS 5-cent coin and passing it off as the similarly sized gold $5 half eagle, a new subtype was struck. The second subtype bears the word CENTS in addition to the Roman numeral V.

Approximately three times as many of the second, With CENTS subtype were struck (mintage: 16 million) as the first, Without CENTS version (mintage: 5.5 million). However, prices for the more "common" subtype are much higher than for the lower mintage piece. Why?

The sudden replacement of the 1883 Liberty, No CENTS 5-cent coin led to the quick withdrawal of the coin by the public, certain they had a rarity. The much more common subtype entered circulation and stayed there, with many more pieces eventually consigned to the melting pot as they became too worn and were withdrawn by banks. Thus, since collectors saved many more examples of the first version than of the second, higher mintage, version, the second is the rarer.

As coins circulate, they become worn, scratched and damaged. Eventually, they are returned to the Mint for melting. Gold and silver coins have been melted in large quantities by the government and by private individuals. When gold surpassed $800 an ounce and silver reached $50 an ounce in January 1980, millions of common-date gold and silver coins were melted for their precious metal content. A worn 1964 quarter dollar, for example, worth a dollar or less to a collector in 1978, had a bullion value of $9.04 when silver hit $50 an ounce! Coins considered common are probably much scarcer than thought because of the widespread melting.

During 2008, when platinum and gold prices hit new records, and silver reached a level not seen since in 1980, untold thousands more of the precious metal coins were melted, including new 2007 First Spouse gold $10 coins.

Researchers study survival rates by degree of preservation. One author studied nearly 340 auction catalogs from 1921 to 1979 and listed, by grade, date, Mint mark and major die variety, every gold coin offered in those sales. At least three grading services publish population reports of the coins they grade, another indicator of the survival rate for a particular coin in a particular condition. These population reports can be misleading, however, in that a single coin may be submitted to a grading service (or services) many times by an owner hoping to get a higher grade for the piece at some point. A coin submitted a half dozen times may be listed in the firm's population report a half dozen times, thus artificially inflating the number of coins that have been graded.

Unexpected supplies of coins turning up on the market can also have an impact on the rare coin market. A 1903-O Morgan silver dollar in Uncirculated condition was listed in a popular price guide published in 1962 as being valued at $1,500, and a 1904-O Morgan dollar, also in Uncirculated condition, was priced at $350. A year later, in the next edition of the same price guide, the 1903-O Morgan dollar was priced at $30 in the same grade, a loss of more than $1,400, and the 1904-O dollar was worth just $3.50, 1 percent of its value a year earlier!

The drastic falls in value resulted when the Treasury Department emptied some of its vaults as citizens exchanged ever-increasing numbers of silver certificates for silver dollars. Numerous bags of the 1903-O and 1904-O Morgan dollars, in storage for nearly 60 years, were suddenly released at face value. Market prices plummeted.

It is unlikely that such extreme examples will occur again. The Treasury Department sold the last of its silver dollar holdings beginning in 1972 in a series of seven sales, through the General Services Administration. Some private hoards of certain coins may still exist.

Demand and dealer promotion can also affect a coin's price.

Another form of promotion affecting values in recent years is felt most strongly among the "modern" coins—roughly those coins struck since 1934 (or 1965, according to some), including all of the series currently still in production. The interest in ultra high-grade examples of these coins has resulted in some incredible prices being paid for "common" coins in "uncommon" high grades.

Much of this increased interest is being driven by collectors building "registry sets." Professional Coin Grading Service and Numismatic Guaranty Corp., two major grading services, maintain databases at their Web sites where collectors can register the coins in their collections. Points are awarded for every coin, with higher-grade coins awarded more points. The competition to own the highest-graded set of a particular series of coins has helped drive prices for even common coins to incredible levels.

While many collectors are paying high prices for high-grade but otherwise common coins, other, more traditional collectors believe the market for such coins will eventually collapse and the values of these coins will drop. Time will tell who is right about this modern coins market.

About the coin values

The values in this price guide were compiled by Steve Roach, Jeff Ambio, Tony Cass and Tom Mulvaney for *Coin World*. Many different sources are used in determining the values, including dealer price lists (both buy and sell), prices quoted on several dealer trading networks, Internet transactions, public auction prices, realistic (and confirmed) private transactions and any additional information acquired by the staff.

Values are for properly graded, problem-free, original coins with attractive color. Values given here are generally for sight-seen coins (coins that dealers demand to see before bidding on them), as opposed to sight-unseen coins (which dealers offer to buy without looking at first, although at considerably lower bids than sight-seen coins). A sight-seen coin is generally acknowledged to be of higher value than a sight-unseen coin, even if the two coins bear the same grade.

Coin World neither buys nor sells coins. This valuing section is published as a reader service and may or may not be the same as an individual's or a firm's buy or sell prices.

About grading

Among the most important factors affecting a coin's value is its grade or level of preservation. The concept of grading is discussed in **Chapter 7**. All new collectors are strongly urged to read that chapter before attempting to determine the values of their coins.

In the valuing section that follows, grades are designated by letter-number abbreviations (for example, F-12 or MS-65) in the black bar that stretches across the values columns for each coin series. The grades read from left to right, from the lowest grades to the highest. You will note that generally, for any given coin, values will increase as the grades get higher. For example, a coin grading F-12 (Fine 12, meaning it has considerable circulation wear, but still retains some design details) might be worth 50 cents, while the same coin grading AU-50 (AU means About Uncirculated, which means the coin has only a touch of circulation wear at the highest points of the design) might be $50. Coins with no circulation wear are designated as Uncirculated or Mint State (abbreviated MS, in an 11-point range from MS-60 to MS-70, the latter representing a coin rated by the grader as perfect). The same coin worth 50 cents in F-12 grade and $50 in AU-50 might be worth $100 in MS-63, $250 in MS-65 and $1,000 in MS-67.

The price gaps for some coins in Mint State can be staggering. An increase of a single point in grade, say from MS-64 to MS-65, might in some examples translate to a difference in value of thousands of dollars or even tens of thousands of dollars.

Unless otherwise noted, condition (grade) designations given here are for the lowest possible level of each grade range.

Some of the grades used in the values section bear an additional letter representing a further refinement. These are defined at the beginning of each design type (for example, turn to the listing of values for Winged Liberty Head dimes, where the "B" that is found as part of some Mint State grades is defined as "full split bands," a reference to well-struck examples with the bands around the fasces on the reverse being fully formed or "split"). These refinements affect the value of the coins.

Users should also be aware that coins that have been graded by some third-party grading services may not meet market standards for the assigned grades, and thus would bring lower prices than coins graded by another grading service. Coins assigned the "same" grade but by a lower-tier "grading standard" may be worth less money, either because they grade below market standards or because the upper tier services have more "name recognition" among buyers. A coin graded MS-70 by one firm might sell for $35,000, while one of the same type, date and Mint and graded MS-70 but by another firm might sell for $1,000. The values that follow are for coins accurately graded to market grading standards (although no universally accepted standard is recognized).

Buyers are advised to consult with experienced and knowledgeable collectors and dealers for advice on a coin's grade and whether a particular grading service is judged to meet market standards.

Reading a value's listing

It is not possible to configure each line of values to the market peculiarities of each date and variety of every series of U.S. coin. Therefore, gaps may appear in the listing.

A dash listed among the values usually indicates a coin for which accurate market information is not available due to rarity or lack of activity in the marketplace. An asterisk indicates no coins issued.

Liberty Cap, Left half cent

Date of authorization: April 2, 1792
Dates of issue: 1793
Designer/Engraver: Adam Eckfeldt
Diameter: 23.50 mm/0.93 inch
Weight: 6.74 grams/0.22 ounce
Metallic content/Specific gravity: 100% copper/8.92
Edge: Lettered (TWO HUNDRED FOR A DOLLAR)
Mint mark: None

	AG-3	G-4	VG-8	F-12	VF-20	VF-30	EF-40	EF-45	AU-50	AU-55	MS-60B
1793	2500.	4500.	7500.	10000.	12500.	17500.	20000.	25000.	32500.	45000.	100000.

Liberty Cap, Right half cent

Date of authorization: April 2, 1792
Dates of issue: 1794-1797
Designers: (Large Head): Robert Scot
(Small Head): Scot-John Gardner
Engraver: Robert Scot
Diameter: 23.50 mm/0.93 inch
Weight: 1794-1795: 6.74 grams/0.22 ounce
1795-1797: 5.44 grams/0.18 ounce
Metallic content/Specific gravity: 100% copper/8.92
Edge: 1794-1795: Lettered (TWO HUNDRED
FOR A DOLLAR)
1795 (Type of 1796): Plain
1796: Plain
1797: Most Plain, Some
Lettered, Some Gripped
Mint mark: None

Liberty Cap Right Half Cent

	AG-3	G-4	VG-8	F-12	VF-20	VF-30	EF-40	EF-45	AU-50	AU-55	MS-60B
1794	250.	500.	750.	1750.	3500.	4000.	5000.	8500.	10000.	15000.	25000.
1795 Lettered Edge, Pole	200.	450.	750.	2000.	2500.	3500.	5000.	6500.	8500.	12500.	20000.
1795 Plain Edge, Pole, Punctuated Date	250.	500.	1000.	1500.	2000.	3000.	4000.	4750.	7500.	10000.	20000.
1795 Plain Edge, No Pole	200.	500.	800.	1500.	2000.	3000.	3750.	4500.	7500.	10000.	25000.
1795 Lettered Edge, Pole, Punctuated Date	200.	450.	750.	3000.	5000.	6000.	7500.	8500.	10000.	12500.	30000.
1796 With Pole	15000.	20000.	27500.	35000.	40000.	45000.	55000.	60000.	100000.	125000.	225000.
1796 No Pole	20000.	30000.	40000.	60000.	85000.	125000.	—	—	—	—	—
1797 Plain Edge	300.	400.	750.	1000.	2000.	3000.	5000.	7500.	10000.	17500.	—
1797 Plain Edge, Low Head	400.	600.	1200.	1750.	—	—	—	—	—	—	—
1797 Plain Edge, 1 above 1	250.	350.	700.	900.	1850.	2750.	4500.	7000.	8500.	13500.	17500.
1797 Lettered Edge	1000.	2000.	3250.	7000.	15000.	22500.	—	—	—	—	—
1797 Gripped Edge	8000.	20000.	—	—	—	—	—	—	—	—	—

—— = Insufficient pricing data

Draped Bust half cent

Date of authorization: April 2, 1792
Dates of issue: 1800-1808
Designers: Obverse: Gilbert Stuart-Robert Scot
Reverse: Scot-John Gardner
Engraver: Robert Scot
Diameter: 23.50 mm/0.93 inch
Weight: 5.44 grams/0.18 ounce
Metallic content/Specific gravity: 100% copper/8.92
Edge: Plain
Mint mark: None

	AG-3	G-4	VG-8	F-12	VF-20	VF-30	EF-40	AU-50	AU-55	MS-60B	MS-62RB	MS-63RB
1800	—	50.	75.	125.	250.	500.	750.	1000.	1750.	2500.	5000.	8500.
1802/0 Reverse of 1800	—	25000.	40000.	50000.	65000.	75000.	100000.	—	—	—	—	—
1802/0 Reverse of 1802	—	1500.	2000.	5000.	7500.	10000.	—	—	—	—	—	—
1803	—	60.	100.	150.	350.	500.	750.	2000.	3500.	7500.	12500.	17500.
1803 Widely Spaced 3	—	60.	100.	150.	350.	500.	750.	2000.	3500.	7500.	12500.	17500.
1804 Plain 4, Stemless	—	50.	75.	100.	150.	250.	450.	550.	700.	1250.	3500.	5000.
1804 Plain 4, Stems	—	75.	125.	200.	300.	350.	750.	1500.	3500.	—	—	—
1804 Crosslet 4, Stemless	—	50.	75.	100.	150.	250.	400.	500.	700.	1250.	3500.	5000.
1804 Crosslet 4, Stems	—	50.	75.	100.	150.	250.	400.	500.	700.	1250.	3500.	5000.
1804 Spiked Chin	—	75.	100.	125.	250.	500.	750.	1000.	1250.	1750.	5000.	7500.
1805 Medium 5, Stemless	—	85.	125.	150.	300.	550.	750.	1000.	1500.	2000.	5000.	7500.
1805 Large 5, Stems	—	85.	125.	150.	300.	550.	750.	1000.	1500.	2000.	5000.	7500.
1805 Small 5, Stemless												
1805 Small 5, Stems	—	2000.	2500.	3500.	5500.	10000.	30000.	—	—	—	—	—
1806 Small 6, Stemless	—	50.	75.	100.	150.	250.	400.	650.	750.	1500.	5000.	7500.
1806 Small 6, Stems	—	250.	500.	850.	1500.	2500.	5000.	8500.	12500.	—	—	—
1806 Large 6, Stems	—	50.	75.	100.	150.	250.	400.	650.	750.	1500.	5000.	7500.
1807	—	75.	100.	125.	250.	400.	500.	750.	1250.	1750.	5500.	10000.
1808	—	100.	150.	200.	300.	450.	650.	1250.	2000.	2500.	5000.	10000.
1808/7	—	200.	350.	750.	1500.	2000.	4000.	12500.	15000.	—	—	—

—— = Insufficient pricing data

Classic Head half cent

Date of authorization: April 2, 1792
Dates of issue: 1809-1835
Designer/Engraver: John Reich
Diameter: 23.50 mm/0.93 inch
Weight: 5.44 grams/0.18 ounce
Metallic content/Specific gravity: 100% copper/8.92
Edge: Plain
Mint mark: None

	AG-3	G-4	VG-8	F-12	VF-20	VF-30	EF-40	AU-50	AU-58	MS-60B	MS-63RB	MS-64RB	MS-65R
1809	—	50.	75.	100.	150.	250.	400.	500.	750.	1000.	2500.	4000.	—
1809 Circle in O													
	—	150.	250.	500.	850.	1000.	2000.	3500.	5000.	—	—	—	—
1809 9 Over Inverted 9													
	—	45.	75.	100.	125.	150.	450.	650.	1250.	2000.	3250.	—	—
1810	—	75.	125.	150.	250.	450.	750.	1000.	2000.	2250.	10000.	20000.	—
1811 Wide Date													
	—	1000.	1750.	2500.	3000.	6000.	8500.	12500.	17500.	—	—	—	—
1811 Close Date													
	—	750.	1500.	2000.	2500.	5000.	7500.	10000.	15000.	—	—	—	—
1825	—	50.	65.	75.	85.	125.	250.	450.	650.	1000.	2500.	5000.	—
1826	—	50.	65.	75.	85.	100.	150.	225.	350.	700.	1750.	4500.	—
1828 13 Stars													
	—	45.	60.	70.	80.	90.	125.	225.	350.	450.	1500.	2000.	17500.
1828 12 Stars													
	—	50.	75.	100.	150.	250.	500.	650.	1000.	1500.	2750.	4000.	—
1829	—	45.	60.	70.	80.	125.	150.	225.	400.	500.	1500.	3000.	—
1831 Original										75000.	—	—	—
1831 Restrike, Reverse of 1836													
1831 Restrike, Reverse of 1840													
1832	—	45.	60.	65.	75.	85.	125.	225.	300.	400.	1000.	2500.	10000.
1833	—	45.	60.	65.	75.	85.	125.	225.	300.	400.	1000.	2500.	10000.
1834	—	45.	60.	65.	75.	85.	125.	225.	300.	400.	1000.	2500.	10000.
1835	—	45.	60.	65.	75.	85.	125.	225.	300.	400.	1000.	2500.	10000.

	PF-60B	PF-63B	PF63-RB	PF-64B	PF-64RB	PF-65RB
1836 Original	—	—	—	—	—	—
1836 Restrike	—	—	—	—	—	—

—— = Insufficient pricing data   * = None issued

Coronet half cent

Date of authorization: April 2, 1792
Dates of issue: 1849-1857
Designers: Obverse: Robert Scot-Christian Gobrecht
Reverse: John Reich-Gobrecht
Engraver: Christian Gobrecht
Diameter: 23.50 mm/0.93 inch
Weight: 5.44 grams/0.18 ounce
Metallic content/Specific gravity: 100% copper/8.92
Edge: Plain
Mint mark: None

Note: For copper-alloy coins, the letter B following a numerical grade (as in MS-63B) is shorthand for brown, RB represents red and brown, and R stands for red. It is common practice for grading services to qualify copper coins. In addition to a Mint State grade, a copper coin is assigned as brown, red and brown, or red. Generally, full red coins are valued higher than red and brown coins, which in turn are valued higher than brown coins, all else being equal.

	PF-60B	PF-63B	PF-63RB	PF-64B	PF-64RB	PF-65RB
1840 Original	7500.	8500.	10000.	—	—	—
1840 Restrike	—	7500.	—	—	—	—
1841 Original	5500.	—	—	—	17500.	20000.
1841 Restrike	—	—	—	—	—	—
1842 Original	—	—	—	—	—	—
1842 Restrike	—	5000.	6000.	7500.	10000.	17500.
1843 Original	—	7500.	—	15000.	—	—
1843 Restrike	—	—	—	10000.	—	—
1844 Original	—	—	—	—	—	20000.
1844 Restrike	—	7500.	—	—	—	—
1845 Original	17500.	—	—	—	—	—
1845 Restrike	—	6500.	—	—	—	—
1846 Original	—	10000.	—	17500.	—	—
1846 Restrike	—	10000.	—	—	—	15000.
1847 Original	—	12500.	—	15000.	—	—
1847 Restrike	—	—	—	8500.	—	—
1848 Original	—	—	—	—	17500.	—
1848 Restrike	—	6500.	7500.	8500.	—	—
1849 Original	—	—	—	—	—	—
1849 Restrike	—	6000.	—	7500.	—	—

CORONET HALF CENT (CONTINUED)

	G-4	VG-8	F-12	VF-20	VF-30	EF-40	AU-50	AU-58	MS-63RB	MS-65R
1849 Large Date	40.	50.	75.	100.	125.	250.	350.	500.	2000.	10000.
1850	40.	50.	65.	80.	100.	125.	250.	400.	1500.	—
1851	40.	50.	60.	75.	80.	100.	175.	200.	850.	—
1852 Original	—	—	—	—	—	—	—	—	*	*
1852 Restrike	—	—	—	—	—	—	—	—	*	*
1853	40.	50.	60.	75.	80.	100.	275.	350.	750.	—
1854	40.	50.	60.	75.	80.	100.	250.	300.	750.	5000.
1855	40.	50.	60.	75.	80.	90.	200.	300.	550.	5000.
1856	50.	60.	75.	85.	95.	125.	275.	350.	1000.	—
1857	55.	75.	100.	125.	150.	175.	300.	400.	1250.	8500.

—— = Insufficient pricing data   * = None issued

Flowing Hair, Chain cent

Date of authorization:	April 2, 1792
Dates of issue:	1793
Designer/Engraver:	Henry Voigt
Diameter:	28.50 mm/1.13 inches
Weight:	13.48 grams/0.43 ounce
Metallic content/Specific gravity:	100% copper/8.92
Edge:	Vine and bars, or lettered
	(ONE HUNDRED FOR A DOLLAR)
Mint mark:	None

	AG-3	G-4	VG-8	F-12	VF-20	VF-30	EF-40	AU-50
1793 AMERI.	7000.	12500.	17500.	25000.	40000.	50000.	75000.	175000.
1793 AMERICA, No Periods	6500.	10000.	15000.	20000.	37500.	40000.	55000.	150000.
1793 AMERICA, Periods	6500.	10000.	15000.	20000.	37500.	40000.	55000.	150000.

Flowing Hair, Wreath cent

Date of authorization: April 2, 1792
Dates of issue: 1793
Designers: Obverse: Henry Voigt-Adam Eckfeldt
Reverse: Eckfeldt
Engraver: Adam Eckfeldt
Diameter: 28.50 mm/1.13 inches
Weight: 13.48 grams/0.43 ounce
Metallic content/Specific gravity: 100% copper/8.92
Edge: Vine and bars, lettered
(ONE HUNDRED FOR A DOLLAR)
Mint mark: None

	AG-3	G-4	VG-8	F-12	VF-20	VF-30	EF-40	AU-50
1793 Vine and Bars Edge	1500.	3000.	4000.	5500.	10000.	12500.	15000.	25000.
1793 Lettered Edge	1750.	3500.	4500.	6000.	12500.	15000.	17500.	35000.
1793 Strawberry Leaf	350000.	500000.	750000.	950000.	—	—	—	—

—— = Insufficient pricing data   * = None issued

Liberty Cap cent

Date of authorization: April 2, 1792
Dates of issue: 1793-1796
Designers: (1793-1794): Joseph Wright
(1794-1796): Wright-John Gardner
Engravers: (1793-1794): Joseph Wright
(1794-1796): Robert Scot
Diameter: 28.50 mm/1.13 inches
Weight: 1793-1795: 13.48 grams/0.43 ounce
1795-1796: 10.89 grams/0.35 ounce
Metallic content/Specific gravity: 100% copper/8.92
Edge: Plain, or lettered
(ONE HUNDRED FOR A DOLLAR)
Mint mark: None

	AG-3	G-4	VG-8	F-12	VF-20	VF-30	EF-40	EF-45	AU-50	AU-55	MS-60B
1793	7500.	15000.	20000.	30000.	50000.	75000.	100000.	150000.	300000.	750000.	—
1794 Head of 1793											
	1000.	2500.	5000.	10000.	12500.	17500.	25000.	40000.	50000.	75000.	200000.
1794 Head of 1794											
	700.	1000.	1250.	1500.	2000.	3250.	3500.	4250.	5000.	8000.	17500.
1794 Exact Head of 1795											
	700.	1000.	1250.	1500.	2500.	3500.	5000.	6500.	8500.	10000.	30000.
1794 Starred Reverse											
	12500.	17500.	25000.	40000.	70000.	85000.	125000.	250000.	725000.	—	—
1794 No Fraction Bar											
	750.	1100.	1500.	2000.	4500.	5500.	6500.	8000.	10000.	—	—
1795 Plain Edge											
	300.	500.	750.	1250.	2000.	3000.	4000.	4500.	5500.	8500.	12500.
1795 Lettered Edge											
	300.	500.	750.	1500.	3000.	4000.	5000.	6000.	8500.	10000.	15000.
1795 Jefferson Head, Plain Edge											
	8500.	17500.	25000.	35000.	50000.	75000.	—	—	—	—	—
1796	500.	750.	1000.	2000.	5000.	7500.	10000.	12500.	20000.	40000.	50000.

——— = Insufficient pricing data

Draped Bust cent

Date of authorization: April 2, 1792
Dates of issue: 1796-1807
Designers: Obverse: Gilbert Stuart-Robert Scot
Reverse: Joseph Wright-Scot
Engraver: Robert Scot
Diameter: 28.50 mm/1.13 inches
Weight: 10.89 grams/0.35 ounce
Metallic content/Specific gravity: 100% copper/8.92
Edge: Plain, lettered
(ONE HUNDRED FOR A DOLLAR), gripped
Mint mark: None

	AG-3	G-4	VG-8	F-12	VF-20	VF-30	EF-40	EF-45	AU-50	AU-55	MS-60B
1796 Reverse of 1794											
	300.	750.	2000.	3000.	5000.	7500.	10000.	12500.	17500.	25000.	—
1796 Reverse of 1796											
	250.	700.	1750.	2500.	3250.	4500.	6500.	8500.	12000.	25000.	35000.
1796 Reverse of 1797											
	250.	700.	1750.	2500.	3250.	4500.	6500.	8500.	12000.	25000.	35000.
1796 LIHERTY											
	1000.	2000.	3000.	5000.	10000.	15000.	20000.	30000.	40000.	50000.	100000.
1797 Reverse of 1795, Gripped Edge											
	250.	500.	750.	1500.	2500.	5000.	7500.	10000.	20000.	35000.	—
1797 Reverse of 1795, Plain Edge											
	125.	250.	350.	750.	1250.	2500.	4000.	6000.	8500.	15000.	20000.
1797 Reverse of 1797, Stems											
	200.	500.	750.	1000.	1500.	2000.	3000.	3500.	4000.	8500.	10000.
1797 Reverse of 1797, Stemless											
	250.	500.	750.	1500.	3000.	5500.	10000.	17500.	25000.	50000.	—
1798 Reverse of 1795											
	150.	250.	500.	750.	1000.	2500.	3500.	5000.	8500.	—	—
1798/7 1st Hair Style											
	125.	200.	400.	800.	2250.	3250.	5000.	10000.	15000.	30000.	—
1798 1st Hair Style											
	75.	125.	150.	350.	750.	1500.	3000.	4000.	5500.	15000.	40000.
1798 2nd Hair Style											
	75.	125.	150.	350.	700.	1500.	2250.	2500.	3250.	4500.	15000.
1799	2000.	3500.	8000.	15000.	25000.	75000.	100000.	175000.	—	—	—
1799/8	2500.	4000.	9000.	20000.	30000.	50000.	—	—	—	—	—
1800 Normal Date											
	70.	100.	125.	325.	700.	1000.	2000.	3000.	3500.	10000.	17500.

—— = Insufficient pricing data

DRAPED BUST CENT (CONTINUED)

	AG-3	G-4	VG-8	F-12	VF-20	VF-30	EF-40	EF-45	AU-50	AU-55	MS-60B
1800/1798 1st Hair Style											
	100.	125.	300.	700.	1800.	3000.	4000.	6000.	8000.	—	—
1800/79 2nd Hair Style											
	75.	100.	250.	500.	1500.	2000.	4000.	4750.	7500.	17500.	25000.
1801	50.	75.	125.	500.	750.	1500.	2000.	3250.	4000.	5000.	8500.
1801 3 Errors Reverse											
	125.	250.	700.	1500.	3250.	5000.	7500.	10000.	15000.	30000.	125000.
1801 1/000	100.	200.	500.	1000.	1750.	2500.	5000.	6250.	8500.	12500.	20000.
1801 100/000	250.	500.	750.	1250.	2000.	3000.	5500.	7500.	10000.	15000.	—
1802	40.	65.	100.	200.	500.	750.	1000.	1500.	2000.	4000.	8500.
1802 Stemless	40.	65.	100.	200.	500.	750.	1750.	2250.	2500.	3750.	—
1802 1/000	50.	75.	125.	300.	600.	1100.	1850.	2500.	3000.	7500.	12500.
1803 Small Date, Small Fraction											
	50.	75.	100.	150.	500.	750.	1000.	1500.	2000.	4000.	7500.
1803 Small Date, Large Fraction											
	50.	75.	100.	150.	500.	750.	1000.	1500.	2000.	4000.	7500.
1803 Large Date, Small Fraction											
	3000.	5000.	10000.	15000.	30000.	60000.	—	—	—	—	—
1803 Large Date, Large Fraction											
	65.	100.	200.	500.	1500.	2000.	3500.	4000.	5000.	—	—
1803 Stemless	55.	100.	175.	400.	500.	1000.	2000.	2500.	3000.	4500.	7500.
1803 100/000	55.	100.	175.	400.	500.	1100.	1500.	2000.	2500.	4500.	10000.
1804	1000.	2000.	3000.	4500.	7500.	8500.	12500.	22500.	—	—	—
1804 Restrike, struck circa 1860											
	—	—	—	—	—	—	—	—	—	850.	1250.
1805 Pointed 1	50.	75.	125.	250.	500.	750.	1250.	1750.	3000.	5500.	7500.
1805 Blunt 1	50.	75.	125.	250.	500.	750.	1250.	1750.	3000.	5000.	7500.
1806	65.	100.	175.	300.	550.	850.	1500.	2000.	3250.	5250.	8500.
1807 Large Fraction											
	50.	75.	125.	225.	400.	700.	1500.	2000.	2500.	4000.	8500.
1807 Small Fraction											
	50.	100.	200.	350.	600.	1000.	2500.	5000.	—	—	—
1807 Small Fraction, Comet											
	60.	125.	250.	400.	750.	1500.	3000.	5000.	6500.	10000.	17500.
1807/6 Large 7	75.	150.	300.	450.	800.	1000.	1500.	2000.	2500.	3500.	10000.
1807/6 Small 7											
	2500.	4000.	6000.	10000.	18000.	30000.	55000.	85000.	150000.	200000.	—

—— = Insufficient pricing data

Classic Head cent

Date of authorization: April 2, 1792
Dates of issue: 1808-1814
Designer/Engraver: John Reich
Diameter: 28.50 mm/1.13 inches
Weight: 10.89 grams/0.36 ounce
Metallic content/Specific gravity: 100% copper/8.92
Edge: Plain
Mint mark: None

Note: For copper-alloy coins, the letter B following a numerical grade (as in MS-63B) is shorthand for brown, RB represents red and brown, and R stands for red. It is common practice for grading services to qualify copper coins. In addition to a Mint State grade, a copper coin is assigned as brown, red and brown, or red. Generally, full red coins are valued higher than red and brown coins, which in turn are valued higher than brown coins, all else being equal.

	AG-3	G-4	VG-8	F-12	VF-20	VF-30	EF-40	EF-45	AU-50	AU-55	MS-60B	MS-62RB	MS-63RB
1808	50.	75.	175.	300.	750.	1000.	1750.	3000.	4000.	5000.	20000.	—	—
1809	100.	175.	300.	500.	1500.	2500.	4000.	4500.	5000.	7500.	15000.	—	—
1810	45.	65.	125.	250.	600.	1000.	2000.	4000.	4750.	7000.	15000.	—	—
1810 10/09	50.	75.	150.	300.	750.	1250.	2000.	3000.	4500.	7000.	10000.	—	—
1811	85.	150.	250.	400.	1000.	1250.	2500.	3250.	4500.	7000.	10000.	—	—
1811/0	125.	200.	300.	600.	1500.	2500.	4000.	5500.	10000.	17500.	50000.	—	—
1812 Small Date	45.	75.	125.	250.	600.	1000.	1250.	1600.	2500.	3500.	8500.	—	—
1812 Large Date	45.	75.	125.	250.	600.	1000.	1250.	1600.	2500.	3500.	8500.	—	—
1813	55.	85.	150.	300.	700.	1100.	1500.	2000.	3000.	4500.	7500.	—	—
1814 Plain 4	45.	75.	125.	250.	600.	1000.	1750.	2250.	3250.	4000.	7500.	—	—
1814 Crosslet 4	45.	75.	125.	250.	600.	1000.	1750.	2250.	3250.	4000.	7500.	—	—

—— = Insufficient pricing data

Coronet cent

Date of authorization: April 2, 1792
Dates of issue: 1816-1857
Designers: (1816-1835)
Obverse: Robert Scot
Reverse: John Reich
(1835-1839)
Obverse: Scot-Christian Gobrecht
Reverse: Reich
(1839-1857)
Obverse: Scot-Gobrecht
Reverse: Reich-Gobrecht
Engravers: (1816-1835) Obverse: Scot
Reverse: Reich
(1835-1839) Obverse: Gobrecht
Reverse: Reich
(1839-1857) Obverse: Gobrecht
Reverse: Gobrecht
Diameter: 28.50 mm/1.13 inches
Weight: 10.89 grams/0.35 ounce
Metallic content/Specific gravity: 100% copper/8.92
Edge: Plain
Mint mark: None

Coronet Large Cent

	AG-3	G-4	VG-8	F-12	VF-20	VF-30	EF-40	EF-45	AU-50	AU-55	MS-60B	MS-62RB	MS-63RB
1816	—	30.	50.	75.	150.	—	250.	—	500.	1000.	1500.	2000.	2500.
1817 13 Stars													
	—	20.	25.	30.	75.	—	125.	—	200.	350.	500.	850.	1250.
1817 15 Stars													
	—	40.	60.	100.	200.	—	450.	—	1000.	1500.	2000.	—	—
1818	—	20.	30.	40.	75.	—	150.	—	300.	450.	600.	850.	1250.
1819/8	—	30.	45.	60.	125.	—	250.	—	500.	600.	850.	2000.	3000.
1819 Large Date													
	—	25.	35.	50.	100.	—	200.	—	350.	500.	650.	1000.	1500.
1819 Small Date													
	—	25.	35.	50.	100.	—	200.	—	350.	500.	650.	1000.	1250.
1820	—	—	—	—	—	—	—	—	—	—	—	—	—
1820/19	—	25.	30.	40.	100.	—	300.	—	500.	750.	1500.	—	—

—— = Insufficient pricing data

CORONET CENT (CONTINUED)

	AG-3	G-4	VG-8	F-12	VF-20	VF-30	EF-40	EF-45	AU-50	AU-55	MS-60B	MS-62RB	MS-63RB
1820 Large Date, Curl Top 2													
	—	—	—	—	—	—	—	—	—	—	—	—	—
1820 Large Date, Plain Top 2													
	—	20.	25.	30.	75.	—	150.	—	400.	450.	600.	1000.	1500.
1820 Small Date, Curl Top 2													
	—	35.	50.	75.	150.	—	250.	—	750.	1000.	2000.	3500.	5000.
1821	—	50.	75.	150.	550.	—	1500.	—	3000.	3500.	5000.	15000.	35000.
1822	—	25.	30.	40.	100.	—	350.	—	750.	1250.	2500.	5000.	22500.
1823	—	125.	250.	500.	1500.	—	5000.	—	12500.	20000.	40000.	—	—
1823/2	—	100.	200.	500.	1000.	—	3500.	—	7500.	10000.	25000.	—	—
1823 Restrike													
	—	—	—	—	500.	—	600.	—	750.	850.	1000.	1500.	2000.
1824	—	25.	30.	50.	150.	—	500.	—	1000.	1500.	2000.	3000.	5000.
1824/2	—	30.	50.	100.	500.	—	1250.	—	2500.	5000.	7500.	10000.	50000.
1825	—	25.	30.	40.	150.	—	500.	—	1000.	1750.	2000.	3000.	5000.
1826	—	25.	30.	40.	80.	—	350.	—	550.	750.	1000.	1500.	2500.
1826/5	—	30.	50.	75.	250.	—	1500.	—	2500.	3500.	4000.	5000.	7500.
1827	—	25.	30.	40.	80.	—	300.	—	500.	650.	750.	1250.	2000.
1828 Large Narrow Date													
	—	25.	30.	40.	70.	—	200.	—	500.	600.	750.	2500.	3500.
1828 Small Wide Date													
	—	30.	35.	50.	100.	—	250.	—	750.	1250.	1750.	2750.	4000.
1829 Large Letters													
	—	20.	25.	35.	50.	—	200.	—	500.	750.	1000.	1500.	3000.
1829 Medium Letters													
	—	35.	50.	100.	350.	—	750.	—	2500.	3500.	5000.	7000.	—
1830 Large Letters													
	—	20.	25.	30.	60.	—	200.	—	325.	550.	800.	1500.	2000.
1830 Medium Letters													
	—	75.	100.	300.	750.	—	2000.	—	3500.	4250.	10000.	—	—
1831 Large Letters													
	—	20.	25.	30.	50.	—	225.	—	300.	500.	750.	1000.	2500.
1831 Medium Letters													
	—	20.	25.	50.	75.	—	250.	—	450.	750.	1000.	1250.	3000.
1832 Large Letters													
	—	20.	25.	30.	50.	—	200.	—	300.	500.	750.	1000.	1500.
1832 Medium Letters													
	—	20.	25.	30.	50.	—	200.	—	300.	500.	750.	1000.	1500.
1833	—	20.	25.	30.	50.	—	200.	—	300.	500.	750.	1000.	1500.
1834 Small 8, Large Stars, Medium Letters													
	—	20.	25.	30.	50.	—	200.	—	300.	500.	750.	1000.	1500.
1834 Large 8, Small Stars, Medium Letters													
	—	20.	25.	30.	50.	—	200.	—	300.	500.	750.	1000.	1500.
1834 Large 8, Large Stars, Medium Letters													
	—	200.	400.	650.	1000.	—	3000.	—	4000.	5000.	6500.	—	—
1834 Large 8, Large Stars, Large Letters													
	—	20.	30.	35.	60.	—	500.	—	1000.	2000.	2250.	2500.	3000.
1835	—	—	—	—	—	—	—	—	—	—	—	—	—
1835 Small 8, Small Stars													
	—	20.	25.	30.	50.	—	225.	—	300.	500.	750.	1250.	3000.
1835 Large 8, Large Stars													
	—	20.	25.	30.	50.	—	300.	—	450.	700.	1000.	2000.	4000.
1835 Head of 1836													
	—	20.	25.	30.	50.	—	200.	—	400.	650.	750.	1500.	2000.
1836	—	20.	25.	30.	50.	—	150.	—	350.	400.	500.	750.	1500.
1837 Plain Cord, Medium Letters													
	—	20.	25.	30.	45.	—	100.	—	250.	350.	500.	650.	1500.
1837 Plain Cord, Small Letters													
	—	20.	25.	30.	45.	—	125.	—	300.	375.	550.	750.	1750.

—— = Insufficient pricing data

CORONET CENT (CONTINUED)

	AG-3	G-4	VG-8	F-12	VF-20	VF-30	EF-40	EF-45	AU-50	AU-55	MS-60B	MS-62RB	MS-63RB
1837 Head of 1838													
	—	20.	25.	30.	70.	—	90.	—	200.	300.	400.	550.	750.
1838	—	20.	25.	30.	70.	—	90.	—	200.	300.	400.	550.	750.
1839 Head of 1838													
	—	20.	25.	30.	75.	—	100.	—	225.	350.	450.	650.	850.
1839/6	—	300.	650.	1500.	2000.	—	5000.	—	10000.	12500.	—	—	—
1839 Silly Head													
	—	25.	30.	50.	100.	—	150.	—	350.	550.	1000.	2250.	3000.
1839 Booby Head													
	—	25.	30.	50.	85.	—	125.	—	325.	550.	1000.	2000.	2500.

Modified Portrait   Mature Head

MODIFIED PORTRAIT

	AG-3	G-4	VG-8	F-12	VF-20	VF-30	EF-40	EF-45	AU-50	AU-55	MS-60B	MS-62RB	MS-63RB
1839 Petite Head, Type of 1840													
	—	20.	25.	50.	75.	—	125.	—	350.	650.	850.	1250.	2500.
1840 Large Date													
	—	15.	20.	25.	40.	—	75.	—	250.	350.	650.	1000.	2000.
1840 Small Date													
	—	15.	20.	25.	40.	—	75.	—	250.	350.	650.	1000.	2000.
1840 Small Date, Large 18													
	—	20.	25.	30.	50.	—	150.	—	300.	600.	1000.	1250.	2500.
1841	—	20.	27.	32.	45.	—	85.	—	250.	400.	550.	900.	1250.
1842 Large Date													
	—	20.	27.	32.	50.	—	75.	—	200.	300.	450.	650.	950.
1842 Small Date													
	—	20.	27.	32.	50.	—	75.	—	250.	350.	500.	750.	1750.
1843 Petite Head, Small Letters													
	—	20.	27.	32.	50.	—	75.	—	250.	300.	450.	650.	1000.
1843 Petite Head, Large Letters													
	—	30.	40.	50.	75.	—	100.	—	400.	500.	850.	1250.	2000.
1843 Mature Head, Large Letters													
	—	25.	30.	35.	60.	—	85.	—	300.	350.	500.	750.	1250.
1844	—	20.	27.	32.	50.	—	70.	—	200.	350.	400.	600.	1000.
1844/81	—	50.	75.	100.	250.	—	500.	—	1000.	1250.	1500.	3000.	5000.
1845	—	20.	27.	35.	50.	—	75.	—	200.	300.	550.	1000.	2000.
1846 Small Date													
	—	20.	27.	32.	40.	—	50.	—	100.	150.	200.	500.	750.
1846 Medium Date													
	—	20.	27.	35.	40.	—	75.	—	250.	350.	600.	1250.	2500.
1846 Tall Date													
	—	35.	50.	75.	100.	—	250.	—	750.	1000.	1500.	2500.	5000.
1847	—	20.	27.	32.	40.	—	50.	—	125.	250.	350.	650.	1250.
1847 7/Small 7													
	—	35.	50.	100.	150.	—	200.	—	500.	750.	1500.	2500.	3500.

—— = Insufficient pricing data

CORONET CENT (CONTINUED)

	AG-3	G-4	VG-8	F-12	VF-20	VF-30	EF-40	EF-45	AU-50	AU-55	MS-60B	MS-62RB	MS-63RB
1848	—	20.	27.	32.	40.	—	50.	—	100.	200.	300.	550.	850.
1849	—	20.	30.	35.	50.	—	75.	—	250.	375.	450.	750.	2000.
1850	—	20.	27.	32.	40.	—	50.	—	100.	150.	200.	300.	500.
1851	—	20.	27.	32.	40.	—	50.	—	100.	150.	200.	300.	500.
1851/81	—	30.	40.	50.	75.	—	150.	—	250.	500.	750.	1000.	2000.
1852	—	20.	27.	32.	40.	—	50.	—	100.	150.	200.	300.	500.
1853	—	20.	27.	32.	40.	—	50.	—	100.	150.	200.	300.	500.
1854	—	20.	27.	32.	40.	—	50.	—	100.	150.	200.	300.	500.
1855 Upright 5s													
	—	20.	30.	35.	50.	—	75.	—	175.	200.	250.	300.	400.
1855 Slanted 5s													
	—	20.	30.	35.	50.	—	75.	—	175.	200.	250.	300.	400.
1855 Slanted 5s, Knob on Ear													
	—	25.	35.	50.	75.	—	100.	—	250.	400.	550.	750.	1000.
1856 Upright 5													
	—	20.	27.	32.	40.	—	50.	—	100.	175.	200.	300.	500.
1856 Slanted 5													
	—	20.	27.	32.	40.	—	50.	—	100.	175.	200.	300.	500.
1857 Large Date													
	—	75.	100.	150.	200.	—	225.	—	300.	400.	500.	900.	1250.
1857 Small Date													
	—	75.	100.	150.	200.	—	250.	—	350.	450.	550.	1000.	1500.

—— = Insufficient pricing data

Flying Eagle cent

Date of authorization: Feb. 21, 1857
Dates of issue: 1856-1858
Designers: Obverse: Christian Gobrecht-
James B. Longacre
Reverse: Longacre
Engraver: James B. Longacre
Diameter: 19.30 mm/0.76 inches
Weight: 4.67 grams/0.15 ounce
Metallic content/Specific gravity: 88% copper, 12% nickel/8.92
Edge: Plain
Mint mark: None

Note: Mint State 65 and Proof 65 copper values are for coins with full red original color; lower Mint State and Proof grades reflect examples that are red and brown.

FLYING EAGLE CENT (CONTINUED)

	G-4	VG-8	F-12	VF-20	EF-40	AU-50	MS-60	MS-63	MS-64	MS-65	MS-66	PF-63	PF-64	PF-65	PF-66
1856	7000.	8000.	10000.	12000.	14000.	16000.	20000.	25000.	35000.	75000.	175000.	20000.	25000.	35000.	55000.
1857	30.	40.	50.	70.	150.	200.	350.	900.	1700.	3500.	7000.	10000.	16000.	35000.	—
1858 Large Letters, AM joined	30.	40.	50.	70.	150.	200.	350.	900.	1700.	3500.	6000.	10000.	15000.	30000.	—
1858/7 Large Letters, early die state	70.	100.	200.	400.	800.	1500.	3500.	10000.	25000.	50000.	—	*	*	*	*
1858 Small Letters, AM separated	30.	40.	50.	70.	150.	200.	350.	900.	1700.	4000.	10000.	10000.	18000.	35000.	90000.

—— = Insufficient pricing data   * = None issued

Indian Head cent

Oak Wreath, Shield

Date of authorization:	Feb. 21, 1857
Dates of issue:	1859-1909
Designer/Engraver:	James B. Longacre
Diameter:	1859-1864: 19.30 mm/0.76 inch
	1864-1909: 19.05 mm/0.75 inch
Weight:	1859-1864: 4.67 grams/0.15 ounce
	1864-1909: 3.11 grams/0.10 ounce
Metallic content:	1859-1864: 88% copper, 12% nickel
	1864-1909: 95% copper, 5% tin and zinc
Specific gravity:	1859-1864, 8.92; 1864-1909, 8.84
Edge:	Plain
Mint mark:	1908-1909, reverse under wreath

Note: For copper-alloy coins, the letter B following a numerical grade (as in MS-63B) is shorthand for brown, RB represents red and brown, and R stands for red. It is common practice for grading services to qualify copper coins. In addition to a Mint State grade, a copper coin is assigned as brown, red and brown, or red. Generally, full red coins are valued higher than red and brown coins, which in turn are valued higher than brown coins, all else being equal.

INDIAN HEAD CENT (CONTINUED)

	G-4	VG-8	F-12	VF-20	EF-40	AU-50	AU-58	MS-60	MS-62	MS-63	MS-64	MS-65	MS-66	PF-63	PF-64	PF-65	PF-66
COPPER NICKEL																	
1859	15.	20.	30.	60.	125.	225.	285.	300.	425.	650.	1300.	3500.	6000.	1600.	3000.	6000.	9000.
SHIELD ADDED																	
1860 Pointed Bust	17.	25.	35.	65.	125.	150.	225.	275.	350.	550.	1500.	11000.	—	*	*	*	*
1860 Broad Bust	13.	17.	27.	50.	85.	125.	175.	185.	225.	375.	600.	1300.	5000.	1000.	2500.	4000.	8500.
1861	22.	32.	50.	75.	125.	175.	225.	230.	250.	300.	500.	1500.	2500.	1200.	4000.	8500.	32000.
1862	12.	13.	15.	20.	35.	65.	90.	100.	125.	200.	350.	1100.	2500.	900.	1300.	2500.	5000.
1863	10.	12.	14.	18.	30.	60.	85.	95.	125.	175.	350.	1100.	2500.	900.	1500.	3500.	8500.
1864	20.	35.	40.	70.	125.	160.	200.	225.	250.	300.	600.	1600.	10000.	1000.	1700.	3500.	7500.

	G-4	VG-8	F-12	VF-20	EF-40	AU-50	MS-60BN	MS-62RB	MS-63RB	MS-64RB	MS-64RD	MS-65RB	MS-65RD	MS-66RB	MS-66RD	PF-63RB	PF-64RB	PF-65RB	PF-66RB
BRONZE																			
1864 L on Ribbon	50.	75.	200.	300.	375.	450.	500.	600.	600.	1500.	2750.	3750.	—	30000.	—	25000.	65000.	200000.	*
1864	10.	20.	30.	50.	90.	125.	150.	300.	450.	350.	600.	1300.	1500.	3000.	—	500.	800.	5000.	—
1865 Plain 5	15.	20.	25.	30.	65.	125.	150.	175.	300.	450.	600.	1500.	1400.	5000.	—	500.	900.	7500.	—
1865 Fancy 5	9.00	10.	20.	27.	40.	110.	140.	200.	325.	600.	750.	900.	1400.	15000.	—	*	*	*	*
1866	50.	70.	100.	125.	200.	325.	350.	425.	600.	700.	1300.	1500.	3000.	5000.	—	500.	900.	5000.	*
1867	65.	75.	110.	135.	210.	325.	350.	400.	700.	1300.	2200.	1400.	5000.	7500.	—	500.	900.	7500.	*
1867/7	100.	150.	200.	300.	500.	700.	1200.	1500.	1750.	3000.	—	5000.	—	—	—	*	*	*	*
1868	40.	50.	80.	135.	200.	350.	400.	750.	450.	1000.	1750.	5000.	2500.	—	—	500.	900.	6000.	*
1869	90.	125.	260.	400.	500.	700.	750.	1500.	900.	1750.	2600.	5000.	2000.	—	—	500.	900.	3500.	*
1869/9	160.	250.	475.	600.	800.	900.	1200.	1500.	1300.	1800.	—	4000.	—	—	—	500.	900.	3000.	*
1870	70.	125.	275.	350.	425.	525.	650.	1000.	700.	1500.	1500.	4000.	1800.	—	—	500.	900.	3000.	*
1871	100.	135.	325.	375.	475.	575.	800.	1200.	950.	2500.	4000.	8000.	3500.	—	—	400.	850.	3000.	—
1872	110.	200.	450.	550.	700.	850.	1100.	1800.	1300.	4000.	10000.	20000.	5000.	—	—	550.	1000.	4500.	—
1873 Closed 3	50.	75.	125.	175.	250.	325.	550.	1500.	600.	3250.	2300.	8000.	1600.	—	—	300.	500.	3000.	9000.
1873 Doubled LIBERTY Die 1 bold	300.	750.	1200.	2000.	3500.	7500.	10000.	12000.	18000.	35000.	—	—	—	—	—	—	—	—	*

—— = Insufficient pricing data   * = None issued

INDIAN HEAD CENT (CONTINUED)

	G-4	VG-8	F-12	VF-20	EF-40	AU-50	MS-60B	MS-62RB	MS-63RB	MS-64RB	MS-64R	MS-65RB	MS-66RB	MS-66R	PF-63RB	PF-64RB	PF-65R	PF-66R
1873 Open 3	25.	35.	50.	70.	100.	175.	225.	300.	350.	375.	2000.	1200.	1000.	1200.	—	—	—	—
1874	15.	25.	50.	70.	110.	165.	250.	275.	300.	400.	1200.	750.	4000.	5000.	300.	500.	3000.	—
1875	18.	35.	60.	80.	125.	175.	250.	300.	350.	500.	1200.	900.	3000.	5000.	350.	350.	7500.	—
1876	30.	45.	60.	150.	250.	300.	375.	400.	500.	700.	1200.	1200.	3000.	7500.	300.	500.	2500.	—
1877	900.	1000.	1500.	2000.	2600.	3200.	4225.	4500.	5000.	7000.	9000.	15000.	20000.	70000.	4000.	5000.	14000.	20000.
1878	35.	45.	75.	150.	275.	300.	450.	500.	550.	700.	1000.	1000.	3000.	7500.	275.	500.	1500.	—
1879	9.00	14.	20.	40.	75.	90.	150.	160.	175.	250.	400.	400.	1100.	3500.	250.	300.	1500.	2500.
1880	3.00	5.00	7.00	12	30.	50.	75.	85.	125.	225.	375.	400.	1000.	3500.	200.	300.	1500.	—
1881	3.00	5.00	7.00	9.00	22.	35.	60.	75.	150.	200.	375.	425.	1000.	3500.	200.	300.	1500.	2000.
1882	3.00	5.00	7.00	12	22.	35.	60.	75.	125.	175.	375.	375.	1000.	3500.	200.	300.	1500.	2500.
1883	3.00	5.00	7.00	10.	20.	33.	60.	75.	125.	175.	400.	375.	1200.	3500.	200.	300.	2000.	—
1884	5.00	6.00	9.00	14.	35.	50.	75.	85.	125.	225.	500.	500.	2000.	3500.	200.	300.	1400.	2000.
1885	8.00	9.00	14.	35.	75.	90.	125.	150.	200.	350.	700.	800.	3000.	5000.	200.	350.	1700.	—
1886 Feather between I and C	6.00	9.00	22.	70.	165.	200.	250.	275.	300.	425.	1500.	1200.	6000.	7500.	265.	350.	2800.	4000.
1886 Feather between C and A	10.	20.	35.	75.	175.	200.	300.	400.	550.	1000.	3000.	2500.	15000.	50000.	400.	700.	10000.	32000.
1887	2.75	4.00	6.00	8.00	35.	40.	65.	75.	150.	350.	1000.	900.	2500.	8000.	200.	400.	6000.	12000.
1888/7	2000.	3000.	5000.	9000.	14000.	20000.	40000.	50000.	75000.	100000.	—	—	—	—	*	*	*	*
1888	2.00	4.00	7.00	10.	35.	35.	65.	75.	150.	350.	1000.	900.	2500.	8500.	225.	350.	6000.	3500.
1889	2.00	3.00	6.00	10.	25.	35.	60.	75.	125.	225.	750.	700.	2500.	10000.	350.	350.	2200.	3500.
1890	1.75	2.50	4.00	5.00	12.	25.	35.	45.	100.	225.	450.	375.	1660.	5500.	200.	300.	2000.	—
1891	1.75	2.50	4.00	5.00	12.	25.	35.	45.	100.	225.	450.	375.	1100.	—	200.	400.	2500.	—
1892	1.75	2.50	4.00	5.00	15.	25.	35.	45.	90.	225.	425.	375.	1400.	3500.	200.	300.	1500.	3500.
1893	1.75	2.50	4.00	5.00	12.	25.	35.	45.	90.	225.	400.	450.	1400.	2000.	200.	300.	1500.	—
1894	5.00	7.00	14.	22.	55.	75.	100.	125.	175.	275.	500.	375.	1000.	4000.	200.	300.	1500.	—
1894/1894	35.	50.	100.	175.	300.	500.	800.	1500.	1700.	2500.	6500.	7500.	10000.	—	*	*	*	*
1895	1.75	2.50	4.00	5.00	13.	25.	35.	40.	55.	150.	300.	1000.	1000.	1500.	200.	300.	1500.	3000.
1896	1.75	2.50	4.00	5.00	12.	27.	40.	45.	60.	150.	300.	250.	1000.	2500.	220.	400.	2000.	—

—— = Insufficient pricing data   * = None issued

INDIAN HEAD CENT (CONTINUED)

	G-4	VG-8	F-12	VF-20	EF-40	AU-50	MS-60B	MS-62RB	MS-63RB	MS-64RB	MS-64R	MS-65RB	MS-65R	MS-66R	PF-63RB	PF-64RB	PF-65R	PF-66R
1897	1.75	2.50	4.00	5.00	12.	25.	35.	40.	60.	150.	250.	250.	1000.	3000.	200.	300.	1500.	3000.
1898	1.75	2.50	4.00	5.00	12.	25.	35.	40.	60.	125.	275.	250.	750.	3000.	200.	300.	1500.	—
1899	1.75	2.50	4.00	5.00	12.	25.	35.	40.	60.	100.	150.	200.	750.	1500.	200.	300.	1200.	2000.
1900	1.75	2.50	4.00	5.00	14.	20.	30.	35.	50.	100.	225.	225.	900.	2500.	200.	300.	1200.	2000.
1901	1.50	2.50	4.00	5.00	8.00	20.	30.	35.	50.	90.	150.	175.	500.	1000.	200.	300.	1200.	2000.
1902	1.50	2.50	4.00	5.00	8.00	20.	30.	35.	50.	90.	150.	175.	500.	1000.	200.	300.	1200.	2500.
1903	1.50	2.50	4.00	5.00	8.00	20.	30.	35.	50.	90.	150.	175.	500.	1500.	200.	400.	1200.	3000.
1904	1.50	2.50	4.00	5.00	8.00	20.	30.	35.	50.	90.	150.	175.	500.	1000.	200.	300.	1200.	3000.
1905	1.50	2.50	4.00	5.00	8.00	20.	30.	35.	50.	90.	150.	175.	500.	1000.	200.	300.	1200.	2500.
1906	1.50	2.50	4.00	5.00	8.00	20.	30.	35.	50.	90.	150.	175.	500.	2000.	200.	300.	1200.	2500.
1907	1.50	2.50	4.00	5.00	8.00	20.	30.	35.	50.	90.	150.	175.	600.	2000.	200.	300.	1500.	4000.
1908	1.50	2.50	4.00	5.00	8.00	20.	30.	35.	50.	90.	150.	175.	600.	2000.	200.	300.	1500.	—
1908-S	70.	90.	100.	125.	175.	225.	260.	325.	450.	600.	1400.	1100.	2500.	4000.	*	*	*	*
1909	12.	15.	17.	20.	25.	35.	40.	50.	75.	100.	200.	175.	500.	1500.	200.	300.	1500.	1500.
1909-S	550.	575.	625.	700.	825.	900.	1000.	1200.	1400.	1750.	2600.	3000.	5500.	8500.	*	*	*	*

—— = Insufficient pricing data   * = None issued

Lincoln, Wheat cent

Date of authorization:	Feb. 21, 1857 April 22, 1864; Dec. 18, 1942
Dates of issue:	1909-1958
Designer:	Victor D. Brenner
Engraver:	Charles Barber
Diameter:	19.05 mm/0.75 inch
Weight:	1909-1942, 1944-1958:
	3.11 grams/0.10 ounce
	1943: 2.69 grams/0.09 ounce;
	or 2.75 grams/0.09 ounce
Metallic content:	1909-1942: 95% copper, 5% zinc and tin
	1942: 95% copper, 5% zinc
	1943: zinc-coated steel
	1944-1946: 95% copper, 5% zinc
	1947-1958: 95% copper, 5% zinc and tin
Specific gravity:	1909-1942, 8.84; 1943, 7.8; 1944-1946, 8.83;
	1947-1958, 8.84
Edge:	Plain
Mint mark:	Obverse under date

Note: For copper-alloy coins, the letter B following a numerical grade (as in MS-63B) is shorthand for brown, RB represents red and brown, and R stands for red. It is common practice for grading services to qualify copper coins. In addition to a Mint State grade, a copper coin is assigned as brown, red and brown, or red. Generally, full red coins are valued higher than red and brown coins, which in turn are valued higher than brown coins, all else being equal.

Also, the letter C following a numerical grade for a Proof coin stands for "cameo," while the letters DC stand for "deep cameo." Cameo coins have contrasting surface finishes: mirror fields and frosted devices (raised areas). Deep cameo coins are the ultimate level of cameo, with deeply frosted devices. Cameo and deep cameo coins bring premiums.

	G-4	VG-8	F-12	VF-20	EF-40	AU-50	AU-55	AU-58	MS-60B	MS-62B	MS-62RB	MS-63RB	MS-64RB	MS-64R	MS-65RB	MS-65R	MS-66R	MS-67R	PF-63RB	PF-64RB	PF-65R	PF-66R
BRONZE ALLOY																						
1909 VDB	12.	15.	17.	18.	20.	22.	—	24.	25.	—	—	35.	65.	125.	100.	225.	800.	2000.	5000.	40000.	50000.	—
1909-S VDB	800.	950.	1150.	1300.	1400.	1600.	—	1900.	2000.	—	—	2400.	3500.	4250.	4500.	7000.	20000.	100000.	*	*	*	*
1909	4.00	4.50	5.00	6.00	7.00	14.	—	18.	20.	—	—	25.	35.	100.	60.	200.	800.	4000.	500.	700.	3500.	3500.
1909-S	100.	125.	140.	175.	225.	250.	—	300.	325.	—	—	400.	575.	750.	900.	1500.	4000.	70000.	*	*	*	*
1909-S/Horizontal S	135.	150.	175.	250.	300.	350.	—	400.	450.	—	—	500.	660.	900.	850.	2000.	3500.	14000.	*	*	*	*
1910	0.25	0.50	0.75	1.00	5.00	10.	—	15.	20.	—	—	50.	70.	80.	150.	300.	1000.	11000.	400.	2000.	3000.	*
1910-S	18.	20.	25.	35.	65.	75.	—	90.	100.	—	—	225.	225.	350.	750.	900.	2750.	50000.	*	*	*	*
1911	0.35	0.50	1.50	2.50	7.50	12.	—	17.	22.	—	—	50.	100.	225.	225.	600.	2500.	22000.	400.	750.	3500.	10000.
1911-D	5.00	6.00	9.00	22.	50.	85.	—	90.	100.	—	—	150.	550.	700.	900.	2000.	2500.	—	*	*	*	*
1911-S	48.	50.	52.	58.	75.	150.	—	175.	185.	—	—	350.	800.	1400.	3500.	3500.	9000.	45000.	*	*	*	*
1912	1.25	1.75	2.00	5.50	12.	25.	—	30.	35.	—	—	80.	125.	250.	250.	600.	2000.	25000.	400.	800.	7500.	—
1912-D	6.00	10.	12.	40.	70.	100.	—	150.	155.	—	—	300.	450.	750.	1400.	2000.	15000.	—	*	*	*	*
1912-S	22.	27.	30.	40.	80.	110.	—	175.	185.	—	—	325.	450.	1000.	1400.	4000.	15000.	—	*	*	*	*
1913	0.75	1.00	1.50	3.00	18.	25.	—	35.	40.	—	—	85.	125.	200.	275.	600.	2000.	34500.	400.	500.	2000.	5500.
1913-D	3.00	4.00	5.00	12.	55.	75.	—	85.	100.	—	—	250.	400.	750.	1000.	2250.	7500.	—	*	*	*	*
1913-S	14.	18.	22.	32.	60.	100.	—	150.	200.	—	—	400.	875.	1750.	2000.	6000.	45000.	—	*	*	*	*
1914	0.50	1.00	2.00	6.00	21.	37.	—	45.	50.	—	—	75.	125.	375.	250.	1150.	6000.	75000.	400.	500.	2500.	5500.
1914-D	175.	250.	375.	450.	900.	1400.	—	2000.	2200.	—	—	4000.	7000.	10000.	9000.	20000.	35000.	—	*	*	*	*
1914-S	25.	30.	35.	45.	65.	175.	—	300.	310.	—	—	900.	1200.	2250.	3500.	6000.	100000.	—	*	*	*	*
1915	1.50	3.00	4.00	18.	66.	75.	—	85.	95.	—	—	125.	200.	300.	350.	1000.	2000.	—	500.	600.	3500.	—
1915-D	1.50	2.50	3.50	7.00	25.	45.	—	75.	76.	—	—	150.	200.	450.	825.	1000.	7500.	25000.	*	*	*	*
1915-S	20.	25.	25.	35.	75.	100.	—	250.	255.	—	—	625.	1750.	2800.	1750.	3000.	25000.	—	*	*	*	*
1916	0.40	0.50	0.75	2.50	8.00	13.	—	15.	20.	—	—	50.	80.	150.	100.	450.	900.	3500.	500.	700.	15000.	20000.
1916-D	1.00	2.00	3.00	7.00	18.	40.	—	50.	75.	—	—	150.	250.	2000.	750.	3000.	30000.	—	*	*	*	*
1916-S	1.50	3.00	4.00	8.00	30.	45.	—	85.	100.	—	—	200.	500.	3000.	1250.	10000.	30000.	35000.	*	*	*	*

—— = Insufficient pricing data   * = None issued

LINCOLN, WHEAT CENT (CONTINUED)

	G-4	VG-8	F-12	VF-20	EF-40	AU-50	AU-55	AU-58	MS-60B	MS-62B	MS-62RB	MS-63RB	MS-64RB	MS-64R	MS-65RB	MS-65R	MS-66RB	MS-66R	MS-67R	PF-63RB	PF-64RB	PF-65R	PF-66R
1917	0.25	0.50	1.00	2.00	5.00	15.	—	18.	20.	—	—	30.	75.	250.	175.	700.	2000.	2000.	12250.	*	*	*	*
1917 Doubled Die Obverse	200.	250.	300.	500.	1500.	2000.	—	2500.	3000.	—	—	6000.	9000.	25000.	15000.	40000.	—	50000.	—	*	*	*	*
1917-D	1.00	1.50	2.00	5.00	12.	25.	—	60.	65.	—	—	150.	400.	1100.	1000.	3800.	—	17000.	—	*	*	*	*
1917-S	0.50	0.50	0.50	1.00	4.00	10.	—	65.	70.	—	—	300.	600.	2000.	2250.	25000.	—	66000.	—	*	*	*	*
1918	1.00	2.00	2.00	5.00	15.	35.	—	65.	75.	—	—	180.	350.	1400.	1100.	3800.	—	4000.	15000.	*	*	*	*
1918-D	0.50	1.00	1.50	4.00	12.	35.	—	50.	75.	—	—	250.	700.	2800.	2200.	15000.	—	65000.	—	*	*	*	*
1918-S	0.50	1.00	1.50	4.00	12.	35.	—	50.	75.	—	—	250.	700.	2200.	2200.	15000.	—	65000.	—	*	*	*	*
1919	0.25	0.50	1.00	1.00	2.00	6.00	—	7.00	9.00	—	—	25.	50.	100.	125.	300.	—	700.	3500.	*	*	*	*
1919-D	0.75	1.00	1.50	5.00	12.	35.	—	55.	60.	—	—	150.	250.	900.	900.	4000.	—	12000.	—	*	*	*	*
1919-S	0.50	0.50	1.00	1.50	2.50	7.00	—	40.	50.	—	—	150.	250.	1750.	1250.	15000.	—	20000.	—	*	*	*	*
1920	0.25	0.50	1.00	1.50	3.00	7.00	—	11.	15.	—	—	30.	50.	900.	500.	2500.	—	20000.	—	*	*	*	*
1920-D	1.00	1.50	3.00	5.50	17.	35.	—	50.	75.	—	—	125.	250.	450.	2300.	2300.	—	1000.	20000.	*	*	*	*
1920-S	0.50	1.00	1.50	3.00	15.	35.	—	75.	100.	—	—	250.	700.	2300.	1000.	20000.	—	30000.	—	*	*	*	*
1921	0.50	1.00	1.50	3.00	11.	35.	—	40.	45.	—	—	85.	125.	225.	225.	425.	—	1500.	—	*	*	*	*
1921-S	1.00	2.00	3.50	6.00	35.	75.	—	85.	110.	—	—	450.	600.	2000.	1000.	20000.	—	—	—	*	*	*	*
1922 Missing D, Strong Reverse, Die 2	750.	900.	1250.	1500.	3000.	6000.	—	9000.	11000.	—	—	35000.	40000.	60000.	75000.	175000.	—	—	—	*	*	*	*
1922 Missing D, Weak Reverse, Dies 1,3 & 4	—	100.	250.	375.	660.	750.	—	850.	1000.	—	—	1500.	—	—	—	—	—	—	—	*	*	*	*
1922 Weak D	25.	30.	40.	50.	75.	100.	—	250.	300.	—	—	250.	300.	900.	—	—	—	—	—	*	*	*	*
1922-D	20.	22.	25.	30.	40.	75.	—	125.	150.	—	—	55.	150.	900.	150.	450.	—	1250.	—	*	*	*	*
1923	0.25	0.50	1.00	2.00	6.00	10.	—	15.	20.	—	—	50.	85.	150.	125.	450.	—	1500.	—	*	*	*	*
1923-S	3.50	5.00	7.00	10.	45.	85.	—	200.	210.	—	—	500.	1700.	5000.	2500.	20000.	—	—	5750.	*	*	*	*
1924	0.25	0.50	1.00	2.00	6.00	12.	—	15.	20.	—	—	55.	85.	150.	125.	450.	—	1500.	—	*	*	*	*
1924-D	40.	50.	60.	70.	125.	150.	—	255.	255.	—	—	600.	900.	2250.	1500.	15000.	1500.	35000.	25000.	*	*	*	*
1924-S	1.25	1.50	2.50	5.00	50.	75.	—	90.	110.	—	—	550.	900.	4500.	2250.	50000.	—	—	—	*	*	*	*

— = Insufficient pricing data   * = None issued

LINCOLN, WHEAT CENT (CONTINUED)

	PF-66R	PF-65R	PF-64RB	PF-63RB	MS-67R	MS-66R	MS-65R	MS-65RB	MS-64R	MS-64RB	MS-63RB	MS-62RB	MS-62B	MS-60B	AU-58	AU-55	AU-50	EF-40	VF-20	F-12	VG-8	G-4
1925	*	*	*	*	2500.	700.	175.	60.	75.	40.	25.	—	—	10.	8.00	—	6.00	3.50	1.50	1.00	0.50	0.25
1925-D	*	*	*	*	—	20000.	5000.	700.	625.	300.	150.	—	—	80.	75.	—	30.	15.	6.00	3.00	1.50	1.00
1925-S	*	*	*	*	—	—	20000.	4000.	7000.	1000.	350.	—	—	90.	65.	—	35.	12	3.00	2.00	1.25	0.75
1926	*	*	*	*	1500.	450.	150.	60.	75.	35.	17.	—	—	9.00	7.00	—	5.00	2.50	1.00	0.75	0.50	0.25
1926-D	*	*	*	*	—	—	5000.	900.	750.	375.	200.	—	—	85.	80.	—	35.	15.	5.00	3.00	2.00	1.50
1926-S	*	*	*	*	1750.	—	175000.	7000.	15000.	3500.	1000.	—	—	150.	125.	—	75.	35.	18.	14.	12	9.00
1927	*	*	*	*	—	450.	150.	60.	75.	35.	18.	—	—	9.00	7.00	—	5.00	2.00	1.50	1.00	0.50	0.25
1927-D	*	*	*	*	—	150.	2500.	360.	600.	150.	125.	—	—	65.	55.	—	25.	7.00	3.00	2.00	1.50	1.00
1927-S	*	*	*	*	1750.	—	12500.	1600.	1500.	375.	275.	—	—	70.	65.	—	40.	15.	3.00	3.00	1.50	1.25
1928	*	*	*	*	—	450.	70.	60.	75.	30.	18.	—	—	8.00	5.00	—	4.00	2.00	1.50	1.00	0.50	0.25
1928-D	*	*	*	*	1750.	10000.	2500.	750.	400.	300.	65.	—	—	35.	22.	—	18.	6.00	3.00	2.00	1.00	0.75
1928-S	*	*	*	*	—	—	2500.	4250.	750.	750.	150.	—	—	75.	65.	—	30.	9.00	3.50	2.50	1.50	1.00
1929	*	*	*	*	2500.	500.	125.	50.	50.	35.	14.	—	—	9.00	7.00	—	5.00	2.50	1.50	1.00	0.50	0.25
1929-D	*	*	*	*	—	5000.	850.	175.	200.	75.	35.	—	—	23.	22.	—	14.	6.00	2.50	1.50	1.00	0.50
1929-S	*	*	*	*	750.	4500.	700.	125.	125.	75.	40.	—	—	23.	22.	—	15.	6.00	2.50	2.00	1.00	0.50
1930	*	*	*	*	7500.	125.	75.	50.	45.	18.	8.00	—	—	5.00	4.00	—	3.00	1.00	0.75	0.50	0.35	0.25
1930-D	*	*	*	*	25000.	1100.	100.	65.	60.	45.	28.	—	—	14	9.00	—	6.00	2.00	1.00	0.75	0.50	0.25
1930-S	*	*	*	*	10000.	575.	150.	80.	75.	25.	15.	—	—	12.	8.50	—	7.00	5.00	2.50	2.00	1.00	0.50
1931	*	*	*	*	—	500.	1200.	450.	200.	60.	35.	—	—	22.	12.	—	10.	5.00	2.50	2.00	1.00	0.50
1931-D	*	*	*	*	5000.	2000.	700.	425.	375.	125.	90.	—	—	60.	45.	—	35.	14.	9.00	8.00	7.00	5.00
1931-S	*	*	*	*	—	450.	125.	80.	65.	275.	225.	—	—	190.	180.	—	170.	150.	140.	130.	120.	110.
1932	*	*	*	*	5000.	750.	150.	75.	75.	50.	30.	—	—	20.	15.	—	12.	6.00	4.00	3.00	2.00	1.50
1932-D	*	*	*	*	13000.	450.	175.	75.	75.	45.	35.	—	—	20.	15.	—	10.	4.00	4.00	3.00	2.00	1.50
1933	*	*	*	*	3500.	900.	175.	75.	75.	45.	30.	—	—	20.	14.	—	12.	4.00	3.00	2.00	1.50	1.50
1933-D	*	*	*	*	5000.	—	175.	75.	80.	50.	35.	—	—	25.	20.	—	18.	12.	7.00	5.00	4.00	3.50

—— = Insufficient pricing data   * = None issued

	G-4	VG-8	F-12	VF-20	EF-40	AU-50	AU-58	MS-60B	MS-63RB	MS-64RB	MS-64R	MS-65RB	MS-65R	MS-66R	MS-67R	MS-68R	PF-63RB	PF-64RB	PF-65RB	PF-65R	PF-66	PF-66DC	PF-66R	PF-67R
1934	0.05	0.10	0.25	0.40	1.25	4.00	7.00	10.	12.	15.	20.	25.	35.	75.	300.	7500.	*	*	*	*	*	*	*	*
1934-D	0.05	0.10	0.35	0.55	5.00	9.00	18.	30.	35.	40.	45.	55.	60.	150.	500.	3500.	*	*	*	*	*	*	*	*
1935	0.05	0.10	0.40	0.40	0.75	1.00	10.	30.	25.	30.	35.	40.	50.	50.	150.	7500.	*	*	*	*	*	*	*	*
1935-D	0.05	0.10	0.45	0.45	0.85	2.00	5.00	10.	12.	18.	35.	22.	30.	55.	135.	—	*	*	*	*	*	*	*	*
1935-S	0.05	0.10	0.65	1.50	2.50	5.00	20.	30.	35.	40.	50.	60.	125.	475.	7000.	—	*	*	*	*	*	*	*	*
1936	0.05	0.10	0.25	0.40	0.70	1.00	2.00	3.50	5.00	8.00	12.	15.	20.	45.	100.	—	*	*	*	*	*	*	*	*
1936 Doubled Die Obverse	—	—	—	—	175.	—	—	—	2000.	—	—	—	—	—	—	—	*	*	*	*	*	*	*	*
1936 Satin Finish	—	—	—	—	—	—	—	—	—	—	—	—	3500.	7500.	—	—	300.	800.	—	2000.	—	—	3500.	—
1936 Brilliant Finish	*	*	*	*	*	*	*	*	*	*	*	*	*	*	*	*	450.	800.	—	2500.	—	—	6000.	10000.
1936-D	0.05	0.10	0.10	0.30	0.85	1.00	3.00	5.50	7.00	9.00	11.	12.	20.	40.	150.	—	*	*	*	*	*	*	*	*
1936-S	0.05	0.10	0.10	0.35	1.50	2.00	4.00	8.50	11.	15.	20.	20.	25.	50.	200.	—	*	*	*	*	*	*	*	*
1937	0.05	0.10	0.20	0.30	0.50	0.75	3.50	3.50	5.00	7.00	12.	15.	20.	50.	125.	—	75.	200.	—	300.	—	—	1500.	3500.
1937-D	0.05	0.10	0.25	0.40	0.65	1.00	2.00	4.00	6.00	9.00	15.	18.	25.	45.	150.	—	*	*	*	*	*	*	*	*
1937-S	0.05	0.10	0.25	0.40	0.65	1.00	1.50	3.00	5.00	8.00	15.	20.	28.	45.	175.	—	*	*	*	*	*	*	*	*
1938	0.05	0.10	0.20	0.30	0.50	1.00	4.00	8.00	11.	14.	20.	20.	25.	45.	150.	—	50.	150.	—	250.	—	—	800.	2500.
1938-D	0.05	0.10	0.40	0.75	0.85	1.00	4.00	8.00	11.	14.	18.	20.	25.	60.	150.	4500.	*	*	*	*	*	*	*	*
1938-S	0.05	0.10	0.35	0.55	0.80	3.00	6.00	8.00	15.	15.	18.	23.	—	50.	200.	—	*	*	*	*	*	*	*	*
1939	0.05	0.10	0.15	0.25	0.35	0.50	1.00	2.50	3.50	5.00	11.	11.	15.	40.	130.	10000.	50.	150.	—	250.	—	—	1800.	4000.
1939-D	0.05	0.10	0.40	0.40	1.00	1.50	3.00	5.50	8.00	11.	18.	18.	25.	45.	100.	7000.	*	*	*	*	*	*	*	*
1939-S	0.05	0.10	0.25	0.40	0.75	1.50	3.00	3.00	4.00	6.00	12.	15.	20.	40.	100.	—	*	*	*	*	*	*	*	*
1940	0.05	0.10	0.20	0.30	0.40	0.50	1.50	3.00	4.00	6.00	10.	14.	18.	40.	150.	13000.	40.	150.	—	250.	—	—	500.	—
1940-D	0.05	0.10	0.30	0.50	0.60	0.70	2.00	3.50	5.00	7.00	12.	11.	15.	30.	125.	—	*	*	*	*	*	*	*	*
1940-S	0.05	0.10	0.30	0.50	0.60	0.90	3.00	5.50	8.00	10.	12.	12.	20.	35.	160.	—	*	*	*	*	*	*	*	*
1941	0.04	0.10	0.25	0.40	0.50	0.55	2.50	3.50	3.50	5.00	10.	14.	20.	30.	150.	—	40.	150.	—	250.	—	—	500.	2000.

—— = Insufficient pricing data   * = None issued

LINCOLN, WHEAT CENT (CONTINUED)

	G-4	VG-8	F-12	VF-20	EF-40	AU-50	AU-58	MS-60B	MS-63RB	MS-64RB	MS-64R	MS-65RB	MS-65R	MS-66R	MS-67R	MS-68R	PF-63RB	PF-64RB	PF-65RB	PF-65R	PF-66	PF-66DC	PF-66R	PF-67R
1941-D	0.04	0.10	0.40	0.60	1.00	1.50	2.50	4.00	5.50	7.00	12.	13.	18.	35.	150.	—	*	*	*	*	*	*	*	*
1941-S	0.05	0.10	0.50	0.70	0.80	1.00	3.00	5.50	7.50	10.	15.	17.	27.	45.	125.	—	*	*	*	*	*	*	*	*
1942	0.04	0.10	0.20	0.30	0.40	0.50	1.00	1.50	2.50	4.00	8.00	10.	18.	40.	100.	—	40.	125.	—	250.	—	600.	—	—
1942-D	0.04	0.10	0.20	0.30	0.40	0.50	1.00	1.50	2.00	3.00	8.00	10.	15.	40.	100.	13000.	*	*	*	*	*	*	*	*
1942-S	0.05	0.10	0.25	0.75	1.00	1.50	5.00	12.	15.	18.	25.	25.	30.	40.	100.	14000.	*	*	*	*	*	*	*	*
ZINC-COATED STEEL																								
1943	0.10	0.15	0.20	0.30	0.40	0.65	1.00	2.00	3.00	5.00	10.	12.	18.	30.	80.	3000.	*	*	*	*	*	*	*	*
1943-D	0.12	0.20	0.25	0.45	0.60	0.75	1.50	3.00	4.00	5.00	8.00	9.00	13.	30.	80.	1200.	*	*	*	*	*	*	*	*
1943-D/D	0.15	0.25	—	—	—	—	—	—	—	—	700.	—	1200.	2000.	10000.	—	*	*	*	*	*	*	*	*
1943-S	0.15	0.25	0.35	0.55	0.75	1.00	4.00	8.50	12.	15.	20.	20.	25.	40.	100.	2500.	*	*	*	*	*	*	*	*
SHELL-CASE BRASS																								
1944	0.04	0.05	0.10	0.15	0.20	0.35	0.50	0.75	1.50	2.50	6.00	8.00	11.	21.	100.	—	*	*	*	*	*	*	*	*
1944-D	0.04	0.10	0.15	0.20	0.25	0.35	0.50	0.75	1.50	2.50	8.00	8.00	15.	30.	100.	—	*	*	*	*	*	*	*	*
1944-D/S	50.	75.	100.	175.	250.	300.	350.	400.	500.	750.	1000.	2000.	4500.	7500.	—	—	*	*	*	*	*	*	*	*
1944-S	0.05	0.10	0.15	0.20	0.25	0.35	0.50	0.75	1.50	2.50	8.00	8.00	10.	25.	80.	—	*	*	*	*	*	*	*	*
1945	0.04	0.10	0.10	0.15	0.25	0.40	0.50	0.75	1.00	1.50	8.00	8.00	12.	35.	125.	—	*	*	*	*	*	*	*	*
1945-D	0.04	0.10	0.15	0.20	0.25	0.40	0.50	0.75	1.00	1.50	8.00	8.00	10.	30.	125.	—	*	*	*	*	*	*	*	*
1945-S	0.05	0.10	0.15	0.20	0.25	0.30	0.50	1.00	1.50	2.50	8.00	8.00	10.	30.	65.	—	*	*	*	*	*	*	*	*
1946	0.04	0.10	0.10	0.15	0.20	0.25	0.35	0.75	1.00	1.50	8.00	8.00	11.	30.	90.	—	*	*	*	*	*	*	*	*
1946-D	0.04	0.10	0.15	0.18	0.20	0.25	0.50	0.75	1.00	1.50	8.00	8.00	10.	25.	100.	—	*	*	*	*	*	*	*	*
1946-S	0.05	0.10	0.20	0.25	0.30	0.35	0.50	0.75	1.50	2.50	8.00	8.00	15.	30.	150.	—	*	*	*	*	*	*	*	*
1946-S/D	—	—	—	—	—	100.	125.	175.	300.	400.	—	—	600.	750.	—	—	*	*	*	*	*	*	*	*

———— = Insufficient pricing data   * = None issued

BRONZE ALLOY

Date	G-4	VG-8	F-12	VF-20	EF-40	AU-50	AU-58	MS-60B	MS-63RB	MS-64RB	MS-64R	MS-65RB	MS-65R	MS-66R	MS-67R	PF-63RB	PF-64RB	PF-65R	PF-66DC	PF-66R	PF-67R
1947	0.04	0.05	0.05	0.05	0.05	0.10	1.00	3.00	4.00	5.50	7.50	7.50	10.	50.	135.	*	*	*	*	*	*
1947-D	0.04	0.05	0.05	0.05	0.05	0.10	0.25	0.50	1.00	1.50	3.00	4.00	9.00	30.	40.	*	*	*	*	*	*
1947-S	0.05	0.05	0.05	0.05	0.05	0.10	0.50	1.00	1.50	2.50	4.00	5.00	11.	30.	125.	*	*	*	*	*	*
1948	0.04	0.05	0.05	0.05	0.05	0.10	0.50	1.00	1.50	2.50	4.00	6.00	10.	100.	250.	*	*	*	*	*	*
1948-D	0.04	0.05	0.05	0.05	0.05	0.10	0.50	1.00	1.50	2.50	4.00	4.00	7.00	38.	400.	*	*	*	*	*	*
1948-S	0.05	0.05	0.05	0.05	0.05	0.10	1.00	2.25	3.00	4.00	6.00	4.00	9.00	150.	125.	*	*	*	*	*	*
1949	0.04	0.05	0.05	0.05	0.05	0.10	1.00	3.00	4.00	4.00	7.00	4.00	15.	30.	250.	*	*	*	*	*	*
1949-D	0.04	0.05	0.05	0.05	0.05	0.10	1.00	1.50	2.00	3.00	6.00	5.00	17.	40.	40.	*	*	*	*	*	*
1949-S	0.05	0.05	0.05	0.05	0.05	0.10	1.50	3.00	4.00	5.00	7.00	5.00	12.	60.	60.	*	*	*	*	*	*
1950	0.04	0.05	0.05	0.05	0.05	0.10	0.50	1.00	1.00	2.00	4.00	4.00	15.	80.	500.	35.	50.	100.	2500.	120.	720.
1950-D	0.04	0.05	0.05	0.05	0.05	0.10	0.50	1.00	1.50	2.50	4.00	5.00	15.	40.	250.	*	*	*	*	*	*
1950-S	0.05	0.05	0.05	0.05	0.05	0.10	0.75	1.25	1.75	3.00	5.00	5.00	8.00	35.	45.	*	*	*	*	*	*
1951	0.04	0.05	0.05	0.05	0.05	0.10	1.00	1.50	2.00	3.00	5.00	5.00	10.	30.	95.	25.	50.	60.	—	145.	270.
1951-D	0.04	0.05	0.05	0.05	0.05	0.10	0.35	0.50	1.00	2.00	5.00	5.00	15.	75.	95.	*	*	*	*	*	*
1951-S	0.05	0.05	0.05	0.05	0.05	0.10	0.50	1.25	2.00	3.00	6.00	6.00	10.	30.	45.	*	*	*	*	*	*
1952	0.04	0.05	0.05	0.05	0.05	0.10	0.50	1.25	3.50	5.00	10.	10.	12.	35.	75.	13.	35.	50.	—	90.	210.
1952-D	0.04	0.05	0.05	0.05	0.05	0.10	0.25	0.35	0.75	1.50	3.00	3.00	11.	30.	50.	*	*	*	*	*	*
1952-S	0.05	0.05	0.05	0.05	0.05	0.10	1.00	3.00	4.00	5.00	7.00	7.00	14.	25.	50.	*	*	*	*	*	*
1953	0.04	0.05	0.05	0.05	0.05	0.10	0.25	0.50	1.00	2.00	4.00	4.00	16.	70.	90.	10.	30.	35.	—	40.	155.
1953-D	0.05	0.05	0.05	0.05	0.05	0.10	0.50	0.50	1.00	2.00	4.00	4.00	11.	25.	35.	*	*	*	*	*	*
1953-S	0.04	0.05	0.05	0.05	0.05	0.10	0.25	1.00	1.50	2.50	5.00	5.00	12.	25.	125.	*	*	*	*	*	*
1954	0.05	0.05	0.05	0.05	0.05	0.10	0.25	1.00	1.50	1.50	4.00	4.00	15.	35.	100.	5.00	12.	22.	—	40.	90.
1954-D	0.04	0.05	0.05	0.05	0.05	0.10	0.25	0.35	0.75	1.50	4.00	4.00	12.	25.	40.	*	*	*	*	*	*
1954-S	0.05	0.05	0.05	0.05	0.05	0.10	0.25	0.35	0.75	1.50	4.00	4.00	14.	22.	85.	*	*	*	*	*	*
1955	0.04	0.05	0.05	0.05	0.05	0.10	0.25	0.35	0.75	1.50	5.00	5.00	18.	45.	55.	5.00	13.	18.	230.	20.	55.

—— = Insufficient pricing data   * = None issued

LINCOLN, WHEAT CENT (CONTINUED)

	G-4	VG-8	F-12	VF-20	EF-40	AU-50	AU-58	MS-60B	MS-63RB	MS-64RB	MS-64R	MS-65RB	MS-65R	MS-66R	MS-67R	PF-63RB	PF-64RB	PF-65R	PF-66DC	PF-66R	PF-67R
1955 Doubled Die Obverse	1100.	1300.	1500.	1600.	1800.	2000.	2200.	2500.	4000.	6500.	13000.	20000.	40000.	—	—	*	*	*	*	*	*
1955-D	0.04	0.05	0.05	0.05	0.05	0.10	0.25	0.35	0.75	1.50	4.00	4.00	15.	40.	100.	*	*	*	*	*	*
1955-S	0.05	0.05	0.05	0.05	0.05	0.10	0.50	0.75	1.25	2.00	5.00	5.00	15.	30.	175.	*	*	*	*	*	*
1956	0.04	0.05	0.05	0.05	0.05	0.10	0.25	0.35	0.75	1.50	2.50	2.50	11.	125.	175.	2.00	3.00	5.00	—	25.	60.
1956-D	0.04	0.05	0.05	0.05	0.05	0.10	0.25	0.35	0.75	1.50	2.50	2.50	10.	25.	55.	*	*	*	*	*	*
1956-D/D											75.		100.			*	*	*	*	*	*
1957	0.04	0.05	0.05	0.05	0.05	0.10	0.25	0.35	0.75	1.50	2.50	2.50	11.	90.	125.	2.00	3.00	5.00	—	20.	30.
1957-D	0.04	0.05	0.05	0.05	0.05	0.10	0.25	0.35	0.75	1.50	2.50	2.50	10.	35.	75.	*	*	*	*	*	*
1958	0.04	0.05	0.05	0.05	0.05	0.10	0.25	0.35	0.75	1.50	2.50	2.50	12.	30.	40.	2.50	4.00	6.00	—	20.	30.
1958 Doubled Die Obverse																*	*	*	*	*	*
1958-D	0.04	0.05	0.05	0.05	0.05	0.10	0.15	0.35	0.90	1.60	2.50	2.50	11.	20.	75.	*	*	*	*	*	*

—— = Insufficient pricing data   * = None issued

Lincoln, Memorial and later cents

Date of authorization: Feb. 21, 1857; April 22, 1864; Sept. 5, 1962; Dec. 22, 2005

Dates of issue: 1959-2008

Designers: Obverse: Victor D. Brenner
Reverse: Frank Gasparro

Engravers: Obverse: Charles Barber
Reverse: Gilroy Roberts

Diameter: 19.05 mm/0.75 inch

Weight: 1959-1982: 3.11 grams/0.10 ounce
1982-present: 2.50 grams/0.08 ounce

Metallic content: 1959-1962: 95% copper, 5% zinc and tin
1962-1982: 95% copper, 5% zinc
1982-present: 97.5% zinc, 2.5% copper
(99.2% zinc, 0.8% copper planchet
plated with pure copper)
2009 collectors' coins: 95% copper,
3% zinc and 2% tin

Specific gravity: 1959-1962, 8.84; 1962-1982, 8.83;
1982-date, 7.17; 2009 collectors, 8.84

Edge: Plain

Mint mark: Obverse under date

Note: For copper-alloy coins, the letter B following a numerical grade (as in MS-63B) is shorthand for brown, RB represents red and brown, and R stands for red. It is common practice for grading services to qualify copper coins. In addition to a Mint State grade, a copper coin is assigned as brown, red and brown, or red. Generally, full red coins are valued higher than red and brown coins, which in turn are valued higher than brown coins, all else being equal.

Also, the letter C following a numerical grade for a Proof coin stands for "cameo," while the letters DC stand for "deep cameo." Cameo coins have contrasting surface finishes: mirror fields and frosted devices (raised areas). Deep cameo coins are the ultimate level of cameo, with deeply frosted devices. Cameo and deep cameo coins bring premiums.

2009 Lincoln, Bicentennial cents

2009 obverse

Childhood

Formative Years

Professional Life

Presidency

Designers: Obverse: Victor D. Brenner
Reverse:
Childhood, Richard Masters
Formative Years, Charles L. Vickers
Professional Life, Joel Iskowitz
Presidency, Susan Gamble

Engravers:

Reverse:
Childhood, Jim Licaretz
Formative Years, Charles L. Vickers
Professional Life, Donald Everhart II
Presidency, Joseph F. Menna

Note: Because of space limitations in the values section, the Childhood cent is coded as KY for Kentucky, home of Lincoln's childhood; the Formative Years cent is coded as IN, for Indiana, where Lincoln spent time as an older child and young man; the Professional Life cent is coded as IL, for Illinois, where Lincoln became a lawyer, practiced law and first entered politics; and the Presidency cent is coded DC, for the District of Columbia, where Lincoln served as president.

2010 Lincoln, Union Shield cent

Designers: Obverse: Victor D. Brenner
             Reverse: Lyndall Bass
Engravers: Obverse: Original 1909 model
               digitally scanned
             Reverse: Joseph F. Menna

LINCOLN, MEMORIAL CENT (CONTINUED)

MEMORIAL REVERSE

	G-4	VG-8	F-12	VF-20	EF-40	AU-50	AU-58	MS-60B	MS-63RB	MS-64RB	MS-64R	MS-65RB	MS-65R	MS-66R	MS-67R	MS-68R	PF-63RB	PF-64RB	PF-65R	PF-66DC	PF-66R	PF-67DC	PF-67R	PF-68DC	PF-69DC
1959	0.05	0.05	0.05	0.05	0.05	0.10	0.15	0.20	0.30	0.40	10.	1.00	20.	40.	175.	—	—	1.00	12.	60.	25.	375.	40.	*	—
1959-D	0.05	0.05	0.05	0.05	0.05	0.10	0.15	0.20	0.30	0.40	8.00	1.00	16.	40.	150.	—	*	*	*	*	*	*	*	*	*
1960 Large Date	0.05	0.05	0.05	0.05	0.05	0.10	0.15	0.20	0.30	0.40	5.00	1.00	10.	20.	175.	—	1.00	1.00	12.	40.	14.	—	19.	130.	—
1960 Small Date	0.25	0.25	0.25	0.50	1.00	2.00	2.50	4.50	6.50	7.50	—	10.	17.	40.	200.	—	—	14.	20.	30.	30.	—	70.	—	*
1960-D Large Date	0.05	0.05	0.05	0.05	0.05	0.10	0.15	0.20	0.30	0.40	5.00	1.00	10.	20.	50.	—	*	*	*	*	*	*	*	*	*
1960-D Small Date	0.05	0.05	0.05	0.05	0.05	0.10	0.15	0.20	0.30	0.40	5.00	1.00	10.	21.	50.	—	*	*	*	*	*	*	*	*	*
1961	0.05	0.05	0.05	0.05	0.05	0.10	0.15	0.20	0.30	0.55	6.00	1.00	12.	25.	75.	—	0.60	0.60	10.	—	10.	170.	40.	200.	*
1961-D	0.05	0.05	0.05	0.05	0.05	0.10	0.15	0.20	0.30	0.40	10.	1.00	20.	100.	125.	—	*	*	*	*	*	*	*	*	*

BRASS ALLOY

	G-4	VG-8	F-12	VF-20	EF-40	AU-50	AU-58	MS-60B	MS-63RB	MS-64RB	MS-64R	MS-65RB	MS-65R	MS-66R	MS-67R	MS-68R	PF-63RB	PF-64RB	PF-65R	PF-66DC	PF-66R	PF-67DC	PF-67R	PF-68DC	PF-69DC
1962	0.05	0.05	0.05	0.05	0.05	0.10	0.15	0.20	0.30	0.40	5.00	1.00	10.	40.	100.	—	0.60	0.60	10.	30.	14.	50.	40.	*	*
1962-D	0.05	0.05	0.05	0.05	0.05	0.10	0.15	0.20	0.30	0.40	10.	1.00	20.	110.	140.	—	*	*	*	*	*	*	*	*	*
1963	0.05	0.05	0.05	0.05	0.05	0.10	0.15	0.20	0.30	0.40	7.00	1.00	15.	150.	225.	—	0.60	0.60	10.	40.	14.	—	70.	*	*
1963-D	0.05	0.05	0.05	0.05	0.05	0.10	0.15	0.20	0.30	0.40	7.00	1.00	15.	150.	225.	—	*	*	*	*	*	*	*	*	*
1964	0.05	0.05	0.05	0.05	0.05	0.10	0.15	0.20	0.30	0.40	5.00	1.00	10.	35.	75.	—	1.00	2.00	10.	30.	14.	50.	40.	65.	*
1964-D	0.05	0.05	0.05	0.05	0.05	0.10	0.15	0.20	0.30	0.40	6.00	1.00	12.	40.	100.	—	*	*	*	*	*	*	*	*	*
1965	0.05	0.05	0.05	0.05	0.05	0.10	0.10	0.15	0.25	0.35	5.00	1.00	10.	15.	35.	—	*	*	*	*	*	*	*	*	*
1966	0.05	0.05	0.05	0.05	0.05	0.10	0.10	0.15	0.25	0.25	5.00	1.00	10.	15.	25.	—	*	*	*	*	*	*	*	*	*
1967	0.05	0.05	0.05	0.05	0.05	0.10	0.10	0.10	0.15	0.25	5.00	1.00	10.	20.	25.	—	*	*	*	*	*	*	*	*	*
1968	0.05	0.05	0.05	0.05	0.05	0.10	0.10	0.10	0.15	0.25	6.00	0.75	12.	30.	50.	—	*	*	*	*	*	*	*	*	*
1968-D	0.05	0.05	0.05	0.05	0.05	0.10	0.10	0.10	0.15	0.25	7.00	0.75	14.	30.	50.	—	*	*	*	*	*	*	*	*	*
1968-S	0.05	0.05	0.05	0.05	0.05	0.10	0.10	0.15	0.15	0.25	7.00	1.00	14.	25.	75.	—	1.00	2.00	6.00	25.	7.00	45.	8.00	*	*
1969	0.05	0.05	0.05	0.05	0.05	0.10	0.10	0.15	0.25	0.35	7.00	0.75	7.50	250.	4000.	—	*	*	*	*	*	*	*	*	*
1969-D	0.05	0.05	0.05	0.05	0.05	0.10	0.10	0.10	0.15	0.25	5.00	0.75	10.	100.	150.	—	*	*	*	*	*	*	*	*	*

—— = Insufficient pricing data   * = None issued

LINCOLN, MEMORIAL CENT (CONTINUED)

	G-4	VG-8	F-12	VF-20	EF-40	AU-50	AU-58	MS-60B	MS-63RB	MS-64RB	MS-64	MS-65RB	MS-65R	MS-66R	MS-67R	MS-68R	PF-63RB	PF-64RB	PF-65R	PF-66DC	PF-66R	PF-67DC	PF-67R	PF-68DC	PF-69DC
1969-S	0.05	0.05	0.05	0.05	0.05	0.10	0.10	0.10	0.15	0.25	6.00	0.75	12	25.	75.	—	1.00	2.00	6.00	20.	7.00	35.	8.00	—	—
1969-S Doubled Die Obverse					10000.	15000.		40000.	50000.	60000.	75000.		85000.												
1970	0.05	0.05	0.05	0.05	0.05	0.10	0.10	0.15	0.15	0.25	5.00	0.75	10.	—	—	—	*	*	*	*	*	*	*	*	*
1970-D	0.05	0.05	0.05	0.05	0.05	0.10	0.10	0.15	0.15	0.25	5.00	0.75	6.00	35.	65.		*	*	*	*	*	*	*	*	*
1970-S	0.05	0.05	0.05	0.05	0.05	0.10	0.10	0.10	0.15	0.25	9.00	0.75	19.	50.	75.		—	—	—	—	—	—	—	—	—
1970-S Low 7	0.05	0.05	0.05	0.05	0.05	0.10	0.10										0.75	—	6.00	18.	7.00	27.	8.00	—	—
1970-S Level 7									24.		30.		62.	80.			50.	—	55.	160.	90.	—	100.	—	—
1970-S Doubled Die Obverse									5000.				20000.												
1971	0.05	0.05	0.05	0.05	0.05	0.10	0.10	0.15	0.25	0.35	15.	1.00	—	50.	—		*	*	*	*	*	*	*	*	*
1971-D	0.05	0.05	0.05	0.05	0.05	0.10	0.10	0.15	0.25	0.35	5.00	0.85	30.	30.	75.		*	*	*	*	*	*	*	*	*
1971-S	0.05	0.05	0.05	0.05	0.05	0.10	0.10	0.15	0.15	0.25	5.00	0.75	7.00	50.	60.		1.50	2.50	6.00	—	15.	700.	45.	—	—
1972	0.05	0.05	0.05	0.05	0.05	0.10	0.10	0.10	0.15	0.25	5.00	0.75	6.00	35.	75.		*	*	*	*	*	*	*	*	*
1972-D	0.05	0.05	0.05	0.05	0.05	0.10	0.10	0.15	0.15	0.25	6.00	0.75	5.00	35.	65.		*	*	*	*	*	*	*	*	*
1972-S	0.05	0.05	0.05	0.05	0.05	0.10	0.10	0.20	0.25	0.35	15.	1.00	13.	30.	60.		1.50	2.50	6.00	—	7.00	—	8.00	—	—
1972 Doubled Die Obverse	225.	250.	275.	300.	350.	400.	425.	450.	500.	600.	750.	750.	900.	1100.	125.										
1973	0.05	0.05	0.05	0.05	0.05	0.10	0.10	0.20	0.25	0.40	5.00	1.00	—	32.	—		*	*	*	*	*	*	*	*	*
1973-D	0.05	0.05	0.05	0.05	0.05	0.10	0.10	0.20	0.25	0.40	5.00	1.00	9.00	40.	50.		*	*	*	*	*	*	*	*	*
1973-S	0.05	0.05	0.05	0.05	0.05	0.10	0.10	0.20	0.35	0.50	6.00	1.00	10.	60.	75.		1.00	2.00	6.00	8.00	8.00	—	10.	—	130.
1974	0.05	0.05	0.05	0.05	0.05	0.10	0.10	0.20	0.30	0.40	5.00	1.00	10.	20.	100.		*	*	*	*	*	*	*	*	*
1974-D	0.05	0.05	0.05	0.05	0.05	0.10	0.10	0.20	0.30	0.55	5.00	1.00	10.	40.	40.		*	*	*	*	*	*	*	*	*
1974-S	0.05	0.05	0.05	0.05	0.05	0.10	0.10	0.20	0.35	0.50	5.00	1.00	10.	25.	75.		1.00	2.00	6.00	8.00	8.00	—	10.	—	120.
1975	0.05	0.05	0.05	0.05	0.05	0.10	0.10	0.20	0.35	0.40	5.00	1.00	9.00	14.	45.		*	*	*	*	*	*	*	*	*
1975-D	0.05	0.05	0.05	0.05	0.05	0.10	0.10	0.20	0.30	0.50	7.00	1.00	15.	60.	110.		*	*	*	*	*	*	*	*	*
1975-S	*	*	*	*	*	*	*	*	*	*	*	*	*	*	*		4.00	5.00	6.00	10.	7.00	21.	8.00	—	—
1976	0.05	0.05	0.05	0.05	0.05	0.10	0.10	0.20	0.30	0.40	10.	1.00	20.	30.	—		*	*	*	*	*	*	*	*	*

——— = Insufficient pricing data   * = None issued

LINCOLN, MEMORIAL CENT (CONTINUED)

	G-4	VG-8	F-12	VF-20	EF-40	AU-50	AU-58	MS-60B	MS-63RB	MS-64RB	MS-64R	MS-65RB	MS-65R	MS-66R	MS-67R	MS-68R	PF-63RB	PF-64RB	PF-65R	PF-66DC	PF-66R	PF-67DC	PF-67R	PF-68DC	PF-69DC
1976-D	0.05	0.05	0.05	0.05	0.05	0.10	0.15	0.20	0.30	0.40	10.	1.00	20.	35.	60.	—	*	*	*	*	*	*	*	*	*
1976-S	*	*	*	*	*	*	*	*	*	*	*	*	*	*	*	*	3.00	4.00	12.	—	15.	—	20.	—	—
1977	0.05	0.05	0.05	0.05	0.05	0.10	0.15	0.20	0.30	0.40	10.	1.00	20.	35.	150.	—	*	*	*	*	*	*	*	*	*
1977-D	0.05	0.05	0.05	0.05	0.05	0.10	0.15	0.20	0.30	0.40	10.	1.00	20.	65.	125.	—	*	*	*	*	*	*	*	*	*
1977-S	*	*	*	*	*	*	*	*	*	*	*	*	*	*	*	*	2.00	3.00	6.00	10.	7.00	15.	8.00	—	—
1978	0.05	0.05	0.05	0.05	0.05	0.10	0.15	0.20	0.30	0.40	10.	1.00	20.	65.	100.	—	*	*	*	*	*	*	*	*	*
1978-D	0.05	0.05	0.05	0.05	0.05	0.10	0.15	0.20	0.30	0.40	7.00	1.00	15.	70.	110.	—	*	*	*	*	*	*	*	*	*
1978-S	*	*	*	*	*	*	*	*	*	*	*	*	*	*	*	*	2.50	4.00	6.00	10.	7.00	15.	8.00	—	—
1979	0.05	0.05	0.05	0.05	0.05	0.10	0.15	0.20	0.30	0.40	7.00	1.00	10.	40.	100.	—	*	*	*	*	*	*	*	*	*
1979-D	0.05	0.05	0.05	0.05	0.05	0.10	0.15	0.20	0.30	0.40	5.00	1.00	10.	60.	125.	—	*	*	*	*	*	*	*	*	*
1979-S Filled S	*	*	*	*	*	*	*	*	*	*	*	*	*	*	*	*	3.00	4.00	7.00	—	—	—	—	—	—
1979-S Clear S	*	*	*	*	*	*	*	*	*	*	*	*	*	*	*	*	3.00	4.00	10.	10.	10.	14.	30.	—	—
1980	0.05	0.05	0.05	0.05	0.05	0.10	0.15	0.20	0.30	0.40	5.00	1.00	9.00	15.	40.	—	*	*	*	*	*	*	*	*	*
1980-D	0.05	0.05	0.05	0.05	0.05	0.10	0.15	0.20	0.30	0.40	6.00	1.00	13.	60.	200.	—	*	*	*	*	*	*	*	*	*
1980-S	*	*	*	*	*	*	*	*	*	*	*	*	*	*	*	*	1.50	2.50	6.00	10.	7.00	14.	8.00	—	—
1981	0.05	0.05	0.05	0.05	0.05	0.10	0.15	0.20	0.30	0.40	5.00	1.00	10.	40.	95.	—	*	*	*	*	*	*	*	*	*
1981-D	0.05	0.05	0.05	0.05	0.05	0.10	0.15	0.20	0.30	0.40	6.00	1.00	12.	50.	60.	—	*	*	*	*	*	*	*	*	*
1981-S	*	*	*	*	*	*	*	*	*	*	*	*	*	*	*	*	2.50	4.00	7.00	12.	8.00	22.	10.	—	—
1982 Large Date	0.05	0.05	0.05	0.05	0.05	0.10	0.15	0.20	0.30	0.45	5.00	1.00	8.00	30.	60.	—	*	*	*	*	*	*	*	*	*
1982 Small Date	0.05	0.05	0.05	0.05	0.05	0.10	0.15	0.20	0.40	0.60	5.00	1.20	10.	35.	70.	—	*	*	*	*	*	*	*	*	*
1982-D Large Date	0.05	0.05	0.05	0.05	0.05	0.10	0.15	0.20	0.30	0.35	5.00	0.75	8.00	20.	50.	—	*	*	*	*	*	*	*	*	*
1982-S	*	*	*	*	*	*	*	*	*	*	*	*	*	*	*	*	2.50	4.00	—	—	—	14.	—	18.	20.

——— = Insufficient pricing data   * = None issued

COPPER-PLATED ZINC

Date	G-4	VG-8	F-12	VF-20	EF-40	AU-50	AU-58	MS-60B	MS-63RB	MS-64RB	MS-64R	MS-65RB	MS-65R	MS-66R	MS-67R	MS-68R	PF-63RB	PF-64RB	PF-65R	PF-66DC	PF-66R	PF-67DC	PF-67R	PF-68DC	PF-69DC
1982 Large Date	0.05	0.05	0.05	0.05	0.05	0.06	0.15	0.20	0.35	0.45	5.00	1.00	8.00	50.	70.	—	*	*	*	*	*	*	*	*	*
1982 Small Date	0.05	0.05	0.05	0.05	0.05	0.06	0.15	0.20	0.85	1.10	5.00	1.00	10.	50.	70.	—	*	*	*	*	*	*	*	*	*
1982-D Large Date	0.05	0.05	0.05	0.05	0.05	0.05	0.15	0.20	0.40	0.50	5.00	1.00	9.00	25.	50.	—	*	*	*	*	*	*	*	*	*
1982-D Small Date	0.05	0.05	0.05	0.05	0.05	0.05	0.15	0.20	0.35	0.45	5.00	1.00	7.00	20.	30.	130.	*	*	*	*	*	*	*	*	*
1983	0.05	0.05	0.05	0.05	0.05	0.05	0.15	0.15	0.25	0.35	5.00	1.00	8.00	30.	60.	650.	*	*	*	*	*	*	*	*	*
1983-D	0.05	0.05	0.05	0.05	0.05	0.10	0.15	0.15	0.25	0.35	5.00	0.85	7.00	20.	70.	700.	*	*	*	*	*	*	*	*	*
1983-S	*	*	*	*	*	*	*	*	*	*	*	*	*	*	*	*	2.50	4.00	—	—	—	14.	—	18.	20.
1983 Doubled Die Reverse	—	—	—	—	—	—	—	—	170.	—	—	—	300.	600.	725.	5000.	*	*	*	*	*	*	*	*	*
1984	0.05	0.05	0.05	0.05	0.05	0.10	0.15	0.15	0.25	0.35	5.00	0.85	7.00	25.	50.	250.	*	*	*	*	*	*	*	*	*
1984-D	0.05	0.05	0.05	0.05	0.05	0.10	0.15	0.15	0.25	0.35	5.00	0.85	7.00	25.	35.	35.	*	*	*	*	*	*	*	*	*
1984-S	*	*	*	*	*	*	*	*	*	*	*	*	*	*	*	*	4.00	5.00	—	—	—	15.	—	18.	20.
1984 Doubled Die Obverse	—	—	—	—	—	—	—	—	155.	—	—	—	—	—	—	—	*	*	*	*	*	*	*	*	*
1985	0.05	0.05	0.05	0.05	0.05	0.05	0.15	0.15	0.25	0.35	5.00	0.85	6.00	200.	350.	1000.	*	*	*	*	*	*	*	*	*
1985-D	0.05	0.05	0.05	0.05	0.05	0.05	0.15	0.15	0.25	0.35	5.00	0.85	6.00	14.	80.	40.	*	*	*	*	*	*	*	*	*
1985-S	*	*	*	*	*	*	*	*	*	*	*	*	*	*	*	*	4.00	5.00	—	—	—	14.	—	18.	20.
1986	0.05	0.05	0.05	0.05	0.05	0.10	0.15	0.15	0.80	1.00	5.00	1.75	6.00	11.	25.	1200.	*	*	*	*	*	*	*	*	*
1986-D	0.05	0.05	0.05	0.05	0.05	0.05	0.15	0.15	0.30	0.40	5.00	0.85	9.00	20.	50.	125.	*	*	*	*	*	*	*	*	*
1986-S	*	*	*	*	*	*	*	*	*	*	*	*	*	*	*	*	6.00	8.00	—	—	—	15.	—	18.	20.
1987	0.05	0.05	0.05	0.05	0.05	0.10	0.15	0.15	0.60	0.75	5.00	1.25	6.00	12.	50.	350.	*	*	*	*	*	*	*	*	*
1987-D	0.05	0.05	0.05	0.05	0.05	0.10	0.15	0.15	0.25	0.40	5.00	0.85	6.00	12.	50.	750.	*	*	*	*	*	*	*	*	*
1987-S	*	*	*	*	*	*	*	*	*	*	*	*	*	*	*	*	3.00	4.00	—	—	—	15.	—	18.	20.

—— = Insufficient pricing data   * = None issued

LINCOLN, MEMORIAL CENT (CONTINUED)

	G-4	VG-8	F-12	VF-20	EF-40	AU-50	AU-58	MS-60B	MS-63RB	MS-64RB	MS-64R	MS-65RB	MS-65R	MS-66R	MS-67R	MS-68R	PF-63RB	PF-64RB	PF-65R	PF-66DC	PF-66R	PF-67DC	PF-67R	PF-68DC	PF-69DC
1988	0.05	0.05	0.05	0.05	0.05	0.10	0.15	0.15	0.25	0.40	5.00	0.85	6.00	22	50.	200.	*	*	*	*	*	*	*	*	*
1988-D	0.05	0.05	0.05	0.05	0.05	0.10	0.15	0.15	0.25	0.40	5.00	0.85	6.00	10.	35.	130.	*	*	*	*	*	*	*	*	*
1988-S	*	*	*	*	*	*	*	*	*	*	*	*	*	*	*	*	9.00	12.	—	—	—	15.	—	18.	20.
1989	0.05	0.05	0.05	0.05	0.05	0.10	0.15	0.15	0.25	0.40	5.00	0.85	6.00	17.	60.	200.	*	*	*	*	*	*	*	*	*
1989-D	0.05	0.05	0.05	0.05	0.05	0.10	0.15	0.15	0.25	0.40	5.00	0.85	6.00	17.	35.	200.	*	*	*	*	*	*	*	*	*
1989-S	*	*	*	*	*	*	*	*	*	*	*	*	*	*	*	*	9.00	12.	—	—	—	14.	—	18.	20.
1990	0.05	0.05	0.05	0.05	0.05	0.10	0.15	0.15	0.25	0.40	5.00	0.85	6.00	15.	40.	375.	*	*	*	*	*	*	*	*	*
1990-D	0.05	0.05	0.05	0.05	0.05	0.10	0.15	0.15	0.25	0.40	5.00	0.85	6.00	10.	40.	125.	*	*	*	*	*	*	*	*	*
1990-S	*	*	*	*	*	*	*	*	*	*	*	*	*	*	*	*	4.50	12.	—	—	—	15.	—	18.	20.
1990-S No S	*	*	*	*	*	*	*	*	*	*	*	*	*	*	*	*	3400.	3500.	4000.	—	—	—	—	5000.	—
1991	0.05	0.05	0.05	0.05	0.05	0.10	0.15	0.15	0.25	0.40	5.00	0.85	7.00	17.	35.	500.	*	*	*	*	*	*	*	*	*
1991-D	0.05	0.05	0.05	0.05	0.05	0.10	0.15	0.15	0.25	0.40	5.00	0.85	6.00	11.	45.	125.	*	*	*	*	*	*	*	*	*
1991-S	*	*	*	*	*	*	*	*	*	*	*	*	*	*	*	*	20.	25.	—	—	—	14.	—	18.	20.
1992	0.05	0.05	0.05	0.05	0.05	0.10	0.15	0.15	0.25	0.40	5.00	0.85	6.00	10.	35.	125.	*	*	*	*	*	*	*	*	*
1992 Close AM in AMERICA	—	—	—	—	—	—	—	—	—	—	—	—	—	—	—	—	*	*	*	*	*	*	*	*	*
1992-D	0.05	0.05	0.05	0.05	0.05	0.10	0.15	0.15	0.25	0.40	5.00	0.85	6.00	10.	35.	125.	*	*	*	*	*	*	*	*	*
1992-D Close AM in AMERICA	—	—	—	—	—	—	—	—	—	—	—	—	—	—	—	—	*	*	*	*	*	*	*	*	*
1992-S	*	*	*	*	*	*	*	*	*	*	*	*	*	*	*	*	3.00	4.00	—	—	—	14.	—	18.	20.
1993	0.05	0.05	0.05	0.05	0.05	0.10	0.15	0.15	0.25	0.35	5.00	0.85	9.00	20.	40.	150.	*	*	*	*	*	*	*	*	*
1993-D	0.05	0.05	0.05	0.05	0.05	0.10	0.15	0.15	0.25	0.35	5.00	0.85	6.00	9.00	35.	100.	*	*	*	*	*	*	*	*	*
1993-S	*	*	*	*	*	*	*	*	*	*	*	*	*	*	*	*	5.00	6.00	—	—	—	14.	—	18.	20.
1994	0.05	0.05	0.05	0.05	0.05	0.10	0.15	0.15	0.25	0.35	5.00	0.85	9.00	17.	20.	650.	*	*	*	*	*	*	*	*	*
1994-D	0.05	0.05	0.05	0.05	0.05	0.10	0.15	0.15	0.25	0.35	5.00	0.85	6.00	11.	60.	200.	*	*	*	*	*	*	*	*	*
1994-S	*	*	*	*	*	*	*	*	*	*	*	*	*	*	*	*	5.00	6.00	—	—	—	15.	—	18.	20.
1995	0.05	0.05	0.05	0.05	0.05	0.10	0.15	0.15	0.25	0.35	5.00	0.85	6.00	12.	50.	350.	*	*	*	*	*	*	*	*	*
1995 Doubled Die Obverse	—	—	—	—	—	—	—	—	14.	17.	25.	22.	55.	75.	100.	175.	*	*	*	*	*	*	*	*	*

—— = Insufficient pricing data   * = None issued

LINCOLN, MEMORIAL CENT (CONTINUED)

Date	G-4	VG-8	F-12	VF-20	EF-40	AU-50	AU-58	MS-60B	MS-63RB	MS-64RB	MS-64R	MS-65RB	MS-65R	MS-66R	MS-67R	MS-68R	PF-63RB	PF-64RB	PF-65R	PF-66DC	PF-66R	PF-67DC	PF-67R	PF-68DC	PF-69DC
1995-D	0.05	0.05	0.05	0.05	0.05	0.10	0.15	0.15	0.25	0.35	5.00	0.85	6.00	10.	55.	375.	*	*	*	*	*	*	*	*	*
1995-S	*	*	*	*	*	*	*	*	*	*	*	*	*	*	*	*	6.00	7.00	—	—	—	14.	—	18.	20.
1996	0.05	0.05	0.05	0.05	0.05	0.10	0.15	0.15	0.25	0.35	5.00	0.85	6.00	8.00	25.	200.	*	*	*	*	*	*	*	*	*
1996-D	0.05	0.05	0.05	0.05	0.05	0.10	0.15	0.15	0.25	0.35	5.00	0.85	6.00	14.	55.	175.	*	*	*	*	*	*	*	*	*
1996-S	*	*	*	*	*	*	*	*	*	*	*	*	*	*	*	*	3.00	4.00	—	—	—	15.	—	19.	40.
1997	0.05	0.05	0.05	0.05	0.05	0.10	0.15	0.15	0.25	0.35	2.00	0.75	3.50	7.00	50.	150.	*	*	*	*	*	*	*	*	*
1997-D	0.05	0.05	0.05	0.05	0.05	0.10	0.15	0.15	0.25	0.35	2.00	0.75	3.50	7.00	30.	525.	*	*	*	*	*	*	*	*	*
1997-S	*	*	*	*	*	*	*	*	*	*	*	*	*	*	*	*	3.00	4.00	—	—	—	12.	—	15.	20.
1998	0.05	0.05	0.05	0.05	0.05	0.10	0.15	0.15	0.25	0.35	2.00	0.75	3.00	8.00	30.	450.	*	*	*	*	*	*	*	*	*
1998 Wide AM in AMERICA	—	—	—	—	—	—	—	7.50	13.	18.	40.	70.	100.	145.	425.	—	*	*	*	*	*	*	*	*	*
1998-D	0.05	0.05	0.05	0.05	0.05	0.10	0.15	0.15	0.25	0.35	2.00	0.75	3.50	7.00	20.	60.	*	*	*	*	*	*	*	*	*
1998-S	*	*	*	*	*	*	*	*	*	*	*	*	*	*	*	*	3.00	4.00	—	—	—	12.	—	15.	20.
1998-S Close AM in AMERICA	—	—	—	—	—	—	—	—	—	—	—	—	—	—	—	—	*	*	*	*	*	*	*	*	*
1999	0.05	0.05	0.05	0.05	0.05	0.10	0.15	0.15	0.25	0.35	2.00	0.75	3.50	7.00	15.	100.	*	*	*	*	*	*	*	*	*
1999 Wide AM in AMERICA	—	—	—	—	—	—	—	—	175.	195.	375.	235.	500.	700.	1400.	—	*	*	*	*	*	*	*	*	*
1999-D	0.05	0.05	0.05	0.05	0.05	0.10	0.15	0.15	0.25	0.35	2.00	0.75	3.50	7.00	15.	90.	*	*	*	*	*	*	*	*	*
1999-S	*	*	*	*	*	*	*	*	*	*	*	*	*	*	*	*	3.00	4.00	—	—	—	12.	—	15.	25.
1999-S Close AM in AMERICA	—	—	—	—	—	—	—	—	—	—	—	—	—	—	—	—	—	—	—	—	—	—	—	—	—
2000	0.05	0.05	0.05	0.05	0.05	0.10	0.15	0.15	0.25	0.35	2.00	0.75	3.50	7.00	15.	90.	*	*	*	*	*	*	*	*	*
2000 Wide AM in AMERICA	—	—	—	—	—	—	—	—	20.	20.	24.	30.	40.	75.	140.	350.	*	*	*	*	*	*	*	*	*
2000-D	0.05	0.05	0.05	0.05	0.05	0.10	0.15	0.15	0.25	0.35	2.00	0.75	3.50	7.00	15.	15.	*	*	*	*	*	*	*	*	*
2000-S	*	*	*	*	*	*	*	*	*	*	*	*	*	*	*	*	3.00	4.00	—	—	—	12.	—	15.	25.
2001	0.05	0.05	0.05	0.05	0.05	0.10	0.15	0.15	0.25	0.35	2.00	0.75	3.50	7.00	15.	80.	*	*	*	*	*	*	*	*	*

—— = Insufficient pricing data   * = None issued

LINCOLN, MEMORIAL CENT (CONTINUED)

	G-4	VG-8	F-12	VF-20	EF-40	AU-50	AU-58	MS-60B	MS-63RB	MS-64RB	MS-64R	MS-65RB	MS-65R	MS-66R	MS-67R	MS-68R	PF-63RB	PF-64RB	PF-65R	PF-66DC	PF-66R	PF-67DC	PF-67R	PF-68DC	PF-69DC
2001-D	0.05	0.05	0.05	0.05	0.05	0.10	0.15	0.15	0.25	0.35	2.00	0.75	3.50	10.	25.	90.	*	*	*	*	*	*	*	*	*
2001-S	*	*	*	*	*	*	*	*	*	*	*	*	*	*	*	*	3.00	4.00	—	—	—	12.	—	15.	50.
2002	0.05	0.05	0.05	0.05	0.05	0.10	0.15	0.15	0.25	0.35	2.00	0.75	3.50	7.00	15.	80.	*	*	*	*	*	*	*	*	*
2002-D	0.05	0.05	0.05	0.05	0.05	0.10	0.15	0.15	0.25	0.35	2.00	0.75	3.50	7.00	15.	80.	*	*	*	*	*	*	*	*	*
2002-S	*	*	*	*	*	*	*	*	*	*	*	*	*	*	*	*	3.00	4.00	—	—	—	12.	—	15.	42.
2003	0.05	0.05	0.05	0.05	0.05	0.10	0.15	0.15	0.25	0.35	2.00	0.75	3.50	7.00	15.	80.	*	*	*	*	*	*	*	*	*
2003-D	0.05	0.05	0.05	0.05	0.05	0.10	0.15	0.15	0.25	0.35	2.00	0.75	3.50	7.00	15.	80.	*	*	*	*	*	*	*	*	*
2003-S	*	*	*	*	*	*	*	*	*	*	*	*	*	*	*	*	3.00	4.00	—	—	—	12.	—	15.	42.
2004	0.05	0.05	0.05	0.05	0.05	0.10	0.15	0.15	0.25	0.35	2.00	0.75	3.50	7.00	15.	125.	*	*	*	*	*	*	*	*	*
2004-D	0.05	0.05	0.05	0.05	0.05	0.10	0.15	0.15	0.25	0.35	2.00	0.75	3.50	7.00	15.	125.	*	*	*	*	*	*	*	*	*
2004-S	*	*	*	*	*	*	*	*	*	*	*	*	*	*	*	*	3.00	4.00	—	—	—	12.	—	15.	42.
2005	0.05	0.05	0.05	0.05	0.05	0.10	0.15	0.15	0.25	0.35	1.00	0.75	2.50	2.50	15.	75.	*	*	*	*	*	*	*	*	*
2005 Satin Finish	—	—	—	—	—	—	—	—	1.00	1.50	2.00	2.00	4.00	8.00	13.	25.	*	*	*	*	*	*	*	*	*
2005-D	0.05	0.05	0.05	0.05	0.05	0.10	0.15	0.15	0.25	0.35	1.00	0.75	2.50	2.50	15.	75.	*	*	*	*	*	*	*	*	*
2005-D Satin Finish	—	—	—	—	—	—	—	—	1.00	1.50	2.00	2.00	5.00	9.00	18.	35.	*	*	*	*	*	*	*	*	*
2005-S	*	*	*	*	*	*	*	*	*	*	*	*	*	*	*	*	3.00	4.00	—	—	—	12.	—	15.	40.
2006	0.05	0.05	0.05	0.05	0.05	0.10	0.15	0.15	0.25	0.35	1.00	0.75	2.50	2.50	15.	75.	*	*	*	*	*	*	*	*	*
2006 Satin Finish	—	—	—	—	—	—	—	—	*	*	*	*	*	*	*	*	*	*	*	*	*	*	*	*	*
2006-D	0.05	0.05	0.05	0.05	0.05	0.10	0.15	0.15	0.25	0.35	1.00	0.75	2.50	2.50	12.	75.	*	*	*	*	*	*	*	*	*
2006-D Satin Finish	—	—	—	—	—	—	—	—	2.00	2.50	4.50	3.00	6.00	8.00	22.	25.	*	*	*	*	*	*	*	*	*
2006-S	*	*	*	*	*	*	*	*	*	*	*	*	*	*	*	*	—	—	4.00	—	—	—	—	15.	42.
2007	0.05	0.05	0.05	0.05	0.05	0.10	0.15	0.15	0.25	0.35	2.00	0.75	5.00	6.00	11.	75.	*	*	*	*	*	*	*	*	*
2007 Satin Finish	—	—	—	—	—	—	—	—	2.00	2.50	4.00	3.00	5.00	6.00	15.	22.	*	*	*	*	*	*	*	*	*
2007-D	0.05	0.05	0.05	0.05	0.05	0.10	0.15	0.15	0.25	0.35	2.00	0.75	3.50	7.00	10.	75.	*	*	*	*	*	*	*	*	*

—— = Insufficient pricing data   * = None issued

LINCOLN, MEMORIAL CENT (CONTINUED)

	PF-69DC	PF-68DC	PF-67R	PF-67DC	PF-66R	PF-66DC	PF-65R	PF-64RB	PF-63RB	MS-68R	MS-67R	MS-66R	MS-65R	MS-65RB	MS-64R	MS-64RB	MS-63RB	MS-60B	AU-58	AU-50	EF-40	VF-20	F-12	VG-8	G-4
2007-D Satin Finish	*	*	*	*	*	*	*	*	*	22.	10.	6.00	5.00	3.00	4.00	2.50	2.00	—	—	—	—	—	—	—	—
2007-S	35.	15.	6.00	9.00	5.00	6.00	4.00	—	—	*	*	*	*	*	*	*	*	*	*	*	*	*	*	*	*
2008	*	*	*	*	*	*	*	*	*	7.00	1.25	0.75	0.50	0.40	0.40	0.35	0.35	—	0.20	0.15	—	—	—	—	—
2008 Satin Finish	*	*	*	*	*	*	*	*	*	—	—	—	—	—	—	—	—	—	—	—	—	—	—	—	—
2008-D	*	*	*	*	*	*	*	*	*	7.00	1.25	0.75	0.50	0.40	0.40	0.35	0.35	—	0.20	0.15	—	—	—	—	—
2008-D Satin Finish	*	*	*	*	*	*	*	*	*	—	—	—	—	—	—	—	—	—	—	—	—	—	—	—	—
2008-S	22.	14.	6.00	8.00	5.00	6.00	4.00	—	—	*	*	*	*	*	*	*	*	*	*	*	*	*	*	*	*
2009 KY	*	*	*	*	*	*	*	*	*	12	5.00	2.00	1.50	—	1.50	—	1.00	—	—	—	—	—	—	—	—
2009 KY Satin Finish	*	*	*	*	*	*	*	*	*	10.	—	—	—	—	—	—	—	—	—	—	—	—	—	—	—
2009-D KY	*	*	*	*	*	*	*	*	*	12	5.00	2.00	1.50	—	1.50	—	1.00	—	—	—	—	—	—	—	—
2009-D KY Satin Finish	*	*	*	*	*	*	*	*	*	10.	—	—	—	—	—	—	—	—	—	—	—	—	—	—	—
2009-S KY	15.	8.00	—	5.00	—	3.00	—	—	—	*	*	*	*	*	*	*	*	*	*	*	*	*	*	*	*
2009 IN	*	*	*	*	*	*	*	*	*	12	5.00	2.00	1.50	—	1.50	—	1.00	—	—	—	—	—	—	—	—
2009 IN Satin Finish	*	*	*	*	*	*	*	*	*	10.	—	—	—	—	—	—	—	—	—	—	—	—	—	—	—
2009-D IN	*	*	*	*	*	*	*	*	*	12	5.00	2.00	1.50	—	1.50	—	1.00	—	—	—	—	—	—	—	—
2009-D IN Satin Finish	*	*	*	*	*	*	*	*	*	10.	—	—	—	—	—	—	—	—	—	—	—	—	—	—	—
2009-S IN	15.	8.00	—	5.00	—	3.00	—	—	—	*	*	*	*	*	*	*	*	*	*	*	*	*	*	*	*
2009 IL	*	*	*	*	*	*	*	*	*	12	5.00	2.00	1.50	—	1.50	—	1.00	—	—	—	—	—	—	—	—
2009 IL Satin Finish	*	*	*	*	*	*	*	*	*	10.	—	—	—	—	—	—	—	—	—	—	—	—	—	—	—
2009-D IL	*	*	*	*	*	*	*	*	*	12	5.00	2.00	1.50	—	1.50	—	1.00	—	—	—	—	—	—	—	—

—— = Insufficient pricing data   * = None issued

LINCOLN, MEMORIAL CENT (CONTINUED)

Grade	2009-D IL Satin Finish	2009-S IL	2009 DC	2009 DC Satin Finish	2009-D DC	2009-D DC Satin Finish	2009-S DC	2010	2010 Satin Finish	2010-D	2010-D Satin Finish	2010-S
PF-69DC	*	15.	*	*	*	*	15.	—	—	—	—	—
PF-68DC	*	8.00	*	*	*	*	8.00	—	—	—	—	—
PF-67R	*	—	*	*	*	*	—	—	—	—	—	—
PF-67DC	*	5.00	*	*	*	*	5.00	—	—	—	—	—
PF-66R	*	—	*	*	*	*	—	—	—	—	—	—
PF-66DC	*	3.00	*	*	*	*	3.00	—	—	—	—	—
PF-65R	*	—	*	*	*	*	—	—	—	—	—	—
PF-64RB	*	—	*	*	*	*	—	—	—	—	—	—
PF-63RB	*	—	*	*	*	*	—	—	—	—	—	—
MS-68R	10.	*	—	12	—	12	*	—	10.	—	—	*
MS-67R	—	*	—	5.00	—	5.00	*	—	—	—	—	*
MS-66R	—	*	—	2.00	—	2.00	*	—	—	—	—	*
MS-65R	—	*	—	1.50	—	1.50	*	—	—	—	—	*
MS-65RB	—	*	—	—	—	—	*	—	—	—	—	*
MS-64R	—	*	—	1.50	—	1.50	*	—	—	—	—	*
MS-64RB	—	*	—	—	—	—	*	—	—	—	—	*
MS-63RB	—	*	—	1.00	—	1.00	*	—	—	—	—	*
MS-60B	—	*	—	—	—	—	*	—	—	—	—	*
AU-58	—	*	—	—	—	—	*	—	—	—	—	*
AU-50	—	*	—	—	—	—	*	—	—	—	—	*
EF-40	—	*	—	—	—	—	*	—	—	—	—	*
VF-20	—	*	—	—	—	—	*	—	—	—	—	*
F-12	—	*	—	—	—	—	*	—	—	—	—	*
VG-8	—	*	—	—	—	—	*	—	—	—	—	*
G-4	—	*	—	—	—	—	*	—	—	—	—	*

——— = Insufficient pricing data   * = None issued

2 cents

Date of authorization: April 22, 1864
Dates of issue: 1864-1872
Designer/Engraver: James B. Longacre
Diameter: 23.00 mm/0.91 inch
Weight: 6.22 grams/0.20 ounce
Metallic content: 95% copper, 5% zinc and tin
Specific gravity: 8.84
Edge: Plain
Mint mark: None

Note: For copper-alloy coins, the letter B following a numerical grade (as in MS-63B) is shorthand for brown, RB represents red and brown, and R stands for red. It is common practice for grading services to qualify copper coins. In addition to a Mint State grade, a copper coin is assigned as brown, red and brown, or red. Generally, full red coins are valued higher than red and brown coins, which in turn are valued higher than brown coins, all else being equal.

	F-12	VF-20	EF-40	AU-50	AU-58	MS-60B	MS-63RB	MS-64RB	MS-65R	PF-62RB	PF-63RB	PF-64RB	PF-65R
1864 Small Motto													
	375.	475.	750.	875.	1200.	1400.	1600.	2100.	6000.	15000.	20000.	30000.	85000.
1864 Large Motto													
	30.	35.	50.	80.	100.	110.	165.	275.	2000.	450.	650.	1300.	4500.
1865	30.	35.	50.	80.	100.	110.	165.	275.	2000.	400.	500.	600.	3500.
1866	30.	35.	50.	80.	100.	110.	165.	275.	2000.	400.	500.	600.	3500.
1867	40.	50.	65.	100.	135.	150.	175.	300.	2000.	400.	500.	600.	3500.
1867 Doubled Die Obverse													
	300.	500.	700.	1000.	1400.	2000.	3500.	4500.	—	*	*	*	*
1868	50.	60.	80.	130.	145.	160.	200.	300.	2500.	400.	500.	600.	3500.
1869	55.	65.	90.	150.	175.	200.	250.	400.	2000.	400.	500.	600.	3500.
1870	60.	85.	150.	200.	250.	275.	350.	600.	2500.	400.	500.	600.	3500.
1871	70.	125.	175.	225.	275.	300.	425.	800.	2500.	400.	500.	600.	3500.
1872	650.	800.	1000.	1200.	1400.	1800.	2500.	3500.	10000.	500.	700.	800.	3500.
1873 Closed 3, Proof Only													
	1700.	1800.	2000.	2300.	2500.	*	*	*	*	3300.	3500.	4000.	5000.
1873 Open 3, Restrike, Proof Only													
	1800.	2000.	2300.	2600.	2800.	*	*	*	*	3500.	4000.	4500.	6000.

—— = Insufficient pricing data   * = None issued

Copper-nickel 3 cents

Date of authorization: April 22, 1864
Dates of issue: 1865-1889
Designer/Engraver: James B. Longacre
Diameter: 17.90 mm/0.71 inch
Weight: 1.94 grams/0.06 ounce
Metallic content: 75% copper, 25% nickel
Specific gravity: 8.92
Edge: Plain
Mint mark: None

	F-12	VF-20	EF-40	AU-50	AU-58	MS-60	MS-63	MS-64	MS-65	MS-66	PF-64	PF-65	PF-66
1865	25.	30.	40.	70.	85.	100.	150.	250.	650.	1250.	3000.	7500.	12000.
1866	25.	30.	40.	70.	85.	100.	150.	250.	650.	1250.	1000.	2000.	3000.
1867	25.	30.	40.	70.	85.	100.	150.	250.	800.	1500.	1500.	2200.	3000.
1868	25.	30.	40.	70.	85.	100.	150.	265.	650.	1500.	1200.	2000.	3500.
1869	25.	30.	40.	70.	100.	125.	175.	275.	750.	1700.	1200.	2000.	2800.
1870	30.	35.	40.	70.	100.	125.	175.	275.	750.	2000.	1400.	2500.	3000.
1871	30.	35.	45.	75.	100.	125.	175.	275.	800.	1700.	1800.	2200.	2700.
1872	35.	40.	50.	80.	110.	125.	250.	375.	1200.	2000.	1100.	1700.	2500.
1873 Closed 3	30.	35.	50.	80.	125.	175.	325.	450.	3000.	—	1200.	1700.	2500.
1873 Open 3	30.	35.	50.	80.	150.	200.	375.	1000.	5000.	—	*	*	*
1874	30.	35.	45.	100.	130.	150.	200.	400.	1400.	2750.	1200.	1700.	2500.
1875	35.	40.	60.	110.	135.	165.	200.	350.	900.	1700.	1200.	1700.	2500.
1876	35.	50.	70.	125.	150.	200.	300.	600.	2000.	3000.	1200.	2200.	3000.
1877 Proof Only	1400.	1500.	1600.	1700.	1900.	*	*	*	*	*	4000.	5000.	6000.
1878 Proof Only	800.	850.	900.	1000.	1100.	*	*	*	*	*	1300.	1500.	2000.
1879	110.	125.	135.	200.	225.	250.	350.	500.	850.	1500.	800.	1100.	1800.
1880	150.	175.	210.	275.	300.	325.	400.	450.	850.	1500.	800.	1100.	1800.
1881	30.	35.	50.	80.	90.	100.	175.	300.	700.	1400.	800.	1100.	1800.
1882	225.	250.	300.	350.	375.	400.	450.	600.	1200.	3000.	800.	1100.	1800.
1883	325.	360.	425.	500.	575.	650.	1000.	2000.	10000.	15000.	800.	1100.	1800.
1884	700.	750.	800.	900.	1000.	1100.	1500.	2500.	10000.	20000.	800.	1100.	1800.
1885	750.	850.	900.	1000.	1100.	1150.	1200.	1500.	20000.	30000.	800.	1100.	1800.
1886 Proof Only	375.	400.	450.	500.	600.	*	*	*	*	*	800.	1100.	1800.
1887/6 Proof Only	400.	450.	500.	550.	650.	*	*	*	*	*	900.	1500.	2000.
1887	450.	500.	550.	650.	700.	750.	900.	1200.	1750.	2000.	900.	1500.	2000.
1888	85.	100.	125.	200.	250.	300.	400.	500.	850.	1200.	800.	1100.	2000.
1889	175.	225.	250.	300.	325.	350.	450.	600.	850.	1500.	800.	1100.	2000.

—— = Insufficient pricing data   * = None issued

Silver 3 cents

Date of authorization: March 3, 1851
Dates of issue: 1851-1873
Designer/Engraver: James B. Longacre
Diameter: 14.00 mm/0.55 inch
Weight: (1851-1853): 0.80 grams/0.03 ounce
(1854-1873): 0.75 grams/0.02 ounce
Metallic content: (1851-1853): 75% silver, 25% copper
(1854-1873): 90% silver, 10% copper
Weight of pure silver: (1851-1853): 0.60 grams/0.02 ounce
(1854-1873): 0.67 grams/0.02 ounce
Specific gravity: 1851-1853, 10.11; 1854-1873, 10.34
Edge: Plain
Mint mark: 1851-O only, reverse right field

	VG-8	F-12	VF-20	EF-40	AU-50	MS-60	MS-63	MS-64	MS-65	MS-66	PF-63	PF-64	PF-65
1 OUTLINE OF STAR													
1851	45.	60.	70.	80.	175.	200.	280.	500.	950.	2000.	—	—	—
1851-O	55.	60.	125.	200.	300.	400.	900.	1500.	3250.	8500.	*	*	*
1852	43.	60.	70.	80.	175.	200.	280.	500.	950.	2000.	*	*	*
1853	43.	60.	70.	80.	175.	250.	350.	600.	950.	2500.	*	*	*
3 OUTLINES OF STAR													
1854	50.	60.	70.	135.	250.	400.	800.	2000.	3500.	6000.	15000.	20000.	40000.
1855	75.	90.	150.	225.	350.	750.	1500.	3000.	10000.	—	6000.	11000.	18000.
1856	55.	65.	85.	150.	225.	350.	800.	1800.	3700.	9000.	5000.	8000.	20000.
1857	50.	65.	75.	150.	250.	375.	800.	1800.	3500.	—	4000.	7000.	15000.
1858	45.	60.	70.	135.	225.	350.	800.	1800.	3500.	7500.	3000.	6000.	9000.
2 OUTLINES OF STAR													
1859	45.	60.	100.	125.	175.	200.	425.	550.	1600.	3500.	700.	1200.	2500.
1860	45.	60.	85.	100.	175.	200.	400.	500.	1200.	3500.	700.	1500.	5000.
1861	43.	60.	85.	100.	175.	200.	300.	500.	1000.	1800.	700.	1200.	2500.
1862	50.	70.	85.	125.	195.	225.	300.	500.	1000.	1800.	700.	1000.	2000.
1862/1	55.	65.	80.	110.	175.	250.	375.	750.	1000.	1800.	—	—	—
1863	400.	450.	500.	550.	650.	800.	1500.	1750.	2500.	3500.	500.	1000.	1500.
1863/2 Proof Only	500.	600.	700.	900.	1000.	*	*	*	*	*	1200.	2500.	6000.
1864	400.	425.	450.	550.	700.	800.	1500.	1750.	2000.	3000.	500.	1000.	1500.
1865	450.	550.	600.	650.	700.	800.	1500.	1750.	2000.	3500.	500.	1000.	1500.
1866	400.	450.	500.	550.	650.	800.	1500.	1750.	2000.	3000.	500.	1000.	1500.
1867	450.	500.	550.	600.	700.	800.	1750.	2000.	3000.	6500.	500.	1000.	1500.
1868	450.	500.	600.	650.	700.	800.	1500.	2500.	6000.	8500.	500.	1000.	1500.
1869	450.	500.	600.	650.	700.	800.	1500.	1750.	3000.	6000.	500.	1000.	1500.
1869/8 Proof Only	—	—	—	—	—	*	*	*	*	*	2000.	3000.	6000.

—— = Insufficient pricing data   * = None issued

	VG-8	F-12	VF-20	EF-40	AU-50	MS-60	MS-63	MS-64	MS-65	MS-66	PF-63	PF-64	PF-65
1870	450.	500.	600.	650.	700.	900.	1500.	2500.	5000.	5500.	500.	1000.	1500.
1871	450.	500.	600.	650.	700.	800.	1500.	1750.	2000.	3000.	600.	1000.	1500.
1872	450.	500.	600.	650.	750.	1000.	2000.	2500.	6000.	10000.	800.	1200.	1800.
1873 Closed 3, Proof Only													
	750.	800.	850.	950.	1100.	*	*	*	*	*	2000.	2500.	3000.

Enlarged to show detail

One outline of star

Three outlines   Two outlines

—— = Insufficient pricing data   * = None issued

Shield 5 cents

Rays removed

Date of authorization: May 16, 1866
Dates of issue: 1866-1883
Designer/Engraver: James B. Longacre
Diameter: 20.50 mm/0.81 inch
Weight: 5.00 grams/0.16 ounce
Metallic content: 75% copper, 25% nickel
Specific gravity: 8.92
Edge: Plain
Mint mark: None

SHIELD 5 CENTS (CONTINUED)

	G-4	VG-8	F-12	VF-20	EF-40	AU-50	AU-58	MS-60	MS-62	MS-63	MS-64	MS-65	MS-66	PF-63	PF-64	PF-65	PF-66
RAYS BETWEEN STARS ON REVERSE																	
1866	35.	55.	75.	100.	200.	275.	300.	350.	400.	600.	800.	2000.	5000.	2500.	3500.	5000.	6000.
1866/1866 Repunched Date	250.	300.	400.	700.	1000.	1500.	2000.	2500.	3500.	4500.	8000.	—	—	*	*	*	*
1867	50.	60.	85.	125.	250.	350.	400.	450.	500.	600.	1000.	3500.	8000.	40000.	60000.	100000.	*
RAYS REMOVED FROM REVERSE																	
1867	25.	30.	35.	50.	85.	125.	150.	160.	200.	275.	600.	800.	2500.	700.	1800.	4000.	5500.
1868	25.	30.	35.	50.	85.	125.	150.	160.	200.	275.	400.	800.	2000.	450.	800.	1500.	2500.
1869	25.	30.	35.	50.	85.	125.	150.	160.	200.	275.	500.	800.	4000.	500.	700.	1300.	2500.
1870	35.	40.	70.	85.	125.	175.	200.	250.	300.	500.	1000.	2500.	5000.	450.	700.	1300.	2500.
1871	85.	110.	150.	200.	300.	400.	450.	460.	600.	800.	1500.	3000.	5000.	450.	700.	1300.	2000.
1872	45.	60.	85.	100.	135.	175.	200.	225.	275.	325.	600.	1500.	4000.	450.	700.	1000.	1800.
1873 Closed 3	40.	60.	80.	100.	135.	200.	250.	300.	400.	800.	1500.	2500.	4500.	450.	700.	1000.	1800.
1873 Open 3	35.	50.	65.	80.	100.	150.	175.	250.	300.	800.	700.	2000.	8000.	*	*	*	*
1874	40.	50.	80.	100.	125.	150.	200.	275.	300.	400.	600.	1600.	4000.	450.	750.	1300.	2000.
1875	50.	65.	100.	135.	160.	200.	300.	350.	400.	500.	1000.	1700.	5000.	450.	900.	1800.	2500.
1876	50.	60.	90.	125.	150.	175.	225.	250.	275.	400.	500.	1500.	4000.	450.	700.	1100.	1800.
1877 Proof Only	1800.	2000.	2200.	2500.	2700.	3000.	3500.	—	—	—	—	—	—	3500.	4000.	5000.	6600.
1878 Proof Only	800.	1000.	1100.	1200.	1400.	1500.	2000.	—	—	—	—	—	—	2500.	2800.	3000.	3500.
1879	400.	550.	650.	750.	850.	1000.	1100.	1200.	1250.	1300.	1500.	2000.	5000.	550.	800.	1100.	1800.
1879/8 Proof Only	*	*	*	*	*	*	*	*	*	*	*	*	*	550.	700.	1100.	1700.
1880	600.	700.	1000.	2000.	3000.	3500.	5500.	6000.	7000.	10000.	20000.	50000.	—	500.	600.	1000.	1500.
1881	300.	400.	500.	600.	700.	800.	875.	900.	1000.	1100.	1300.	2000.	3000.	500.	600.	1000.	1500.
1882	20.	28.	35.	50.	75.	125.	160.	175.	200.	250.	350.	800.	1500.	500.	600.	1000.	1500.
1883	20.	28.	35.	50.	80.	125.	150.	175.	200.	250.	350.	700.	1500.	500.	600.	1000.	1500.
1883/2	225.	300.	500.	800.	1200.	1700.	2000.	2200.	2400.	2750.	6000.	15000.	25000.	*	*	*	*

—— = Insufficient pricing data   * = None issued

Liberty Head 5 cents

No CENTS   With CENTS

Date of authorization: May 16, 1866
Dates of issue: 1883-1912
Designer/Engraver: Charles Barber
Diameter: 21.21 mm/0.84 inch
Weight: 5.00 grams/0.16 ounce
Metallic content: 75% copper, 25% nickel
Specific gravity: 8.92
Edge: Plain
Mint mark: 1912 only, reverse left of CENTS

LIBERTY HEAD 5 CENTS (CONTINUED)

NO CENTS BELOW WREATH ON REVERSE

	VG-8	F-12	VF-20	EF-40	AU-50	AU-58	MS-60	MS-63	MS-64	MS-65	MS-66	PF-63	PF-64	PF-65	PF-66
1883	9.00	10.	12.	13.	15.	20.	30.	50.	75.	225.	650.	400.	600.	1000.	2000.

CENTS ADDED BELOW WREATH ON REVERSE

	VG-8	F-12	VF-20	EF-40	AU-50	AU-58	MS-60	MS-63	MS-64	MS-65	MS-66	PF-63	PF-64	PF-65	PF-66
1883	35.	50.	70.	100.	140.	160.	175.	225.	275.	700.	1500.	300.	425.	800.	1500.
1884	40.	50.	70.	110.	160.	180.	200.	300.	500.	1700.	3700.	275.	425.	800.	1500.
1885	700.	800.	1000.	1200.	1750.	2500.	2550.	4000.	5500.	9000.	15000.	1300.	1500.	1700.	2500.
1886	325.	425.	550.	750.	850.	1100.	1200.	2250.	3500.	7000.	12000.	750.	850.	1000.	1800.
1887	25.	40.	60.	100.	130.	160.	175.	250.	450.	1000.	2500.	275.	425.	800.	1500.
1888	50.	80.	150.	225.	275.	350.	375.	475.	600.	1700.	4000.	275.	425.	800.	1500.
1889	20.	40.	70.	100.	140.	175.	200.	300.	400.	800.	3000.	275.	425.	800.	1500.
1890	25.	35.	50.	85.	135.	175.	200.	325.	450.	1200.	3200.	275.	425.	800.	1500.
1891	15.	30.	50.	75.	140.	160.	175.	250.	375.	1000.	2200.	275.	425.	900.	1500.
1892	15.	30.	50.	80.	140.	160.	175.	250.	375.	1200.	3000.	275.	425.	900.	1500.
1893	15.	30.	50.	80.	135.	160.	175.	250.	375.	1000.	3750.	275.	425.	900.	1500.
1894	40.	100.	200.	250.	300.	400.	425.	550.	650.	1400.	2500.	275.	425.	900.	1500.
1895	10.	30.	55.	85.	135.	165.	175.	250.	550.	2000.	5000.	275.	425.	800.	1400.
1896	25.	50.	80.	125.	150.	180.	200.	300.	450.	2000.	8000.	275.	425.	800.	1400.
1897	7.00	14.	32.	55.	70.	100.	110.	175.	300.	1200.	3250.	275.	425.	800.	1400.
1898	7.00	14.	30.	50.	80.	125.	140.	200.	350.	1000.	2250.	275.	425.	800.	1400.
1899	6.00	12.	25.	40.	70.	100.	110.	150.	250.	650.	1100.	275.	425.	800.	1400.
1900	3.00	10.	25.	40.	70.	100.	110.	150.	200.	650.	1100.	275.	425.	800.	1400.
1901	3.00	5.00	15.	35.	65.	85.	95.	150.	200.	650.	1200.	275.	425.	800.	1400.
1902	3.00	5.00	15.	35.	65.	85.	95.	125.	200.	650.	1200.	275.	425.	800.	1400.
1903	3.00	5.00	15.	30.	65.	85.	95.	125.	200.	650.	1200.	275.	425.	800.	1400.
1904	3.00	5.00	14.	35.	65.	85.	100.	125.	200.	600.	1100.	275.	425.	800.	1400.
1905	3.00	5.00	12.	30.	65.	85.	95.	125.	200.	600.	1200.	275.	425.	800.	1400.
1906	3.00	5.00	12.	30.	65.	85.	95.	125.	200.	650.	2000.	275.	425.	800.	1400.
1907	3.00	5.00	12.	30.	65.	85.	95.	125.	250.	750.	1500.	275.	425.	800.	1400.

——— = Insufficient pricing data   * = None issued

LIBERTY HEAD 5 CENTS (CONTINUED)

	VG-8	F-12	VF-20	EF-40	AU-50	AU-58	MS-60	MS-63	MS-64	MS-65	MS-66	PF-63	PF-64	PF-65	PF-66
1908	3.00	5.00	12.	30.	65.	85.	95.	125.	200.	1000.	4000.	275.	400.	800.	1400.
1909	3.00	5.00	14.	35.	65.	85.	100.	150.	300.	1200.	2250.	275.	400.	800.	1400.
1910	3.00	5.00	12.	30.	65.	85.	95.	125.	200.	800.	2000.	275.	400.	800.	1400.
1911	3.00	5.00	12.	30.	65.	85.	95.	125.	200.	600.	1200.	275.	400.	800.	1400.
1912	3.00	5.00	12.	30.	65.	85.	95.	125.	200.	600.	1200.	275.	400.	800.	1400.
1912-D	7.00	15.	55.	100.	200.	250.	275.	425.	650.	2000.	5000.	*	*	*	*
1912-S	250.	300.	500.	900.	1250.	1600.	1700.	2300.	4000.	6000.	17000.	—	—	—	—
1913	*	*	*	*	*	*	*	*	*	*	*	—	—	—	5000000.

—— = Insufficient pricing data   * = None issued

Indian Head 5 cents

Bison on Mound   Bison on Plain

"Buffalo nickel"

Date of authorization: May 16, 1866
Dates of issue: 1913-1938
Designer: James Earle Fraser
Engraver: Charles Barber
Diameter: 21.21 mm/0.84 inch
Weight: 5.00 grams/0.16 ounce
Metallic content: 75% copper, 25% nickel
Specific gravity: 8.92
Edge: Plain
Mint mark: Reverse below FIVE CENTS

—— = Insufficient pricing data

INDIAN HEAD 5 CENTS (CONTINUED)

BISON STANDING ON MOUND

	G-4	VG-8	F-12	VF-20	EF-40	AU-50	AU-58	MS-60	MS-63	MS-64	MS-65	MS-66	PF-63	PF-64	PF-65	PF-66
1913	10.	15.	16.	17.	20.	25.	30.	35.	50.	75.	175.	800.	1200.	2500.	4000.	5000.
1913-D	15.	22.	25.	30.	35.	60.	70.	75.	100.	150.	400.	1000.	*	*	*	*
1913-S	40.	50.	60.	70.	80.	90.	125.	130.	225.	350.	700.	1500.	*	*	*	*

BISON STANDING ON PLAIN

	G-4	VG-8	F-12	VF-20	EF-40	AU-50	AU-58	MS-60	MS-63	MS-64	MS-65	MS-66	PF-63	PF-64	PF-65	PF-66
1913	10.	12.	13.	15.	20.	25.	32.	38.	75.	100.	400.	1000.	1200.	2000.	3000.	4000.
1913-D	125.	150.	175.	200.	225.	250.	300.	325.	450.	600.	1250.	2500.	*	*	*	*
1913-S	350.	400.	500.	550.	600.	750.	800.	850.	1200.	1500.	3500.	7000.	*	*	*	*
1914	18.	20.	25.	30.	35.	50.	50.	60.	100.	175.	500.	1000.	1200.	2000.	3000.	4000.
1914/3	250.	400.	600.	1000.	1200.	1500.	3000.	3500.	6000.	8000.	25000.	—	*	*	*	*
1914-D	100.	150.	175.	225.	300.	350.	425.	450.	600.	700.	1500.	3000.	*	*	*	*
1914-S	30.	40.	50.	60.	100.	140.	175.	200.	450.	700.	2250.	8000.	*	*	*	*
1915	7.00	9.00	10.	12.	20.	35.	45.	50.	100.	140.	300.	700.	1000.	2000.	2500.	3500.
1915-D	20.	30.	50.	75.	125.	150.	210.	225.	350.	900.	1750.	4000.	*	*	*	*
1915-S	50.	75.	125.	175.	325.	500.	675.	700.	1000.	1500.	3000.	4500.	*	*	*	*
1916	6.00	8.00	9.00	10.	14.	20.	30.	50.	80.	125.	350.	1000.	1500.	2500.	4000.	5500.
1916 Doubled Die Obverse	4500.	7500.	10000.	17000.	20000.	35000.	60000.	100000.	175000.	250000.	400000.	—	*	*	*	*
1916-D	15.	28.	30.	40.	80.	110.	130.	150.	325.	750.	2250.	12250.	*	*	*	*
1916-S	10.	14.	20.	30.	75.	120.	150.	175.	350.	750.	2000.	5000.	*	*	*	*
1917	7.00	8.00	9.00	10.	16.	40.	50.	60.	160.	250.	600.	1000.	*	*	*	*
1917-D	20.	30.	60.	75.	175.	275.	350.	375.	1000.	1250.	3000.	10000.	*	*	*	*
1917-S	22.	40.	80.	125.	200.	300.	400.	450.	1250.	1500.	5000.	15000.	*	*	*	*
1918	6.00	7.00	9.00	16.	32.	55.	75.	125.	400.	600.	1300.	3000.	*	*	*	*
1918/7-D	1400.	2250.	3500.	6500.	10000.	15000.	28000.	30000.	60000.	150000.	300000.	—	*	*	*	*
1918-D	20.	40.	75.	125.	225.	325.	425.	800.	1700.	3500.	6000.	9000.	*	*	*	*
1918-S	15.	30.	50.	100.	175.	300.	475.	800.	3000.	6000.	25000.	125000.	*	*	*	*
1919	3.00	4.00	5.00	8.00	15.	30.	50.	60.	150.	450.	750.	1250.	*	*	*	*
1919-D	17.	35.	70.	125.	250.	350.	525.	625.	1500.	2500.	6000.	15000.	*	*	*	*
1919-S	9.00	20.	55.	100.	240.	375.	500.	600.	1800.	5000.	15000.	100000.	*	*	*	*

—— = Insufficient pricing data   * = None issued

	G-4	VG-8	F-12	VF-20	EF-40	AU-50	AU-58	MS-60	MS-63	MS-64	MS-65	MS-66	PF-63	PF-64	PF-65	PF-66
1920	1.50	2.50	3.00	8.00	15.	30.	40.	60.	200.	300.	900.	1500.	*	*	*	*
1920-D	7.00	20.	35.	125.	275.	325.	475.	575.	1700.	3000.	6000.	100000.	*	*	*	*
1920-S	4.00	12.	30.	100.	200.	300.	450.	525.	2500.	5000.	25000.	50000.	*	*	*	*
1921	4.00	7.00	9.00	25.	55.	75.	100.	125.	350.	450.	900.	1500.	*	*	*	*
1921-S	70.	125.	200.	550.	1000.	1250.	1600.	1800.	3000.	3500.	8000.	40000.	*	*	*	*
1923	1.75	3.00	4.00	7.00	14.	40.	50.	75.	150.	250.	800.	1200.	*	*	*	*
1923-S	8.00	10.	25.	125.	275.	375.	500.	600.	1000.	1500.	9000.	35000.	*	*	*	*
1924	1.00	2.00	4.00	10.	20.	45.	65.	85.	200.	500.	700.	2000.	*	*	*	*
1924-D	8.00	12.	30.	80.	225.	300.	375.	400.	900.	1400.	4500.	25000.	*	*	*	*
1924-S	15.	35.	100.	450.	1200.	2000.	2750.	2800.	3500.	5000.	12000.	35000.	*	*	*	*
1925	2.00	3.00	4.00	8.00	18.	30.	40.	50.	125.	200.	600.	900.	*	*	*	*
1925-D	10.	20.	35.	75.	170.	250.	375.	475.	800.	1500.	5000.	40000.	*	*	*	*
1925-S	5.00	9.00	18.	75.	175.	275.	500.	510.	2000.	3000.	35000.	—	*	*	*	*
1926	0.75	2.00	3.00	6.00	10.	20.	30.	35.	75.	150.	500.	600.	*	*	*	*
1926-D	10.	16.	30.	100.	175.	275.	325.	375.	700.	2500.	5000.	12000.	*	*	*	*
1926-S	22.	40.	125.	450.	1200.	3000.	4550.	5000.	10000.	17000.	100000.	300000.	*	*	*	*
1927	0.75	2.00	3.00	5.00	12.	20.	30.	35.	75.	100.	300.	600.	*	*	*	*
1927-D	2.00	6.00	8.00	35.	80.	125.	175.	200.	300.	700.	7000.	22500.	*	*	*	*
1927-S	2.00	3.00	5.00	40.	85.	175.	425.	550.	2000.	4000.	17500.	125000.	*	*	*	*
1928	0.75	2.00	4.00	6.00	15.	25.	35.	40.	75.	150.	550.	1000.	*	*	*	*
1928-D	2.00	3.00	5.00	15.	45.	50.	65.	75.	150.	225.	700.	4000.	*	*	*	*
1928-S	2.00	3.00	5.00	12.	35.	100.	175.	200.	600.	1000.	4000.	30000.	*	*	*	*
1929	0.75	2.00	4.00	6.00	15.	25.	35.	35.	80.	125.	350.	1000.	*	*	*	*
1929-D	2.00	3.00	4.00	9.00	40.	50.	60.	60.	175.	500.	1250.	2000.	*	*	*	*
1929-S	2.00	3.00	4.00	5.00	25.	30.	40.	50.	150.	500.	600.	1000.	*	*	*	*
1930	0.75	1.50	2.50	4.00	12.	20.	30.	35.	80.	100.	275.	500.	*	*	*	*
1930-S	0.75	1.50	3.00	4.00	15.	35.	75.	80.	125.	250.	500.	900.	*	*	*	*
1931-S	15.	18.	20.	25.	30.	50.	70.	75.	100.	150.	350.	1000.	*	*	*	*
1934	0.75	1.50	3.00	5.00	12.	20.	30.	50.	75.	125.	400.	750.	*	*	*	*
1934-D	1.50	3.00	5.00	12.	25.	50.	65.	80.	175.	300.	600.	2000.	*	*	*	*
1935	0.75	1.50	2.00	3.00	4.00	10.	15.	25.	45.	65.	150.	250.	*	*	*	*

— = Insufficient pricing data   * = None issued

INDIAN HEAD 5 CENTS (CONTINUED)

	G-4	VG-8	F-12	VF-20	EF-40	AU-50	AU-58	MS-60	MS-63	MS-64	MS-65	MS-66	PF-63	PF-64	PF-65	PF-66
1935 Doubled Die Reverse	150.	200.	250.	500.	1000.	2000.	4000.	7000.	15000.	20000.	100000.	—	*	*	*	*
1935-D	1.50	2.50	4.00	10.	25.	50.	65.	75.	125.	200.	500.	1250.	*	*	*	*
1935-S	1.00	2.00	3.00	4.00	5.00	18.	35.	50.	80.	100.	300.	800.	*	*	*	*
1936	0.75	1.50	2.00	3.00	4.00	9.00	15.	20.	50.	60.	100.	500.	*	*	*	*
1936 Satin Proof	*	*	*	*	*	*	*	*	*	*	*	*	1500.	2000.	2700.	3500.
1936 Brilliant Proof	*	*	*	*	*	*	*	*	*	*	*	*	1800.	2500.	3000.	4000.
1936-D	0.75	1.50	2.00	3.00	5.00	15.	25.	40.	50.	60.	150.	600.	*	*	*	*
1936-D 3 and One Half Legs	1000.	1500.	2000.	3500.	6000.	10000.	18000.	20000.	—	—	—	—	*	*	*	*
1936-S	1.00	1.50	2.50	3.00	5.00	12.	25.	40.	50.	75.	150.	700.	*	*	*	*
1937	0.75	1.50	2.00	3.00	5.00	9.00	15.	20.	40.	45.	75.	175.	1500.	2000.	2700.	3500.
1937-D	0.75	1.50	2.00	3.00	5.00	10.	20.	35.	50.	60.	100.	225.	*	*	*	*
1937-D 3 Legs	650.	750.	900.	1000.	1200.	1400.	2000.	2500.	5000.	10000.	40000.	80000.	*	*	*	*
1937-S	1.00	1.50	2.00	3.00	5.00	10.	20.	30.	40.	50.	100.	600.	*	*	*	*
1938-D	3.00	5.00	6.00	7.00	8.00	10.	15.	22.	30.	40.	75.	150.	*	*	*	*
1938-D/D	6.00	9.00	14.	15.	17.	18.	25.	30.	50.	60.	150.	275.	*	*	*	*
1938-D/S	6.00	8.00	12.	15.	20.	35.	45.	50.	80.	135.	200.	700.	*	*	*	*

—— = Insufficient pricing data   * = None issued

Jefferson 5 cents

Date of authorization:	May 16, 1866; March 27, 1942; April 23, 2003
Dates of issue:	1938-present
Designer:	Felix Schlag
Engraver:	John R. Sinnock (original 1938 designs)
Diameter:	21.21 mm/0.84 inch
Weight:	5.00 grams/0.16 ounce
Metallic content:	(1938-1942): 75% copper, 25% nickel
	(1942-1945): 56% copper, 35% silver, 9% manganese
	(1946-present): 75% copper, 25% nickel
Specific gravity:	8.92 (standard), 9.25 (wartime alloy)
Weight of pure silver:	(1942-1945): 1.75 grams/0.06 ounce
Edge:	Plain
Mint mark:	(1938-1942, 1946-1964): Reverse right of building
	(1942-1945, silver): Reverse above dome
	(1968-2004): Obverse below Jefferson's ponytail

The letters FS following a numerical grade stand for Full Steps. They refer to fully formed, undamaged steps on Monticello on the reverse of 1938 to 2003 Jefferson 5-cent coins.

Also, the letter C following a numerical grade for a Proof coin stands for "cameo," while the letters DC stand for "deep cameo." Cameo coins have contrasting surface finishes: mirror fields and frosted devices (raised areas). Deep cameo coins are the ultimate level of cameo, with deeply frosted devices. Cameo and deep cameo coins bring premiums.

Westward Journey 5-cent coins

Peace Medal reverse

Keelboat reverse

2005 obverse

American Bison
reverse

Ocean in View
reverse

Designers: 2004 obverse: Felix Schlag
Peace Medal reverse: Norman E. Nemeth
Keelboat reverse: Al Maletsky
2005 obverse: Joe Fitzgerald
American Bison reverse: Jamie Franki
Ocean in View reverse: Joe Fitzgerald

Engravers: Original 1938 designs: John R. Sinnock
Peace Medal reverse: Norman E. Nemeth
Keelboat reverse: Al Maletsky
2005 obverse: Don Everhart II
American Bison reverse: Norman E. Nemeth
Ocean in View reverse: Donna Weaver

Mint mark: Below LIBERTY

New obverse, Restored Monticello

2006 obverse

Monticello reverse

Designers: 2006-date obverse: Jamie Franki
2006-date reverse: Felix Schlag
Engravers: 2006-date obverse: Donna Weaver
2006-date reverse: John Mercanti
Mint mark: Below date

JEFFERSON 5 CENTS (CONTINUED)

COPPER-NICKEL

	VF-20	EF-40	AU-50	AU-58	MS-60	MS-63	MS-64	MS-65	MS-65FS	MS-66	MS-66FS	MS-67	MS-67FS	MS-68	MS-69	MS-70	PF-63	PF-64	PF-65
1938	1.00	1.50	2.00	3.25	7.00	10.	15.	30.	200.	65.	300.	100.	—	—	—	—	60.	110.	125.
1938-D	1.50	2.00	3.00	4.00	7.00	9.00	12.	15.	175.	40.	250.	140.	—	—	—	—	*	*	*
1938-S	3.00	4.00	7.00	7.00	9.00	10.	12.	16.	300.	45.	1000.	860.	—	—	—	—	45.	100.	125.
1939 Reverse of 1938	0.50	1.00	1.50	3.50	5.00	10.	20.	30.	65.	70.	120.	400.	2000.	—	—	—	—	—	—
1939 Doubled MONTICELLO	150.	200.	250.	275.	325.	500.	600.	1200.	2500.	2500.	6500.	5000.	—	—	—	—	*	*	*
1939-D Reverse of 1938	10.	15.	25.	35.	75.	85.	95.	135.	500.	225.	1600.	300.	—	—	—	—	*	*	*
1939-D Reverse of 1940	10.	15.	20.	25.	30.	35.	40.	70.	500.	150.	1500.	500.	—	—	—	—	*	*	*
1939-S Reverse of 1938	2.00	5.00	12.	15.	20.	20.	30.	50.	400.	150.	500.	500.	—	—	—	—	*	*	*
1939-S Reverse of 1940	2.00	5.00	10.	12.	15.	20.	30.	220.	500.	400.	3000.	—	—	—	—	—	*	*	*
1940	0.50	1.00	1.50	2.00	4.00	5.00	8.00	15.	75.	35.	150.	300.	1000.	—	—	—	45.	90.	115.
1940-D	0.50	1.00	1.00	2.00	3.00	4.00	7.00	30.	50.	50.	75.	150.	200.	—	—	—	*	*	*
1940-S	1.00	1.50	2.00	2.50	5.00	6.00	8.00	25.	60.	40.	275.	500.	4500.	—	—	—	40.	75.	110.
1941	0.50	1.00	1.50	2.00	3.50	5.00	8.00	25.	60.	40.	200.	250.	2500.	—	—	—	*	*	*
1941-D	1.00	1.50	2.00	2.75	6.00	6.00	8.00	15.	40.	40.	75.	75.	200.	—	—	—	*	*	*
1941-S	1.00	1.50	2.00	2.75	5.00	6.00	9.00	20.	100.	45.	1000.	600.	10000.	—	—	—	*	*	*
1942	1.50	2.00	2.50	3.50	6.00	8.00	10.	30.	100.	50.	1000.	250.	—	—	—	—	45.	90.	115.
1942-D	3.00	5.00	10.	21.	50.	60.	65.	75.	100.	100.	200.	350.	700.	—	—	—	*	*	*
1942-D/Horizontal D	100.	300.	750.	1100.	2000.	4000.	10000.	12000.	50000.	—	—	—	—	—	—	—	*	*	*

COPPER-SILVER-MANGANESE

	VF-20	EF-40	AU-50	AU-58	MS-60	MS-63	MS-64	MS-65	MS-65FS	MS-66	MS-66FS	MS-67	MS-67FS	MS-68	MS-69	MS-70	PF-63	PF-64	PF-65
1942-P Wartime Silver Alloy	2.00	3.00	5.00	7.00	12.	14.	17.	20.	100.	25.	150.	40.	2500.	—			125.	175.	225.
1942-S	2.50	4.00	6.00	7.50	12.	15.	25.	35.	200.	50.	250.	65.	—				*	*	*
1943/2-P	75.	100.	200.	220.	275.	350.	700.	900.	1200.	1400.	3000.	2500.	20000.				*	*	*
1943-P	1.50	2.00	3.00	4.00	7.00	9.00	20.	20.	35.	60.	125.	50.	1500.				*	*	*
1943-P Doubled Eye	30.	50.	100.	107.	125.	150.	250.	650.	1000.	1000.	2000.	2000.	—				*	*	*
1943-D	1.50	2.00	3.00	4.00	7.00	9.00	12.	20.	60.	30.	85.	50.	125.				*	*	*
1943-S	2.00	2.50	3.50	5.00	9.00	12.	16.	20.	50.	30.	125.	50.	1500.				*	*	*
1944-P	2.00	3.00	4.00	7.00	16.	20.	25.	35.	100.	60.	250.	75.	4500.				*	*	*
1944-D	2.00	3.00	4.00	6.00	13.	15.	18.	25.	40.	35.	60.	60.	150.				*	*	*

—— = Insufficient pricing data   * = None issued

JEFFERSON 5 CENTS (CONTINUED)

	VF-20	EF-40	AU-50	AU-58	MS-60	MS-63	MS-64	MS-65	MS-65FS	MS-66	MS-66FS	MS-67	MS-67FS	MS-68	MS-69	MS-70	PF-63	PF-64	PF-65
1944-S	2.00	2.50	3.50	5.50	10.	12.	15.	20.	75.	40.	350.	60.	1700.	—	—	—	*	*	*
1945-P	1.50	2.00	3.00	4.50	8.00	10.	14.	20.	125.	35.	250.	2000.	7500.	—	—	—	*	*	*
1945-P Doubled Die Reverse?	20.	30.	50.	60.	75.	120.	200.	850.	7000.	4000.	—	—	—	—	—	—	*	*	*
1945-D	1.50	2.00	3.00	4.00	7.00	9.00	12.	20.	40.	30.	75.	125.	500.	—	—	—	*	*	*
1945-S	1.50	2.00	3.00	4.00	7.00	9.00	12.	20.	175.	30.	1000.	2500.	6000.	—	—	—	*	*	*
COPPER-NICKEL																			
1946	0.50	1.00	2.00	2.25	3.00	5.00	7.00	25.	250.	100.	2000.	—	—	—	—	—	*	*	*
1946-D	0.50	1.00	1.50	1.85	2.50	3.50	7.00	25.	40.	35.	85.	500.	—	—	—	—	*	*	*
1946-D/Horizontal D	80.	140.	225.	245.	300.	450.	700.	1750.	3500.	3500.	7000.	—	—	—	—	—	*	*	*
1946-S	0.50	0.75	1.00	1.15	1.50	3.00	6.00	25.	150.	50.	550.	110.	3000.	—	—	—	*	*	*
1947	0.50	0.75	1.00	1.15	1.50	3.00	8.00	25.	60.	50.	275.	150.	—	—	—	—	*	*	*
1947-D	0.50	1.00	1.50	1.65	2.00	4.00	10.	20.	30.	30.	120.	125.	—	—	—	—	*	*	*
1947-S	0.50	1.00	1.50	1.65	2.00	4.00	6.00	20.	80.	35.	700.	—	—	—	—	—	*	*	*
1948	0.50	1.00	1.50	1.65	2.00	3.00	7.00	20.	150.	30.	2500.	—	—	—	—	—	*	*	*
1948-D	0.50	1.00	2.00	2.25	3.00	5.00	7.00	15.	30.	50.	90.	—	—	—	—	—	*	*	*
1948-S	0.50	1.00	1.50	1.75	2.50	4.00	8.00	15.	40.	30.	175.	75.	—	—	—	—	*	*	*
1949	0.50	1.00	1.50	2.50	5.00	6.00	8.00	15.	2500.	25.	175.	—	—	—	—	—	*	*	*
1949-D	0.50	1.00	1.50	2.50	4.00	6.00	6.00	11.	1500.	1250.	—	—	—	—	—	—	*	*	*
1949-D/S	75.	100.	175.	195.	225.	275.	400.	650.	1500.	45.	1500.	250.	—	—	—	—	*	*	*
1949-S	0.50	1.00	1.50	2.25	3.00	4.00	9.00	12.	150.	55.	700.	—	—	—	—	—	*	*	*
1950	0.50	1.00	2.00	2.40	3.50	5.00	20.	25.	55.	75.	150.	—	—	—	—	—	35.	60.	70.
1950-D	9.00	12.	14.	15.	16.	18.	20.	25.	475.	40.	3500.	300.	3500.	—	—	—	*	*	*
1951	0.75	1.50	3.00	3.50	5.00	6.00	8.00	20.	80.	28.	250.	100.	—	—	—	—	25.	45.	50.
1951-D	1.00	2.00	4.00	5.50	8.50	10.	12.	15.	150.	50.	2000.	—	—	—	—	—	*	*	*
1951-S	0.75	1.50	3.00	3.50	5.00	6.00	8.00	20.	1000.	100.	—	300.	3500.	—	—	—	*	*	*
1952	0.50	1.00	2.00	2.50	6.00	5.00	7.00	25.	200.	30.	750.	—	—	—	—	—	13.	35.	40.
1952-D	0.75	1.50	3.00	3.75	6.00	7.00	10.	25.	500.	35.	6250.	400.	—	—	—	—	*	*	*
1952-S	0.50	0.75	1.00	1.15	1.50	3.00	6.00	10.	6000.	50.	—	—	—	—	—	—	*	*	*
1953	0.50	0.75	1.00	1.15	1.50	2.00	5.00	10.	300.	40.	1500.	—	—	—	—	—	7.00	35.	40.
1953-D	0.50	0.75	1.00	1.15	1.50	2.00	5.00	20.	1500.	40.	1500.	—	—	—	—	—	*	*	*

—— = Insufficient pricing data   * = None issued

JEFFERSON 5 CENTS (CONTINUED)

	VF-20	EF-40	AU-50	AU-58	MS-60	MS-63	MS-64	MS-65	MS-65FS	MS-66	MS-66FS	MS-67	MS-67FS	MS-68	MS-69	MS-70	PF-63	PF-64	PF-65
1953-S	.50	.75	1.00	1.15	1.50	3.00	5.00	25.	—	125.	—	—	—	—	—	—	*	*	*
1954	.50	.75	1.00	1.15	1.50	3.00	5.00	10.	350.	15.	—	—	—	—	—	—	4.00	20	25.
1954-D	.50	.75	1.00	1.15	1.50	2.00	5.00	12.	1000.	40.	—	—	—	—	—	—	*	*	*
1954-S	.50	.75	1.00	1.50	1.50	4.00	7.00	20.	5000.	120.	—	—	—	—	—	—	*	*	*
1954 S/D	15.	20.	30.	36.	50.	75.	125.	350.	—	1250.	—	—	—	—	—	—	*	*	*
1955	.50	.75	1.00	1.65	2.00	3.00	5.00	8.00	1000.	35.	—	—	—	—	—	—	3.00	12.	15.
1955-D	.50	.75	1.00	1.25	2.00	3.00	5.00	8.00	4500.	135.	—	—	—	—	—	—	*	*	*
1955 D/S	15.	20.	35.	40.	50.	75.	100.	375.	—	960.	—	—	—	—	—	—	*	*	*
1956	.25	.50	.75	.85	1.00	1.50	4.00	20.	80.	40.	350.	—	7000.	—	—	—	1.00	2.00	4.00
1956-D	.25	.50	.75	.85	1.00	1.50	4.00	20.	900.	50.	3500.	—	—	—	—	—	*	*	*
1957	.35	.75	1.00	1.15	1.50	2.00	8.00	15.	120.	40.	3000.	—	—	—	—	—	1.00	1.50	2.50
1957-D	.25	.50	.75	.85	1.00	1.50	4.00	14.	150.	20.	2500.	—	—	—	—	—	*	*	*
1958	.25	.50	.75	.85	1.00	1.50	7.00	35.	1500.	100.	—	—	—	—	—	—	1.00	1.50	4.00
1958-D	.25	.50	.75	.85	1.00	1.50	7.00	15.	50.	40.	60.	—	5000.	—	—	—	*	*	*
1959	.25	.50	.75	.85	1.00	1.50	4.00	10.	75.	35.	1500.	—	—	—	—	—	1.00	1.50	2.50
1959-D	.25	.50	.75	.85	1.00	1.50	4.00	7.00	300.	50.	2500.	—	—	—	—	—	*	*	*
1960	.25	.50	.75	.85	1.00	1.50	4.00	7.00	2500.	40.	—	—	—	—	—	—	1.00	1.50	2.50
1960-D	.25	.50	.75	.85	1.00	1.50	4.00	7.00	—	50.	—	—	—	—	—	—	*	*	*
1961	.25	.50	.75	.85	1.00	1.50	4.00	8.00	—	40.	—	—	—	—	—	—	1.00	1.50	2.50
1961-D	.25	.50	.75	.85	1.00	1.50	7.50	25.	—	60.	—	—	—	—	—	—	*	*	*
1962	.25	.50	.75	.85	1.00	1.50	10.	25.	4000.	15.	525.	—	—	—	—	—	1.00	1.50	2.50
1962-D	.25	.50	.75	.85	1.00	1.50	3.00	40.	60.	120.	—	—	—	—	—	—	*	*	*
1963	.25	.50	.75	.85	1.00	1.50	3.50	20.	200.	35.	1200.	—	—	—	—	—	1.00	1.50	2.50
1963-D	.25	.50	.75	.85	1.00	1.50	3.00	30.	—	50.	—	—	—	—	—	—	*	*	*
1964	.25	.50	.75	.85	1.00	1.50	3.00	25.	350.	60.	—	—	—	—	—	—	*	*	*
1964-D	.25	.50	.75	.85	1.00	1.50	8.50	20.	750.	30.	—	—	—	—	—	—	*	*	*
1965	.10	.15	.20	.25	.35	.50	3.00	10.	—	125.	—	—	—	—	—	—	*	*	*
1965 Special Mint Set	—	—	—	—	—	—	—	—	—	—	—	50.	—	—	—	—	*	*	*
1966	.10	.15	.20	.25	.35	1.50	5.00	12.	—	25.	—	—	—	—	—	—	*	*	*
1966 Special Mint Set	—	—	—	—	—	—	—	—	—	—	—	50.	—	—	—	—	*	*	*
1967	.10	.15	.20	.25	.35	.50	3.00	15.	—	200.	—	—	—	—	—	—	*	*	*
1967 Special Mint Set	—	—	—	—	—	—	—	—	—	—	—	50.	—	—	—	—	*	*	*

—— = Insufficient pricing data   * = None issued

	VF-20	EF-40	AU-50	AU-58	MS-60	MS-63	MS-64	MS-65	MS-65FS	MS-66	MS-66FS	MS-67	MS-67FS	MS-68	MS-69	MS-70	PF-63	PF-64	PF-65	PF-65DC	PF-66DC	PF-67DC	PF-68DC	PF-69DC	PF-70DC
1968-D	0.10	0.15	0.20	0.25	0.35	0.50	3.00	5.00	—	20.	—	—	—	—	—	—	*	*	*	*	*	*	*	*	*
1968-S	0.10	0.15	0.20	0.25	0.35	0.50	8.00	10.	1500.	20.	—	—	—	—	—	—	1.00	2.00	3.00	—	8.00	16.	35.	—	—
1969-D	0.10	0.15	0.20	0.25	0.35	0.50	3.00	6.00	—	100.	—	—	—	—	—	—	*	*	*	*	*	*	*	*	*
1969-S	0.10	0.15	0.20	0.25	0.35	1.00	8.00	15.	—	350.	—	—	—	—	—	—	1.00	2.00	3.00	—	13.	30.	65.	—	—
1970-D	0.10	0.15	0.20	0.25	0.40	0.65	4.00	35.	750.	150.	—	—	—	—	—	—	*	*	*	*	*	*	*	*	*
1970-S	0.10	0.15	0.20	0.25	0.40	1.00	7.50	10.	30.	35.	—	—	—	—	—	—	1.00	2.00	3.00	—	12.	20.	40.	—	—
1971	0.10	0.15	0.20	0.25	0.35	1.00	3.00	5.00	20.	25.	50.	—	—	—	—	—	*	*	*	*	*	*	*	*	*
1971-D	0.10	0.15	0.20	0.25	0.35	0.50	3.00	10.	—	27.	35.	—	—	—	—	—	*	*	*	*	*	*	*	*	*
1971-S	*	*	*	*	*	*	*	*	*	*	*	*	*	*	*	*	2.50	3.50	5.00	—	15.	35.	75.	700.	—
1971-S No S	*	*	*	*	*	*	*	*	*	*	*	*	*	*	*	*	1300.	1400.	1500.	1600.	1800.	2000.	2500.	8500.	—
1972	0.10	0.15	0.20	0.25	0.35	0.50	3.00	8.00	40.	25.	175.	—	—	—	—	—	*	*	*	*	*	*	*	*	*
1972-D	0.10	0.15	0.20	0.25	0.35	0.50	3.00	10.	50.	25.	250.	—	—	—	—	—	*	*	*	*	*	*	*	*	*
1972-S	*	*	*	*	*	*	*	*	*	*	*	*	*	*	*	*	2.00	3.00	4.00	—	10.	15.	25.	—	—
1973	0.10	0.15	0.20	0.25	0.35	0.50	3.00	5.00	15.	15.	85.	—	—	—	—	—	*	*	*	*	*	*	*	*	*
1973-D	0.10	0.15	0.20	0.25	0.35	0.50	3.00	10.	25.	35.	50.	—	—	—	—	—	*	*	*	*	*	*	*	*	*
1973-S	*	*	*	*	*	*	*	*	*	*	*	*	*	*	*	*	1.50	2.50	4.00	—	12.	20.	45.	100.	—
1974	0.10	0.15	0.20	0.25	0.35	0.50	3.00	5.00	50.	15.	350.	—	—	—	—	—	*	*	*	*	*	*	*	*	*
1974-D	0.10	0.15	0.20	0.25	0.35	0.55	3.00	10.	30.	25.	150.	—	—	—	—	—	*	*	*	*	*	*	*	*	*
1974-S	*	*	*	*	*	*	*	*	*	*	*	*	*	*	*	*	1.50	2.50	4.00	—	10.	15.	18.	—	—
1975	0.10	0.15	0.20	0.25	0.35	0.55	3.00	5.00	40.	30.	250.	—	—	—	—	—	*	*	*	*	*	*	*	*	*
1975-D	0.10	0.15	0.20	0.25	0.35	0.50	3.00	5.00	40.	30.	200.	—	—	—	—	—	*	*	*	*	*	*	*	*	*
1975-S	*	*	*	*	*	*	*	*	*	*	*	*	*	*	*	*	2.00	3.00	4.00	—	10.	14.	17.	—	—
1976	0.10	0.15	0.20	0.25	0.35	0.55	3.00	10.	150.	25.	450.	—	—	—	—	—	*	*	*	*	*	*	*	*	*
1976-D	0.10	0.15	0.20	0.25	0.35	0.55	3.00	5.00	30.	30.	120.	—	—	—	—	—	*	*	*	*	*	*	*	*	*
1976-S	*	*	*	*	*	*	*	*	*	*	*	*	*	*	*	*	1.50	2.50	4.00	—	10.	15.	17.	20.	—
1977	0.10	0.15	0.20	0.25	0.35	0.55	3.00	9.50	200.	25.	—	—	—	—	—	—	*	*	*	*	*	*	*	*	*
1977-D	0.10	0.15	0.20	0.25	0.35	0.55	3.00	12.	30.	30.	120.	—	—	—	—	—	*	*	*	*	*	*	*	*	*
1977-S	*	*	*	*	*	*	*	*	*	*	*	*	*	*	*	*	1.50	2.50	4.00	—	11.	15.	18.	20.	—

—— = Insufficient pricing data   * = None issued

JEFFERSON 5 CENTS (CONTINUED)

	VF-20	EF-40	AU-50	AU-58	MS-60	MS-63	MS-64	MS-65	MS-65FS	MS-66	MS-66FS	MS-67	MS-67FS	MS-68	MS-69	MS-70	PF-63	PF-64	PF-65	PF-65DC	PF-66DC	PF-67DC	PF-68DC	PF-69DC	PF-70DC
1978	0.10	0.15	0.20	0.25	0.35	0.50	3.00	10.	100.	25.	150.	—	—	—	—	—	*	*	*	*	*	*	*	*	*
1978-D	0.10	0.15	0.20	0.25	0.35	0.50	3.00	10.	45.	25.	100.	—	—	—	—	—	*	*	*	*	*	*	*	*	*
1978-S	*	*	*	*	*	*	*	*	*	*	*	*	*	*	*	*	1.50	2.50	4.00	—	11.	14.	18.	20.	—
1979	0.10	0.15	0.20	0.25	0.35	0.50	3.00	5.00	100.	30.	150.	—	—	—	—	—	*	*	*	*	*	*	*	*	*
1979-D	0.10	0.15	0.20	0.25	0.35	0.50	3.00	10.	45.	25.	100.	—	—	—	—	—	*	*	*	*	*	*	*	*	*
1979-S Filled S *	*	*	*	*	*	*	*	*	*	*	*	*	*	*	*	*	1.00	2.00	3.00	—	10.	12.	14.	20.	—
1979-S Clear S *	*	*	*	*	*	*	*	*	*	*	*	*	*	*	*	*	2.00	3.00	4.00	—	11.	13.	25.	20.	—
1980-P	0.10	0.15	0.20	0.25	0.35	0.50	3.00	5.00	25.	15.	50.	—	—	—	—	—	*	*	*	*	*	*	*	*	*
1980-D	0.10	0.15	0.20	0.25	0.35	0.50	3.00	5.00	25.	25.	50.	—	—	—	—	—	*	*	*	*	*	*	*	*	*
1980-S	*	*	*	*	*	*	*	*	*	*	*	*	*	*	*	*	1.00	1.50	2.00	3.00	12.	15.	18.	20.	—
1981-P	0.10	0.15	0.20	0.25	0.35	0.50	3.00	5.00	350.	20.	—	—	—	—	—	—	*	*	*	*	*	*	*	*	*
1981-D	0.10	0.15	0.20	0.25	0.35	0.50	3.00	10.	40.	20.	75.	—	—	—	—	—	*	*	*	*	*	*	*	*	*
1981-S Filled S *	*	*	*	*	*	*	*	*	*	*	*	*	*	*	*	*	1.50	2.00	2.50	3.00	10.	12.	14.	20.	—
1981-S Clear S *	*	*	*	*	*	*	*	*	*	*	*	*	*	*	*	*	1.00	1.50	2.00	3.00	10.	12.	14.	—	—
1982-P	0.10	0.15	0.20	0.25	0.35	7.50	10.	15.	45.	30.	80.	—	—	—	—	—	*	*	*	*	*	*	*	*	*
1982-D	0.10	0.15	0.20	0.25	0.35	1.50	4.00	15.	100.	25.	250.	—	—	—	—	—	*	*	*	*	*	*	*	*	*
1982-S	*	*	*	*	*	*	*	*	*	*	*	*	*	*	*	*	1.00	1.50	2.00	3.00	10.	14.	18.	20.	—
1983-P	0.10	0.15	0.20	0.25	0.35	2.50	5.00	10.	350.	30.	—	—	—	—	—	—	*	*	*	*	*	*	*	*	*
1983-D	0.10	0.15	0.20	0.25	0.35	2.00	4.00	5.00	50.	20.	250.	—	—	—	—	—	*	*	*	*	*	*	*	*	*
1983-S	*	*	*	*	*	*	*	*	*	*	*	*	*	*	*	*	1.00	1.50	2.00	3.00	10.	12.	18.	20.	—
1984-P	0.10	0.15	0.20	0.25	0.35	0.60	3.00	5.00	25.	15.	50.	—	—	—	—	—	*	*	*	*	*	*	*	*	*
1984-D	0.10	0.15	0.20	0.25	0.35	0.60	3.00	5.00	—	15.	—	—	—	—	—	—	*	*	*	*	*	*	*	*	*
1984-S	*	*	*	*	*	*	*	*	*	*	*	*	*	*	*	*	5.00	6.00	7.00	7.00	10.	12.	14.	20.	—
1985-P	0.10	0.15	0.20	0.25	0.35	0.60	3.00	5.00	35.	15.	—	—	—	—	—	—	*	*	*	*	*	*	*	*	*
1985-D	0.10	0.15	0.20	0.25	0.35	0.60	3.00	5.00	35.	15.	125.	—	—	—	—	—	*	*	*	*	*	*	*	*	*
1985-S	*	*	*	*	*	*	*	*	*	*	*	*	*	*	*	*	2.00	3.00	4.00	5.00	10.	12.	18.	20.	—
1986-P	0.10	0.15	0.20	0.25	0.35	0.60	3.00	5.00	30.	15.	100.	—	—	—	—	—	*	*	*	*	*	*	*	*	*
1986-D	0.10	0.15	0.20	0.25	0.35	1.00	3.00	5.00	30.	15.	125.	—	—	—	—	—	*	*	*	*	*	*	*	*	*

— = Insufficient pricing data   * = None issued

JEFFERSON 5 CENTS (CONTINUED)

	PF-70DC	PF-69DC	PF-68DC	PF-67DC	PF-66DC	PF-65DC	PF-65	PF-64	PF-63	MS-70	MS-69	MS-68	MS-67FS	MS-67	MS-66FS	MS-66	MS-65FS	MS-65	MS-64	MS-63	MS-60	AU-58	AU-50	EF-40	VF-20
1986-S	*	20.	14.	12.	10.	10.	8.00	7.00	6.00	*	*	*	*	*	*	*	*	*	*	*	*	*	*	*	*
1987-P	*	*	*	*	*	*	*	*	*	—	—	—	—	—	30.	12	20.	5.00	3.00	0.50	0.35	0.25	0.20	0.15	0.10
1987-D	*	*	*	*	*	*	*	*	*	—	—	—	—	—	30.	12	20.	5.00	3.00	0.50	0.35	0.25	0.20	0.15	0.10
1987-S	*	20.	15.	9.00	7.00	4.00	4.00	3.00	2.00	*	*	*	*	*	*	*	*	*	*	*	*	*	*	*	*
1988-P	*	*	*	*	*	*	*	*	*	—	—	—	—	—	50.	12.	15.	5.00	3.00	0.50	0.35	0.25	0.20	0.15	0.10
1988-D	*	*	*	*	*	*	*	*	*	—	—	—	—	—	80.	12.	20.	5.00	3.00	0.50	0.35	0.25	0.20	0.15	0.10
1988-S	*	20.	15.	9.00	7.00	—	7.00	6.00	5.00	*	*	*	*	*	*	*	*	*	*	*	*	*	*	*	*
1989-P	*	*	*	*	*	*	*	*	*	—	—	—	—	—	50.	12	20.	5.00	3.00	0.50	0.35	0.25	0.20	0.15	0.10
1989-D	*	*	*	*	*	*	*	*	*	—	—	—	—	—	100.	12.	50.	5.00	3.00	0.50	0.35	0.25	0.20	0.15	0.10
1989-S	250.	20.	15.	9.00	7.00	—	6.00	5.00	4.00	*	*	*	*	*	*	*	*	*	*	*	*	*	*	*	*
1990-P	*	*	*	*	*	*	*	*	*	—	—	—	—	—	30.	10.	15.	5.00	3.00	0.50	0.35	0.25	0.20	0.15	0.10
1990-D	*	*	*	*	*	*	*	*	*	—	—	—	—	—	150.	10.	35.	5.00	3.00	0.50	0.35	0.25	0.20	0.15	0.10
1990-S	*	20.	18.	9.00	7.00	—	6.00	5.00	4.00	*	*	*	*	*	*	*	*	*	*	*	*	*	*	*	*
1991-P	*	*	*	*	*	*	*	*	*	—	—	—	—	—	100.	10.	30.	5.00	3.00	0.50	0.35	0.25	0.20	0.15	0.10
1991-D	*	*	*	*	*	*	*	*	*	—	—	—	—	—	125.	10.	35.	5.00	3.00	0.50	0.35	0.25	0.20	0.15	0.10
1991-S	*	20.	15.	9.00	7.00	—	6.00	5.00	4.00	*	*	*	*	*	*	*	*	*	*	*	*	*	*	*	*
1992-P	*	*	*	*	*	*	*	*	*	—	—	—	—	—	20.	10.	15.	5.00	3.00	0.60	0.35	0.25	0.20	0.15	0.10
1992-D	*	*	*	*	*	*	*	*	*	—	—	—	—	—	20.	10.	15.	5.00	3.00	0.50	0.35	0.25	0.20	0.15	0.10
1992-S	175.	20.	15.	9.00	7.00	—	4.00	3.00	2.00	*	*	*	*	*	*	*	*	*	*	*	*	*	*	*	*
1993-P	*	*	*	*	*	*	*	*	*	—	—	—	—	—	20.	10.	15.	5.00	3.00	0.50	0.35	0.25	0.20	0.15	0.10
1993-D	*	*	*	*	*	*	*	*	*	—	—	—	—	—	20.	10.	15.	5.00	3.00	0.50	0.35	0.25	0.20	0.15	0.10
1993-S	175.	20.	15.	9.00	7.00	—	5.00	3.50	2.50	*	*	*	*	*	*	*	*	*	*	*	*	*	*	*	*
1994-P	*	*	*	*	*	*	*	*	*	—	—	—	—	—	—	10.	—	5.00	3.00	0.50	0.35	0.25	0.20	0.15	0.10
1994-P Matte Finish	*	*	*	*	*	*	*	*	*	—	—	—	—	175.	—	125.	—	100.	80.	65.	—	—	—	—	—
1994-D	*	*	*	*	*	*	*	*	*	—	—	—	—	—	75.	10.	15.	5.00	3.00	0.50	0.35	0.25	0.20	0.15	0.10
1994-S	—	20.	15.	9.00	7.00	—	5.00	3.50	2.50	*	*	*	*	*	*	*	*	*	*	*	*	*	*	*	*
1995-P	*	*	*	*	*	*	*	*	*	—	—	—	—	—	20.	10.	15.	5.00	3.00	0.50	0.35	0.25	0.20	0.15	0.10

—— = Insufficient pricing data   * = None issued

	VF-20	EF-40	AU-50	AU-58	MS-60	MS-63	MS-64	MS-65	MS-65FS	MS-66	MS-66FS	MS-67	MS-67FS	MS-68	MS-69	MS-70	PF-63	PF-64	PF-65	PF-65DC	PF-66DC	PF-67DC	PF-68DC	PF-69DC	PF-70DC
1995-D	0.10	0.15	0.20	0.25	0.35	0.55	3.00	5.00	35.	12.	95.	—	—	—	—	—	*	*	*	*	*	*	*	*	*
1995-S	*	*	*	*	*	*	*	*	*	*	*	*	*	*	*	*	4.00	5.00	6.00	—	7.00	9.00	15.	20.	75.
1995-P	0.10	0.15	0.20	0.25	0.35	0.50	3.00	5.00	15.	10.	20.	—	45.	—	—	—	*	*	*	*	*	*	*	*	*
1996-D	0.10	0.15	0.20	0.25	0.35	0.50	3.00	5.00	20.	10.	33.	—	230.	—	—	—	*	*	*	*	*	*	*	*	*
1996-S	*	*	*	*	*	*	*	*	*	*	*	*	*	*	*	*	2.50	3.50	5.00	—	7.00	9.00	18.	20.	200.
1997-P	0.10	0.15	0.20	0.25	0.35	0.50	2.00	3.50	15.	6.00	20.	11.	—	—	—	—	*	*	*	*	*	*	*	*	*
1997-P Matte Finish	—	—	—	—	—	200.	250.	260.	275.	280.	285.	290.	300.	325.	—	700.	*	*	*	*	*	*	*	*	*
1997-D	0.10	0.15	0.20	0.25	0.35	0.50	2.00	3.50	15.	6.00	20.	11.	—	—	—	—	*	*	*	*	*	*	*	*	*
1997-S	*	*	*	*	*	*	*	*	*	*	*	*	*	*	*	*	2.00	3.00	4.00	—	7.00	9.00	15.	20.	150.
1998-P	0.10	0.15	0.20	0.25	0.35	0.50	2.00	3.50	10.	6.00	15.	—	—	—	—	—	*	*	*	*	*	*	*	*	*
1998-D	0.10	0.15	0.20	0.25	0.35	0.50	2.00	3.50	10.	6.00	15.	—	—	—	—	—	*	*	*	*	*	*	*	*	*
1998-S	*	*	*	*	*	*	*	*	*	*	*	*	*	*	*	*	1.50	2.50	3.50	—	7.00	9.00	15.	20.	150.
1999-P	0.10	0.15	0.20	0.25	0.35	0.50	2.00	3.50	16.	6.00	65.	11.	—	—	—	—	*	*	*	*	*	*	*	*	*
1999-D	0.10	0.15	0.20	0.25	0.35	0.50	2.00	3.50	15.	6.00	50.	11.	100.	—	—	—	*	*	*	*	*	*	*	*	*
1999-S	*	*	*	*	*	*	*	*	*	*	*	*	*	*	*	*	1.50	2.50	3.50	—	7.00	9.00	10.	20.	150.
2000-P	0.10	0.15	0.20	0.25	0.35	0.50	2.00	3.50	14.	6.00	50.	11.	—	—	—	—	*	*	*	*	*	*	*	*	*
2000-D	0.10	0.15	0.20	0.25	0.35	0.50	2.00	3.50	5.50	6.00	20.	11.	—	—	—	—	*	*	*	*	*	*	*	*	*
2000-S	*	*	*	*	*	*	*	*	*	*	*	*	*	*	*	*	1.50	2.50	3.50	—	7.00	8.00	10.	20.	100.
2001-P	0.10	0.15	0.20	0.25	0.35	0.50	2.00	3.50	15.	6.00	100.	11.	—	—	—	—	*	*	*	*	*	*	*	*	*
2001-D	0.10	0.15	0.20	0.25	0.35	0.50	2.00	3.50	—	6.00	100.	11.	225.	—	—	—	*	*	*	*	*	*	*	*	*
2001-S	*	*	*	*	*	*	*	*	*	*	*	*	*	*	*	*	1.50	2.50	3.50	—	7.00	8.00	15.	20.	75.
2002-P	0.10	0.15	0.20	0.25	0.35	0.50	2.00	3.50	15.	6.00	—	—	—	—	—	—	*	*	*	*	*	*	*	*	*
2002-D	0.10	0.15	0.20	0.25	0.35	0.50	2.00	3.50	—	6.00	—	—	125.	—	—	—	*	*	*	*	*	*	*	*	*
2002-S	*	*	*	*	*	*	*	*	*	*	*	*	*	*	*	*	1.50	2.50	3.50	—	5.00	9.00	15.	20.	100.
2003-P	0.10	0.15	0.20	0.25	0.35	0.50	2.00	3.50	—	6.00	45.	11.	—	—	—	—	*	*	*	*	*	*	*	*	*
2003-D	0.10	0.15	0.20	0.25	0.35	0.50	2.00	3.50	—	6.00	175.	11.	65.	—	—	—	*	*	*	*	*	*	*	*	*
2003-S	*	*	*	*	*	*	*	*	*	*	*	*	*	*	*	*	1.50	2.50	3.50	—	5.00	9.00	15.	20.	150.

——— = Insufficient pricing data   * = None issued

JEFFERSON 5 CENTS (CONTINUED)

	VF-20	EF-40	AU-50	AU-58	MS-60	MS-63	MS-64	MS-65	MS-66	MS-67	MS-68	MS-69	MS-70	PF-63	PF-64	PF-65	PF-65DC	PF-66DC	PF-67DC	PF-68DC	PF-69DC	PF-70DC
2004-P Peace Medal Reverse	0.10	0.15	0.20	0.25	0.35	0.50	2.00	3.00	4.00	11.	—	—	—	*	*	*	*	*	*	*	*	*
2004-D Peace Medal Reverse	0.10	0.15	0.20	0.25	0.35	0.50	2.00	3.00	4.00	11.	—	—	—	*	*	*	*	*	*	*	*	*
2004-S Peace Medal Reverse	*	*	*	*	*	*	*	*	*	*	*	*	*	9.00	10.	11.	12	16	18	20	25.	200.
2004-P Keelboat Reverse	0.10	0.15	0.20	0.25	0.35	0.50	2.00	3.00	6.00	25.	—	—	—	*	*	*	*	*	*	*	*	*
2004-D Keelboat Reverse	0.10	0.15	0.20	0.25	0.35	0.50	2.00	3.00	4.00	11.	—	—	—	*	*	*	*	*	*	*	*	*
2004-S Keelboat Reverse	*	*	*	*	*	*	*	*	*	*	*	*	*	9.00	10.	11.	12	16	18	20	25.	200.
2005-P American Bison Reverse	0.10	0.15	0.20	0.25	0.35	0.50	2.00	3.00	4.00	11.	—	50.	—	*	*	*	*	*	*	*	*	*
2005-P American Bison Reverse Satin Finish	—	—	—	—	—	3.00	5.00	8.00	11.	18.	40.	50.	—	*	*	*	*	*	*	*	*	*
2005-D American Bison Reverse	0.10	0.15	0.20	0.25	0.35	0.50	2.00	3.00	4.00	11.	—	—	—	*	*	*	*	*	*	*	*	*
2005-D American Bison Reverse Satin Finish	—	—	—	—	—	3.00	5.00	7.00	10.	25.	50.	150.	—	*	*	*	*	*	*	*	*	*
2005-S American Bison Reverse	*	*	*	*	*	*	*	*	*	*	*	*	*	9.00	10.	11.	12	16	18	20	35.	200.
2005-P Ocean in View Reverse	0.10	0.15	0.20	0.25	0.35	0.50	2.00	3.00	4.00	11.	—	—	—	*	*	*	*	*	*	*	*	*
2005-P Ocean in View Satin Finish	—	—	—	—	—	3.00	5.00	7.00	11.	18.	35.	—	—	*	*	*	*	*	*	*	*	*
2005-D Ocean in View Reverse	0.10	0.15	0.20	0.25	0.35	0.50	2.00	3.00	4.00	11.	—	—	—	*	*	*	*	*	*	*	*	*
2005-D Ocean in View Satin Finish	—	—	—	—	—	3.00	5.00	7.00	10.	17.	45.	—	—	*	*	*	*	*	*	*	*	*

—— = Insufficient pricing data   * = None issued

JEFFERSON 5 CENTS (CONTINUED)

	VF-20	EF-40	AU-50	AU-58	MS-60	MS-63	MS-64	MS-65	MS-66	MS-67	MS-68	MS-69	MS-70	PF-63	PF-64	PF-65	PF-65DC	PF-66DC	PF-67DC	PF-68DC	PF-69DC	PF-70DC
2005-S Ocean in View Reverse	*	*	*	*	*	*	*	*	*	*	*	*	*	4.00	5.00	6.00	7.00	11.	14.	18.	27.	150.
2006-P	0.10	0.15	0.20	0.25	0.35	0.50	2.00	3.00	4.00	11.	—	—	—	*	*	*	*	*	*	*	*	*
2006-P Satin Finish	—	—	—	—	—	3.00	5.00	7.00	11.	15.	17.	25.	—	*	*	*	*	*	*	*	*	*
2006-D	0.10	0.15	0.20	0.25	0.35	0.50	2.00	3.00	4.00	11.	—	—	—	*	*	*	*	*	*	*	*	*
2006-D Satin Finish	—	—	—	—	—	3.00	5.00	7.00	11.	20.	30.	—	—	*	*	*	*	*	*	*	*	*
2006-S	*	*	*	*	*	*	*	*	*	*	*	*	*	4.00	5.00	6.00	7.00	11.	14.	18.	27.	350.
2007-P	0.10	0.15	0.20	0.25	0.35	0.50	2.00	3.00	4.00	11.	—	—	—	*	*	*	*	*	*	*	*	*
2007-P Satin Finish	—	—	—	—	—	3.00	5.00	6.00	7.00	9.00	13.	—	—	*	*	*	*	*	*	*	*	*
2007-D	0.10	0.15	0.20	0.25	0.35	0.50	2.00	3.00	4.00	11.	—	—	—	*	*	*	*	*	*	*	*	*
2007-D Satin Finish	—	—	—	—	—	3.00	5.00	6.00	7.00	9.00	13.	—	—	*	*	*	*	*	*	*	*	*
2007-S	*	*	*	*	*	*	*	*	*	*	*	*	*	5.00	6.00	7.00	8.00	9.00	11.	14.	20.	—
2008-P	—	—	—	—	0.25	0.40	0.55	1.00	3.00	8.00	—	—	—	*	*	*	*	*	*	*	*	*
2008-P Satin Finish	—	—	—	—	—	—	—	—	—	—	7.00	—	—	*	*	*	*	*	*	*	*	*
2008-D	—	—	—	—	0.25	0.40	0.55	1.00	3.00	8.00	—	—	—	*	*	*	*	*	*	*	*	*
2008-D Satin Finish	—	—	—	—	—	—	—	—	—	—	7.00	—	—	*	*	*	*	*	*	*	*	*
2008-S	*	*	*	*	*	*	*	*	*	*	*	*	*	2.50	3.00	3.00	4.50	5.50	6.50	8.00	12.	30.
2009-P	—	—	—	—	2.00	3.00	10.	15.	20.	25.	30.	—	—	*	*	*	*	*	*	*	*	*
2009-P Satin Finish	—	—	—	—	—	—	—	—	8.00	10.	12.	—	—	*	*	*	*	*	*	*	*	*
2009-D	—	—	—	—	2.00	3.00	10.	15.	20.	25.	30.	—	—	*	*	*	*	*	*	*	*	*
2009-D Satin Finish	—	—	—	—	—	—	—	—	8.00	10.	12.	—	—	*	*	*	*	*	*	*	*	*
2009-S	*	*	*	*	*	*	*	*	*	*	*	*	*	—	—	—	3.50	4.00	4.50	5.00	7.00	20.
2010-P	—	—	—	—	—	—	—	—	—	—	—	—	—	*	*	*	*	*	*	*	*	*
2010-P Satin Finish	—	—	—	—	—	—	—	—	—	—	—	—	—	*	*	*	*	*	*	*	*	*
2010-D	—	—	—	—	—	—	—	—	—	—	—	—	—	*	*	*	*	*	*	*	*	*
2010-D Satin Finish	—	—	—	—	—	—	—	—	—	—	—	—	—	*	*	*	*	*	*	*	*	*
2010-S	*	*	*	*	*	*	*	*	*	*	*	*	*	—	—	—	—	—	—	—	—	—

—— = Insufficient pricing data   * = None issued

Flowing Hair half dime

Half disme pattern   Flowing Hair

Date of authorization: April 2, 1792
Dates of issue: 1792 (half disme); 1794-1795
Designer/Engraver: Robert Scot
Diameter: 16.50 mm/0.65 inch
Weight: 1.348 grams/0.04 ounce
Metallic content: 89.25% silver, 10.75% copper
Specific gravity: 10.34
Weight of pure silver: 1.20 grams/0.04 ounce
Edge: Reeded
Mint mark: None

HALF DISME PATTERN

	AG-3	G-4	VG-8	F-12	VF-20	EF-40	AU-50	MS-60	MS-63
1792	12000.	20000.	60000.	75000.	90000.	125000.	175000.	300000.	550000.

FLOWING HAIR HALF DIME

	AG-3	G-4	VG-8	F-12	VF-20	EF-40	AU-50	MS-60	MS-63
1794	1000.	1500.	2500.	3000.	4000.	7500.	12000.	20000.	45000.
1795	750.	1000.	1500.	2000.	4000.	5500.	7000.	12500.	25000.

Draped Bust half dime

Small Eagle   Heraldic Eagle

Date of authorization: April 2, 1792
Dates of issue: 1796-1805
Designer: Obverse: Gilbert Stuart-Robert Scot
Reverse:
(1796-1797): Robert Scot-John Eckstein
(1800-1805): Robert Scot
Engraver: Robert Scot
Diameter: 16.50 mm/0.65 inch
Weight: 1.35 grams/0.04 ounce
Metallic content: 89.25% silver, 10.75% copper
Specific gravity: 10.32
Weight of pure silver: 1.20 grams/0.04 ounce
Edge: Reeded
Mint mark: None

DRAPED BUST, SMALL EAGLE HALF DIME

	AG-3	G-4	VG-8	F-12	VF-20	EF-40	AU-50	MS-60	MS-63
1796/5	800.	1250.	2000.	3500.	5000.	10000.	17500.	32500.	50000.
1796 LIBERTY	750.	1000.	1500.	3000.	4750.	7500.	10000.	20000.	35000.
1796 LIKERTY	850.	1100.	1750.	3250.	5000.	8000.	12500.	22500.	50000.
1797 15 Stars	750.	1250.	1500.	2500.	5000.	7500.	12500.	16000.	20000.
1797 16 Stars	750.	1250.	1750.	2750.	5500.	8000.	13500.	18500.	25000.
1797 13 Stars	1000.	1500.	2000.	3000.	10000.	15000.	25000.	50000.	75000.

DRAPED BUST, HERALDIC EAGLE HALF DIME

	AG-3	G-4	VG-8	F-12	VF-20	EF-40	AU-50	MS-60	MS-63
1800	500.	750.	1000.	2000.	4000.	5500.	8500.	12500.	20000.
1800 LIBEKTY	500.	750.	1000.	2000.	5000.	6000.	10000.	17500.	25000.
1801	500.	750.	1000.	2000.	5000.	6000.	12500.	20000.	30000.
1802	17500.	27500.	40000.	50000.	100000.	200000.	350000.	—	—
1803 Large 8	550.	1000.	1500.	2250.	4000.	5000.	8000.	15000.	—
1803 Small 8	1000.	2000.	2500.	5000.	7500.	12500.	20000.	85000.	—
1805	550.	1000.	1500.	2500.	4000.	10000.	20000.	—	—

—— = Insufficient pricing data

Capped Bust half dime

Date of authorization: April 2, 1792
Dates of issue: 1829-1837
Designers: John Reich-William Kneass
Engraver: William Kneass
Diameter: 15.50 mm/0.61 inch
Weight: 1.35 grams/0.04 ounce
Metallic content: 89.25% silver, 10.75% copper
Specific gravity: 10.32
Weight of pure silver: 1.20 grams/0.04 ounce
Edge: Reeded
Mint mark: None

CAPPED BUST HALF DIME (CONTINUED)

	AG-3	G-4	VG-8	F-12	VF-20	EF-40	EF-45	AU-50	AU-55	MS-60	MS-62	MS-63	MS-64	MS-65	MS-66
1829	30.	40.	50.	75.	125.	250.	300.	350.	400.	500.	750.	1000.	1800.	3500.	5500.
1830	30.	40.	50.	75.	125.	175.	225.	300.	350.	450.	500.	1000.	1250.	3000.	5000.
1831	30.	40.	50.	75.	125.	175.	200.	250.	300.	500.	750.	1250.	1500.	2750.	5000.
1832	30.	40.	50.	75.	125.	175.	200.	250.	300.	500.	650.	850.	1250.	3000.	5000.
1833	30.	40.	50.	75.	125.	175.	200.	250.	350.	500.	750.	850.	1250.	3000.	5000.
1834	30.	40.	50.	75.	125.	175.	200.	250.	300.	500.	650.	1000.	1250.	3000.	4500.
1834 3 Over Inverted 3	40.	50.	75.	100.	200.	300.	350.	400.	450.	800.	1000.	1250.	2000.	4000.4000.	6500.
1835 Large Date, Large 5c	40.	40.	50.	75.	125.	175.	225.	225.	325.	500.	650.	1000.	1250.	2500.	5000.
1835 Large Date, Small 5c	30.	40.	50.	75.	125.	175.	200.	225.	325.	500.	650.	1000.	1250.	2500.	5000.
1835 Small Date, Large 5c	30.	40.	50.	75.	125.	175.	200.	225.	325.	500.	650.	1000.	1250.	2500.	5000.
1835 Small Date, Small 5c	30.	40.	50.	75.	125.	175.	200.	225.	325.	500.	660.	1000.	1250.	2500.	5000.
1836 Large 5c	30.	40.	50.	75.	125.	175.	200.	250.	300.	500.	650.	750.	1500.	3500.	4500.
1836 Small 5c	30.	40.	50.	75.	125.	175.	200.	250.	300.	500.	650.	750.	1500.	3500.	4500.
1836 3 Over Inverted 3	40.	50.	75.	100.	200.	250.	300.	400.	450.	750.	850.	1000.	1500.	4000.	5000.
1837 Small 5c	40.	50.	75.	125.	175.	250.	350.	500.	750.	1250.	1500.	3000.	6500.	9000.	—
1837 Large 5c	30.	40.	50.	100.	150.	200.	250.	300.	450.	750.	1000.	1250.	2000.	7000.	8500.

—— = Insufficient pricing data   * = None issued

Seated Liberty, half dime

Date of authorization:	April 2, 1792
Dates of issue:	1837-1873
Designers:	(1837-1840): Christian Gobrecht
	(1840-1859):
Obverse:	Gobrecht-Robert B. Hughes
Reverse:	Christian Gobrecht
	(1860-1873):
Obverse:	Christian Gobrecht-Robert B. Hughes
	James B. Longacre
Reverse:	James B. Longacre
Engraver:	(1837-1840): Christian Gobrecht
	(1840-1859): Christian Gobrecht
	(1860-1873): James B. Longacre
Diameter:	15.50 mm/0.61 inch
Weight:	(1837-1853): 1.34 grams/0.04 ounce
	(1853-1873): 1.24 grams/0.04 ounce
Metallic content:	90% silver, 10% copper
Specific gravity:	10.34
Weight of pure silver:	(1837-1853): 1.20 grams/0.04 ounce
	(1853-1873): 1.12 grams/0.04 ounce
Edge:	Reeded
Mint mark:	Reverse within or below wreath

	G-4	VG-8	F-12	VF-20	EF-40	AU-50	MS-60	MS-62	MS-63	MS-64	MS-65	PF-63	PF-65
NO STARS													
1837 Large Date													
	45.	65.	85.	150.	300.	500.	700.	750.	1150.	1750.	3000.	17500.	—
1837 Small Date													
	45.	65.	85.	150.	300.	550.	800.	1000.	1250.	2000.	3250.	*	*
1838-O	175.	250.	400.	950.	1750.	2250.	3500.	7500.	10000.	17500.	40000.	*	*
NO DRAPERY													
1838	20.	25.	30.	45.	100.	200.	300.	400.	500.	750.	1850.	—	—
1838 Small Stars													
	30.	40.	75.	125.	225.	400.	725.	900.	1250.	2000.	3000.	*	*
1839	20.	25.	30.	45.	100.	200.	300.	400.	500.	750.	2000.	—	27500.
1839-O	25.	30.	40.	50.	125.	250.	750.	1500.	2500.	3500.	10000.	*	*
1839-O Large O													
	—	—	—	—	—	—	—	—	—	—	—	*	*
1839-O Medium O													
	—	—	—	—	—	—	—	—	—	—	—	*	*

—— = Insufficient pricing data   * = None issued

SEATED LIBERTY, HALF DIME (CONTINUED)

	G-4	VG-8	F-12	VF-20	EF-40	AU-50	MS-60	MS-62	MS-63	MS-64	MS-65	PF-63	PF-65
1839-O Small O													
	—	—	—	—	—	—	—	—	—	—	—	*	*
1840	20.	25.	30.	50.	100.	175.	300.	350.	500.	650.	2250.	—	—
1840-O	35.	50.	75.	125.	300.	850.	2000.	3000.	5000.	20000.	—	*	*
DRAPERY													
1840	30.	50.	75.	150.	250.	400.	600.	750.	1000.	1750.	3000.	—	—
1840-O	50.	75.	150.	200.	500.	2500.	7500.	10000.	—	—	—	*	*
1841	20.	25.	30.	50.	100.	200.	350.	500.	600.	700.	1500.	—	55000.
1841-O	20.	25.	50.	75.	250.	500.	1500.	2000.	2500.	3000.	—	*	*
1842	20.	25.	30.	40.	75.	150.	300.	400.	500.	1000.	1500.	—	—
1842-O	30.	50.	75.	200.	750.	1500.	2500.	3250.	4000.	7000.	17500.	*	*
1843	20.	25.	30.	40.	75.	100.	200.	250.	325.	525.	1250.	—	—
1844	20.	25.	30.	40.	75.	150.	250.	350.	475.	650.	1500.	—	30000.
1844-O Small O													
	100.	150.	250.	1000.	1750.	3000.	6000.	10000.	12500.	15000.	20000.	*	*
1844-O Large O													
	—	—	—	—	—	—	—	—	—	—	—	*	*
1845	20.	25.	30.	40.	75.	150.	250.	350.	450.	600.	1250.	15000.	—
1846	350.	500.	1000.	2000.	4500.	7500.	—	—	—	—	—	—	—
1847	20.	25.	30.	40.	75.	150.	200.	250.	300.	600.	1250.	—	—
1848 Medium Date													
	20.	25.	30.	40.	75.	150.	350.	550.	750.	2000.	3000.	—	—
1848 Large Date													
	35.	50.	75.	100.	250.	500.	850.	1250.	2000.	2750.	3500.	*	*
1848-O	25.	30.	40.	65.	150.	300.	500.	1000.	1500.	2500.	3000.	*	*
1849/6	25.	30.	40.	65.	125.	250.	500.	850.	1200.	2000.	2500.	*	*
1849/8	35.	50.	65.	125.	200.	300.	750.	1250.	1500.	2500.	3000.	*	*
1849	20.	25.	30.	50.	100.	150.	300.	400.	500.	1000.	1500.	—	—
1849-O	35.	50.	100.	250.	500.	1500.	2000.	3000.	5000.	10000.	15000.	*	*
1850	20.	25.	35.	50.	75.	150.	250.	300.	500.	650.	1250.	—	62500.
1850-O	20.	35.	50.	75.	150.	350.	1000.	1250.	1750.	2500.	4000.	*	*
1851	20.	25.	35.	50.	75.	150.	325.	400.	450.	750.	1100.	—	—
1851-O	25.	30.	35.	50.	125.	250.	500.	700.	900.	1250.	5000.	*	*
1852	20.	25.	35.	50.	75.	125.	200.	250.	300.	550.	1100.	17500.	52500.
1852-O	35.	50.	100.	150.	300.	500.	1250.	2000.	3000.	5000.	7500.	*	*
1853	30.	50.	100.	150.	250.	500.	750.	1000.	1500.	2250.	3000.	*	*
1853-O	200.	300.	500.	750.	2000.	3000.	7500.	10000.	17500.	25000.	—	*	*
ARROWS													
1853	20.	25.	30.	40.	75.	125.	175.	250.	400.	750.	1500.	—	—
1853-O	25.	30.	35.	50.	100.	150.	350.	600.	1500.	2000.	3500.	*	*
1854	20.	25.	30.	40.	75.	150.	200.	300.	400.	850.	1600.	—	17500.
1854-O	25.	30.	35.	50.	100.	200.	300.	750.	1250.	1850.	4000.	*	*
1855	20.	25.	30.	40.	75.	150.	200.	350.	450.	850.	2000.	—	17500.
1855-O	25.	30.	40.	75.	200.	300.	750.	1000.	1500.	2000.	4750.	*	*
NO ARROWS													
1856	20.	25.	30.	50.	75.	150.	200.	225.	300.	600.	1250.	5000.	10000.
1856-O	20.	25.	30.	75.	125.	300.	750.	875.	1000.	1750.	2250.	*	*
1857	20.	25.	30.	40.	75.	125.	175.	200.	325.	650.	1250.	—	6500.
1857-O	20.	25.	30.	50.	75.	250.	400.	450.	500.	900.	1500.	*	*
1858	20.	25.	30.	40.	75.	150.	200.	300.	400.	650.	1000.	—	6000.
1858/Inverted Date													
	50.	75.	100.	175.	225.	325.	500.	600.	850.	3000.	3500.	*	*
1858/1858	50.	75.	100.	150.	225.	325.	650.	750.	1250.	3000.	3500.	*	*
1858-O	20.	25.	30.	50.	100.	175.	300.	550.	700.	850.	1750.	*	*

—— = Insufficient pricing data   * = None issued

SEATED LIBERTY, HALF DIME (CONTINUED)

	G-4	VG-8	F-12	VF-20	EF-40	AU-50	MS-60	MS-62	MS-63	MS-64	MS-65	PF-63	PF-65
1859	20.	25.	30.	50.	75.	150.	250.	300.	350.	650.	1250.	1250.	3250.
1859-O	25.	35.	50.	75.	200.	250.	425.	500.	650.	1000.	2000.	*	*
1860 Transitional Pattern
	—	—	—	—	—	—	2500.	3000.	3500.	4000.	5000.	*	*

LEGEND OBVERSE

	G-4	VG-8	F-12	VF-20	EF-40	AU-50	MS-60	MS-62	MS-63	MS-64	MS-65	PF-63	PF-65
1860	20.	25.	30.	35.	65.	105.	200.	225.	300.	475.	800.	525.	2000.
1860-O	20.	25.	30.	35.	65.	125.	200.	250.	300.	525.	1100.	*	*
1861	20.	25.	30.	35.	65.	95.	150.	200.	285.	400.	1000.	525.	2000.
1861/0	35.	50.	75.	125.	300.	400.	600.	700.	850.	1250.	2500.	*	*
1862	25.	35.	50.	60.	75.	100.	200.	250.	300.	400.	800.	450.	1750.
1863	175.	200.	250.	350.	500.	600.	750.	800.	950.	1150.	1750.	450.	1750.
1863-S	30.	45.	50.	75.	200.	350.	750.	950.	1150.	2000.	3500.	*	*
1864	400.	475.	550.	800.	1000.	1250.	1500.	1750.	1900.	2500.	3000.	450.	1750.
1864-S	55.	75.	125.	175.	300.	550.	1000.	1250.	1750.	2500.	4000.	*	*
1865	325.	400.	500.	600.	700.	750.	1000.	1250.	1500.	2000.	2250.	525.	2000.
1865-S	35.	50.	75.	100.	200.	550.	1000.	1750.	2750.	4000.	—	*	*
1866	375.	425.	500.	600.	700.	850.	1000.	1200.	1350.	1500.	2500.	450.	1750.
1866-S	30.	50.	65.	75.	200.	400.	700.	800.	950.	1250.	3500.	*	*
1867	500.	600.	700.	800.	900.	1000.	1250.	1400.	1500.	1750.	2000.	450.	1750.
1867-S	30.	40.	50.	75.	200.	300.	750.	1250.	1500.	1750.	—	*	*
1868	65.	75.	150.	225.	400.	525.	750.	850.	1000.	1250.	2000.	450.	1500.
1868-S	20.	25.	35.	40.	60.	175.	400.	550.	650.	1250.	2750.	*	*
1869	20.	25.	35.	40.	50.	175.	350.	400.	650.	1250.	1500.	450.	1750.
1869-S	20.	25.	35.	40.	50.	150.	400.	750.	1250.	1500.	—	*	*
1870	20.	25.	35.	40.	50.	100.	200.	225.	325.	500.	1000.	450.	1500.
1870-S Unique
	—	—	—	—	—	—	—	1000000.		—	—	—	—
1871	20.	25.	35.	40.	50.	95.	200.	250.	300.	400.	950.	450.	1750.
1871-S	25.	30.	50.	75.	100.	175.	350.	400.	500.	1000.	2500.	*	*
1872	20.	25.	35.	40.	50.	95.	175.	250.	275.	375.	850.	450.	1750.
1872-S S Above Bow
	20.	25.	35.	40.	50.	95.	175.	250.	300.	550.	950.	*	*
1872-S S Below Bow
	20.	25.	35.	40.	50.	95.	175.	250.	350.	550.	950.	*	*
1873	20.	25.	35.	40.	50.	100.	200.	250.	300.	450.	1150.	450.	1700.
1873-S	20.	25.	35.	40.	50.	95.	175.	200.	250.	650.	1000.	*	*

———— = Insufficient pricing data   * = None issued

Draped Bust dime

Small Eagle Heraldic Eagle

Date of authorization: April 2, 1792
Dates of issue: 1796-1807
Designer: Obverse: Gilbert Stuart-Robert Scot
Reverse:
(1796-1797): Robert Scot-John Eckstein
(1800-1805): Robert Scot
Engraver: Robert Scot
Diameter: 18.80 mm/0.74 inch
Weight: 2.70 grams/0.09 ounce
Metallic content: 89.25% silver, 10.75% copper
Specific gravity: 10.32
Weight of pure silver: 1.20 grams/0.04 ounce
Edge: Reeded
Mint mark: None

	G-4	VG-8	F-12	VF-20	EF-40	AU-50	AU-55	MS-60	MS-62	MS-63
1796	3000.	3500.	4500.	6000.	10000.	15000.	18500.	25000.	30000.	45000.
1797 16 Stars	3000.	3500.	5000.	6500.	12500.	17500.	25000.	35000.	40000.	—
1797 13 Stars	3250.	3750.	5500.	7000.	15000.	20000.	22500.	65000.	—	—
1798/97 16 Stars Reverse	1000.	1500.	2000.	2750.	5000.	6000.	7500.	10000.	15000.	17500.
1798/97 13 Stars Reverse	4000.	7500.	10000.	12500.	17500.	25000.	50000.	55000.	60000.	100000.
1798 Large 8	1500.	2000.	2750.	3000.	4250.	5000.	6500.	10000.	15000.	25000.
1798 Small 8	2500.	3000.	4000.	7500.	17500.	25000.	35000.	—	—	—
1800	1000.	1500.	2000.	3500.	5500.	10000.	15000.	30000.	40000.	50000.
1801	1500.	2000.	3000.	4000.	7500.	15000.	20000.	35000.	47500.	55000.
1802	2000.	2500.	3750.	5000.	12500.	15000.	22500.	52500.	125000.	—
1803	1500.	2000.	3000.	5000.	10000.	15000.	25000.	75000.	150000.	250000.
1804 13 Stars Reverse	10000.	15000.	20000.	25000.	35000.	50000.	75000.	—	—	—
1804 14 Stars Reverse	10000.	15000.	20000.	25000.	40000.	100000.	165000.	600000.	—	—
1805 4 Berries	750.	1000.	1500.	2000.	3500.	5000.	5500.	7500.	10000.	15000.
1805 5 Berries	750.	1000.	1500.	2000.	3500.	5000.	5500.	—	—	—
1807	500.	750.	1000.	1750.	2500.	3500.	4500.	7000.	8500.	12500.

—— = Insufficient pricing data

Capped Bust dime

Date of authorization: April 2, 1792
Dates of issue: 1809-1837
Designer/Engraver: John Reich
Diameter: (1809-1828): 18.80 mm/0.74 inch
(1828-1837): 17.90 mm/0.71 inch
Weight: 2.70 grams/0.09 ounce
Metallic content: 89.25% silver, 10.75% copper
Specific gravity: 10.32
Weight of pure silver: 2.41 grams/0.08 ounce
Edge: Reeded
Mint mark: None

	G-4	VG-8	F-12	VF-20	EF-40	AU-50	AU-55	AU-58	MS-60	MS-62	MS-63	MS-64	MS-65
OPEN COLLAR STRIKE													
1809	175.	250.	500.	750.	1500.	2000.	3000.	4000.	4500.	5000.	7500.	15000.	22500.
1811/09	125.	200.	350.	650.	1500.	2250.	3250.	4500.	5000.	6000.	8000.	12500.	25000.
1814 Small Date													
	75.	100.	125.	350.	500.	1000.	2000.	2500.	3000.	3500.	5000.	8500.	15000.
1814 Large Date													
	50.	75.	100.	250.	500.	1000.	1250.	1500.	1750.	2500.	3500.	6000.	12500.
1814 STATESOFAMERICA													
	75.	100.	125.	350.	500.	1000.	2000.	2500.	3000.	3500.	5000.	7500.	17500.
1820 Large O													
	45.	50.	75.	125.	450.	850.	1000.	1300.	1700.	2000.	2750.	5000.	15000.
1820 Small O, Office Boy Reverse													
	50.	75.	100.	150.	500.	900.	1000.	1250.	1750.	2250.	3000.	5000.	15000.
1820 STATESOFAMERICA													
	75.	100.	150.	350.	650.	1200.	2500.	3500.	5000.	6000.	7500.	10000.	17500.
1821 Small Date													
	50.	75.	100.	200.	550.	1200.	1500.	1750.	2000.	3000.	4000.	7500.	15000.
1821 Large Date													
	50.	75.	100.	200.	500.	600.	750.	1000.	1500.	2750.	3750.	6500.	15000.
1822	500.	1000.	1500.	2000.	3500.	7500.	10000.	12500.	15000.	20000.	25000.	40000.	—
1823/2 Large E Reverse													
	40.	50.	75.	125.	600.	800.	1200.	1500.	1750.	2250.	3000.	7000.	9500.
1823/2 Small E Reverse													
	40.	50.	75.	125.	600.	800.	1200.	1500.	1750.	2250.	3000.	7000.	9500.
1824/2	50.	80.	125.	500.	1000.	1500.	1750.	2000.	2500.	3000.	6000.	10000.	17500.
1825	40.	50.	125.	250.	500.	1000.	1500.	2000.	2500.	2750.	3500.	12500.	15000.
1827	40.	50.	125.	250.	500.	750.	1000.	1250.	1500.	2000.	2500.	5000.	12500.
1828 Large Date, Curl Base 2													
	75.	100.	150.	350.	850.	1500.	1750.	2500.	3500.	5000.	—	—	—

—— = Insufficient pricing data

CAPPED BUST DIME (CONTINUED)

	G-4	VG-8	F-12	VF-20	EF-40	AU-50	AU-55	AU-58	MS-60	MS-62	MS-63	MS-64	MS-65

CLOSE COLLAR STRIKE

	G-4	VG-8	F-12	VF-20	EF-40	AU-50	AU-55	AU-58	MS-60	MS-62	MS-63	MS-64	MS-65
1828 Small Date, Square Base 2													
	50.	75.	100.	200.	500.	750.	1000.	1500.	1750.	2000.	2500.	4500.	12500.
1829 Curl Base 2													
	6250.	10000.	15000.	22500.	—	—	—	—	—	—	—	—	—
1829 Small 10c													
	40.	50.	60.	125.	400.	550.	650.	750.	1000.	1350.	3000.	4750.	6500.
1829 Medium 10c													
	40.	50.	60.	125.	400.	550.	650.	750.	1000.	1350.	3000.	4750.	6500.
1829 Large 10c													
	50.	75.	100.	200.	450.	500.	750.	850.	1000.	1500.	3000.	5000.	8500.
1830/29	50.	75.	125.	250.	500.	750.	1000.	1250.	1500.	2000.	3000.	5000.	—
1830 Medium 10c													
	40.	50.	60.	125.	350.	500.	850.	1000.	1250.	1650.	2000.	3500.	5500.
1830 Small 10c													
	40.	50.	60.	125.	350.	500.	850.	1000.	1250.	1650.	2000.	3500.	5500.
1831	40.	50.	60.	125.	350.	500.	850.	1000.	1250.	1850.	2000.	3500.	6000.
1832	40.	50.	60.	125.	350.	500.	850.	1000.	1250.	1500.	2000.	3500.	10000.
1833	40.	50.	60.	125.	350.	500.	650.	750.	1000.	1500.	2000.	3750.	7500.
1833 Last 3 High													
	40.	50.	60.	125.	350.	500.	850.	1000.	1250.	1500.	2000.	3750.	7500.
1834 Small 4	40.	50.	60.	125.	350.	450.	650.	750.	1000.	1500.	1750.	3000.	7000.
1834 Large 4	40.	50.	60.	125.	350.	450.	650.	750.	1000.	1500.	1750.	3000.	7000.
1835	40.	50.	60.	125.	350.	500.	850.	1000.	1250.	1500.	1850.	3000.	7500.
1836	40.	50.	60.	125.	350.	500.	850.	1000.	1250.	1500.	2000.	3500.	8500.
1837	40.	50.	60.	125.	350.	500.	850.	1000.	1250.	1500.	1750.	3500.	7500.

Seated Liberty dime

Date of authorization: April 2, 1792
Dates of issue: 1837-1891
Designer: (1837-1840)
Obverse: Thomas Sully-Christian Gobrecht
Reverse: Christian Gobrecht
(1840-1860)
Obverse: John Hughes-Gobrecht-Sully
Reverse: Christian Gobrecht
(1860-1891)
Obverse: James B. Longacre-
Hughes-Gobrecht-Sully
Reverse: James B. Longacre
Engraver: (1837-1840): Christian Gobrecht
(1840-1860): Christian Gobrecht
(1860-1891): James B. Longacre
Diameter: 17.90 mm/0.71 inch
Weight: (1837-1853): 2.67 grams/0.09 ounce
(1853-1873): 2.49 grams/0.08 ounce
Metallic content: 90% silver, 10% copper
Specific gravity: 10.34
Weight of pure silver: (1837-1853): 2.41 grams/0.08 ounce
(1853-1873): 2.24 grams/0.07 ounce
Edge: Reeded
Mint mark: Reverse within or below wreath

SEATED LIBERTY DIME (CONTINUED)

	AG-3	G-4	VG-8	F-12	VF-20	EF-40	AU-50	AU-55	AU-58	MS-60	MS-62	MS-63	MS-64	MS-65	PF-63	PF-64	PF-65
NO STARS																	
1837 Large Date	25.	40.	50.	100.	300.	500.	625.	750.	1000.	1250.	1500.	1750.	4000.	10000.	—	—	—
1837	*	*	*	*	*	*	*	*	*	*	*	*	*	*	12500.	20000.	40000.
1837 Small Date	35.	50.	60.	125.	350.	550.	750.	860.	1250.	1750.	3000.	3500.	4500.	12500.	*	*	*
1838-O	30.	60.	65.	150.	400.	700.	1200.	1750.	2500.	3500.	5000.	8500.	12500.	20000.	*	*	*
NO DRAPERY																	
1838 Small Stars	20.	25.	40.	65.	100.	250.	550.	650.	850.	1000.	1250.	2000.	4000.	6600.	*	*	*
1838 Large Stars	15.	20.	25.	30.	50.	125.	300.	400.	450.	500.	850.	1000.	2250.	3500.	*	*	*
1838 Partial Drapery	18.	20.	40.	65.	150.	200.	400.	550.	750.	1000.	1750.	2000.	3250.	4500.	*	*	*
1839	15.	20.	25.	30.	50.	125.	300.	400.	450.	500.	750.	1000.	2500.	3250.	—	*	—
1839-O Reverse of 1838	65.	115.	200.	350.	475.	750.	—	—	—	—	—	—	—	—	*	*	*
1839-O	15.	20.	25.	30.	50.	150.	500.	850.	1250.	1750.	2500.	3500.	7500.	10500.	*	*	*
1840	15.	20.	25.	30.	50.	125.	300.	400.	500.	650.	850.	1500.	2000.	5000.	—	—	—
1840-O	20.	25.	50.	100.	250.	500.	2000.	3500.	4500.	6000.	7500.	17500.	30000.	50000.	*	*	35000.
DRAPERY																	
1840	50.	75.	100.	200.	350.	750.	1500.	3000.	3500.	5000.	10000.	—	—	—	65000.	—	—
1841	15.	20.	25.	30.	35.	55.	250.	250.	300.	450.	750.	1000.	1500.	4000.	*	*	*
1841-O Open Bud Reverse	15.	20.	25.	35.	75.	150.	300.	500.	750.	900.	1250.	2250.	3600.	5000.	*	*	*
1842	12.	20.	20.	25.	35.	100.	300.	400.	500.	500.	750.	1000.	1500.	5000.	*	*	45000.
1842-O	20.	25.	35.	50.	100.	400.	1200.	1500.	2000.	2500.	3500.	4750.	5750.	—	*	*	*
1843	12.	15.	20.	25.	35.	50.	150.	250.	300.	425.	600.	850.	1500.	5000.	—	—	22500.
1843/1843	—	—	—	—	—	—	—	—	—	—	—	—	—	—	—	—	—
1843-O	50.	75.	100.	250.	1000.	2500.	5000.	—	—	—	—	—	—	—	—	—	—
1844	175.	250.	300.	450.	600.	1000.	2750.	3500.	4500.	6000.	7500.	15000.	22500.	35000.	60000.	60000.	—
1845	15.	20.	30.	35.	40.	75.	250.	400.	500.	575.	650.	750.	1250.	4500.	*	*	20000.
1845/1845	—	—	—	—	—	—	—	—	—	—	—	—	—	—	—	—	—
1845-O	25.	50.	100.	200.	450.	1250.	3000.	—	—	—	—	—	—	—	—	—	—
1846	75.	125.	175.	250.	550.	2500.	5500.	20000.	30000.	35000.	45000.	90000.	—	—	20000.	—	85000.

—— = Insufficient pricing data   * = None issued

SEATED LIBERTY DIME (CONTINUED)

	AG-3	G-4	VG-8	F-12	VF-20	EF-40	AU-50	AU-55	AU-58	MS-60	MS-62	MS-63	MS-64	MS-65	PF-63	PF-64	PF-65
1847	15.	20.	30.	50.	100.	200.	500.	1000.	1250.	1500.	2000.	3300.	—	—	—	—	—
1848	15.	20.	25.	30.	65.	100.	200.	300.	500.	700.	1000.	1500.	2750.	5000.	—	—	—
1849	15.	20.	25.	30.	50.	100.	200.	250.	300.	350.	650.	1200.	2000.	3500.	—	—	35000.
1849-O	20.	25.	30.	50.	175.	375.	850.	1500.	2250.	2750.	3500.	9900.	12500.	—	*	*	*
1850	15.	20.	25.	30.	50.	75.	150.	200.	250.	350.	650.	1000.	1500.	8500.	—	—	*
1850-O	20.	25.	35.	50.	150.	300.	500.	1000.	1500.	500.	2500.	3500.	5000.	7500.	*	*	*
1851	20.	25.	35.	50.	75.	125.	500.	300.	400.	500.	750.	1500.	3250.	6600.	—	—	*
1851-O	25.	35.	50.	75.	150.	250.	750.	1500.	3500.	—	—	—	—	10000.	*	*	*
1852	15.	20.	25.	30.	35.	50.	150.	200.	300.	350.	500.	750.	2000.	3500.	—	—	20000.
1852-O	20.	25.	30.	50.	150.	350.	650.	1000.	1500.	1750.	2500.	3500.	7500.	8500.	*	*	*
1853	50.	75.	100.	150.	225.	300.	450.	600.	650.	750.	1000.	1500.	2000.	3000.	*	*	*
ARROWS AT DATE																	
1853	10.	12.	15.	20.	25.	50.	175.	200.	250.	300.	500.	750.	850.	2000.	—	—	—
1853-O	12.	15.	35.	50.	75.	200.	600.	1500.	2250.	3000.	4000.	5000.	7500.	—	*	*	*
1854	10.	12.	15.	20.	25.	50.	175.	200.	250.	450.	675.	800.	1000.	2500.	10000.	17500.	22500.
1854-O	15.	20.	25.	30.	35.	75.	200.	250.	300.	500.	700.	1200.	2500.	4000.	*	*	*
1855	12.	15.	20.	30.	35.	65.	200.	250.	300.	350.	600.	850.	2000.	3500.	10000.	17500.	25000.
DRAPERY																	
1856 Small Date	10.	12.	14.	16.	20.	50.	175.	250.	275.	350.	450.	550.	1000.	3000.	—	—	15000.
1856 Large Date	12.	15.	20.	25.	35.	100.	300.	600.	750.	1000.	1500.	2000.	3000.	—	*	*	*
1856-O	12.	15.	20.	25.	35.	75.	300.	600.	700.	800.	950.	1100.	3000.	6500.	*	*	*
1856-S	75.	125.	200.	350.	750.	1500.	2750.	3000.	3500.	5000.	10000.	17500.	—	—	*	*	7500.
1857	10.	12.	15.	20.	25.	50.	150.	225.	250.	300.	350.	500.	800.	2500.	—	5000.	7500.
1857-O	12.	12.	15.	35.	50.	150.	250.	300.	350.	400.	500.	750.	1250.	2750.	*	*	*
1858	10.	12.	15.	20.	25.	50.	150.	225.	250.	300.	350.	500.	800.	2500.	1600.	2500.	5000.
1858-O	12.	15.	20.	50.	75.	125.	500.	700.	750.	1000.	2000.	3000.	4500.	8500.	*	*	*
1858-S	75.	100.	150.	250.	750.	2000.	3000.	5000.	5000.	7500.	10000.	20000.	—	—	*	*	*
1859	12.	15.	20.	25.	35.	55.	150.	200.	250.	350.	500.	750.	1250.	2750.	1500.	2000.	4000.

—— = Insufficient pricing data   * = None issued

SEATED LIBERTY DIME (CONTINUED)

	AG-3	G-4	VG-8	F-12	VF-20	EF-40	AU-50	AU-55	AU-58	MS-60	MS-62	MS-63	MS-64	MS-65	PF-63	PF-64	PF-65
1859 Transitional Pattern	—	—	—	—	—	—	—	—	—	—	—	—	—	—	25000.	27500.	30000.
1859-O	15.	20.	25.	30.	40.	100.	250.	400.	450.	500.	600.	750.	1250.	—	*	*	*
1859-S	75.	100.	200.	500.	1000.	3000.	5000.	8500.	11000.	15000.	20000.	—	—	3500.	*	*	*
1860-S	20.	30.	50.	75.	200.	500.	1000.	1750.	2000.	3000.	5000.	10000.	12500.	15000.	*	*	*
LEGEND OBVERSE																	
1860	10.	15.	20.	25.	35.	50.	100.	175.	200.	250.	350.	660.	900.	1500.	850.	1100.	2000.
1860-O	250.	500.	1000.	2000.	2750.	6500.	10000.	12500.	15000.	—	—	—	—	—	*	*	*
1861	9.00	12.	15.	20.	30.	40.	75.	150.	175.	200.	250.	300.	500.	1250.	1000.	1500.	2500.
1861-S	35.	50.	100.	150.	300.	500.	1250.	2500.	3000.	5000.	10000.	—	—	—	*	*	*
1862	12.	15.	20.	25.	35.	50.	100.	150.	175.	200.	300.	450.	750.	1500.	850.	1500.	2500.
1862-S	35.	50.	75.	125.	550.	1250.	2000.	3000.	5000.	—	—	—	—	30000.	*	*	*
1863	250.	400.	500.	600.	700.	900.	1100.	1250.	1500.	2000.	3000.	4000.	5000.	6600.	850.	1750.	2750.
1863-S	35.	50.	75.	125.	250.	600.	1000.	1500.	2000.	3000.	6000.	10000.	17500.	35000.	*	*	*
1864	175.	250.	400.	500.	700.	800.	900.	1000.	1100.	1250.	1500.	2500.	3250.	4500.	1100.	1750.	2000.
1864-S	20.	30.	40.	60.	100.	250.	750.	1000.	1750.	2000.	2250.	3000.	6000.	—	*	*	*
1865	200.	300.	450.	600.	800.	1000.	1200.	1300.	1500.	1600.	1750.	2000.	3000.	4000.	1250.	2000.	3500.
1865-S	50.	50.	100.	200.	500.	1000.	2500.	4000.	7500.	—	—	12500.	—	—	*	*	*
1866	250.	400.	500.	700.	900.	1100.	1400.	1500.	1600.	1700.	1800.	2000.	3000.	3500.	1250.	1500.	3500.
1866-S	30.	50.	65.	100.	125.	250.	1000.	2500.	3000.	4500.	6500.	7500.	10000.	20000.	*	*	*
1867	350.	500.	700.	900.	1100.	1500.	1800.	1900.	2000.	2100.	2250.	2750.	3000.	3250.	1250.	1750.	2500.
1867-S	25.	50.	75.	100.	250.	500.	1000.	1750.	2250.	3000.	4500.	7500.	8500.	10000.	*	*	*
1868	15.	20.	25.	35.	50.	75.	200.	300.	350.	500.	750.	1500.	2500.	5000.	850.	1500.	2500.
1868-S	15.	20.	30.	40.	65.	125.	250.	350.	450.	750.	1000.	2000.	3500.	6000.	*	*	*
1869	15.	20.	30.	50.	85.	100.	200.	300.	400.	600.	800.	1000.	2750.	4000.	750.	1000.	2250.
1869-S	15.	20.	25.	30.	45.	85.	200.	350.	500.	750.	1000.	1500.	2500.	6500.	*	*	*
1870	12.	15.	20.	25.	30.	60.	125.	175.	250.	325.	400.	550.	850.	2000.	750.	1200.	2500.
1870-S	200.	300.	400.	500.	600.	800.	1000.	1500.	1750.	2250.	3000.	4000.	5000.	8500.	*	*	*
1871	10.	12.	15.	20.	25.	60.	200.	275.	300.	400.	550.	750.	1250.	2000.	750.	1200.	2500.

—— = Insufficient pricing data   * = None issued

SEATED LIBERTY DIME (CONTINUED)

	AG-3	G-4	VG-8	F-12	VF-20	EF-40	AU-50	AU-55	AU-58	MS-60	MS-62	MS-63	MS-64	MS-65	PF-63	PF-64	PF-65
1871-CC	1200.	2000.	2500.	7000.	10000.	15000.	25000.	35000.	40000.	50000.	65000.	—	—	—	*	*	*
1871-S	15.	25.	45.	65.	100.	200.	600.	850.	1250.	1750.	2500.	5000.	—	—	*	*	*
1872	10.	12.	15.	20.	25.	50.	100.	150.	175.	250.	380.	500.	850.	2500.	750.	1250.	2500.
1872-CC	350.	500.	1000.	2750.	5000.	10000.	20000.	30000.	—	—	—	—	—	—	*	*	*
1872-S	15.	20.	35.	100.	150.	250.	500.	750.	1250.	2000.	3500.	5500.	10000.	15000.	*	*	*
1873 Closed 3	15.	20.	25.	30.	35.	40.	100.	150.	175.	250.	350.	550.	1250.	2000.	750.	1250.	2250.
1873 Open 3	20.	25.	30.	65.	85.	125.	250.	350.	550.	1000.	1500.	3500.	5000.	—	*	*	*
1873-CC Unique	—	—	—	—	—	—	—	—	—	—	—	—	—	1250000.	*	*	*
ARROWS AT DATE																	
1873	15.	20.	25.	30.	75.	150.	250.	300.	350.	500.	700.	850.	2000.	5000.	1500.	2250.	5000.
1873 Doubled Die Obverse	1000.	2000.	5000.	5500.	7500.	17500.	50000.	55000.	57500.	60000.	65000.	75000.	100000.	—	*	*	*
1873-CC	20.	25.	35.	50.	125.	250.	500.	750.	1000.	1250.	1500.	2000.	4000.	—	*	*	*
1874	15.	20.	25.	30.	75.	150.	260.	350.	400.	500.	700.	850.	1750.	4000.	1000.	2000.	5000.
1874-CC	2500.	5000.	10000.	15000.	20000.	30000.	50000.	—	—	—	—	—	—	—	*	*	*
1874-S	20.	25.	50.	100.	150.	300.	500.	600.	750.	1000.	1500.	1750.	3750.	7500.	*	*	*

—— = Insufficient pricing data   * = None issued

SEATED LIBERTY DIME (CONTINUED)

	AG-3	G-4	VG-8	F-12	VF-20	EF-40	AU-50	AU-55	AU-58	MS-60	MS-62	MS-63	MS-64	MS-65	PF-63	PF-64	PF-65
LEGEND OBVERSE																	
1875	10.	12.	15.	20.	25.	35.	85.	125.	150.	175.	250.	400.	500.	950.	650.	1250.	2000.
1875-CC CC Above Bow	20.	25.	30.	35.	55.	75.	150.	250.	300.	425.	660.	850.	1250.	2750.	*	*	*
1875-CC CC Below Bow	15.	20.	25.	30.	50.	150.	350.	500.	750.	860.	1000.	850.	2500.	5000.	*	*	*
1875-S S Above Bow	10.	12.	20.	25.	30.	40.	100.	150.	175.	200.	360.	450.	1000.	2500.	*	*	*
1875-S S Below Bow	10.	12.	20.	25.	30.	40.	100.	150.	175.	200.	300.	450.	650.	1500.	*	*	*
1876	10.	15.	20.	25.	30.	75.	75.	100.	150.	200.	250.	300.	500.	1250.	650.	1000.	1500.
1876-CC	20.	25.	30.	35.	45.	—	150.	200.	350.	450.	550.	850.	1500.	2500.	—	—	300000.
1876-CC Doubled Die Obverse	—														*	*	*
1876-S	12.	15.	20.	25.	30.	40.	100.	150.	175.	225.	350.	500.	750.	2000.	*	*	*
1877	10.	15.	20.	25.	30.	40.	75.	85.	100.	150.	200.	350.	660.	1000.	660.	1000.	2000.
1877-CC	20.	25.	25.	35.	50.	75.	100.	175.	250.	325.	450.	600.	750.	2750.	*	*	*
1877-S	10.	15.	20.	25.	30.	45.	100.	150.	200.	250.	350.	400.	750.	3500.	*	*	*
1878	10.	15.	20.	25.	30.	50.	85.	100.	150.	250.	350.	450.	600.	1000.	850.	1250.	2000.
1878-CC	35.	60.	100.	150.	225.	500.	750.	1250.	1500.	1750.	2000.	2500.	3000.	4000.	*	*	*
1879	125.	200.	300.	350.	400.	450.	500.	525.	550.	600.	660.	750.	850.	1250.	750.	1000.	1750.
1880	125.	200.	300.	350.	400.	450.	500.	525.	550.	600.	660.	750.	850.	1250.	750.	1000.	1750.
1881	125.	200.	300.	350.	500.	450.	500.	525.	550.	650.	750.	850.	1000.	2000.	750.	1000.	2000.
1882	10.	15.	20.	25.	30.	40.	75.	85.	100.	175.	250.	350.	450.	850.	700.	1000.	1500.
1883	10.	15.	20.	25.	30.	40.	75.	85.	100.	150.	200.	250.	450.	850.	700.	1000.	1500.

—— = Insufficient pricing data   * = None issued

SEATED LIBERTY DIME (CONTINUED)

	AG-3	G-4	VG-8	F-12	VF-20	EF-40	AU-50	AU-55	AU-58	MS-60	MS-62	MS-63	MS-64	MS-65	PF-63	PF-64	PF-65
1884	10.	15.	20.	25.	30.	40.	75.	85.	100.	150.	200.	250.	350.	850.	700.	1000.	1500.
1884-S	15.	20.	30.	40.	65.	100.	300.	350.	450.	600.	850.	1500.	2500.	8500.	*	*	*
1885	10.	15.	20.	25.	30.	40.	75.	85.	100.	150.	200.	250.	450.	850.	700.	1000.	1500.
1885-S	250.	400.	550.	750.	1500.	2500.	4500.	5000.	5500.	6500.	7500.	10000.	15000.	—	*	*	*
1886	10.	15.	20.	25.	30.	40.	75.	85.	100.	150.	200.	250.	400.	850.	700.	1000.	1500.
1886-S	20.	25.	40.	50.	75.	125.	250.	350.	500.	600.	850.	1250.	3000.	6000.	*	*	*
1887	10.	15.	20.	25.	30.	40.	75.	85.	100.	150.	200.	250.	350.	650.	700.	1000.	1500.
1887-S	10.	15.	20.	25.	30.	40.	75.	85.	100.	150.	300.	400.	650.	1000.	*	*	*
1888	10.	15.	20.	25.	30.	40.	75.	85.	125.	150.	200.	250.	450.	750.	700.	1000.	1500.
1888-S	10.	15.	20.	25.	30.	40.	125.	200.	250.	300.	500.	750.	2500.	7500.	*	*	*
1889	10.	15.	20.	25.	30.	40.	75.	85.	100.	150.	225.	360.	450.	850.	700.	1000.	1500.
1889-S	12.	15.	20.	30.	50.	85.	175.	250.	500.	700.	1000.	1500.	2000.	—	*	*	*
1890	10.	15.	20.	25.	30.	43.	75.	85.	100.	150.	200.	300.	400.	850.	700.	1000.	1500.
1890-S	15.	20.	25.	30.	55.	75.	175.	250.	300.	400.	500.	660.	1250.	1750.	*	*	*
1891	10.	15.	20.	25.	30.	40.	75.	85.	100.	150.	200.	250.	450.	850.	700.	1000.	1500.
1891-O	10.	15.	20.	25.	30.	40.	75.	100.	175.	200.	250.	400.	500.	2000.	*	*	*
1891-O/Horizontal 0	—	—	—	—	—	—	—	—	—	—	—	—	—	—	*	*	*
1891-S	12.	20.	25.	30.	35.	50.	80.	90.	125.	200.	250.	350.	650.	1500.	*	*	*

—— = Insufficient pricing data   * = None issued

Barber dime

Date of authorization: April 2, 1792
Dates of issue: 1892-1916
Designer: Obverse: Charles Barber
Reverse: James B. Longacre
Engraver: Charles Barber
Diameter: 17.91 mm/0.71 inch
Weight: 2.50 grams/0.08 ounce
Metallic content: 90% silver, 10% copper
Specific gravity: 10.34
Weight of pure silver: 2.25 grams/0.07 ounce
Edge: Reeded
Mint mark: Reverse below wreath

BARBER DIME (CONTINUED)

	AG-3	G-4	VG-8	F-12	VF-20	EF-40	AU-50	AU-58	MS-60	MS-62	MS-63	MS-64	MS-65	MS-66	PF-63	PF-64	PF-65	PF-66
1892	5.00	7.00	9.00	18.	25.	30.	70.	85.	100.	140.	200.	350.	700.	1200.	575.	900.	2000.	2500.
1892-O	7.00	12.	16.	40.	66.	80.	100.	150.	160.	225.	325.	500.	1300.	4600.	*	*	*	*
1892-S	42.	65.	125.	200.	250.	300.	350.	400.	425.	500.	750.	1750.	4000.	5000.	*	*	*	*
1893	6.00	9.00	13.	20.	32.	45.	85.	125.	175.	200.	225.	325.	1000.	1725.	575.	900.	2000.	2500.
1893/2	110.	150.	175.	200.	225.	300.	250.	600.	800.	1200.	2000.	3200.	5000.	6500.	*	*	*	*
1893-O	20.	30.	50.	135.	175.	210.	400.	300.	325.	425.	575.	1300.	3300.	4888.	*	*	*	*
1893-S	9.00	14.	25.	45.	55.	90.	160.	225.	300.	300.	700.	2200.	4500.	—	*	*	*	*
1894	16.	25.	45.	135.	175.	200.	225.	300.	325.	400.	500.	850.	1300.	2500.	575.	900.	2000.	2500.
1894-O	45.	70.	100.	210.	300.	400.	700.	1000.	1600.	2000.	2800.	5500.	14000.	17000.	*	*	*	—
1894-S Proof Only	*														700000.	1200000.	1800000.	—
1895	55.	85.	175.	400.	500.	600.	650.	750.	800.	900.	1200.	1600.	3000.	8000.	675.	900.	2000.	2500.
1895-O	275.	375.	550.	900.	1300.	2500.	4000.	5000.	6000.	7000.	9000.	13000.	20000.	—	*	*	*	*
1895-S	30.	40.	60.	140.	200.	250.	325.	425.	550.	800.	1200.	4000.	7500.	—	*	*	*	*
1896	7.00	12.	25.	65.	90.	100.	130.	175.	200.	275.	400.	750.	1600.	2000.	575.	900.	2000.	2500.
1896-O	52.	75.	150.	295.	350.	425.	750.	1000.	1100.	1500.	2500.	5500.	8500.	20000.	*	*	*	*
1896-S	55.	80.	140.	300.	325.	400.	550.	675.	800.	1100.	1700.	3000.	4000.	7500.	*	*	*	*
1897	1.50	3.00	4.00	9.00	17.	35.	80.	100.	125.	150.	175.	300.	750.	2000.	575.	900.	2000.	2500.
1897-O	45.	70.	125.	300.	400.	450.	700.	900.	1000.	1200.	1600.	3000.	4500.	6000.	*	*	*	*
1897-S	14.	20.	40.	100.	135.	200.	275.	375.	450.	700.	1000.	2500.	4500.	9000.	*	*	*	*
1898	1.50	3.00	4.00	9.00	14.	30.	70.	100.	100.	110.	150.	300.	650.	1250.	575.	900.	2000.	2500.
1898-O	8.00	12.	30.	110.	175.	250.	275.	400.	500.	750.	1300.	2800.	4000.	7500.	*	*	*	*
1898-S	5.00	10.	17.	40.	60.	85.	175.	250.	425.	700.	1300.	2700.	4000.	7500.	*	*	*	*
1899	1.50	3.00	4.00	8.00	13.	27.	70.	100.	100.	120.	150.	300.	800.	1000.	575.	900.	2000.	2500.
1899-O	7.00	11.	20.	80.	125.	175.	250.	325.	450.	725.	1200.	3000.	5000.	5750.	*	*	*	*
1899-S	6.00	9.00	17.	40.	45.	50.	110.	200.	300.	450.	650.	1800.	3500.	5000.	*	*	*	*
1900	2.50	4.00	5.00	8.00	12.	30.	75.	90.	110.	120.	175.	300.	900.	2500.	575.	900.	2000.	2500.
1900-O	14.	20.	40.	125.	175.	250.	400.	550.	725.	900.	1200.	3000.	6000.	8000.	*	*	*	*
1900-S	3.00	6.00	8.00	14.	20.	35.	80.	135.	200.	300.	450.	800.	2000.	6000.	*	*	*	*
1901	2.50	4.00	5.00	8.00	11.	30.	70.	90.	110.	115.	150.	300.	900.	1250.	575.	900.	2000.	2500.
1901-O	2.50	4.00	7.00	18.	30.	90.	200.	275.	450.	725.	1000.	2000.	3300.	4600.	*	*	*	*

—— = Insufficient pricing data   * = None issued

BARBER DIME (CONTINUED)

	AG-3	G-4	VG-8	F-12	VF-20	EF-40	AU-50	AU-58	MS-60	MS-62	MS-63	MS-64	MS-65	MS-66	PF-63	PF-64	PF-65	PF-66
1901-S	55.	85.	175.	400.	500.	600.	750.	1000.	1100.	1500.	2000.	3000.	5500.	7000.	*	*	*	*
1902	1.50	3.00	5.00	6.00	9.00	25.	75.	90.	110.	115.	150.	300.	700.	1380.	575.	900.	2000.	2500.
1902-O	3.00	4.00	7.00	16.	35.	70.	175.	250.	450.	600.	1000.	2300.	4500.	9200.	*	*	*	*
1902-S	5.00	9.00	22.	70.	100.	150.	200.	300.	400.	600.	1000.	2300.	4000.	4500.	*	*	*	*
1903	1.50	3.00	5.00	6.00	9.00	27.	75.	90.	110.	120.	200.	700.	1000.	2500.	575.	900.	2000.	2500.
1903-O	3.00	4.00	6.00	15.	27.	55.	110.	150.	280.	375.	600.	1300.	4500.	9000.	*	*	*	*
1903-S	55.	100.	150.	400.	600.	800.	950.	1200.	1300.	1500.	1800.	2500.	3700.	4250.	*	*	*	*
1904	2.50	3.00	4.00	7.00	10.	25.	65.	85.	100.	110.	185.	500.	2000.	2750.	575.	900.	2000.	2500.
1904-S	30.	50.	80.	200.	275.	350.	500.	700.	800.	1100.	1600.	3200.	4500.	10350.	*	*	*	*
1905	1.50	2.50	4.00	7.00	10.	25.	65.	85.	100.	110.	150.	300.	625.	2250.	575.	900.	2000.	2500.
1905-O	3.00	5.00	10.	40.	60.	100.	150.	210.	275.	350.	500.	900.	2000.	3000.	*	*	*	*
1905-O Micro O	20.	35.	65.	100.	150.	250.	500.	800.	1000.	1500.	2000.	3000.	6000.	—				
1905-S	1.50	4.00	5.00	10.	20.	50.	110.	150.	250.	275.	325.	550.	1000.	2530.	*	*	*	*
1906	1.50	2.50	4.00	5.00	7.00	25.	60.	85.	100.	110.	150.	300.	625.	1200.	575.	900.	2000.	2500.
1906-D	3.00	3.00	5.00	10.	17.	40.	100.	120.	200.	275.	400.	900.	2000.	2400.	*	*	*	*
1906-O	3.50	6.00	15.	60.	85.	110.	150.	200.	225.	250.	325.	500.	1300.	1400.	*	*	*	*
1906-S	3.00	4.00	6.00	14.	25.	50.	110.	175.	275.	350.	500.	1000.	1400.	1700.	*	*	*	*
1907	1.50	2.50	4.00	5.00	7.00	25.	60.	85.	100.	120.	150.	300.	625.	1150.	575.	900.	2000.	2500.
1907-D	1.50	3.00	5.00	10.	20.	50.	110.	200.	300.	500.	1000.	2300.	4000.	4500.	*	*	*	*
1907-O	3.00	4.00	8.00	40.	60.	75.	110.	175.	200.	250.	330.	675.	1500.	2070.	*	*	*	*
1907-S	2.00	4.00	6.00	17.	30.	75.	175.	250.	450.	600.	800.	1500.	2000.	5750.	*	*	*	*
1908	1.50	2.50	4.00	5.00	7.00	25.	70.	85.	100.	115.	140.	275.	625.	1000.	575.	900.	2000.	2500.
1908-D	1.50	2.50	4.00	8.00	12.	35.	70.	85.	120.	150.	200.	425.	1500.	2000.	*	*	*	*
1908-O	3.50	6.00	15.	50.	75.	100.	160.	225.	325.	400.	700.	850.	2000.	2500.	*	*	*	*
1908-S	3.00	4.00	6.00	12.	25.	55.	185.	225.	265.	400.	535.	1400.	2500.	3220.	*	*	*	*
1909	1.50	2.50	4.00	5.00	7.00	25.	70.	85.	100.	115.	150.	275.	625.	1000.	575.	900.	2000.	2500.
1909-D	4.50	8.00	20.	75.	110.	140.	250.	375.	500.	700.	1100.	1600.	3000.	5000.	*	*	*	*
1909-O	3.50	4.00	8.00	14.	25.	55.	100.	125.	200.	300.	500.	1100.	1700.	3500.	*	*	*	*
1909-S	5.75	10.	18.	80.	125.	190.	325.	525.	600.	900.	1300.	2000.	3200.	9000.	*	*	*	*
1910	1.50	2.50	4.00	5.00	10.	25.	70.	85.	100.	115.	150.	300.	625.	1380.	575.	900.	2000.	2500.

—— = Insufficient pricing data   * = None issued

BARBER DIME (CONTINUED)

	AG-3	G-4	VG-8	F-12	VF-20	EF-40	AU-50	AU-58	MS-60	MS-62	MS-63	MS-64	MS-65	MS-66	PF-63	PF-64	PF-65	PF-66
1910-D	1.50	2.50	5.00	10.	20.	50.	110.	150.	250.	300.	500.	850.	1700.	2500.	*	*	*	*
1910-S	3.00	6.00	10.	50.	85.	125.	225.	325.	500.	600.	800.	1300.	2500.	4000.	*	*	*	*
1911	1.50	2.50	4.00	5.00	9.00	25.	70.	85.	100.	115.	150.	300.	625.	1100.	575.	900.	2000.	2500.
1911-D	1.50	2.50	4.00	5.00	9.00	27.	70.	85.	100.	120.	160.	300.	625.	1200.	*	*	*	*
1911-S	2.00	4.00	5.00	10.	20.	45.	110.	150.	225.	275.	350.	600.	1100.	1500.	*	*	*	*
1912	1.50	2.50	4.00	5.00	8.00	25.	70.	85.	100.	115.	150.	300.	625.	1200.	575.	900.	2000.	2500.
1912-D	1.50	2.50	4.00	5.00	8.00	25.	70.	85.	100.	120.	160.	300.	625.	1750.	*	*	*	*
1912-S	2.00	2.50	4.00	8.00	14.	35.	100.	125.	175.	225.	300.	550.	1100.	2000.	*	*	*	*
1913	1.50	3.50	4.00	5.00	8.00	25.	70.	85.	100.	120.	150.	300.	625.	1400.	575.	900.	2000.	2500.
1913-S	20.	35.	55.	125.	200.	250.	350.	475.	500.	900.	1000.	1100.	2000.	3500.	*	*	*	*
1914	1.50	2.50	4.00	5.00	8.00	25.	70.	85.	100.	115.	150.	300.	625.	1000.	575.	900.	2000.	2500.
1914-D	1.50	2.50	4.00	5.00	8.00	25.	70.	85.	100.	120.	160.	300.	625.	1000.	*	*	*	*
1914-S	1.50	2.50	5.00	9.00	20.	45.	85.	135.	175.	225.	325.	600.	1200.	3000.	*	*	*	*
1915	1.50	2.50	4.00	5.00	8.00	25.	70.	85.	100.	115.	150.	300.	625.	—	575.	900.	2000.	2500.
1915-S	5.00	7.00	12	35.	55.	75.	140.	185.	260.	350.	500.	700.	1500.	2000.	*	*	*	*
1916	1.50	2.50	4.00	5.00	10.	25.	65.	80.	100.	115.	150.	275.	625.	1000.	*	*	*	*
1916-S	1.50	2.50	4.00	6.00	10.	27.	75.	90.	110.	120.	160.	300.	925.	2000.	*	*	*	*

—— = Insufficient pricing data   * = None issued

Winged Liberty Head dime

"Mercury dime"

Date of authorization: April 2, 1792
Dates of issue: 1916-1945
Designer: Adolph Weinman
Engraver: Charles Barber
Diameter: 17.91 mm/0.71 inch
Weight: 2.50 grams/0.08 ounce
Metallic content: 90% silver, 10% copper
Specific gravity: 10.34
Weight of pure silver: 2.25 grams/0.07 ounce
Edge: Reeded
Mint mark: Reverse left of base of fasces
(bundle of rods)

NOTE: B refers to Full Split Bands on the fasces on the reverse.

WINGED LIBERTY HEAD DIME (CONTINUED)

	AG-3	G-4	VG-8	F-12	VF-20	EF-40	AU-50	MS-60	MS-62	MS-63	MS-64	MS-64B	MS-65	MS-65B	MS-66	MS-66B	PF-65
1916	2.25	4.00	6.00	7.50	9.00	14.	28.	35.	40.	45.	50.	70.	100.	180.	200.	450.	*
1916-D	750.	950.	1700.	2500.	4000.	6000.	8000.	12000.	14000.	15000.	20000.	25000.	30000.	50000.	40000.	60000.	*
1916-S	2.75	5.00	7.00	12.	15.	27.	30.	40.	50.	60.	85.	185.	225.	700.	500.	1500.	*
1917	1.50	3.00	4.00	5.00	8.00	10.	15.	30.	40.	60.	80.	100.	175.	400.	400.	1000.	*
1917-D	3.25	6.00	8.00	15.	30.	60.	110.	150.	250.	350.	500.	1200.	1100.	5500.	1700.	10000.	*
1917-S	2.00	3.00	4.00	5.00	8.00	15.	35.	50.	125.	200.	300.	500.	450.	1500.	700.	2250.	*
1918	3.00	4.00	5.00	8.00	15.	40.	50.	66.	80.	100.	130.	300.	425.	1500.	1200.	2500.	*
1918-D	2.00	3.00	4.00	7.00	15.	35.	55.	70.	175.	250.	350.	3000.	700.	40000.	1400.	—	*
1918-S	1.50	5.00	5.00	7.00	12.	28.	45.	125.	150.	250.	400.	2200.	750.	8000.	2000.	12000.	*
1919	3.00	3.00	3.50	5.00	7.00	14.	30.	40.	75.	125.	140.	250.	350.	800.	1400.	2000.	*
1919-D	3.00	5.00	8.00	15.	35.	55.	100.	200.	275.	425.	660.	6000.	1600.	45000.	3000.	—	*
1919-S	2.00	4.00	5.00	10.	20.	50.	100.	125.	275.	450.	750.	5500.	1100.	17000.	1500.	—	*
1920	2.00	3.00	3.50	5.00	7.00	10.	18.	30.	50.	80.	100.	120.	250.	575.	750.	1300.	*
1920-D	1.75	3.00	4.00	7.00	10.	28.	55.	125.	175.	350.	400.	1200.	750.	5000.	2500.	6000.	*
1920-S	1.75	3.00	4.00	9.00	12.	22.	50.	125.	175.	350.	550.	2500.	1400.	10000.	3000.	15000.	*
1921	45.	70.	100.	150.	300.	650.	1000.	1200.	1400.	1700.	1800.	2700.	3500.	5000.	4500.	8000.	*
1921-D	55.	85.	150.	250.	450.	800.	1300.	1500.	1600.	1800.	2000.	2900.	3500.	6000.	600.	9000.	*
1923	1.50	3.00	3.50	4.00	5.00	8.00	18.	30.	35.	45.	50.	60.	110.	375.	450.	600.	*
1923-S	1.75	3.00	5.00	10.	20.	85.	125.	175.	260.	400.	800.	2000.	1250.	8100.	3000.	18000.	*
1924	1.50	3.00	3.50	4.00	7.00	15.	35.	50.	60.	90.	110.	150.	190.	500.	400.	1000.	*
1924-D	3.00	4.00	6.00	10.	30.	80.	125.	175.	250.	500.	600.	750.	1200.	1400.	2000.	2800.	*
1924-S	3.00	4.00	6.00	10.	15.	70.	125.	175.	250.	500.	650.	3500.	1200.	18000.	—	—	*
1925	1.50	3.00	3.50	4.00	6.00	14.	20.	30.	50.	80.	120.	225.	225.	1000.	500.	3000.	*
1925-D	2.00	6.00	9.00	15.	60.	165.	225.	400.	500.	800.	1100.	1400.	1750.	3500.	2500.	5000.	*
1925-S	1.75	4.00	5.00	10.	20.	110.	125.	200.	300.	525.	900.	1450.	1500.	4500.	500.	13500.	*
1926	1.50	2.00	3.00	4.00	5.00	8.00	15.	25.	40.	65.	120.	150.	250.	550.	1500.	1200.	*
1926-D	1.50	3.00	6.00	8.00	15.	35.	55.	135.	175.	275.	325.	550.	600.	2500.	350.	6000.	*
1926-S	9.00	10.	17.	35.	75.	325.	500.	900.	1200.	1600.	2000.	3250.	3000.	7500.	3000.	14000.	*
1927	1.50	2.00	3.00	4.00	5.00	9.00	14.	30.	40.	50.	80.	120.	150.	375.	350.	1000.	*
1927-D	1.50	3.00	7.00	12.	30.	110.	125.	200.	250.	375.	500.	1600.	1400.	9000.	3000.	15000.	*

——— = Insufficient pricing data   * = None issued

WINGED LIBERTY HEAD DIME (CONTINUED)

	AG-3	G4	VG-8	F-12	VF-20	EF-40	AU-50	MS-60	MS-62	MS-63	MS-64	MS-64B	MS-65	MS-65B	MS-66	MS-66B	PF-65
1927-S	1.50	2.00	5.00	7.00	12	35.	60	300.	375.	550.	800.	2500.	1600.	8000.	2500.	14000.	*
1928	1.50	2.00	3.00	4.00	5.00	10.	20.	30.	35.	50.	60.	90.	125.	350.	400.	700.	*
1928-D	1.50	4.00	6.00	12	30.	75.	125.	200.	250.	325.	425.	800.	900.	3000.	1500.	5000.	*
1928-S	1.50	2.00	4.00	5.00	10.	25.	50.	125.	175.	275.	325.	750.	450.	2100.	600.	3500.	*
1929	1.50	2.00	3.00	4.00	5.00	6.00	12.	20.	25.	30.	40.	55.	70.	200.	125.	350.	*
1929-D	1.50	2.00	4.00	4.00	8.00	18.	27.	30.	35.	40.	50.	70.	80.	250.	125.	550.	*
1929-S	1.50	2.00	3.50	5.00	8.00	12	25.	38.	42.	50.	75.	175.	125.	600.	500.	900.	*
1930	1.50	2.00	4.00	5.00	6.00	9.00	16.	30.	35.	45.	60.	175.	125.	625.	250.	900.	*
1930-S	1.75	3.00	6.00	9.00	12	25.	55.	75.	100.	125.	150.	225.	200.	725.	450.	2000.	*
1931	1.50	3.00	5.00	6.00	8.00	15.	27.	35.	45.	65.	85.	225.	130.	875.	250.	1200.	*
1931-D	6.25	8.00	12	14.	20.	60.	75.	90.	100.	110.	160.	200.	250.	400.	400.	750.	*
1931-S	3.00	4.00	7.00	9.00	12	27.	55.	90.	100.	110.	175.	800.	275.	2500.	600.	4000.	*
1934	1.50	2.00	3.00	4.00	5.00	6.00	10.	30.	35.	40.	45.	50.	60.	150.	75.	225.	*
1934-D	1.50	2.00	3.00	4.00	8.00	15.	30.	50.	60.	65.	70.	125.	80.	375.	250.	1000.	*
1935	1.50	2.00	3.00	4.00	5.00	6.00	7.00	11.	14.	18.	25.	35.	35.	75.	60.	125.	*
1935-D	1.50	2.00	3.00	4.00	7.00	14.	28.	40.	45.	50.	60.	225.	80.	550.	350.	1000.	*
1935-S	1.50	2.00	3.00	4.00	5.00	6.00	12.	27.	30.	35.	40.	175.	30.	425.	80.	660.	*
1936	1.50	2.00	3.00	4.00	5.00	6.00	7.00	10.	13.	18.	20.	40.	30.	90.	50.	125.	1500.
1936-D	1.50	2.00	3.00	4.00	5.00	8.00	18.	30.	32.	35.	35.	120.	50.	300.	85.	450.	*
1936-S	1.50	2.00	3.00	4.00	4.50	5.00	12	20.	24.	14.	35.	50.	40.	100.	60.	175.	*
1937	1.50	2.00	3.00	4.00	4.50	5.00	7.00	9.00	11.	30.	18.	27.	27.	50.	35.	75.	750.
1937-D	1.50	2.00	3.00	4.00	4.50	6.00	12.	25.	27.	30.	35.	40.	45.	110.	90.	250.	*
1937-S	1.50	2.00	3.00	4.00	4.50	5.00	10.	22.	16.	18.	20.	70.	40.	200.	80.	120.	*
1938	1.50	2.00	3.00	4.00	4.50	5.00	8.00	15.	20.	22.	25.	30.	30.	80.	60.	250.	500.
1938-D	1.50	2.00	3.00	4.00	4.50	6.00	12.	18.	22.	25.	20.	30.	30.	60.	70.	120.	*
1938-S	1.50	2.00	3.00	4.00	4.50	6.00	10.	20.	11.	13.	30.	40.	40.	150.	90.	250.	*
1939	1.50	2.00	3.00	4.00	4.50	5.00	7.00	10.	10.	13.	20.	45.	35.	175.	60.	200.	350.
1939-D	1.50	2.00	3.00	4.00	4.50	5.00	7.00	9.00	10.	13.	20.	30.	30.	50.	60.	75.	*
1939-S	1.50	2.00	3.00	4.00	4.50	6.00	12.	25.	27.	30.	40.	225.	45.	775.	100.	1100.	*
1940	1.50	2.00	3.00	4.00	4.50	5.00	6.00	8.00	10.	13.	18.	24.	35.	55.	55.	75.	300.

—— = Insufficient pricing data   * = None issued

WINGED LIBERTY HEAD DIME (CONTINUED)

	AG-3	G-4	VG-8	F-12	VF-20	EF-40	AU-50	MS-60	MS-62	MS-63	MS-64	MS-64B	MS-65	MS-65B	MS-66	MS-66B	PF-65
1940-D	1.50	2.00	3.00	4.00	4.50	5.00	7.00	9.00	11.	14.	20.	24.	35.	60.	50.	70.	*
1940-S	1.50	2.00	3.00	4.00	4.50	5.00	7.00	10.	12.	15.	20.	30.	35.	100.	40.	200.	*
1941	1.50	2.00	3.00	4.00	4.50	5.00	6.00	8.00	10.	13.	15.	23.	30.	45.	50.	60.	300.
1941-D	1.50	2.00	3.00	4.00	4.50	5.00	6.00	8.00	10.	13.	15.	24.	25.	45.	35.	60.	*
1941-S	1.50	2.00	3.00	4.00	4.50	5.00	7.00	9.00	11.	14.	16.	24.	30.	50.	40.	75.	*
1942/1	450.	600.	750.	850.	950.	1700.	2500.	3000.	4000.	6500.	12000.	15000.	35000.	—	—	*
1942	1.50	2.00	3.00	4.00	4.50	5.00	6.00	8.00	10.	13.	15.	23.	25.	50.	50.	70.	300.
1942/41-D	400.	550.	660.	800.	900.	1000.	1800.	2500.	3000.	4500.	6500.	11000.	9000.	25000.	40.	60.	*
1942-D	1.50	2.00	3.00	4.00	4.50	5.00	6.00	8.00	10.	13.	20.	24.	30.	40.	40.	60.	*
1942-S	1.50	2.00	3.00	4.00	4.50	5.00	6.00	10.	13.	17.	25.	40.	30.	150.	45.	250.	*
1943	1.50	2.00	3.00	4.00	4.50	5.00	6.00	8.00	10.	13.	15.	23.	30.	50.	40.	70.	*
1943-D	1.50	2.00	3.00	4.00	4.50	5.00	6.00	8.00	10.	13.	17.	22.	30.	40.	40.	60.	*
1943-S	1.50	2.00	3.00	4.00	4.50	5.00	6.00	10.	12.	15.	18.	24.	30.	70.	50.	100.	*
1944	1.50	2.00	3.00	4.00	4.50	5.00	6.00	8.00	10.	14.	15.	22.	30.	80.	40.	150.	*
1944-D	1.50	2.00	3.00	4.00	4.50	5.00	6.00	8.00	10.	13.	20.	23.	25.	40.	40.	60.	*
1944-S	1.50	2.00	3.00	4.00	4.50	5.00	6.00	8.00	10.	18.	23.	30.	30.	60.	40.	75.	*
1945	1.50	2.00	3.00	4.00	4.50	5.00	6.00	8.00	10.	18.	20.	4000.	25.	8800.	40.	16000.	*
1945-D	1.50	2.00	3.00	4.00	4.50	5.00	6.00	8.00	10.	13.	18.	25.	25.	40.	50.	60.	*
1945-S	1.50	2.00	3.00	4.00	4.50	5.00	6.00	8.00	10.	13.	18.	30.	30.	110.	35.	175.	*
1945-S Micro S	2.50	3.00	3.50	4.50	5.00	8.00	20.	30.	32.	35.	40.	170.	100.	625.	125.	1100.	*

—— = Insufficient pricing data   * = None issued

Roosevelt dime

Date of authorization: April 2, 1792; July 23, 1965
Dates of issue: 1946-present
Designer/Engraver: John R. Sinnock
Diameter: 17.91 mm/0.71 inch
Weight: (1946-1964, 1992-present silver Proofs only): 2.50 grams/0.08 ounce
(1965-present): 2.27 grams/0.07 ounce
Metallic content: (1946-1964, 1992-present silver Proofs only): 90% silver, 10% copper
(1965-present): 75% copper, 25% nickel clad to pure copper core
Specific gravity: silver, 10.34; copper-nickel clad, 8.92
Weight of pure silver: (1946-1964, 1992-present silver Proofs only): 2.25 grams/0.07 ounce
Edge: Reeded
Mint mark: (1946-1964): Reverse left of base of torch
(1968-present): Obverse above date

Also, the letter C following a numerical grade for a Proof coin stands for "cameo," while the letters DC stand for "deep cameo." Cameo coins have contrasting surface finishes: mirror fields and frosted devices (raised areas). Deep cameo coins are the ultimate level of cameo, with deeply frosted devices. Cameo and deep cameo coins bring premiums.

ROOSEVELT DIME (CONTINUED)

SILVER

	VF-20	EF-40	AU-50	AU-58	MS-60	MS-63	MS-64	MS-65	MS-66	MS-66B	MS-67	MS-67B	MS-68	MS-68B	MS-69	MS-69B	PF-63	PF-64	PF-65	PF-66	PF-67	PF-680C	PF-680C
1946	2.50	3.00	3.50	4.00	5.00	6.00	8.00	15.	30.	500.	125.	1500.	—	—	—	—	*	*	*	*	*	*	*
1946-D	2.50	3.00	3.50	4.00	5.00	6.00	8.00	14.	30.	—	110.	—	—	—	—	—	*	*	*	*	*	*	*
1946-S	2.50	3.50	3.50	4.00	5.00	7.00	10.	20.	35.	—	100.	—	2000.	—	—	—	*	*	*	*	*	*	*
1947	2.50	3.00	3.50	4.00	5.00	7.00	10.	14.	20.	—	65.	—	—	—	—	—	*	*	*	*	*	*	*
1947-D	2.50	3.00	3.50	4.00	8.00	10.	12.	15.	20.	—	40.	—	—	—	—	—	*	*	*	*	*	*	*
1947-S	2.50	3.50	3.50	4.00	7.00	9.00	12.	15.	35.	—	125.	—	—	—	—	—	*	*	*	*	*	*	*
1948	2.50	3.00	3.50	4.00	6.00	8.00	10.	14.	35.	—	100.	—	—	—	—	—	*	*	*	*	*	*	*
1948-D	2.50	3.00	3.50	4.00	8.00	10.	12.	15.	25.	—	100.	—	2500.	—	—	—	*	*	*	*	*	*	*
1948-S	2.50	3.00	3.50	4.00	7.00	9.00	12.	17.	30.	—	120.	—	—	—	—	—	*	*	*	*	*	*	*
1949	3.00	3.00	10.	20.	35.	50.	75.	85.	110.	—	135.	—	—	—	—	—	*	*	*	*	*	*	*
1949-D	3.00	4.00	6.00	9.00	14.	17.	20.	25.	100.	—	125.	—	—	—	—	—	*	*	*	*	*	*	*
1949-S	4.00	10.	18.	30.	55.	60.	65.	75.	100.	—	200.	—	2500.	—	—	—	*	*	*	*	*	*	*
1950	3.00	4.00	6.00	10.	17.	20.	25.	35.	50.	—	145.	—	—	—	—	—	45.	50.	60.	75.	125.	*	*
1950-D	2.50	3.50	3.50	4.00	9.00	9.00	12.	15.	30.	—	105.	—	3000.	—	—	—	*	*	*	*	*	*	*
1950-S	4.00	10.	18.	30.	45.	55.	65.	75.	90.	—	150.	—	2000.	—	—	—	*	*	*	*	*	*	*
1951	2.50	3.00	3.50	4.00	5.00	6.00	8.00	12.	40.	—	105.	—	—	—	—	—	50.	55.	60.	75.	100.	*	*
1951-D	2.50	4.00	3.50	4.00	5.00	7.00	9.00	12.	20.	—	140.	—	—	—	—	—	*	*	*	*	*	*	*
1951-S	3.00	4.00	6.00	9.00	17.	20.	25.	35.	60.	—	125.	—	6000.	—	—	—	*	*	*	*	*	*	*
1952	2.50	3.00	3.50	4.00	5.00	7.00	10.	12.	40.	—	100.	—	—	—	—	—	30.	35.	40.	60.	80.	*	*
1952-D	2.50	3.00	3.50	4.00	5.00	7.00	9.00	12.	35.	—	40.	—	—	—	—	—	*	*	*	*	*	*	*
1952-S	2.50	3.00	3.50	4.00	8.00	10.	12.	15.	20.	—	80.	—	—	—	—	—	*	*	*	*	*	*	*
1953	2.50	3.00	3.50	4.00	5.00	7.00	9.00	13.	43.	—	90.	—	—	—	—	—	20.	40.	50.	60.	80.	*	*
1953-D	2.50	3.00	3.50	4.00	4.50	5.00	7.00	10.	20.	—	55.	—	—	—	—	—	*	*	*	*	*	*	*
1953-S	2.50	3.00	3.50	4.00	4.50	5.00	7.00	12.	47.	—	75.	—	—	—	—	—	*	*	*	*	*	*	*
1954	2.50	3.00	3.50	4.00	4.50	5.00	7.00	12.	25.	—	40.	—	—	—	—	—	8.00	17.	25.	30.	35.	*	*
1954-D	2.50	3.00	3.50	4.00	4.50	5.00	7.00	10.	15.	—	40.	—	—	—	—	—	*	*	*	*	*	*	*
1954-S	2.50	3.00	3.50	4.00	5.00	5.00	7.00	10.	20.	—	58.	—	—	—	—	—	*	*	*	*	*	*	*
1955	2.50	3.00	3.50	4.00	4.50	5.00	7.00	12.	22.	—	35.	—	—	—	—	—	7.00	15.	20.	25.	30.	*	2000.

—— = Insufficient pricing data   * = None issued

	VF-20	EF-40	AU-50	AU-58	MS-60	MS-63	MS-64	MS-65	MS-66	MS-66B	MS-67	MS-67B	MS-68	MS-68B	MS-69	MS-69B	PF-63	PF-64	PF-65	PF-66	PF-67	PF-68C	PF-68DC
1955-D	2.50	3.00	3.50	4.00	4.50	5.00	7.00	10.	21.	—	38.	—	—	—	—	—	*	*	*	*	*	*	*
1955-S	2.50	3.00	3.50	4.00	4.50	5.00	8.00	10.	20.	—	75.	—	—	—	—	—	*	*	*	*	*	*	*
1956	2.50	3.00	3.50	4.00	4.50	5.00	7.00	8.50	18.	—	65.	—	—	—	—	—	5.00	6.00	12	17.	21.	*	—
1956-D	2.50	3.00	3.50	4.00	4.50	5.00	7.00	8.00	25.	—	50.	—	—	—	—	—	*	*	*	*	*	*	*
1957	2.50	3.00	3.50	4.00	4.50	5.00	7.00	9.00	20.	—	110.	—	—	—	—	—	5.00	6.00	10.	13.	35.	350.	*
1957-D	2.50	3.00	3.50	4.00	4.50	5.00	7.00	7.50	18.	—	25.	—	—	—	—	—	*	*	*	*	*	*	—
1958	2.50	3.00	3.50	4.00	4.50	5.00	7.00	12	25.	—	70.	—	—	—	—	—	5.00	6.00	8.00	10.	12.	475.	*
1958-D	2.50	3.00	3.50	4.00	4.50	5.00	7.00	10.	16.	—	70.	—	—	—	—	—	*	*	*	*	*	*	—
1959	2.50	3.00	3.50	4.00	4.50	5.00	7.00	8.50	27.	—	50.	—	—	—	—	—	5.00	6.00	8.00	10.	16.	1000.	*
1959-D	2.50	3.00	3.50	4.00	4.50	5.00	7.00	9.00	17.	—	30.	—	—	—	—	—	*	*	*	*	*	*	—
1960	2.50	3.00	3.50	4.00	4.50	5.00	6.50	9.00	16.	—	30.	—	—	—	—	—	5.00	6.00	8.00	20.	35.	150.	200.
1960 Doubled Die Obverse	*	*	*	*	*	*	*	*	*	—	*	—	—	—	—	—	—	200.	300.	—	15.	60.	150.
1960-D	2.50	3.00	3.50	4.00	4.50	5.00	6.00	7.00	25.	—	130.	—	—	—	—	—	*	*	*	*	*	*	*
1961	2.50	3.00	3.50	4.00	4.50	5.00	6.00	8.50	28.	—	75.	—	—	—	—	—	5.00	6.00	8.00	10.	15.	60.	150.
1961-D	2.50	3.00	3.50	4.00	4.50	5.00	6.00	7.00	21.	—	55.	—	—	—	—	—	*	*	*	*	*	*	*
1962	2.50	3.00	3.50	4.00	4.50	5.00	6.00	6.50	20.	—	115.	—	—	—	—	—	5.00	6.00	8.00	10.	13.	100.	300.
1962-D	2.50	3.00	3.50	4.00	4.50	5.00	6.00	7.00	22.	—	65.	—	—	—	—	—	*	*	*	*	*	*	*
1963	2.50	3.00	3.50	4.00	4.50	5.00	6.00	8.50	20.	—	100.	—	—	—	—	—	5.00	6.00	8.00	10.	13.	250.	350.
1963 Doubled Die Reverse	*	*	*	*	*	*	*	*	*	—	*	—	—	—	—	—	—	200.	—	—	—	—	—
1963-D	2.50	3.00	3.50	4.00	4.50	5.00	6.00	8.50	23.	—	65.	—	—	—	—	—	*	*	*	*	*	*	*
1964	2.50	3.00	3.50	4.00	4.50	5.00	6.00	8.50	17.	—	85.	—	—	—	—	—	5.00	6.00	8.00	10.	14.	50.	100.
1964 Special Mint Set	—	—	—	—	—	—	—	—	—	—	4000.	5500.	—	—	—	—	*	*	*	*	*	*	*
1964-D	2.50	3.00	3.50	4.00	4.50	5.00	6.00	7.00	17.	—	150.	—	—	—	—	—	*	*	*	*	*	*	*
1964-D Doubled Die Reverse	—	—	75.	225.	350.	500.	850.	1000.	—	—	—	—	—	—	—	—	—	—	—	—	—	—	—

—— = Insufficient pricing data   * = None issued

ROOSEVELT DIME (CONTINUED)

COPPER-NICKEL CLAD

	AU-50	AU-58	MS-60	MS-63	MS-64	MS-64B	MS-65	MS-65B	MS-66	MS-66B	MS-67	MS-67B	MS-68	PF-63	PF-64	PF-65	PF-67	PF-67C	PF-68DC	PF-69DC	PF-70DC
1965	0.15	0.20	0.50	0.60	0.75	8.00	8.00	35.	15.	55.	50.	—	—	*	*	*	*	*	*	*	*
1965 Special Mint Set	—	—	0.50	1.00	1.25	4.00	3.00	8.00	12.	30.	45.	—	—	*	*	*	*	*	*	*	*
1966	0.15	0.20	0.50	0.60	0.75	15.	7.00	28.	12.	60.	30.	—	—	*	*	*	*	*	*	*	*
1966 Special Mint Set	—	—	0.50	1.00	1.25	8.00	3.00	17.	15.	45.	75.	—	—	*	*	*	*	*	*	*	*
1967	0.15	0.20	0.50	0.60	0.60	8.00	7.00	17.	13.	45.	45.	—	—	*	*	*	*	*	*	*	*
1967 Special Mint Set	—	—	0.50	1.00	2.00	7.00	4.00	6.00	10.	20.	45.	—	60.	*	*	*	*	*	*	*	*
1968	0.15	0.20	0.50	0.60	0.60	7.50	7.00	15.	13.	45.	40.	45.	—	*	*	*	*	*	*	*	*
1968-D	0.15	0.20	0.50	0.60	0.60	7.50	7.00	10.	11.	15.	35.	45.	—	*	*	*	*	*	*	*	*
1968-S	*	*	*	*	*	*	*	*	*	*	*	*	*	1.50	2.00	3.00	5.00	35.	125.	—	—
1968-S No S	*	*	*	*	*	*	*	*	*	*	*	*	*	7500.	8000.	8500.	—	—	—	—	—
1969	0.75	0.90	1.25	2.00	4.00	—	6.00	40.	40.	125.	110.	—	—	*	*	*	*	*	*	*	*
1969-D	0.25	0.20	0.50	1.00	4.00	10.	6.00	11.	19.	70.	60.	—	—	*	*	*	*	*	*	*	*
1969-S	*	*	*	*	*	*	*	*	*	*	*	*	*	2.00	3.00	4.00	8.00	40.	200.	—	—
1970	0.15	0.20	0.50	0.50	4.00	90.	6.00	—	17.	115.	65.	—	—	*	*	*	*	*	*	*	*
1970-D	0.15	0.20	0.50	0.60	4.00	25.	6.00	85.	12.	45.		—	—	*	*	*	*	*	*	*	*
1970-S	*	*	*	*	*	*	*	*	*	*	*	*	*	2.00	3.00	4.00	8.00	40.	60.	—	—
1970-S No S	*	*	*	*	*	*	*	*	*	*	*	*	*	900.	950.	1000.	1200.	—	—	—	—
1971	0.15	0.20	0.50	0.60	4.00	7.00	7.00	30.	15.	150.	65.	—	—	*	*	*	*	*	*	*	*
1971-D	0.15	0.20	0.50	0.60	4.00	7.00	6.00	11.	12.	30.	100.	—	—	*	*	*	*	*	*	*	*
1971-S	*	*	*	*	*	*	*	*	*	*	*	*	*	2.00	3.00	4.00	8.00	30.	80.	—	—
1972	0.15	0.20	0.50	0.60	4.00	22.	9.00	35.	15.	200.	150.	—	—	*	*	*	*	*	*	*	*
1972-D	0.15	0.20	0.50	0.60	3.50	8.00	6.00	25.	12.	45.	35.	—	—	*	*	*	*	*	*	*	*
1972-S	*	*	*	*	*	*	*	*	*	*	*	*	*	2.00	3.00	4.00	8.00	15.	60.	—	—
1973	0.15	0.20	0.50	0.60	4.00	10.	6.00	10.	11.	18.	120.	—	—	*	*	*	*	*	*	*	*
1973-D	0.15	0.20	0.50	0.60	4.00	7.00	6.00	7.00	11.	12.	40.	—	—	*	*	*	*	*	*	*	*
1973-S	*	*	*	*	*	*	*	*	*	*	*	*	*	2.00	3.00	4.00	8.00	17.	80.	—	1700.
1974	0.15	0.20	0.50	0.60	3.00	—	6.00	—	11.	50.		—	—	*	*	*	*	*	*	*	*
1974-D	0.15	0.20	0.50	0.60	3.00	6.00	4.00	12.	11.	110.	50.	—	—	*	*	*	*	*	*	*	*
1974-S	*	*	*	*	*	*	*	*	*	*	*	*	*	2.00	3.00	4.00	8.00	16.	35.	—	1700.

—— = Insufficient pricing data   * = None issued

ROOSEVELT DIME (CONTINUED)

	AU-50	AU-58	MS-60	MS-63	MS-64	MS-64B	MS-65	MS-65B	MS-66	MS-66B	MS-67	MS-67B	MS-68	PF-63	PF-64	PF-65	PF-67	PF-68C	PF-69C	PF-70C
1975	0.15	0.20	0.50	0.60	4.00	6.00	6.00	22	13.	85.	80.	—	—	*	*	*	*	*	*	*
1975-D	0.15	0.20	0.50	0.60	4.00	6.00	6.00	10.	9.00	32.	35.	—	—	*	*	*	*	*	*	*
1975-S	*	*	*	*	*	*	*	*	*	*	*	*	*	2.00	3.00	4.00	8.00	14.	30.	—
1975-S No S	*	*	*	*	*	*	*	*	*	*	*	*	*	35000.	40000.	45000.	*	*	*	—
1976	0.15	0.20	0.50	0.60	*	14.	6.00	40.	13.	165.	55.	—	—	*	*	*	*	*	*	*
1976-D	0.15	0.20	0.50	0.60	4.00	6.00	6.00	15.	13.	90.	45.	—	—	*	*	*	*	*	*	*
1976-S	*	*	*	*	*	*	*	*	*	*	*	*	*	2.00	3.00	4.00	7.00	14.	30.	1000.
1977	0.15	0.20	0.50	0.60	4.00	22.	6.00	65.	10.	135.	50.	—	—	*	*	*	*	*	*	*
1977-D	0.15	0.20	0.50	0.60	4.00	12.	6.00	28.	10.	145.	60.	—	—	*	*	*	*	*	*	*
1977-S	*	*	*	*	*	*	*	*	*	*	*	*	*	2.00	3.00	4.00	8.00	12	20.	800.
1978	0.15	0.20	0.50	0.60	4.00	*	6.00	—	10.	—	50.	—	—	*	*	*	*	*	*	*
1978-D	0.15	0.20	0.50	0.60	3.50	22.	6.00	50.	10.	120.	35.	—	—	*	*	*	*	*	*	*
1978-S	*	*	*	*	*	*	*	*	*	*	*	*	*	2.00	3.00	4.00	8.00	12	20.	300.
1979	0.15	0.20	0.50	0.60	3.00	45.	6.00	225.	10.	190.	40.	—	—	*	*	*	*	*	*	*
1979-D	0.15	0.20	0.50	0.60	3.00	25.	6.00	47.	10.	—	28.	—	—	*	*	*	*	*	*	*
1979-S Filled S	*	*	*	*	*	*	*	*	*	*	*	*	*	2.00	3.00	4.00	—	—	20.	350.
1979-S Clear S	*	*	*	*	*	*	*	*	*	*	*	*	*	2.00	3.00	4.00	—	—	30.	300.
1980-P	0.15	0.20	0.50	0.60	3.00	110.	6.00	—	11.	—	30.	—	—	*	*	*	*	*	*	*
1980-D	0.15	0.20	0.50	0.60	3.00	23.	6.00	95.	13.	—	30.	—	—	*	*	*	*	*	*	*
1980-S	*	*	*	*	*	*	*	*	*	*	*	*	*	2.00	3.00	4.00	8.00	11.	17.	600.
1981-P	0.15	0.20	0.50	0.60	3.00	5.00	4.50	6.00	9.00	13.	15.	25.	—	*	*	*	*	*	*	*
1981-D	0.15	0.20	0.50	0.60	3.00	5.00	4.50	9.00	10.	15.	22.	32.	—	*	*	*	*	*	*	*
1981-S	*	*	*	*	*	*	*	*	*	*	*	*	*	2.00	3.00	4.00	8.00	11.	20.	350.
1982 No Mint mark	80.	85.	100.	125.	165.	—	200.	—	300.	—	800.	—	2500.	*	*	*	*	*	*	*
1982-P	0.15	0.20	0.50	0.60	4.00	6.00	6.00	30.	20.	42.	85.	—	—	*	*	*	*	*	*	*
1982-D	0.15	0.20	0.50	0.60	3.00	6.00	4.00	20.	14.	60.	45.	—	—	*	*	*	*	*	*	*
1982-S	*	*	*	*	*	*	*	*	*	*	*	*	*	2.00	3.00	4.00	4.00	14.	20.	300.
1983-P	0.15	0.20	0.50	0.60	4.00	6.00	6.00	20.	15.	55.	155.	—	—	*	*	*	*	*	*	*
1983-D	0.15	0.20	0.50	0.60	3.00	11.	7.00	70.	14.	120.	65.	—	—	*	*	*	*	*	*	*
1983-S	*	*	*	*	*	*	*	*	*	*	*	*	*	2.00	3.00	4.00	5.00	12	20.	300.

—— = Insufficient pricing data   * = None issued

ROOSEVELT DIME (CONTINUED)

	AU-50	AU-58	MS-60	MS-63	MS-64	MS-64B	MS-65	MS-65B	MS-66	MS-66B	MS-67	MS-67B	MS-68	PF-63	PF-64	PF-65	PF-67	PF-68DC	PF-69DC	PF-70DC
1993-S No S	*	*	*	*	*	*	*	*	*	*	*	*	*	800.	900.	1000.	—	—	2000.	*
1984-P	0.15	0.20	0.50	0.60	3.00	6.00	4.50	9.00	9.00	18.	22.	30.	*	*	*	*	*	*	*	*
1984-D	0.15	0.20	0.50	0.60	3.00	6.00	4.00	10.	9.00	25.	27.	60.	*	*	*	*	*	*	*	*
1984-S	*	*	*	*	*	*	*	*	*	*	*	*	*	2.00	3.00	4.00	5.00	12.	20.	250.
1985-P	0.15	0.20	0.50	0.60	3.00	6.00	6.00	10.	10.	18.	25.	75.	*	*	*	*	*	*	*	*
1985-D	0.15	0.20	0.50	0.60	3.00	4.00	4.00	6.00	7.00	13.	14.	80.	*	*	*	*	*	*	*	*
1985-S	*	*	*	*	*	*	*	*	*	*	*	*	*	2.00	3.00	4.00	5.00	12.	20.	300.
1986-P	0.15	0.20	0.50	0.60	3.00	3.00	4.00	6.00	9.50	16.	45.	25.	*	*	*	*	*	*	*	*
1986-D	0.15	0.20	0.50	0.60	3.00	9.00	4.00	24.	10.	110.	45.	—	*	*	*	*	*	*	*	*
1986-S	*	*	*	*	*	*	*	*	*	*	*	*	*	2.00	3.00	4.00	5.00	12.	20.	200.
1987-P	0.15	0.20	0.50	0.60	3.00	8.00	5.00	14.	8.00	55.	14.	*	180.	*	*	*	*	*	*	*
1987-S	*	*	*	*	*	*	*	*	*	*	*	*	*	2.00	3.00	4.00	5.00	12.	20.	300.
1988-P	0.15	0.20	0.50	0.60	3.00	8.00	6.00	18.	9.00	65.	16.	90.	*	*	*	*	*	*	*	*
1988-D	0.15	0.20	0.50	0.60	3.00	6.00	6.00	8.00	10.	20.	35.	50.	*	*	*	*	*	*	*	*
1988-S	*	*	*	*	*	*	*	*	*	*	*	*	*	3.00	4.00	5.00	5.00	12.	20.	500.
1989-P	0.15	0.20	0.50	0.60	3.00	6.00	5.00	22.	10.	22.	35.	40.	*	*	*	*	*	*	*	*
1989-D	0.15	0.20	0.50	0.60	3.00	5.00	6.00	22.	9.00	13.	17.	28.	*	*	*	*	*	*	*	*
1989-S	*	*	*	*	*	*	*	*	*	*	*	*	75.	3.00	4.00	4.00	5.00	11.	20.	350.
1990-P	0.15	0.20	0.50	0.60	3.00	12.	5.00	22.	10.	175.	40.	—	*	*	*	*	*	*	*	*
1990-D	0.15	0.20	0.50	0.60	3.00	14.	6.00	70.	8.00	—	14.	*	*	*	*	*	*	*	*	*
1990-S	*	*	*	*	*	*	*	*	*	*	*	*	*	2.00	3.00	4.00	5.00	11.	20.	150.
1991-P	0.15	0.20	0.50	0.60	3.00	10.	6.00	22.	8.00	85.	45.	15.	*	*	*	*	*	*	*	*
1991-D	0.15	0.20	0.50	0.60	2.50	15.	6.00	70.	14.	—	65.	—	*	*	*	*	*	*	*	*
1991-S	*	*	*	*	*	*	*	*	*	*	*	*	*	2.00	3.00	4.00	5.00	14.	20.	200.
1992-P	0.15	0.20	0.50	0.60	2.50	4.00	5.00	12.	8.00	19.	75.	65.	*	*	*	*	*	*	*	*
1992-D	0.15	0.20	0.50	0.60	2.50	4.00	5.00	8.00	11.	17.	30.	115.	*	*	*	*	*	*	*	*
1992-S Clad	*	*	*	*	*	*	*	*	*	*	*	*	*	3.00	4.00	5.00	4.00	11.	20.	175.
1992-S Silver	*	*	*	*	*	*	*	*	*	*	*	*	*	4.00	5.00	6.00	7.00	14.	20.	500.
1993-P	0.15	0.20	0.50	0.60	2.50	3.50	4.00	15.	8.00	28.	18.	110.	*	*	*	*	*	*	*	*

——— = Insufficient pricing data   * = None issued

ROOSEVELT DIME (CONTINUED)

	AU50	AU58	MS-60	MS-63	MS-64	MS-64B	MS-65	MS-65B	MS-66	MS-66B	MS-67	MS-67B	MS-68	PF-63	PF-64	PF-65	PF-67	PF-68DC	PF-69DC	PF-70DC
1993-D	0.15	0.20	0.50	0.60	2.50	5.00	5.00	18.	8.00	135.	22.	—	*	*	*	*	*	*	*	*
1993-S Clad	*	*	*	*	*	*	*	*	*	*	*	*	*	4.00	5.00	6.00	7.00	11.	20.	250.
1993-S Silver	*	*	*	*	*	*	*	*	*	*	*	*	*	6.00	7.00	8.00	10.	14.	20.	350.
1994-P	0.15	0.20	0.50	0.60	2.50	3.50	4.50	8.00	6.00	20.	30.	50.	—	*	*	*	*	*	*	*
1994-D	0.15	0.20	0.50	0.60	2.50	5.00	6.00	19.	8.00	50.	24.	—	—	*	*	*	*	*	*	*
1994-S Clad	*	*	*	*	*	*	*	*	*	*	*	*	*	5.00	6.00	7.00	9.00	14.	20.	250.
1994-S Silver	*	*	*	*	*	*	*	*	*	*	*	*	*	6.00	7.00	8.00	10.	14.	21.	300.
1995-P	0.15	0.20	0.50	0.60	2.50	4.00	5.00	11.	10.	27.	22.	95.	—	*	*	*	*	*	*	*
1995-D	0.15	0.20	0.50	0.60	3.00	16.	5.00	50.	8.50	85.	15.	—	—	*	*	*	*	*	*	*
1995-S Clad	*	*	*	*	*	*	*	*	*	*	*	*	*	15.	17.	20.	25.	35.	40.	300.
1995-S Silver	*	*	*	*	*	*	*	*	*	*	*	*	*	20.	25.	30.	40.	60.	70.	500.
1996-P	0.15	0.20	0.50	0.60	2.50	3.00	3.00	5.00	5.00	7.00	6.00	20.	22.	*	*	*	*	*	*	*
1996-W	—	—	—	3.00	7.00	9.00	12.	15.	17.	27.	28.	50.	50.	*	*	*	*	*	*	*
1996-D	0.15	0.20	0.50	0.60	2.50	4.00	6.00	10.	10.	14.	20.	30.	32.	*	*	*	*	*	*	*
1996-S Clad	*	*	*	*	*	*	*	*	*	*	*	*	*	3.00	4.00	5.00	7.00	11.	20.	450.
1996-S Silver	*	*	*	*	*	*	*	*	*	*	*	*	*	6.00	7.00	8.00	10.	14.	20.	300.
1997-P	0.15	0.20	0.50	0.60	2.50	4.00	6.00	10.	8.00	27.	16.	95.	—	*	*	*	*	*	*	*
1997-D	0.15	0.20	0.50	0.60	2.50	4.00	4.00	9.00	8.00	23.	17.	60.	60.	*	*	*	*	*	*	*
1997-S Clad	*	*	*	*	*	*	*	*	*	*	*	*	*	12.	15.	18.	20.	30.	35.	400.
1997-S Silver	*	*	*	*	*	*	*	*	*	*	*	*	*	18.	20.	25.	30.	40.	40.	250.
1998-P	0.15	0.20	0.50	0.60	2.00	4.00	4.00	9.00	7.50	14.	18.	28.	—	*	*	*	*	*	*	*
1998-D	0.15	0.20	0.50	0.60	2.00	4.00	4.00	9.00	8.00	20.	17.	77.	45.	*	*	*	*	*	*	*
1998-S Clad	*	*	*	*	*	*	*	*	*	*	*	*	*	4.00	5.00	6.00	8.00	11.	20.	550.
1998-S Silver	*	*	*	*	*	*	*	*	*	*	*	*	*	5.00	6.00	7.00	9.00	14.	24.	400.
1999-P	0.15	0.20	0.50	0.60	2.00	3.00	3.00	5.00	4.00	7.00	5.00	12.	16.	*	*	*	*	*	*	*
1999-D	0.15	0.20	0.50	0.60	2.00	3.00	3.00	5.00	4.00	7.00	5.00	12.	18.	*	*	*	*	*	*	*
1999-S Clad	*	*	*	*	*	*	*	*	*	*	*	*	*	3.00	4.00	5.00	7.00	11.	20.	400.
1999-S Silver	*	*	*	*	*	*	*	*	*	*	*	*	*	5.00	6.00	7.00	9.00	14.	24.	500.
2000-P	0.15	0.20	0.50	0.60	2.00	3.00	3.00	5.00	5.00	7.00	7.00	15.	16.	*	*	*	*	*	*	*
2000-D	0.15	0.20	0.50	0.60	2.00	3.00	3.00	5.00	4.00	7.00	5.50	11.	16.	*	*	*	*	*	*	*

—— = Insufficient pricing data   * = None issued

ROOSEVELT DIME (CONTINUED)

	AU-50	AU-58	MS-60	MS-63	MS-64	MS-64FB	MS-65	MS-65FB	MS-66	MS-66FB	MS-67	MS-67FB	MS-68	PF-63	PF-64	PF-65	PF-67	PF-68DC	PF-69DC	PF-70DC
2000-S Clad	*	*	*	*	*	*	*	*	*	*	*	*	*	2.00	3.00	4.00	6.00	11.	20.	500.
2000-S Silver	*	*	*	*	*	*	*	*	*	*	*	*	*	4.00	5.00	6.00	8.00	14.	23.	250.
2001-P	0.15	0.20	0.50	0.60	2.00	3.00	3.00	5.00	4.00	7.00	6.00	11.	14.	*	*	*	*	*	*	*
2001-D	0.15	0.20	0.50	0.60	1.00	3.00	3.00	5.00	4.00	7.00	6.00	15.	16.	*	*	*	*	*	*	*
2001-S Clad	*	*	*	*	*	*	*	*	*	*	*	*	*	2.00	3.00	4.00	6.00	11.	12.	400.
2001-S Silver	*	*	*	*	*	*	*	*	*	*	*	*	*	4.00	5.00	6.00	8.00	14.	31.	450.
2002-P	0.15	0.20	0.50	0.60	1.00	3.00	3.00	5.00	4.00	7.00	6.00	12.	16.	*	*	*	*	*	*	*
2002-D	0.15	0.20	0.50	0.60	1.00	3.00	3.00	5.00	4.00	7.00	6.00	12.	16.	*	*	*	*	*	*	*
2002-S Clad	*	*	*	*	*	*	*	*	*	*	*	*	*	2.00	3.00	4.00	5.00	10.	12.	500.
2002-S Silver	*	*	*	*	*	*	*	*	*	*	*	*	*	3.00	5.00	6.00	7.50	12.	25.	400.
2003-P	0.15	0.20	0.50	0.60	1.00	3.00	3.00	5.00	4.00	7.00	6.00	12.	16.	*	*	*	*	*	*	*
2003-D	0.15	0.20	0.50	0.60	1.00	3.00	3.00	5.00	4.00	7.00	6.00	16.	16.	*	*	*	*	*	*	*
2003-S Clad	*	*	*	*	*	*	*	*	*	*	*	*	*	2.00	3.00	4.00	6.00	11.	12.	400.
2003-S Silver	*	*	*	*	*	*	*	*	*	*	*	*	*	4.00	5.00	6.00	8.00	14.	30.	125.
2004-P	0.15	0.20	0.50	0.60	1.00	4.00	3.00	8.00	4.00	10.	6.00	18.	16.	*	*	*	*	*	*	*
2004-D	0.15	0.20	0.50	0.60	1.00	3.00	3.00	5.00	4.00	7.00	6.00	12.	16.	*	*	*	*	*	*	*
2004-S Clad	*	*	*	*	*	*	*	*	*	*	*	*	*	2.00	3.00	4.00	6.00	11.	12.	400.
2004-S Silver	*	*	*	*	*	*	*	*	*	*	*	*	*	4.00	5.00	6.00	8.00	11.	30.	125.
2005-P	0.15	0.20	0.50	0.60	1.00	4.00	3.00	10.	5.00	16.	7.50	70.	—	*	*	*	*	*	*	*
2005-P Satin Finish	—	—	—	3.00	4.00	5.00	5.00	8.00	4.00	14.	14.	19.	17.	*	*	*	*	*	*	*
2005-D	0.15	0.20	0.50	0.60	4.00	5.00	5.00	8.00	4.00	11.	6.00	55.	18.	*	*	*	*	*	*	*
2005-D Satin Finish	—	—	—	3.00	4.00	6.00	3.00	12.	4.00	30.	15.	20.	18.	*	*	*	*	*	*	*
2005-S Clad	*	*	*	*	*	*	*	*	*	*	*	*	*	2.00	3.00	4.00	—	—	25.	150.
2005-S Silver	*	*	*	*	*	*	*	*	*	*	*	*	*	4.00	5.00	6.00	—	—	30.	200.
2006-P	0.15	0.20	0.50	0.60	1.00	4.00	2.50	8.00	6.00	14.	10.	30.	18.	*	*	*	*	*	*	*
2006-P Satin Finish	—	—	—	3.00	4.00	5.00	5.00	7.00	8.00	10.	10.	12.	11.	*	*	*	*	*	*	*
2006-D	0.15	0.20	0.50	0.60	1.00	4.00	2.50	8.00	6.00	14.	10.	32.	18.	*	*	*	*	*	*	*
2006-D Satin Finish	—	—	—	3.00	4.00	5.00	5.00	7.00	9.00	11.	—	—	—	*	*	*	*	*	*	*
2006-S Clad	*	*	*	*	*	*	*	*	*	*	*	*	*	*	*	*	*	*	—	175.
2006-S Silver	*	*	*	*	*	*	*	*	*	*	*	*	*	*	*	*	*	*	—	350.

——— = Insufficient pricing data   * = None issued

ROOSEVELT DIME (CONTINUED)

	AU-50	AU-58	MS-60	MS-63	MS-64	MS-64B	MS-65	MS-65B	MS-66	MS-66B	MS-67	MS-67B	MS-68	PF-63	PF-64	PF-65	PF-67	PF-67C	PF-68C	PF-69DC	PF-70DC
2007-P	0.15	0.20	0.50	0.60	1.00	*	2.50	*	6.00	*	10.	—	18.	*	*	*	*	*	*	—	—
2007-P Satin Finish	—	—	—	3.00	4.00	4.00	4.00	5.00	6.00	7.00	7.00	8.00	—	*	*	*	*	*	*	—	—
2007-D	0.15	0.20	0.50	0.60	1.00	—	2.50	—	6.00	—	10.	—	18.	*	*	*	*	*	*	—	—
2007-D Satin Finish	—	—	—	2.00	3.00	4.00	4.00	5.00	6.00	7.00	7.00	8.00	—	*	*	*	*	*	*	—	—
2007-S Clad	*	*	*	*	*	*	*	*	*	*	*	*	*	2.00	2.50	3.00	—	9.00	15.	—	—
2007-S Silver	*	*	*	*	*	*	*	*	*	*	*	*	*	3.50	4.00	5.00	—	11.	20.	—	—
2008-P	0.15	0.20	0.50	0.60	1.00	—	1.00	—	1.25	—	4.00	—	8.00	*	*	*	*	*	*	—	—
2008-P Satin Finish	—	0.20	0.35	0.50	0.50	—	1.00	—	1.25	—	4.00	—	—	*	*	*	*	*	*	—	—
2008-D	0.15	0.20	0.50	0.60	1.00	—	1.00	—	1.25	—	4.00	—	8.00	*	*	*	*	*	*	—	—
2008-S Satin Finish	—	—	—	2.00	*	—	*	—	*	—	*	—	*	*	*	*	*	*	*	—	—
2008-S Clad	*	*	*	*	*	*	*	*	*	*	*	*	*	*	—	1.50	2.50	6.50	11.	20.	—
2009-P	0.15	0.20	0.50	0.60	1.00	—	1.00	—	1.25	—	4.00	—	9.00	*	*	*	*	*	*	—	—
2009-P Satin Finish	—	0.20	0.50	0.60	1.00	—	1.00	—	1.25	—	5.00	—	9.00	*	*	*	*	*	*	—	—
2009-D	0.15	0.20	0.30	0.60	1.00	—	1.00	—	1.25	—	4.00	—	9.00	*	*	*	*	*	*	—	—
2009-S Clad	*	*	*	*	*	*	*	*	*	*	*	*	*	*	—	—	—	5.00	8.00	20.	—
2009-S Silver	*	*	*	*	*	*	*	*	*	*	*	*	*	*	—	—	—	6.00	10.	25.	—
2010-P	—	—	—	—	—	—	—	—	—	—	—	—	—	*	*	*	*	*	*	—	—
2010-P Satin Finish	—	—	—	—	—	—	—	—	—	—	—	—	—	*	*	*	*	*	*	—	—
2010-D	—	—	—	—	—	—	—	—	—	—	—	—	—	*	*	*	*	*	*	—	—
2010-D Satin Finish	—	—	—	—	—	—	—	—	—	—	—	—	*	*	*	*	*	*	*	—	—
2010-S Clad	*	*	*	*	*	*	*	*	*	*	*	*	*	*	—	—	—	—	—	—	—
2010-S Silver	*	*	*	*	*	*	*	*	*	*	*	*	*	*	—	—	—	—	—	—	—

—— = Insufficient pricing data   * = None issued

Seated Liberty 20 cents

Date of authorization: March 3, 1875
Dates of issue: 1875-1876
Designers: Obverse: Thomas Sully-
  Christian Gobrecht-Robert Ball Hughes
  William Barber
Reverse: William Barber
Engraver: William Barber
Diameter: 22.50 mm/0.89 inch
Weight: 5.00 grams/0.16 ounce
Metallic content: 90% silver, 10% copper
Specific gravity: 10.34
Weight of pure silver: 4.50 grams/0.14 ounce
Edge: Plain
Mint mark: Reverse below eagle

SEATED LIBERTY 20 CENTS (CONTINUED)

	G-4	VG-8	F-12	VF-20	EF-40	AU-50	MS-60	MS-62	MS-63	MS-64	MS-65	MS-66	PF-63	PF-65
1875	225.	275.	350.	400.	500.	750.	1250.	1500.	1750.	2100.	6000.	17500.	4000.	12500.
1875-CC	400.	450.	500.	750.	1100.	2000.	2500.	3250.	4000.	6500.	15000.	45000.	—	—
1875-S	110.	150.	175.	225.	300.	350.	800.	1250.	1500.	2000.	4500.	15000.	—	—
1876	250.	300.	375.	450.	550.	750.	1000.	1250.	2000.	3000.	5000.	25000.	3000.	7500.
1876-CC	—	—	—	—		200000.	—	—	—	350000.	425000.	500000.	—	—
1877 Proof Only	2500.	2750.	3000.	3500.	3750.	4000.	—	—	—	—	—	—	6500.	15000.
1878 Proof Only	1500.	1750.	2000.	2500.	3000.	3500.	—	—	—	—	—	—	5000.	12500.

—— = Insufficient pricing data   * = None issued

Draped Bust quarter dollar

Small Eagle

Heraldic Eagle

Date of authorization: April 2, 1792
Dates of issue: 1796, 1804-1807
Designers: Obverse: Gilbert Stuart-Robert Scot
Reverse:
(1796): Robert Scot-John Eckstein
(1804-1807): Robert Scot
Engraver: Robert Scot
Diameter: 27 mm/1.07 inches
Weight: 6.74 grams/0.22 ounce
Metallic content: 89.25% silver, 10.75% copper
Specific gravity: 10.32
Weight of pure silver: 6.02 grams/0.19 ounce
Edge: Reeded
Mint Mark: None

SMALL EAGLE

	G-4	VG-8	F-12	VF-20	EF-40	AU-50	AU-55	MS-60	MS-62	MS-63	MS-64	MS-65
1796	12500.	17500.	25000.	35000.	52500.	57500.	62500.	85000.	100000.	125000.	175000.	250000.

HERALDIC EAGLE

	G-4	VG-8	F-12	VF-20	EF-40	AU-50	AU-55	MS-60	MS-62	MS-63	MS-64
1804	5500.	7500.	10000.	15000.	35000.	55000.	65000.	100000.	125000.	200000.	300000.
1805	600.	750.	1500.	1750.	3500.	6000.	8500.	12500.	20000.	25000.	40000.
1806/5	700.	900.	1500.	2250.	4500.	6500.	9000.	15000.	25000.	35000.	75000.
1806	500.	600.	1250.	1500.	3500.	5500.	7500.	10000.	15000.	17500.	30000.
1807	500.	600.	1250.	1500.	3500.	5500.	7500.	12500.	15000.	17500.	50000.

Capped Bust quarter dollar

Date of authorization:	April 2, 1792
Dates of issue:	1815-1838
Designer/Engraver:	John Reich
Diameter:	1815-1828: 27.00 mm/1.07 inches
	1831-1838: 24.26 mm/0.96 inch
Weight:	6.74 grams/0.22 ounce
Metallic content:	89.25% silver, 10.75% copper
Specific gravity:	10.32
Weight of pure silver:	6.02 grams/0.19 ounce
Edge:	Reeded
Mint mark:	None

CAPPED BUST QUARTER DOLLAR (CONTINUED)

	G-4	VG-8	F-12	VF-20	EF-40	AU-50	AU-55	MS-60	MS-62	MS-63	MS-64	MS-65
MOTTO, OPEN COLLAR STRIKE												
1815	250.	500.	650.	850.	1500.	2000.	3000.	4000.	5000.	8500.	15000.	35000.
1818/5	200.	350.	500.	850.	1750.	2250.	3500.	4500.	5500.	8500.	15000.	30000.
1818	150.	250.	350.	750.	1500.	2000.	3000.	4500.	5000.	7500.	12500.	30000.
1819 Small 9	200.	300.	400.	850.	1750.	2500.	5000.	6500.	8500.	10000.	17500.	30000.
1819 Large 9	150.	250.	350.	750.	1500.	2000.	3000.	4500.	5000.	8500.	15000.	—
1820 Small 0	200.	300.	400.	850.	1750.	2500.	4500.	6000.	7500.	10000.	15000.	—
1820 Large 0	250.	350.	500.	1000.	2000.	3000.	4000.	6000.	8500.	12500.	20000.	40000.
1821	200.	300.	400.	800.	1750.	2750.	3250.	5000.	7500.	11000.	15000.	—
1822	250.	350.	500.	1000.	2000.	3500.	4000.	6000.	8500.	—	—	—
1822 25/50c	5500.	7500.	10000.	15000.	18000.	22000.	30000.	50000.	60000.	85000.	100000.	150000.
1823/2	40000.	45000.	55000.	75000.	100000.	150000.	175000.	—	—	—	—	—
1824/2	850.	1500.	2000.	3000.	5500.	8500.	12500.	20000.	35000.	65000.	125000.	—
1825/2	200.	300.	500.	3000.	6000.	12500.	15000.	—	—	—	—	—
1825/3	200.	250.	450.	850.	1750.	1750.	2500.	4000.	5500.	8500.	12500.	—
1825/4	200.	250.	450.	800.	1500.	2500.	3500.	4250.	4500.	5000.	10000.	—
1827/3 Original, Proof Only	—	—	—	—	—	—	—	—	—	—	—	—
1827/3 Restrike, Proof Only	—	—	—	55000.	60000.	65000.	70000.	—	—	—	—	—
1828	150.	200.	350.	650.	1750.	2250.	3000.	4000.	5000.	10000.	15000.	30000.
1828 25/50c	300.	400.	1000.	2500.	3500.	6000.	8000.	—	—	—	—	—
NO MOTTO, CLOSE COLLAR STRIKE												
1831 Small Letters	75.	125.	150.	200.	550.	750.	1000.	2000.	2500.	4500.	7500.	30000.
1831 Large Letters	100.	150.	175.	250.	600.	750.	1000.	2000.	2750.	4500.	8500.	30000.
1832	75.	125.	150.	200.	550.	650.	850.	1750.	2500.	4500.	7500.	—
1833	100.	150.	175.	250.	600.	750.	1000.	2000.	3000.	6000.	10000.	25000.
1833 O/F in OF	—	—	—	—	—	—	—	—	—	—	—	—
1834	75.	125.	150.	200.	550.	650.	1000.	2000.	3500.	5000.	10000.	30000.
1834 O/F in OF	—	—	—	—	—	—	—	—	—	—	—	—
1835	75.	125.	150.	200.	550.	650.	850.	1750.	2500.	4500.	7500.	25000.
1836	75.	125.	150.	200.	550.	650.	850.	1750.	3000.	5000.	10000.	30000.
1837	75.	125.	150.	200.	550.	650.	850.	1750.	3000.	5000.	10000.	25000.
1838	75.	125.	150.	200.	550.	700.	900.	2000.	4000.	6500.	12500.	30000.

—— = Insufficient pricing data   * = None issued

Seated Liberty quarter dollar

Date of authorization: April 2, 1792
Dates of issue: 1838-1891
Designers: (1838-1840):
Obverse: Thomas Sully-
Christian Gobrecht
Reverse: John Reich-William Kneass-
Gobrecht-Sully
(1840-1891):
Obverse: Robert B. Hughes-
Gobrecht-Sully
Reverse: Hughes-Gobrecht-Sully
Engravers: Obverse: Christian Gobrecht
Reverse:
(1838-1853): Christian Gobrecht
(1853-1891): James B. Longacre
Diameter: 24.26 mm/0.96 inch
Weight: (1838-1873): 6.22 grams/0.20 ounce
(1873-1891): 6.25 grams/0.20 ounce
Metallic content: 90% silver, 10% copper
Specific gravity: 10.34
Weight of pure silver: (1838-1873): 5.60 grams/0.18 ounce
(1873-1891): 5.63 grams/0.18 ounce
Edge: Reeded
Mint mark: Reverse below eagle

Arrows at date,
Rays on reverse

SEATED LIBERTY QUARTER DOLLAR (CONTINUED)

	G-4	VG-8	F-12	VF-20	EF-40	AU-50	AU-55	AU-58	MS-60	MS-62	MS-63	MS-64	MS-65	PF-63	PF-64	PF-65
NO DRAPERY AT ELBOW																
1838	50.	75.	150.	200.	700.	1000.	2000.	2500.	3500.	5000.	8500.	25000.	45000.	*	*	*
1839	40.	50.	100.	150.	500.	750.	1250.	2000.	3000.	5000.	7500.	20000.	40000.	*	*	*
DRAPERY AT ELBOW																
1840	30.	40.	75.	125.	450.	650.	850.	1000.	2000.	3500.	8500.	37500.	45000.	—	—	150000.
1840-O Small O	35.	50.	125.	200.	500.	850.	1500.	2000.	2500.	3000.	4500.	6000.	—	*	*	*
1840-O Large O	500.	1000.	3750.	5000.	7500.	10000.	—	—	—	—	30000.	—	—	*	*	*
NO DRAPERY AT ELBOW																
1840-O	35.	45.	75.	150.	450.	750.	1250.	1600.	2500.	5000.	10000.	25000.	—	*	*	*
DRAPERY AT ELBOW																
1841	50.	100.	150.	200.	350.	500.	750.	850.	1000.	1750.	2250.	5000.	12500.	—	—	—
1841-O	30.	50.	75.	100.	250.	450.	550.	650.	850.	1750.	2500.	4000.	—	—	—	—
1842 Small Date, Proof Only	—	—	—	—	—	—	—	—	*	*	*	*	*	*	125000.	*
1842 Large Date	100.	125.	200.	300.	600.	1000.	1500.	1750.	2000.	2500.	4500.	8500.	—	—	—	—
1842-O Small Date	500.	750.	1500.	2500.	5000.	8000.	10000.	15000.	25000.	50000.	125000.	—	—	*	*	*
1842-O Large Date	30.	50.	75.	150.	500.	750.	1000.	1500.	2000.	6000.	7500.	10000.	7500.	—	—	—
1843	25.	35.	50.	75.	150.	275.	450.	750.	850.	1250.	1750.	2500.	—	—	35000.	*
1843-O Small O	50.	75.	100.	250.	525.	1000.	1750.	2250.	3000.	6000.	8500.	12500.	—	*	*	*
1843-O Large O	500.	750.	1000.	2000.	3500.	5000.	6500.	7500.	—	—	—	—	—	*	*	*
1844	25.	35.	50.	75.	100.	250.	550.	750.	1100.	1750.	2250.	5000.	22500.	*	*	*
1844-O	35.	50.	75.	100.	350.	550.	750.	1750.	2250.	2750.	4000.	5000.	8500.	*	*	*
1845	25.	35.	50.	75.	100.	200.	350.	500.	750.	1000.	1500.	2250.	7500.	*	*	*
1845/5	—	—	—	—	—	—	—	—	—	—	—	—	—	—	—	—
1846	25.	35.	50.	75.	100.	250.	500.	750.	1000.	1500.	2000.	8500.	—	—	15000.	25000.
1846/1846	—	—	—	—	—	—	—	—	—	—	—	—	—	—	—	—
1847	25.	35.	50.	75.	100.	200.	400.	550.	750.	1000.	1750.	4000.	8500.	—	—	20000.
1847/7	—	—	—	—	—	—	—	—	—	—	5250.	—	—	—	—	—
1847-O	—	—	250.	500.	1000.	2500.	5000.	7500.	10000.	12500.	20000.	—	—	*	*	*

—— = Insufficient pricing data   * = None issued

SEATED LIBERTY QUARTER DOLLAR (CONTINUED)

	G-4	VG-8	F-12	VF-20	EF-40	AU-50	AU-55	AU-58	MS-60	MS-62	MS-63	MS-64	MS-65	PF-63	PF-64	PF-65
1848 Triple Date	75.	125.	200.	350.	500.	750.	1500.	2750.	3000.	4000.	5250.	7500.	—	—	—	—
1848/1848	75.	125.	200.	350.	500.	750.	1500.	2750.	3000.	4000.	5250.	7500.	—	—	—	—
1849	25.	30.	50.	100.	200.	350.	600.	750.	900.	1500.	2500.	7000.	15000.	—	—	—
1849-O	500.	1000.	2500.	5000.	7500.	10000.	15000.	20000.	—	—	—	45000.	—	*	*	*
1850	50.	100.	150.	200.	450.	650.	1000.	1250.	1500.	2250.	3500.	6500.	10000.	*	*	*
1850-O	60.	125.	175.	225.	500.	750.	1250.	1500.	2000.	2500.	3500.	7500.	20000.	*	*	*
1851	50.	100.	150.	200.	450.	650.	1250.	1500.	1750.	2250.	3000.	5500.	—	*	*	*
1851-O	250.	350.	750.	1500.	3000.	4000.	5500.	7500.	10000.	20000.	45000.	—	—	—	—	—
1852	75.	125.	200.	250.	500.	850.	1250.	1500.	1750.	2000.	2500.	3500.	8500.	—	—	—
1852-O	250.	500.	750.	1500.	2500.	5500.	7500.	10000.	17500.	30000.	40000.	—	—	—	—	125000.
1853/53 Recut Date	300.	450.	700.	1500.	2500.	4500.	5000.	5500.	6000.	7000.	8500.	10000.	12500.	*	*	*
ARROWS AND RAYS																
1853	30.	40.	60.	85.	250.	400.	650.	1000.	1250.	1500.	2000.	5000.	17500.	—	—	—
1853/1854	75.	100.	200.	350.	750.	1000.	1500.	1750.	2250.	3500.	4000.	17500.	57500.	*	*	*
1853-O	35.	50.	75.	100.	500.	1000.	1500.	3000.	3750.	6000.	13500.	17500.	35000.	*	*	*
1853-O/Horizontal O	—	—	—	—	—	—	—	—	—	—	—	—	—	—	—	—
ARROWS, NO RAYS																
1854	25.	35.	50.	75.	100.	275.	350.	550.	750.	1000.	1750.	2500.	27500.	—	20000.	—
1854-O Large O	45.	55.	75.	125.	200.	750.	1000.	1500.	2000.	2500.	3000.	5500.	40000.	*	*	*
1854-O Huge O	1000.	1750.	3500.	5000.	10000.	17500.	—	—	—	—	—	—	—	—	—	—
1855	30.	40.	60.	85.	125.	300.	500.	750.	850.	1000.	3000.	6500.	17500.	—	20000.	25000.
1855-O	50.	75.	125.	350.	750.	2500.	4000.	7000.	12000.	15000.	30000.	50000.	30000.	*	*	*
1855-S	75.	150.	250.	500.	1000.	1250.	2000.	2500.	3000.	6000.	10000.	17500.	—	*	*	*
DRAPERY AT ELBOW																
1856	25.	35.	50.	75.	150.	250.	300.	400.	475.	550.	650.	1000.	4500.	6000.	7500.	—
1856-O	35.	60.	85.	125.	300.	550.	850.	1250.	1500.	2000.	3250.	5500.	15000.	*	*	*
1856-S	125.	250.	500.	1000.	3000.	3750.	4500.	6000.	8500.	17500.	25000.	—	—	—	—	—
1856-S Large S/Small S	200.	350.	750.	2000.	4000.	5000.	7500.	10000.	—	—	—	—	—	—	—	—
1857	25.	30.	40.	50.	100.	200.	275.	350.	400.	450.	650.	1250.	3500.	6000.	7000.	—

—— = Insufficient pricing data   * = None issued

SEATED LIBERTY QUARTER DOLLAR (CONTINUED)

	G-4	VG-8	F-12	VF-20	EF-40	AU-50	AU-55	AU-58	MS-60	MS-62	MS-63	MS-64	MS-65	PF-63	PF-64	PF-65
1857-O	30.	50.	75.	100.	250.	500.	1000.	1750.	2000.	2500.	5000.	7500.	—	*	*	*
1857-S	100.	175.	350.	750.	1250.	2000.	3500.	5000.	6500.	8500.	12500.	17500.	—	*	*	*
1858	25.	30.	40.	50.	100.	150.	200.	275.	350.	475.	600.	1000.	3500.	2500.	3500.	—
1858-O	25.	50.	75.	100.	250.	750.	1500.	2500.	3500.	6000.	9000.	12500.	20000.	*	*	—
1858-S	250.	500.	1000.	2250.	5500.	—	—	—	—	—	—	—	—	*	*	*
1859	30.	40.	50.	75.	125.	250.	350.	450.	500.	750.	1000.	2500.	7500.	1500.	2250.	5500.
1859-O	35.	60.	100.	150.	300.	850.	1500.	2000.	2500.	3500.	7500.	10000.	15000.	*	*	*
1859-S	250.	500.	1000.	1750.	7500.	25000.	60000.	—	—	—	—	—	—	*	*	*
1860	30.	40.	50.	75.	100.	225.	400.	550.	750.	1000.	1500.	1750.	—	1500.	2250.	5250.
1860-O	35.	50.	75.	100.	150.	400.	550.	750.	1000.	1750.	3000.	6500.	16000.	*	*	*
1860-S	1000.	1500.	2500.	7000.	17500.	25000.	35000.	40000.	—	—	—	—	—	*	*	*
1861	25.	35.	45.	60.	100.	250.	300.	350.	450.	850.	1000.	1500.	3750.	1500.	2250.	5250.
1861-S	200.	500.	1000.	2500.	5500.	—	—	—	—	—	—	—	—	*	*	*
1862	30.	40.	50.	70.	125.	225.	300.	450.	500.	550.	750.	1500.	4000.	1500.	2250.	5250.
1862-S	100.	150.	250.	650.	1500.	2500.	3000.	3500.	4000.	5500.	8500.	—	—	*	*	*
1863	40.	50.	65.	140.	225.	550.	750.	850.	1000.	1250.	1500.	2000.	5000.	1500.	2250.	5250.
1864	75.	100.	150.	200.	300.	600.	800.	950.	1250.	1750.	2250.	2750.	6500.	1500.	2500.	5500.
1864-S	400.	600.	850.	1750.	3500.	6500.	8500.	15000.	1750.	—	27500.	50000.	—	*	*	*
1865	100.	150.	200.	250.	350.	850.	1100.	1500.	1750.	2000.	5000.	10000.	20000.	1500.	2500.	5500.
1865-S	150.	250.	350.	650.	1750.	2500.	3750.	5000.	8500.	—	—	—	—	*	*	*
1866 Unique	—	—	—	—	—	—	—	—	—	—	—	—	*	—	—	—

WITH MOTTO

	G-4	VG-8	F-12	VF-20	EF-40	AU-50	AU-55	AU-58	MS-60	MS-62	MS-63	MS-64	MS-65	PF-63	PF-64	PF-65
1866	400.	600.	800.	1000.	1500.	1750.	2000.	2250.	2500.	3000.	3500.	4500.	6500.	1100.	1750.	3500.
1866-S	350.	500.	750.	1500.	3000.	5000.	7500.	8500.	12500.	20000.	—	—	—	*	*	*
1867	250.	350.	500.	850.	1500.	1750.	2000.	2500.	3000.	5000.	10000.	17500.	85000.	1000.	1600.	3000.
1867-S	500.	750.	1000.	2000.	5000.	10000.	15000.	17500.	20000.	22500.	—	45000.	—	*	*	—
1868	150.	200.	300.	400.	500.	750.	1000.	1500.	2000.	3250.	4500.	7500.	—	1000.	1500.	3250.
1868-S	100.	150.	250.	500.	1000.	2500.	3000.	3500.	5000.	7500.	10000.	20000.	—	*	*	*
1869	300.	500.	600.	800.	1000.	1500.	1750.	2000.	2500.	3500.	5000.	8500.	—	1000.	1500.	3000.
1869-S	125.	200.	300.	600.	1500.	3000.	3500.	4000.	—	—	—	—	—	*	*	—

—— = Insufficient pricing data   * = None issued

SEATED LIBERTY QUARTER DOLLAR (CONTINUED)

	G-4	VG-8	F-12	VF-20	EF-40	AU-50	AU-55	AU-58	MS-60	MS-62	MS-63	MS-64	MS-65	PF-63	PF-64	PF-65
1870	75.	100.	125.	200.	350.	500.	750.	1000.	1500.	2000.	3000.	10000.	15000.	*	1500.	3000.
1870-CC	10000.	20000.	25000.	30000.	37500.	60000.								*		*
1871	40.	50.	75.	125.	300.	450.	600.	750.	1000.	1500.	2000.	5000.	7500.	1000.	1600.	3000.
1871-CC	2500.	5000.	10000.	17500.	30000.	40000.	45000.	50000.	75000.	85000.	100000.	150000.		*		*
1871-S	500.	750.	1750.	2000.	2500.	3500.	5000.	7500.	1000.	2250.	3000.	4500.	7500.	*		*
1872	35.	50.	100.	200.	350.	450.	600.	750.	1000.	2250.	3000.	4500.	7500.	1000.	1500.	2500.
1872-CC	600.	1200.	2500.	5000.	15000.	25000.	35000.	40000.	50000.	85000.				*		*
1872-S	850.	1500.	2000.	3500.	7500.	10000.	15000.	20000.						*		*
1873 Closed 3	250.	500.	750.	1000.	2500.	5000.	7500.	10000.			45000.			1000.	1500.	2500.
1873 Open 3	40.	50.	75.	150.	300.	500.	750.	1500.	2000.	2500.	3000.	5000.				*
1873-CC					100000.						450000.	600000.				*
ARROWS ADDED																
1873	25.	35.	60.	100.	300.	450.	550.	700.	850.	1250.	1500.	1850.	3500.	*	4500.	10000.
1873-CC	5000.	10000.	15000.	20000.	35000.	60000.	85000.	100000.	125000.	150000.	175000.			*		*
1873-S	40.	75.	125.	250.	600.	750.	1250.	3000.	4000.	6500.	10000.	17500.		*		*
1874	30.	50.	75.	125.	350.	500.	750.	850.	1000.	1250.	1750.	2750.	5500.	1750.	4500.	8500.
1874-S	35.	60.	100.	200.	400.	600.	750.	1000.	1250.	1450.	1600.	2000.	4000.	*		*
WITH MOTTO																
1875	25.	30.	40.	50.	100.	200.	250.	300.	400.	500.	750.	1000.	1750.	900.	1500.	2500.
1875-CC	85.	125.	200.	400.	600.	1000.	2500.	3500.	6000.	8500.	10000.	15000.	22500.	*		*
1875-S	40.	75.	100.	125.	250.	400.	500.	750.	1000.	1500.	1750.	2000.	5000.	*		*
1876	25.	30.	40.	50.	100.	250.	300.	350.	400.	450.	550.	1000.	1750.	900.	1500.	2500.
1876-CC	50.	65.	75.	100.	150.	250.	500.	750.	850.	1250.	1500.	2000.	5000.	*		*
1876-S	25.	30.	40.	50.	100.	150.	200.	250.	300.	400.	550.	1000.	2250.	*		*
1877	25.	30.	40.	50.	100.	200.	250.	300.	350.	400.	550.	1000.	2000.	900.	1500.	2500.
1877-CC	60.	70.	80.	125.	200.	300.	450.	550.	650.	750.	1250.	2750.	3500.	*		*
1877-S	25.	30.	40.	50.	100.	200.	300.	350.	400.	450.	500.	750.	2000.	*		*
1877-S/Horizontal S	35.	65.	100.	200.	350.	500.	700.	800.	950.	1500.	2000.	3000.	6000.	*		*
1878	30.	40.	50.	75.	150.	250.	350.	400.	500.	750.	1000.	1500.	3250.	1000.	1600.	2600.

—— = Insufficient pricing data   * = None issued

SEATED LIBERTY QUARTER DOLLAR (CONTINUED)

	G-4	VG-8	F-12	VF-20	EF-40	AU-50	AU-55	AU-58	MS-60	MS-62	MS-63	MS-64	MS-65	PF-63	PF-64	PF-65
1878-CC	50.	75.	100.	200.	300.	500.	700.	1000.	1250.	1750.	2500.	3000.	5500.	*	*	*
1878-S	150.	250.	350.	500.	750.	1250.	1750.	2000.	2500.	3500.	5500.	12500.	—	*	*	*
1879	200.	250.	300.	350.	450.	550.	650.	700.	750.	850.	1000.	1500.	2500.	1000.	1300.	2250.
1880	200.	250.	300.	350.	450.	600.	650.	700.	750.	850.	1000.	1250.	2000.	1000.	1300.	2250.
1881	250.	300.	350.	400.	500.	600.	650.	700.	1000.	1000.	1250.	1500.	3000.	1000.	1300.	2250.
1882	200.	250.	300.	300.	500.	600.	650.	700.	750.	1000.	1250.	1500.	2500.	1000.	1300.	2250.
1883	250.	300.	350.	450.	550.	650.	700.	850.	1000.	1200.	1500.	2000.	2750.	1000.	1300.	2250.
1884	350.	450.	600.	750.	850.	1000.	1100.	1150.	1200.	1300.	1500.	2000.	2500.	1000.	1300.	2250.
1885	200.	250.	300.	400.	500.	600.	700.	800.	1000.	1200.	1500.	2000.	3000.	1000.	1300.	2250.
1886	500.	600.	750.	850.	1000.	1200.	1500.	1600.	1800.	2000.	2500.	4000.	5000.	1000.	1300.	2250.
1887	300.	400.	500.	600.	660.	700.	750.	800.	850.	1000.	1250.	1500.	2750.	1000.	1300.	2250.
1888	300.	400.	500.	600.	650.	700.	750.	800.	850.	1000.	1250.	1500.	2000.	1000.	1300.	2250.
1888-S	30.	40.	50.	75.	150.	250.	350.	400.	500.	750.	1000.	1500.	5000.	*	*	*
1889	250.	300.	350.	400.	500.	600.	700.	800.	900.	1000.	1250.	1500.	2000.	1000.	1300.	2250.
1890	65.	100.	125.	200.	300.	400.	500.	600.	800.	1000.	1200.	1500.	1750.	1000.	1300.	2250.
1891	25.	35.	45.	55.	100.	200.	300.	350.	400.	500.	750.	1000.	1750.	1000.	1300.	2250.
1891-O	250.	500.	750.	1500.	3500.	4000.	4500.	5000.	6000.	7500.	10000.	20000.	25000.	—	—	150000.
1891-S	25.	35.	40.	50.	100.	250.	350.	450.	500.	600.	1000.	1500.	2000.	*	*	*

—— = Insufficient pricing data   * = None issued

Barber quarter dollar

Date of authorization: April 2, 1792
Dates of issue: 1892-1916
Designer/Engraver: Charles Barber
Diameter: 24.26 mm/0.96 inch
Weight: 6.25 grams/0.20 ounce
Metallic content: 90% silver, 10% copper
Specific gravity: 10.34
Weight of pure silver: 5.63 grams/0.18 ounce
Edge: Reeded
Mint mark: Reverse below eagle's tail

BARBER QUARTER DOLLAR (CONTINUED)

	G-4	VG-8	F-12	VF-20	EF-40	AU-50	AU-55	MS-60	MS-62	MS-63	MS-64	MS-65	MS-66	PF-63	PF-64	PF-65	PF-66
1892 Partially exposed E in UNITED	8.00	10.	30.	50.	85.	125.	150.	225.	275.	325.	550.	1300.	—	—	—	—	—
1892 Covered E in UNITED	—	—	—	—	—	—	—	—	—	—	—	*	*	900.	1400.	2200.	3500.
1892	18.	25.	55.	75.	110.	160.	225.	325.	375.	425.	700.	1750.	—	900.	1400.	2200.	3500.
1892-O Partially exposed E in UNITED	—	—	—	—	—	—	—	—	—	—	—	—	—	*	*	*	*
1892-O Covered E in UNITED	40.	65.	100.	150.	225.	325.	375.	725.	750.	860.	2500.	4500.	—	*	*	*	*
1892-S Partially exposed E in UNITED	—	—	—	—	—	—	—	—	—	—	—	—	—	*	*	*	*
1892-S Covered E in UNITED	40.	65.	100.	150.	225.	325.	375.	725.	750.	860.	2500.	4500.	—	*	*	*	*
1892-S/S	40.	75.	125.	175.	250.	400.	500.	700.	850.	1500.	3500.	—	—	*	*	*	*
1893	8.00	12.	30.	45.	75.	125.	175.	250.	275.	350.	725.	1800.	—	900.	1400.	2200.	3500.
1893-O	11.	18.	40.	65.	135.	200.	225.	300.	400.	550.	850.	2000.	—	*	*	*	*
1893-S	25.	45.	80.	150.	200.	325.	375.	450.	660.	1200.	2500.	7500.	—	*	*	*	*
1894	7.00	10.	35.	55.	100.	150.	175.	225.	300.	400.	750.	1500.	—	900.	1400.	2200.	3500.
1894-O	12.	20.	40.	100.	150.	250.	275.	350.	500.	700.	1200.	2350.	—	*	*	*	*
1894-S	10.	15.	40.	80.	135.	225.	275.	350.	500.	725.	1500.	2750.	—	*	*	*	*
1895	8.00	14.	35.	45.	85.	135.	175.	225.	325.	500.	660.	1900.	—	900.	1400.	2200.	3500.
1895-O	14.	20.	50.	85.	175.	225.	300.	400.	650.	1000.	1350.	2800.	—	*	*	*	*
1895-S	25.	40.	85.	150.	250.	325.	400.	500.	700.	1100.	2400.	4000.	—	*	*	*	*
1895-S/S	25.	50.	100.	175.	300.	400.	500.	660.	900.	1800.	4500.	—	—	*	*	*	*
1896	7.00	10.	25.	40.	85.	135.	175.	250.	325.	425.	625.	1800.	—	900.	1400.	2200.	3500.
1896-O	35.	70.	150.	300.	500.	800.	850.	1000.	1300.	2000.	4000.	7500.	—	*	*	*	*
1896-S	1000.	1800.	2500.	4000.	6000.	8000.	9000.	12000.	15000.	20000.	30000.	60000.	—	*	*	*	*
1897	7.00	10.	25.	35.	75.	125.	160.	225.	265.	325.	575.	1375.	—	900.	1400.	2200.	3500.
1897-O	20.	45.	150.	300.	500.	725.	800.	1000.	1400.	2000.	3000.	4000.	—	*	*	*	*
1897-S	65.	115.	250.	350.	600.	900.	950.	1100.	1300.	1800.	3300.	6900.	—	*	*	*	*
1898	7.00	10.	25.	25.	85.	125.	160.	225.	265.	350.	600.	1375.	—	900.	1400.	2200.	3500.
1898-O	15.	30.	85.	170.	350.	450.	500.	750.	950.	1600.	3750.	10000.	—	*	*	*	*

—— = Insufficient pricing data   * = None issued

BARBER QUARTER DOLLAR (CONTINUED)

	G-4	VG-8	F-12	VF-20	EF-40	AU-50	AU-55	MS-60	MS-62	MS-63	MS-64	MS-65	MS-66	PF-63	PF-64	PF-65	PF-66
1898-S	12	22	60	80	125	225	275	450	800	1500	3500	7000	—	*	*	*	*
1899	7.00	8.00	22	40	75	125	175	225	250	300	600	1375	—	900	1400	2200	3500
1899-O	14.	22.	40.	80.	150.	300.	350.	450.	600.	850.	1400.	3500.	—	*	*	*	*
1899-S	19.	35.	75.	100.	175.	275.	350.	450.	700.	1300.	1800.	3500.	—	*	*	*	*
1900 Wing tip even with top of E	8.00	10.	25.	40.	85.	135.	175.	225.	275.	350.	675.	1500.	—	*	*	*	*
1900 Wing tip beyond E in UNITED	—	—	—	—	—	—	—	—	—	—	—	—	—	*	*	*	*
1900	16.	35.	75.	125.	180.	325.	450.	600.	750.	960.	1500.	3700.	—	900.	1400.	2200.	3500.
1900-O	9.00	18.	40.	60.	86.	145.	225.	400.	650.	1000.	1800.	5000.	—	*	*	*	*
1900-S	10.	14.	28.	45.	85.	125.	175.	225.	275.	325.	660.	2500.	—	*	*	*	*
1901	7.00	9.00	25.	40.	75.	120.	140.	200.	225.	310.	550.	1250.	—	900.	1400.	2200.	3500.
1901-O	45.	65.	150.	275.	500.	700.	800.	900.	1300.	2000.	3700.	5500.	—	*	*	*	*
1901-S	6000.	13500.	18000.	30000.	35000.	40000.	42000.	45000.	50000.	60000.	70000.	100000.	—	*	*	*	*
1902	10.	18.	20.	35.	75.	120.	140.	200.	225.	310.	550.	1250.	—	900.	1600.	2200.	5000.
1902-O	15.	22.	55.	85.	150.	275.	350.	525.	675.	1150.	1550.	3500.	—	*	*	*	*
1902-S	7.00	9.00	20.	35.	70.	115.	150.	200.	375.	500.	750.	2250.	—	*	*	*	*
1903	8.50	14.	40.	65.	125.	250.	325.	425.	660.	1100.	3000.	5000.	—	900.	1400.	2200.	3500.
1903-O	17.	25.	50.	65.	150.	125.	400.	450.	675.	1100.	1600.	2750.	—	*	*	*	*
1903-S	7.00	9.00	20.	35.	70.	125.	150.	200.	250.	950.	675.	1500.	—	*	*	*	*
1904	12.	22.	70.	125.	225.	425.	500.	850.	1060.	1350.	2250.	3100.	—	900.	1400.	2200.	3500.
1904-O	14.	20.	30.	50.	85.	135.	150.	215.	275.	400.	625.	1960.	—	*	*	*	*
1905	18.	40.	90.	185.	275.	400.	425.	525.	750.	1250.	2300.	6250.	—	900.	1400.	2200.	3500.
1905-O	14.	20.	50.	75.	135.	225.	275.	375.	600.	1050.	1350.	3600.	—	*	*	*	*
1905-S	8.00	10.	20.	40.	75.	135.	150.	200.	265.	360.	550.	1250.	—	*	*	*	*
1906	8.00	20.	50.	75.	80.	200.	200.	250.	325.	500.	825.	2450.	—	900.	1400.	2200.	3500.
1906-D	8.00	10.	27.	50.	135.	215.	250.	300.	365.	550.	925.	1725.	—	*	*	*	*
1906-O	8.00	15.	45.	66.	70.	115.	145.	215.	250.	325.	525.	1250.	—	*	*	*	*
1907	6.50	9.00	20.	35.	70.	115.	145.	215.	250.	325.	525.	1250.	—	900.	1400.	2200.	3500.
1907-O	6.50	9.00	28.	55.	100.	190.	250.	315.	500.	800.	1250.	2800.	—	*	*	*	*

—— = Insufficient pricing data   * = None issued

BARBER QUARTER DOLLAR (CONTINUED)

	G-4	VG-8	F-12	VF-20	EF-40	AU-50	AU-55	MS-60	MS-62	MS-63	MS-64	MS-65	MS-66	PF-63	PF-64	PF-65	PF-66
1907-O	6.50	14.	24.	50.	80.	145.	175.	225.	325.	450.	950.	2500.	—	*	*	*	*
1907-S	11.	20.	50.	75.	135.	300.	350.	500.	700.	1100.	2100.	3250.	—	*	*	*	*
1908	6.50	9.00	19.	33.	72.	110.	145.	215.	265.	350.	575.	1250.	—	900.	1400.	2500.	4000.
1908-D	6.50	9.00	19.	37.	70.	115.	145.	265.	315.	435.	675.	1700.	—	*	*	*	*
1908-O	6.50	15.	19.	38.	75.	125.	165.	220.	270.	350.	600.	1375.	—	*	*	*	*
1908-S	20.	40.	90.	165.	400.	525.	600.	825.	1100.	1400.	2400.	4750.	—	*	*	*	*
1909	6.50	9.00	19.	33.	75.	115.	165.	215.	250.	325.	575.	1250.	—	900.	1400.	2200.	3500.
1909-D	7.00	10.	24.	45.	100.	175.	200.	225.	275.	360.	600.	2250.	—	*	*	*	*
1909-O	18.	40.	100.	225.	325.	525.	625.	975.	1100.	1600.	3500.	8250.	—	*	*	*	*
1909-S	9.00	14.	40.	60.	110.	225.	250.	360.	500.	900.	1400.	2250.	—	*	*	*	*
1910	9.00	11.	30.	45.	80.	140.	165.	225.	270.	325.	725.	1400.	—	900.	1400.	2200.	3500.
1910-D	9.00	13.	45.	75.	135.	265.	290.	400.	650.	1100.	1500.	2250.	—	*	*	*	*
1911	6.75	9.50	21.	40.	80.	130.	165.	225.	250.	315.	575.	1200.	—	900.	1400.	2200.	3500.
1911-D	11.	22.	90.	250.	375.	525.	575.	800.	1000.	1400.	2500.	5750.	—	*	*	*	*
1911-S	8.00	15.	55.	100.	175.	325.	350.	450.	550.	775.	1200.	1600.	—	*	*	*	*
1912	6.75	9.00	19.	32.	75.	125.	160.	225.	250.	325.	575.	1200.	—	900.	1400.	2200.	4000.
1912-S	9.00	14.	50.	85.	150.	250.	300.	400.	600.	1100.	1500.	2700.	—	*	*	*	*
1913	15.	27.	75.	185.	425.	575.	700.	1000.	1100.	1300.	1600.	4500.	—	900.	1400.	2300.	3500.
1913-D	12.	14.	35.	65.	100.	185.	225.	275.	325.	425.	660.	1400.	—	*	*	*	*
1913-S	2000.	3000.	5000.	8500.	12000.	15000.	16000.	18000.	20000.	25000.	30000.	40000.	—	*	*	*	*
1914	6.50	9.00	19.	32.	70.	115.	150.	215.	250.	300.	550.	1300.	2000.	900.	1400.	2300.	3500.
1914-D	6.50	9.00	19.	32.	70.	115.	150.	215.	250.	300.	550.	1300.	2300.	*	*	*	*
1914-S	90.	140.	275.	475.	750.	900.	950.	1200.	1400.	1600.	2500.	3500.	8000.	*	*	*	*
1915	6.50	8.00	19.	32.	70.	115.	150.	215.	250.	300.	550.	1200.	2000.	900.	1500.	2700.	8000.
1915-D	6.50	8.00	19.	32.	70.	115.	225.	300.	350.	500.	900.	1400.	2000.	*	*	*	*
1915-S	9.00	15.	40.	60.	125.	210.	225.	300.	500.	500.	550.	1200.	3000.	*	*	*	*
1916	6.50	8.00	19.	32.	70.	115.	150.	215.	250.	300.	550.	1200.	2200.	*	*	*	*
1916-D	6.50	8.00	19.	32.	75.	115.	150.	215.	250.	300.	550.	1200.	2000.	*	*	*	*
1916-D Large D/Small D	15.	25.	50.	75.	125.	200.	300.	500.	600.	900.	—	—	—	*	*	*	*

—— = Insufficient pricing data   * = None issued

Standing Liberty quarter dollar

Bare Breast, No stars below eagle

Date of authorization: April 2, 1792
Dates of issue: 1916-1930
Designer: Hermon MacNeil
Engravers: Obverse: Hermon MacNeil
Reverse: MacNeil, Charles Barber
Diameter: 24.26 mm/0.96 inch
Weight: 6.25 grams/0.20 ounce
Metallic content: 90% silver, 10% copper
Specific gravity: 10.34
Weight of pure silver: 5.63 grams/0.18 ounce
Edge: Reeded
Mint mark: Obverse left of date

NOTE: The H following the numerical grade, such as MS-65H, refers to head. Liberty's head should be well struck and fully defined.

Mailed Breast, Stars below eagle

STANDING LIBERTY QUARTER DOLLAR (CONTINUED)

	G-4	VG-8	F-12	VF-20	EF-40	AU-50	AU-55	AU-58	MS-60	MS-63	MS-63H	MS-64	MS-64H	MS-65	MS-65H	MS-66	MS-66H
BARE BREAST																	
1916	2750.	5750.	7000.	9000.	11000.	12000.	13000.	14000.	15000.	17000.	18000.	19000.	22000.	25000.	35000.	30000.	40000.
1917	20.	30.	55.	75.	100.	160.	180.	200.	225.	350.	600.	500.	1500.	700.	1000.	1000.	2000.
1917-D	35.	60.	90.	125.	180.	215.	225.	250.	325.	425.	700.	700.	1500.	1500.	3500.	2000.	7000.
1917-S	45.	65.	100.	175.	200.	225.	275.	325.	375.	500.	900.	900.	1600.	1500.	3000.	2500.	7000.
MAILED BREAST, STARS BELOW EAGLE																	
1917	35.	45.	65.	90.	125.	175.	190.	225.	250.	350.	450.	600.	800.	975.	1150.	1400.	2000.
1917-D	40.	50.	85.	125.	200.	250.	275.	300.	325.	450.	750.	700.	1000.	1000.	3000.	1700.	2000.
1917-S	35.	55.	90.	140.	200.	250.	275.	325.	350.	450.	1000.	800.	1200.	1700.	3200.	2500.	4000.
1918	20.	25.	30.	40.	55.	75.	85.	100.	125.	250.	500.	400.	700.	800.	1800.	1200.	5000.
1918-D	30.	40.	70.	85.	125.	250.	260.	285.	290.	400.	1200.	750.	2200.	1700.	5000.	2000.	7500.
1918-S	20.	25.	35.	45.	60.	100.	125.	225.	250.	275.	2500.	860.	3300.	1200.	15000.	1500.	30000.
1918/7-S	1600.	2000.	3750.	6000.	10000.	11000.	13000.	19500.	20000.	30000.	80000.	35000.	9000.	70000.	20000.	100000.	—
1919	35.	45.	65.	75.	100.	125.	150.	175.	200.	300.	450.	400.	700.	660.	2000.	1000.	2500.
1919-D	85.	125.	225.	425.	550.	725.	1000.	1200.	1250.	1400.	8000.	2500.	15000.	3500.	27800.	5500.	75000.
1919-S	75.	125.	200.	300.	500.	600.	800.	1000.	1100.	1500.	7000.	3000.	17000.	4500.	40000.	6000.	75000.
1920	15.	20.	30.	50.	60.	110.	125.	150.	200.	300.	400.	400.	800.	600.	1500.	1000.	5000.
1920-D	50.	60.	100.	125.	150.	225.	250.	300.	350.	700.	2500.	1500.	4500.	2000.	6500.	4500.	15000.
1920-S	20.	30.	40.	50.	70.	140.	150.	200.	300.	675.	7500.	1500.	12500.	2600.	25000.	4000.	75000.
1921	180.	250.	450.	650.	750.	1000.	1200.	1450.	1600.	2400.	3200.	3000.	3700.	3500.	5000.	4500.	13000.
1923	16.	20.	40.	40.	50.	90.	100.	125.	150.	275.	800.	400.	1800.	675.	4000.	1000.	6000.
1923-S	300.	450.	725.	1000.	1200.	1500.	1800.	2000.	2400.	3000.	4000.	3500.	5000.	4200.	4000.	5000.	10000.
1924	15.	20.	30.	40.	55.	100.	125.	150.	175.	275.	400.	400.	700.	675.	1400.	1000.	2000.
1924-D	50.	70.	100.	125.	175.	225.	250.	275.	300.	375.	1000.	375.	700.	600.	4000.	700.	10000.
1924-S	30.	40.	50.	65.	125.	225.	275.	300.	325.	1200.	2000.	1450.	3500.	2000.	5000.	3500.	10000.
RECESSED DATE																	
1925	5.00	6.00	9.00	16.	45.	85.	100.	140.	175.	275.	400.	350.	600.	600.	1400.	800.	2500.
1926	5.00	6.00	9.00	15.	40.	75.	85.	125.	150.	275.	350.	350.	600.	600.	2000.	1000.	4500.
1926-D	7.00	10.	20.	50.	90.	125.	150.	175.	200.	275.	8000.	350.	10000.	550.	15000.	1500.	40000.

—— = Insufficient pricing data   * = None issued

STANDING LIBERTY QUARTER DOLLAR (CONTINUED)

	G-4	VG-8	F-12	VF-20	EF-40	AU-50	AU-55	AU-58	MS-60	MS-63	MS-63H	MS-64	MS-64H	MS-65	MS-65H	MS-66	MS-66H
1926-S	5.00	7.00	15.	25.	100.	225.	280.	325.	375.	850.	5000.	1400.	10000.	2000.	20000.	3500.	40000.
1927	5.00	6.00	9.00	15.	35.	75.	85.	100.	150.	225.	400.	375.	600.	500.	1000.	700.	2000.
1927-D	12.	20.	35.	75.	150.	225.	235.	250.	275.	325.	1000.	425.	1200.	660.	3500.	1000.	10000.
1927-S	40.	55.	135.	350.	1200.	2500.	3000.	4000.	5000.	7000.	30000.	9000.	75000.	10000.	16500.	12000.	—
1928	5.00	6.00	9.00	12.	35.	65.	80.	90.	115.	225.	450.	375.	750.	500.	1500.	900.	2500.
1928-D	5.00	6.00	10.	18.	45.	85.	100.	125.	150.	225.	1800.	400.	3500.	550.	6000.	750.	10000.
1928-S/S	—	—	—	—	250.	300.	350.	400.	500.	750.	1200.	1200.	2000.	1800.	3000.	2500.	6000.
1928-S	5.00	6.00	10.	18.	40.	80.	75.	115.	140.	225.	350.	400.	750.	550.	1000.	750.	1600.
1929	5.00	6.00	9.00	12.	35.	65.	75.	90.	115.	225.	350.	350.	600.	550.	800.	700.	1300.
1929-D	5.00	6.00	10.	18.	45.	75.	90.	115.	125.	250.	1400.	400.	2200.	500.	6000.	700.	7000.
1929-S	5.00	6.00	9.00	16.	40.	65.	85.	100.	125.	225.	350.	375.	600.	550.	1000.	600.	1500.
1930	5.00	6.00	9.00	12.	35.	65.	75.	90.	115.	225.	350.	350.	600.	500.	700.	800.	1200.
1930-S	5.00	6.00	9.00	12.	35.	70.	80.	100.	125.	225.	450.	350.	700.	500.	1000.	800.	1500.

—— = Insufficient pricing data   * = None issued

Washington quarter dollar

Date of authorization:	April 2, 1792; July 23, 1965; Oct. 18, 1973; Dec. 1, 1997; Dec. 23, 2008
Dates of issue:	1932-present
Designers:	John Flanagan (Bicentennial reverse): Jack L. Ahr (State Reverses): various
Engravers:	(Original obverse, reverse): John R. Sinnock (Bicentennial reverse): Frank Gasparro (State reverses): various
Diameter:	24.26 mm/0.96 inch
Weight:	(1932-1964, 1992-present silver Proofs only): 6.25 grams/0.20 ounce (1965-present): 5.67 grams/0.18 ounce (1976 Bicentennial Proof and Uncirculated): 5.75 grams/0.18 ounce
Metallic content:	(1932-1964, 1992-present silver Proofs only): 90% silver, 10% copper (1976 Bicentennial Proof and Uncirculated sets only): 80% silver, 20% copper bonded to a core of 21.5% silver, 78.5% copper (1965-present): 75% copper, 25% nickel clad to pure copper core
Specific gravity:	90% silver, 10.34; 40% silver, 9.53; copper-nickel clad, 8.92
Weight of pure silver:	(1932-1964, 1992-present silver Proofs only): 5.63 grams/0.18 ounce (1976 Bicentennial Proof and Uncirculated sets only): 2.30 grams/0.07 ounce
Edge:	Reeded
Mint mark:	(1932-1964): Reverse below eagle (1968-present): Obverse right of Washington's ponytail

Also, the letter C following a numerical grade for a Proof coin stands for "cameo," while the letters DC stand for "deep cameo." Cameo coins have contrasting surface finishes: mirror fields and frosted devices (raised areas). Deep cameo coins are the ultimate level of cameo, with deeply frosted devices. Cameo and deep cameo coins bring premiums.

SILVER

Date	G-4	VG-8	F-12	VF-20	EF-40	AU-50	AU-58	MS-60	MS-63	MS-64	MS-65	MS-66	MS-67	MS-68	PF-60	PF-63	PF-64	PF-65	PF-66	PF-66DC	PF-67	PF-67DC	PF-68	PF-68DC	PF-69	PF-69DC
1932	4.00	4.50	5.50	7.50	9.00	15.	25.	30.	60.	100.	350.	1075.	—	—	*	*	*	*	*	*	*	*	*	*	*	*
1932-D	125.	175.	200.	275.	500.	725.	1300.	2000.	3250.	20000.	95000.	—	—	—	*	*	*	*	*	*	*	*	*	*	*	*
1932-S	150.	200.	225.	250.	300.	325.	400.	500.	1050.	1400.	4500.	21000.	850.	—	*	*	*	*	*	*	*	*	*	*	*	*
1934	3.50	4.00	5.00	6.00	8.00	11.	22.	35.	45.	55.	100.	200.	—	—	*	*	*	*	*	*	*	*	*	*	*	*
1934 Light Motto	7.00	8.00	9.00	10.	15.	25.	35.	55.	120.	250.	380.	750.	—	—	*	*	*	*	*	*	*	*	*	*	*	*
1934 Heavy Motto	6.00	7.00	8.00	9.00	14.	20.	27.	45.	68.	85.	160.	750.	3400.	—	*	*	*	*	*	*	*	*	*	*	*	*
1934 Doubled Die Obverse	75.	100.	150.	225.	325.	450.	550.	875.	1750.	3000.	4000.	—	—	—	*	*	*	*	*	*	*	*	*	*	*	*
1934-D	5.00	8.00	10.	18.	28.	90.	150.	225.	325.	4000.	7000.	—	—	—	*	*	*	*	*	*	*	*	*	*	*	*
1934-D Heavy Motto	10.	12.	16.	22.	40.	90.	120.	210.	330.	475.	1000.	1800.	—	—	*	*	*	*	*	*	*	*	*	*	*	*
1935	3.50	4.50	5.50	6.00	8.00	11.	15.	25.	35.	45.	110.	175.	500.	—	*	*	*	*	*	*	*	*	*	*	*	*
1935-D	3.50	4.00	9.00	15.	35.	140.	200.	250.	325.	375.	750.	1000.	6000.	—	*	*	*	*	*	*	*	*	*	*	*	*
1935-S	3.50	4.00	6.00	8.00	17.	40.	75.	100.	125.	200.	350.	2000.	2750.	—	*	*	*	*	*	*	*	*	*	*	*	*
1936	3.50	4.00	6.00	7.00	8.00	12.	25.	30.	40.	50.	100.	200.	2750.	—	600.	1000.	1300.	2000.	4500.	*	10000.	—	—	*	*	*
1936-D	5.00	7.00	10.	25.	70.	275.	350.	550.	800.	1000.	1250.	1750.	10000.	—	*	*	*	*	*	*	*	*	*	*	*	*
1936-S	3.50	4.00	7.00	8.00	25.	60.	90.	110.	150.	400.	525.	3000.	10000.	—	*	*	*	*	*	*	*	*	*	*	*	*
1937	3.50	4.00	6.00	7.50	10.	18.	21.	25.	35.	45.	110.	200.	900.	—	250.	400.	600.	750.	1000.	*	2000.	—	15000.	—	*	*
1937 Doubled Die Obverse	120.	190.	300.	400.	590.	1000.	1400.	2200.	4500.	8250.	12500.	19500.	—	—	*	*	*	*	*	*	*	*	*	*	*	*
1937-D	3.50	4.00	6.00	8.50	18.	35.	45.	70.	90.	125.	150.	450.	2500.	—	*	*	*	*	*	*	*	*	*	*	*	*
1937-S	3.50	5.00	8.00	20.	36.	100.	155.	165.	200.	375.	425.	600.	2750.	—	*	*	*	*	*	*	*	*	*	*	*	*
1938	4.00	5.00	7.50	8.00	20.	40.	65.	95.	110.	135.	225.	300.	1900.	—	125.	200.	800.	1000.	1700.	—	2000.	—	12000.	*	*	*
1938-S	4.00	5.00	7.50	11.	24.	55.	70.	110.	140.	165.	240.	350.	1800.	—	*	*	*	*	*	*	*	*	*	*	*	*
1939	3.50	4.00	5.50	6.50	7.50	9.00	11.	15.	25.	35.	50.	80.	1000.	—	100.	175.	275.	350.	500.	—	1000.	—	12000.	—	*	*

—— = Insufficient pricing data   * = None issued

WASHINGTON QUARTER DOLLAR (CONTINUED)

	G-4	VG-8	F-12	VF-20	EF-40	AU-50	AU-58	MS-60	MS-63	MS-64	MS-65	MS-66	MS-67	MS-68	PF-60	PF-63	PF-64	PF-65	PF-66	PF-66DC	PF-67	PF-67DC	PF-68	PF-68DC	PF-69	PF-69DC
1939-D	4.00	4.00	6.00	8.00	14.	22.	28.	40.	50.	70.	125.	150.	1000.	—	*	*	*	*	*	*	*	*	*	*	*	*
1939-S	3.50	5.00	7.00	12.	25.	70.	85.	110.	140.	200.	275.	600.	2500.	—	*	*	*	*	*	*	*	*	*	*	*	*
1940	3.50	4.00	4.50	5.00	6.00	8.00	11.	20.	35.	45.	65.	90.	700.	—	50.	125.	200.	250.	350.	1000.	1000.	—	10000.	—	—	—
1940-D	3.50	4.00	8.00	15.	25.	70.	85.	125.	150.	175.	350.	425.	2250.	—	*	*	*	*	*	*	*	*	*	*	*	*
1940-S	3.50	4.00	4.50	7.00	9.50	18.	22.	30.	35.	45.	75.	150.	2000.	—	*	*	*	*	*	*	*	*	*	*	*	*
1941	3.50	4.00	4.50	5.00	6.00	6.50	8.50	13.	17.	25.	40.	75.	500.	—	60.	110.	200.	250.	350.	1000.	1000.	—	8000.	—	—	—
1941-D	3.50	4.00	6.00	7.00	8.00	14.	17.	32.	55.	65.	75.	250.	2000.	—	*	*	*	*	*	*	*	*	*	*	*	*
1941-S	3.50	4.00	6.00	7.00	8.00	12.	18.	32.	50.	55.	60.	275.	1500.	—	*	*	*	*	*	*	*	*	*	*	*	*
1942	3.50	4.00	4.50	5.00	6.00	6.00	6.50	12.	30.	35.	35.	200.	800.	—	50.	100.	150.	200.	300.	1000.	1000.	—	5000.	—	—	—
1942-D Doubled Die Obverse	175.	250.	300.	400.	800.	1000.	2500.	2700.	3000.	4750.	5500.	—	3200.	—	*	*	*	*	*	*	*	*	*	*	*	*
1942-S	3.50	4.00	6.00	8.00	10.	25.	50.	75.	100.	125.	150.	500.	1000.	—	*	*	*	*	*	*	*	*	*	*	*	*
1943	3.50	4.00	4.50	5.00	6.00	6.50	7.50	9.00	11.	14.	45.	80.	600.	—	*	*	*	*	*	*	*	*	*	*	*	*
1943 Doubled Die Obverse	250.	400.	600.	900.	1200.	1500.	2000.	2500.	6000.	8500.	15000.	—	—	—	*	*	*	*	*	*	*	*	*	*	*	*
1943-D	3.50	4.00	4.50	6.00	10.	16.	25.	27.	40.	50.	60.	120.	750.	—	*	*	*	*	*	*	*	*	*	*	*	*
1943-S	3.50	4.00	4.50	6.00	10.	15.	19.	24.	40.	50.	70.	125.	1000.	—	*	*	*	*	*	*	*	*	*	*	*	*
1943-S Doubled Die Obverse	100.	150.	200.	250.	300.	350.	500.	750.	1800.	2000.	4500.	11000.	15000.	—	*	*	*	*	*	*	*	*	*	*	*	*
1944	3.50	4.00	4.50	4.75	5.00	6.00	7.50	9.00	11.	13.	25.	50.	500.	—	*	*	*	*	*	*	*	*	*	*	*	*
1944-D	3.50	4.00	4.50	5.00	6.00	6.50	8.00	18.	25.	35.	40.	70.	—	—	*	*	*	*	*	*	*	*	*	*	*	*
1944-S	3.50	4.00	4.50	7.00	7.00	7.00	8.50	15.	22.	30.	40.	125.	600.	—	*	*	*	*	*	*	*	*	*	*	*	*
1945	3.50	4.00	4.50	4.75	5.00	5.50	6.50	10.	12.	12.	35.	75.	1500.	—	*	*	*	*	*	*	*	*	*	*	*	*
1945-D	3.50	4.00	4.50	5.00	5.50	6.00	8.00	19.	24.	30.	40.	45.	1500.	—	*	*	*	*	*	*	*	*	*	*	*	*
1945-S	3.50	4.00	4.00	4.50	5.00	6.50	6.50	15.	18.	15.	45.	75.	1000.	—	*	*	*	*	*	*	*	*	*	*	*	*
1946	3.50	3.50	4.00	4.50	5.00	5.50	6.50	13.	14.	20.	45.	80.	—	—	*	*	*	*	*	*	*	*	*	*	*	*
1946-D	3.50	3.50	4.00	4.50	5.00	5.50	6.50	11.	14.	20.	40.	1000.	3750.	—	*	*	*	*	*	*	*	*	*	*	*	*

——— = Insufficient pricing data   * = None issued

WASHINGTON QUARTER DOLLAR (CONTINUED)

	G-4	VG-8	F-12	VF-20	EF-40	AU-50	AU-58	MS-60	MS-63	MS-64	MS-65	MS-66	MS-67	MS-68	PF-60	PF-63	PF-64	PF-65	PF-66	PF-66DC	PF-67	PF-67DC	PF-68	PF-68DC	PF-69	PF-69DC
1946-S	3.50	3.50	4.00	4.50	5.00	5.50	7.00	8.50	12.	19.	45.	125.	1100.	5000.	*	*	*	*	*	*	*	*	*	*	*	*
1947	3.50	3.50	4.00	4.50	5.00	5.50	10.	11.	18.	25.	45.	75.	500.	—	*	*	*	*	*	*	*	*	*	*	*	*
1947-D	3.50	3.50	4.00	4.50	5.00	5.50	6.00	8.00	11.	16.	40.	60.	250.	—	*	*	*	*	*	*	*	*	*	*	*	*
1947-S	3.50	3.50	4.00	4.50	5.00	5.50	6.00	8.00	10.	20.	45.	60.	325.	2750.	*	*	*	*	*	*	*	*	*	*	*	*
1948	3.50	3.50	4.00	4.50	5.00	5.50	6.00	8.00	10.	20.	35.	65.	350.	4000.	*	*	*	*	*	*	*	*	*	*	*	*
1948-D	3.50	3.50	4.00	4.50	5.00	6.00	6.00	8.00	13.	20.	45.	150.	1000.	—	*	*	*	*	*	*	*	*	*	*	*	*
1948-S	3.50	3.50	4.00	4.50	5.00	5.50	9.50	10.	16.	20.	50.	80.	800.	—	*	*	*	*	*	*	*	*	*	*	*	*
1949	3.50	3.50	5.00	6.00	7.00	10.	30.	35.	50.	55.	60.	115.	975.	11000.	*	*	*	*	*	*	*	*	*	*	*	*
1949-D	3.50	3.50	4.50	5.00	6.50	8.00	15.	20.	35.	40.	55.	125.	950.	3000.	*	*	*	*	*	*	*	*	*	*	*	*
1950	3.40	3.50	4.00	4.00	7.00	10.	20.	30.	50.	55.	50.	75.	1000.	—	35.	55.	65.	75.	85.	—	100.	—	350.	—	—	—
1950-D	3.50	3.50	4.00	4.00	4.50	5.00	9.50	10.	20.	25.	35.	50.	800.	—	*	*	*	*	*	*	*	*	*	*	*	*
1950-D/S	28.	40.	50.	85.	140.	250.	300.	400.	1000.	2000.	10000.	25000.	—	—	*	*	*	*	*	*	*	*	*	*	*	*
1950-S	3.50	3.50	3.50	4.00	4.50	9.50	9.50	10.	20.	25.	35.	50.	1200.	2300.	*	*	*	*	*	*	*	*	*	*	*	*
1950-S/D	35.	50.	75.	150.	200.	300.	350.	400.	450.	500.	1500.	2500.	7500.	—	*	*	*	*	*	*	*	*	*	*	*	*
1951	3.50	3.50	4.00	4.00	4.50	5.00	6.00	8.00	10.	13.	30.	60.	650.	—	30.	60.	70.	80.	90.	—	100.	1000.	110.	2000.	500.	2000.
1951-D	3.50	3.50	4.00	4.00	4.50	5.00	8.50	9.00	11.	13.	25.	70.	650.	1500.	*	*	*	*	*	*	*	*	*	*	*	*
1951-S	3.50	3.50	4.00	4.00	4.50	5.00	6.00	8.00	12.	40.	50.	60.	1900.	1250.	*	*	*	*	*	*	*	*	*	*	*	*
1952	3.50	3.50	4.00	4.00	4.50	5.00	6.00	8.00	10.	13.	36.	60.	550.	—	25.	40.	45.	50.	70.	—	100.	—	110.	2000.	—	—
1952-D	3.50	3.50	4.00	4.00	4.50	5.00	6.00	9.00	10.	13.	50.	175.	700.	—	*	*	*	*	*	*	*	*	*	*	*	*
1952-S	3.50	3.50	4.00	4.00	4.50	5.00	9.50	12.	20.	27.	45.	80.	275.	8000.	*	*	*	*	*	*	*	*	*	*	*	*
1953	3.50	3.50	4.00	4.00	4.50	4.50	7.00	10.	12.	27.	45.	175.	275.	8000.	16.	25.	45.	50.	65.	150.	75.	500.	100.	1500.	100.	—
1953-D	3.50	3.50	4.00	4.00	4.00	4.50	7.00	10.	11.	15.	30.	325.	800.	1900.	*	*	*	*	*	*	*	*	*	*	*	*
1953-S	3.50	3.50	4.00	4.00	4.00	4.50	4.50	9.00	10.	13.	25.	275.	325.	—	*	*	*	*	*	*	*	*	*	*	*	*
1954	3.50	3.50	4.00	4.00	4.00	4.50	4.50	9.00	12.	13.	25.	50.	800.	—	6.00	10.	18.	20.	30.	50.	35.	800.	50.	3000.	150.	5000.
1954-D	3.50	3.50	4.00	4.00	4.00	4.50	4.50	9.00	12.	12.	25.	75.	750.	—	*	*	*	*	*	*	*	*	*	*	*	*
1954-S	3.50	3.50	4.00	4.00	4.00	4.50	4.50	9.00	11.	11.	23.	75.	950.	—	*	*	*	*	*	*	*	*	*	*	*	*
1955	3.50	3.50	4.00	4.00	4.00	4.00	4.50	9.00	12.	12.	23.	150.	1000.	—	6.00	13.	16.	25.	35.	100.	50.	500.	60.	1500.	400.	2000.
1955-D	3.50	3.50	4.00	4.00	4.00	4.00	4.50	9.00	11.	13.	25.	150.	500.	1750.	*	*	*	*	*	*	*	*	*	*	*	*

—— = Insufficient pricing data   * = None issued

WASHINGTON QUARTER DOLLAR (CONTINUED)

	G-4	VG-8	F-12	VF-20	EF-40	AU-50	AU-58	MS-60	MS-63	MS-64	MS-65	MS-66	MS-67	MS-68	PF-60	PF-63	PF-64	PF-65	PF-66	PF-66DC	PF-67	PF-67DC	PF-68	PF-68DC	PF-69	PF-69DC
1956	3.50	3.50	4.00	4.00	4.00	4.00	4.50	6.00	8.00	10.	22.	65.	200.	—	6.00	7.00	9.00	15.	25.	60.	35.	75.	50.	500.	200.	1000.
1956-D	3.50	3.50	4.00	4.00	4.00	4.00	4.50	6.00	8.00	10.	22.	55.	1000.	—	*	*	*	*	*	*	*	*	*	*	*	*
1957	3.50	3.50	4.00	4.00	4.00	4.00	4.50	6.00	8.00	10.	22.	50.	200.	3000.	6.00	7.00	8.00	10.	25.	250.	30.	300.	40.	1500.	75.	2000.
1957-D	3.50	3.50	4.00	4.00	4.00	4.00	4.50	6.00	8.00	10.	22.	65.	325.	—	*	*	*	*	*	*	*	*	*	*	*	*
1958	3.50	3.50	4.00	4.00	4.00	4.00	4.50	6.50	9.00	12.	22.	45.	150.	3000.	6.00	7.00	8.00	10.	25.	250.	30.	300.	40.	2000.	50.	3000.
1958-D	3.50	3.50	4.00	4.00	4.00	4.00	4.50	6.00	8.00	10.	22.	45.	300.	—	*	*	*	*	*	*	*	*	*	*	*	*
1959	3.50	3.50	4.00	4.00	4.00	4.00	4.50	6.00	8.00	10.	22.	50.	—	3000.	6.00	7.00	8.00	10.	25.	150.	30.	250.	40.	1000.	50.	5000.
1959-D	3.50	3.50	4.00	4.00	4.00	4.00	4.50	6.00	8.00	10.	22.	65.	2500.	—	*	*	*	*	*	*	*	*	*	*	*	*
1960	3.50	3.50	4.00	4.00	4.00	4.00	4.50	5.00	6.00	7.00	11.	75.	5750.	—	6.00	7.00	8.00	10.	25.	100.	35.	125.	40.	175.	425.	1000.
1960-D	3.50	3.50	4.00	4.00	4.00	4.00	4.00	5.00	6.00	7.00	11.	45.	2500.	—	*	*	*	*	*	*	*	*	*	*	*	*
1961	3.50	3.50	4.00	4.00	4.00	4.00	4.00	5.00	6.00	7.00	15.	75.	5000.	—	6.00	7.00	8.00	10.	20.	85.	30.	110.	40.	125.	200.	500.
1961-D	3.50	3.50	4.00	4.00	4.00	4.00	4.00	5.00	6.00	7.00	23.	150.	12000.	—	*	*	*	*	*	*	*	*	*	*	*	*
1962	3.50	3.50	4.00	4.00	4.00	4.00	4.00	5.00	6.00	7.00	15.	70.	2500.	—	6.00	7.00	8.00	10.	20.	85.	30.	110.	40.	125.	200.	500.
1962-D	3.50	3.50	4.00	4.00	4.00	4.00	4.00	5.00	6.00	7.00	25.	350.	9000.	—	*	*	*	*	*	*	*	*	*	*	*	*
1963	3.50	3.50	4.00	4.00	4.00	4.00	4.00	5.00	6.00	7.00	10.	60.	2500.	—	6.00	7.00	8.00	10.	20.	85.	30.	100.	40.	125.	175.	350.
1963-D	3.50	3.50	4.00	4.00	4.00	4.00	4.00	5.00	6.00	7.00	15.	170.	3000.	—	*	*	*	*	*	*	*	*	*	*	*	*
1964	3.50	3.50	4.00	4.00	4.00	4.00	4.00	5.00	6.00	7.00	11.	70.	4000.	—	6.00	7.00	8.00	10.	20.	85.	30.	100.	40.	125.	175.	400.
1964 Special Mint Set	—	—	—	—	—	—	—	—	—	1300.	1800.	3400.	6000.	—	*	*	*	*	*	*	*	*	*	*	*	*
1964-D	3.50	3.50	4.00	4.00	4.00	4.00	4.00	5.00	6.00	7.00	11.	75.	1750.	—	*	*	*	*	*	*	*	*	*	*	*	*

—— = Insufficient pricing data   * = None issued

WASHINGTON QUARTER DOLLAR (CONTINUED)

	VF-20	EF-40	AU-50	AU-58	MS-60	MS-63	MS-64	MS-65	MS-66	MS-67	MS-68	MS-69	MS-70	PF-63	PF-64	PF-65	PF-66	PF-66 DC	PF-67	PF-67DC	PF-68	PF-68DC	PF-69	PF-69DC	PF-70DC
COPPER-NICKEL CLAD																									
1965	0.40	0.50	0.60	0.65	0.75	1.00	2.75	14.	27.	50.	75.	—	—	*	*	*	*	*	*	*	*	*	*	*	*
1965 Special Mint Set					5.00	6.00	8.00	10.	15.	25.	75.	—	—	*	*	*	*	*	*	*	*	*	*	*	*
1966	0.40	0.50	0.60	0.65	0.75	1.00	2.00	8.00	40.	450.	—	—	—	*	*	*	*	*	*	*	*	*	*	*	*
1966 Special Mint Set					5.00	6.00	8.00	8.00	15.	25.	75.	—	—	*	*	*	*	*	*	*	*	*	*	*	*
1967	0.40	0.50	0.60	0.65	0.75	1.00	2.75	10.	50.	210.	—	—	—	*	*	*	*	*	*	*	*	*	*	*	*
1967 Special Mint Set					5.00	6.00	8.00	10.	15.	25.	75.	—	—	*	*	*	*	*	*	*	*	*	*	*	*
1968	0.40	0.50	0.60	0.65	0.75	1.00	3.00	10.	35.	65.	—	—	—	*	*	*	*	*	*	*	*	*	*	*	*
1968-D	0.40	0.50	0.60	0.65	0.75	1.00	4.25	15.	20.	—	—	—	—	*	*	*	*	*	*	*	*	*	*	*	*
1968-S	*	*	0.60	0.65	*	*	*	*	*	*	*	*	*	4.00	5.00	8.00	10.	11.	12.	14.	15.	—	20.	—	—
1969	0.40	0.50	0.60	0.65	0.75	1.00	10.	15.	50.	—	—	—	—	*	*	*	*	*	*	*	*	*	*	*	*
1969-D	0.40	0.50	0.60	0.65	0.75	1.00	3.50	10.	40.	300.	—	—	—	*	*	*	*	*	*	*	*	*	*	*	*
1969-S	*	*	0.60	0.65	*	*	*	*	*	*	*	*	*	4.00	5.00	8.00	10.	11.	12.	14.	15.	—	20.	—	—
1970	0.40	0.50	0.60	0.65	0.75	1.00	2.00	15.	60.	—	—	—	—	*	*	*	*	*	*	*	*	*	*	*	*
1970-D	0.40	0.50	0.60	0.65	0.75	1.00	3.50	11.	15.	30.	—	—	—	*	*	*	*	*	*	*	*	*	*	*	*
1970-S	*	*	0.60	0.65	*	*	*	*	*	*	*	*	*	4.00	5.00	8.00	10.	11.	12.	14.	15.	—	20.	—	—
1971	0.40	0.50	0.60	0.65	0.75	1.00	3.25	9.00	35.	—	—	—	—	*	*	*	*	*	*	*	*	*	*	*	*
1971-D	0.40	0.50	0.60	0.65	0.75	1.00	2.00	2.25	25.	167.	—	—	—	*	*	*	*	*	*	*	*	*	*	*	*
1971-S	*	*	0.60	0.65	*	*	*	*	*	*	*	*	*	4.00	5.00	8.00	10.	11.	12.	14.	15.	—	20.	—	—
1972	0.40	0.50	0.60	0.65	0.75	1.00	2.00	7.00	35.	—	—	—	—	*	*	*	*	*	*	*	*	*	*	*	*
1972-D	0.40	0.50	0.60	0.65	0.75	1.00	3.50	9.75	25.	30.	—	—	—	*	*	*	*	*	*	*	*	*	*	*	*
1972-S	*	*	0.60	0.65	*	*	*	*	*	*	*	*	*	4.00	5.00	8.00	10.	11.	12.	14.	15.	—	20.	—	—
1973	0.40	0.50	0.60	0.65	0.75	1.00	3.50	10.	45.	—	—	—	—	*	*	*	*	*	*	*	*	*	*	*	*
1973-D	0.40	0.50	0.60	0.65	0.75	1.00	2.00	14.	20.	230.	—	—	—	*	*	*	*	*	*	*	*	*	*	*	*
1973-S	*	*	0.60	0.55	*	*	*	*	*	*	*	*	*	4.00	5.00	8.00	10.	11.	12.	14.	15.	—	20.	—	—

—— = Insufficient pricing data   * = None issued

WASHINGTON QUARTER DOLLAR (CONTINUED)

	PF-70DC	PF-69DC	PF-69	PF-68DC	PF-68	PF-67DC	PF-67	PF-66DC	PF-66	PF-65	PF-64	PF-63	MS-70	MS-69	MS-68	MS-67	MS-66	MS-65	MS-64	MS-63	MS-60	AU-58	AU-50	EF-40	VF-20
1974	*	*	*	*	*	*	*	*	*	*	*	*	—	—	—	—	25.	10.	3.50	1.00	0.75	0.65	0.60	0.50	0.40
1974-D	*	*	*	*	*	*	*	*	*	*	*	*	—	—	—	75.	30.	18.	7.00	1.00	0.75	0.65	0.60	0.50	0.40
1974-S	—	65.	20.	—	15.	14.	12.	11.	10.	8.00	5.00	4.00	*	*	*	*	*	*	*	*	*	*	*	*	*

DUAL DATE, BICENTENNIAL REVERSE

	PF-70DC	PF-69DC	PF-69	PF-68DC	PF-68	PF-67DC	PF-67	PF-66DC	PF-66	PF-65	PF-64	PF-63	MS-70	MS-69	MS-68	MS-67	MS-66	MS-65	MS-64	MS-63	MS-60	AU-58	AU-50	EF-40	VF-20
1776-1976	*	*	*	*	*	*	*	*	*	*	*	*	—	—	—	37.	25.	10.	2.00	1.00	0.75	0.65	0.60	0.50	0.40
1776-1976-D	*	*	*	*	*	*	*	*	*	*	*	*	—	—	—	125.	32.	12.	3.50	1.00	0.75	0.65	0.60	0.50	0.40
1776-1976-S	—	80.	20.	—	15.	14.	12.	11.	10.	8.00	5.00	4.00	*	*	*	*	*	*	*	*	*	*	*	*	*
1776-1976-S 40% silver	—	125.	25.	—	18.	—	15.	—	12.	10.	7.00	5.00	*	—	—	45.	20.	13.	3.50	2.00	1.75	1.75	1.50	0.50	0.40

EAGLE REVERSE RESUMED

	PF-70DC	PF-69DC	PF-69	PF-68DC	PF-68	PF-67DC	PF-67	PF-66DC	PF-66	PF-65	PF-64	PF-63	MS-70	MS-69	MS-68	MS-67	MS-66	MS-65	MS-64	MS-63	MS-60	AU-58	AU-50	EF-40	VF-20
1977	*	*	*	*	*	*	*	*	*	*	*	*	—	—	—	118.	25.	10.	5.00	1.00	0.75	0.65	0.60	0.50	0.40
1977-D	*	*	*	*	*	*	*	*	*	*	*	*	—	—	—	—	26.	6.00	3.00	1.00	0.75	0.65	0.60	0.50	0.40
1977-S	—	25.	18.	15.	12.	12.	10.	9.00	8.00	7.00	5.00	4.00	*	*	*	*	*	*	*	*	*	*	*	*	*

—— = Insufficient pricing data   * = None issued

Bicentennial reverse

Dual date

WASHINGTON QUARTER DOLLAR (CONTINUED)

	VF-20	EF-40	AU-50	AU-58	MS-60	MS-63	MS-64	MS-65	MS-66	MS-67	MS-68	MS-69	MS-70	PF-63	PF-64	PF-65	PF-66	PF-66DC	PF-67	PF-67DC	PF-68	PF-68DC	PF-69	PF-69DC	PF-70DC
1978	0.40	0.50	0.60	0.65	0.75	1.00	3.00	10.	28.	144.	—	—	—	*	*	*	*	*	*	*	*	*	*	*	*
1978-D	0.40	0.50	0.60	0.65	0.75	1.00	5.00	12.	40.	*	—	—	—	*	*	*	*	*	*	*	*	*	*	*	*
1978-S	*	*	*	*	*	*	*	*	*	*	*	*	*	4.00	5.00	7.00	8.00	9.00	10.	12.	12.	15.	18.	25.	—
1979	0.40	0.50	0.60	0.65	0.75	1.00	5.00	10.	30.	*	—	—	—	*	*	*	*	*	*	*	*	*	*	*	*
1979-D	0.40	0.50	0.60	0.65	0.75	1.00	3.00	7.00	25.	*	—	—	—	*	*	*	*	*	*	*	*	*	*	*	*
1979-S Filled S	*	*	*	*	*	*	*	*	*	*	*	*	*	4.00	5.00	7.00	8.00	9.00	10.	12.	12.	15.	18.	25.	—
1979-S Clear S	*	*	*	*	*	*	*	*	*	*	*	*	*	4.00	5.00	8.00	9.00	11.	12.	14.	15.	18.	25.	35.	—
1980-P	0.40	0.50	0.60	0.65	0.75	1.00	3.00	9.00	20.	*	—	—	—	*	*	*	*	*	*	*	*	*	*	*	*
1980-D	0.40	0.50	0.60	0.65	0.75	1.00	3.00	8.75	30.	*	—	—	—	*	*	*	*	*	*	*	*	*	*	*	*
1980-S	*	*	*	*	*	*	*	*	*	*	*	*	*	4.00	5.00	7.00	8.00	9.00	10.	12.	12.	15.	18.	25.	*
1981-P	0.40	0.50	0.60	0.65	0.75	1.00	6.00	10.	35.	*	—	—	—	*	*	*	*	*	*	*	*	*	*	*	*
1981-D	0.40	0.50	0.60	0.65	0.75	1.00	5.00	7.50	18.	25.	—	—	—	*	*	*	*	*	*	*	*	*	*	*	*
1981-S	*	*	*	*	*	*	*	*	*	*	*	*	*	4.00	5.00	7.00	8.00	9.00	10.	12.	12.	15.	18.	25.	—
1982-P	0.50	0.75	1.00	—	2.00	7.00	15.	30.	75.	*	—	—	—	*	*	*	*	*	*	*	*	*	*	*	*
1982-D	0.40	0.50	0.75	—	1.00	3.00	10.	15.	70.	*	—	—	—	*	*	*	*	*	*	*	*	*	*	*	*
1982-S	*	*	*	*	*	*	*	*	*	*	*	*	*	4.00	5.00	7.00	8.00	9.00	10.	12.	12.	15.	18.	25.	—
1983-P	2.00	4.00	12.	—	25.	30.	40.	65.	475.	*	—	—	—	*	*	*	*	*	*	*	*	*	*	*	*
1983-D	1.00	2.00	3.00	—	9.00	12.	25.	45.	118.	*	—	—	—	*	*	*	*	*	*	*	*	*	*	*	*
1983-S	*	*	*	*	*	*	*	*	*	*	*	*	*	3.00	4.00	5.00	7.00	10.	10.	15.	15.	20.	18.	25.	—
1984-P	0.40	0.50	0.60	0.65	0.75	1.00	11.	15.	100.	*	—	—	—	*	*	*	*	*	*	*	*	*	*	*	*
1984-D	0.40	0.50	0.60	0.65	0.75	1.00	8.00	12.	57.	*	—	—	—	*	*	*	*	*	*	*	*	*	*	*	*
1984-S	*	*	*	*	*	*	*	*	*	*	*	*	*	3.00	4.00	5.00	7.00	10.	10.	15.	15.	20.	18.	25.	—
1985-P	0.40	0.50	0.60	0.65	0.75	1.00	10.	20.	50.	*	—	—	—	*	*	*	*	*	*	*	*	*	*	*	*
1985-D	0.40	0.50	0.60	0.65	0.75	1.00	4.00	10.	22.	*	—	—	—	*	*	*	*	*	*	*	*	*	*	*	*
1985-S	*	*	*	*	*	*	*	*	*	*	*	*	*	3.00	4.00	5.00	7.00	10.	10.	15.	15.	20.	18.	25.	—
1996-P	0.40	0.50	0.60	0.65	0.75	1.00	2.00	4.00	19.	*	—	—	—	*	*	*	*	*	*	*	*	*	*	*	*

—— = Insufficient pricing data   * = None issued

WASHINGTON QUARTER DOLLAR (CONTINUED)

	VF-20	EF-40	AU-50	AU-58	MS-60	MS-63	MS-64	MS-65	MS-66	MS-67	MS-68	MS-69	MS-70	PF-63	PF-64	PF-65	PF-66	PF-66DC	PF-67	PF-67DC	PF-68	PF-68DC	PF-69	PF-69DC	PF-70DC
1986-D	1.00	1.50	3.00	—	6.00	8.00	10.	15.	53	975.	—	—	—	*	*	*	*	*	*	*	*	*	*	*	*
1986-S	*	*	*	*	*	*	*	*	*	*	*	*	*	3.00	4.00	5.00	7.00	10.	10.	15.	15.	20.	18.	25.	*
1987-P	0.40	0.50	0.60	0.65	0.75	1.00	9.50	12.	*	—	—	—	—	*	*	*	*	*	*	*	*	*	*	*	*
1987-D	0.40	0.50	0.60	0.65	0.75	1.00	3.00	8.25	30.	350.	—	—	—	*	*	*	*	*	*	*	*	*	*	*	*
1987-S	*	*	*	*	*	*	*	*	*	*	*	*	*	3.00	4.00	5.00	7.00	10.	10.	15.	15.	20.	18.	25.	*
1988-P	0.40	0.50	0.60	0.65	0.75	1.00	3.00	20.	50.	—	—	—	—	*	*	*	*	*	*	*	*	*	*	*	*
1988-D	0.40	0.50	0.60	0.65	0.75	1.00	5.00	15.	20.	500.	—	—	—	*	*	*	*	*	*	*	*	*	*	*	*
1988-S	*	*	*	*	*	*	*	*	*	*	*	*	*	3.00	4.00	5.00	7.00	10.	10.	15.	15.	20.	18.	25.	*
1989-P	0.40	0.50	0.60	0.65	0.75	1.00	3.00	24.	100.	—	—	—	—	*	*	*	*	*	*	*	*	*	*	*	*
1989-D	0.40	0.50	0.60	0.65	0.75	1.00	2.00	4.25	50.	—	—	—	—	*	*	*	*	*	*	*	*	*	*	*	*
1989-S	*	*	*	*	*	*	*	*	*	*	*	*	*	3.00	4.00	5.00	7.00	10.	10.	15.	15.	20.	18.	25.	*
1990-P	0.40	0.50	0.60	0.65	0.75	1.00	3.00	18.	50.	—	—	—	—	*	*	*	*	*	*	*	*	*	*	*	*
1990-D	0.40	0.50	0.60	0.65	0.75	1.00	2.00	4.00	38.	—	—	—	—	*	*	*	*	*	*	*	*	*	*	*	*
1990-S	*	*	*	*	*	*	*	*	*	*	*	*	*	3.00	4.00	5.00	7.00	10.	10.	15.	15.	20.	18.	25.	*
1991-P	0.40	0.50	0.60	0.65	0.75	1.00	7.00	20.	150.	—	—	—	—	*	*	*	*	*	*	*	*	*	*	*	*
1991-D	0.40	0.50	0.60	0.65	0.75	1.00	5.00	15.	30.	—	—	—	—	*	*	*	*	*	*	*	*	*	*	*	*
1991-S	*	*	*	*	*	*	*	*	*	*	*	*	*	3.00	4.00	5.00	7.00	10.	10.	15.	15.	20.	18.	25.	*
1992-P	0.40	0.50	0.60	0.65	0.75	1.00	13.	22.	—	—	—	—	—	*	*	*	*	*	*	*	*	*	*	*	*
1992-D	0.40	0.50	0.60	0.65	0.75	1.00	6.50	30.	375.	—	—	—	—	*	*	*	*	*	*	*	*	*	*	*	*
1992-S Clad	*	*	*	*	*	*	*	*	*	*	*	*	*	3.00	4.00	5.00	7.00	10.	10.	15.	15.	20.	18.	25.	*
1992-S Silver	*	*	*	*	*	*	*	*	*	*	*	*	*	4.00	5.00	7.00	9.00	13.	14.	16.	18.	18.	25.	35.	110.
1993-P	0.40	0.50	0.60	0.65	0.75	1.00	4.00	10.	—	—	—	—	—	*	*	*	*	*	*	*	*	*	*	*	*
1993-D	0.40	0.50	0.60	0.65	0.75	1.00	8.00	12.	—	—	—	—	—	*	*	*	*	*	*	*	*	*	*	*	*
1993-S Clad	*	*	*	*	*	*	*	*	*	*	*	*	*	3.00	4.00	5.00	7.00	10.	10.	15.	15.	15.	18.	25.	*
1993-S Silver	*	*	*	*	*	*	*	*	*	*	*	*	*	4.00	5.00	7.00	9.00	13.	14.	20.	18.	18.	25.	35.	110.
1994-P	0.40	0.50	0.60	0.65	0.75	1.00	10.	25.	—	—	—	—	—	*	*	*	*	*	*	*	*	*	*	*	*
1994-D	0.40	0.50	0.60	0.65	0.75	5.00	5.00	12.	—	—	—	—	—	*	*	*	*	*	*	*	*	*	*	*	*

—— = Insufficient pricing data   * = None issued

	VF-20	EF-40	AU-50	AU-58	MS-60	MS-63	MS-64	MS-65	MS-66	MS-67	MS-68	MS-69	MS-70	PF-63	PF-64	PF-65	PF-66	PF-66DC	PF-67	PF-67DC	PF-68	PF-68DC	PF-69	PF-69DC	PF-70DC
1994-S Clad	*	*	*	*	*	*	*	*	*	*	*	*	*	3.00	4.00	5.00	7.00	10.	10.	15.	15.	15.	18.	25.	—
1994-S Silver	*	*	*	*	*	*	*	*	*	*	*	*	*	4.00	5.00	7.00	10.	11.	12.	17.	18.	20.	25.	35.	110.
1995-P	0.40	0.50	0.60	0.65	0.75	1.00	8.00	25.	60.	85.	—	—	—	*	*	*	*	*	*	*	*	*	*	*	*
1995-D	0.40	0.50	0.60	0.65	0.75	1.00	8.00	20.	50.	435.	—	—	—	*	*	*	*	*	*	*	*	*	*	*	*
1995-S Clad	*	*	*	*	*	*	*	*	*	*	*	*	*	3.00	4.00	5.00	7.00	10.	10.	15.	15.	15.	18.	30.	110.
1995-S Silver	*	*	*	*	*	*	*	*	*	*	*	*	*	4.00	5.00	7.00	8.00	13.	14.	18.	18.	20.	25.	35.	—
1996-P	0.40	0.50	0.60	0.65	0.75	1.00	7.00	15.	20.	85.	—	—	—	*	*	*	*	*	*	*	*	*	*	*	*
1996-D	0.40	0.50	0.60	0.65	0.75	1.00	7.00	15.	20.	85.	—	—	—	*	*	*	*	*	*	*	*	*	*	*	*
1996-S Clad	*	*	*	*	*	*	*	*	*	*	*	*	*	3.00	4.00	5.00	7.00	10.	10.	15.	15.	15.	18.	25.	—
1996-S Silver	*	*	*	*	*	*	*	*	*	*	*	*	*	4.00	5.00	7.00	7.00	15.	14.	20.	18.	18.	25.	36.	110.
1997-P	0.40	0.50	0.60	0.65	0.75	1.00	7.00	10.	235.	495.	—	—	—	*	*	*	*	*	*	*	*	*	*	*	*
1997-D	0.40	0.50	0.60	0.65	0.75	1.00	10.	20.	50.	250.	—	—	—	*	*	*	*	*	*	*	*	*	*	*	*
1997-S Clad	*	*	*	*	*	*	*	*	*	*	*	*	*	3.00	4.00	5.00	7.00	10.	10.	15.	15.	15.	18.	30.	—
1997-S Silver	*	*	*	*	*	*	*	*	*	*	*	*	*	4.00	5.00	7.00	8.00	13.	14.	18.	18.	20.	25.	45.	110.
1998-P	0.40	0.50	0.60	0.65	0.75	1.00	7.25	13.	30.	200.	—	—	—	*	*	*	*	*	*	*	*	*	*	*	*
1998-D	0.40	0.50	0.60	0.65	0.75	1.00	9.50	12.	15.	—	—	—	—	*	*	*	*	*	*	*	*	*	*	*	*
1998-S Clad	*	*	*	*	*	*	*	*	*	*	*	*	*	3.00	4.00	5.00	7.00	10.	10.	15.	15.	15.	18.	25.	—
1998-S Silver	*	*	*	*	*	*	*	*	*	*	*	*	*	4.00	5.00	7.00	10.	15.	14.	20.	18.	18.	25.	35.	110.

—— = Insufficient pricing data   * = None issued

	VF-20	EF-40	AU-50	AU-58	MS-60	MS-63	MS-64	MS-65	MS-66	MS-67	MS-68	MS-69	PF-63	PF-64	PF-65	PF-66	PF-66DC	PF-67	PF-67DC	PF-68	PF-68DC	PF-69	PF-69DC	PF-70DC
STATE REVERSES																								
1999-P DE	0.40	0.50	0.60	0.65	0.75	1.00	2.50	4.00	35.	50.	—	—	*	*	*	*	*	*	*	*	*	*	*	*
1999-D DE	0.40	0.50	0.60	0.65	0.75	1.00	2.50	5.00	75.	250.	—	—	*	*	*	*	*	*	*	*	*	*	*	*
1999-S Clad DE	*	*	*	*	*	*	*	*	*	*	*	*	4.00	5.00	6.00	7.00	8.00	8.00	10.	9.00	15.	10.	22.	700.
1999-S Silver DE	*	*	*	*	*	*	*	*	*	*	*	*	21.	22.	23.	24.	26.	25.	28.	32.	57.	62.	85.	400.
1999-P PA	0.40	0.50	0.60	0.65	0.75	1.00	2.50	4.00	20.		175.	—	*	*	*	*	*	*	*	*	*	*	*	*
1999-D PA	0.40	0.50	0.60	0.65	0.75	1.00	2.00	3.50	18.		225.	—	*	*	*	*	*	*	*	*	*	*	*	*
1999-S Clad PA	*	*	*	*	*	*	*	*	*	*	*	*	4.00	5.00	6.00	7.00	8.00	8.00	10.	9.00	15.	10.	22.	135.
1999-S Silver PA	*	*	*	*	*	*	*	*	*	*	*	*	20.	21.	22.	23.	25.	24.	27.	30.	55.	60.	80.	275.
1999-P NJ	0.40	0.50	0.60	0.65	0.75	1.00	2.50	4.50	65.	75.	—	—	*	*	*	*	*	*	*	*	*	*	*	*
1999-D NJ	0.40	0.50	0.60	0.65	0.75	1.00	2.50	4.00	65.		175.	—	*	*	*	*	*	*	*	*	*	*	*	*
1999-S Clad NJ	*	*	*	*	*	*	*	*	*	*	*	*	4.00	5.00	6.00	7.00	8.00	8.00	10.	9.00	15.	10.	22.	160.
1999-S Silver NJ	*	*	*	*	*	*	*	*	*	*	*	*	20.	21.	22.	23.	25.	24.	27.	30.	55.	60.	80.	275.
1999-P GA	0.40	0.50	0.60	0.65	1.00	1.50	3.00	5.00	110.	125.	—	—	*	*	*	*	*	*	*	*	*	*	*	*
1999-D GA	0.40	0.50	0.60	0.65	0.75	1.50	3.00	5.00	35.		—	—	*	*	*	*	*	*	*	*	*	*	*	*
1999-S Clad GA	*	*	*	*	*	*	*	*	*	*	*	*	4.00	5.00	6.00	7.00	8.00	8.00	10.	9.00	15.	10.	22.	160.
1999-S Silver GA	*	*	*	*	*	*	*	*	*	*	*	*	20.	21.	22.	23.	25.	24.	27.	30.	55.	60.	80.	175.
1999-P CT	0.40	0.50	0.60	0.65	0.75	1.00	2.50	5.00	70.	125.	—	—	*	*	*	*	*	*	*	*	*	*	*	*
1999-D CT	0.40	0.50	0.60	0.65	0.75	1.00	10.	20.	35.	130.	175.	—	*	*	*	*	*	*	*	*	*	*	*	*
1999-S Clad CT	*	*	*	*	*	*	*	*	*	*	*	*	4.00	5.00	6.00	7.00	8.00	8.00	10.	9.00	15.	10.	22.	125.

—— = Insufficient pricing data   * = None issued

WASHINGTON QUARTER DOLLAR (CONTINUED)

	PF-70DC	PF-69DC	PF-69	PF-68DC	PF-68	PF-67DC	PF-67	PF-66DC	PF-66	PF-65	PF-64	PF-63	MS-69	MS-68	MS-67	MS-66	MS-65	MS-64	MS-63	MS-60	AU-58	AU-50	EF-40	VF-20
1999-S Silver CT	175.	80.	60.	55.	30.	27.	24.	25.	23.	22.	21.	20.	*	*	*	*	*	*	*	*	*	*	*	*
2000-P MA	*	*	*	*	*	*	*	*	*	*	*	*	—	—	55.	15.	6.00	3.00	1.00	0.75	0.65	0.60	0.50	0.40
2000-D MA	*	*	*	*	*	*	*	*	*	*	*	*	—	75.	82.	25.	7.00	4.00	1.00	0.75	0.65	0.60	0.50	0.40
2000-S Clad MA	100.	13.	10.	10.	9.00	10.	8.00	7.00	7.00	6.00	5.00	4.00	*	*	*	*	*	*	*	*	*	*	*	*
2000-S Silver MA	110.	17.	20.	14.	12.	14.	10.	11.	9.00	8.00	7.00	6.00	*	*	*	*	*	*	*	*	*	*	*	*
2000-P MD	*	*	*	*	*	*	*	*	*	*	*	*	—	—	100.	15.	6.00	3.00	1.00	0.75	0.65	0.60	0.50	0.40
2000-D MD	*	*	*	*	*	*	*	*	*	*	*	*	—	—	150.	15.	6.00	3.00	1.00	0.75	0.65	0.60	0.50	0.40
2000-S Clad MD	100.	13.	10.	10.	9.00	10.	8.00	7.00	7.00	6.00	5.00	4.00	*	*	*	*	*	*	*	*	*	*	*	*
2000-S Silver MD	110.	17.	20.	14.	12.	14.	10.	11.	9.00	8.00	7.00	6.00	*	*	*	*	*	*	*	*	*	*	*	*
2000-P SC	*	*	*	*	*	*	*	*	*	*	*	*	—	55.	50.	18.	7.00	3.50	1.00	0.75	0.65	0.60	0.50	0.40
2000-D SC	*	*	*	*	*	*	*	*	*	*	*	*	—	75.	25.	20.	7.00	3.00	1.00	0.75	0.65	0.60	0.50	0.40
2000-S Clad SC	100.	13.	10.	10.	9.00	10.	8.00	7.00	7.00	6.00	5.00	4.00	*	*	*	*	*	*	*	*	*	*	*	*
2000-S Silver SC	110.	17.	20.	14.	12.	14.	10.	11.	9.00	8.00	7.00	6.00	*	*	*	*	*	*	*	*	*	*	*	*
2000-P NH	*	*	*	*	*	*	*	*	*	*	*	*	—	90.	95.	47.	7.00	3.00	1.00	0.75	0.65	0.60	0.50	0.40
2000-D NH	*	*	*	*	*	*	*	*	*	*	*	*	—	—	130.	50.	8.00	3.00	1.00	0.75	0.65	0.60	0.50	0.40
2000-S Clad NH	100.	13.	10.	10.	9.00	10.	8.00	7.00	7.00	6.00	5.00	4.00	*	*	*	*	*	*	*	*	*	*	*	*
2000-S Silver NH	110.	17.	20.	14.	12.	14.	10.	11.	9.00	8.00	7.00	6.00	*	*	*	*	*	*	*	*	*	*	*	*
2000-P VA	*	*	*	*	*	*	*	*	*	*	*	*	—	—	50.	15.	7.00	3.00	1.00	0.75	0.65	0.60	0.50	0.40
2000-D VA	*	*	*	*	*	*	*	*	*	*	*	*	—	—	100.	15.	7.00	3.00	1.00	0.75	0.65	0.60	0.50	0.40

—— = Insufficient pricing data   * = None issued

WASHINGTON QUARTER DOLLAR (CONTINUED)

Coin	VF-20	EF-40	AU-50	AU-58	MS-60	MS-63	MS-64	MS-65	MS-66	MS-67	MS-68	MS-69	PF-63	PF-64	PF-65	PF-66	PF-66DC	PF-67	PF-67DC	PF-68	PF-68DC	PF-69	PF-69DC	PF-70DC
2000-S Clad VA	*	*	*	*	*	*	*	*	*	*	*	*	4.00	5.00	6.00	7.00	7.00	8.00	10.	9.00	10.	10.	13.	100.
2000-S Silver VA	*	*	*	*	*	*	*	*	*	*	*	*	6.00	7.00	8.00	9.00	11.	10.	14.	12.	14.	20.	17.	110.
2001-P NY	0.40	0.50	0.60	0.65	0.75	1.00	3.00	6.00	15.	40.	50.	—	*	*	*	*	*	*	*	*	*	*	*	*
2001-D NY	0.40	0.50	0.60	0.65	0.75	1.00	3.00	6.00	15.	—	—	—	*	*	*	*	*	*	*	*	*	*	*	*
2001-S Clad NY	*	*	*	*	*	*	*	*	*	*	*	*	4.00	5.00	6.00	7.00	10.	8.00	10.	9.00	15.	10.	17.	110.
2001-S Silver NY	*	*	*	*	*	*	*	*	*	*	*	*	6.00	7.00	8.00	9.00	10.	10.	15.	12.	23.	20.	25.	125.
2001-P NC	0.40	0.50	0.60	0.65	0.75	1.00	3.00	6.00	15.	50.	65.	—	*	*	*	*	*	*	*	*	*	*	*	*
2001-D NC	0.40	0.50	0.60	0.65	0.75	1.00	3.00	6.00	18.	100.	125.	—	*	*	*	*	*	*	*	*	*	*	*	*
2001-S Clad NC	*	*	*	*	*	*	*	*	*	*	*	*	4.00	5.00	6.00	7.00	10.	8.00	10.	9.00	15.	10.	17.	110.
2001-S Silver NC	*	*	*	*	*	*	*	*	*	*	*	*	6.00	7.00	8.00	9.00	10.	10.	15.	12.	23.	20.	25.	110.
2001-P RI	0.40	0.50	0.60	0.65	0.75	1.00	3.00	6.00	15.	100.	—	—	*	*	*	*	*	*	*	*	*	*	*	*
2001-D RI	0.40	0.50	0.60	0.65	0.75	1.00	3.00	6.00	26.	85.	—	—	*	*	*	*	*	*	*	*	*	*	*	*
2001-S Clad RI	*	*	*	*	*	*	*	*	*	*	*	*	4.00	5.00	6.00	7.00	10.	8.00	10.	9.00	15.	10.	17.	110.
2001-S Silver RI	*	*	*	*	*	*	*	*	*	*	*	*	6.00	7.00	8.00	9.00	10.	10.	15.	12.	23.	20.	25.	135.
2001-P VT	0.40	0.50	0.60	0.65	0.75	1.50	3.50	7.00	20.	100.	—	—	*	*	*	*	*	*	*	*	*	*	*	*
2001-D VT	0.40	0.50	0.60	0.65	0.75	1.50	3.50	7.00	25.	150.	—	—	*	*	*	*	*	*	*	*	*	*	*	*
2001-S Clad VT	*	*	*	*	*	*	*	*	*	*	*	*	4.00	5.00	6.00	7.00	10.	8.00	10.	9.00	15.	10.	17.	110.
2001-S Silver VT	*	*	*	*	*	*	*	*	*	*	*	*	6.00	7.00	8.00	9.00	10.	10.	15.	12.	23.	20.	25.	110.
2001-P KY	0.40	0.50	0.60	0.65	0.75	1.50	3.50	7.00	20.	—	—	—	*	*	*	*	*	*	*	*	*	*	*	*
2001-D KY	0.40	0.50	0.60	0.65	0.75	1.50	3.50	7.00	25.	—	—	—	*	*	*	*	*	*	*	*	*	*	*	*

——— = Insufficient pricing data   * = None issued

WASHINGTON QUARTER DOLLAR (CONTINUED)

	VF-20	EF-40	AU-50	AU-58	MS-60	MS-63	MS-64	MS-65	MS-66	MS-67	MS-68	MS-69	PF-63	PF-64	PF-65	PF-66	PF-66DC	PF-67	PF-67DC	PF-68	PF-68DC	PF-69	PF-69DC	PF-70DC
2001-S Clad KY	*	*	*	*	*	*	*	*	*	*	*	*	4.00	5.00	6.00	7.00	8.00	8.00	10.	9.00	15.	10.	17.	110.
2001-S Silver KY	*	*	*	*	*	*	*	*	*	*	*	*	6.00	7.00	8.00	9.00	10.	10.	15.	12.	23.	20.	25.	110.
2002-P TN	0.40	0.50	0.60	0.65	1.00	1.50	3.50	7.00	14.	—	35.	—	*	*	*	*	*	*	*	*	*	*	*	*
2002-D TN	0.40	0.50	0.60	0.65	1.00	1.50	3.50	7.00	14.	—	—	—	*	*	*	*	*	*	*	*	*	*	*	*
2002-S Clad TN	*	*	*	*	*	*	*	*	*	*	*	*	4.00	5.00	6.00	7.00	8.00	8.00	9.00	9.00	11.	10.	13.	110.
2002-S Silver TN	*	*	*	*	*	*	*	*	*	*	*	*	6.00	7.00	8.00	9.00	10.	10.	13.	12.	16.	20.	18.	110.
2002-P OH	0.40	0.50	0.60	0.65	0.75	1.00	3.00	6.00	12.	20.	30.	—	*	*	*	*	*	*	*	*	*	*	*	*
2002-D OH	0.40	0.50	0.60	0.65	0.75	1.00	3.00	6.00	12.	50.	—	—	*	*	*	*	*	*	*	*	*	*	*	*
2002-S Clad OH	*	*	*	*	*	*	*	*	*	*	*	*	4.00	5.00	6.00	7.00	8.00	8.00	9.00	9.00	11.	10.	13.	110.
2002-S Silver OH	*	*	*	*	*	*	*	*	*	*	*	*	6.00	7.00	8.00	9.00	10.	10.	13.	12.	16.	20.	18.	110.
2002-P LA	0.40	0.50	0.60	0.65	0.75	1.00	3.00	6.00	12.	20.	25.	—	*	*	*	*	*	*	*	*	*	*	*	*
2002-D LA	0.40	0.50	0.60	0.65	0.75	1.00	3.00	6.00	12.	—	—	—	*	*	*	*	*	*	*	*	*	*	*	*
2002-S Clad LA	*	*	*	*	*	*	*	*	*	*	*	*	4.00	5.00	6.00	7.00	8.00	8.00	9.00	9.00	11.	10.	13.	110.
2002-S Silver LA	*	*	*	*	*	*	*	*	*	*	*	*	6.00	7.00	8.00	9.00	10.	10.	13.	12.	16.	20.	18.	110.
2002-P IN	0.40	0.50	0.60	0.65	0.75	1.00	3.00	6.00	12.	20.	25.	—	*	*	*	*	*	*	*	*	*	*	*	*
2002-D IN	0.40	0.50	0.60	0.65	0.75	1.00	3.00	6.00	12.	—	—	—	*	*	*	*	*	*	*	*	*	*	*	*
2002-S Clad IN	*	*	*	*	*	*	*	*	*	*	*	*	4.00	5.00	6.00	7.00	8.00	8.00	9.00	9.00	11.	10.	13.	110.
2002-S Silver IN	*	*	*	*	*	*	*	*	*	*	*	*	6.00	7.00	8.00	9.00	10.	10.	13.	12.	16.	20.	18.	110.
2002-P MS	0.40	0.50	0.60	0.65	0.75	1.00	3.00	6.00	12.	25.	30.	—	*	*	*	*	*	*	*	*	*	*	*	*

—— = Insufficient pricing data   * = None issued

WASHINGTON QUARTER DOLLAR (CONTINUED)

	VF-20	EF-40	AU-50	AU-58	MS-60	MS-63	MS-64	MS-65	MS-66	MS-67	MS-68	MS-69	PF-63	PF-64	PF-65	PF-66	PF-66DC	PF-67	PF-67DC	PF-68	PF-68DC	PF-69	PF-69DC	PF-70DC
2002-D MS	0.40	0.50	0.60	0.65	0.75	1.00	3.00	6.00	12.	—	—	—	*	*	*	*	*	*	*	*	*	*	*	*
2002-S Clad MS	*	*	*	*	*	*	*	*	*	*	*	*	4.00	5.00	6.00	7.00	8.00	8.00	9.00	9.00	11.	10.	13.	110.
2002-S Silver MS	*	*	*	*	*	*	*	*	*	*	*	*	6.00	7.00	8.00	9.00	10.	10.	13.	12.	16.	20.	18.	110.
2003-P IL	0.40	0.50	0.60	0.65	0.75	1.00	3.00	5.00	20.	—	—	—	*	*	*	*	*	*	*	*	*	*	*	*
2003-D IL	0.40	0.50	0.60	0.65	0.75	1.00	3.00	5.00	25.	—	—	—	*	*	*	*	*	*	*	*	*	*	*	*
2003-S Clad IL	*	*	*	*	*	*	*	*	*	*	*	*	4.00	5.00	5.00	5.00	7.00	7.00	9.00	9.00	11.	10.	14.	200.
2003-S Silver IL	*	*	*	*	*	*	*	*	*	*	*	*	6.00	7.00	7.00	9.00	10.	10.	12.	12.	15.	14.	18.	90.
2003-P AL	0.40	0.50	0.60	0.65	0.75	1.00	3.00	5.00	20.	—	—	—	*	*	*	*	*	*	*	*	*	*	*	*
2003-D AL	0.40	0.50	0.60	0.65	0.75	1.00	3.00	5.00	25.	—	—	—	*	*	*	*	*	*	*	*	*	*	*	*
2003-S Clad AL	*	*	*	*	*	*	*	*	*	*	*	*	4.00	5.00	5.00	5.00	7.00	7.00	9.00	9.00	11.	10.	14.	85.
2003-S Silver AL	*	*	*	*	*	*	*	*	*	*	*	*	6.00	7.00	7.00	9.00	10.	10.	12.	12.	15.	14.	18.	90.
2003-P ME	0.40	0.50	0.60	0.65	0.75	1.00	3.00	5.00	20.	—	—	—	*	*	*	*	*	*	*	*	*	*	*	*
2003-D ME	0.40	0.50	0.60	0.65	0.75	1.00	3.00	5.00	25.	—	—	—	*	*	*	*	*	*	*	*	*	*	*	*
2003-S Clad ME	*	*	*	*	*	*	*	*	*	*	*	*	4.00	5.00	5.00	5.00	7.00	7.00	9.00	9.00	11.	10.	14.	110.
2003-S Silver ME	*	*	*	*	*	*	*	*	*	*	*	*	6.00	7.00	7.00	9.00	10.	10.	12.	12.	15.	14.	18.	90.
2003-P MO	0.40	0.50	0.60	0.65	0.75	1.00	3.00	5.00	20.	—	—	—	*	*	*	*	*	*	*	*	*	*	*	*
2003-D MO	0.40	0.50	0.60	0.65	0.75	1.00	3.00	5.00	25.	—	—	—	*	*	*	*	*	*	*	*	*	*	*	*
2003-S Clad MO	*	*	*	*	*	*	*	*	*	*	*	*	4.00	5.00	5.00	5.00	7.00	7.00	9.00	9.00	11.	10.	14.	70.
2003-S Silver MO	*	*	*	*	*	*	*	*	*	*	*	*	6.00	7.00	7.00	9.00	10.	10.	12.	12.	15.	14.	18.	160.

— = Insufficient pricing data   * = None issued

WASHINGTON QUARTER DOLLAR (CONTINUED)

	VF-20	EF-40	AU-50	AU-58	MS-60	MS-63	MS-64	MS-65	MS-66	MS-67	MS-68	MS-69	PF-63	PF-64	PF-65	PF-66	PF-66DC	PF-67	PF-67DC	PF-68	PF-68DC	PF-69	PF-69DC	PF-70DC
2003-P AR	0.40	0.50	0.60	0.65	0.75	1.00	3.00	5.00	20.	—	—	—	*	*	*	*	*	*	*	*	*	*	*	*
2003-D AR	0.40	0.50	0.60	0.65	0.75	1.00	3.00	5.00	25.	—	—	—	*	*	*	*	*	*	*	*	*	*	*	*
2003-S Clad AR	*	*	*	*	*	*	*	*	*	*	*	*	4.00	5.00	5.00	5.00	7.00	7.00	9.00	9.00	11.	10.	14.	85.
2003-S Silver AR	*	*	*	*	*	*	*	*	*	*	*	*	6.00	7.00	7.00	9.00	10.	10.	12.	12.	15.	14.	18.	90.
2004-P MI	0.40	0.50	0.60	0.65	0.75	1.00	3.00	5.00	15.	25.	—	—	*	*	*	*	*	*	*	*	*	*	*	*
2004-D MI	0.40	0.50	0.60	0.65	0.75	1.00	3.00	5.00	15.	25.	—	—	*	*	*	*	*	*	*	*	*	*	*	*
2004-S Clad MI	*	*	*	*	*	*	*	*	*	*	*	*	4.00	5.00	6.00	7.00	8.00	8.00	10.	9.00	10.	10.	14.	85.
2004-S Silver MI	*	*	*	*	*	*	*	*	*	*	*	*	6.00	7.00	8.00	9.00	10.	10.	15.	12.	15.	15.	18.	90.
2004-P FL	0.40	0.50	0.60	0.65	0.75	1.00	3.00	5.00	15.	25.	—	—	*	*	*	*	*	*	*	*	*	*	*	*
2004-D FL	0.40	0.50	0.60	0.65	0.75	1.00	3.00	5.00	15.	20.	35.	—	*	*	*	*	*	*	*	*	*	*	*	*
2004-S Clad FL	*	*	*	*	*	*	*	*	*	*	*	*	4.00	5.00	6.00	7.00	8.00	8.00	10.	9.00	10.	10.	14.	85.
2004-S Silver FL	*	*	*	*	*	*	*	*	*	*	*	*	6.00	7.00	8.00	9.00	10.	10.	15.	12.	15.	15.	18.	90.
2004-P TX	0.40	0.50	0.60	0.65	0.75	1.00	3.00	5.00	20.	30.	—	—	*	*	*	*	*	*	*	*	*	*	*	*
2004-D TX	0.40	0.50	0.60	0.65	0.75	1.00	3.00	5.00	15.	25.	35.	—	*	*	*	*	*	*	*	*	*	*	*	*
2004-S Clad TX	*	*	*	*	*	*	*	*	*	*	*	*	4.00	5.00	6.00	7.00	8.00	8.00	10.	9.00	10.	10.	14.	85.
2004-S Silver TX	*	*	*	*	*	*	*	*	*	*	*	*	6.00	7.00	8.00	9.00	10.	10.	15.	12.	15.	15.	18.	90.
2004-P IA	0.40	0.50	0.60	0.65	0.75	1.00	3.00	5.00	20.	30.	—	—	*	*	*	*	*	*	*	*	*	*	*	*
2004-D IA	0.40	0.50	0.60	0.65	0.75	1.00	3.00	5.00	15.	25.	—	—	*	*	*	*	*	*	*	*	*	*	*	*
2004-S Clad IA	*	*	*	*	*	*	*	*	*	*	*	*	4.00	5.00	6.00	7.00	8.00	8.00	10.	9.00	10.	10.	14.	85.

—— = Insufficient pricing data   * = None issued

WASHINGTON QUARTER DOLLAR (CONTINUED)

	VF-20	EF-40	AU-50	AU-58	MS-60	MS-63	MS-64	MS-65	MS-66	MS-67	MS-68	MS-69	PF-63	PF-64	PF-65	PF-66	PF-66DC	PF-67	PF-67DC	PF-68	PF-68DC	PF-69	PF-69DC	PF-70DC
2004-S Silver IA	*	*	*	*	*	*	*	*	*	*	*	*	6.00	7.00	8.00	9.00	10.	10.	15.	12.	15.	15.	18.	90.
2004-P WI	0.40	0.50	0.60	0.65	0.75	1.00	3.00	5.00	15.	—	—	—	*	*	*	*	*	*	*	*	*	*	*	*
2004-D WI	0.40	0.50	0.60	0.65	0.75	1.00	3.00	5.00	15.	20.	—	—	*	*	*	*	*	*	*	*	*	*	*	*
2004-D WI Extra Leaf High	—	—	300.	—	325.	400.	550.	900.	1500.	4000.	—	—	*	*	*	*	*	*	*	*	*	*	*	*
2004-D WI Extra Leaf Low	—	—	200.	—	225.	275.	400.	600.	900.	2500.	—	—	*	*	*	*	*	*	*	*	*	*	*	*
2004-S Clad WI	*	*	*	*	*	*	*	*	*	*	*	*	4.00	5.00	6.00	7.00	8.00	8.00	10.	9.00	10.	10.	14.	85.
2004-S Silver WI	*	*	*	*	*	*	*	*	*	*	*	*	6.00	7.00	8.00	9.00	10.	10.	15.	12.	15.	15.	18.	90.
2005-P CA	0.40	0.50	0.60	0.65	0.75	1.00	3.00	5.00	10.	—	30.	—	*	*	*	*	*	*	*	*	*	*	*	*
2005-P CA Satin Finish	—	—	—	—	—	3.00	3.00	4.00	7.00	10.	—	40.	*	*	*	*	*	*	*	*	*	*	*	*
2005-D CA	0.40	0.50	0.60	0.65	0.75	1.00	3.00	5.00	10.	—	18.	—	*	*	*	*	*	*	*	*	*	*	*	*
2005-D CA Satin Finish	—	—	—	—	—	3.00	3.00	5.00	8.00	14.	—	55.	*	*	*	*	*	*	*	*	*	*	*	*
2005-S Clad CA	*	*	*	*	*	*	*	*	*	*	*	*	4.00	5.00	6.00	7.00	8.00	8.00	10.	9.00	11.	10.	14.	60.
2005-S Silver CA	*	*	*	*	*	*	*	*	*	*	*	*	6.00	7.00	8.00	9.00	10.	10.	15.	12.	15.	15.	18.	90.
2005-P MN	0.40	0.50	0.60	0.65	0.75	1.00	3.00	5.00	10.	—	30.	35.	*	*	*	*	*	*	*	*	*	*	*	*
2005-P MN Satin Finish	—	—	3.00	—	3.00	4.00	5.00	7.00	12.	18.	35.	—	*	*	*	*	*	*	*	*	*	*	*	*
2005-D MN	0.40	0.50	0.60	0.65	0.75	1.00	3.00	5.00	10.	—	30.	—	*	*	*	*	*	*	*	*	*	*	*	*
2005-D MN Satin Finish	—	—	—	—	—	3.00	3.00	5.00	7.00	12.	180.	50.	*	*	*	*	*	*	*	*	*	*	*	*
2005-S Clad MN	*	*	*	*	*	*	*	*	*	*	*	*	4.00	5.00	6.00	7.00	8.00	8.00	10.	9.00	11.	10.	14.	60.

— = Insufficient pricing data   * = None issued

WASHINGTON QUARTER DOLLAR (CONTINUED)

	VF-20	EF-40	AU-50	AU-58	MS-60	MS-63	MS-64	MS-65	MS-66	MS-67	MS-68	MS-69	PF-63	PF-64	PF-65	PF-66	PF-66DC	PF-67	PF-67DC	PF-68	PF-68DC	PF-69	PF-69DC	PF-70DC
2005-S Silver MN	*	*	*	*	*	*	*	*	*	*	*	*	6.00	7.00	8.00	9.00	10.	10.	15.	12.	15.	14.	18.	90.
2005-P OR	0.40	0.50	0.60	0.65	0.75	1.00	3.00	5.00	10.	15.	35.	40.	*	*	*	*	*	*	*	*	*	*	*	*
2005-P OR Satin Finish	—	—	—	—	—	3.00	4.00	5.00	7.00	—	25.	35.	*	*	*	*	*	*	*	*	*	*	*	*
2005-D OR	0.40	0.50	0.60	0.65	0.75	1.00	3.00	5.00	10.	13.	35.	—	*	*	*	*	*	*	*	*	*	*	*	*
2005-D OR Satin Finish	—	—	—	—	—	3.00	4.00	5.00	7.00	—	27.	50.	*	*	*	*	*	*	*	*	*	*	*	*
2005-S Clad OR	*	*	*	*	*	*	*	*	*	*	*	*	4.00	5.00	6.00	7.00	8.00	8.00	10.	9.00	11.	10.	14.	60.
2005-S Silver OR	*	*	*	*	*	*	*	*	*	*	*	*	6.00	7.00	8.00	9.00	10.	10.	15.	12.	15.	14.	18.	90.
2005-P KS	0.40	0.50	0.60	0.65	0.75	1.00	3.00	5.00	10.	—	—	—	*	*	*	*	*	*	*	*	*	*	*	*
2005-P KS Satin Finish	—	—	—	—	—	3.00	4.00	5.00	7.00	13.	20.	45.	*	*	*	*	*	*	*	*	*	*	*	*
2005-D KS	0.40	0.50	0.60	0.65	0.75	1.00	3.00	5.00	10.	—	—	—	*	*	*	*	*	*	*	*	*	*	*	*
2005-D KS Satin Finish	—	—	—	—	—	3.00	4.00	5.00	7.00	13.	20.	45.	*	*	*	*	*	*	*	*	*	*	*	*
2005-S Clad KS	*	*	*	*	*	*	*	*	*	*	*	*	4.00	5.00	6.00	7.00	8.00	8.00	10.	9.00	11.	10.	14.	60.
2005-S Silver KS	*	*	*	*	*	*	*	*	*	*	*	*	6.00	7.00	8.00	9.00	10.	10.	15.	12.	15.	14.	18.	90.
2005-P WV	0.40	0.50	0.60	0.65	0.75	1.00	3.00	5.00	10.	—	25.	35.	*	*	*	*	*	*	*	*	*	*	*	*
2005-P WV Satin Finish	—	—	—	—	—	3.00	4.00	5.00	7.00	13.	25.	45.	*	*	*	*	*	*	*	*	*	*	*	*
2005-D WV	0.40	0.50	0.60	0.65	0.75	1.00	3.00	5.00	10.	—	—	—	*	*	*	*	*	*	*	*	*	*	*	*
2005-D WV Satin Finish	—	—	—	—	—	3.00	4.00	5.00	7.00	13.	30.	150.	*	*	*	*	*	*	*	*	*	*	*	*
2005-S Clad WV	*	*	*	*	*	*	*	*	*	*	*	*	4.00	5.00	6.00	7.00	8.00	8.00	10.	9.00	11.	10.	14.	60.

—— = Insufficient pricing data   * = None issued

WASHINGTON QUARTER DOLLAR (CONTINUED)

	VF-20	EF-40	AU-50	AU-58	MS-60	MS-63	MS-64	MS-65	MS-66	MS-67	MS-68	MS-69	PF-63	PF-64	PF-65	PF-66	PF-66DC	PF-67	PF-67DC	PF-68	PF-68DC	PF-69	PF-69DC	PF-70DC
2005-S Silver WV	*	*	*	*	*	*	*	*	*	*	*	*	6.00	7.00	8.00	9.00	10.	10.	15.	12.	15.	14.	18.	90.
2006-P NV	0.40	0.50	0.60	0.65	0.75	1.00	—	—	—	—	—	—	*	*	*	*	*	*	*	*	*	*	*	*
2006-P NV Satin Finish	—	—	—	—	—	3.00	4.00	5.00	7.00	10.	18.	100.	*	*	*	*	*	*	*	*	*	*	*	*
2006-D NV	0.40	0.50	0.60	0.65	0.75	1.00	—	—	—	—	—	—	*	*	*	*	*	*	*	*	*	*	*	*
2006-D NV Satin Finish	—	—	—	—	—	3.00	4.00	5.00	7.00	10.	13.	30.	*	*	*	*	*	*	*	*	*	*	*	*
2006-S Clad NV	*	*	*	*	*	*	*	*	*	*	*	*	4.00	5.00	6.00	7.00	8.00	8.00	10.	9.00	15.	10.	18.	35.
2006-S Silver NV	*	*	*	*	*	*	*	*	*	*	*	*	6.00	7.00	8.00	9.00	10.	10.	15.	12.	20.	20.	25.	125.
2006-P NE	0.40	0.50	0.60	0.65	0.75	1.00	—	—	—	—	—	—	*	*	*	*	*	*	*	*	*	*	*	*
2006-P NE Satin Finish	—	—	—	—	—	3.00	4.00	5.00	7.00	10.	14.	35.	*	*	*	*	*	*	*	*	*	*	*	*
2006-D NE	0.40	0.50	0.60	0.65	0.75	1.00	—	—	—	—	—	—	*	*	*	*	*	*	*	*	*	*	*	*
2006-D NE Satin Finish	—	—	—	—	—	3.00	4.00	5.00	7.00	10.	13.	50.	*	*	*	*	*	*	*	*	*	*	*	*
2006-S Clad NE	*	*	*	*	*	*	*	*	*	*	*	*	4.00	5.00	6.00	7.00	8.00	8.00	10.	9.00	15.	10.	18.	35.
2006-S Silver NE	*	*	*	*	*	*	*	*	*	*	*	*	6.00	7.00	8.00	9.00	10.	10.	15.	12.	20.	20.	25.	100.
2006-P CO	0.40	0.50	0.60	0.65	0.75	1.00	—	—	—	—	—	—	*	*	*	*	*	*	*	*	*	*	*	*
2006-P CO Satin Finish	—	—	—	—	—	3.00	4.00	5.00	7.00	10.	13.	27.	*	*	*	*	*	*	*	*	*	*	*	*
2006-D CO	0.40	0.50	0.60	0.65	0.75	1.00	—	—	—	—	—	—	*	*	*	*	*	*	*	*	*	*	*	*
2006-D CO Satin Finish	—	—	—	—	—	3.00	4.00	5.00	7.00	10.	12.	35.	*	*	*	*	*	*	*	*	*	*	*	*
2006-S Clad CO	*	*	*	*	*	*	*	*	*	*	*	*	4.00	5.00	6.00	7.00	8.00	8.00	10.	9.00	15.	10.	18.	35.

—— = Insufficient pricing data   * = None issued

WASHINGTON QUARTER DOLLAR (CONTINUED)

	PF-70DC	PF-69DC	PF-69	PF-68DC	PF-68	PF-67DC	PF-67	PF-66DC	PF-66	PF-65	PF-64	PF-63	MS-69	MS-68	MS-67	MS-66	MS-65	MS-64	MS-63	MS-60	AU-58	AU-50	EF-40	VF-20
2006-S Silver CQ	160.	25.	20.	20.	12.	15.	10.	10.	9.00	8.00	7.00	6.00	*	*	*	*	*	*	*	*	*	*	*	*
2006-P ND	*	*	*	*	*	*	*	*	*	*	*	*	—	—	6.00	3.00	2.00	1.25	1.00	0.75	0.65	0.60	0.50	0.40
2006-P ND Satin Finish	*	*	*	*	*	*	*	*	*	*	*	*	65.	15.	10.	7.00	5.00	4.00	3.00	—	—	—	—	—
2006-D ND	*	*	*	*	*	*	*	*	*	*	*	*	—	—	6.00	3.00	2.00	1.25	1.00	0.75	0.65	0.60	0.50	0.40
2006-D ND Satin Finish	*	*	*	*	*	*	*	*	*	*	*	*	30.	13.	10.	7.00	5.00	4.00	3.00	—	—	—	—	—
2006-S Silver ND	45.	18.	10.	15.	9.00	10.	8.00	8.00	7.00	6.00	5.00	4.00	*	*	*	*	*	*	*	*	*	*	*	*
2006-S Clad ND	100.	25.	20.	20.	12.	15.	10.	10.	9.00	8.00	7.00	6.00	*	*	*	*	*	*	*	*	*	*	*	*
2006-P SD	*	*	*	*	*	*	*	*	*	*	*	*	—	—	6.00	3.00	2.00	1.25	1.00	0.75	0.65	0.60	0.50	0.40
2006-P SD Satin Finish	*	*	*	*	*	*	*	*	*	*	*	*	60.	22.	15.	7.00	5.00	4.00	3.00	—	—	—	—	—
2006-D SD	*	*	*	*	*	*	*	*	*	*	*	*	—	—	6.00	3.00	2.00	1.25	1.00	0.75	0.65	0.60	0.50	0.40
2006-D SD Satin Finish	*	*	*	*	*	*	*	*	*	*	*	*	35.	12.	10.	7.00	5.00	4.00	3.00	—	—	—	—	—
2006-S Silver SD	35.	18.	10.	15.	9.00	10.	8.00	8.00	7.00	6.00	5.00	4.00	*	*	*	*	*	*	*	*	*	*	*	*
2006-S Clad SD	150.	25.	20.	20.	12.	15.	10.	10.	9.00	8.00	7.00	6.00	*	*	*	*	*	*	*	*	*	*	*	*
2007-P MT	*	*	*	*	*	*	*	*	*	*	*	*	—	—	6.00	3.00	2.00	1.50	1.00	0.75	0.65	0.60	0.50	0.40
2007-P MT Satin Finish	*	*	*	*	*	*	*	*	*	*	*	*	35.	12.	9.00	7.00	5.00	4.00	3.00	—	—	—	—	—
2007-D MT	*	*	*	*	*	*	*	*	*	*	*	*	—	—	6.00	3.00	2.00	1.50	1.00	0.75	0.65	0.60	0.50	0.40
2007-D MT Satin Finish	*	*	*	*	*	*	*	*	*	*	*	*	45.	12.	9.00	7.00	5.00	4.00	3.00	—	—	—	—	—
2007-S Clad MT	50.	12.	8.00	8.00	7.00	7.00	5.00	5.00	5.00	4.50	4.00	—	*	*	*	*	*	*	*	*	*	*	*	*

—— = Insufficient pricing data   * = None issued

WASHINGTON QUARTER DOLLAR (CONTINUED)

	VF-20	EF-40	AU-50	AU-58	MS-60	MS-63	MS-64	MS-65	MS-66	MS-67	MS-68	MS-69	PF-63	PF-64	PF-65	PF-66	PF-66DC	PF-67	PF-67DC	PF-68	PF-68DC	PF-69	PF-69DC	PF-70DC
2007-S Silver MT	*	*	*	*	*	*	*	*	*	*	*	*	5.00	6.00	6.50	6.50	7.50	9.00	10.	11.	12.	15.	16.	75.
2007-P WA	0.40	0.50	0.60	0.65	0.75	1.00	1.50	2.00	3.00	6.00	—	—	*	*	*	*	*	*	*	*	*	*	*	*
2007-P WA Satin Finish	—	—	—	—	—	3.00	4.00	5.00	7.00	10.	13.	40.	*	*	*	*	*	*	*	*	*	*	*	*
2007-D WA	0.40	0.50	0.60	0.65	0.75	1.00	1.50	2.00	3.00	6.00	—	—	*	*	*	*	*	*	*	*	*	*	*	*
2007-D WA Satin Finish	—	—	—	—	—	3.00	4.00	5.00	7.00	10.	13.	25.	*	*	*	*	*	*	*	*	*	*	*	*
2007-S Clad WA	*	*	*	*	*	*	*	*	*	*	*	*	—	—	4.00	4.50	5.00	5.00	7.00	7.00	8.00	8.00	12.	50.
2007-S Silver WA	*	*	*	*	*	*	*	*	*	*	*	*	5.00	6.00	6.50	6.50	7.50	9.00	10.	11.	12.	15.	16.	75.
2007-P ID	0.40	0.50	0.60	0.65	0.75	1.00	1.50	2.00	3.00	20.	—	—	*	*	*	*	*	*	*	*	*	*	*	*
2007-P ID Satin Finish	—	—	—	—	—	3.00	4.00	5.00	7.00	10.	85.	50.	*	*	*	*	*	*	*	*	*	*	*	*
2007-D ID	0.40	0.50	0.60	0.65	0.75	1.00	1.50	2.00	3.00	10.	—	—	*	*	*	*	*	*	*	*	*	*	*	*
2007-D ID Satin Finish	—	—	—	—	—	3.00	4.00	5.00	7.00	10.	12.	—	*	*	*	*	*	*	*	*	*	*	*	*
2007-S Clad ID	*	*	*	*	*	*	*	*	*	*	*	*	—	—	4.00	4.50	5.00	5.00	7.00	7.00	8.00	8.00	12.	50.
2007-S Silver ID	*	*	*	*	*	*	*	*	*	*	*	*	5.00	6.00	6.50	6.50	7.50	9.00	10.	11.	12.	15.	16.	75.
2007-P WY	0.40	0.50	0.60	0.65	0.75	1.00	1.50	2.00	3.00	10.	—	—	*	*	*	*	*	*	*	*	*	*	*	*
2007-P WY Satin Finish	—	—	—	—	—	3.00	4.00	5.00	7.00	10.	13.	45.	*	*	*	*	*	*	*	*	*	*	*	*
2007-D WY	0.40	0.50	0.60	0.65	0.75	1.00	1.50	2.00	3.00	10.	—	—	*	*	*	*	*	*	*	*	*	*	*	*
2007-D WY Satin Finish	—	—	—	—	—	3.00	4.00	5.00	7.00	10.	12.	—	*	*	*	*	*	*	*	*	*	*	*	*
2007-S Clad WY	*	*	*	*	*	*	*	*	*	*	*	*	—	—	4.00	4.50	5.00	5.00	7.00	7.00	8.00	8.00	12.	50.

—— = Insufficient pricing data   * = None issued

WASHINGTON QUARTER DOLLAR (CONTINUED)

	VF-20	EF-40	AU-50	AU-58	MS-60	MS-63	MS-64	MS-65	MS-66	MS-67	MS-68	MS-69	PF-63	PF-64	PF-65	PF-66	PF-66DC	PF-67	PF-67DC	PF-68	PF-68DC	PF-69	PF-69DC	PF-70DC
2007-S Silver WY	*	*	*	*	*	*	*	*	*	*	*	*	5.00	6.00	6.50	6.50	7.50	9.00	10.	11.	12.	15.	16.	75.
2007-P UT	0.40	0.50	0.60	0.65	0.75	1.00	1.50	2.00	3.00	4.00	—	—	*	*	*	*	*	*	*	*	*	*	*	*
2007-P UT Satin Finish	—	—	—	—	—	3.00	4.00	5.00	7.00	10.	12.	35.	*	*	*	*	*	*	*	*	*	*	*	*
2007-D UT	0.40	0.50	0.60	0.65	0.75	1.00	1.50	2.00	3.00	4.00	—	—	*	*	*	*	*	*	*	*	*	*	*	*
2007-D UT Satin Finish	—	—	—	—	—	3.00	4.00	5.00	7.00	10.	12.	40.	*	*	*	*	*	*	*	*	*	*	*	*
2007-S Clad UT	*	*	*	*	*	*	*	*	*	*	*	*	—	—	4.00	5.00	6.00	6.00	8.00	8.00	10.	10.	13.	50.
2007-S Silver UT	*	*	*	*	*	*	*	*	*	*	*	*	5.00	6.00	6.50	6.50	7.50	9.00	10.	11.	12.	15.	16.	75.
2008-P OK	0.40	0.50	0.60	0.65	0.75	1.00	1.50	2.00	3.00	4.00	—	—	*	*	*	*	*	*	*	*	*	*	*	*
2008-P OK Satin Finish	—	—	—	—	—	3.00	4.00	5.00	7.00	10.	12.	—	*	*	*	*	*	*	*	*	*	*	*	*
2008-D OK	0.40	0.50	0.60	0.65	0.75	1.00	1.50	2.00	3.00	4.00	—	—	*	*	*	*	*	*	*	*	*	*	*	*
2008-D OK Satin Finish	—	—	—	—	—	3.00	4.00	5.00	7.00	10.	10.	—	*	*	*	*	*	*	*	*	*	*	*	*
2008-S Clad OK	*	*	*	*	*	*	*	*	*	*	*	*	—	—	3.00	3.50	4.50	4.00	5.50	4.50	7.00	6.00	12.	22.
2008-S Silver OK	*	*	*	*	*	*	*	*	*	*	*	*	4.00	4.50	5.00	5.50	7.50	6.00	9.00	10.	11.	12.	13.	25.
2008-P NM	0.40	0.50	0.60	0.65	0.75	1.00	1.50	2.00	3.00	4.00	—	—	*	*	*	*	*	*	*	*	*	*	*	*
2008-P NM Satin Finish	—	—	—	—	—	3.00	4.00	5.00	7.00	10.	12.	—	*	*	*	*	*	*	*	*	*	*	*	*
2008-D NM	0.40	0.50	0.60	0.65	0.75	1.00	1.50	2.00	3.00	4.00	—	—	*	*	*	*	*	*	*	*	*	*	*	*
2008-D NM Satin Finish	—	—	—	—	—	3.00	4.00	5.00	7.00	10.	12.	—	*	*	*	*	*	*	*	*	*	*	*	*
2008-S Clad NM	*	*	*	*	*	*	*	*	*	*	*	*	—	—	3.00	3.50	4.50	4.00	5.50	4.50	7.00	6.00	12.	22.

——— = Insufficient pricing data   * = None issued

WASHINGTON QUARTER DOLLAR (CONTINUED)

	VF-20	EF-40	AU-50	AU-58	MS-60	MS-63	MS-64	MS-65	MS-66	MS-67	MS-68	MS-69	PF-63	PF-64	PF-65	PF-66	PF-66DC	PF-67	PF-67DC	PF-68	PF-68DC	PF-69	PF-69DC	PF-70DC
2008-S Silver NM	*	*	*	*	*	*	*	*	*	*	*	*	4.00	4.50	5.00	5.50	7.50	6.00	9.00	10.	11.	12.	13.	25.
2008-P AZ	0.40	0.50	0.60	0.65	0.75	1.00	1.50	2.00	3.00	4.00	10.	—	*	*	*	*	*	*	*	*	*	*	*	*
2008-P AZ Satin Finish	—	—	—	—	—	3.00	4.00	5.00	7.00	10.	12.	—	*	*	*	*	*	*	*	*	*	*	*	*
2008-D AZ	0.40	0.50	0.60	0.65	0.75	1.00	1.50	2.00	3.00	4.00	10.	—	*	*	*	*	*	*	*	*	*	*	*	*
2008-D AZ Satin Finish	—	—	—	—	—	3.00	4.00	5.00	7.00	10.	12.	—	*	*	*	*	*	*	*	*	*	*	*	*
2008-S Clad AZ	*	*	*	*	*	*	*	*	*	*	*	*	—	—	3.00	3.50	4.50	4.00	5.50	4.50	7.00	6.00	12.	22.
2008-S Silver AZ	*	*	*	*	*	*	*	*	*	*	*	*	4.00	4.50	5.00	5.50	7.50	6.00	9.00	10.	11.	12.	16.	28.
2008-P AK	0.40	0.50	0.60	0.65	0.75	1.00	1.50	2.00	3.00	4.00	10.	—	*	*	*	*	*	*	*	*	*	*	*	*
2008-P AK Satin Finish	—	—	—	—	—	3.00	4.00	5.00	7.00	10.	12.	—	*	*	*	*	*	*	*	*	*	*	*	*
2008-D AK	0.40	0.50	0.60	0.65	0.75	1.00	1.50	2.00	3.00	4.00	10.	—	*	*	*	*	*	*	*	*	*	*	*	*
2008-D AK Satin Finish	—	—	—	—	—	3.00	4.00	5.00	7.00	10.	12.	—	*	*	*	*	*	*	*	*	*	*	*	*
2008-S Clad AK	*	*	*	*	*	*	*	*	*	*	*	*	—	—	3.00	3.50	4.50	4.00	5.50	4.50	7.00	6.00	12.	22.
2008-S Silver AK	*	*	*	*	*	*	*	*	*	*	*	*	4.00	4.50	5.00	5.50	7.50	6.00	9.00	10.	11.	12.	16.	28.
2008-P HI	0.40	0.50	0.60	0.65	0.75	1.00	1.50	2.00	3.00	4.00	10.	—	*	*	*	*	*	*	*	*	*	*	*	*
2008-P HI Satin Finish	—	—	—	—	—	3.00	4.00	5.00	7.00	10.	12.	—	*	*	*	*	*	*	*	*	*	*	*	*
2008-D HI	0.40	0.50	0.60	0.65	0.75	1.00	1.50	2.00	3.00	4.00	10.	—	*	*	*	*	*	*	*	*	*	*	*	*
2008-D HI Satin Finish	—	—	—	—	—	3.00	4.00	5.00	7.00	10.	12.	—	*	*	*	*	*	*	*	*	*	*	*	*
2008-S Clad HI	*	*	*	*	*	*	*	*	*	*	*	*	—	—	3.00	3.50	4.50	4.00	5.50	4.50	7.00	6.00	12.	22.

—— = Insufficient pricing data   * = None issued

WASHINGTON QUARTER DOLLAR (CONTINUED)

	VF-20	EF-40	AU-50	AU-58	MS-60	MS-63	MS-64	MS-65	MS-66	MS-67	MS-68	MS-69	PF-63	PF-64	PF-65	PF-66	PF-66DC	PF-67	PF-67DC	PF-68	PF-68DC	PF-69	PF-69DC	PF-70DC
2008-S Silver HI	*	*	*	*	*	*	*	*	*	*	*	*	4.00	4.50	5.00	5.50	7.50	6.00	9.00	10.	11.	12.	16.	28.
D.C. AND TERRITORIAL REVERSES																								
2009-P DC	0.40	0.50	0.60	0.65	0.75	1.00	1.50	2.00	3.00	4.00	10.	—	*	*	*	*	*	*	*	*	*	*	*	*
2009-P DC Satin Finish	—	—	—	—	—	3.00	4.00	5.00	7.00	10.	12.	—	*	*	*	*	*	*	*	*	*	*	*	*
2009-D DC	0.40	0.50	0.60	0.65	0.75	1.00	1.50	2.00	3.00	4.00	10.	—	*	*	*	*	*	*	*	*	*	*	*	*
2009-D DC Satin Finish	—	—	—	—	—	3.00	4.00	5.00	7.00	10.	12.	—	*	*	*	*	*	*	*	*	*	*	*	*
2009-S Clad DC*	*	*	*	*	*	*	*	*	*	*	—	*	—	—	3.50	4.00	4.50	—	6.50	—	7.50	—	10.	25.
2009-S Silver DC	*	*	*	*	*	*	*	*	*	*	—	*	4.00	4.50	5.00	5.50	7.50	6.00	9.00	10.	10.	12.	14.	25.
2009-P PR	0.40	0.50	0.60	0.65	0.75	1.00	1.50	2.00	3.00	4.00	10.	—	*	*	*	*	*	*	*	*	*	*	*	*
2009-P PR Satin Finish	—	—	—	—	—	3.00	4.00	5.00	7.00	10.	12.	—	*	*	*	*	*	*	*	*	*	*	*	*
2009-D PR	0.40	0.50	0.60	0.65	0.75	1.00	1.50	2.00	3.00	4.00	10.	—	*	*	*	*	*	*	*	*	*	*	*	*
2009-D PR Satin Finish	—	—	—	—	—	3.00	4.00	5.00	7.00	10.	12.	—	*	*	*	*	*	*	*	*	*	*	*	*
2009-S Clad PR	*	*	*	*	*	*	*	*	*	*	—	*	—	—	3.50	4.00	4.50	—	6.50	—	7.50	—	10.	25.
2009-S Silver PR	*	*	*	*	*	*	*	*	*	*	—	*	4.00	4.50	5.00	5.50	7.50	6.00	9.00	10.	10.	12.	14.	25.
2009-P GU	0.40	0.50	0.60	0.65	0.75	1.00	1.50	2.00	3.00	4.00	10.	—	*	*	*	*	*	*	*	*	*	*	*	*
2009-P GU Satin Finish	—	—	—	—	—	3.00	4.00	5.00	7.00	10.	12.	—	*	*	*	*	*	*	*	*	*	*	*	*
2009-D GU	0.40	0.50	0.60	0.65	0.75	1.00	1.50	2.00	3.00	4.00	10.	—	*	*	*	*	*	*	*	*	*	*	*	*

—— = Insufficient pricing data   * = None issued

WASHINGTON QUARTER DOLLAR (CONTINUED)

	VF-20	EF-40	AU-50	AU-58	MS-60	MS-63	MS-64	MS-65	MS-66	MS-67	MS-68	MS-69	PF-63	PF-64	PF-65	PF-66	PF-66DC	PF-67	PF-67DC	PF-68	PF-68DC	PF-69	PF-69DC	PF-70DC
2009-D GU Satin Finish	—	*	—	—	—	3.00	4.00	5.00	7.00	10.	12.	—	*	*	*	*	*	*	*	*	*	*	*	*
2009-S Clad GU	*	*	*	*	*	*	*	*	*	*	*	*	4.00	—	3.50	4.00	4.50	—	6.50	—	7.50	—	10.	25.
2009-S Silver GU	*	*	*	*	*	*	*	*	*	*	*	*	*	4.50	5.00	5.50	7.50	6.00	9.00	10.	10.	12.	14.	25.
2009-P AS	0.40	0.50	0.60	0.65	0.75	1.00	1.50	2.00	3.00	4.00	10.	—	*	*	*	*	*	*	*	*	*	*	*	*
2009-P AS Satin Finish	—	—	—	—	—	3.00	4.00	5.00	7.00	10.	12.	—	*	*	*	*	*	*	*	*	*	*	*	*
2009-D AS	0.40	0.50	0.60	0.65	0.75	1.00	1.50	2.00	3.00	4.00	10.	—	*	*	*	*	*	*	*	*	*	*	*	*
2009-D AS Satin Finish	—	—	—	—	—	3.00	4.00	5.00	7.00	10.	12.	—	*	*	*	*	*	*	*	*	*	*	*	*
2009-S Clad AS *	*	*	*	*	*	*	*	*	*	*	*	*	4.00	—	3.50	4.00	4.50	—	6.50	—	7.50	—	10.	25.
2009-S Silver AS	*	*	*	*	*	*	*	*	*	*	*	*	*	4.50	5.00	5.50	7.50	6.00	9.00	10.	10.	12.	14.	25.
2009-P VI	0.40	0.50	0.60	0.65	0.75	1.00	1.50	2.00	3.00	4.00	10.	—	*	*	*	*	*	*	*	*	*	*	*	*
2009-P VI Satin Finish	—	—	—	—	—	3.00	4.00	5.00	7.00	10.	12.	—	*	*	*	*	*	*	*	*	*	*	*	*
2009-D VI	0.40	0.50	0.60	0.65	0.75	1.00	1.50	2.00	3.00	4.00	10.	—	*	*	*	*	*	*	*	*	*	*	*	*
2009-D VI Satin Finish	—	—	—	—	—	3.00	4.00	5.00	7.00	10.	12.	—	*	*	*	*	*	*	*	*	*	*	*	*
2009-S Clad VI *	*	*	*	*	*	*	*	*	*	*	*	*	4.00	—	3.50	4.00	4.50	—	6.50	—	7.50	—	10.	25.
2009-S Silver VI	*	*	*	*	*	*	*	*	*	*	*	*	*	4.50	5.00	5.50	7.50	6.00	9.00	10.	10.	12.	14.	25.
2009-P NMI	0.40	0.50	0.60	0.65	0.75	1.00	1.50	2.00	3.00	4.00	10.	—	*	*	*	*	*	*	*	*	*	*	*	*
2009-P NMI Satin Finish	—	—	—	—	—	3.00	4.00	5.00	7.00	10.	12.	—	*	*	*	*	*	*	*	*	*	*	*	*
2009-D NMI	—	—	—	—	—	—	—	—	—	—	—	—	*	*	*	*	*	*	*	*	*	*	*	*
2009-D NMI Satin Finish	—	—	—	—	—	3.00	4.00	5.00	7.00	10.	12.	—	*	*	*	*	*	*	*	*	*	*	*	*

—— = None issued   * = Insufficient pricing data

WASHINGTON QUARTER DOLLAR (CONTINUED)

	VF-20	EF-40	AU-50	AU-58	MS-60	MS-63	MS-64	MS-65	MS-66	MS-67	MS-68	MS-69	PF-63	PF-64	PF-65	PF-66	PF-66DC	PF-67	PF-67DC	PF-68	PF-68DC	PF-69	PF-69DC	PF-70DC
2009-S Clad NMI *	*	*	*	*	*	*	*	*	*	*	*	*	—	—	3.50	4.00	4.50	—	6.50	—	7.50	—	10.	25.
2009-S Silver NMI *	*	*	*	*	*	*	*	*	*	*	*	*	4.00	4.50	5.00	5.50	7.50	6.00	9.00	10.	10.	12.	14.	25.
AMERICA'S BEAUTIFUL REVERSES																								
2010-P AR	—	—	—	—	—	—	—	—	—	*	*	*	*	*	*	*	*	*	*	*	*	*	*	*
2010-D AR	—	—	—	—	—	—	—	—	—	*	*	*	*	*	*	*	*	*	*	*	*	*	*	*
2010-S Silver AR *	*	*	*	*	*	*	*	*	*	*	*	*	—	—	—	—	—	—	—	—	—	—	—	—
2010-P WY	—	—	—	—	—	—	—	—	—	*	*	*	*	*	*	*	*	*	*	*	*	*	*	*
2010-D WY	—	—	—	—	—	—	—	—	—	*	*	*	*	*	*	*	*	*	*	*	*	*	*	*
2010-S Silver WY *	*	*	*	*	*	*	*	*	*	*	*	*	—	—	—	—	—	—	—	—	—	—	—	—
2010-P CA	—	—	—	—	—	—	—	—	—	*	*	*	*	*	*	*	*	*	*	*	*	*	*	*
2010-D CA	—	—	—	—	—	—	—	—	—	*	*	*	*	*	*	*	*	*	*	*	*	*	*	*
2010-S Silver CA *	*	*	*	*	*	*	*	*	*	*	*	*	—	—	—	—	—	—	—	—	—	—	—	—
2010-P AZ	—	—	—	—	—	—	—	—	—	*	*	*	*	*	*	*	*	*	*	*	*	*	*	*
2010-D AZ	—	—	—	—	—	—	—	—	—	*	*	*	*	*	*	*	*	*	*	*	*	*	*	*
2010-S Silver AZ *	*	*	*	*	*	*	*	*	*	*	*	*	—	—	—	—	—	—	—	—	—	—	—	—
2010-P OR	—	—	—	—	—	—	—	—	—	*	*	*	*	*	*	*	*	*	*	*	*	*	*	*
2010-D OR	—	—	—	—	—	—	—	—	—	*	*	*	*	*	*	*	*	*	*	*	*	*	*	*
2010-S Silver OR *	*	*	*	*	*	*	*	*	*	*	*	*	—	—	—	—	—	—	—	—	—	—	—	—

—— = Insufficient pricing data   * = None issued

1999

Common Obverse

Delaware

Pennsylvania   New Jersey   Georgia   Connecticut

2000

Massachusetts   Maryland

South Carolina   New Hampshire   Virginia

2001

New York   North Carolina

Rhode Island   Vermont   Kentucky

Values of U.S. coins — 193

2002

Tennessee

Ohio

Louisiana

Indiana

Mississippi

2003

Illinois

Alabama

Maine

Missouri

Arkansas

2004

Michigan

Florida

Texas

Iowa

Wisconsin

2005

California

Minnesota

Oregon

Kansas

West Virginia

2006

Nevada

Nebraska

Colorado

North Dakota

South Dakota

2007

Montana

Washington

Idaho

Wyoming

Utah

Values of U.S. coins — 195

2008

Oklahoma

New Mexico

Arizona

Alaska

Hawaii

2009

District of
Columbia

Puerto Rico

Guam

American Samoa

Northern
Mariana Islands

2010

Hot Springs

Yellowstone

Yosemite

Grand Canyon

Mount Hood

Flowing Hair half dollar

Date of authorization: April 2, 1792
Dates of issue: 1794-1795
Designer: Robert Scot
Engravers: Robert Scot-John S. Gardner
Diameter: 32.50 mm/1.28 inches
Weight: 13.48 grams/0.43 ounce
Metallic content: 90% silver, 10% copper
Specific gravity: 10.34
Weight of pure silver: 12.13 grams/0.39 ounce
Edge: Lettered (FIFTY CENTS OR HALF A DOLLAR)
Mint mark: None

	AG-3	G-4	VG-8	F-12	VF-20	EF-40	EF-45	AU-50	AU-55	MS-60
1794	4000.	5000.	10000.	20000.	30000.	45000.	55000.	85000.	125000.	225000.
1795/1795 2 Leaves	850.	1000.	1500.	3500.	7500.	10000.	15000.	20000.	25000.	50000.
1795/1795 3 Leaves	1500.	2000.	2500.	5000.	10000.	12500.	17500.	25000.	—	—
1795 A/E in STATES	—	—	—	—	—	—	—	—	—	—
1795 Y/Star										
1795 S/D in STATES	—	—	—	—	—	—	—	—	—	—
1795 Small Head	2000.	2500.	3250.	5000.	12500.	22500.	25000.	27500.	30000.	—
1795 Silver Plug	7500.	12500.	17500.	20000.	25000.	35000.	40000.	50000.	—	—

—— = Insufficient pricing data

Draped Bust half dollar

Small Eagle reverse

Heraldic Eagle reverse

Date of authorization: April 2, 1792
Dates of issue: 1796-1797, 1801-1807
Designers: Obverse: Gilbert Stuart-Robert Scot
Reverse:
(1796-1797): Scot-John Eckstein
(1801-1807): Robert Scot
Engraver: Robert Scot
Diameter: 32.50 mm/1.28 inches
Weight: 13.48 grams/0.43 ounce
Metallic content: 89.25% silver, 10.75% copper
Specific gravity: 10.32
Weight of pure silver: 12.03 grams/0.39 ounce
Edge: Lettered (FIFTY CENTS OR HALF A DOLLAR)
Mint mark: None

SMALL EAGLE

	AG-3	G-4	VG-8	F-12	VF-20	EF-40	EF-45	AU-50	AU-55	MS-60
1796 15 Stars	30000.	35000.	42500.	50000.	75000.	125000.	135000.	150000.	175000.	275000.
1796 16 Stars	32500.	40000.	50000.	75000.	100000.	135000.	150000.	200000.	200000.	300000.
1797	30000.	35000.	42500.	50000.	75000.	125000.	135000.	150000.	175000.	275000.

HERALDIC EAGLE

	AG-3	G-4	VG-8	F-12	VF-20	EF-40	EF-45	AU-50	AU-55	MS-60
1801	500.	850.	1500.	2500.	3500.	7500.	10000.	22500.	35000.	50000.
1802	500.	850.	1500.	2250.	3500.	7500.	12500.	20000.	42500.	50000.
1803 Small 3	250.	350.	500.	850.	1250.	3000.	5000.	7500.	10000.	—
1803 Large 3	200.	300.	450.	750.	1000.	2000.	2500.	7000.	10000.	17500.
1805/4	350.	500.	750.	1000.	1500.	5000.	6000.	10000.	20000.	30000.
1805	150.	250.	450.	750.	1000.	1750.	3000.	5000.	7000.	15000.
1806/5	200.	300.	500.	750.	1000.	2250.	3500.	5000.	7500.	17500.
1806/Inverted 6	200.	350.	600.	1000.	1500.	3000.	5500.	10000.	15000.	30000.
1806 Knobbed 6, Large Stars	150.	200.	250.	400.	750.	1750.	3500.	5000.	7500.	—
1806 Knobbed 6, Small Stars	150.	200.	250.	400.	750.	1750.	3500.	5000.	7500.	10000.

—— = Insufficient pricing data   * = None issued

DRAPED BUST HALF DOLLAR (CONTINUED)

	AG-3	G-4	VG-8	F-12	VF-20	EF-40	EF-45	AU-50	AU-55	MS-60
1806 Knobbed 6, No Stem	50000.	75000.	100000.	110000.	125000.	150000.	—	—	—	—
1806 Knobbed 6, Stems	—	—	—	—	—	—	—	—	—	—
1806 Pointed 6, Stems	150.	200.	250.	400.	1000.	1500.	2250.	4500.	5500.	10000.
1806 Pointed 6, No Stem	150.	200.	250.	400.	1000.	1500.	2250.	5000.	7500.	12500.
1807	150.	200.	250.	400.	750.	1500.	2500.	4250.	7500.	10000.

——— = Insufficient pricing data   * = None issued

Capped Bust half dollar

Date of authorization:	April 2, 1792
Dates of issue:	1807-1839
Designers:	Obverse: John Reich
	Reverse:
	(1807-1836): John Reich
	(1836-1839): Reich-Christian Gobrecht
Engraver:	John Reich
Diameter:	(1807-1836): 32.50 mm/1.28 inches
	(1836-1839): 30.61 mm/1.21 inches
Weight:	(1807-1836): 13.48 grams/0.43 ounce
	(1836-1839): 13.37 grams/0.43 ounce
Metallic Content:	(1807-1836): 89.25% silver, 10.75% copper
	(1836-1839): 90% silver, 10% copper
Specific gravity:	89.25% silver, 10.32; 90% silver, 10.34
	(1836-1839): 90% silver, 10% copper
Weight of pure silver:	(1807-1836): 12.03 grams/0.39 ounce
	(1836-1839): 12.03 grams/0.39 ounce
Edge:	(1807-1836): Lettered (FIFTY CENTS OR HALF A DOLLAR)
	(1836-1839): Reeded
Mint mark:	1838-1839 only, obverse above date

Values of U.S. coins — 199

CAPPED BUST HALF DOLLAR (CONTINUED)

	G-4	VG-8	F-12	VF-20	EF-40	AU-50	AU-58	MS-60	MS-62	MS-63	MS-64
1807 Small Stars	250.	450.	750.	1500.	2250.	5000.	7500.	—	—	—	—
1807 Large Stars	350.	500.	1000.	2000.	2500.	5500.	7500.	—	—	—	—
1807 50/20C	125.	200.	350.	550.	1250.	2500.	6500.	8500.	10000.	12500.	27500.
1807 Bearded Goddess	600.	1000.	1500.	2000.	5000.	8000.	—	—	—	—	—
1808/7	100.	125.	200.	350.	750.	1500.	3000.	4000.	7500.	12500.	15000.
1808	90.	110.	125.	250.	500.	1000.	2000.	2500.	3000.	5000.	10000.
1809 Normal Edge	90.	110.	150.	250.	750.	1000.	3000.	3500.	4000.	5000.	7500.
1809 XXX Edge	100.	125.	175.	250.	750.	1000.	2750.	—	—	—	—
1809 III Edge	125.	150.	200.	300.	850.	1250.	4500.	5000.	6500.	8500.	12500.
1810	90.	110.	125.	200.	500.	1000.	2000.	2500.	3750.	5000.	7500.
1811 Small 8	65.	75.	100.	175.	350.	750.	1500.	1750.	2000.	4000.	5000.
1811 Large 8	85.	100.	150.	200.	500.	1000.	1500.	2500.	5000.	7500.	—
1811/0	100.	125.	175.	300.	750.	1750.	2500.	3500.	5500.	13500.	17500.
1812/1 Small 8	85.	100.	125.	250.	750.	1250.	1750.	2500.	5000.	7500.	—
1812/1 Large 8	2500.	4000.	5000.	7500.	10000.	20000.	—	—	—	—	—
1812	75.	85.	100.	200.	325.	550.	1500.	2000.	3250.	3500.	5000.
1812 Single Leaf	—	—	—	—	—	—	—	—	—	—	—
1813	75.	100.	150.	200.	300.	750.	1500.	2000.	2500.	3000.	5000.
1813 50C/UNI	100.	125.	175.	250.	500.	1000.	2500.	3000.	5000.	7500.	12500.
1814	75.	100.	150.	200.	300.	750.	2500.	2750.	3000.	5000.	5000.
1814 E/A In STATES	75.	100.	175.	350.	750.	1000.	2250.	2750.	3250.	5000.	10000.
1814 Single Leaf	—	—	—	—	—	—	—	—	—	—	—
1814/3 0-101	125.	200.	250.	500.	1250.	1750.	2500.	3000.	3500.	5500.	11000.
1815/2	1750.	2000.	2500.	3750.	5250.	8500.	12500.	15000.	20000.	30000.	50000.
1817/3	125.	200.	300.	550.	1500.	2500.	4500.	5000.	7500.	15000.	30000.
1817/4	—	—	100000.	150000.	200000.	300000.	—	—	—	—	—
1817	75.	100.	125.	175.	450.	650.	1750.	2000.	2500.	4250.	6000.
1817 Punctuated Date	110.	150.	250.	500.	1000.	2000.	2750.	4000.	10000.	—	—
1817 Single Leaf	—	—	—	—	—	—	—	—	—	—	—
1818/7 Small 8	75.	100.	125.	200.	450.	1500.	2000.	2750.	4000.	6000.	10000.
1818/7 Large 8	100.	125.	150.	250.	500.	1250.	2250.	3000.	4500.	6250.	11000.
1818	75.	85.	100.	125.	250.	500.	1250.	1500.	2250.	2750.	4500.
1819/8 Small 9	100.	125.	150.	250.	350.	1000.	1500.	1750.	2500.	3500.	7500.
1819/8 Large 9	125.	150.	250.	300.	400.	1250.	1750.	2250.	3000.	4000.	7500.
1819	75.	100.	125.	200.	300.	500.	1500.	1750.	2500.	3250.	6250.
1820/19 Curl Base 2	150.	250.	350.	750.	1000.	1750.	3250.	3750.	6000.	7500.	—
1820/19 Square Base 2	200.	300.	500.	850.	1250.	2000.	3500.	5000.	7500.	10000.	—
1820 Large Date, Square Base Knob Top 2	75.	100.	125.	200.	650.	1000.	2250.	2500.	3000.	5000.	7500.
1820 Large Date, Square Base Curl Top 2	75.	100.	125.	200.	650.	1000.	2250.	2500.	3000.	5000.	7500.
1820 Small Date, Curl Base 2	75.	100.	125.	200.	650.	1000.	2250.	2500.	3000.	5000.	7500.
1820 No Serifs on Es	500.	1000.	2000.	4000.	5000.	—	—	—	—	—	—
1821	75.	100.	125.	150.	250.	550.	1750.	2000.	2500.	4000.	5000.
1822	75.	100.	125.	150.	350.	500.	1000.	1250.	2250.	3000.	4000.
1822/1	100.	125.	150.	250.	500.	1000.	2750.	3000.	4000.	5000.	7000.
1823	75.	100.	110.	125.	200.	500.	1100.	1250.	1500.	2500.	4000.
1823 Broken 3	125.	150.	250.	500.	1000.	1500.	2000.	3000.	5000.	—	—
1823 Patched 3	125.	175.	250.	500.	750.	1000.	2500.	3000.	3500.	7500.	10000.
1823 Ugly 3	100.	150.	200.	400.	750.	1000.	2500.	3000.	3500.	7500.	10000.
1824/1	100.	125.	175.	300.	500.	1000.	1750.	2000.	3000.	5000.	7500.
1824/2/0	75.	100.	150.	200.	450.	850.	1500.	1750.	3500.	5500.	—
1824/4	85.	100.	125.	150.	500.	750.	1750.	2000.	2500.	3000.	6000.
1824	70.	80.	100.	125.	250.	375.	1000.	1250.	1750.	2250.	3750.
1825	70.	80.	100.	125.	225.	350.	750.	1000.	1750.	2500.	3750.
1826	70.	80.	100.	125.	225.	350.	750.	1000.	1750.	2250.	4500.
1827/6	100.	125.	150.	200.	350.	750.	1500.	1750.	2500.	3500.	6000.

—— = Insufficient pricing data   * = None issued

CAPPED BUST HALF DOLLAR (CONTINUED)

	G-4	VG-8	F-12	VF-20	EF-40	AU-50	AU-58	MS-60	MS-62	MS-63	MS-64
1827 Square Base 2	75.	80.	100.	150.	250.	350.	750.	1000.	1750.	2500.	4250.
1827 Curl Base 2	70.	70.	85.	125.	250.	350.	750.	1000.	1750.	2500.	4250.
1828 Curl Base No Knob Top 2											
	60.	70.	85.	125.	250.	350.	750.	1000.	1500.	2500.	4250.
1828 Curl Base Knob Top 2											
	75.	90.	100.	125.	250.	350.	750.	1000.	1500.	2500.	4250.
1828 Large 8s, Square Base 2											
	60.	70.	85.	125.	250.	350.	750.	1000.	1500.	2500.	4250.
1828 Small 8s, Large Letters											
	75.	90.	100.	125.	250.	500.	1000.	1250.	1750.	3000.	5000.
1828 Small 8s, Small Letters											
	60.	70.	85.	125.	250.	350.	750.	1000.	1500.	2500.	4250.
1829/7	85.	100.	125.	150.	250.	500.	1000.	1500.	2500.	3500.	6000.
1829	60.	70.	85.	100.	200.	350.	750.	1000.	1500.	2250.	3500.
1829 Large Letters	65.	75.	100.	125.	225.	400.	1000.	1250.	2000.	3000.	4750.
1830 Large 0	60.	70.	85.	100.	200.	350.	500.	1000.	1500.	2500.	3500.
1830 Small 0	60.	70.	85.	100.	200.	350.	500.	1000.	1500.	2500.	3500.
1830 Large Letters	1750.	2500.	3500.	5000.	7500.	10000.	15000.	—	—	—	—
1831	60.	70.	85.	100.	200.	350.	500.	1000.	1500.	2500.	3500.
1832	60.	70.	85.	100.	200.	350.	500.	1000.	1500.	2500.	3750.
1832 Large Letters	60.	70.	85.	100.	200.	350.	500.	1000.	1500.	2500.	3750.
1833	60.	70.	85.	100.	200.	350.	500.	1000.	1500.	2500.	3500.
1834 Large Date, Large Letters											
	60.	70.	85.	100.	200.	350.	500.	1000.	1500.	2500.	3750.
1834 Large Date, Small Letters											
	60.	70.	85.	100.	200.	350.	500.	1000.	1500.	2500.	3750.
1834 Small Date, Letters and Stars											
	60.	70.	85.	100.	200.	350.	500.	1000.	1500.	2500.	3750.
1835	60.	70.	85.	100.	200.	350.	500.	1000.	1500.	2500.	3500.
1836	60.	70.	85.	100.	200.	350.	500.	1000.	1500.	2500.	3750.
1836/1336	85.	100.	125.	150.	350.	500.	1000.	1250.	1750.	3000.	—
1836 50/00	100.	150.	200.	250.	500.	1500.	2750.	—	—	—	—
1836 Beaded Reverse Border											
	65.	75.	100.	150.	500.	750.	1500.	1750.	2000.	3000.	4000.

CAPPED BUST, REEDED EDGE HALF DOLLAR

50 CENTS reverse

HALF DOL. reverse

REEDED EDGE, 50 CENTS REVERSE

	G-4	VG-8	F-12	VF-20	EF-40	AU-50	AU-58	MS-60	MS-62	MS-63	MS-64
1836	1250.	1500.	2000.	2500.	3000.	4500.	7500.	12500.	15000.	22500.	35000.
1837	60.	75.	100.	150.	250.	500.	1250.	1500.	1750.	3000.	5000.

HALF DOLLAR REVERSE

	G-4	VG-8	F-12	VF-20	EF-40	AU-50	AU-58	MS-60	MS-62	MS-63	MS-64
1838	60.	65.	75.	125.	200.	400.	1000.	1250.	1500.	2500.	5000.
1838-O Proof Only	—	—	—	—	275000.	300000.	375000.	350000.	400000.	500000.	700000.
1839	65.	80.	100.	150.	250.	450.	1000.	1500.	2000.	3000.	5000.
1839-O	250.	350.	500.	750.	1250.	2000.	5500.	6500.	7500.	10000.	15000.

—— = Insufficient pricing data   * = None issued

Seated Liberty half dollar

Date of authorization: April 2, 1792
Dates of issue: 1839-1891
Designers: Obverse: Christian Gobrecht
Reverse: John Reich-Gobrecht
Engraver: Christian Gobrecht
Diameter: 30.61 mm/1.21 inches
Weight: (1839-1853): 13.37 grams/0.43 ounce
(1853-1873): 12.4 grams/0.40 ounce
(1873-1891): 12.50 grams/0.40 ounce
Metallic Content: 90% silver, 10% copper
Specific gravity: 10.34
Weight of pure silver: (1839-1853): 12.03 grams/0.39 ounce
(1853-1873): 11.20 grams/0.36 ounce
(1873-1891): 11.25 grams/0.36 ounce
Edge: Reeded
Mint mark: Reverse below eagle

Arrows at date, Rays on reverse

SEATED LIBERTY HALF DOLLAR (CONTINUED)

	G-4	VG-8	F-12	VF-20	EF-40	AU-50	AU-55	AU-58	MS-60	MS-62	MS-63	MS-64	MS-65	PF-63	PF-64	PF-65	PF-66
NO DRAPERY																	
1839	75.	150.	250.	500.	1500.	2500.	4500.	6500.	10000.	25000.	35000.	100000.	135000.	—	200000.	275000.	—
DRAPERY AT ELBOW																	
1839	50.	75.	100.	150.	250.	500.	750.	1000.	1250.	1750.	2500.	3750.	20000.				*
1840 Small Letters	50.	75.	100.	150.	250.	350.	500.	750.	1000.	1500.	2000.	3000.	15000.				*
1840 Medium Letters	150.	250.	350.	500.	1000.	2000.	3000.	3500.	4000.	5000.	8500.	15000.	—				*
1840-O	50.	75.	125.	200.	350.	750.	900.	1250.	1500.	2000.	3500.	12500.	20000.				*
1841	50.	75.	200.	350.	500.	750.	1000.	1000.	1500.	2500.	3500.	10000.	20000.		75000.		*
1841-O	40.	50.	100.	150.	300.	500.	750.	1000.	1500.	3000.	7500.	12500.	30000.				*
1842 Small Date, Small Letters	750.	1200.	1500.	3500.	7500.		15000.	20000.									*
1842-O Small Date, Small Letters	600.	1000.	1500.	2500.	5000.	7500.	12500.	17500.	25000.	45000.							*
MODIFIED REVERSE, LARGE LETTERS																	
1842 Medium Date	35.	45.	60.	100.	200.	400.	600.	750.	1000.	1500.	2000.	3000.	10000.				*
1842 Small Date	40.	60.	100.	125.	250.	500.	750.	850.	1200.	2000.	5000.	7500.	25000.			50000.	75000.
1842-O Medium Date	40.	50.	75.	100.	150.	500.	750.	1000.	1250.	2500.	4500.	15000.	—				*
1842-O Small Date	750.	1000.	1500.	2500.	5000.	8500.	12500.	17500.	25000.	47500.	—	—	—				85000.
1843	35.	50.	60.	75.	150.	300.	450.	650.	750.	1000.	1250.	3000.					*
1843-O	35.	50.	60.	75.	150.	350.	500.	750.	1000.	1500.	2250.	5000.					150000.
1844	35.	45.	55.	75.	125.	275.	350.	500.	600.	1000.	1500.	4000.					*
1844-O	35.	50.	60.	75.	150.	350.	550.	750.	1000.	2250.	3750.	5000.					*
1844-O Doubled Date	500.	1000.	1250.	1750.	3250.	6500.	7500.	10000.	12500.	15000.	20000.	—			60000.		85000.
1845	40.	50.	75.	150.	250.	500.	750.	1000.	1250.	2000.	3750.	7000.					*
1845-O	35.	45.	70.	100.	150.	250.	350.	500.	750.	1500.	3000.	4000.					*
1845-O No Drapery	50.	75.	100.	200.	550.	750.	1500.	2000.									—
1846 Medium Date	35.	45.	60.	80.	125.	250.	300.	600.	750.	1250.	2000.	4500.		25000.	35000.	57500.	*
1846 Tall Date	35.	45.	75.	125.	150.	300.	750.	850.	950.	2000.	3500.	5500.					*
1846/Horizontal 6	150.	250.	300.	400.	600.	1500.	2000.	2500.	3500.	12500.							*
1846-O Medium Date	40.	50.	75.	100.	150.	500.	750.	1000.	1250.	2000.	3500.						*

—— = Insufficient pricing data   * = None issued

	G-4	VG-8	F-12	VF-20	EF-40	AU-50	AU-55	AU-58	MS-60	MS-62	MS-63	MS-64	MS-65	PF-63	PF-64	PF-65	PF-66
1846-O Tall Date	200.	350.	500.	750.	1250.	2500.	3500.	4500.	7500.	10000.	15000.	—	—	*	*	*	*
1847/6	2500.	3500.	5000.	7500.	10000.	20000.	30000.	—	—	—	—	—	—	*	*	*	*
1847	40.	50.	75.	100.	150.	300.	400.	650.	750.	1500.	1750.	—	—	20000.	—	—	—
1847-O	50.	75.	100.	125.	200.	350.	500.	750.	1000.	2000.	5000.	10000.	—	*	*	*	*
1848	50.	75.	125.	200.	300.	550.	750.	1000.	1250.	1750.	2500.	5000.	7500.	25000.	32500.	—	*
1848-O	35.	50.	60.	75.	150.	350.	400.	750.	1000.	1750.	2500.	5000.	10000.	*	*	*	*
1849	40.	50.	75.	100.	175.	500.	600.	750.	1000.	1500.	2250.	4500.	10000.	35000.	—	45000.	80000.
1849 Doubled Date, Bold	—	—	—	—	—	—	—	—	—	—	—	—	—	—	—	—	—
1849-O	35.	45.	60.	75.	150.	300.	500.	750.	1000.	1500.	3000.	5500.	17500.	*	*	*	*
1850	250.	350.	500.	750.	1000.	1500.	1650.	1750.	2000.	2750.	3500.	6000.	27500.	15000.	27500.	—	150000.
1850-O	35.	45.	60.	85.	125.	275.	400.	500.	650.	1000.	1500.	3250.	9000.	*	*	*	*
1851	350.	450.	500.	600.	750.	1250.	1750.	2500.	3000.	4250.	5000.	7500.	—	*	*	*	*
1851-O	35.	50.	50.	125.	250.	500.	750.	1250.	1350.	1500.	2000.	5000.	9000.	*	*	*	*
1852	400.	500.	650.	800.	1000.	1500.	1750.	2250.	2500.	3000.	5000.	7500.	9000.	*	*	75000.	—
1852-O	75.	150.	250.	500.	1000.	2000.	2500.	3000.	5000.	7500.	10000.	25000.	—	*	*	*	*
ARROWS AND RAYS																	
1853	35.	45.	60.	100.	250.	500.	850.	1250.	1500.	2000.	3500.	7500.	25000.	—	—	150000.	200000.
1853-O	40.	50.	75.	200.	350.	1000.	1500.	2500.	3000.	5000.	7500.	15000.	—	*	*	*	*
MODIFIED REVERSE, LARGE LETTERS																	
1853-O	200000.	250000.	—	350000.	—	—	—	—	—	—	—	—	—	*	*	*	*
RAYS REMOVED																	
1854	35.	45.	60.	85.	125.	350.	400.	500.	750.	1500.	1750.	2750.	10000.	—	25000.	30000.	50000.
1854-O	35.	45.	60.	85.	125.	350.	400.	500.	750.	1500.	1750.	2500.	7500.	*	*	*	*
1855/1854	75.	100.	200.	300.	550.	850.	1200.	—	—	3500.	4500.	7500.	27500.	*	*	*	*
1855	35.	45.	60.	80.	150.	350.	400.	500.	800.	1500.	3000.	7500.	10000.	—	40000.	55000.	65000.
1855-O	35.	45.	60.	80.	150.	350.	400.	500.	750.	1500.	1750.	2500.	8500.	*	*	*	*
1855-S	500.	750.	1500.	2500.	5500.	10000.	15000.	20000.	—	—	—	—	—	*	*	*	*

—— = Insufficient pricing data   * = None issued

SEATED LIBERTY HALF DOLLAR (CONTINUED)

DRAPERY AT ELBOW

	G-4	VG-8	F-12	VF-20	EF-40	AU-50	AU-55	AU-58	MS-60	MS-62	MS-63	MS-64	MS-65	PF-63	PF-64	PF-65	PF-66
1856	35.	50.	75.	100.	150.	300.	400.	500.	600.	800.	1000.	3000.	7500.	7500.	15000.	25000.	45000.
1856-O	40.	50.	75.	100.	150.	350.	500.	750.	850.	1000.	1500.	2000.	7500.	*	*	*	*
1856-S	75.	100.	200.	350.	750.	2500.	3500.	5000.	—	—	—	—	—	*	*	*	*
1857	35.	45.	60.	80.	150.	300.	400.	500.	600.	800.	1000.	2250.	5000.	4500.	5000.	30000.	*
1857-O	40.	50.	75.	100.	200.	450.	750.	1000.	1500.	3000.	7500.	9000.	12500.	*	*	*	*
1857-S	100.	150.	250.	500.	1000.	1750.	3000.	5000.	7500.	17500.	—	—	—	*	*	*	—
1858	35.	45.	60.	80.	150.	300.	400.	500.	600.	800.	1500.	2500.	7000.	2500.	4000.	15000.	*
1858-O	35.	45.	60.	80.	150.	300.	400.	500.	600.	1000.	1750.	3000.	8000.	*	*	*	—
1858-S	50.	60.	100.	150.	300.	500.	750.	1250.	1750.	2500.	5500.	8500.	15000.	*	*	*	*
1859	35.	50.	75.	100.	200.	300.	400.	500.	600.	950.	1250.	2750.	5250.	1500.	3000.	7500.	20000.
1859-O	35.	45.	60.	75.	125.	300.	400.	500.	600.	950.	2000.	4000.	7500.	*	*	*	*
1859-S	40.	50.	75.	125.	250.	500.	750.	1250.	1500.	2000.	4000.	6500.	20000.	*	*	*	*
1860	35.	45.	60.	75.	150.	350.	450.	600.	800.	950.	1250.	2250.	5250.	1500.	3500.	7750.	10000.
1860-O	35.	45.	60.	75.	125.	300.	400.	500.	800.	1000.	1500.	2500.	5500.	*	*	*	*
1860-S	50.	75.	100.	150.	350.	500.	750.	1000.	1500.	3000.	4000.	6000.	—	*	*	*	*
1861	30.	40.	55.	75.	125.	300.	400.	500.	600.	750.	1250.	2000.	5500.	1500.	3500.	7500.	*
1861-O	35.	45.	60.	75.	125.	300.	400.	500.	750.	1250.	2000.	3500.	—	*	*	*	*
1861-O Struck by CSA, Obverse die crack	500.	750.	1000.	1500.	3500.	4250.	7500.	10000.	—	—	—	—	—	*	*	*	*
1861-S	40.	50.	75.	125.	250.	500.	750.	1000.	1250.	1750.	2500.	4000.	30000.	*	*	*	*
1862	40.	55.	75.	150.	250.	400.	550.	750.	850.	1000.	1250.	2500.	6750.	2500.	3500.	7500.	15000.
1862-S	40.	50.	75.	100.	175.	500.	1250.	1750.	2250.	3500.	5000.	7000.	—	*	*	*	*
1863	35.	50.	75.	125.	200.	400.	500.	600.	800.	900.	1200.	2250.	6500.	2000.	3000.	7500.	15000.
1863-S	35.	45.	60.	100.	150.	350.	500.	750.	800.	1250.	3000.	4750.	—	*	*	*	*
1864	50.	75.	100.	150.	250.	550.	750.	1000.	1100.	1250.	1500.	2500.	10000.	2250.	3250.	8500.	17500.
1864-S	60.	85.	150.	200.	350.	750.	1000.	1250.	1750.	2750.	4000.	7500.	15000.	*	*	*	*
1865	40.	50.	75.	125.	200.	500.	750.	1250.	1500.	1750.	2250.	2500.	6500.	1500.	3250.	7500.	15000.
1865 Doubled Date	—	—	—	—	—	—	—	—	—	—	—	—	—	*	*	*	*
1865-S	40.	50.	75.	100.	250.	500.	750.	1500.	2000.	2500.	5000.	15000.	—	*	*	*	*

—— = Insufficient pricing data   * = None issued

SEATED LIBERTY HALF DOLLAR (CONTINUED)

	G-4	VG-8	F-12	VF-20	EF-40	AU-50	AU-55	AU-58	MS-60	MS-62	MS-63	MS-64	MS-65	PF-63	PF-64	PF-65	PF-66
1866-S	500.	750.	1000.	1500.	3000.	5000.	7500.	10000.	12500.	17500.	—	—	—	*	*	*	*
1866 Unique	*	*	*	*	*	*	*	*	*	*	*	*	*	—	—	—	—
MOTTO ABOVE EAGLE																	
1866	40.	50.	75.	125.	200.	350.	500.	750.	1000.	1500.	3750.	5000.	6750.	1750.	2500.	5000.	10000.
1866-S	35.	45.	60.	75.	150.	500.	750.	1250.	1500.	2000.	3000.	6000.	—	*	*	*	*
1867	40.	50.	75.	150.	350.	550.	600.	750.	1000.	1250.	2000.	4500.	30000.	1500.	2500.	4500.	8500.
1867-S	35.	45.	60.	85.	150.	350.	400.	500.	750.	2000.	3500.	7500.	15000.	*	*	*	*
1868	50.	65.	100.	200.	300.	400.	500.	1000.	1100.	1250.	1500.	2750.	6000.	1500.	2750.	5000.	8500.
1868-S	35.	45.	60.	75.	120.	350.	500.	750.	1500.	3000.	5000.	7500.	12500.	*	*	*	*
1869	35.	45.	70.	85.	175.	300.	500.	750.	900.	1500.	3000.	5500.	8500.	1750.	2500.	3750.	8500.
1869-S	35.	50.	75.	100.	200.	400.	550.	700.	1000.	2000.	3500.	5500.	7500.	*	*	*	*
1870	35.	45.	60.	75.	150.	300.	475.	550.	650.	750.	1250.	3000.	—	1500.	2500.	3750.	6000.
1870-CC	850.	1750.	4000.	7000.	15000.	30000.	40000.	55000.	—	—	—	—	—	*	*	*	*
1870-S	75.	125.	200.	350.	600.	850.	1250.	1750.	2000.	2500.	4000.	15000.	20000.	*	*	*	*
1871	35.	45.	60.	75.	150.	350.	750.	850.	1000.	1250.	1750.	2500.	6000.	1500.	2500.	3750.	6000.
1871-CC	350.	500.	750.	1500.	3000.	5500.	8000.	12500.	20000.	50000.	—	—	—	*	*	*	*
1871-S	35.	45.	60.	75.	150.	350.	350.	500.	850.	1250.	3000.	3500.	8500.	*	*	*	*
1872	35.	45.	60.	75.	150.	350.	600.	750.	850.	1250.	2000.	4000.	—	1500.	2500.	3600.	6000.
1872-CC	100.	200.	350.	750.	1500.	3000.	6000.	8500.	15000.	—	—	—	—	*	*	*	*
1872-S	35.	50.	75.	125.	200.	500.	750.	1000.	1500.	3000.	3500.	7000.	15000.	*	*	2250.	*
1873 Closed 3	35.	50.	75.	125.	200.	300.	350.	500.	750.	1000.	1250.	2000.	—	1500.	2250.	5000.	8500.
1873 Open 3	4000.	5000.	6000.	7500.	10000.	12500.	17500.	20000.	—	—	45000.	—	—	*	*	*	*
1873-CC	250.	350.	650.	1000.	2500.	6000.	12500.	15000.	17500.	20000.	—	—	—	*	*	*	*
1873-S Unknown	*	*	*	*	*	*	*	*	*	*	*	*	*	*	*	*	*
ARROWS AT DATE																	
1873	35.	50.	70.	125.	300.	500.	600.	700.	1000.	1500.	2500.	3500.	17500.	2500.	3500.	12500.	25000.
1873-CC	200.	300.	500.	1000.	2500.	3500.	4500.	5000.	7500.	20000.	20000.	30000.	50000.	*	*	*	*
1873-S	100.	125.	175.	350.	600.	1000.	1500.	2500.	5000.	7500.	15000.	15000.	20000.	*	*	*	*
1874	35.	50.	75.	150.	300.	500.	750.	1000.	1250.	1500.	2000.	3750.	20000.	2500.	3750.	12500.	25000.

—— = Insufficient pricing data   * = None issued

SEATED LIBERTY HALF DOLLAR (CONTINUED)

	G-4	VG-8	F-12	VF-20	EF-40	AU-50	AU-55	AU-58	MS-60	MS-62	MS-63	MS-64	MS-65	PF-63	PF-64	PF-65	PF-66
1874-CC	500.	750.	1500.	3000.	6000.	8500.	10000.	15000.	17500.	22500.	30000.	50000.	—	*	*	*	*
1874-S	50.	75.	100.	250.	500.	850.	1,25	1750.	2000.	2500.	3500.	4750.	—	*	*	*	*

MOTTO ABOVE EAGLE

	G-4	VG-8	F-12	VF-20	EF-40	AU-50	AU-55	AU-58	MS-60	MS-62	MS-63	MS-64	MS-65	PF-63	PF-64	PF-65	PF-66
1875	35.	45.	60.	75.	125.	250.	300.	400.	550.	650.	850.	1500.	4000.	1250.	2000.	3600.	4500.
1875-CC	50.	75.	100.	150.	300.	600.	850.	1100.	1500.	3000.	4000.	5000.	9000.	*	*	*	*
1875-S	35.	45.	60.	75.	125.	250.	300.	400.	550.	650.	850.	1500.	5000.	*	*	*	*
1876	35.	45.	60.	75.	125.	300.	250.	400.	500.	600.	850.	1500.	5000.	1500.	2000.	5000.	10000.
1876-CC	40.	50.	65.	85.	175.	300.	400.	500.	750.	1250.	1850.	3250.	7500.	*	*	*	*
1876-S	35.	45.	60.	75.	175.	200.	250.	400.	500.	600.	850.	1500.	5000.	*	*	*	*
1877	35.	45.	60.	75.	125.	300.	250.	400.	500.	600.	850.	1500.	5000.	1500.	2500.	4000.	5500.
1877-CC	40.	50.	75.	100.	200.	350.	450.	550.	850.	1500.	3000.	4000.	7500.	*	*	*	*
1877-S	35.	45.	60.	75.	125.	200.	250.	300.	400.	600.	850.	1500.	5000.	1500.	2000.	4000.	5000.
1878	40.	50.	75.	125.	175.	300.	350.	500.	600.	750.	1500.	2500.	45000.	1500.	2000.	4000.	5000.
1878-CC	500.	750.	1000.	2000.	3500.	5500.	7500.	12500.	15000.	17500.	22500.	35000.	—	*	*	*	*
1878-S	30000.	45000.	55000.	65000.	80000.	90000.	100000.	110000.	115000.	125000.	150000.	200000.		*	*	*	*
1879	300.	350.	450.	500.	550.	600.	625.	750.	850.	1000.	1500.	1750.	5000.	1500.	2000.	3750.	6000.
1880	300.	350.	400.	450.	500.	550.	575.	600.	800.	900.	1500.	1500.	5000.	1500.	2000.	3750.	6000.
1881	300.	350.	400.	450.	500.	550.	575.	650.	800.	1000.	1250.	2000.	5000.	1500.	2000.	3750.	6000.
1882	350.	400.	450.	500.	550.	600.	625.	650.	800.	1000.	1250.	1750.	5000.	1500.	2000.	3750.	6000.
1883	350.	400.	450.	500.	550.	600.	625.	650.	800.	1000.	1500.	1750.	5000.	1500.	2000.	3750.	6000.
1884	400.	450.	500.	600.	650.	700.	750.	800.	900.	1000.	1500.	2500.	5000.	1500.	2000.	3750.	6000.
1885	400.	450.	550.	650.	700.	750.	800.	850.	950.	1300.	1500.	2000.	5000.	1500.	2000.	3750.	6000.
1886	450.	500.	700.	800.	900.	1000.	1100.	1200.	1300.	1400.	1500.	2000.	5000.	1500.	2000.	3750.	6000.
1887	500.	700.	800.	900.	1000.	1200.	1300.	1400.	1500.	1650.	1750.	2000.	5000.	1500.	2000.	3750.	6000.
1888	300.	350.	400.	450.	550.	550.	575.	600.	700.	850.	1000.	1750.	4250.	1500.	2000.	3750.	6000.
1889	300.	400.	450.	500.	550.	600.	650.	700.	800.	900.	1100.	2000.	5000.	1500.	2000.	3750.	6000.
1890	300.	350.	400.	450.	500.	550.	600.	650.	700.	850.	1100.	2000.	4250.	1500.	2000.	3750.	6000.
1891	50.	75.	125.	150.	200.	300.	400.	600.	650.	750.	900.	1750.	4250.	1500.	2000.	3750.	6000.

—— = Insufficient pricing data   * = None issued

Barber half dollar

Date of authorization: April 2, 1792
Dates of issue: 1892-1915
Designer/Engraver: Charles Barber
Diameter: 30.61 mm/1.21 inches
Weight: 12.50 grams/0.40 ounce
Metallic Content: 90% silver, 10% copper
Specific gravity: 10.34
Weight of pure silver: 11.25 grams/0.36 ounce
Edge: Reeded
Mint mark: Reverse below eagle

BARBER HALF DOLLAR (CONTINUED)

	AG-3	G-4	VG-8	F-12	VF-20	EF-40	AU-50	AU-55	AU-58	MS-60	MS-62	MS-63	MS-64	MS-65	PF-63	PF-64	PF-65	PF-66
1892	20.	35.	50.	75.	125.	200.	400.	450.	525.	550.	600.	1000.	1400.	3000.	1250.	2000.	4000.	5500.
1892-O	225.	300.	400.	500.	550.	600.	700.	750.	800.	900.	1200.	1700.	3000.	4500.	*	*	*	*
1892-O Micro O	1400.	2000.	3000.	4500.	7500.	12000.	18000.	19000.	20000.	25000.	30000.	35000.	45000.	65000.	*	*	*	*
1892-S	175.	250.	325.	425.	560.	600.	750.	800.	900.	1000.	1500.	2500.	3000.	5500.	*	*	*	*
1893	15.	22.	40.	85.	135.	225.	400.	450.	525.	550.	850.	1500.	2500.	5500.	1250.	2000.	4000.	5500.
1893-O	25.	40.	80.	125.	225.	375.	450.	475.	500.	700.	1000.	1800.	4000.	10000.	*	*	*	*
1893-S	125.	175.	225.	300.	450.	500.	700.	800.	1000.	1300.	2000.	4000.	14000.	30000.	*	*	*	*
1894	19.	30.	55.	125.	200.	300.	400.	425.	475.	550.	800.	1000.	2000.	4500.	1250.	2000.	4000.	5500.
1894-O	15.	20.	35.	100.	175.	275.	400.	450.	500.	550.	800.	1000.	3000.	7000.	*	*	*	*
1894-S	12.	18.	30.	75.	125.	225.	400.	450.	500.	550.	800.	1500.	3500.	12000.	*	*	*	*
1895	12.	20.	30.	80.	175.	225.	400.	450.	525.	575.	800.	1200.	2000.	4500.	1250.	2000.	4000.	5500.
1895-O	15.	25.	50.	125.	200.	275.	400.	450.	525.	600.	900.	1600.	3500.	7000.	*	*	*	*
1895-S	20.	35.	55.	135.	250.	300.	400.	450.	525.	550.	850.	1600.	3000.	7000.	*	*	*	*
1896	15.	22.	30.	90.	150.	250.	400.	450.	525.	550.	700.	1100.	2500.	5000.	1250.	2000.	4000.	5500.
1896-O	27.	40.	60.	200.	300.	500.	800.	900.	1250.	1600.	2000.	5000.	10000.	15000.	*	*	*	*
1896-S	75.	125.	140.	225.	360.	500.	800.	900.	1450.	1500.	1800.	1600.	7500.	12000.	*	*	*	*
1897	8.00	14.	16.	50.	100.	175.	400.	450.	500.	550.	700.	1100.	1700.	4500.	1250.	2000.	4000.	5500.
1897-O	125.	175.	250.	500.	850.	1100.	1300.	1400.	1600.	1700.	2200.	3500.	7000.	9500.	*	*	*	*
1897-S	110.	165.	250.	400.	600.	900.	1100.	1200.	1500.	1600.	2200.	3500.	6000.	8500.	*	*	*	*
1898	8.00	13.	16.	40.	100.	225.	400.	450.	525.	550.	700.	1000.	1500.	8000.	1250.	2000.	4000.	5500.
1898-O	25.	40.	85.	250.	400.	575.	675.	800.	950.	1300.	1700.	3000.	5000.	12000.	*	*	*	*
1898-S	18.	30.	55.	100.	175.	360.	450.	600.	900.	1100.	1500.	3500.	7000.	10000.	*	*	*	*
1899	8.00	15.	18.	40.	110.	225.	450.	450.	500.	550.	675.	1000.	1400.	6500.	1250.	2000.	4000.	5500.
1899-O	12.	27.	40.	85.	175.	300.	450.	500.	600.	750.	900.	1500.	4000.	8000.	*	*	*	*
1899-S	12.	25.	50.	100.	150.	250.	475.	500.	600.	750.	1500.	2500.	4000.	7000.	*	*	*	*
1900	8.00	15.	17.	40.	100.	225.	375.	400.	500.	550.	675.	1000.	1400.	4000.	1250.	2000.	4000.	5500.
1900-O	10.	20.	27.	70.	200.	300.	400.	500.	750.	1000.	1400.	3000.	6500.	15000.	*	*	*	*
1900-S	9.00	16.	20.	50.	110.	225.	400.	475.	600.	750.	1000.	2250.	5000.	13000.	*	*	*	*
1901	8.00	15.	18.	40.	100.	200.	375.	400.	500.	550.	675.	1000.	1400.	4000.	1250.	2000.	4000.	5500.
1901-O	10.	20.	35.	90.	225.	400.	550.	875.	1100.	1500.	2500.	5000.	8500.	16000.	*	*	*	*

—— = Insufficient pricing data   * = None issued

BARBER HALF DOLLAR (CONTINUED)

	AG-3	G-4	VG-8	F-12	VF-20	EF-40	AU-50	AU-55	AU-58	MS-60	MS-62	MS-63	MS-64	MS-65	PF-63	PF-64	PF-65	PF-66
1901-S	20.	35.	60.	175.	400.	700.	1200.	1400.	1600.	3000.	3000.	5000.	9000.	21000.	*	*	*	*
1902	8.00	13.	15.	35.	100.	225.	400.	450.	500.	550.	675.	1000.	2000.	4000.	1250.	2000.	4000.	5500.
1902-O	10.	20.	25.	65.	110.	275.	500.	450.	550.	850.	1500.	3000.	6400.	8500.	*	*	*	*
1902-S	8.00	20.	25.	70.	175.	275.	550.	550.	650.	850.	1200.	3000.	5300.	7000.	*	*	*	*
1903	8.00	15.	18.	50.	125.	225.	400.	450.	500.	550.	800.	1500.	5000.	12000.	1250.	2000.	4000.	5500.
1903-O	8.00	15.	20.	60.	135.	225.	400.	500.	500.	650.	1000.	1600.	4000.	10000.	*	*	*	*
1903-S	9.00	16.	20.	60.	135.	275.	400.	450.	550.	660.	1000.	2000.	3500.	6000.	*	*	*	*
1904	8.00	14.	15.	40.	100.	225.	400.	450.	500.	550.	700.	1400.	2500.	6500.	1250.	2000.	4000.	5500.
1904-O	12	20.	35.	85.	225.	400.	600.	775.	950.	1150.	1700.	3000.	6000.	13000.	*	*	*	*
1904-S	25.	40.	75.	275.	600.	1200.	2500.	7000.	9000.	10000.	17000.	25000.	27000.	45000.	*	*	*	*
1905	15.	22.	35.	100.	200.	275.	400.	450.	600.	660.	1000.	1600.	3750.	8000.	1250.	2000.	4000.	5500.
1905-O	19.	25.	50.	135.	250.	350.	450.	600.	700.	800.	1200.	2000.	3250.	5000.	*	*	*	*
1905-S	10.	14.	20.	55.	135.	250.	400.	475.	550.	700.	1000.	2200.	4000.	10000.	*	*	*	*
1906	8.00	13.	16.	35.	90.	200.	400.	450.	500.	550.	800.	1000.	1250.	4000.	1250.	2000.	4000.	5500.
1906-D	8.00	14.	16.	40.	100.	200.	400.	450.	500.	550.	875.	1000.	1900.	4250.	*	*	*	*
1906-O	8.00	14.	16.	50.	110.	215.	400.	450.	500.	700.	1100.	1700.	4500.	5500.	*	*	*	*
1906-S	9.00	15.	20.	60.	125.	225.	400.	400.	600.	550.	1000.	1600.	4000.	6000.	*	*	*	*
1907	8.00	13.	16.	35.	100.	200.	400.	450.	500.	550.	700.	1000.	1400.	4000.	1250.	2000.	4000.	5500.
1907-D	8.00	14.	16.	35.	100.	200.	400.	450.	500.	550.	800.	1100.	1500.	4250.	*	*	*	*
1907-O	8.00	14.	16.	35.	100.	225.	400.	450.	550.	700.	800.	1100.	1700.	4000.	*	*	*	*
1907-S	11.	17.	25.	85.	200.	350.	750.	850.	1000.	1250.	3500.	7500.	13000.	16000.	*	*	*	*
1907-S/S	15.	30.	50.	150.	300.	600.	850.	950.	1100.	1400.	2000.	3500.	13000.	——	*	*	*	*
1908	8.00	13.	16.	35.	100.	200.	400.	450.	500.	550.	800.	1000.	1400.	4000.	1250.	2000.	4000.	5500.
1908-D	8.00	14.	16.	35.	100.	200.	400.	450.	550.	550.	700.	1100.	1500.	4500.	*	*	*	*
1908-O	8.00	14.	16.	35.	100.	200.	400.	450.	550.	600.	800.	1100.	1600.	4500.	*	*	*	*
1908-S	12	20.	27.	80.	175.	300.	450.	800.	900.	1000.	1500.	2700.	5000.	6600.	*	*	*	*
1909	8.00	14.	18.	35.	100.	200.	400.	450.	500.	550.	700.	1000.	1400.	4000.	1250.	2000.	4000.	5500.
1909-O	11.	15.	25.	60.	150.	350.	600.	650.	800.	825.	1100.	1700.	3000.	5000.	*	*	*	*
1909-S	8.00	12.	16.	40.	100.	200.	400.	450.	600.	625.	800.	1400.	2500.	4500.	*	*	*	*
1910	15.	20.	35.	100.	200.	350.	450.	500.	550.	600.	800.	1200.	1500.	4000.	1250.	2000.	4000.	5500.

—— = Insufficient pricing data   * = None issued

BARBER HALF DOLLAR (CONTINUED)

	AG-3	G-4	VG-8	F-12	VF-20	EF-40	AU-50	AU-55	AU-58	MS-60	MS-62	MS-63	MS-64	MS-65	PF-63	PF-64	PF-65	PF-66
1910-S	8.00	13.	18.	40.	100.	225.	400.	450.	550.	750.	1200.	2500.	4000.	6500.	*	*	*	*
1911	8.00	12.	16.	35.	100.	200.	375.	400.	500.	525.	750.	1000.	1500.	4000.	1250.	2000.	4000.	5500.
1911-D	8.00	12.	17.	45.	100.	225.	375.	400.	500.	600.	800.	1000.	1750.	4000.	*	*	*	*
1911-S	8.00	13.	20.	45.	100.	200.	400.	425.	575.	660.	1000.	1600.	3500.	5500.	*	*	*	*
1912	8.00	12.	16.	35.	100.	200.	375.	400.	500.	550.	675.	1000.	1500.	4000.	1250.	2000.	4000.	5500.
1912-D	8.00	13.	16.	35.	100.	200.	375.	425.	500.	550.	675.	1000.	1500.	4000.	*	*	*	*
1912-S	10.	15.	25.	50.	100.	225.	375.	450.	575.	600.	800.	1200.	3000.	6000.	*	*	*	*
1913	55.	75.	100.	250.	450.	700.	1000.	1100.	1500.	1525.	1575.	2000.	3000.	5000.	1250.	2000.	4000.	5500.
1913-D	10.	18.	25.	50.	100.	225.	400.	425.	500.	550.	700.	1000.	2000.	5000.	*	*	*	*
1913-S	12.	20.	28.	60.	125.	250.	400.	450.	575.	700.	800.	1200.	3500.	4500.	*	*	*	*
1914	125.	175.	225.	350.	600.	900.	1100.	1200.	1400.	1500.	1600.	2000.	4000.	10000.	1350.	2200.	4500.	6000.
1914-S	10.	20.	25.	45.	100.	225.	400.	450.	550.	600.	900.	1250.	2000.	5000.	*	*	*	*
1915	75.	125.	200.	300.	400.	600.	1000.	1200.	1375.	1400.	1600.	2500.	5000.	7000.	1350.	2200.	4500.	6000.
1915-D	8.00	12.	16.	35.	100.	225.	400.	450.	500.	550.	700.	1000.	1500.	4000.	*	*	*	*
1915-S	10.	15.	25.	50.	100.	225.	400.	450.	500.	550.	700.	1000.	1500.	4000.	*	*	*	*

—— = Insufficient pricing data   * = None issued

Walking Liberty half dollar

Date of authorization:	April 2, 1792
Dates of issue:	1916-1947
Designer:	Adolph Weinman
Engraver:	Charles Barber
Diameter:	30.61 mm/1.21 inches
Weight:	12.50 grams/0.40 ounce
Metallic Content:	90% silver, 10% copper
Specific gravity:	10.34
Weight of pure silver:	11.25 grams/0.36 ounce
Edge:	Reeded
Mint mark:	(1916): Obverse below IN GOD WE TRUST
	(1917): Obverse below IN GOD WE TRUST or reverse lower left

Obverse Mint mark

Reverse Mint mark

WALKING LIBERTY HALF DOLLAR (CONTINUED)

	G-4	VG-8	F-12	VF-20	EF-40	AU-50	AU-58	MS-60	MS-62	MS-63	MS-64	MS-65	MS-66	PF-63	PF-64	PF-65	PF-66
1916	50.	60.	125.	225.	300.	350.	370.	375.	500.	575.	850.	1750.	3250.	*	*	*	*
1916-D	50.	60.	100.	175.	275.	325.	360.	400.	500.	625.	1000.	2250.	4500.	*	*	*	*
1916-S	125.	150.	325.	575.	800.	900.	1275.	1300.	1500.	2000.	3750.	6000.	15000.	*	*	*	*
1917	10.	12.	14.	25.	55.	90.	135.	150.	175.	200.	350.	900.	3000.	*	*	*	*
1917-D Obverse Mint mark	30.	40.	100.	200.	275.	400.	590.	600.	750.	1400.	2500.	8500.	25000.	*	*	*	*
1917-D Reverse Mint mark	14.	20.	55.	200.	350.	675.	850.	900.	1300.	2100.	3500.	1800.	40000.	*	*	*	*
1917-S Obverse Mint mark	30.	50.	200.	450.	750.	1400.	2200.	2350.	3000.	4750.	9000.	20000.	45000.	*	*	*	*
1917-S Reverse Mint mark	10.	12.	20.	40.	80.	200.	325.	350.	1000.	1800.	3000.	12000.	25000.	*	*	*	*
1918	9.00	15.	20.	80.	175.	275.	450.	550.	750.	1000.	1500.	3500.	10000.	*	*	*	*
1918-D	9.00	15.	40.	125.	275.	525.	1000.	1200.	2000.	3000.	6000.	25000.	45000.	*	*	*	*
1918-S	9.00	15.	20.	40.	75.	225.	400.	500.	800.	1750.	3500.	20000.	50000.	*	*	*	*
1919	30.	37.	95.	350.	700.	900.	1200.	1500.	3000.	3500.	4250.	7500.	8000.	*	*	*	*
1919-D	25.	42.	115.	400.	1000.	2000.	4000.	6000.	9500.	17750.	33250.	150000.	250000.	*	*	*	*
1919-S	18.	35.	90.	400.	975.	1900.	3000.	3750.	5000.	9000.	20000.	30000.	30000.	*	*	*	*
1920	9.00	15.	20.	50.	100.	150.	300.	350.	450.	750.	1250.	4500.	12000.	*	*	*	*
1920-D	10.	20.	85.	275.	575.	500.	1500.	1600.	2500.	3500.	5500.	15000.	25000.	*	*	*	*
1920-S	9.00	15.	30.	100.	325.	500.	800.	900.	2000.	3000.	4000.	12500.	30000.	*	*	*	*
1921	225.	275.	450.	1000.	2000.	3000.	4750.	5000.	7000.	8000.	12000.	19000.	30000.	*	*	*	*
1921-D	400.	450.	650.	1100.	2400.	3500.	5750.	14000.	8500.	14000.	20000.	28000.	40000.	*	*	*	*
1921-S	55.	80.	300.	1000.	4000.	8500.	12000.	14000.	17500.	27500.	47000.	125000.	175000.	*	*	*	*
1923-S	12.	14.	40.	150.	400.	750.	1380.	1450.	2250.	3500.	4500.	15000.	30000.	*	*	*	*
1927-S	10.	12.	20.	60.	225.	575.	1380.	1400.	1500.	2000.	3500.	10000.	30000.	*	*	*	*
1928-S	10.	12.	20.	100.	350.	500.	900.	1000.	1600.	2800.	4000.	11000.	25000.	*	*	*	*
1929-D	10.	12.	20.	35.	125.	220.	300.	400.	450.	650.	1250.	3400.	4500.	*	*	*	*
1929-S	10.	12.	20.	35.	140.	240.	470.	475.	600.	1000.	1300.	3500.	4500.	*	*	*	*
1933-S	9.00	12.	16.	25.	60.	250.	550.	600.	800.	1250.	1650.	3500.	5000.	*	*	*	*

—— = Insufficient pricing data   * = None issued

WALKING LIBERTY HALF DOLLAR (CONTINUED)

	G-4	VG-8	F-12	VF-20	EF-40	AU-50	AU-58	MS-60	MS-62	MS-63	MS-64	MS-65	MS-66	PF-63	PF-64	PF-65	PF-66
1934	7.00	8.00	*	14.	15.	40.	55.	75.	85.	100.	135.	550.	850.	*	*	*	*
1934-D	7.00	8.00	11.	20.	45.	100.	130.	150.	185.	225.	400.	1400.	3600.	*	*	*	*
1934-S	7.00	8.00	10.	17.	40.	110.	345.	350.	500.	800.	1200.	4000.	5500.	*	*	*	*
1935	7.00	8.00	9.00	12.	15.	25.	40.	45.	50.	70.	125.	350.	600.	*	*	*	*
1935-D	7.00	8.00	9.00	15.	40.	75.	125.	135.	185.	300.	500.	2100.	4500.	*	*	*	*
1935-S	7.00	8.00	9.00	15.	35.	100.	230.	275.	325.	500.	650.	2500.	4500.	*	*	*	*
1936	7.00	8.00	9.00	12.	15.	25.	35.	40.	50.	70.	100.	225.	500.	2500.	2800.	4500.	5000.
1936-D	7.00	8.00	9.00	15.	25.	60.	75.	80.	90.	115.	150.	600.	1000.	*	*	*	*
1936-S	7.00	8.00	9.00	15.	25.	65.	90.	135.	150.	225.	250.	850.	1250.	*	*	*	*
1937	7.00	8.00	9.00	12.	15.	25.	35.	45.	55.	70.	100.	300.	650.	600.	800.	1200.	1800.
1937-D	7.00	8.00	9.00	20.	40.	110.	175.	200.	250.	275.	325.	850.	1350.	*	*	*	*
1937-S	7.00	8.00	9.00	15.	30.	75.	125.	150.	175.	200.	275.	750.	1100.	*	*	*	*
1938	7.00	8.00	9.00	15.	20.	45.	55.	70.	90.	150.	175.	400.	550.	550.	750.	1000.	1200.
1938-D	75.	100.	125.	150.	175.	250.	425.	500.	550.	600.	725.	1750.	2200.	*	*	*	*
1939	7.00	8.00	9.00	12.	15.	25.	37.	45.	55.	85.	90.	175.	425.	500.	700.	900.	1100.
1939-D	7.00	8.00	9.00	12.	15.	30.	40.	55.	65.	80.	125.	200.	500.	*	*	*	*
1939-S	7.00	8.00	9.00	12.	35.	85.	125.	150.	175.	200.	275.	400.	500.	*	*	*	*
1940	7.00	8.00	9.00	10.	15.	20.	30.	35.	40.	50.	75.	175.	350.	450.	600.	700.	950.
1940-S	7.00	8.00	9.00	10.	18.	25.	40.	55.	50.	75.	250.	400.	1100.	*	*	*	*
1941	7.00	8.00	9.00	10.	12.	14.	25.	35.	40.	50.	70.	150.	250.	400.	500.	600.	700.
1941 No "AW"	*	*	*	*	*	*	*	*	*	*	*	*	*	450.	600.	700.	800.
1941-D	7.00	8.00	9.00	10.	12.	18.	30.	40.	50.	65.	100.	175.	300.	*	*	*	*
1941-S	7.00	8.00	9.00	10.	14.	25.	65.	75.	100.	125.	250.	1000.	1750.	*	*	*	*
1942	7.00	8.00	9.00	10.	12.	16.	30.	35.	40.	45.	75.	150.	300.	400.	475.	550.	650.
1942 Doubled Die Reverse	—	—	—	—	35.	50.	75.	100.	125.	150.	250.	600.	1300.	*	*	*	*
1942-D	7.00	8.00	9.00	10.	12.	18.	30.	40.	50.	70.	100.	250.	400.	*	*	*	*
1942-S	7.00	8.00	9.00	10.	12.	18.	35.	40.	50.	75.	100.	500.	1000.	*	*	*	*
1943	7.00	8.00	9.00	10.	12.	16.	25.	35.	40.	50.	65.	150.	300.	*	*	*	*

—— = Insufficient pricing data   * = None issued

WALKING LIBERTY HALF DOLLAR (CONTINUED)

	G-4	VG-8	F-12	VF-20	EF-40	AU-50	AU-58	MS-60	MS-62	MS-63	MS-64	MS-65	MS-66	PF-63	PF-64	PF-65	PF-66
1943-D	7.00	8.00	9.00	10.	12.	22.	40.	45.	50.	70.	90.	250.	350.	*	*	*	*
1943-S	7.00	8.00	9.00	10.	12.	20.	40.	45.	50.	65.	85.	400.	700.	*	*	*	*
1944	7.00	8.00	9.00	10.	12.	16.	25.	35.	40.	45.	75.	200.	325.	*	*	*	*
1944-D	7.00	8.00	9.00	10.	14.	18.	30.	40.	50.	65.	85.	225.	500.	*	*	*	*
1944-S	7.00	8.00	9.00	10.	12.	16.	25.	40.	50.	75.	100.	500.	1250.	*	*	*	*
1945	7.00	8.00	9.00	10.	12.	16.	25.	35.	40.	45.	75.	150.	300.	*	*	*	*
1945-D	7.00	8.00	9.00	10.	12.	18.	30.	40.	50.	60.	75.	150.	300.	*	*	*	*
1945-S	7.00	8.00	9.00	10.	12.	16.	30.	40.	50.	60.	85.	175.	600.	*	*	*	*
1946	7.00	8.00	9.00	10.	12.	16.	25.	35.	40.	45.	70.	200.	400.	*	*	*	*
1946 Doubled Die Reverse	—	—	—	—	300.	350.	450.	500.	600.	700.	1150.	2500.	5000.	*	*	*	*
1946-D	7.00	8.00	9.00	10.	16.	40.	55.	60.	65.	70.	85.	150.	300.	*	*	*	*
1946-S	7.00	8.00	9.00	10.	12.	18.	35.	50.	55.	75.	85.	200.	400.	*	*	*	*
1947	7.00	8.00	9.00	10.	15.	23.	40.	60.	65.	70.	80.	250.	600.	*	*	*	*
1947-D	7.00	8.00	9.00	10.	15.	32.	45.	60.	65.	70.	80.	175.	400.	*	*	*	*

—— = Insufficient pricing data   * = None issued

Franklin half dollar

Date of authorization:	April 2, 1792
Dates of issue:	1948-1963
Designer:	John Sinnock
Engraver:	Gilroy Roberts
Diameter:	30.61 mm/1.21 inches
Weight:	12.50 grams/0.40 ounce
Metallic Content:	90% silver, 10% copper
Specific gravity:	10.34
Weight of pure silver:	11.25 grams/0.36 ounce
Edge:	Reeded
Mint mark:	Reverse above bell beam

NOTE: MS-64F and MS-65F refer to Full Bell Lines.
Also, the letter C following a numerical grade for a Proof coin stands for "cameo," while the letters DC stand for "deep cameo." Cameo coins have contrasting surface finishes: mirror fields and frosted devices (raised areas). Deep cameo coins are the ultimate level of cameo, with deeply frosted devices. Cameo and deep cameo coins bring premiums.

FRANKLIN HALF DOLLAR (CONTINUED)

	VF-20	EF-40	AU-50	AU-58	MS-60	MS-63	MS-64	MS-64F	MS-65	MS-65F	MS-66	MS-66F	PF-63	PF-64	PF-64C	PF-65	PF-65C	PF-66	PF-66C	PF-66DC	PF-67	PF-67C	PF-67DC	PF-68	PF-68C	PF-68DC
1948	10.	12.	14.	16.	20.	30.	35.	45.	75.	125.	275.	400.	*	*	*	*	*	*	*	*	*	*	*	*	*	*
1948-D	10.	12.	14.	16.	20.	25.	30.	50.	120.	150.	700.	900.	*	*	*	*	*	*	*	*	*	*	*	*	*	*
1949	10.	15.	20.	25.	40.	60.	75.	90.	120.	350.	350.	500.	*	*	*	*	*	*	*	*	*	*	*	*	*	*
1949-D	15.	20.	30.	40.	50.	65.	80.	100.	550.	660.	2900.	8000.	*	*	*	*	*	*	*	*	*	*	*	*	*	*
1949-S	15.	20.	35.	45.	65.	100.	125.	250.	135.	400.	500.	900.	*	*	*	*	*	*	*	*	*	*	*	*	*	*
1950	10.	12.	15.	20.	30.	45.	45.	60.	110.	400.	300.	900.	400.	550.	*	600.	1750.	750.	4000.	—	1800.	—	*	*	*	*
1950-D	10.	12.	14.	16.	30.	40.	50.	75.	300.	350.	1000.	1500.	*	*	*	*	*	*	*	*	*	*	*	*	*	*
1951	10.	12.	15.	25.	20.	40.	30.	30.	75.	150.	250.	500.	325.	400.	*	475.	1200.	550.	2500.	—	900.	*	*	*	*	*
1951-D	12.	15.	20.	25.	45.	45.	65.	80.	175.	450.	1000.	1500.	*	*	*	*	*	*	*	*	*	*	*	*	*	*
1951-S	11.	12.	18.	20.	30.	35.	45.	150.	300.	450.	250.	1000.	*	*	*	*	*	*	*	*	*	*	*	*	*	*
1952	10.	12.	13.	15.	18.	20.	30.	30.	60.	100.	300.	1000.	200.	250.	350.	290.	600.	350.	850.	—	750.	1750.	*	*	*	*
1952-D	10.	12.	13.	15.	18.	20.	30.	55.	125.	175.	500.	1500.	*	*	*	*	*	*	*	*	*	*	*	*	*	*
1952-S	15.	20.	30.	40.	70.	85.	100.	275.	100.	500.	250.	3000.	*	*	*	*	*	*	*	*	*	*	*	*	*	*
1953	12.	14.	18.	20.	25.	30.	40.	40.	120.	150.	450.	2000.	150.	200.	250.	220.	375.	250.	850.	—	320.	1500.	—	1000.	*	*
1953-D	10.	12.	14.	15.	17.	20.	25.	45.	150.	250.	700.	700.	*	*	*	*	*	*	*	*	*	*	*	*	*	*
1953-S	10.	12.	12.	15.	30.	40.	55.	10000.	80.	25000.	350.	—	*	*	*	*	*	*	*	*	*	*	*	*	*	*
1954	10.	12.	13.	15.	16.	25.	35.	50.	85.	85.	350.	1000.	65.	80.	100.	100.	150.	120.	220.	1250.	170.	450.	3000.	350.	1500.	*
1954-D	10.	12.	13.	14.	18.	25.	35.	50.	125.	150.	425.	800.	*	*	*	*	*	*	*	*	*	*	*	*	*	*
1954-S	10.	12.	16.	20.	30.	35.	40.	65.	55.	250.	200.	1000.	*	*	*	*	*	*	*	*	*	*	*	*	*	*
1955	10.	15.	20.	25.	32.	40.	40.	60.	65.	100.	200.	500.	55.	65.	95.	85.	120.	100.	180.	850.	140.	300.	1500.	275.	500.	—
1956	10.	12.	13.	15.	17.	25.	30.	40.	40.	65.	70.	150.	*	*	*	*	*	*	*	*	*	*	*	*	*	*
1956 Reverse of 1950-1955	*	*	*	*	*	*	*	*	*	*	*	*	25.	30.	50.	60.	100.	100.	200.	650.	150.	1000.	1250.	400.	1200.	3300.
1956 Reverse of 1957-1963	*	*	*	*	*	*	*	*	*	*	*	*	17.	20.	35.	30.	60.	50.	100.	125.	85.	125.	300.	125.	200.	550.
1957	10.	11.	12.	13.	14.	15.	20.	30.	40.	90.	85.	150.	22.	30.	40.	60.	60.	75.	200.	550.	85.	200.	850.	95.	450.	2500.

—— = Insufficient pricing data   * = None issued

FRANKLIN HALF DOLLAR (CONTINUED)

	PF-68DC	PF-68C	PF-68	PF-67DC	PF-67C	PF-67	PF-66DC	PF-66C	PF-66	PF-65C	PF-65	PF-64C	PF-64	PF-63	MS-66F	MS-66	MS-65F	MS-65	MS-64F	MS-64	MS-63	MS-60	AU-58	AU-50	EF-40	VF-20
1957-D	*	*	*	*	*	*	*	*	*	*	*	*	*	*	200.	100.	85.	60.	30.	22.	15.	14.	13.	12.	11.	10.
1958	*	675.	125.	2000.	200.	60.	1250.	100.	50.	75.	45.	50.	35.	25.	175.	75.	80.	40.	30.	20.	15.	14.	13.	12.	11.	10.
1958-D	*	*	*	*	*	*	*	*	*	*	*	*	*	*	150.	110.	100.	40.	30.	20.	15.	14.	13.	12.	11.	10.
1959	*	2500.	110.	—	450.	90.	—	300.	50.	150.	30.	100.	20.	18.	1000.	500.	100.	65.	30.	20.	15.	14.	13.	12.	11.	10.
1959-D	*	*	*	*	*	*	*	*	*	*	*	*	*	*	1000.	1000.	100.	85.	30.	25.	15.	14.	13.	12.	11.	10.
1960	1000.	200.	80.	350.	120.	50.	175.	80.	35.	50.	28.	30.	18.	15.	1500.	600.	125.	95.	30.	20.	15.	14.	13.	12.	11.	10.
1960-D	*	*	*	*	*	*	*	*	*	*	*	*	*	*	2200.	700.	400.	275.	40.	35.	15.	14.	13.	12.	11.	10.
1961	1500.	185.	80.	325.	100.	50.	250.	75.	40.	45.	28.	26.	18.	15.	1800.	575.	750.	65.	100.	30.	15.	14.	13.	12.	11.	10.
1961 Doubled Die Reverse	*	*	*	*	*	*	*	—	3500.	—	3000.	—	2500.	—	*	*	*	*	*	*	*	*	*	*	*	*
1961-D	*	*	*	*	*	*	*	*	*	*	*	*	*	*	2300.	700.	500.	150.	45.	30.	15.	14.	13.	12.	11.	10.
1962	600.	200.	65.	225.	80.	40.	150.	60.	30.	40.	25.	25.	18.	15.	8500.	900.	2000.	125.	200.	25.	15.	14.	13.	12.	11.	10.
1962-D	*	*	*	*	*	*	*	*	*	*	*	*	*	*	2500.	850.	450.	200.	35.	30.	15.	14.	13.	12.	11.	10.
1963	550.	200.	65.	210.	80.	40.	150.	60.	30.	40.	30.	25.	18.	15.	3000.	575.	1400.	60.	75.	20.	15.	14.	13.	12.	11.	10.
1963-D	*	*	*	*	*	*	*	*	*	*	*	*	*	*	900.	500.	125.	60.	30.	20.	15.	14.	13.	12.	11.	10.

—— = Insufficient pricing data   * = None issued

Kennedy half dollar

Date of authorization: Dec. 30, 1963; July 23, 1965;
Oct. 18, 1973

Dates of issue: 1964-present

Designer: Obverse: Gilroy Roberts
Reverse: Frank Gasparro
(Bicentennial reverse): Seth G. Huntington

Engraver: Gilroy Roberts
(Bicentennial reverse): Frank Gasparro

Diameter: 30.61 mm/1.21 inches

Weight: (1964, 1992-present silver Proof only):
12.50 grams/0.40 ounce
(1965-1970): 11.50 grams/0.37 ounce
(1971-present): 11.34 grams/0.36 ounce
(1976 Bicentennial): 11.50 grams/
0.37 ounce

Metallic Content: (1964, 1992-present silver Proofs only):
90% silver, 10% copper
(1965-1970): 80% silver, 20% copper
bonded to a core of 21.5% silver,
78.5% copper
(1971-present): 75% copper, 25% nickel
bonded to pure copper core
(1976 Bicentennial Proof and
Uncirculated sets only): 80% silver,
20% copper bonded to a core of
21.5% silver, 78.5% copper

Specific gravity: 90% silver. 10.34; 40% silver, 9.53;
copper-nickel clad, 8.92

Weight of pure silver: (1964, 1992-present silver Proofs only)
11.25 grams/0.36 ounce
(1965-1970): 4.60 grams/0.15 ounce
(1976 Bicentennial Proof and
Uncirculated sets only):
4.60 grams/0.15 ounce

Edge: Reeded
Mint mark: (1964): Reverse left near claw and
laurel
(1968-present): Obverse below Kennedy

Bicentennial date, reverse

Also, the letter C following a numerical grade for a Proof coin stands for
"cameo," while the letters DC stand for "deep cameo." Cameo coins
have contrasting surface finishes: mirror fields and frosted devices
(raised areas). Deep cameo coins are the ultimate level of cameo, with
deeply frosted devices. Cameo and deep cameo coins bring premi-
ums.

KENNEDY HALF DOLLAR (CONTINUED)

	MS-60	MS-63	MS-64	MS-65	MS-66	MS-67	PF-63	PF-64	PF-65	PF-66	PF-67	PF-67C	PF-67DC	PF-68	PF-68C	PF-68DC	PF-69	PF-69C	PF-69DC	PF-70	PF-70C	PF-70DC
SILVER																						
1964	8.00	10.	12.	25.	45.	450.	12.	14.	16.	35.	50.	125.	175.	60.	200.	300.	70.	235.	2000.	1000.	—	—
1964 Heavily Accented Hair	*	*	*	*	*	*	25.	35.	50.	65.	75.	200.	1500.	125.	225.	6000.	425.	—	—	—	—	—
1964 Special Mint Set	—	—	—	—	—	—	*	*	*	*	*	*	*	*	*	*	*	*	*	*	*	*
1964-D	8.00	10.	12.	25.	50.	700.	*	*	*	*	*	*	*	*	*	*	*	*	*	*	*	*
40 PERCENT SILVER CLAD																						
1965	4.00	5.00	9.50	22.	125.	550.	*	*	*	*	*	*	*	*	*	*	*	*	*	*	*	*
1965 Special Mint Set	—	—	—	—	—	—	8.00	9.00	11.	15.	35.	100.	300.	200.	275.	*	*	*	*	*	*	*
1966	4.00	5.00	8.00	18.	175.	725.	*	*	*	*	*	*	*	*	*	*	*	*	*	*	*	*
1966 Special Mint Set	—	—	—	—	—	—	8.00	9.00	11.	15.	35.	100.	300.	200.	275.	*	*	*	*	*	*	*
1967	4.00	5.00	9.00	22.	85.	650.	*	*	*	*	*	*	*	*	*	*	*	*	*	*	*	*
1967 Special Mint Set	—	—	—	—	—	—	8.00	10.	12.	20.	40.	100.	300.	200.	275.	*	*	*	*	*	*	*
1968-D	4.00	5.00	10.	20.	35.	300.	*	*	*	*	*	*	*	*	*	*	*	*	*	*	*	*
1968-S	—	—	—	—	—	—	7.00	8.00	9.00	10.	18.	25.	45.	25.	30.	110.	30.	55.	250.	*	90.	5500.
1969-D	4.00	5.00	10.	25.	180.	700.	*	*	*	*	*	*	*	*	*	*	*	*	*	*	*	*
1969-S	—	—	—	—	—	—	7.00	8.00	9.00	10.	15.	20.	50.	20.	30.	100.	25.	55.	250.	*	*	*
1970-D	11.	14.	20.	40.	170.	700.	*	*	*	*	*	*	*	*	*	*	*	*	*	*	*	*
1970-S	—	—	—	—	—	—	17.	20.	25.	30.	35.	40.	100.	40.	45.	125.	50.	90.	550.	*	*	*
COPPER-NICKEL CLAD																						
1971	2.00	3.00	7.50	16.	45.	175.	*	*	*	*	*	*	*	*	*	*	*	*	*	*	*	*
1971-D	2.00	3.00	6.00	12.	22.	70.	*	*	*	*	*	*	*	*	*	*	*	*	*	*	*	*
1971-S	*	*	*	*	*	*	5.00	7.00	9.00	12.	15.	20.	175.	35.	25.	200.	45.	60.	1800.	60.	*	*
1972	2.00	3.00	7.00	15.	42.	190.	*	*	*	*	*	*	*	*	*	*	*	*	*	*	*	*

—— = Insufficient pricing data   * = None issued

KENNEDY HALF DOLLAR (CONTINUED)

	MS-60	MS-63	MS-64	MS-65	MS-66	MS-67	PF-63	PF-64	PF-65	PF-66	PF-67	PF-67C	PF-67DC	PF-68	PF-68C	PF-68DC	PF-69	PF-69C	PF-69DC	PF-70	PF-70C	PF-70DC
1972-D	2.00	3.00	5.50	12.	22.	75.	*	*	*	*	*	*	*	*	*	*	*	*	*	*	*	*
1972-S	*	*	*	*	*	*	5.00	7.00	10.	14.	18.	22.	30.	20.	25.	40.	50.	60.	80.	—	*	*
1973	2.00	3.00	5.50	20.	45.	150.	*	*	*	*	*	*	*	*	*	*	*	*	*	*	*	*
1973-D	2.00	3.00	4.00	14.	25.	140.	*	*	*	*	*	*	*	*	*	*	*	*	*	*	*	*
1973-S	*	*	*	*	*	*	5.00	7.00	10.	12.	15.	20.	25.	20.	25.	30.	25.	30.	35.	*	*	3000.
1974	2.00	3.00	5.00	23.	35.	150.	*	*	*	*	*	*	*	*	*	*	*	*	*	*	*	*
1974-D	2.00	3.00	6.00	15.	30.	180.	*	*	*	*	*	*	*	*	*	*	*	*	*	*	*	*
1974-D Doubled Die Obverse	75.	100.	150.	250.	600.	—																
1974-S	*	*	*	*	*	*	4.00	5.00	6.00	7.00	10.	12.	15.	15.	20.	25.	25.	30.	35.	—	—	5000.
DUAL DATE, BICENTENNIAL REVERSE																						
1776-1976	4.00	5.00	7.00	15.	45.	125.	*	*	*	*	*	*	*	*	*	*	*	*	*	*	*	*
1776-1976-D	4.00	4.50	5.00	12.	23.	175.	*	*	*	*	*	*	*	*	*	*	*	*	*	*	*	*
1776-1976-S	*	*	*	*	*	*	4.00	5.00	7.00	9.00	12.	20.	30.	25.	35.	40.	70.	90.	90.	*	*	—
1776-1976-S 40% silver	5.00	6.00	7.50	13.	20.	34.	5.50	6.00	8.00	10.	15.	20.	30.	25.	35.	45.	75.	95.	100.	—	—	4000.
PRESIDENTIAL SEAL/EAGLE REVERSE RESUMED																						
1977	2.25	3.00	6.00	14.	25.	130.	*	*	*	*	*	*	*	*	*	*	*	*	*	*	*	*
1977-D	2.25	3.00	5.00	16.	25.	90.	*	*	*	*	*	*	*	*	*	*	*	*	*	*	*	*
1977-S	*	*	*	*	*	*	5.00	6.00	7.00	8.00	10.	12.	15.	12.	15.	20.	15.	20.	25.	*	*	*
1978	2.25	3.00	7.00	11.	19.	95.	*	*	*	*	*	*	*	*	*	*	*	*	*	*	*	*
1978-D	2.25	3.50	5.50	14.	23.	150.	*	*	*	*	*	*	*	*	*	*	*	*	*	*	*	*
1978-S	*	*	*	*	*	*	5.00	6.00	8.00	10.	15.	18.	20.	18.	20.	25.	30.	35.	45.	35.	40.	600.
1979	2.00	3.00	5.50	14.	30.	160.	*	*	*	*	*	*	*	*	*	*	*	*	*	*	*	*
1979-D	2.00	3.00	5.50	14.	30.	185.	*	*	*	*	*	*	*	*	*	*	*	*	*	*	*	*
1979-S Filled S	*	*	*	*	*	*	5.00	6.00	8.00	10.	15.	18.	20.	18.	20.	25.	30.	35.	45.	*	*	300.
1979-S Clear S	*	*	*	*	*	*	17.	20.	25.	30.	35.	40.	50.	40.	45.	60.	45.	50.	75.	—	—	1200.
1980-P	2.00	3.00	6.00	12.	19.	45.	*	*	*	*	*	*	*	*	*	*	*	*	*	*	*	*

—— = Insufficient pricing data   * = None issued

KENNEDY HALF DOLLAR (CONTINUED)

Date	MS-60	MS-63	MS-64	MS-65	MS-66	MS-67	PF-63	PF-64	PF-65	PF-66	PF-67	PF-67C	PF-67DC	PF-68	PF-68C	PF-68DC	PF-69	PF-69C	PF-69DC	PF-70	PF-70C	PF-70DC
1980-D	2.00	3.00	8.00	16.	50.	130.	*	*	*	*	*	*	*	*	*	*	*	*	*	*	*	*
1980-S	*	*	*	*	*	*	5.00	6.00	8.00	9.00	10.	12.	15.	12.	15.	17.	20.	25.	35.	—	—	400.
1981-P	2.00	3.00	7.50	10.	28.	275.	*	*	*	*	*	*	*	*	*	*	*	*	*	*	*	*
1981-D	2.00	3.00	10.	12.	36.	400.	*	*	*	*	*	*	*	*	*	*	*	*	*	*	*	*
1981-S	*	*	*	*	*	*	5.00	6.00	8.00	9.00	10.	12.	15.	12.	15.	17.	20.	25.	35.	—	—	—
1981-S Filled S	*	*	*	*	*	*	12.	15.	18.	20.	25.	30.	35.	30.	35.	40.	35.	40.	40.	—	—	245.
1982-P	3.00	4.00	11.	17.	50.	40.	*	*	*	*	*	*	*	*	*	*	*	*	*	*	*	*
1982-P No FG	—	10.	14.	30.	60.	*	*	*	*	*	*	*	*	*	*	*	*	*	*	*	*	*
1982-D	3.00	4.00	11.	18.	40.	425.	*	*	*	*	*	*	*	*	*	*	*	*	*	*	*	*
1982-S	*	*	*	*	*	*	5.00	6.00	8.00	9.00	10.	12.	15.	12.	15.	17.	20.	25.	35.	—	—	250.
1983-P	3.00	5.00	12.	20.	35.	175.	*	*	*	*	*	*	*	*	*	*	*	*	*	*	*	*
1983-D	3.00	4.00	7.00	12.	32.	380.	*	*	*	*	*	*	*	*	*	*	*	*	*	*	*	*
1983-S	*	*	*	*	*	*	5.00	6.00	8.00	9.00	10.	12.	15.	12.	15.	17.	20.	25.	35.	—	—	520.
1984-P	2.00	3.00	6.00	11.	40.	250.	*	*	*	*	*	*	*	*	*	*	*	*	*	*	*	*
1984-D	2.00	3.00	5.50	18.	40.	240.	*	*	*	*	*	*	*	*	*	*	*	*	*	*	*	*
1984-S	*	*	*	*	*	*	6.00	7.00	8.00	9.00	10.	12.	15.	12.	15.	17.	20.	25.	40.	—	—	200.
1985-P	2.00	6.00	6.00	16.	25.	85.	*	*	*	*	*	*	*	*	*	*	*	*	*	*	*	*
1985-D	3.50	4.00	6.00	12.	17.	48.	*	*	*	*	*	*	*	*	*	*	*	*	*	*	*	*
1985-S	*	*	*	*	*	*	5.00	6.00	8.00	9.00	10.	12.	15.	12.	15.	17.	20.	25.	35.	—	—	425.
1986-P	5.00	7.00	10.	15.	28.	65.	*	*	*	*	*	*	*	*	*	*	*	*	*	*	*	*
1986-D	4.00	5.50	9.00	12.	20.	48.	*	*	*	*	*	*	*	*	*	*	*	*	*	*	*	*
1986-S	*	*	*	*	*	*	7.00	8.00	9.00	10.	12.	14.	17.	14.	16.	20.	20.	25.	40.	—	—	275.
1987-P	4.00	5.00	8.50	15.	27.	85.	*	*	*	*	*	*	*	*	*	*	*	*	*	*	*	*
1987-D	4.00	5.00	9.50	12.	19.	42.	*	*	*	*	*	*	*	*	*	*	*	*	*	*	*	*
1987-S	*	*	*	*	*	*	5.00	6.00	8.00	9.00	10.	12.	15.	12.	15.	17.	20.	25.	35.	—	—	200.
1988-P	3.50	4.00	6.00	15.	32.	45.	*	*	*	*	*	*	*	*	*	*	*	*	*	*	*	*
1988-D	2.50	3.50	6.00	10.	25.	37.	*	*	*	*	*	*	*	*	*	*	*	*	*	*	*	*
1988-S	*	*	*	*	*	*	5.00	6.00	8.00	9.00	10.	12.	15.	12.	15.	17.	20.	25.	40.	—	—	1000.
1989-P	2.50	3.50	5.00	12.	25.	110.	*	*	*	*	*	*	*	*	*	*	*	*	*	*	*	*

——— = Insufficient pricing data   * = None issued

	MS-60	MS-63	MS-64	MS-65	MS-66	MS-67	PF-63	PF-64	PF-65	PF-66	PF-67	PF-67C	PF-67DC	PF-68	PF-68C	PF-68DC	PF-69	PF-69C	PF-69DC	PF-70	PF-70C	PF-70DC
1989-D	2.00	3.00	55.	12.	19.	50.	*	*	*	*	*	*	*	*	*	*	*	*	*	*	*	*
1989-S	*	*	*	*	*	*	7.00	8.00	9.00	10.	12.	14.	17.	14.	16.	20.	20.	25.	35.	—	—	350.
1990-P	2.00	3.50	7.00	17.	24.	125.	*	*	*	*	*	*	*	*	*	*	*	*	*	*	*	*
1990-D	2.00	3.00	4.50	19.	29.	190.	*	*	*	*	*	*	*	*	*	*	*	*	*	*	*	*
1990-S	*	*	*	*	*	*	5.00	6.00	8.00	9.00	10.	12.	15.	12.	15.	17.	20.	25.	35.	—	—	200.
1991-P	3.00	3.50	4.50	13.	28.	160.	*	*	*	*	*	*	*	*	*	*	*	*	*	*	*	*
1991-D	4.00	5.00	6.00	14.	23.	175.	*	*	*	*	*	*	*	*	*	*	*	*	*	*	*	*
1991-S	*	*	*	*	*	*	15.	16.	17.	18.	20.	25.	30.	25.	30.	35.	30.	35.	50.	—	—	350.
1992-P	2.00	3.00	3.50	11.	22.	30.	*	*	*	*	*	*	*	*	*	*	*	*	*	*	*	*
1992-D	3.00	4.00	5.00	10.	19.	40.	*	*	*	*	*	*	*	*	*	*	*	*	*	*	*	*
1992-S Clad	*	*	*	*	*	*	5.00	6.00	8.00	9.00	10.	12.	15.	12.	15.	17.	20.	25.	35.	—	—	200.
1992-S Silver	*	*	*	*	*	*	14.	15.	16.	17.	20.	25.	30.	25.	30.	35.	30.	35.	40.	—	—	550.
1993-P	3.00	5.00	8.00	12.	20.	45.	*	*	*	*	*	*	*	*	*	*	*	*	*	*	*	*
1993-D	3.00	4.00	6.00	10.	23.	60.	*	*	*	*	*	*	*	*	*	*	*	*	*	*	*	*
1993-S Clad	*	*	*	*	*	*	13.	14.	15.	17.	20.	25.	30.	25.	30.	35.	35.	40.	50.	—	—	375.
1993-S Silver	*	*	*	*	*	*	35.	37.	40.	45.	50.	55.	60.	55.	60.	66.	60.	65.	75.	—	—	500.
1994-P	3.00	3.50	4.00	11.	20.	55.	*	*	*	*	*	*	*	*	*	*	*	*	*	*	*	*
1994-D	3.00	3.50	4.00	9.00	18.	65.	*	*	*	*	*	*	*	*	*	*	*	*	*	*	*	*
1994-S Clad	*	*	*	*	*	*	10.	11.	12.	14.	17.	18.	25.	20.	20.	30.	25.	30.	40.	—	—	450.
1994-S Silver	*	*	*	*	*	*	37.	40.	45.	50.	60.	65.	75.	65.	70.	85.	70.	75.	100.	—	—	400.
1995-P	2.50	3.00	4.00	10.	17.	42.	*	*	*	*	*	*	*	*	*	*	*	*	*	*	*	*
1995-D	2.50	3.00	4.00	8.50	16.	45.	*	*	*	*	*	*	*	*	*	*	*	*	*	*	*	*
1995-S Clad	*	*	*	*	*	*	35.	37.	40.	45.	50.	55.	60.	55.	60.	65.	60.	65.	90.	—	—	400.
1995-S Silver	*	*	*	*	*	*	90.	95.	100.	110.	125.	135.	150.	135.	145.	160.	145.	160.	175.	—	—	300.
1996-P	2.50	3.00	4.00	11.	18.	30.	*	*	*	*	*	*	*	*	*	*	*	*	*	*	*	*
1996-D	2.50	3.00	4.00	10.	18.	30.	*	*	*	*	*	*	*	*	*	*	*	*	*	*	*	*
1996-S Clad	*	*	*	*	*	*	14.	15.	16.	18.	20.	22.	25.	25.	27.	30.	30.	35.	45.	—	—	850.
1996-S Silver	*	*	*	*	*	*	40.	45.	50.	55.	65.	70.	80.	70.	75.	85.	75.	85.	100.	—	—	400.

—— = Insufficient pricing data   * = None issued

KENNEDY HALF DOLLAR (CONTINUED)

	MS-60	MS-63	MS-64	MS-65	MS-66	MS-67	PF-63	PF-64	PF-65	PF-66	PF-67	PF-67C	PF-67DC	PF-68	PF-68C	PF-68DC	PF-69	PF-69C	PF-69DC	PF-70	PF-70C	PF-70DC
1997-P	2.50	3.00	4.00	13.	27.	52.	*	*	*	*	*	*	*	*	*	*	*	*	*	*	*	*
1997-D	2.50	3.00	4.00	10.	16.	65.	*	*	*	*	*	*	*	*	*	*	*	*	*	*	*	*
1997-S Clad	*	*	*	*	*	*	30.	32.	35.	40.	45.	50.	55.	50.	55.	65.	60.	60.	75.	—	—	400.
1997-S Silver	*	*	*	*	*	*	85.	90.	95.	100.	110.	120.	135.	120.	130.	150.	135.	145.	160.	—	—	300.
1998-P	2.50	3.00	4.00	12.	19.	60.	*	*	*	*	*	*	*	*	*	*	*	*	*	*	*	*
1998-D	2.50	3.00	4.00	12.	18.	60.	*	*	*	*	*	*	*	*	*	*	*	*	*	*	*	*
1998-S Clad	*	*	*	*	*	*	18.	19.	20.	22.	25.	27.	30.	27.	30.	35.	30.	35.	45.	—	—	550.
1998-S Silver	*	*	*	*	*	*	30.	32.	35.	40.	45.	50.	60.	50.	55.	65.	60.	65.	75.	—	—	400.
1998-S Silver Matte Finish	—	235.	240.	250.	275.	300.	*	*	*	*	*	*	*	*	*	*	*	*	*	*	*	*
1999-P	2.50	3.00	5.00	12.	20.	35.	*	*	*	*	*	*	*	*	*	*	*	*	*	*	*	*
1999-D	2.50	3.00	4.00	12.	19.	27.	*	*	*	*	*	*	*	*	*	*	*	*	*	*	*	*
1999-S Clad	*	*	*	*	*	*	18.	19.	20.	22.	25.	27.	30.	27.	30.	35.	30.	35.	45.	—	—	1500.
1999-S Silver	*	*	*	*	*	*	35.	37.	40.	45.	50.	55.	65.	55.	60.	75.	60.	65.	90.	—	—	500.
2000-P	3.00	3.00	3.00	12.	16.	40.	*	*	*	*	*	*	*	*	*	*	*	*	*	*	*	*
2000-D	3.00	3.00	3.00	12.	17.	23.	*	*	*	*	*	*	*	*	*	*	*	*	*	*	*	*
2000-S Clad	*	*	*	*	*	*	6.00	7.00	8.00	9.00	10.	12.	15.	15.	18.	20.	25.	30.	35.	—	—	1500.
2000-S Silver	*	*	*	*	*	*	20.	22.	25.	27.	30.	35.	40.	35.	40.	45.	40.	45.	60.	—	75.	850.
2001-P	3.00	4.00	6.00	10.	13.	25.	*	*	*	*	*	*	*	*	*	*	*	*	*	*	*	*
2001-D	3.00	4.00	6.00	10.	12.	23.	*	*	*	*	*	*	*	*	*	*	*	*	*	*	*	*
2001-S Clad	*	*	*	*	*	*	6.00	7.00	8.00	9.00	10.	12.	15.	15.	18.	20.	20.	25.	35.	—	—	1800.
2001-S Silver	*	*	*	*	*	*	20.	21.	22.	23.	25.	27.	30.	27.	30.	35.	30.	35.	45.	—	—	900.
2002-P	4.00	5.00	7.00	9.00	12.	25.	*	*	*	*	*	*	*	*	*	*	*	*	*	*	*	*
2002-D	4.00	5.00	7.00	10.	18.	40.	*	*	*	*	*	*	*	*	*	*	*	*	*	*	*	*
2002-S Clad	*	*	*	*	*	*	6.00	7.00	8.00	9.00	10.	12.	15.	15.	18.	20.	18.	20.	35.	—	—	1000.
2002-S Silver	*	*	*	*	*	*	20.	22.	25.	27.	30.	32.	35.	35.	37.	40.	40.	45.	55.	—	—	800.
2003-P	4.00	5.00	7.00	10.	15.	25.	*	*	*	*	*	*	*	*	*	*	*	*	*	*	*	*
2003-D	4.00	5.00	7.00	10.	15.	25.	*	*	*	*	*	*	*	*	*	*	*	*	*	*	*	*

——— = Insufficient pricing data   * = None issued

	MS-60	MS-63	MS-64	MS-65	MS-66	MS-67	PF-63	PF-64	PF-65	PF-66	PF-67	PF-67C	PF-67DC	PF-68	PF-68C	PF-68DC	PF-69	PF-69C	PF-69DC	PF-70	PF-70C	PF-70DC
2003-S Clad	*	*	*	*	*	*	5.00	6.00	8.00	9.00	10.	12.	15.	15.	18.	18.	18.	20.	30.	—	—	2500.
2003-S Silver	*	*	*	*	*	*	9.00	10.	11.	12.	14.	17.	25.	18.	20.	30.	30.	35.	40.	—	—	300.
2004-P	4.00	5.00	7.00	10.	15.	25.	*	*	*	*	*	*	*	*	*	*	*	*	*	*	*	*
2004-D	4.00	5.00	7.00	10.	15.	25.	*	*	*	*	*	*	*	*	*	*	*	*	*	*	*	*
2004-S Clad	*	*	*	*	*	*	14.	15.	16.	17.	20.	22.	25.	22.	25.	30.	25.	27.	35.	—	—	300.
2004-S Silver	*	*	*	*	*	*	6.00	7.00	10.	11.	12.	15.	25.	18.	20.	30.	30.	35.	40.	—	—	500.
2005-P	4.50	5.00	6.00	8.00	10.	12.	*	*	*	*	*	*	*	*	*	*	*	*	*	*	*	*
2005-P Satin Finish	—	5.00	6.00	8.00	10.	12.	*	*	*	*	*	*	*	*	*	*	*	*	*	*	*	*
2005-D	4.50	5.00	6.00	8.00	10.	12.	*	*	*	*	*	*	*	*	*	*	*	*	*	*	*	*
2005-D Satin Finish	—	5.00	6.00	8.00	10.	12.	*	*	*	*	*	*	*	*	*	*	*	*	*	*	*	*
2005-S Clad	*	*	*	*	*	*	4.00	5.00	6.00	7.00	9.00	10.	12.	10.	12.	15.	12.	15.	20.	—	—	200.
2005-S Silver	*	*	*	*	*	*	7.00	8.00	9.00	10.	12.	13.	15.	14.	15.	18.	17.	20.	25.	—	—	400.
2006-P	3.50	4.00	5.00	6.00	19.	23.	*	*	*	*	*	*	*	*	*	*	*	*	*	*	*	*
2006-P Satin Finish	—	6.00	8.00	10.	15.	20.	*	*	*	*	*	*	*	*	*	*	*	*	*	*	*	*
2006-D	3.50	4.00	5.00	6.00	13.	23.	*	*	*	*	*	*	*	*	*	*	*	*	*	*	*	*
2006-D Satin Finish	—	6.00	8.00	10.	15.	20.	*	*	*	*	*	*	*	*	*	*	*	*	*	*	*	*
2006-S Clad	*	*	*	*	*	*	4.00	5.00	6.00	7.00	9.00	10.	12.	10.	12.	15.	12.	15.	25.	600.	650.	750.
2006-S Silver	*	*	*	*	*	*	7.00	8.00	9.00	10.	12.	13.	15.	14.	15.	18.	17.	20.	30.	—	—	—
2007-P	3.50	4.00	5.00	6.00	11.	16.	*	*	*	*	*	*	*	*	*	*	*	*	*	*	*	*
2007-P Satin Finish	—	6.00	8.00	10.	15.	20.	*	*	*	*	*	*	*	*	*	*	*	*	*	*	*	*
2007-D	3.50	4.00	5.00	6.00	19.	35.	*	*	*	*	*	*	*	*	*	*	*	*	*	*	*	*
2007-D Satin Finish	—	6.00	8.00	10.	15.	20.	*	*	*	*	*	*	*	*	*	*	*	*	*	*	*	*
2007-S Clad	*	*	*	*	*	*	4.00	5.00	6.00	7.00	9.00	10.	12.	10.	12.	15.	12.	15.	25.	—	—	—

—— = Insufficient pricing data   * = None issued

KENNEDY HALF DOLLAR (CONTINUED)

	MS-60	MS-63	MS-64	MS-65	MS-66	MS-67	PF-63	PF-64	PF-65	PF-66	PF-67	PF-67C	PF-67DC	PF-68	PF-68C	PF-68DC	PF-69	PF-69C	PF-69DC	PF-70	PF-70C	PF-70DC
2007-S Silver	*	*	*	*	*	*	7.00	8.00	9.00	10.	12.	13.	15.	14.	15.	18.	17.	20.	30.	*	*	—
2008-P	1.50	2.00	3.00	5.00	12.	22.	*	*	*	*	*	*	*	*	*	*	*	*	*	*	*	*
2008-P Satin Finish	—	—	—	—	—	15.	*	*	*	*	*	*	*	*	*	*	*	*	*	*	*	*
2008-D	1.50	2.00	3.00	4.00	7.00	—	*	*	*	*	*	*	*	*	*	*	*	*	*	*	*	*
2008-D Satin Finish	—	—	—	—	—	15.	*	*	*	*	*	*	*	*	*	*	*	*	*	*	*	*
2008-S Clad	*	*	*	*	*	*	—	4.00	4.00	—	4.50	5.50	8.50	—	7.00	11.	—	—	13.	—	—	40.
2008-S Silver	*	*	*	*	*	*	—	8.00	8.00	—	8.50	12.	14.	—	—	15.	—	—	16.	—	—	50.
2009-P	1.50	2.00	3.00	5.00	6.00	12.	*	*	*	*	*	*	*	*	*	*	*	*	*	*	*	*
2009-P Satin Finish	—	—	—	—	—	19.	*	*	*	*	*	*	*	*	*	*	*	*	*	*	*	*
2009-D	1.50	2.00	3.00	5.00	6.00	12.	*	*	*	*	*	*	*	*	*	*	*	*	*	*	*	*
2009-D Satin Finish	—	—	—	—	—	19.	*	*	*	*	*	*	*	*	*	*	*	*	*	*	*	*
2009-S Clad	*	*	*	*	*	*	—	—	—	—	—	—	—	—	—	—	—	—	10.	—	—	40.
2009-S Silver	*	*	*	*	*	*	—	—	—	—	—	—	—	—	—	—	—	—	15.	—	—	45.
2010-P	1.50	2.00	3.00	5.00	—	—	*	*	*	*	*	*	*	*	*	*	*	*	*	*	*	*
2010-P Satin Finish	—	—	—	—	—	—	*	*	*	*	*	*	*	*	*	*	*	*	*	*	*	*
2010-D	1.50	2.00	3.00	5.00	—	—	*	*	*	*	*	*	*	*	*	*	*	*	*	*	*	*
2010-D Satin Finish	—	—	—	—	—	—	*	*	*	*	*	*	*	*	*	*	*	*	*	*	*	*
2010-S Clad	*	*	*	*	*	*	—	—	—	—	—	—	—	—	—	—	—	—	—	—	—	—
2010-S Silver	*	*	*	*	*	*	—	—	—	—	—	—	—	—	—	—	—	—	—	—	—	—

—— = Insufficient pricing data   * = None issued

Flowing Hair dollar

Date of authorization: April 2, 1792
Dates of issue: 1794-1795
Designer/Engraver: Robert Scot
Diameter: 39.50 mm/1.56 inches
Weight: 26.96 grams/0.87 ounce
Metallic Content: 90% silver, 10% copper
Specific gravity: 10.34
Weight of pure silver: 24.26 grams/0.78 ounce
Edge: Lettered (HUNDRED CENTS ONE DOLLAR OR UNIT)
Mint mark: None

	AG-3	G-4	VG-8	F-12	VF-20	EF-40	EF-45	AU-50	AU-55	MS-60
1794	40000.	60000.	100000.	125000.	150000.	175000.	200000.	350000.	400000.	650000.
1794 Silver Plug, Unique	*	*	*	*	*	*	*	*	*	*
1795 2 Leaves, Head of 1794	1000.	2000.	2500.	4000.	6000.	13500.	15000.	17500.	35000.	90000.
1795 3 Leaves, Head of 1795	900.	1750.	2000.	3750.	6000.	12500.	14000.	16500.	35000.	85000.
1795 Silver Plug	3500.	7500.	15000.	17500.	20000.	32500.	40000.	57500.	—	—

Draped Bust dollar

Small Eagle

Heraldic Eagle

Date of authorization: April 2, 1792
Dates of issue: 1795-1803
Designers: Obverse: Gilbert Stuart-Robert Scot
Reverse: (1795-1798):
Scot-John Eckstein
(1798-1803): Robert Scot
Engraver: Robert Scot
Diameter: 39.50 mm/1.56 inches
Weight: 26.96 grams/0.87 ounce
Metallic Content: 89.25% silver, 10.75% copper
Specific gravity: 10.32
Weight of pure silver: 24.06 grams/0.77 ounce
Edge: Lettered (HUNDRED CENTS ONE DOLLAR OR UNIT)
Mint mark: None

DRAPED BUST DOLLAR (CONTINUED)
SMALL EAGLE

	AG-3	G-4	VG-8	F-12	VF-20	EF-40	EF-45	AU-50	AU-55	MS-60
1795 Centered Bust	1000.	1500.	2000.	4000.	5250.	10000.	15000.	20000.	25000.	50000.
1795 Off-center Bust	1000.	1500.	2000.	4000.	5250.	10000.	15000.	20000.	27500.	55000.
1796 Small Date, Small Letters	1000.	1500.	2000.	4000.	5000.	10000.	15000.	17500.	45000.	60000.
1796 Large Date, Small Letters	1000.	1500.	2000.	4000.	5000.	10000.	12500.	15000.	45000.	60000.
1796 Small Date, Large Letters	1000.	1500.	2000.	4000.	5000.	10000.	15000.	17500.	45000.	70000.
1797 9X7 Obverse Stars, Small Letters	1250.	2000.	3500.	5500.	12500.	17500.	20000.	35000.	57500.	—
1797 9X7 Obverse Stars, Large Letters	1000.	1750.	3000.	4000.	6000.	12500.	15000.	17500.	30000.	—
1797 10X6 Obverse Stars	1000.	1500.	2000.	3500.	5500.	11500.	15000.	17500.	25000.	50000.
1798 13 Obverse Stars	1000.	1500.	2000.	4000.	6000.	15000.	17500.	25000.	45000.	
1798 15 Obverse Stars	1250.	2250.	3000.	4500.	6500.	15000.	17500.	35000.	50000.	100000.

HERALDIC EAGLE

	AG-3	G-4	VG-8	F-12	VF-20	EF-40	EF-45	AU-50	AU-55	MS-60
1798	750.	900.	1000.	1600.	2750.	4500.	4750.	8000.	9000.	30000.
1798 Knob 9, 5 Vertical Lines in Shield	750.	900.	1000.	1600.	2750.	4500.	4750.	9000.	10000.	40000.
1798 Knob 9, 4 Vertical Lines in Shield	750.	900.	1000.	1600.	2750.	4500.	4750.	8000.	9000.	30000.
1798 Knob 9, 10 Arrows	750.	900.	1000.	1600.	2750.	4500.	4750.	8000.	9000.	30000.
1798 Pointed 9, Close Date	750.	900.	1000.	1600.	2750.	4500.	4750.	8000.	9000.	30000.
1798 Pointed 9, Wide Date	750.	900.	1000.	1600.	2750.	4500.	4750.	8000.	9000.	30000.
1798 Pointed 9, 5 Vertical Lines in Shield	750.	900.	1000.	1600.	2750.	4500.	5000.	9000.	10000.	40000.
1798 Pointed 9, 10 Arrows	750.	900.	1000.	1600.	2750.	4500.	4750.	8000.	9000.	30000.
1798 Pointed 9, 4 Berries	750.	900.	1000.	1600.	2750.	4500.	4750.	8000.	9000.	30000.
1799	750.	900.	1000.	1500.	2500.	4500.	5000.	8000.	12500.	25000.
1799/8 15 Reverse Stars	850.	1000.	1250.	1750.	2750.	4500.	5000.	8000.	12500.	25000.
1799/8 13 Reverse Stars	850.	1000.	1250.	1750.	2750.	4500.	5000.	8000.	12500.	25000.
1799 8x5 Obverse Stars	900.	1100.	1500.	2000.	3500.	5500.	7500.	12500.	17500.	—
1799 Irregular Date, 15 Reverse Stars	750.	900.	1000.	1500.	2500.	4500.	5000.	8000.	12500.	25000.
1799 Irregular Date, 13 Reverse Stars	900.	1100.	1500.	2500.	3500.	6000.	7500.	9000.	15000.	25000.
1800	750.	900.	1000.	1500.	2500.	4500.	5000.	8000.	12500.	25000.
1800 AMERICAI	850.	1250.	1500.	2000.	3500.	4750.	7500.	10000.	15000.	50000.
1800 AMERICAI, Wide Date, Low 8	850.	1250.	1500.	2000.	3500.	4750.	7500.	10000.	15000.	50000.
1800 Wide Date, Low 8	750.	900.	1000.	1500.	2500.	4500.	5000.	8000.	12500.	25000.

—— = Insufficient pricing data

DRAPED BUST DOLLAR (CONTINUED)

	AG-3	G-4	VG-8	F-12	VF-20	EF-40	EF-45	AU-50	AU-55	MS-60
1800 Dotted Date	800.	1000.	1250.	1750.	3000.	4500.	6500.	8500.	10000.	25000.
1800 12 Arrows	850.	1250.	1500.	2000.	3500.	5000.	6000.	8500.	17500.	25000.
1801	850.	1250.	1500.	2000.	3750.	5500.	6000.	7500.	15000.	50000.
1802/1 Narrow Date	750.	1100.	1250.	2000.	3000.	5000.	6000.	12500.	15000.	35000.
1802/1 Wide Date	1000.	1250.	1500.	2250.	3250.	5500.	6500.	15000.	17500.	40000.
1802 Narrow Date	750.	1100.	1250.	1750.	2500.	5000.	6000.	7000.	12500.	25000.
1802 Wide Date	850.	1250.	1750.	2000.	3500.	5000.	7500.	10000.	17500.	—
1802 Curl Top 2	*	*	*	*	*	*	*	*	*	*
1803 Large 3	700.	900.	1200.	1500.	3000.	4500.	6000.	12500.	17500.	37500.
1803 Small 3	650.	800.	1100.	1400.	2500.	4250.	5500.	10000.	15000.	25000.
1804 Original, struck circa 1834	—	—	—	—	—	—	—	—	—	—
1804 Restrike, Plain Edge, Unique, struck circa 1858	*	*	*	*	*	*	*	*	*	*
1804 Restrike, Lettered Edge, struck circa 1858	—	—	—	—	—	—	—	—	—	—

—— = Insufficient pricing data   * = None issued

Seated Liberty dollar

Date of authorization: Jan. 18, 1837
Dates of issue: 1840-1873
Designers: Obverse: Robert Hughes-
Christian Gobrecht-Thomas Sully
Reverse: John Reich-Christian Gobrecht
Engraver: Christian Gobrecht
Diameter: 38.10 mm/1.5 inches
Weight: 26.73 grams/0.86 ounce
Metallic Content: 90% silver, 10% copper
Specific gravity: 10.34
Weight of pure silver: 24.06 grams/0.77 ounce
Edge: Reeded
Mint mark: Reverse below eagle

SEATED LIBERTY DOLLAR (CONTINUED)

	AG-3	G-4	VG-8	F-12	VF-20	EF-40	AU-50	AU-55	AU-58	MS-60	MS-62	MS-63	MS-64	MS-65	PF-63	PF-64	PF-65	PF-66
1840	250.	350.	400.	450.	550.	1000.	1750.	2000.	2750.	4500.	12500.	25000.	—	—	35000.	42500.	100000.	—
1841	200.	300.	350.	400.	500.	750.	1250.	1750.	2500.	3500.	5000.	7500.	20000.	100000.	100000.	150000.	—	—
1842	200.	300.	350.	400.	500.	750.	1250.	1500.	2000.	2750.	3500.	5500.	25000.	—	50000.	—	125000.	—
1843	200.	300.	350.	400.	500.	600.	1250.	2000.	2500.	3500.	7000.	12500.	20000.	—	—	60000.	—	—
1844	250.	350.	400.	500.	750.	1000.	1500.	2750.	5000.	7500.	10000.	20000.	—	—	125000.	125000.	150000.	—
1845	250.	350.	400.	500.	750.	1000.	2000.	3000.	5500.	10000.	20000.	30000.	15000.	125000.	50000.	50000.	100000.	—
1846	200.	350.	350.	400.	550.	700.	1100.	1500.	1750.	2750.	4000.	7500.	15000.	125000.	35000.	45000.	150000.	—
1846-O	225.	350.	400.	450.	550.	1000.	1750.	3000.	4000.	8500.	15000.	20000.	—	—	—	—	—	—
1847	200.	300.	350.	400.	500.	700.	1200.	1750.	2000.	3000.	4500.	7500.	10000.	—	30000.	40000.	75000.	—
1848	250.	350.	400.	600.	800.	1500.	2200.	3000.	3500.	5000.	8500.	15000.	—	—	—	—	150000.	—
1849	200.	300.	350.	400.	500.	700.	1200.	1750.	2250.	3000.	4000.	7500.	15000.	—	75000.	75000.	150000.	—
1850	325.	400.	550.	750.	1000.	2000.	3000.	4000.	5000.	8500.	12500.	20000.	40000.	—	45000.	45000.	75000.	85000.
1850-O	250.	350.	400.	550.	800.	1750.	3500.	7500.	10000.	15000.	20000.	30000.	40000.	85000.	—	—	—	—
1851	—	—	—	—	—	—	—	—	32500.	35000.	40000.	65000.	75000.	—	40000.	50000.	175000.	—
1851 Restrike																		
1852	—	—	—	—	—	25000.	30000.	32500.	35000.	37500.	40000.	65000.	—	—	60000.	75000.	100000.	—
1852 Restrike																		
1853	250.	350.	400.	500.	700.	1100.	2000.	2500.	3000.	4000.	5000.	7500.	15000.	—	—	—	125000.	225000.
1853 Restrike																		
1854	800.	1200.	1500.	2000.	3000.	4500.	6000.	7000.	8500.	10000.	15000.	—	—	—	17500.	25000.	125000.	—
1855	750.	1000.	1250.	1500.	2500.	4000.	5500.	6500.	8500.	12500.	20000.	—	150000.	—	15000.	25000.	65000.	100000.
1856	300.	400.	500.	750.	1000.	2250.	3000.	4500.	6000.	7500.	12500.	20000.	30000.	—	20000.	20000.	45000.	—
1857	300.	450.	550.	700.	850.	1500.	2000.	2500.	3000.	4000.	6500.	15000.	20000.	—	12500.	15000.	45000.	—
1858 Proof Only															15000.	20000.	50000.	60000.
1859	250.	300.	400.	500.	600.	800.	1250.	2000.	2750.	3500.	5000.	10000.	17500.	—	4750.	6500.	17500.	50000.
1859-O	200.	275.	350.	400.	500.	700.	850.	1000.	1250.	2500.	3000.	5250.	8500.	—	—	—	—	—
1859-S	300.	400.	500.	750.	1000.	2500.	3500.	5000.	8500.	15000.	20000.	27500.	—	—	—	—	*	*
1860	300.	350.	350.	450.	1000.	800.	1000.	1500.	2000.	3000.	4000.	5500.	10000.	85000.	4500.	6500.	17500.	30000.
1860-O	200.	275.	350.	400.	450.	550.	860.	1250.	1500.	2250.	3000.	4000.	8500.	60000.	*	*	*	*

—— = Insufficient pricing data   * = None issued

SEATED LIBERTY DOLLAR (CONTINUED)

	AG-3	G-4	VG-8	F-12	VF-20	EF-40	AU-50	AU-55	AU-58	MS-60	MS-62	MS-63	MS-64	MS-65	PF-63	PF-64	PF-65	PF-66
1861	500.	750.	1000.	1250.	1500.	3000.	3500.	4000.	4500.	5000.	5500.	6000.	15000.	95000.	5000.	6500.	17500.	25000.
1862	450.	600.	750.	900.	1250.	1750.	2000.	2500.	3500.	4000.	5000.	7500.	10000.	—	5000.	8000.	17500.	30000.
1863	250.	400.	500.	600.	700.	1000.	1500.	2000.	3500.	3750.	4000.	6600.	15000.	—	5500.	6600.	22500.	—
1864	300.	400.	450.	550.	750.	2000.	2500.	3500.	4000.	5000.	7500.	10000.	17500.	55000.	5000.	6500.	17500.	25000.
1865	250.	350.	400.	450.	600.	1000.	2000.	2500.	3000.	5000.	7500.	10000.	15000.	85000.	5000.	6500.	15000.	22500.
1866 Proof Only	—	—	—	—	—	—	—	—	—	*					1500000.			—

MOTTO ABOVE EAGLE

	AG-3	G-4	VG-8	F-12	VF-20	EF-40	AU-50	AU-55	AU-58	MS-60	MS-62	MS-63	MS-64	MS-65	PF-63	PF-64	PF-65	PF-66
1866	250.	350.	400.	500.	750.	1000.	1750.	2000.	2500.	3000.	3750.	5500.	17500.	100000.	4000.	7500.	17500.	20000.
1867	250.	350.	400.	450.	650.	1000.	1750.	2000.	2500.	3000.	4500.	6000.	17500.	100000.	4500.	7500.	20000.	35000.
1868	250.	350.	400.	450.	600.	1000.	1750.	2000.	2500.	3500.	5500.	8500.	27500.	100000.	4500.	7500.	20000.	25000.
1869	250.	350.	400.	450.	600.	750.	1000.	2000.	2500.	3000.	4000.	5500.	15000.	100000.	4000.	7500.	17500.	25000.
1870	200.	300.	350.	400.	500.	700.	1100.	1300.	1750.	3000.	3000.	4500.	10000.	—	4000.	7000.	17500.	35000.
1870-CC	350.	500.	750.	1000.	2250.	4000.	6500.	12500.	17500.	27500.	35000.	50000.	—	—	*	*	*	*
1870-S	*				700000.	850000.			—	*								
1871	200.	300.	350.	400.	500.	650.	1000.	1250.	1500.	2500.	3500.	5000.	7500.	—	4000.	7000.	17500.	25000.
1871-CC	1250.	1750.	3000.	4500.	8000.	15000.	25000.	50000.	75000.	—	—	—	300000.	—	*	*	*	*
1872	200.	300.	350.	400.	500.	650.	1000.	1250.	1500.	2500.	3750.	5000.	8000.	70000.	4000.	7000.	17500.	25000.
1872-CC	750.	1000.	1500.	3000.	5000.	10000.	15000.	20000.	25000.	30000.	50000.	—	150000.	—	*	*	*	*
1872-S	250.	350.	400.	550.	750.	1750.	5000.	7500.	10000.	12500.	20000.	35000.	50000.	—	*	*	*	*
1873	200.	300.	350.	400.	500.	750.	1100.	1500.	2500.	3000.	4000.	5000.	9000.	70000.	4000.	7000.	17500.	25000.
1873-CC	5000.	7500.	8500.	12500.	20000.	35000.	50000.	75000.	100000.	—	*							
1873-S Unknown	*									*								

— = Insufficient pricing data   * = None issued

Trade dollar

Date of authorization:	Feb. 12, 1873
Dates of issue:	1873-1885
Designer/Engraver:	William Barber
Diameter:	38.10 mm/1.5 inches
Weight:	27.22 grams/0.88 ounce
Metallic Content:	90% silver, 10% copper
Specific gravity:	10.34
Weight of pure silver:	24.49 grams/0.79 ounce
Edge:	Reeded
Mint mark:	Reverse below eagle

TRADE DOLLAR (CONTINUED)

	G-4	VG-8	F-12	VF-20	EF-40	AU-50	AU-55	AU-58	MS-60	MS-62	MS-63	MS-64	MS-65	PF-63	PF-64	PF-65	PF-66
1873	125.	150.	200.	250.	300.	500.	750.	1000.	1250.	1500.	3000.	7500.	15000.	3250.	5000.	15000.	25000.
1873-CC	300.	400.	500.	750.	1500.	3500.	7000.	8500.	10000.	15000.	32500.	75000.	—	*	*	*	*
1873-S	125.	150.	200.	250.	300.	500.	1000.	1500.	2000.	2250.	5000.	7000.	25000.	*	*	*	*
1874	125.	150.	200.	250.	300.	400.	600.	900.	1250.	2000.	3000.	5000.	17500.	3000.	5000.	15000.	25000.
1874-CC	300.	350.	400.	500.	750.	1000.	1500.	2000.	3000.	4000.	7500.	10000.	50000.	*	*	*	*
1874-S	125.	150.	200.	250.	300.	400.	500.	850.	1150.	1500.	2750.	4000.	20000.	*	*	*	*
1875	175.	250.	400.	500.	700.	1000.	1250.	1500.	2500.	3000.	6000.	10000.	30000.	3000.	5000.	17500.	25000.
1875-CC	250.	300.	350.	400.	550.	850.	1000.	1500.	2500.	3000.	4000.	12500.	40000.	*	*	*	*
1875-S	100.	150.	200.	250.	300.	350.	500.	750.	1000.	1250.	2000.	4000.	13500.	*	*	*	*
1875-S/CC	250.	300.	400.	600.	1100.	1500.	2500.	3500.	5000.	7750.	15000.	27500.	65000.	*	*	*	*
1876	100.	150.	200.	250.	300.	400.	550.	850.	1000.	1500.	2250.	3250.	17500.	3000.	4500.	8500.	20000.
1876-CC	300.	350.	400.	500.	750.	1500.	3250.	5000.	7500.	12500.	25000.	50000.	—	*	*	*	*
1876-CC Doubled Die Reverse	—	—	—	—	—	—	—	—	—	—	—	—	—	*	*	*	*
1876-S	100.	150.	200.	250.	300.	350.	500.	750.	1000.	1250.	2250.	3750.	25000.	*	*	*	*
1877	100.	150.	200.	250.	300.	350.	500.	750.	1000.	1500.	3000.	5000.	15000.	3000.	4500.	8500.	17500.
1877-CC	300.	350.	400.	500.	750.	1000.	1750.	2000.	3000.	6000.	12500.	30000.	75000.	*	*	*	*
1877-S	100.	150.	200.	250.	300.	350.	500.	750.	1000.	1250.	2750.	3500.	15000.	*	*	*	*
1878 Proof Only	700.	850.	1000.	1250.	1500.	1600.	1750.	2000.	*	*	*	*	*	3000.	4500.	8500.	15000.
1878-CC	500.	750.	1250.	2500.	5000.	6000.	8500.	15000.	17500.	30000.	30000.	—	150000.	*	*	*	*
1878-S	100.	150.	200.	250.	300.	350.	500.	750.	1000.	1250.	2250.	3250.	12500.	*	*	*	*
1879 Proof Only	900.	1000.	1200.	1500.	1600.	1750.	1850.	2000.	*	*	*	*	*	3000.	4500.	8500.	12500.
1880 Proof Only	900.	1000.	1200.	1500.	1750.	1750.	1850.	2000.	*	*	*	*	*	3000.	4500.	8500.	15000.
1881 Proof Only	900.	1000.	1200.	1500.	1600.	1750.	1850.	2000.	*	*	*	*	*	3000.	4500.	8500.	15000.
1882 Proof Only	900.	1000.	1200.	1500.	1600.	1750.	1850.	2000.	*	*	*	*	*	3000.	4500.	8500.	15000.
1883 Proof Only	900.	1000.	1200.	1500.	1600.	1750.	1850.	2000.	*	*	*	*	*	3000.	4500.	8500.	15000.
1884 Proof Only	*	*	*	*	*	*	*	*	*	*	*	*	*	125000.	265000.	750000.	—
1885 Proof Only	*	*	*	*	*	*	*	*	*	*	*	*	*	—	— 2500000.		—

—— = Insufficient pricing data   * = None issued

Morgan dollar

Date of authorization: Feb. 28, 1878
Dates of issue: 1878-1921
Designer/Engraver: George T. Morgan
Diameter: 38.10 mm/1.5 inches
Weight: 26.73 grams/0.86 ounce
Metallic Content: 90% silver, 10% copper
Specific gravity: 10.34
Weight of pure silver: 24.06 grams/0.77 ounce
Edge: Reeded
Mint mark: Reverse below eagle

Note: MS-63D, MS-64D, MS-65D refer to Deep Mirror Prooflike

MORGAN DOLLAR (CONTINUED)

	G-4	VG-8	F-12	VF-20	EF-40	AU-50	AU-58	MS-60	MS-62	MS-63	MS-63D	MS-64	MS-64D	MS-65	MS-65D	MS-66	PF-63	PF-64	PF-65	PF-66
1878 8 Tail Feathers	25.	35.	40.	45.	55.	90.	125.	150.	200.	275.	1000.	600.	4500.	1500.	20000.	10000.	3500.	6000.	10000.	20000.
1878 7 Tail Feathers, Reverse of 1878	20.	25.	30.	35.	50.	60.	70.	80.	100.	125.	350.	275.	2000.	1200.	8500.	10000.	4000.	7000.	15000.	25000.
1878 7 Tail Feathers, Reverse of 1879	20.	25.	30.	35.	45.	60.	75.	90.	125.	200.	1000.	525.	4500.	3000.	20000.	15000.	35000.	110000.	200000.	—
1878 Strongly Doubled Tail Feathers	20.	27.	30.	35.	50.	90.	125.	150.	250.	400.	950.	550.	5000.	3500.	15000.	18000.	*	*	*	*
1878 7/8TF Triple Blossoms, VAM-44	—	—	—	125.	250.	500.	—	—	4000.	5500.	—	7000.	—	10000.	—	18000.	*	*	*	*
1878-CC	85.	110.	125.	140.	150.	175.	190.	225.	275.	400.	—	700.	2500.	1900.	10000.	5700.	*	*	*	*
1878-CC GSA	—	—	—	—	—	—	—	—	—	—	1500.	700.	2750.	—	6500.	—	*	*	*	*
1878-S	—	25.	27.	30.	35.	45.	50.	60.	80.	100.	150.	100.	2000.	275.	10000.	1000.	*	*	*	*
1878-S Long Nock varieties	75.	100.	125.	250.	450.	750.	1000.	1500.	—	—	—	—	—	—	—	—	*	*	*	*
1879	18.	23.	25.	27.	30.	35.	37.	45.	60.	75.	—	150.	2000.	900.	15000.	4000.	3500.	5500.	10000.	15000.
1879 GSA	—	—	—	—	—	—	—	—	—	—	—	—	—	—	—	—	*	*	*	*
1879-CC	150.	200.	275.	350.	850.	2000.	2600.	4500.	5500.	7000.	15000.	11000.	27000.	30000.	45000.	50000.	*	*	*	*
1879-CC Large CC/Small CC, VAM-3	150.	200.	250.	350.	800.	1800.	2300.	4200.	5000.	6500.	12000.	9500.	40000.	45000.	57500.	65000.	*	*	*	*
1879-CC GSA	—	—	—	—	—	—	—	—	6000.	9000.	—	12500.	—	—	—	—	*	*	*	*
1879-O	20.	23.	25.	30.	35.	40.	55.	90.	150.	200.	1750.	550.	4000.	3250.	20000.	17000.	*	*	*	*
1879-S Reverse of 1878 varieties	22.	27.	30.	35.	40.	65.	100.	150.	200.	450.	4000.	2000.	9000.	10000.	25000.	75000.	*	*	*	*
1879-S Reverse of 1878 GSA	—	—	—	—	—	—	—	—	—	—	—	—	—	—	—	—	*	*	*	*
1879-S	18.	23.	25.	27.	30.	40.	50.	50.	55.	60.	100.	85.	400.	150.	1200.	350.	*	*	*	*
1879-S GSA	—	—	—	—	—	—	—	—	—	—	—	—	—	—	—	—	*	*	*	*
1880	18.	23.	25.	27.	30.	35.	40.	50.	55.	65.	225.	140.	1100.	750.	5750.	5000.	3500.	5500.	10000.	15000.
1880 Knobbed 8, VAM-1A	—	—	125.	150.	300.	400.	600.	—	—	—	—	—	—	—	—	—	—	—	—	—

—— = Insufficient pricing data   * = None issued

MORGAN DOLLAR (CONTINUED)

	G-4	VG-8	F-12	VF-20	EF-40	AU-50	AU-58	MS-60	MS-62	MS-63	MS-63D	MS-64	MS-64D	MS-65	MS-65D	MS-66	PF-63	PF-64	PF-65	PF-66
1880/79-CC Reverse of 1878, VAM-4	85.	150.	175.	200.	250.	300.	525.	550.	600.	650.	2000.	1500.	5000.	2500.	15000.	7000.	*	*	*	*
1880/79-CC Reverse of 1878 GSA																				
1880-CC	125.	175.	200.	250.	300.	350.	425.	475.	525.	600.	1000.	650.	2500.	1200.	8250.	4000.	*	*	*	*
1880-CC GSA								650.	700.	800.	1000.	900.		1500.		5000.				
1880-O	19.	23.	25.	27.	30.	35.	40.	75.	175.	475.	1400.	75.	7500.	25000.	70000.	60000.	*	*	*	*
1880-S	18.	23.	25.	27.	30.	35.	40.	45.	55.	60.	100.	75.	300.	150.	800.	350.	*	*	*	*
1880-S GSA								225.	250.	500.		800.								
1881	18.	23.	25.	27.	30.	35.	40.	50.	60.	75.	525.	175.	1750.	750.	20000.	3250.	3500.	5500.	10000.	15000.
1881 GSA								200.												
1881-CC	325.	350.	375.	400.	425.	450.	475.	500.	525.	550.	900.	600.	1500.	1000.	3000.	1200.	*	*	*	*
1881-CC GSA								625.	650.	700.		750.		1000.		2000.				
1881-O	18.	23.	25.	27.	30.	35.	40.	50.	55.	60.	350.	175.	1900.	1400.	32500.	15000.	*	*	*	*
1881-O GSA								200.												
1881-S	18.	23.	25.	27.	30.	35.	40.	50.	55.	60.	100.	75.	325.	150.	850.	350.	*	*	*	*
1881-S GSA								190.	200.	210.		225.		525.						
1882	18.	23.	25.	27.	30.	35.	40.	45.	55.	60.	300.	250.	1000.	525.	5000.	1800.	3500.	5500.	10000.	15000.
1882 GSA								190.	200.	225.										
1882-CC	65.	100.	110.	125.	135.	150.	175.	200.	225.	250.	450.	300.	700.	500.	1800.	1200.	*	*	*	*
1882-CC GSA								250.	275.	300.		350.		600.		2000.				
1882-O	18.	23.	25.	27.	30.	35.	40.	50.	55.	60.	175.	110.	1200.	1250.	5000.	10000.	*	*	*	*
1882-O GSA								190.	200.	225.										
1882-O/S varieties	20.	25.	35.	45.	60.	125.	175.	300.	400.	1700.		4500.	11000.	35000.	60000.					
1882-S	18.	23.	25.	27.	30.	35.	40.	50.	55.	60.	175.	80.	900.	150.	3500.	350.	*	*	*	*
1882-S GSA								190.	200.	210.		225.								
1883	18.	23.	25.	27.	30.	35.	40.	50.	55.	60.	125.	85.	550.	200.	1500.	500.	3500.	5500.	10000.	15000.
1883 GSA								190.	200.	200.		225.		450.						
1883 Sextupled Stars, VAM-10	40.			100.	250.	350.	500.	700.	1200.	2000.										

—— = Insufficient pricing data   * = None issued

MORGAN DOLLAR (CONTINUED)

	G-4	VG-8	F-12	VF-20	EF-40	AU-50	AU-58	MS-60	MS-62	MS-63	MS-63	MS-64	MS-64D	MS-65	MS-65D	MS-66	PF-63	PF-64	PF-65	PF-66
1883-CC	60.	75.	100.	115.	125.	135.	150.	175.	200.	225.	400.	300.	600.	500.	1500.	900.	*	*	*	*
1883-CC GSA									275.			325.		525.		1400.	*	*	*	*
1883-O	18.	23.	25.	27.	30.	35.	40.	50.	55.	60.	100.	75.	400.	175.	1500.	500.	—	35000.	—	—
1883-O GSA										210.		225.				500.	*	*	*	*
1883-S	18.	25.	30.	45.	50.	175.	350.	700.	1500.	3000.	15000.	5000.	—	35000.	100000.	100000.	*	*	*	*
1884	18.	23.	25.	27.	30.	40.	50.	50.	55.	60.	250.	85.	900.	300.	4200.	900.	3500.	5500.	10000.	15000.
1884 GSA												225.		550.		900.	*	*	*	*
1884-CC	75.	90.	125.	145.	155.	175.	185.	200.	250.	300.	500.	350.	525.	550.	2250.	1200.	*	*	*	*
1884-CC GSA										300.		350.				900.	*	*	*	*
1884-O	18.	23.	25.	27.	30.	35.	40.	50.	55.	60.	100.	75.	300.	150.	900.	350.	—	—	—	—
1884-O GSA												225.		150.		350.	*	*	*	*
1884-S	18.	23.	25.	27.	50.	500.	2000.	7000.	12000.	40000.	—	125000.	—	250000.	—	—	*	*	*	*
1885	18.	23.	25.	27.	30.	35.	45.	45.	50.	60.	210.	75.	300.	150.	850.	350.	3500.	5500.	10000.	15000.
1885 GSA												225.		150.		350.	*	*	*	*
1885-CC	425.	500.	525.	575.	625.	675.	725.	725.	800.	900.	—	1000.	1500.	1250.	2500.	2200.	*	*	*	*
1885-CC GSA												900.	1500.	1250.	1500.	3500.	*	*	*	*
1885-O	18.	23.	25.	27.	30.	35.	40.	50.	55.	60.	210.	75.	300.	150.	900.	350.	3500.	5500.	10000.	15000.
1885-O GSA												225.		475.		350.	—	—	—	—
1885-S	18.	27.	35.	50.	75.	150.	195.	200.	250.	325.	2000.	700.	6000.	1800.	40000.	7000.	*	*	*	*
1886	18.	23.	25.	27.	30.	35.	40.	45.	50.	55.	100.	75.	400.	150.	1200.	375.	3500.	5500.	10000.	15000.
1886 GSA												225.		150.		—	—	—	—	—
1886-O	18.	23.	25.	27.	35.	100.	300.	700.	2000.	4000.	—	10000.	65000.	27500.	200000.	—	*	*	*	*
1886-S	40.	50.	70.	90.	100.	200.	250.	275.	350.	500.	2300.	750.	3000.	3000.	18000.	17000.	*	*	*	*
1887/6 VAM-2	20.	25.	30.	50.	110.	175.	250.	400.	500.	700.	3000.	2000.	5000.	1000.	—	—	*	*	*	*
1887	18.	22.	23.	25.	27.	30.	35.	40.	45.	50.	210.	75.	300.	150.	1000.	350.	3500.	5500.	10000.	15000.
1887 GSA												225.				—	—	—	—	—
1887 Donkey Tail, VAM-1A			125.	500.																
1887/6-O VAM-3	35.	35.	50.	60.	75.	250.	400.	700.	2000.	3000.	12000.	6000.	—	—	28000.	50000.	—	—	—	—
1887-O	18.	25.	25.	27.	30.	35.	40.	55.	90.	150.	400.	425.	2000.	5500.	12500.	50000.	*	*	*	*

—— = Insufficient pricing data   * = None issued

MORGAN DOLLAR (CONTINUED)

	G-4	VG-8	F-12	VF-20	EF-40	AU-50	AU-58	MS-60	MS-62	MS-63	MS-63D	MS-64	MS-64D	MS-65	MS-65D	MS-66	PF-63	PF-64	PF-65	PF-66
1887-S	22.	25.	27.	30.	35.	50.	85.	100.	150.	300.	3000.	700.	7000.	3000.	30000.	9000.	*	*	*	*
1888	18.	23.	25.	27.	30.	35.	40.	45.	55.	60.	190.	75.	450.	175.	2500.	800.	3500.	5500.	10000.	15000.
1888-0	18.	23.	25.	27.	30.	35.	40.	45.	55.	75.	150.	90.	500.	700.	2700.	2500.	*	*	*	*
1888-0 Scarface, VAM-1B	—		100.	150.	600.	700.	1000.	2000.	5000.	9000.	—	—	—	—	—	—	*	*	*	*
1888-0 Hot Lips, VAM-4	75.	160.	110.	175.	400.	1500.	7500.	—	—	—	—	—	—	—	—	—	*	*	*	*
1888-S								325.	350.	600.	1100.	900.	3250.	3000.	15000.	13000.	*	*	*	*
1889	18.	23.	25.	27.	30.	35.	40.	45.	55.	60.	180.	75.	700.	400.	3500.	1500.	3500.	5500.	10000.	15000.
1889 GSA	—	—	—	—	—	—	—	190.	200.	210.	—	225.	—	—	—	—	*	*	*	*
1889 IN on Obverse, VAM-23A	—	—	7000.	12000.	18000.	—	—	—	—	—	—	—	—	—	—	—	*	*	*	*
1889-CC	600.	700.	1000.	1500.	3000.	6000.	20000.	25000.	35000.	45000.	50000.	60000.	75000.	350000.	350000.	400000.	*	*	*	*
1889-CC GSA	—	—	—	—	—	—	—	—	—	—	—	—	—	7000.	15000.	20000.	*	*	*	*
1889-0 E on Reverse, VAM-1A	—	—	—	—	—	—	—	—	—	—	—	—	—	—	—	—	*	*	*	*
1889-S	30.	45.	75.	75.	100.	125.	175.	200.	225.	400.	1700.	600.	5000.	2000.	35000.	5000.	*	*	*	*
1890	18.	20.	25.	27.	30.	35.	45.	65.	90.	125.	250.	300.	1500.	1000.	9000.	4000.	3500.	5500.	10000.	15000.
1890-CC	80.	90.	125.	150.	200.	250.	325.	400.	500.	750.	2000.	950.	3500.	7000.	25000.	16000.	*	*	*	*
1890-CC GSA	—	—	—	—	—	—	—	—	—	—	—	—	—	—	—	—	*	*	*	*
1890-CC Tailbar, VAM-4	100.	175.	250.	350.	600.	1100.	1500.	2000.	3000.	4000.	12000.	6500.	28000.	11000.	—	—	*	*	*	*
1890-0	18.	23.	25.	27.	30.	35.	45.	70.	90.	175.	600.	300.	3500.	7000.	25000.	15000.	*	*	*	*
1890-S	18.	22.	25.	27.	30.	35.	55.	60.	100.	175.	2000.	300.	3600.	7000.	30000.	15000.	*	*	*	*
1891	18.	23.	25.	27.	30.	55.	100.	100.	500.	750.	2500.	1400.	6000.	5000.	30000.	15000.	3500.	5500.	10000.	15000.
1891-CC	80.	90.	125.	145.	200.	250.	325.	400.	500.	750.	4000.	1400.	6000.	9000.	—	17000.	*	*	*	*
1891-CC GSA	—	—	—	—	—	—	—	—	—	—	—	—	—	—	—	—	*	*	*	*
1891-0	20.	23.	25.	27.	30.	40.	125.	150.	250.	400.	3000.	850.	7000.	10000.	35000.	20000.	*	*	*	*
1891-0 E on Reverse, VAM-1A	—	—	75.	90.	125.	250.	375.	500.	750.	1000.	—	—	—	—	—	—	*	*	*	*

—— = Insufficient pricing data   * = None issued

MORGAN DOLLAR (CONTINUED)

	G-4	VG-8	F-12	VF-20	EF-40	AU-50	AU-58	MS-60	MS-62	MS-63	MS-63D	MS-64	MS-64D	MS-65	MS-65D	MS-66	PF-63	PF-64	PF-65	PF-66
1891-S	20.	23.	25.	27.	30.	35.	45.	75.	100.	150.	600.	350.	3000.	1500.	20000.	5000.	*	*	*	*
1892	20.	23.	25.	30.	40.	90.	125.	175.	300.	425.	1250.	1000.	3500.	4500.	18000.	40000.	3500.	5500.	10000.	20000.
1892-CC	150.	225.	250.	350.	600.	800.	1100.	1500.	1750.	2000.	5500.	2750.	10000.	10000.	40000.	30000.	*	*	*	*
1892-O	20.	25.	27.	30.	40.	75.	100.	200.	225.	300.	7000.	900.	18500.	5500.	42000.	50000.	*	*	*	*
1892-S	20.	30.	45.	175.	500.	2000.	15000.	30000.	50000.	65000.	85000.	100000.	125000.	190000.	225000.	300000.	*	*	*	*
1893	200.	250.	275.	300.	325.	400.	500.	700.	800.	1100.	15000.	2200.	30000.	7000.	70000.	50000.	3500.	5500.	10000.	18000.
1893-CC	225.	300.	400.	750.	1800.	2300.	3500.	4000.	5000.	6000.	23000.	10000.	40000.	75000.	100000.	90000.	*	*	*	*
1893-O	175.	250.	300.	500.	1200.	1600.	2500.	4500.	8000.	8000.	20000.	20000.	70000.	100000.	175000.	300000.	*	*	*	*
1893-S	2000.	4000.	5000.	6000.	9000.	20000.	50000.	90000.	110000.	185000.	175000.	325000.	300000.	650000.	750000.	800000.	*	*	*	*
1894	1000.	1400.	1600.	1800.	2500.	3000.	3500.	4000.	5000.	6000.	30000.	12000.	50000.	50000.	80000.	65000.	6000.	8000.	12000.	20000.
1894-O	40.	50.	60.	75.	100.	300.	600.	2000.	5000.	4000.	10000.	13000.	25000.	6000.	65000.	100000.	*	*	*	*
1894-S	50.	75.	85.	135.	175.	500.	600.	700.	1000.	1200.	7000.	2000.	20000.	6000.	25000.	15000.	*	*	*	*
1895 Proof only	—	—	—	—	—	—	—	—	—	—	—	—	—	—	—	—	60000.	70000.	100000.	135000.
1895-O	250.	300.	400.	600.	900.	2000.	7000.	16000.	32000.	60000.	55000.	100000.	—	200000.	—	—	*	*	*	*
1895-S	350.	500.	550.	800.	1250.	2200.	3000.	6000.	7000.	9000.	20000.	27000.	45000.	100000.	—	—	*	*	*	*
1896	20.	23.	25.	27.	30.	35.	50.	50.	55.	60.	125.	75.	300.	225.	1400.	550.	3500.	5500.	10000.	15000.
1896 GSA	—	—	—	—	—	—	—	—	—	—	—	225.	—	500.	—	—				
1896-S	22.	27.	40.	75.	275.	1000.	1300.	1400.	2000.	2700.	25000.	5000.	20000.	20000.	70000.	—	*	*	*	*
1897	20.	23.	25.	27.	30.	35.	45.	45.	50.	60.	150.	75.	425.	325.	3500.	1000.	3500.	5500.	10000.	15000.
1897 GSA	—	—	—	—	—	—	—	—	—	—	—	225.	—	1000.	—	—				
1897-S	20.	23.	25.	27.	30.	35.	45.	70.	90.	150.	500.	200.	1000.	600.	3000.	1200.	*	*	*	*
1898	20.	23.	25.	27.	30.	35.	45.	45.	50.	60.	175.	80.	400.	200.	700.	550.	3500.	5500.	10000.	15000.
1898-O	20.	23.	25.	27.	30.	35.	45.	45.	50.	60.	175.	75.	400.	225.	900.	550.	*	*	*	*
1898-S	20.	25.	30.	40.	70.	125.	225.	225.	300.	425.	900.	700.	4000.	2500.	15000.	6000.	*	*	*	*
1899	125.	150.	175.	200.	225.	250.	300.	300.	325.	375.	900.	425.	1250.	1000.	2750.	2000.	3500.	5500.	10000.	15000.
1899-O	18.	23.	25.	27.	30.	35.	40.	50.	55.	60.	150.	75.	450.	175.	1300.	400.	*	*	*	*
1899-S	18.	27.	30.	45.	75.	125.	200.	275.	375.	500.	1000.	800.	5000.	2000.	22500.	3500.	*	*	*	*

— = Insufficient pricing data   * = None issued

MORGAN DOLLAR (CONTINUED)

	G-4	VG-8	F-12	VF-20	EF-40	AU-50	AU-58	MS-60	MS-62	MS-63	MS-64	MS-65	MS-60D	MS-65D	MS-66	PF-63	PF-64	PF-65	PF-66
1900	18.	23.	25.	27.	30.	35.	40.	50.	55.	60.	75.	250.	8000.	15000.	550.	3500.	5500.	10000.	15000.
1900-O	18.	23.	25.	27.	30.	35.	40.	50.	55.	60.	75.	175.	850.	4000.	500.	*	*	*	*
1900-O GSA	—	—	—	—	—	—	—	190.	200.	210.	225.	500.	—	—	—	*	*	*	*
1900-O Die break through date, VAM-29A	—	—	175.	250.	375.	500.	1000.	1500.	—	—	—	—	—	—	—	*	*	*	*
1900-O/CC varieties	35.	45.	60.	75.	125.	200.	250.	375.	600.	900.	1200.	3000.	11000.	23000.	7000.	*	*	*	*
1900-S	20.	23.	25.	30.	45.	100.	200.	325.	400.	450.	625.	1700.	15000.	40000.	4000.	*	*	*	*
1901	25.	35.	45.	65.	125.	400.	900.	2500.	6000.	20000.	60000.	350000.	60000.	—	—	4000.	6000.	11000.	17000.
1901 Shifted Eagle, VAM-3	—	—	300.	1000.	2000.	4000.	7000.	18000.	—	—	—	—	—	—	—	*	*	*	*
1901-O	20.	23.	25.	27.	30.	35.	65.	50.	55.	60.	75.	200.	1200.	8500.	550.	*	*	*	*
1901-S	50.	75.	125.	200.	350.	325.	325.	500.	650.	750.	1200.	3500.	15000.	22000.	15000.	*	*	*	*
1902	18.	23.	25.	27.	30.	35.	40.	55.	75.	125.	175.	600.	10000.	16000.	1200.	3500.	5500.	10000.	15000.
1902 Doubled Ear, VAM-4	—	—	50.	75.	200.	350.	400.	700.	1000.	3500.	—	—	—	—	—	*	*	*	*
1902-O	18.	23.	25.	27.	30.	35.	40.	50.	55.	60.	75.	175.	3000.	15000.	550.	*	*	*	*
1902-O GSA	—	—	—	—	—	—	—	190.	200.	210.	225.	—	—	—	—	*	*	*	*
1902-S	50.	75.	110.	200.	275.	350.	400.	500.	550.	700.	1000.	3500.	9000.	15000.	500.	*	*	*	*
1903	40.	50.	60.	65.	75.	80.	85.	90.	100.	125.	175.	300.	7000.	22000.	900.	3500.	5500.	10000.	15000.
1903-O	275.	300.	350.	375.	400.	425.	450.	475.	550.	600.	600.	700.	1500.	6000.	900.	*	*	*	*
1903-O GSA	—	—	—	—	—	—	—	700.	—	—	—	—	—	—	—	*	*	*	*
1903-S	70.	100.	125.	250.	450.	2000.	3000.	4000.	5000.	6000.	8000.	11000.	16000.	50000.	20000.	*	*	*	*
1904	18.	28.	30.	35.	40.	45.	65.	100.	200.	350.	800.	3500.	16000.	40000.	10000.	3500.	5500.	10000.	15000.
1904-O	18.	23.	25.	27.	30.	35.	40.	50.	55.	60.	75.	175.	300.	1000.	400.	*	*	*	*
1904-O GSA	—	—	—	—	—	—	—	190.	200.	210.	225.	—	—	—	—	*	*	*	*
1904-S	25.	40.	60.	125.	275.	700.	1000.	1500.	2500.	5000.	4500.	10000.	6000.	20000.	25000.	*	*	*	*
1921	18.	21.	22.	23.	24.	25.	27.	30.	35.	40.	75.	175.	7500.	12000.	750.	7000.	8500.	16000.	30000.
1921 Chapman, Proof Only	—	—	—	—	—	—	—	—	—	—	—	—	—	—	—	25000.	35000.	60000.	—

—— = Insufficient pricing data   * = None issued

MORGAN DOLLAR (CONTINUED)

	G-4	VG-8	F-12	VF-20	EF-40	AU-50	AU-58	MS-60	MS-62	MS-63	MS-63D	MS-64	MS-64D	MS-65	MS-65D	MS-66	PF-63	PF-64	PF-65	PF-66
1921 Zerbe, Special Striking Only	—		—	—	—	—	—	*	*	*	*	*	*	*	*	*	7000.	8500.	16000.	—
1921 Pitted Reverse, VAM-41	—	—	20.	25.	40.	50.	55.	60.	75.	100.	—	200.	—	450.	—	—	*	*	*	*
1921-D	18.	21.	22.	23.	24.	25.	35.	55.	65.	75.	2200.	175.	6500.	450.	11000.	1000.	*	*	*	*
1921-D TRU-T, VAM-1A	—	—	40.	50.	125.	250.	350.	450.	500.	1000.	—		—		—	—	*	*	*	*
1921-S	18.	21.	22.	23.	24.	25.	35.	55.	65.	80.	3500.	150.	12000.	1200.	30000.	10000.	*	*	*	*

—— = Insufficient pricing data   * = None issued

Peace dollar

Date of authorization:	Feb. 28, 1878
Dates of issue:	1921-1935
Designer:	Anthony deFrancisci
Engraver:	George T. Morgan
Diameter:	38.10 mm/1.5 inches
Weight:	26.73 grams/0.86 ounce
Metallic Content:	90% silver, 10% copper
Specific gravity:	10.34
Weight of pure silver:	24.06 grams/0.77 ounce
Edge:	Reeded
Mint mark:	Reverse at lower tip of eagle's wing

PEACE DOLLAR (CONTINUED)

	VG-8	F-12	VF-20	EF-40	AU-50	AU-58	MS-60	MS-62	MS-63	MS-64	MS-65	MS-66
1921	120.	130.	140.	150.	160.	225.	250.	300.	500.	750.	1750.	5500.
1921 Ray Over I, VAM-3	—	90.	100.	110.	150.	200.	225.	300.	450.	800.	3000.	—
1921 Matte Proof	*	*	*	*	*	*	*	*	*	*	*	*
1921 Satin Proof	*	*	*	*	*	*	*	*	*	*	*	*
1922	18.	20.	22.	25.	28.	33.	35.	40.	45.	55.	150.	650.
1922 Ear Ring, VAM-2A	—	100.	110.	125.	175.	225.	275.	400.	1000.	3500.	—	—
1922 Matte Proof, High Relief	*	*	*	*	*	*	*	*	*	*	*	*
1922 Matte Proof, Low Relief	*	*	*	*	*	*	*	*	*	*	*	*
1922 Satin Proof, Low Relief	*	*	*	*	*	*	*	*	*	*	*	*
1922-D	18.	20.	22.	25.	28.	33.	35.	45.	60.	150.	600.	2500.
1922-S	18.	20.	22.	25.	28.	33.	35.	50.	75.	300.	2500.	17000.
1923	18.	20.	22.	25.	30.	33.	35.	40.	45.	55.	150.	600.
1923 Tail O, VAM-1c	—	200.	225.	300.	550.	650.	800.	1100.	1500.	—	—	—
1923-D	18.	20.	22.	25.	30.	40.	60.	100.	175.	275.	1250.	5000.
1923-S	18.	20.	22.	25.	30.	33.	35.	50.	100.	300.	5000.	18000.
1924	18.	20.	22.	27.	30.	33.	35.	40.	45.	55.	175.	650.
1924 Broken Wing, VAM-5A	35.	75.	85.	100.	150.	175.	200.	275.	350.	700.	10000.	40000.
1924-S	18.	40.	45.	50.	70.	165.	200.	350.	350.	1500.	10000.	—
1925	18.	22.	24.	30.	32.	35.	38.	40.	45.	55.	175.	725.
1925-S	22.	25.	30.	35.	45.	75.	90.	125.	225.	900.	25000.	35000.
1926	18.	24.	27.	30.	32.	40.	45.	60.	75.	175.	500.	1500.
1926-D	18.	23.	26.	30.	35.	60.	70.	150.	200.	350.	900.	2000.
1926-S	18.	22.	24.	27.	30.	40.	45.	75.	150.	300.	1000.	4750.
1927	30.	40.	45.	50.	55.	70.	75.	100.	200.	500.	3500.	20000.
1927-D	30.	40.	45.	50.	75.	110.	150.	200.	350.	1000.	5000.	40000.
1927-S	30.	40.	45.	50.	80.	125.	150.	300.	400.	1400.	10000.	40000.
1928	375.	400.	425.	450.	475.	550.	575.	600.	1000.	1500.	4500.	20000.
1928-S	35.	40.	45.	50.	75.	125.	150.	275.	700.	1500.	22500.	37500.
1934	24.	27.	28.	30.	50.	100.	110.	175.	225.	400.	750.	3000.
1934-D	24.	27.	28.	30.	50.	100.	130.	200.	500.	700.	1750.	4500.
1934-D Doubled Die Obverse, Micro D, VAM-4	—	—	—	—	—	—	—	—	—	—	—	—
1934-S	40.	350.	375.	450.	475.	750.	1000.	1300.	1500.	3000.	10000.	17500.
1935	22.	24.	25.	30.	35.	60.	70.	80.	125.	275.	750.	2100.
1935-S	22.	24.	25.	35.	100.	190.	220.	250.	350.	550.	1500.	2700.

—— = Insufficient pricing data   * = None issued

Eisenhower dollar

Date of authorization: Dec. 31, 1970; Oct. 18, 1973
Dates of issue: 1971-1978
Designers: Frank Gasparro
(Bicentennial reverse): Dennis R. Williams
Engraver: Frank Gasparro
Diameter: 38.10 mm/1.5 inches
Weight: (1971-1978): 22.68 grams/0.73 ounce
(1971-1976 Bicentennial Proof and Uncirculated sets only): 24.59 grams/0.79 ounce
Metallic Content: (1971-1978): 75% copper, 25% nickel bonded to a core of pure copper
(1971-1976 Bicentennial Proof and Uncirculated sets only): 80% silver, 20% copper, bonded to a core of 21.5% silver, 78.5% copper
Specific gravity: 40% silver, 9.53; copper-nickel clad, 8.92
Weight of pure silver: (1971-1976 Bicentennial Proof and Uncirculated sets only): 9.84 grams/0.32 ounce
Edge: Reeded
Mint mark: Obverse above date

EISENHOWER DOLLAR (CONTINUED)

	MS-63	MS-64	MS-65	MS-66	MS-67	MS-68	PF-64	PF-65	PF-65DC	PF-66	PF-66C	PF-66DC	PF-67	PF-67C	PF-67DC	PF-68	PF-68C	PF-68DC	PF-69C	PF-69DC	PF-70DC
MOON LANDING REVERSE																					
1971	10.	60.	200.	650.	—	—	*	*	*	*	*	*	*	*	*	*	*	*	*	*	*
1971-D	5.00	20.	75.	175.	650.	—	*	*	*	*	*	*	*	*	*	*	*	*	*	*	*
1971-S 40% silver	8.00	20.	30.	60.	500.	—	10.	12.	15.	15.	17.	20.	18.	20.	25.	20.	25.	30.	35.	35.	*
1972 High Relief Earth	50.	100.	1000.	—	—	—	*	*	*	*	*	*	*	*	*	*	*	*	*	*	*
1972 Low Relief Earth	5.00	35.	400.	—	—	—	*	*	*	*	*	*	*	*	*	*	*	*	*	*	*
1972 Improved High Relief Reverse																					
1972-D	5.00	20.	50.	350.	650.	—	*	*	*	*	*	*	*	*	*	*	*	*	*	*	*
1972-S 40% silver	8.00	12.	20.	30.	40.	—	12.	12.	15.	15.	17.	20.	18.	20.	25.	20.	25.	30.	30.	35.	1600.
1973	11.	30.	125.	1200.	3000.	—	*	*	*	*	*	*	*	*	*	*	*	*	*	*	*
1973-D	11.	25.	75.	300.	1400.	—	*	*	*	*	*	*	*	*	*	*	*	*	*	*	*
1973-S copper-nickel clad	*	*	*	*	*	*	12.	14.	20.	18.	20.	25.	25.	25.	35.	30.	35.	45.	45.	75.	—
1973-S 40% silver	10.	15.	25.	35.	50.	130.	25.	27.	35.	30.	32.	40.	33.	35.	42.	35.	40.	45.	75.	75.	—
1974	6.00	30.	150.	1400.	3000.	—	*	*	*	*	*	*	*	*	*	*	*	*	*	*	*
1974-D	4.00	25.	75.	300.	1400.	—	*	*	*	*	*	*	*	*	*	*	*	*	*	*	*
1974-S copper-nickel clad	*	*	*	*	*	*	8.00	10.	12.	12.	15.	17.	15.	20.	25.	20.	25.	35.	35.	75.	—
1974-S 40% silver	8.00	15.	20.	25.	40.	175.	14.	16.	20.	18.	20.	25.	20.	23.	30.	25.	27.	40.	75.	75.	4500.
DUAL DATE, BICENTENNIAL REVERSE																					
1776-1976 Bold Reverse Letters	8.00	35.	200.	—	—	—	*	*	*	*	*	*	*	*	*	*	*	*	*	*	*
1776-1976 Thin Reverse Letters	8.00	25.	65.	225.	—	—	*	*	*	*	*	*	*	*	*	*	*	*	*	*	*
1776-1976-D Bold Reverse Letters	4.00	25.	65.	—	—	—	*	*	*	*	*	*	*	*	*	*	*	*	*	*	*
1776-1976-D Thin Reverse Letters	5.00	25.	150.	350.	—	—	*	*	*	*	*	*	*	*	*	*	*	*	*	*	*

—— = Insufficient pricing data   * = None issued

EISENHOWER DOLLAR (CONTINUED)

	MS-63	MS-64	MS-65	MS-66	MS-67	MS-68	PF-64	PF-65	PF-65DC	PF-66	PF-66C	PF-66DC	PF-67	PF-67C	PF-67DC	PF-68	PF-68C	PF-68DC	PF-69C	PF-69DC	PF-70C
1776-1976-D Thin Reverse Letters	5.00	20.	40.	75.	3000.	—	*	*	*	*	*	*	*	*	*	*	*	*	*	*	*
1776-1976-S Bold Reverse Letters, copper-nickel clad	*	*					11.	13.	20.	15.	20.	25.	25.	30.	35.	30.	35.	40.	40.	75.	—
1776-1976-S Thin Reverse Letters, copper-nickel clad	*						7.00	9.00	15.	12.	14.	20.	15.	22.	25.	20.	30.	40.	40.	60.	—
1776-1976-S 40% silver	14.	20.	25.	40.	75.	375.	16.	18.	30.	22.	25.	35.	25.	30.	40.	30.	35.	45.	45.	60.	6000.
MOON LANDING REVERSE																					
1977	5.00	20.	70.	300.	—	—	*	*	*	*	*	*	*	*	*	*	*	*	*	*	*
1977-D	4.00	20.	60.	250.	—	—	*	*	*	*	*	*	*	*	*	*	*	*	*	*	*
1977-S copper-nickel clad	*						8.00	10.	15.	15.	17.	20.	20.	22.	25.	22.	25.	30.	30.	45.	—
1978	5.00	25.	60.	300.	4500.	—	*	*	*	*	*	*	*	*	*	*	*	*	*	*	*
1978-D	5.00	20.	75.	325.	5000.	—	*	*	*	*	*	*	*	*	*	*	*	*	*	*	*
1978-S copper-nickel clad	*						9.00	11.	15.	15.	17.	20.	20.	22.	25.	23.	25.	30.	30.	45.	2500.

Bicentennial date, reverse

—— = Insufficient pricing data   * = None issued

Anthony dollar

Date of authorization: Oct. 10, 1978
Dates of issue: 1979-1981, 1999
Designer/Engraver: Frank Gasparro
Diameter: 26.50 mm/1.05 inches
Weight: 8.10 grams/0.26 ounce
Metallic Content: 75% copper, 25% nickel bonded to a core of pure copper
Specific gravity: 8.92
Edge: Reeded
Mint mark: Obverse left of bust

	MS-63	MS-64	MS-65	MS-66	MS-67	PF-65DC	PF-66DC	PF-67DC	PF-68DC	PF-69DC	PF-70DC
1979-P Far Date, Narrow Rim	8.00	10.	15.	30.	125.	*	*	*	*	*	*
1979-P Near Date, Wide Rim	—	75.	100.	200.	1000.	*	*	*	*	*	*
1979-D	12.	14.	20.	50.	175.	*	*	*	*	*	*
1979-S Filled S	5.00	7.00	12.	25.	100.	10.	12.	15.	20.	35.	275.
1979-S Clear S	*	*	*	*	*	125.	135.	150.	175.	225.	1500.
1980-P	5.00	7.00	12.	25.	—	*	*	*	*	*	*
1980-D	5.00	7.00	12.	25.	100.	*	*	*	*	*	*
1980-S	12.	14.	20.	50.	275.	10.	12.	15.	20.	25.	250.
1981-P	—	35.	50.	125.	—	*	*	*	*	*	*
1981-D	12.	14.	20.	40.	475.	*	*	*	*	*	*
1981-S Filled S	—	60.	75.	350.	—	10.	15.	20.	25.	35.	250.
1981-S Clear S	*	*	*	*	*	240.	250.	275.	300.	325.	1800.
1999-P	5.00	7.00	12.	25.	50.	*	*	*	*	*	*
1999-D	5.00	7.00	12.	20.	40.	*	*	*	*	*	*
1999-P Proof	*	*	*	*	*	40.	50.	60.	70.	90.	200.

—— = Insufficient pricing data   * = None issued

Sacagawea/Native American dollar

Date of authorization: Dec. 1, 1997; Sept. 20, 2007
Dates of issue: 2000-present
Designer/Engraver: Obverse: Glenna Goodacre
Reverse: Thomas Rogers (to 2008);
2009 to date, various
Diameter: 26.50 mm/1.05 inches
Weight: 8.1 grams/0.20 ounce
Metallic Content: 77% copper, 12% zinc, 7% manganese,
4% nickel, bonded to a core of
pure copper
Specific gravity: 8.78
Edge: 2000-2008: Plain
2009-: date Mint mark ★ ★ ★ E PLURIBUS
UNUM ★ ★ ★ ★ ★ ★ ★ ★ ★ ★
Mint mark: Obverse below date

	MS-64	MS-65	MS-66	MS-67	MS-68	MS-69	MS-70	PF-67DC	PF-68DC	PF-69DC	PF-70DC
2000-P	3.00	9.00	10.	11.	75.	375.	—	*	*	*	*
2000-P Goodacre Presentation Finish											
	—	500.	—	—	—	—	—	*	*	*	*
2000-D	5.00	12.	15.	30.	125.	—	—	*	*	*	*
2000-S	*	*	*	*	*	*	*	20.	30.	50.	175.
2000-P "Cheerios" Reverse											
	3600.	4000.	5000.	7500.	9500.	—	—	*	*	*	*
2001-P	2.00	4.00	6.00	20.	40.	—	—	*	*	*	*
2001-D	2.00	4.00	6.00	60.	100.	—	—	*	*	*	*
2001-S	*	*	*	*	*	*	*	120.	130.	150.	400.
2002-P	2.00	5.00	20.	25.	50.	—	—	*	*	*	*
2002-D	2.00	5.00	9.00	60.	100.	—	—	*	*	*	*
2002-S	*	*	*	*	*	*	*	40.	50.	60.	110.
2003-P	3.00	5.00	8.00	25.	75.	—	—	*	*	*	*
2003-D	3.00	5.00	9.00	75.	100.	—	—	*	*	*	*
2003-S	*	*	*	*	*	*	*	35.	60.	90.	100.
2004-P	2.00	5.00	8.00	25.	85.	—	—	*	*	*	*
2004-D	2.00	5.00	9.00	40.	85.	—	—	*	*	*	*
2004-S	*	*	*	*	*	*	*	30.	40.	50.	75.
2005-P	10.	15.	25.	110.	150.	—	—	*	*	*	*
2005-P Satin Finish											
	7.00	8.00	9.00	14.	25.	45.	—	*	*	*	*
2005-D	10.	15.	25.	160.	1300.	—	—	*	*	*	*

—— = Insufficient pricing data   * = None issued

	MS-64	MS-65	MS-66	MS-67	MS-68	MS-69	MS-70	PF-67DC	PF-68DC	PF-69DC	PF-70DC
2005-D Satin Finish	8.00	9.00	10.	12.	40.	—		*	*	*	*
2005-S	*	*	*	*	*	*	*	25.	30.	40.	425.
2006-P	2.00	4.00	10.	30.	—	—	—	*	*	*	*
2006-P Satin Finish	4.50	5.00	6.00	8.50	17.	45.	—	*	*	*	*
2006-D	2.00	4.00	10.	100.	—	—	—	*	*	*	*
2006-D Satin Finish	5.00	7.50	10.	11.	27.	—	—	*	*	*	*
2006-S	*	*	*	*	*	*	*	17.	20.	25.	350.
2007-P	3.00	5.00	10.	25.	—	—	—	*	*	*	*
2007-P Satin Finish	3.50	4.00	5.00	6.50	9.00	28.	—	*	*	*	*
2007-D	3.00	5.00	10.	25.	—	—	—	*	*	*	*
2007-D Satin Finish	3.50	4.00	5.00	6.50	9.00	28.	—	*	*	*	*
2007-S	*	*	*	*	*	*	*	17.	20.	25.	150.
2008-P	3.00	5.00	10.	25.	—	—	—	*	*	*	*
2008-P Satin Finish	3.50	4.00	5.00	6.50	13.	55.	—	*	*	*	*
2008-D	3.00	5.00	10.	25.	—	—	—	*	*	*	*
2008-D Satin Finish	3.50	4.00	5.00	6.00	13.	115.	—	*	*	*	*
2008-S	*	*	*	*	*	*	—	17.	20.	25.	90.
2002 to 2008 Circulation-quality coins, collector sales only											
2009-P Three Sisters	3.00	5.00	10.	20.	—	—	—	*	*	*	*
2009-P Three Sisters Satin Finish	—	5.00	8.00	10.	20.	180.	—	*	*	*	*
2009-D Three Sisters	3.00	5.00	10.	20.	—	—	—	*	*	*	*
2009-D Three Sisters Satin Finish	—	5.00	8.00	10.	20.	—	—	*	*	*	*
2009-S Three Sisters	*	*	*	*	*	*	*	14.	17.	20.	60.
2010-P Iroquois Confederacy	—	8.50	13.	35.	—	—	—	*	*	*	*
2010-P Iroquois Confederacy Satin Finish	—	—	—	—	—	—	—	*	*	*	*
2010-D Iroquois Confederacy	—	8.50	13.	—	—	—	—	*	*	*	*
2010-D Iroquois Confederacy Satin Finish	—	—	—	—	—	—	—	*	*	*	*
2010-S Iroquois Confederacy	*	*	*	*	*	*	—	—	—	—	—

Sacagawea/Native American dollar
2009

—— = Insufficient pricing data   * = None issued

Presidential dollars

Common Reverse

2007

2008

2009

2010

Date of authorization: December 22, 2005
Dates of issue: 2007-present
Designer/Engraver: Obverse: Many different designers
Reverse: Donald C. Everhart II
Diameter: 26.50 mm/1.05 inches
Weight: 8.1 grams/0.20 ounce
Metallic Content: 77% copper, 12% zinc, 7% manganese, 4% nickel, bonded to a core of pure copper
Specific gravity: 8.78
Edge: 2007: date Mint mark E PLURIBUS UNUM • IN GOD WE TRUST •
2008: date Mint mark • E PLURIBUS UNUM • IN GOD WE TRUST •;
2009-: date Mint mark ★ ★ ★ E PLURIBUS UNUM ★ ★ ★ ★ ★ ★ ★ ★ ★ ★
Mint mark: On edge

PRESIDENTIAL DOLLARS (CONTINUED)

	MS-63	MS-64	MS-65	MS-66	MS-67	MS-68	MS-69	MS-70	PF-65DC	PF-66DC	PF-67DC	PF-68DC	PF-69DC	PF-70DC
2007-P G. Washington	1.25	1.50	2.00	5.00	—	—	—	—	*	*	*	*	*	*
2007-P G. Washington Satin Finish	*	*	*	—	—	—	—	—	*	*	*	*	*	*
2007-D G. Washington	1.25	1.50	2.00	5.00	—	—	—	—	*	*	*	*	*	*
2007-D G. Washington Satin Finish	*	*	*	—	—	—	—	—	*	*	*	*	*	*
(2007) G. Washington Plain Edge	150.	180.	250.	400.	800.	—	—	*	*	*	*	*	*	*
2007-S G. Washington	*	*	*	*	—	—	—	*	5.00	6.50	8.00	9.00	20.	75.
2007-P J. Adams	1.25	1.50	2.00	5.00	—	—	—	—	*	*	*	*	*	*
2007-P J. Adams Satin Finish	1.25	1.50	2.00	—	—	—	—	—	*	*	*	*	*	*
2007-D J. Adams	1.25	1.50	2.00	5.00	12.	—	—	—	*	*	*	*	*	*
2007-D J. Adams Satin Finish	—	—	—	—	—	—	—	—	*	*	*	*	*	*
(2007) J. Adams Plain Edge	800.	950.	1250.	*	*	—	—	*	*	*	*	*	*	*
2007-S J. Adams	*	*	*	*	12.	—	—	*	5.00	6.50	8.00	9.00	20.	75.
2007-P T. Jefferson	1.25	1.50	2.00	5.00	12.	—	—	—	*	*	*	*	*	*
2007-P T. Jefferson Satin Finish	1.25	1.50	2.00	—	—	—	—	—	*	*	*	*	*	*
2007-D T. Jefferson	1.25	1.50	2.00	5.00	12.	—	—	—	*	*	*	*	*	*
2007-D T. Jefferson Satin Finish	—	2000.	3000.	4500.	—	—	—	—	*	*	*	*	*	*
(2007) T. Jefferson Plain Edge	*	*	*	*	8000.	—	—	*	*	*	*	*	*	*
2007-S T. Jefferson	*	*	*	*	—	—	—	*	5.00	6.50	8.00	9.00	20.	80.
2007-P J. Madison	1.25	1.50	2.00	5.00	12.	—	—	—	*	*	*	*	*	*
2007-P J. Madison Satin Finish	1.25	1.50	2.00	—	—	—	—	—	*	*	*	*	*	*
2007-D J. Madison	1.25	1.50	2.00	5.00	12.	—	—	—	*	*	*	*	*	*
2007-D J. Madison Satin Finish	*	—	—	—	—	—	—	—	*	*	*	*	*	*
2007-S J. Madison	*	*	*	*	12.	—	—	*	5.00	6.50	8.00	9.00	20.	75.
2008-P J. Monroe	1.25	1.50	2.00	5.00	12.	—	—	—	*	*	*	*	*	*
2008-P J. Monroe Satin Finish	1.25	1.50	2.00	—	—	—	—	—	*	*	*	*	*	*
2008-D J. Monroe	1.25	1.50	2.00	5.00	12.	—	—	—	*	*	*	*	*	*
2008-D J. Monroe Satin Fisnish	1.25	*	—	—	—	—	—	—	*	*	*	*	*	*
2008-S J. Monroe	*	*	*	*	—	—	—	*	5.00	6.00	7.00	8.00	14.	25.
2008-P J.Q. Adams	1.25	1.50	2.00	5.00	12.	—	—	—	*	*	*	*	*	*
2008-P J.Q. Adams Satin Finish	*	*	*	—	—	—	—	—	*	*	*	*	*	*
2008-D J.Q. Adams	1.25	1.50	2.00	5.00	12.	—	—	—	*	*	*	*	*	*

—— = Insufficient pricing data   * = None issued

PRESIDENTIAL DOLLARS (CONTINUED)

	MS-63	MS-64	MS-65	MS-66	MS-67	MS-68	MS-69	MS-70	PF-65DC	PF-66DC	PF-67DC	PF-68DC	PF-69DC	PF-70DC
2008-D J.Q. Adams Satin Finish	—	*	—	—	*	—	—	*	*	*	*	*	*	*
2008-S J.Q. Adams	*	*	*	*	*	*	*	*	5.00	6.00	7.00	8.00	14.	25.
2008-P A. Jackson	1.25	1.50	2.00	5.00	12.	—	—	—	*	*	*	*	*	*
2008-P A. Jackson Satin Finish	—	*	—	—	—	—	—	—	*	*	*	*	*	*
2008-D A. Jackson	1.25	1.50	2.00	5.00	12.	—	—	—	*	*	*	*	*	*
2008-D A. Jackson Satin Finish	—	*	—	*	—	—	—	—	*	*	*	*	*	*
2008-S A. Jackson	*	*	*	*	*	*	*	*	5.00	6.00	7.00	8.00	14.	25.
2008-P M. Van Buren	1.25	1.50	2.00	5.00	12.	—	—	—	*	*	*	*	*	*
2008-P M. Van Buren Satin Finish	—	*	—	—	—	—	—	—	*	*	*	*	*	*
2008-D M. Van Buren	1.25	1.50	2.00	5.00	12.	—	—	—	*	*	*	*	*	*
2008-D M. Van Buren Satin Finish	—	*	—	—	—	—	—	—	*	*	*	*	*	*
2008-S M. Van Buren	*	*	*	*	*	*	*	*	5.00	6.00	7.00	8.00	14.	25.
2009-P W.H. Harrison	1.25	1.50	2.00	5.00	12.	—	—	—	*	*	*	*	*	*
2009-P W.H. Harrison Satin Finish	—	*	—	5.00	8.00	10.	—	—	*	*	*	*	*	*
2009-D W.H. Harrison	1.25	1.50	2.00	5.00	12.	—	—	—	*	*	*	*	*	*
2009-D W.H. Harrison Satin Finish	—	*	—	5.00	8.00	10.	—	—	*	*	*	*	*	*
2009-S W.H. Harrison	*	*	*	*	*	*	*	*	5.00	6.50	8.00	9.00	19.	45.
2009-P J. Tyler	1.25	1.50	2.00	5.00	12.	—	—	—	*	*	*	*	*	*
2009-P J. Tyler Satin Finish	—	*	—	5.00	8.00	10.	—	—	*	*	*	*	*	*
2009-D J. Tyler	1.25	1.50	2.00	5.00	12.	—	—	—	*	*	*	*	*	*
2009-D J. Tyler Satin Finish	—	*	—	5.00	8.00	10.	—	—	*	*	*	*	*	*
2009-S J. Tyler	*	*	*	*	*	*	*	*	5.00	6.50	8.00	9.00	19.	45.
2009-P J. Polk	1.25	1.50	2.00	5.00	12.	—	—	—	*	*	*	*	*	*
2009-P J. Polk Satin Finish	—	*	—	5.00	8.00	10.	—	—	*	*	*	*	*	*
2009-D J. Polk	1.25	1.50	2.00	5.00	12.	—	—	—	*	*	*	*	*	*
2009-D J. Polk Satin Finish	—	*	—	5.00	8.00	10.	—	—	*	*	*	*	*	*
2009-S J. Polk	*	*	*	*	*	*	*	*	5.00	6.50	8.00	9.00	19.	45.
2009-P Z. Taylor	1.25	1.50	2.00	5.00	12.	—	—	—	*	*	*	*	*	*
2009-P Z. Taylor Satin Finish	—	*	—	5.00	8.00	10.	—	—	*	*	*	*	*	*
2009-D Z. Taylor	1.25	1.50	2.00	5.00	12.	—	—	—	*	*	*	*	*	*
2009-D Z. Taylor Satin Finish	—	*	—	5.00	8.00	10.	—	—	*	*	*	*	*	*

——— = Insufficient pricing data   * = None issued

PRESIDENTIAL DOLLARS (CONTINUED)

	MS-63	MS-64	MS-65	MS-66	MS-67	MS-68	MS-69	MS-70	PF-65DC	PF-66DC	PF-67DC	PF-68DC	PF-69DC	PF-70DC
2009-S Z. Taylor	*	*	*	*	*	*	*	*	5.00	6.50	8.00	9.00	19.	45.
2010-P M. Fillmore	—	—	10.	20.	—	—	—	—	*	*	*	*	*	*
2010-P M. Fillmore Satin Finish	—	—	—	—	—	—	—	—	*	*	*	*	*	*
2010-D M. Fillmore	—	—	10.	20.	—	—	—	—	*	*	*	*	*	*
2010-D M. Fillmore Satin Finish	—	—	—	—	—	—	—	—	*	*	*	*	*	*
2010-S M. Fillmore	*	*	*	*	*	—	—	—	—	—	—	—	15.	50.
2010-P F. Pierce	—	—	—	—	—	—	—	—	*	*	*	*	*	*
2010-P F. Pierce Satin Finish	—	—	—	—	—	—	—	—	*	*	*	*	*	*
2010-D F. Pierce	—	—	—	—	—	—	—	—	*	*	*	*	*	*
2010-D F. Pierce Satin Finish	—	—	—	—	—	—	—	—	*	*	*	*	*	*
2010-S F. Pierce	*	*	*	*	*	—	—	—	—	—	—	—	15.	50.
2010-P J. Buchanan	—	—	—	—	—	—	—	—	*	*	*	*	*	*
2010-P J. Buchanan Satin Finish	—	—	—	—	—	—	—	—	*	*	*	*	*	*
2010-D J. Buchanan	—	—	—	—	—	—	—	—	*	*	*	*	*	*
2010-D J. Buchanan Satin Finish	—	—	—	—	—	—	—	—	*	*	*	*	*	*
2010-S J. Buchanan	*	*	*	*	*	—	—	—	—	—	—	—	15.	50.
2010-P A. Lincoln	—	—	—	—	—	—	—	—	*	*	*	*	*	*
2010-P A. Lincoln Satin Finish	—	—	—	—	—	—	—	—	*	*	*	*	*	*
2010-D A. Lincoln	—	—	—	—	—	—	—	—	*	*	*	*	*	*
2010-D A. Lincoln Satin Finish	—	—	—	—	—	—	—	—	*	*	*	*	*	*
2010-S A. Lincoln	*	*	*	*	*	—	—	—	—	—	—	—	25.	100.

—— = Insufficient pricing data   * = None issued

Coronet gold dollars

Enlarged to show detail

Date of authorization: March 3, 1849
Dates of issue: 1849-1854
Designer/Engraver: James B. Longacre
Diameter: 13.00 mm/0.51 inch
Weight: 1.67 grams/0.05
Metallic Content: 90% gold, 10% copper and silver
Specific gravity: 17.16
Weight of pure gold: 1.50 grams/0.05 ounce
Edge: Reeded
Mint mark: Reverse below wreath

	VF-20	EF-40	AU-50	AU-55	AU-58	MS-60	MS-62	MS-63	MS-64	MS-65	MS-66
1849 Open Wreath, L, Small Head											
	215.	240.	300.	325.	375.	800.	1000.	1250.	2500.	5500.	11500.
1849 Open Wreath, No L, Small Head											
	225.	240.	360.	400.	850.	1600.	2000.	2600.	3250.	7500.	13500.
1849 Open Wreath, Large Head											
	220.	240.	300.	325.	360.	750.	975.	1700.	2100.	5000.	12500.
1849 Closed Wreath	220.	240.	300.	325.	350.	500.	675.	1200.	1650.	5250.	12500.
1849-C Closed Wreath	1100.	1500.	2500.	4000.	5250.	10000.	14500.	19500.	—	—	—
1849-C Open Wreath	—	210000.	—	—	500000.	—	—	—	—	—	—
1849-D	1400.	2250.	3000.	3500.	4000.	5500.	9500.	14000.	20000.	55000.	—
1849-O	235.	300.	380.	475.	675.	750.	2250.	3750.	7500.	13500.	—
1850	225.	240.	300.	325.	350.	375.	500.	850.	2250.	5250.	12000.
1850-C	1100.	1600.	2750.	4750.	6000.	9500.	16500.	35000.	—	—	—
1850-D	1250.	2000.	3250.	4500.	6750.	12500.	22500.	28500.	40000.	—	—
1850-O	275.	450.	850.	1500.	2000.	2750.	4250.	7500.	14500.	25000.	—
1851	220.	240.	300.	325.	350.	375.	500.	1000.	1750.	5000.	7000.
1851-C	1000.	1500.	1850.	2250.	2850.	3500.	5000.	7500.	13000.	27500.	—
1851-D	1300.	1750.	2500.	3000.	4000.	5750.	9500.	17500.	24500.	45000.	—
1851-O	220.	240.	290.	325.	400.	875.	1450.	3000.	5250.	10000.	—
1852	220.	235.	275.	300.	350.	375.	475.	1000.	1750.	5000.	9500.
1852-C	1200.	1500.	1850.	2500.	3750.	5500.	6750.	12500.	24000.	35000.	50000.
1852-D	1300.	1750.	2600.	3500.	6000.	12000.	20000.	30000.	—	—	—
1852-O	220.	240.	325.	425.	625.	1250.	2600.	6000.	13000.	22500.	30000.
1853	220.	235.	275.	300.	350.	375.	475.	1000.	1750.	5000.	9500.
1853-C	1200.	1500.	1850.	2600.	4250.	5500.	8250.	11000.	27500.	—	—
1853-D	1300.	1750.	2750.	3750.	5250.	9750.	15000.	29500.	45000.	—	—

—— = Insufficient pricing data

CORONET GOLD DOLLAR (CONTINUED)

	VF-20	EF-40	AU-50	AU-55	AU-58	MS-60	MS-62	MS-63	MS-64	MS-65	MS-66
1853-O	220.	235.	275.	300.	350.	650.	1500.	2250.	4000.	8500.	—
1854	220.	235.	275.	300.	350.	375.	475.	1000.	1750.	5500.	9500.
1854-D	1300.	2250.	5500.	7750.	10000.	13500.	18500.	—	—	—	—
1854-S	310.	425.	750.	1000.	1750.	2500.	3500.	5750.	11500.	25000.	—

—— = Insufficient pricing data

Indian Head gold dollar

Date of authorization: March 3, 1849
Dates of issue: 1854-1889
Designer/Engraver: James B. Longacre
Diameter: 14.86 mm/0.59 inch
Weight: 1.67 grams/0.05 ounce
Metallic Content: 90% gold, 10% copper and silver
Specific gravity: 17.16
Weight of pure gold: 1.50 grams/0.95 ounce
Edge: Reeded
Mint mark: Reverse below wreath

Small Head   Large Head

SMALL HEAD

	VF-20	EF-40	AU-50	AU-55	AU-58	MS-60	MS-62	MS-63	MS-64	MS-65	MS-66
1854	300.	475.	675.	800.	1200.	2100.	4000.	10500.	16500.	40000.	—
1855	300.	475.	675.	800.	1200.	2100.	4000.	10500.	16500.	40000.	—
1855-C	1750.	4500.	12500.	15000.	22500.	35000.		—	—	—	—
1855-D	6500.	12500.	30000.	35000.	38500.	47500.	65000.	85000.	150000.	—	—
1855-O	600.	1250.	1750.	3250.	4750.	9000.	17500.	27500.	47500.		—
1856-S	950.	1750.	2500.	4250.	5000.	9250.	17500.	30000.	52500.		—

LARGE HEAD

	VF-20	EF-40	AU-50	AU-55	AU-58	MS-60	MS-62	MS-63	MS-64	MS-65	MS-66
1856 Upright 5	225.	290.	325.	375.	450.	650.	1000.	1500.	2000.	6000.	—
1856 Slant 5	220.	235.	275.	290.	300.	325.	525.	800.	1250.	3000.	—
1856-D	3750.	6250.	9000.	12500.	16500.	33500.	55000.		—	—	—
1857	220.	235.	275.	325.	350.	400.	500.	1100.	1650.	4250.	5500.
1857-C	1000.	1600.	3250.	5000.	7750.	13000.	22500.	32500.	—	—	—
1857-D	1400.	2750.	4000.	6000.	7500.	10000.	16000.		—	—	—
1857-S	500.	625.	1250.	1800.	2500.	5500.	8500.	22500.		—	—
1858	220.	235.	275.	290.	300.	325.	550.	825.	1500.	5000.	10000.

—— = Insufficient pricing data

INDIAN HEAD GOLD DOLLAR (CONTINUED)

	VF-20	EF-40	AU-50	AU-55	AU-58	MS-60	MS-62	MS-63	MS-64	MS-65	MS-66
1858-D	1500.	2250.	3250.	4500.	6500.	10000.	14500.	25000.	50000.	65000.	80000.
1858-S	400.	600.	1450.	1650.	2000.	5500.	10000.	17500.	—	—	—
1859	220.	235.	275.	290.	300.	325.	550.	750.	1500.	2750.	5250.
1859-C	1000.	1500.	3500.	5500.	8500.	12500.	19500.	35000.	60000.	125000.	—
1859-D	1250.	1600.	3000.	4500.	6250.	11000.	13500.	22500.	40000.	—	—
1859-S	275.	500.	1100.	1500.	2350.	5000.	9000.	17500.	23500.	—	—
1860	220.	235.	275.	290.	300.	350.	550.	1250.	3000.	8000.	—
1860-D	3000.	4500.	8000.	11500.	17500.	20000.	30000.	50000.	65000.	—	—
1860-S	375.	450.	750.	1000.	1400.	3000.	4000.	6500.	13500.	27500.	—
1861	220.	235.	275.	290.	300.	350.	550.	1150.	1500.	2750.	5250.
1861-D	10000.	16500.	27500.	45000.	50000.	55000.	65000.	80000.	110000.	160000.	—
1862	220.	235.	275.	290.	300.	375.	600.	1150.	1500.	2750.	—
1863	850.	1500.	3000.	5000.	6000.	7000.	8000.	10000.	13500.	22500.	—
1864	400.	500.	950.	1000.	1100.	1250.	1600.	2750.	4250.	7500.	—
1865	525.	650.	900.	1050.	1250.	1600.	2350.	3250.	5000.	9500.	—
1866	425.	525.	650.	725.	800.	1100.	1500.	2000.	2850.	5250.	—
1867	400.	525.	650.	725.	800.	1150.	1450.	1900.	3000.	5500.	—
1868	300.	400.	500.	550.	675.	1100.	1300.	1950.	3250.	5750.	—
1869	350.	525.	650.	725.	800.	1100.	1400.	2250.	2750.	5250.	—
1870	300.	400.	500.	550.	575.	850.	1150.	1750.	2500.	5250.	—
1870-S	525.	850.	1250.	1600.	1900.	2500.	3750.	7500.	12500.	25000.	—
1871	300.	400.	475.	500.	550.	800.	1300.	1750.	2400.	4750.	—
1872	300.	375.	450.	500.	550.	900.	1350.	2250.	3500.	5250.	—
1873 Closed 3	425.	800.	950.	1050.	1200.	1500.	2500.	4500.	9500.	18500.	—
1873 Open 3	220.	235.	275.	290.	300.	350.	500.	1000.	1350.	2250.	—
1874	220.	235.	275.	290.	300.	350.	500.	1000.	1350.	2250.	4250.
1875	2250.	3900.	4900.	5250.	6000.	8500.	10500.	13000.	17500.	30000.	95000.
1876	290.	350.	475.	500.	550.	675.	850.	1250.	1650.	3750.	—
1877	240.	325.	425.	475.	525.	675.	825.	1250.	1750.	4250.	6000.
1878	250.	350.	475.	500.	525.	650.	850.	1100.	1500.	3250.	—
1879	235.	300.	325.	335.	350.	500.	850.	1100.	1500.	2250.	4250.
1880	235.	250.	275.	300.	325.	425.	500.	1100.	1600.	2250.	4250.
1881	235.	250.	275.	300.	325.	425.	600.	1100.	1600.	2250.	4250.
1882	235.	250.	275.	300.	325.	425.	600.	1100.	1600.	2250.	4250.
1883	235.	250.	275.	300.	325.	425.	600.	1100.	1600.	2250.	4250.
1884	235.	250.	275.	300.	325.	425.	600.	1000.	1600.	2250.	4250.
1885	235.	250.	275.	300.	325.	425.	600.	1100.	1600.	2250.	4250.
1886	235.	250.	275.	300.	325.	425.	600.	1100.	1600.	2250.	4250.
1887	235.	250.	275.	300.	325.	425.	600.	1100.	1600.	2250.	4250.
1888	235.	250.	275.	300.	325.	425.	600.	1100.	1600.	2250.	4250.
1889	235.	250.	275.	300.	325.	425.	600.	1100.	1600.	2250.	3000.

—— = Insufficient pricing data

Capped Bust $2.50 quarter eagle

No Stars obverse

With Stars obverse

Date of authorization: April 2, 1792
Dates of issue: 1796-1807
Designer/Engraver: Robert Scot
Diameter: 20.00 mm/0.79 inch
Weight: 4.37 grams/0.14 ounce
Metallic Content: 91.67% gold, 8.33% copper and silver
Specific gravity: 17.45
Weight of pure gold: 4.01 grams/0.13 ounce
Edge: Reeded
Mint mark: None

	F-12	VF-20	EF-40	EF-45	AU-50	AU-55	AU-58	MS-60
1796 No Stars	55000.	72500.	90000.	100000.	125000.	150000.	200000.	250000.
1796 Stars	40000.	52500.	75000.	85000.	100000.	125000.	160000.	200000.
1797	15000.	22500.	40000.	50000.	62500.	80000.	92500.	120000.
1798	5000.	7250.	15000.	19000.	30000.	37500.	55000.	67500.
1802/1	5000.	7250.	15000.	17500.	20000.	23500.	32500.	37500.
1804 13 Stars on Reverse	45000.	75000.	105000.	135000.	180000.	275000.	300000.	—
1804 14 Stars on Reverse	5000.	7500.	15000.	17500.	20000.	23500.	32500.	37500.
1805	5500.	8000.	15000.	17500.	20000.	23500.	30000.	35000.
1806/4	6000.	8000.	15000.	18000.	20000.	25000.	30000.	35000.
1806/5	12500.	17000.	20000.	35000.	50000.	57500.	67500.	90000.
1807	5000.	7500.	15000.	18000.	20000.	22500.	25000.	27500.

—— = Insufficient pricing data

Capped Draped Bust
$2.50 quarter eagle

Date of authorization: April 2, 1792
Dates of issue: 1808
Designer/Engraver: John Reich
Diameter: 20.00 mm/0.79 inch
Weight: 4.37 grams/0.14 ounce
Metallic Content: 91.67% gold, 8.33% copper and silver
Specific gravity: 17.45
Weight of pure gold: 4.01 grams/0.13 ounce
Edge: Reeded
Mint mark: None

	F-12	VF-20	EF-40	EF-45	AU-50	AU-55	AU-58	MS-60
1808	27500.	40000.	52500.	60000.	97500.	120000.	135000.	160000.

—— = Insufficient pricing data

Capped Head $2.50 quarter eagle

Date of authorization: April 2, 1792
Dates of issue: 1821-1834
Designers: Obverse: John Reich-Robert Scot
Reverse: John Reich
Engravers: Obverse: Robert Scot
Reverse: John Reich
Diameter: (1821-1827): 18.50 mm/0.73 inch
(1829-1834): 18.20 mm/0.72 inch
Weight: 4.37 grams/0.14 ounce
Metallic Content: 91.67% gold, 8.33% copper and silver
Specific gravity: 17.45
Weight of pure gold: 4.01 grams/0.13 ounce
Edge: Reeded
Mint mark: None

	F-12	VF-20	EF-40	EF-45	AU-50	AU-55	AU-58	MS-60	MS-62	MS-63
CAPPED HEAD LEFT										
1821	6500.	8000.	10500.	12500.	15000.	17500.	24000.	32500.	50000.	85000.
1824/1	6500.	8000.	10500.	12500.	15000.	17500.	23500.	32500.	50000.	65000.
1825	6500.	8000.	10500.	12500.	15000.	17500.	25000.	30000.	42500.	62500.
1826	8500.	10000.	13500.	17500.	20000.	25000.	35000.	42500.	—	—
1827	7000.	8500.	11000.	13000.	18500.	25000.	30000.	32500.	45000.	65000.
REDUCED DIAMETER										
1829	6000.	7000.	8500.	10000.	12500.	15000.	16500.	22500.	32500.	40000.
1830	6000.	7000.	8500.	10000.	12500.	15000.	16500.	22500.	32500.	35000.
1831	6000.	7000.	8500.	10000.	12500.	15000.	16500.	22500.	32500.	35000.
1832	6000.	7000.	8500.	10000.	12500.	15000.	16500.	22500.	32500.	40000.
1833	7000.	8500.	10000.	12500.	15000.	18000.	20000.	25000.	37500.	—
1834	10000.	15000.	20000.	25000.	30000.	37500.	47500.	62500.	—	—

—— = Insufficient pricing data

Classic Head $2.50 quarter eagle

Date of authorization:	June 28, 1834; Jan. 18, 1837
Dates of issue:	1834-1839
Designers:	Obverse: William Kneass
	Reverse: John Reich-William Kneass
Engraver:	William Kneass
Diameter:	18.20 mm/0.72 inch
Weight:	4.18 grams/0.13 ounce
Metallic Content:	(1834-1836): 89.92% gold,
	10.08% copper and silver
	(1837-1839): 90% gold,
	10% copper and silver
Specific gravity:	89.92% gold, 17.14; 90% gold, 17.16
Weight of pure gold:	(1834-1836): 3.758 grams/0.12 ounce
	(1837-1839): 3.762 grams/0.12 ounce
Edge:	Reeded
Mint mark:	1838-1839 only, obverse above

	F-12	VF-20	EF-40	EF-45	AU-50	AU-55	AU-58	MS-60	MS-62	MS-63
1834	350.	550.	900.	1250.	1650.	2000.	2500.	3750.	5000.	12500.
1835	350.	550.	900.	1300.	1650.	2350.	2750.	4250.	7500.	13000.
1836 Script 8	350.	550.	900.	1250.	1650.	2000.	2500.	4000.	6500.	12000.
1836 Block 8	350.	550.	975.	1275.	1700.	2000.	2500.	4000.	6750.	12500.
1837	600.	850.	1275.	2000.	2250.	2850.	3250.	5000.	8500.	18000.
1838	350.	675.	975.	1250.	1800.	2700.	3350.	4000.	7250.	12500.
1838-C	1000.	1900.	3750.	7000.	10000.	15500.	18500.	26500.	35000.	50000.
1839	700.	875.	1500.	1900.	3000.	4000.	5250.	8000.	17500.	22500.
1839-C	1000.	1900.	3500.	4250.	5500.	11000.	15000.	27500.	42500.	57500.
1839-D	1000.	1900.	4500.	7250.	9500.	13500.	20000.	32500.	40000.	52500.
1839-O	425.	875.	1500.	2250.	3000.	5500.	7500.	10000.	23500.	32500.

—— = Insufficient pricing data

Coronet $2.50 quarter eagle

Date of authorization: Jan. 18, 1837
Dates of issue: 1840-1907
Designers: Obverse: Christian Gobrecht
Reverse: Christian Gobrecht-John
Reich-William Kneass
Engraver: Christian Gobrecht
Diameter: 18.20 mm/0.72 inch
Weight: 4.18 grams/0.13 ounce
Metallic Content: 90% gold, 10% copper
Specific gravity: 17.16
Weight of pure gold: 3.76 grams/0.12 ounce
Edge: Reeded
Mint mark: Reverse below eagle

	F-12	VF-20	EF-40	EF-45	AU-50	AU-55	AU-58	MS-60	MS-62	MS-63
1840	350.	425.	1000.	1850.	2750.	3000.	3250.	6500.	9000.	12000.
1840-C	1350.	1750.	2500.	3500.	4000.	5250.	9000.	13500.	21000.	—
1840-D	2750.	3500.	7500.	9000.	11500.	17500.	22500.	35000.	80000.	—
1840-O	350.	400.	850.	1250.	2000.	2750.	4750.	11000.	18000.	—
1841 Proof Only	—	55000.					150000.	*	*	*
1841-C	1300.	1750.	2500.	3000.	3500.	4750.	9000.	16500.	28500.	—
1841-D	1600.	2250.	4750.	6250.	8250.	12000.	15000.	26500.	42500.	52500.
1842	1100.	1400.	3250.	3750.	6250.	10000.	—	—	—	—
1842-C	1400.	2100.	3500.	5000.	6250.	8500.	12000.	23500.	—	—
1842-D	1500.	2250.	4500.	6250.	9750.	13500.	23500.	38500.	55000.	—
1842-O	350.	450.	1300.	1500.	2250.	3750.	6500.	11500.	17500.	32500.
1843	350.	375.	475.	575.	950.	1500.	2000.	2750.	5000.	8500.
1843-C Large Date	1200.	1850.	2250.	3000.	3500.	4500.	5250.	8000.	13500.	21500.
1843-C Small Date	2000.	3000.	5750.	6750.	8500.	10000.	16000.	32500.	40000.	—
1843-D Small Date, Small D	1100.	1750.	2250.	2450.	2750.	3250.	4250.	7500.	15000.	—
1843-D Small Date, Large D	2000.	3000.	3500.	4000.	5000.	6000.	9000.	15000.	25000.	—
1843-O Large Date	350.	400.	800.	1200.	2150.	2500.	3500.	6500.	12000.	—
1843-O Small Date	350.	375.	390.	400.	475.	625.	900.	1750.	3250.	6500.
1844	350.	500.	850.	1100.	2000.	3000.	4750.	10500.	13500.	—
1844-C	1150.	1600.	2750.	4000.	6250.	9000.	11000.	17500.	32500.	—
1844-D	1250.	1700.	2300.	2750.	3000.	4500.	5750.	7000.	14000.	28500.
1845	350.	375.	390.	400.	425.	500.	550.	1200.	2350.	5250.
1845-D	1200.	1850.	2350.	2750.	3250.	4250.	5750.	11500.	21500.	39000.
1845-O	700.	1100.	2250.	3750.	8500.	11500.	17500.	22500.	—	—
1846	350.	400.	525.	600.	925.	2000.	2750.	6250.	—	—
1846-C	1250.	1900.	3000.	3500.	6250.	9000.	13000.	18500.	20000.	35000.

——— = Insufficient pricing data   * = None issued

264 — Values of U.S. coins

	F-12	VF-20	EF-40	EF-45	AU-50	AU-55	AU-58	MS-60	MS-62	MS-63
1846-D	1200.	1850.	2350.	2750.	3500.	4250.	5500.	10500.	13000.	32500.
1846-D/D	2000.	2700.	3000.	3500.	4250.	8000.	12000.	—	—	—
1846-O	350.	375.	425.	500.	1000.	1500.	2600.	5500.	8750.	20000.
1847	350.	375.	400.	500.	800.	1250.	1600.	3750.	5000.	8500.
1847-C	1000.	1750.	2250.	2500.	2900.	3500.	4000.	6750.	9000.	16000.
1847-D	1100.	1850.	2350.	2650.	3250.	4250.	5200.	8500.	12500.	23500.
1847-O	350.	375.	400.	475.	900.	1650.	2350.	3750.	9500.	—
1848	350.	525.	875.	1150.	2200.	2650.	4000.	6250.	10000.	17500.
1848 CAL.	22500.	35000.	40000.	45000.	52500.	62500.	80000.	92500.	100000.	125000.
1848-C	1100.	1700.	2250.	2500.	3750.	5000.	7250.	12500.	19000.	—
1848-D	1250.	1950.	2500.	3000.	3500.	4000.	7000.	10500.	14000.	—
1849	350.	375.	475.	550.	875.	1000.	1500.	2750.	4500.	—
1849-C	1100.	1600.	2250.	3500.	5000.	7750.	9500.	19500.	40000.	—
1849-D	1200.	1750.	2250.	3000.	3750.	5500.	6500.	13500.	25000.	—
1850	350.	360.	375.	385.	400.	525.	725.	1100.	2250.	4000.
1850-C	1000.	1500.	2100.	3000.	3500.	6500.	9250.	12000.	—	—
1850-D	1150.	1650.	2250.	3000.	3500.	5500.	8000.	15000.	—	—
1850-O	350.	375.	475.	500.	1200.	1750.	2350.	4250.	7000.	15000.
1851	350.	355.	360.	375.	390.	400.	410.	425.	625.	1350.
1851-C	1050.	1550.	2250.	2750.	3500.	4750.	6250.	9500.	19500.	—
1851-D	1150.	1650.	2400.	3000.	3900.	5000.	7250.	12000.	—	—
1851-O	325.	350.	375.	500.	850.	1500.	2250.	4500.	7250.	15000.
1852	325.	350.	360.	375.	390.	400.	410.	425.	625.	1400.
1852-C	1000.	1500.	2250.	2750.	4500.	5750.	8000.	16500.	—	—
1852-D	1100.	1800.	3250.	4000.	6750.	7750.	9250.	17500.	29000.	—
1852-O	325.	350.	375.	475.	950.	1300.	2000.	5000.	9000.	12500.
1853	325.	350.	360.	375.	380.	390.	400.	475.	600.	1300.
1853-D	1350.	2150.	3750.	4250.	5250.	7500.	8500.	17500.	—	—
1854	325.	350.	360.	375.	380.	400.	400.	450.	625.	1300.
1854-C	1000.	1600.	2500.	3500.	4850.	6000.	9250.	13000.	27500.	—
1854-D	2350.	3250.	7250.	9250.	12500.	15000.	17500.	26000.	40000.	—
1854-O	325.	350.	360.	375.	425.	500.	900.	1750.	5250.	9500.
1854-S	85000.	150000.	250000.	350000.	—	—	—	—	—	—
1855	325.	350.	360.	375.	380.	390.	400.	475.	700.	1400.
1855-C	1200.	1800.	3500.	4250.	6000.	8000.	13000.	21500.	—	—
1855-D	2000.	3500.	7500.	9000.	14000.	25000.	32500.	—	—	—
1856	325.	350.	360.	375.	380.	390.	400.	425.	700.	1400.
1856-C	1250.	1800.	3250.	3750.	5500.	7000.	13500.	20000.	32500.	—
1856-D	5000.	7250.	13500.	20000.	32500.	37500.	45000.	75000.	—	—
1856-O	325.	475.	700.	850.	1300.	2250.	3000.	7750.	—	—
1856-S	325.	375.	475.	550.	900.	1500.	3000.	4750.	8250.	12500.
1857	325.	350.	360.	375.	380.	390.	400.	425.	675.	1500.
1857-D	1200.	1800.	3150.	3750.	4250.	5500.	7500.	14000.	23500.	—
1857-O	325.	450.	525.	700.	1250.	2000.	2750.	4500.	8500.	14000.
1857-S	325.	375.	400.	500.	900.	1750.	3500.	5750.	8500.	—
1858	325.	350.	360.	375.	400.	450.	550.	1300.	1850.	3350.
1858-C	1000.	1600.	2250.	2650.	3250.	4500.	6250.	9000.	16500.	26500.
1859 Reverse of 1858										
	325.	350.	360.	475.	850.	1250.	2000.	3250.	5000.	9500.
1859 Reverse of 1859-1907										
	325.	350.	360.	375.	500.	625.	800.	1100.	2000.	3250.
1859-D	1300.	2000.	3250.	3750.	4750.	6000.	9250.	19000.	—	—
1859-S	350.	400.	925.	1100.	2250.	2800.	3500.	5500.	10000.	18500.

—— = Insufficient pricing data

	F-12	VF-20	EF-40	EF-45	AU-50	AU-55	AU-58	MS-60	MS-62	MS-63
1860 Reverse of 1858										
	1250.	1750.	2000.	2500.	2750.	3250.	4500.	8000.	—	—
1860 Small Letters & Arrowhead, Reverse of 1859-1907										
	325.	350.	360.	375.	450.	500.	625.	1200.	1750.	2750.
1860-C	1100.	1600.	2250.	2750.	3500.	7500.	10000.	20000.	27500.	40000.
1860-S	350.	400.	650.	750.	1200.	1600.	2250.	3850.	8000.	16500.
1861 Reverse of 1858										
	550.	750.	1250.	1500.	1850.	2500.	3000.	4000.	6250.	10000.
1861 Reverse of 1859-1907										
	325.	350.	360.	375.	380.	400.	450.	775.	1250.	2000.
1861-S	350.	475.	950.	1500.	3250.	4750.	6750.	—	—	—
1862	350.	400.	625.	975.	2000.	3500.	5250.	9000.	11500.	17500.
1862/1	550.	950.	2000.	2500.	3250.	3750.	5500.	9000.	15000.	—
1862-S	1250.	1750.	2500.	3000.	4250.	6250.	7250.	18500.	—	—
1863 Proof Only	—	—	—	—	—	—	—	*	*	*
1863-S	375.	475.	1450.	1850.	3250.	4250.	7750.	13000.	—	—
1864	3000.	5750.	12000.	17500.	27500.	32500.	—	—	—	—
1865	2500.	4750.	9000.	15000.	18500.	22500.	28500.	—	—	—
1865-S	350.	375.	625.	950.	1400.	2000.	2500.	7500.	13500.	—
1866	700.	1250.	3500.	4250.	5250.	6500.	8000.	12500.	21500.	—
1866-S	350.	375.	675.	1000.	1650.	2250.	3250.	6250.	14000.	21000.
1867	350.	425.	775.	900.	1200.	1500.	2250.	4750.	6250.	8750.
1867-S	350.	375.	625.	800.	1500.	1800.	2750.	4250.	6500.	16500.
1868	325.	350.	400.	450.	650.	900.	1250.	2000.	4750.	8750.
1868-S	340.	375.	450.	700.	1250.	1500.	2350.	4250.	6500.	12000.
1869	350.	375.	425.	525.	700.	1000.	1650.	3000.	6000.	10500.
1869-S	350.	375.	475.	600.	1000.	1400.	2350.	4500.	6500.	8500.
1870	325.	350.	425.	525.	725.	1100.	1750.	3850.	5750.	9500.
1870-S	325.	350.	450.	525.	775.	1250.	2600.	4350.	6250.	—
1871	325.	350.	375.	400.	525.	1000.	1250.	2250.	3250.	4250.
1871-S	325.	350.	375.	400.	525.	925.	1200.	2250.	3000.	4500.
1872	325.	425.	775.	850.	1150.	2250.	3500.	5000.	10500.	—
1872-S	325.	350.	375.	500.	1000.	1500.	2250.	4500.	6750.	12500.
1873 Closed 3	310.	340.	350.	375.	380.	390.	400.	575.	775.	1300.
1873 Open 3	310.	340.	350.	375.	380.	390.	400.	450.	600.	1100.
1873-S	325.	350.	425.	525.	875.	950.	1300.	3000.	5750.	8500.
1874	325.	350.	400.	425.	675.	900.	1200.	2250.	5250.	7500.
1875	2750.	3750.	5250.	7000.	12500.	15000.	20000.	26500.	—	—
1875-S	325.	350.	375.	425.	775.	950.	1800.	3850.	5500.	8250.
1876	325.	350.	675.	725.	875.	1350.	2100.	3250.	4000.	6250.
1876-S	325.	350.	525.	650.	900.	1650.	2250.	2750.	3250.	9000.
1877	350.	400.	750.	850.	1150.	1400.	2250.	3000.	4250.	10000.
1877-S	310.	320.	350.	360.	380.	390.	400.	650.	1500.	2600.
1878	310.	320.	350.	360.	380.	390.	400.	425.	550.	1200.
1878-S	310.	320.	350.	360.	380.	390.	400.	450.	750.	2000.
1879	310.	320.	350.	360.	380.	390.	400.	425.	575.	1200.
1879-S	325.	350.	375.	425.	550.	700.	1250.	2250.	3750.	5250.
1880	325.	350.	375.	400.	575.	725.	900.	1400.	1900.	3750.
1881	1250.	2000.	3250.	3750.	5250.	5750.	6250.	10000.	14500.	—
1882	310.	320.	375.	400.	425.	450.	550.	700.	1300.	2750.
1883	325.	350.	425.	475.	950.	1100.	1500.	2750.	4750.	6750.
1884	325.	350.	400.	425.	600.	775.	900.	1750.	2250.	3100.
1885	475.	675.	1850.	2250.	2750.	3250.	3750.	4850.	5750.	8000.
1886	310.	320.	350.	360.	425.	475.	550.	1100.	1900.	3250.

——— = Insufficient pricing data   * = None issued

CORONET $2.50 QUARTER EAGLE (CONTINUED)

	F-12	VF-20	EF-40	EF-45	AU-50	AU-55	AU-58	MS-60	MS-62	MS-63
1887	310.	320.	350.	360.	400.	425.	500.	700.	1300.	3000.
1888	310.	320.	350.	360.	375.	390.	400.	425.	625.	1000.
1889	310.	320.	350.	360.	375.	390.	400.	425.	625.	1000.
1890	310.	320.	350.	360.	375.	400.	425.	500.	800.	1750.
1891	310.	320.	350.	360.	375.	390.	400.	450.	650.	1150.
1892	340.	350.	375.	400.	450.	500.	550.	800.	1200.	2750.
1893	310.	325.	350.	360.	375.	390.	400.	425.	625.	1150.
1894	335.	340.	375.	400.	425.	450.	500.	800.	1200.	1850.
1895	310.	330.	360.	375.	390.	410.	425.	475.	625.	1100.
1896	310.	320.	350.	360.	375.	390.	400.	425.	625.	1000.
1897	310.	320.	350.	360.	375.	390.	400.	425.	625.	1000.
1898	310.	320.	350.	360.	375.	390.	400.	425.	625.	975.
1899	310.	320.	350.	360.	375.	390.	400.	425.	625.	975.
1900	310.	320.	350.	360.	375.	390.	400.	425.	625.	975.
1901	310.	320.	350.	360.	375.	390.	400.	425.	625.	975.
1902	310.	320.	350.	360.	375.	390.	400.	425.	625.	975.
1903	310.	320.	350.	360.	375.	390.	400.	425.	625.	975.
1904	310.	320.	350.	360.	375.	390.	400.	425.	625.	975.
1905	310.	320.	350.	360.	375.	390.	400.	425.	625.	975.
1906	310.	320.	350.	360.	375.	390.	400.	425.	625.	975.
1907	310.	320.	350.	360.	375.	390.	400.	425.	625.	975.

—— = Insufficient pricing data

Indian Head $2.50 quarter eagle

Date of authorization: Jan. 18, 1837
Dates of issue: 1908-1929
Designer: Bela Lyon Pratt
Engraver: Charles Barber
Diameter: 17.78 mm/0.70 inch
Weight: 4.18 grams/0.13 ounce
Metallic Content: 90% gold, 10% copper
Specific gravity: 17.16
Weight of pure gold: 3.76 grams/0.12 ounce
Edge: Reeded
Mint mark: Reverse lower left

	EF-40	AU-50	AU-55	MS-60	MS-62	MS-63	MS-64	MS-65	MS-66
1908	310.	335.	340.	375.	650.	1300.	2000.	4750.	14000.
1909	310.	335.	340.	390.	725.	1900.	3750.	6500.	15000.
1910	310.	335.	340.	375.	675.	1850.	3250.	7000.	18000.
1911	310.	335.	340.	375.	650.	1400.	2250.	8000.	18000.
1911-D	4000.	5250.	6250.	9500.	11500.	20000.	27500.	75000.	135000.
1912	310.	335.	340.	380.	700.	2000.	3500.	12500.	25000.
1913	310.	335.	340.	390.	675.	1400.	2250.	6750.	30000.
1914	310.	335.	350.	500.	2000.	5500.	13000.	40000.	—
1914-D	310.	335.	340.	675.	1900.	5000.	42500.	—	
1915	310.	335.	340.	390.	675.	1400.	1750.	7250.	40000.
1925-D	310.	335.	340.	390.	610.	1100.	1650.	4250.	12500.
1926	310.	335.	340.	390.	610.	1100.	1650.	4250.	12500.
1927	310.	335.	340.	390.	610.	1100.	1650.	4250.	12500.
1928	310.	335.	340.	390.	610.	1100.	1650.	4250.	12500.
1929	315.	340.	350.	395.	625.	1100.	1700.	7500.	20000.

—— = Insufficient pricing data

Indian Head $3 gold

Date of authorization: Feb. 21, 1853
Dates of issue: 1854-1889
Designer/Engraver: James B. Longacre
Diameter: 20.63 mm/0.81 inch
Weight: 5.02 grams/0.16 ounce
Metallic Content: (1854-1873): 90% gold,
10% copper and silver
(1873-1889): 90% gold, 10% copper
Specific gravity: 17.16
Weight of pure gold: 4.51 grams/0.15 ounce
Edge: Reeded
Mint mark: Reverse below wreath

	F-12	VF-20	EF-40	AU-50	AU-55	MS-60	MS-62	MS-63	MS-64	MS-65
1854	750.	950.	1300.	1600.	1850.	2750.	3750.	7000.	11500.	22500.
1854-D	9000.	11500.	17500.	35000.	47500.	85000.	155000.	—	—	—
1854-O	1150.	2000.	3000.	6250.	11500.	27500.	60000.	82500.	—	—
1855	800.	950.	1300.	1850.	2100.	3500.	5750.	11000.	20000.	45000.
1855-S	1100.	2000.	3000.	7750.	16000.	28500.	55000.	—	—	—
1856	750.	950.	1300.	2000.	2350.	3500.	6750.	10500.	20000.	40000.
1856-S	800.	1100.	1850.	3250.	4750.	13500.	20000.	32500.	55000.	—
1857	750.	950.	1300.	1850.	2250.	3500.	7500.	12500.	22500.	47500.
1857-S	800.	1500.	3000.	6000.	12500.	23500.	52500.	—	—	—
1858	750.	1000.	2100.	4250.	6000.	12500.	18500.	28000.	45000.	—
1859	750.	975.	1650.	2250.	2750.	3750.	7250.	10500.	15000.	30000.
1860	750.	975.	1650.	2250.	2600.	3750.	7000.	11000.	15000.	30000.
1860-S	800.	1000.	2750.	7500.	12000.	27500.	45000.	65000.	—	—
1861	750.	1000.	2650.	4000.	5250.	7000.	12500.	15000.	25000.	42500.
1862	750.	1000.	2650.	3850.	5000.	7000.	12500.	15000.	25000.	45000.
1863	750.	1000.	2650.	4250.	5250.	7000.	12500.	14500.	20000.	35000.
1864	750.	1000.	2650.	4000.	5250.	7500.	12500.	15000.	25000.	42500.
1865	1100.	1400.	3100.	7250.	10000.	16000.	22500.	28500.	37500.	65000.
1866	750.	950.	1600.	2350.	2750.	4000.	8500.	13500.	18500.	40000.
1867	750.	975.	1600.	2850.	3250.	4250.	8500.	14000.	18500.	40000.
1868	750.	975.	1500.	2500.	3000.	5000.	9000.	13500.	20000.	42500.
1869	750.	1000.	1500.	2500.	3250.	5500.	11000.	15000.	30000.	52500.
1870	750.	1000.	1850.	2750.	3500.	5500.	11000.	18000.	30000.	55000.
1870-S Unique	*	*	*	*	*	*	*	*	*	*
1871	750.	950.	1750.	2750.	3250.	5000.	9750.	13500.	22500.	42500.
1872	750.	950.	1750.	2750.	3500.	5250.	9250.	15000.	23500.	—
1873 Open 3 Proof Only	—	11000.	16000.	20000.	—	*	*	*	*	*

—— = Insufficient pricing data   * = None issued

INDIAN HEAD $3 GOLD (CONTINUED)

	F-12	VF-20	EF-40	AU-50	AU-55	MS-60	MS-62	MS-63	MS-64	MS-65
1873 Closed 3 Original										
	3000.	4500.	5500.	14000.	20000.	32500.	45000.	60000.	80000.	—
1874	750.	950.	1350.	1750.	2000.	3250.	4000.	6000.	8500.	17500.
1875 Proof Only	17500.	22500.	30000.	52500.	60000.	*	*	*	*	*
1876 Proof Only	65000.	9000.	13500.	22500.	27500.	*	*	*	*	*
1877	1250.	1500.	3500.	8500.	17500.	23500.	30000.	45000.	55000.	—
1878	750.	950.	1350.	1800.	1900.	2500.	3750.	6250.	8500.	18000.
1879	750.	950.	1400.	2250.	2500.	3750.	5500.	11000.	14500.	22500.
1880	750.	975.	2250.	3500.	4000.	5000.	8500.	11500.	18500.	27500.
1881	1000.	1500.	3500.	7250.	9500.	13500.	17500.	20000.	25000.	37500.
1882	750.	950.	1750.	2500.	3000.	4250.	7500.	12500.	17500.	32500.
1883	750.	950.	1900.	2800.	3000.	4000.	8000.	13000.	17500.	30000.
1884	1150.	1450.	2150.	3000.	3400.	4500.	9000.	12500.	15000.	31000.
1885	1000.	1350.	2000.	3750.	4250.	5250.	9000.	15000.	26500.	42500.
1886	875.	1250.	2250.	3250.	3750.	5250.	8250.	17500.	27500.	52500.
1887	750.	950.	1600.	2250.	2850.	3750.	5750.	10500.	13500.	23500.
1888	750.	950.	1600.	2250.	2750.	3500.	5000.	8500.	10000.	22500.
1889	750.	950.	1600.	2250.	2750.	3500.	5750.	10500.	13500.	25000.

—— = Insufficient pricing data   * = None issued

Capped Bust $5 half eagle

Small Eagle   Heraldic Eagle

Date of authorization: April 2, 1792
Dates of issue: 1795-1807
Designer/Engraver: Robert Scot
Diameter: 25.00 mm/0.99 inch
Weight: 8.75 grams/0.28 ounce
Metallic Content: 91.67% gold, 8.33% copper and silver
Specific gravity: 17.45
Weight of pure gold: 8.02 grams/0.26 ounce
Edge: Reeded
Mint mark: None

SMALL EAGLE

	F-12	VF-20	EF-40	AU-50	AU-58	MS-60	MS-62	MS-63
1795	19500.	25000.	33500.	42500.	60000.	75000.	125000.	180000.
1795 Second S/D in STATES	—	—	—	—	—	—	—	—
1796/5	20000.	25000.	40000.	70000.	87500.	125000.	—	—
1797 15 Stars	23500.	30000.	45000.	92500.	150000.	—	—	—
1797 16 Stars	22500.	28500.	40000.	82500.	135000.	—	—	—
1798	—	—	500000.	—	—	—	—	—

HERALDIC EAGLE

	F-12	VF-20	EF-40	AU-50	AU-58	MS-60	MS-62	MS-63	MS-64
1795	11000.	18000.	25000.	42500.	72500.	90000.	145000.	190000.	—
1797/5	10500.	17500.	23500.	60000.	125000.	160000.	—	—	—
1797 16 Stars Unique	—	—	—	—	—	—	—	—	—
1797 15 Stars Unique	—	—	—	—	—	—	—	—	—
1798 Small 8	5250.	7250.	10500.	20000.	32500.	38500.	52500.	85000.	—
1798 Large 8, 13 Stars	4000.	4750.	6500.	16500.	27500.	32500.	45000.	65000.	—
1798 Large 8, 14 Stars	4250.	5250.	12500.	30000.	45000.	—	—	—	—
1799 Small Stars	4000.	5000.	8000.	14000.	21000.	27500.	40000.	70000.	—
1799 Large Stars	4500.	5500.	9000.	15000.	22500.	32500.	47500.	77500.	—
1800	4000.	4750.	7500.	10500.	13000.	16500.	20000.	35000.	67500.
1802/1	4000.	4750.	7500.	10500.	14500.	16500.	20000.	35000.	50000.
1803/2	4000.	4750.	7500.	10500.	13000.	15000.	20000.	35000.	50000.
1804 Small 8	4000.	4750.	7500.	10500.	14000.	16500.	23500.	45000.	75000.
1804 Small 8/Large 8	4000.	4750.	7500.	10500.	13500.	17500.	23500.	47500.	75000.
1805	4000.	4750.	7500.	10500.	13500.	16500.	23500.	47500.	70000.
1806 Pointed 6, 8X5 Stars	4250.	4750.	7500.	10500.	14000.	16500.	22500.	40000.	72500.
1806 Round 6, 7X6 Stars	4000.	4750.	7500.	10500.	13000.	15000.	20000.	35000.	55000.
1807	4000.	4750.	7500.	10000.	14500.	16000.	20000.	35000.	55000.

—— = Insufficient pricing data

Capped Draped Bust $5 half eagle

Date of authorization: April 2, 1792
Dates of issue: 1807-1812
Designer/Engraver: John Reich
Diameter: 25.00 mm/0.99 inch
Weight: 8.75 grams/0.28 ounce
Metallic Content: 91.67% gold, 8.33% copper and silver
Specific gravity: 17.45
Weight of pure gold: 8.02 grams/0.26 ounce
Edge: Reeded
Mint mark: None

	F-12	VF-20	EF-40	AU-50	AU-58	MS-60	MS-62	MS-63	MS-64
1807	3250.	4000.	6250.	9000.	12500.	14000.	17500.	30000.	40000.
1808/7	3350.	5000.	6500.	9500.	13500.	17500.	28500.	38500.	72500.
1808	3250.	4000.	6250.	9000.	12500.	14500.	18500.	32500.	62500.
1809/8	3250.	4000.	6250.	9000.	12000.	13500.	17500.	32500.	55000.
1810 Small Date, Small 5	15000.	27500.	42500.	52500.	95000.	—	—	—	—
1810 Small Date, Tall 5	3250.	5250.	6500.	10000.	13500.	15000.	21000.	37500.	60000.
1810 Large Date, Small 5	18500.	30000.	45000.	65000.	—	—	—	—	—
1810 Large Date, Large 5	3250.	5000.	6250.	9500.	13500.	16000.	18500.	28500.	45000.
1811 Small 5	3000.	4000.	6250.	8000.	11500.	13000.	17500.	26500.	42500.
1811 Tall 5	3000.	4000.	6250.	8000.	11500.	13000.	17500.	26500.	42500.
1812	3000.	4000.	6250.	8000.	11500.	13000.	17500.	26500.	45000.

—— = Insufficient pricing data

Capped Head $5 half eagle

Date of authorization: April 2, 1792
Dates of issue: 1813-1834
Designer/Engraver: John Reich
Diameter: (1813-1829): 25.00 mm/0.99 inch
(1829-1834): 22.50 mm/0.89 inch
Weight: 8.75 grams/0.28 ounce
Metallic Content: 91.67% gold, 8.33% copper and silver
Specific gravity: 17.45
Weight of pure gold: 8.02 grams/0.26 ounce
Edge: Reeded
Mint mark: None

	F-12	VF-20	EF-40	AU-50	AU-58	MS-60	MS-62	MS-63	MS-64
1813	3250.	4000.	6250.	9000.	12500.	13500.	15000.	22500.	42500.
1814/3	5000.	6500.	8250.	12000.	15000.	18000.	22500.	32500.	55000.
1815	—	75000.	190000.	210000.	240000.	—	—	—	—
1818	5000.	6500.	12500.	15000.	17000.	20000.	30000.	45000.	72500.
1818 STATESOF	5000.	6500.	13000.	15500.	17500.	22500.	32500.	50000.	75000.
1818 5D/50	5000.	6500.	10000.	13000.	18500.	25000.	32500.	52500.	75000.
1819 Wide Date	20000.	27500.	57500.	85000.	—	—	—	—	—
1819 Close Date	20000.	27500.	57500.	85000.	—	—	—	—	—
1819 5D/50	15000.	22500.	38500.	57500.	87500.	100000.	—	—	—
1820 Curl Base 2, Small Letters									
	6500.	9000.	15000.	16000.	—	—	—	—	—
1820 Curl Base 2, Large Letters									
	5000.	7000.	13000.	14000.	18000.	30000.	37500.	47500.	—
1820 Square Base 2, Large Letters									
	4500.	6250.	12000.	13000.	17500.	20000.	30000.	40000.	—
1821	17500.	30000.	47500.	75000.	125000.	—	—	—	—
1822	*	*	*	*	*	*	*	*	*
1823	5000.	6750.	12500.	14000.	16500.	22500.	30000.	47500.	75000.
1824	5750.	12000.	30000.	35000.	38500.	42500.	47500.	80000.	125000.
1825/1	6000.	12500.	22500.	27500.	35000.	50000.	62500.	85000.	120000.
1825/4	—	—	—	600000.	—	—	—	—	—
1826	6000.	9750.	17500.	22500.	26500.	35000.	45000.	72500.	100000.
1827	7000.	10500.	25000.	28500.	32500.	40000.	52500.	75000.	120000.
1828/7	—	—	—	100000.	—	—	—	—	—
1828	8000.	17500.	32500.	37500.	45000.	75000.	90000.	125000.	—
1829 Large Planchet	20000.	35000.	80000.	—	—	—	—	—	—
SMALL PLANCHET									
1829 Small Planchet	55000.	65000.	90000.	125000.	—	—	—	—	—
1830 Small 5D	16000.	27500.	42500.	52500.	57500.	65000.	72500.	87500.	150000.
1830 Large 5D	16000.	27500.	42500.	52500.	57500.	65000.	72500.	87500.	150000.

—— = Insufficient pricing data   * = None issued

	F-12	VF-20	EF-40	AU-50	AU-58	MS-60	MS-62	MS-63	MS-64
1831 Small 5D	16500.	27500.	42500.	52500.	65000.	72500.	95000.	—	—
1831 Large 5D	16500.	27500.	42500.	52500.	65000.	72500.	95000.	—	—
1832 Curl Base 2, 12 Stars	—	— 275000.		—	—	—	—	—	—
1832 Square Base 2, 13 Stars	20000.	28500.	42500.	52500.	6500.	72500.	85000.	100000.	135000.
1833 Large Date	19500.	27500.	42500.	50000.	60000.	65000.	75000.	90000.	125000.
1833 Small Date	20000.	28000.	42500.	50000.	62500.	85000.	—	—	—
1834 Plain 4	19500.	27500.	42500.	50000.	62500.	70000.	72500.	95000.	135000.
1834 Crosslet 4	19500.	28500.	43500.	52500.	65000.	65000.	75000.	107500.	142500.

Classic Head $5 half eagle

Date of authorization: April 2, 1792
Dates of issue: 1834-1838
Designer: Obverse: William Kneass
Reverse: John Reich-William Kneass
Engraver: William Kneass
Diameter: 22.50 mm/0.89 inch
Weight: 8.36 grams/0.27 ounce
Metallic Content: (1834-1836): 89.92% gold,
10.8% copper and silver
(1837-1838): 90% gold,
10% copper and silver
Specific gravity: 89.92% gold, 17.14; 90% gold, 17.16
Weight of pure gold: (1834-1836): 7.516 grams/0.24 ounce
(1837-1838): 7.523 grams/0.24 ounce
Edge: Reeded
Mint mark: 1838 only, obverse above date

	F-12	VF-20	EF-40	EF-45	AU-50	AU-55	AU-58	MS-60	MS-62	MS-63
1834 Plain 4	500.	600.	900.	1100.	1600.	2100.	2850.	4500.	7000.	12500.
1834 Crosslet 4	1100.	2100.	3350.	4000.	6500.	10000.	20000.	26500.	32500.	55000.
1835	500.	600.	925.	1150.	1750.	2150.	2850.	4500.	7500.	12500.
1836	500.	600.	925.	1150.	1750.	2150.	2850.	4500.	7500.	13000.
1837	525.	625.	1100.	1500.	2250.	2500.	3500.	5000.	9500.	20000.
1838	525.	625.	1100.	1500.	2250.	2600.	3250.	5250.	8000.	13500.
1838-C	1500.	2600.	5750.	8000.	12500.	17500.	27500.	42500.	65000.	100000.
1838-D	1350.	2100.	5000.	7000.	10000.	15000.	22500.	32500.	42500.	—

—— = Insufficient pricing data

Coronet $5 half eagle

Date of authorization: Jan. 18, 1837
Dates of issue: 1839-1908
Designer: Obverse: Christian Gobrecht
Reverse: John Reich-William Kneass-
Christian Gobrecht
Engraver: Christian Gobrecht
Diameter: (1839-1840): 22.50 mm/0.89 inch
(1840-1908): 21.54 mm/0.85 inch
Weight: 8.36 grams/0.27 ounce
Metallic Content: (1839-1849): 89.92% gold,
10.8% copper and silver
(1849-1908): 90% gold, 10% copper
Specific gravity: 89.92% gold, 17.14; 90% gold, 17.16
Weight of pure gold: 7.52 grams/0.24 ounce
Edge: Reeded
Mint mark: Reverse below eagle

	F-12	VF-20	EF-40	EF-45	AU-50	AU-55	AU-58	MS-60	MS-62	MS-63	MS-64
NO MOTTO											
1839	425.	450.	475.	600.	1250.	1750.	2250.	4250.	17500.	26500.	—
1839-C	1250.	2000.	3000.	4000.	6000.	9500.	14500.	20500.	32500.	—	—
1839-D	1400.	2500.	4500.	6500.	8000.	10000.	17500.	25000.	42500.	—	—
1840 Broad Mill	425.	475.	800.	1100.	1650.	3350.	4250.	7500.		—	—
1840 Narrow Mill	450.	500.	900.	1050.	1300.	1750.	2250.	3750.	5750.	11000.	—
1840-C	1250.	2000.	3250.	3750.	6000.	8000.	10500.	25000.	37500.	—	—
1840-D Tall D	1250.	2100.	3400.	4000.	6500.	7500.	9500.	13500.	25000.	—	—
1840-D Small D	—	—	—	—	—	—	—	—	—	—	—
1840-O Broad Mill	425.	600.	1250.	1500.	2250.		—	—	—	—	—
1840-O Narrow Mill	425.	450.	825.	1100.	1800.	2500.	3000.	10000.	—	—	—
1841	425.	450.	925.	1250.	1650.	2250.	3000.	4750.	6750.	10500.	—
1841-C	1500.	2000.	2500.	3000.	4000.	6250.	9000.	15000.	27500.	40000.	—
1841-D Small D	1500.	2000.	2500.	3000.	4000.	5750.	9000.	13500.	20000.	28000.	—
1841-D Tall D	—	—	—	—	—	—	—	—	—	—	—
1841-O Unknown	*	*	*	*	*	*	*	*	*	*	*
1842 Small Letters	425.	450.	1050.	1350.	2750.	6000.	—	—	—	—	—
1842 Large Letters	425.	800.	2000.	2750.	3250.	6000.	8750.	10000.		—	—
1842-C Large Date	1500.	2000.	2500.	2750.	3000.	4500.	10000.	17500.	22500.	35000.	—
1842-C Small Date	7000.	9500.	21500.	33500.	42500.	52500.	57500.	70000.	80000.	—	—
1842-D Large Date, Large Letters											
	2000.	2750.	7000.	8500.	13500.	20000.	26000.	52500.	—	—	—

—— = Insufficient pricing data   * = None issued

	F-12	VF-20	EF-40	EF-45	AU-50	AU-55	AU-58	MS-60	MS-62	MS-63	MS-64
1842-D Small Date, Small Letters											
	1400.	1850.	2350.	2750.	3000.	4000.	7250.	15000.	19500.	—	—
1842-O	475.	950.	3250.	4000.	9500.	13000.	16500.	—	—	42500.	—
1843	425.	435.	440.	450.	475.	600.	750.	2100.	4250.	9000.	17500.
1843-C	1300.	1750.	2250.	2750.	4000.	4750.	5500.	11500.	18500.	32500.	60000.
1843-D Medium D	1350.	1850.	2250.	2500.	3250.	4250.	7500.	12500.	20000.	30000.	—
1843-D Small D	—	—	—	—	—	—	—	—	—	—	—
1843-O Small Letters	425.	500.	1400.	1750.	2100.	3750.	7250.	20000.	30000.	—	—
1843-O Large Letters	425.	450.	1100.	1500.	1900.	3250.	6000.	11000.	15000.	—	—
1844	425.	435.	440.	450.	475.	600.	650.	2100.	3850.	9000.	—
1844-C	1400.	1800.	3000.	3750.	5000.	7500.	11000.	20000.	27500.	40000.	—
1844-D	1400.	1750.	2350.	3000.	3500.	5500.	7000.	10500.	13000.	26500.	—
1844-O	425.	435.	450.	475.	575.	925.	2150.	4500.	5500.	13500.	25000.
1845	425.	435.	440.	450.	475.	600.	750.	2100.	4000.	10000.	—
1845-D	1425.	1850.	2350.	2750.	3250.	4500.	6000.	11000.	15000.	26000.	—
1845-O	450.	500.	800.	1250.	2750.	4750.	6000.	10000.	13500.	26500.	—
1846 Large Date	425.	435.	440.	475.	650.	1350.	1850.	3250.	9000.	14500.	22500.
1846 Small Date	425.	435.	440.	450.	475.	575.	800.	2450.	4250.	12500.	—
1846-C	1500.	2000.	2850.	4250.	6000.	8500.	10000.	20000.	32500.	65000.	—
1846-D	1300.	1950.	2500.	2750.	3400.	4500.	7750.	12500.	17500.	—	—
1846-D/D	1750.	2500.	3000.	3750.	5000.	6500.	9500.	14500.	22500.	—	—
1846-O	425.	475.	950.	1250.	3250.	4500.	6000.	12000.	17500.	28500.	—
1847	425.	435.	440.	450.	475.	575.	650.	2000.	3250.	7500.	17500.
1847/7	425.	435.	450.	475.	525.	1000.	1250.	2500.	5000.	10000.	—
1847-C	1400.	1850.	2350.	2900.	3350.	4500.	7500.	13000.	17500.	29500.	—
1847-D	1400.	2100.	2450.	3000.	3250.	4500.	6250.	9500.	12000.	19500.	—
1847-O	1100.	1950.	6250.	7000.	9750.	15000.	18500.	—	—	—	—
1848	425.	435.	440.	450.	475.	575.	800.	2000.	3750.	11000.	—
1848-C	1400.	2000.	2500.	3000.	3500.	7500.	10500.	16000.	26000.	47500.	—
1848-D	1400.	2000.	2500.	3000.	3500.	5000.	7500.	14000.	19000.	—	—
1848-D/D	—	—	—	—	—	—	—	—	—	—	—
1849	425.	435.	440.	450.	625.	1000.	1250.	2500.	5750.	14000.	—
1849-C	1400.	2000.	2750.	3000.	3750.	5000.	6750.	9250.	13500.	26500.	—
1849-D	1400.	1950.	2350.	2650.	3250.	5250.	7750.	13500.	18500.	—	—
1850	425.	450.	525.	700.	950.	1050.	1450.	3500.	6250.	18500.	—
1850-C	1400.	1850.	2250.	3000.	3250.	5000.	5500.	11000.	15000.	21500.	45000.
1850-D	1400.	1900.	2400.	3000.	3750.	8000.	9750.	25000.	—	—	—
1851	425.	435.	440.	450.	475.	600.	1050.	2750.	6000.	11000.	—
1851-C	1400.	1900.	2250.	2800.	3250.	5000.	7500.	12500.	27500.	50000.	72500.
1851-D	1250.	1850.	2500.	3000.	3750.	5000.	7500.	13500.	18500.	27500.	—
1851-O	450.	650.	1350.	2250.	3750.	5500.	8750.	13500.	—	—	—
1852	400.	425.	440.	450.	475.	500.	675.	1850.	3500.	8250.	17500.
1852-C	1400.	1800.	2100.	2400.	3000.	3500.	4250.	7000.	10000.	22500.	—
1852-D	1400.	1800.	2300.	2500.	3000.	4750.	7250.	11500.	15000.	28500.	—
1853	400.	425.	440.	450.	475.	500.	675.	2000.	3350.	8250.	17500.
1853-C	1350.	1850.	2250.	2500.	3000.	3500.	4000.	8000.	12000.	26500.	—
1853-D	1400.	1900.	2250.	2500.	3000.	4000.	5500.	8500.	12500.	21000.	—
1854	400.	425.	440.	450.	500.	750.	1100.	2100.	3250.	7500.	17500.
1854-C	1400.	1900.	2450.	3250.	3750.	5000.	6250.	14000.	25000.	37500.	—
1854-D	1400.	1900.	2400.	3000.	3250.	5500.	6750.	9250.	13000.	27500.	—
1854-O	400.	425.	525.	750.	1350.	1850.	2750.	8000.	14500.	23500.	—
1854-S	—	—	—	—	— 275000.	—	—	—	—	—	—
1855	400.	425.	440.	450.	475.	500.	725.	2000.	3750.	8500.	—
1855-C	1400.	1850.	2150.	2500.	4000.	5250.	6500.	15000.	18500.	46500.	—
1855-D	1400.	1900.	2250.	2500.	4000.	6000.	7250.	17500.	19000.	42500.	—

—— = Insufficient pricing data

CORONET $5 HALF EAGLE (CONTINUED)

	F-12	VF-20	EF-40	EF-45	AU-50	AU-55	AU-58	MS-60	MS-62	MS-63	MS-64
1855-O	450.	700.	2000.	3000.	4500.	6000.	12500.	22000.	—	—	—
1855-S	400.	450.	950.	1450.	2500.	5250.	6250.	16000.	—	—	—
1856	400.	425.	440.	450.	475.	600.	950.	2100.	3850.	10000.	20000.
1856-C	1400.	1900.	2300.	3000.	3750.	5000.	6500.	20000.	35000.	—	—
1856-D	1400.	1950.	2350.	3350.	4000.	6000.	7250.	11000.	16000.	—	—
1856-O	475.	650.	1250.	2000.	4500.	5500.	10500.	15000.	—	—	—
1856-S	400.	475.	650.	800.	1200.	1850.	3350.	6500.	—	—	—
1857	400.	425.	440.	450.	475.	550.	775.	2250.	3350.	8500.	—
1857-C	1400.	1850.	2100.	2500.	3000.	3750.	5500.	8250.	18500.	30000.	—
1857-D	1400.	1900.	2200.	2650.	3250.	4500.	7500.	12000.	17500.	—	—
1857-O	475.	675.	1400.	1750.	4500.	5750.	7500.	17500.	22500.	—	—
1857-S	425.	475.	575.	725.	1100.	2350.	3900.	9500.	11500.	—	—
1858	425.	450.	625.	650.	700.	1200.	1850.	3500.	4500.	9500.	13500.
1858-C	1400.	1900.	2350.	3000.	3500.	4250.	5250.	10000.	21500.	37500.	—
1858-D	1400.	1950.	2400.	2800.	3250.	4750.	7000.	12500.	21000.	—	—
1858-S	525.	775.	2250.	2750.	5250.	—	—	—	—	—	—
1859	425.	450.	625.	675.	725.	1250.	2250.	6500.	8250.	—	—
1859-C	1400.	1850.	2100.	2700.	3250.	6250.	7500.	13500.	19000.	42500.	—
1859-D	1400.	1900.	2250.	2750.	3100.	5750.	7000.	11500.	25000.	35000.	—
1859-S	900.	1850.	3250.	4000.	5250.	7500.	11000.	—	—	—	—
1860	425.	450.	550.	675.	1050.	1750.	2500.	4250.	8500.	16000.	—
1860-C	1450.	1900.	2500.	3000.	3500.	6000.	8750.	12500.	17500.	25000.	—
1860-D	1450.	1950.	2600.	3000.	3500.	6500.	8500.	14000.	20000.	47500.	—
1860-S	675.	1150.	2250.	2750.	5500.	8500.	12500.	—	—	—	—
1861	425.	435.	440.	450.	475.	700.	925.	2000.	3250.	6750.	11500.
1861-C	1600.	2350.	4500.	5500.	7500.	9500.	15000.	25000.	47500.	95000.	—
1861-D	5000.	8500.	13500.	17500.	30000.	35000.	47500.	65000.	—	—	—
1861-S	675.	1100.	4250.	5250.	6500.	9750.	18000.	—	—	—	—
1862	525.	900.	2250.	2750.	4000.	6000.	8750.	—	—	—	—
1862-S	1750.	3100.	5750.	9000.	12500.	17500.	—	—	—	—	—
1863	725.	1200.	3500.	4250.	5500.	7250.	—	—	—	—	—
1863-S	800.	1450.	3750.	5000.	10500.	15000.	—	—	—	—	—
1864	500.	700.	1850.	2250.	4000.	5250.	7250.	14000.	—	—	—
1864-S	3000.	7000.	14250.	—	—	—	—	—	—	—	—
1865	825.	1400.	4500.	5750.	10500.	—	—	—	—	—	—
1865-S	800.	1450.	2350.	3500.	4750.	6750.	10000.	16000.	—	—	—
1866-S	1000.	2500.	4500.	6500.	9500.	12500.	—	—	—	—	—

MOTTO ON REVERSE

	F-12	VF-20	EF-40	EF-45	AU-50	AU-55	AU-58	MS-60	MS-62	MS-63	MS-64
1866	450.	725.	1450.	1750.	3750.	5000.	—	—	—	—	—
1866-S	600.	1000.	2750.	3500.	7500.	—	—	—	—	—	—
1867	425.	500.	1500.	1750.	3250.	5250.	—	—	—	—	—
1867-S	850.	1250.	2250.	3750.	8500.	17500.	—	—	—	—	—
1868	425.	650.	950.	1500.	3500.	5500.	8000.	12500.	—	—	—
1868-S	425.	500.	1450.	1750.	3250.	4750.	8000.	17500.	—	—	—
1869	700.	875.	2250.	3250.	4500.	—	—	—	—	—	—
1869-S	425.	500.	1600.	1850.	3500.	5250.	—	—	—	—	—
1870	575.	725.	1950.	2200.	2500.	4750.	—	—	—	—	—
1870-CC	5250.	9500.	18500.	22500.	32500.	40000.	50000.	100000.	—	—	—
1870-S	500.	850.	2500.	3750.	6750.	9500.	—	—	—	—	—
1871	575.	875.	1850.	2250.	3000.	4000.	6500.	10500.	—	—	—
1871-CC	1250.	2250.	4250.	6500.	10000.	15500.	—	—	—	—	—
1871-S	425.	450.	1000.	1500.	3000.	5250.	7000.	12500.	—	—	—
1872	450.	750.	1850.	2250.	2850.	3500.	6750.	12000.	16000.	20000.	—
1872-CC	1250.	2500.	5000.	8000.	17500.	—	—	—	—	—	—
1872-S	425.	475.	900.	2000.	3250.	4750.	7000.	12500.	—	—	—

—— = Insufficient pricing data

CORONET $5 HALF EAGLE (CONTINUED)

	F-12	VF-20	EF-40	EF-45	AU-50	AU-55	AU-58	MS-60	MS-62	MS-63	MS-64
1873 Closed 3	425.	450.	460.	475.	500.	600.	650.	1000.	2500.	6000.	—
1873 Open 3	425.	440.	450.	460.	475.	525.	675.	925.	2000.	4000.	—
1873-CC	1800.	3000.	12500.	16000.	26500.	32500.	40000.	—	—	—	—
1873-S	425.	525.	1250.	1600.	3000.	4250.	9500.	21000.	—	—	—
1874	425.	575.	1500.	1750.	2500.	4250.	5250.	—	—	—	—
1874-CC	1150.	1750.	3000.	5000.	10000.	16500.	25000.	37500.	—	—	—
1874-S	450.	675.	1850.	3000.	4500.	6750.	10500.	—	—	—	—
1875	—	—	52500.	65000.	87500.	—	—	—	—	—	—
1875-CC	1600.	1950.	4500.	7500.	11000.	20000.	29000.	50000.	75000.	135000.	—
1875-S	500.	775.	2250.	4000.	5500.	9500.	15000.	25000.	—	—	—
1876	500.	950.	2650.	3250.	4250.	6500.	8000.	13000.	17500.	22500.	30000.
1876-CC	800.	1700.	4750.	8000.	12500.	20000.	27500.	37500.	—	—	—
1876-S	800.	1850.	3500.	6750.	—	—	—	—	—	—	—
1877	425.	850.	2750.	3000.	4000.	5500.	8000.	—	—	—	—
1877-CC	650.	1100.	3250.	6250.	10500.	15000.	—	—	—	—	—
1877-S	425.	450.	600.	1000.	1850.	4750.	—	—	—	—	—
1878	425.	435.	440.	450.	460.	475.	500.	550.	800.	2250.	6250.
1878-CC	2000.	3500.	9500.	13500.	20000.	—	—	—	—	—	—
1878-S	425.	435.	440.	450.	460.	475.	500.	1000.	1850.	4750.	8250.
1879	425.	435.	440.	450.	460.	475.	500.	550.	675.	1750.	3600.
1879-CC	475.	600.	1600.	2500.	3750.	6000.	—	—	—	—	—
1879-S	425.	435.	440.	450.	460.	475.	500.	850.	1750.	3250.	7250.
1880	425.	435.	440.	450.	460.	475.	500.	500.	650.	1500.	2500.
1880-CC	475.	550.	900.	1150.	1500.	4250.	6000.	12000.	—	—	—
1880-S	425.	435.	440.	450.	460.	475.	500.	550.	650.	1650.	2500.
1881	425.	435.	440.	450.	460.	475.	500.	550.	650.	1350.	2500.
1881/0	425.	450.	525.	600.	700.	775.	825.	1450.	2750.	5500.	11500.
1881-CC	475.	650.	1600.	3000.	6500.	8500.	13000.	22500.	—	—	—
1881-S	425.	435.	440.	450.	460.	475.	500.	550.	650.	1250.	1850.
1882	425.	435.	440.	450.	460.	475.	500.	550.	650.	1250.	1850.
1882-CC	475.	525.	700.	800.	1450.	2650.	4750.	9500.	—	—	—
1882-S	425.	435.	440.	450.	460.	475.	500.	550.	650.	1250.	1850.
1883	425.	435.	440.	450.	460.	475.	500.	550.	650.	1400.	2650.
1883-CC	500.	600.	1250.	2250.	4000.	5500.	11500.	19000.	—	—	—
1883-S	425.	435.	440.	450.	460.	475.	525.	900.	1750.	2850.	—
1884	425.	435.	440.	450.	460.	475.	525.	600.	1250.	1850.	—
1884-CC	500.	675.	1050.	1500.	3250.	5500.	13000.	21000.	—	—	—
1884-S	425.	435.	440.	450.	460.	475.	500.	550.	675.	1750.	3750.
1885	425.	435.	440.	450.	460.	475.	500.	550.	650.	1250.	1850.
1885-S	425.	435.	440.	450.	460.	475.	500.	550.	650.	1250.	1850.
1886	425.	435.	440.	450.	460.	475.	500.	550.	650.	1400.	1900.
1886-S	425.	435.	440.	450.	460.	475.	500.	550.	650.	1250.	1850.
1887 Proof Only	—	—	—	18500.	—	27500.	*	*	*	*	
1887-S	425.	435.	440.	450.	460.	475.	500.	550.	650.	1250.	—
1888	425.	435.	440.	450.	460.	475.	500.	600.	850.	1850.	—
1888-S	425.	435.	440.	450.	460.	475.	600.	1200.	2000.	—	—
1889	425.	435.	440.	450.	525.	650.	750.	950.	1850.	3000.	—
1890	425.	435.	500.	525.	550.	750.	825.	2000.	3250.	6000.	—
1890-CC	475.	525.	625.	675.	775.	800.	850.	1750.	3500.	7500.	12500.
1891	425.	435.	440.	450.	460.	475.	500.	550.	1000.	1750.	4000.
1891-CC	475.	525.	625.	650.	775.	825.	900.	1500.	2350.	4000.	7000.
1892	425.	435.	440.	450.	460.	475.	500.	550.	650.	1250.	1850.
1892-CC	500.	550.	625.	675.	750.	875.	1500.	2250.	3250.	6500.	—
1892-O	475.	850.	1300.	1500.	1850.	2250.	3500.	4250.	6500.	12500.	—
1892-S	425.	435.	440.	450.	460.	475.	500.	575.	1000.	2750.	—

—— = Insufficient pricing data   * = None issued

CORONET $5 HALF EAGLE (CONTINUED)

	F-12	VF-20	EF-40	EF-45	AU-50	AU-55	AU-58	MS-60	MS-62	MS-63	MS-64
1893	425.	435.	440.	450.	460.	475.	500.	550.	650.	1250.	1850.
1893-CC	475.	525.	650.	700.	875.	1250.	1500.	1850.	4000.	8000.	17000.
1893-O	435.	450.	475.	500.	525.	575.	625.	950.	2250.	5750.	—
1893-S	425.	435.	440.	450.	460.	475.	500.	550.	650.	1250.	3250.
1894	425.	435.	440.	450.	460.	475.	500.	550.	650.	1250.	1850.
1894-O	450.	475.	500.	550.	675.	800.	900.	1500.	2250.	7250.	—
1894-S	425.	435.	450.	500.	775.	1000.	1250.	2500.	3500.	8000.	—
1895	425.	435.	440.	450.	460.	475.	500.	550.	650.	1250.	1850.
1895-S	425.	435.	440.	450.	460.	750.	1100.	3000.	3500.	5500.	—
1896	425.	435.	440.	450.	460.	475.	500.	550.	650.	1250.	2000.
1896-S	425.	435.	440.	450.	460.	525.	700.	1250.	3000.	—	—
1897	425.	435.	440.	450.	460.	475.	500.	550.	650.	1250.	1850.
1897-S	425.	435.	440.	450.	460.	475.	500.	800.	1750.	5000.	8250.
1898	425.	435.	440.	450.	460.	475.	500.	550.	650.	1250.	1850.
1898-S	425.	435.	440.	450.	460.	475.	500.	550.	650.	1250.	3000.
1899	425.	435.	440.	450.	460.	475.	500.	550.	650.	1250.	1850.
1899-S	425.	435.	440.	450.	460.	475.	500.	550.	700.	1500.	2000.
1900	425.	435.	440.	450.	460.	475.	500.	550.	650.	1250.	1850.
1900-S	425.	435.	440.	450.	460.	475.	500.	550.	650.	1250.	1850.
1901	425.	435.	440.	450.	460.	475.	500.	550.	650.	1250.	1850.
1901-S	425.	435.	440.	450.	460.	475.	500.	550.	650.	1250.	1850.
1901/0-S	425.	435.	440.	450.	460.	475.	500.	550.	650.	1250.	1850.
1902	425.	435.	440.	450.	460.	475.	500.	550.	650.	1250.	1850.
1902-S	425.	435.	440.	450.	460.	475.	500.	550.	650.	1250.	1850.
1903	425.	435.	440.	450.	460.	475.	500.	550.	650.	1250.	1850.
1903-S	425.	435.	440.	450.	460.	475.	500.	550.	650.	1250.	1850.
1904	425.	435.	440.	450.	460.	475.	500.	550.	650.	1250.	1850.
1904-S	425.	435.	440.	450.	460.	475.	500.	850.	1500.	3500.	7250.
1905	425.	435.	440.	450.	460.	475.	500.	550.	650.	1250.	1850.
1905-S	425.	435.	440.	450.	460.	475.	500.	600.	1100.	2000.	3250.
1906	425.	435.	440.	450.	460.	475.	500.	550.	650.	1250.	1850.
1906-D	425.	435.	440.	450.	460.	475.	500.	550.	650.	1250.	1850.
1906-S	425.	435.	440.	450.	460.	475.	500.	550.	650.	1500.	2500.
1907	425.	435.	440.	450.	460.	475.	500.	550.	650.	1250.	1850.
1907-D	425.	435.	440.	450.	460.	475.	500.	550.	650.	1250.	1850.
1908	425.	435.	440.	450.	460.	475.	500.	550.	650.	1250.	1850.

—— = Insufficient pricing data

Indian Head $5 half eagle

Date of authorization: Jan. 18, 1837
Dates of issue: 1908-1929
Designer: Bela Lyon Pratt
Engraver: Charles Barber
Diameter: 21.54 mm/0.85 inch
Weight: 8.36 grams/0.27 ounce
Metallic Content: 90% gold, 10% copper
Specific gravity: 17.16
Weight of pure gold: 7.52 grams/0.24 ounce
Edge: Reeded
Mint mark: Reverse lower left

	EF-40	AU-50	AU-55	MS-60	MS-62	MS-63	MS-64	MS-65
1908	440.	460.	475.	575.	1000.	2500.	4500.	22500.
1908-D	440.	460.	475.	575.	1050.	2500.	4000.	32500.
1908-S	475.	525.	700.	1300.	3000.	6750.	11000.	24000.
1909	440.	460.	475.	575.	1050.	2100.	4250.	17500.
1909-D	440.	460.	475.	575.	1000.	2250.	4250.	17500.
1909-O	4750.	8500.	11500.	26500.	50000.	95000.	150000.	—
1909-S	440.	460.	475.	1400.	5000.	13500.	25000.	—
1910	440.	460.	475.	550.	1000.	2250.	4250.	20000.
1910-D	440.	460.	475.	575.	1500.	3950.	9000.	—
1910-S	440.	460.	600.	1100.	4000.	6750.	25000.	45000.
1911	440.	460.	475.	550.	1100.	2250.	4250.	22500.
1911-D	800.	1350.	1850.	6750.	18500.	45000.	67500.	260000.
1911-S	440.	475.	525.	1000.	2750.	6000.	19000.	42500.
1912	440.	460.	475.	550.	1050.	2250.	4250.	20000.
1912-S	450.	500.	700.	2000.	5250.	15000.	27500.	—
1913	440.	460.	475.	550.	1050.	2250.	4000.	20000.
1913-S	475.	525.	575.	1650.	5250.	15000.	32500.	—
1914	440.	460.	475.	550.	1050.	2000.	4000.	20000.
1914-D	440.	460.	475.	550.	1150.	2750.	4250.	25000.
1914-S	440.	500.	575.	1500.	5500.	16000.	52500.	—
1915	440.	460.	475.	550.	1050.	2250.	4000.	20000.
1915-S	475.	575.	850.	2250.	5500.	20000.	40000.	—
1916-S	440.	500.	550.	875.	2850.	6750.	9500.	27500.
1929	12000.	14000.	14500.	18500.	26000.	35000.	42500.	52500.

—— = Insufficient pricing data

Capped Bust $10 eagle

Small Eagle reverse   Heraldic Eagle reverse

Date of authorization: April 2, 1792
Dates of issue: 1795-1804
Designer/Engraver: Robert Scot
Diameter: 33.00 mm/1.30 inches
Weight: 17.50 grams/0.56 ounce
Metallic Content: 91.67% gold, 8.33% copper and silver
Specific gravity: 17.45
Weight of pure gold: 16.04 grams/0.52 ounce
Edge: Reeded
Mint mark: None

SMALL EAGLE

	F-12	VF-20	EF-40	EF-45	AU-50	AU-55	MS-60	MS-62	MS-63	MS-64
1795 13 Leaves	30000.	35000.	45000.	50000.	55000.	72500.	110000.	135000.	—	—
1795 9 Leaves	42500.	60000.	80000.	105000.	140000.	165000.	250000.	325000.	—	—
1796	32500.	37500.	52500.	57500.	70000.	82500.	125000.	195000.	—	—
1797	35000.	45000.	55000.	62500.	100000.	120000.	175000.	315000.	—	—

—— = Insufficient pricing data

HERALDIC EAGLE

	F-12	VF-20	EF-40	EF-45	AU-50	AU-55	MS-60	MS-62	MS-63	MS-64
1797	12000.	15000.	22500.	27500.	32500.	45000.	57500.	92500.	140000.	—
1798/7 9X4 Stars	16500.	22500.	37500.	47500.	52500.	80000.	140000.	200000.	—	—
1798/7 7X6 Stars	35000.	45000.	75000.	90000.	150000.	170000.	—	—	—	—
1799 Large Obverse Stars	10000.	11500.	17500.	18500.	21000.	24000.	35000.	47500.	70000.	—
1799 Small Obverse Stars	10000.	11500.	18000.	20000.	22500.	25000.	37500.	47500.	55000.	—
1800	10000.	11500.	18000.	20000.	25000.	27500.	35000.	55000.	85000.	135000.
1801	10000.	11500.	18000.	20000.	22500.	26000.	37500.	50000.	65000.	125000.
1803 Small Reverse Stars	10000.	11500.	18000.	20000.	22500.	26000.	40000.	55000.	85000.	140000.
1803 Large Reverse Stars	20000.	30000.	35000.	40000.	45000.	50000.	72500.	110000.	130000.	175000.
1803 14 Reverse Stars	25000.	35000.	40000.	45000.	50000.	60000.	90000.	110000.	125000.	175000.
1804	22500.	30000.	32500.	42500.	47500.	60000.	110000.	135000.	175000.	—

Coronet $10 eagle

Date of authorization: Jan. 18, 1837

Dates of issue: 1838-1907

Designers: Obverse: Christian Gobrecht
Reverse: John Reich-William Kneass-Christian Gobrecht

Engraver: Christian Gobrecht

Diameter: 27.00 mm/1.07 inches

Weight: 16.72 grams/.54 ounce

Metallic Content: (1838-1873) 90% gold, 10% copper and silver
(1873-1907): 90% gold, 10% copper

Specific gravity: 17.16

Weight of pure gold: 15.05 grams/0.48 ounce

Edge: Reeded

Mint mark: Reverse below eagle

—— = Insufficient pricing data

CORONET $10 EAGLE (CONTINUED)

	F-12	VF-20	EF-40	EF-45	AU-50	AU-55	AU-58	MS-60	MS-62	MS-63
NO MOTTO										
1838	2000.	3750.	8000.	9750.	18500.	22000.	—	—	—	—
1839 Old Portrait, Large Letters										
	1000.	1400.	2500.	4500.	6000.	9500.	16000.	32500.	—	—
1839 New Portrait, Small Letters										
	1100.	1750.	3500.	4500.	7500.	11000.	21500.	—	—	—
1840	775.	800.	825.	875.	1600.	3000.	5250.	11000.	—	—
1841	775.	800.	825.	850.	1250.	2800.	7500.	15000.	21000.	—
1841-O	4000.	6000.	10000.	12500.	17500.	30000.	—	—	—	—
1842 Small Date	775.	800.	825.	900.	2000.	3500.	6000.	—	—	—
1842 Large Date	775.	800.	825.	850.	1250.	3000.	4500.	16000.	22500.	27500.
1842-O	775.	800.	850.	1500.	3250.	5250.	10000.	30000.	—	—
1843 Doubled Date	775.	800.	825.	850.	3250.	—	—	—	—	—
1843	775.	800.	825.	850.	1700.	5000.	6500.	—	—	—
1843-O	775.	800.	825.	850.	2250.	5500.	7000.	15000.	35000.	45000.
1844	850.	1450.	3000.	4000.	5500.	8500.	11000.	16500.	—	—
1844-O	775.	800.	900.	1100.	2000.	5500.	10000.	15000.	32500.	—
1845	775.	800.	925.	1300.	2150.	3500.	6000.	17500.	25000.	—
1845-O	775.	800.	875.	1750.	3000.	6000.	11000.	20000.	40000.	70000.
1846	775.	825.	1300.	2500.	5500.	10500.	—	—	—	—
1846-O	800.	850.	950.	2500.	4000.	6000.	8000.	15000.	30000.	—
1846/5-O	800.	1100.	1500.	2500.	5000.	7000.	12500.	—	—	—
1847	775.	800.	825.	850.	900.	1000.	1500.	3500.	7750.	25000.
1847-O	775.	800.	825.	850.	925.	1750.	2250.	6500.	10000.	22500.
1848	775.	800.	825.	900.	950.	1500.	2500.	5250.	12000.	28000.
1848-O	800.	1200.	1500.	2000.	3750.	7500.	11000.	17500.	22500.	30000.
1849	750.	775.	800.	850.	900.	1100.	1500.	4000.	7750.	17500.
1849/1848	750.	775.	1000.	1300.	1800.	3500.	—	—	—	—
1849-O	775.	875.	2100.	3000.	5500.	8000.	11000.	27500.	—	—
1850 Large Date	750.	775.	800.	875.	900.	1300.	2000.	4000.	8250.	18500.
1850 Small Date	775.	825.	1000.	1500.	2250.	3750.	5000.	8500.	—	—
1850-O	775.	825.	1000.	1750.	3500.	6000.	8000.	—	—	—
1851	750.	775.	800.	850.	900.	1500.	2500.	5000.	10000.	32500.
1851-O	775.	800.	850.	900.	1850.	2500.	5000.	9000.	14000.	27500.
1852	750.	775.	800.	850.	900.	1200.	2000.	4750.	7750.	—
1852-O	775.	825.	1250.	2250.	4000.	8750.	12000.	25000.	—	—
1853	750.	775.	800.	850.	900.	1100.	1500.	4000.	7500.	—
1853/2	775.	800.	850.	1100.	2000.	4000.	6000.	—	—	—
1853-O	750.	775.	800.	875.	975.	2500.	4750.	—	—	—
1854	750.	775.	800.	850.	900.	1500.	2500.	6000.	14000.	—
1854-O Small Date	775.	800.	825.	875.	1500.	3250.	4250.	—	—	—
1854-O Large Date	775.	850.	900.	1100.	2000.	3750.	5000.	10000.	22000.	—
1854-S	750.	775.	800.	850.	1300.	2500.	5500.	11000.	—	—
1855	750.	775.	800.	850.	900.	1150.	2250.	5000.	8500.	20000.
1855-O	800.	1100.	1850.	3000.	6500.	8500.	15000.	—	—	—
1855-S	1000.	2150.	3250.	4250.	7500.	11000.	—	—	—	—
1856	775.	800.	825.	875.	950.	1100.	2500.	4750.	7750.	17500.
1856-O	825.	1000.	1750.	2500.	4000.	7000.	9250.	—	—	—
1856-S	775.	800.	850.	900.	1250.	2750.	6000.	10000.	—	—
1857	775.	800.	1000.	1850.	2250.	3500.	4750.	—	—	—
1857-O	775.	1100.	2000.	3000.	4500.	7000.	17500.	28500.	—	—
1857-S	775.	800.	1100.	1500.	2200.	4250.	7500.	—	—	—
1858	3250.	5500.	8000.	11000.	13500.	—	—	—	—	—
1858-O	775.	800.	925.	1250.	2000.	3500.	4750.	10000.	18000.	—
1858-S	950.	1600.	3500.	4500.	6000.	15000.	22500.	—	—	—

—— = Insufficient pricing data

CORONET $10 EAGLE (CONTINUED)

	F-12	VF-20	EF-40	EF-45	AU-50	AU-55	AU-58	MS-60	MS-62	MS-63
1859	775.	800.	825.	900.	1300.	3000.	4500.	10000.	—	—
1859-O	2750.	5500.	12500.	17500.	25000.	—	—	—	—	—
1859-S	1650.	2850.	5500.	8000.	15000.	—	—	—	—	—
1860	775.	800.	825.	1050.	1500.	2850.	3850.	9000.	12000.	25000.
1860-O	775.	825.	1450.	1750.	3000.	4000.	7500.	15000.	30000.	—
1860-S	2500.	3500.	6000.	10000.	17000.	28000.	—	—	—	—
1861	775.	800.	825.	850.	900.	1250.	2250.	5500.	8000.	20000.
1861-S	975.	1750.	3500.	5000.	6250.	11000.	17500.	—	—	—
1862	825.	950.	1350.	1900.	3250.	4250.	5000.	11500.	20000.	—
1862-S	1100.	1900.	3500.	4750.	6000.	11000.	—	—	—	—
1863	3000.	4500.	9000.	12000.	17500.	25000.	32500.	50000.	62500.	—
1863-S	1000.	1850.	3750.	5750.	9000.	15000.	19500.	28500.	—	—
1864	1150.	2100.	4250.	6000.	8250.	10000.	12000.	19000.	—	—
1864-S	3250.	5500.	12500.	18500.	28500.	—	—	—	—	—
1865	1100.	2100.	4500.	5500.	6500.	10000.	—	—	—	—
1865-S	2750.	5500.	10500.	14000.	17500.	—	—	—	—	—
1865-S 865/Inverted 186										
	2000.	3750.	7500.	10000.	15000.	—	—	—	—	75000.
1866-S	1800.	3250.	5000.	6500.	12000.	18000.	25000.	—	—	—

MOTTO ON REVERSE

	F-12	VF-20	EF-40	EF-45	AU-50	AU-55	AU-58	MS-60	MS-62	MS-63
1866	750.	1000.	2250.	3250.	5250.	10000.	17500.	27500.	—	—
1866-S	900.	1750.	4000.	6000.	8500.	12000.	17000.	30000.	—	—
1867	750.	1750.	2750.	3500.	5000.	9000.	16000.	—	—	—
1867-S	1250.	2500.	6000.	8500.	10000.	17500.	22500.	—	—	—
1868	750.	800.	900.	1250.	2000.	3250.	6250.	17500.	—	—
1868-S	800.	1300.	2500.	3000.	4250.	6000.	9000.	—	—	—
1869	750.	1500.	2600.	4000.	6000.	12500.	15000.	35000.	—	—
1869-S	900.	1700.	2500.	4000.	7000.	14000.	16500.	28000.	—	—
1870	750.	1000.	1300.	1800.	2700.	6500.	12000.	—	—	—
1870-CC	8000.	16500.	35000.	45000.	60000.	—	—	—	—	—
1870-S	950.	1650.	2750.	4000.	6500.	15000.	20000.	—	—	—
1871	750.	1650.	2800.	3500.	4500.	10000.	12500.	23000.	—	—
1871-CC	1750.	2500.	5500.	10000.	18500.	—	—	—	—	—
1871-S	900.	1400.	2000.	3500.	6000.	13000.	17500.	—	—	—
1872	1500.	2500.	3500.	6000.	10000.	12500.	14000.	18000.	23000.	40000.
1872-CC	2000.	3250.	10500.	20000.	22500.	—	—	—	—	—
1872-S	750.	800.	1100.	1350.	1850.	5000.	9000.	20000.	—	—
1873	3000.	4500.	9500.	12500.	16000.	20000.	27500.	—	—	—
1873-CC	3000.	5750.	11500.	17500.	30000.	—	—	—	—	—
1873-S	750.	1100.	2250.	3500.	4500.	7500.	14500.	—	—	—
1874	750.	800.	825.	840.	850.	875.	1000.	1850.	4250.	8500.
1874-CC	900.	1350.	3000.	5000.	9500.	16000.	35000.	—	—	—
1874-S	850.	1300.	2850.	4750.	6000.	11000.	15000.	—	—	—
1875	35000.	55000.	70000.	85000.	125000.	—	—	—	—	—
1875-CC	2500.	4500.	8000.	12500.	18500.	—	—	—	—	—
1876	2000.	3500.	7000.	12000.	20000.	—	—	—	—	—
1876-CC	2250.	4250.	7000.	12500.	19500.	32500.	45000.	—	—	—
1876-S	800.	1300.	2000.	3000.	5750.	—	—	—	—	—
1877	1800.	3250.	5500.	7000.	9500.	12000.	17500.	—	—	—
1877-CC	1650.	3250.	6250.	10500.	16000.	—	—	—	—	—
1877-S	750.	800.	850.	1500.	2000.	6000.	15000.	—	—	—
1878	750.	760.	780.	790.	800.	825.	850.	1000.	2000.	7000.
1878-CC	2500.	3500.	9500.	15000.	20000.	30000.	—	—	—	—
1878-S	750.	775.	800.	1250.	2000.	3500.	5000.	15000.	—	—
1879	750.	775.	780.	790.	800.	825.	850.	1000.	2000.	5250.

—— = Insufficient pricing data

CORONET $10 EAGLE (CONTINUED)

	F-12	VF-20	EF-40	EF-45	AU-50	AU-55	AU-58	MS-60	MS-62	MS-63
1879/8	750.	775.	780.	800.	825.	850.	1000.	1200.	2000.	—
1879-CC	4000.	7000.	13500.	20000.	25000.	30000.	42500.	—	—	—
1879-O	2000.	2500.	4500.	7500.	12500.	20000.	27500.	—	—	—
1879-S	750.	765.	775.	790.	800.	825.	850.	1150.	3500.	—
1880	750.	765.	775.	790.	800.	825.	850.	900.	1200.	3500.
1880-CC	825.	850.	975.	1250.	2000.	4000.	6500.	15000.	—	—
1880-O	750.	800.	850.	950.	1500.	2500.	5000.	8000.	—	—
1880-S	750.	765.	775.	790.	800.	825.	850.	900.	1200.	4250.
1881	750.	765.	775.	790.	800.	825.	850.	900.	1200.	1850.
1881-CC	850.	925.	975.	1250.	1500.	2250.	3750.	6000.	11000.	—
1881-O	750.	800.	900.	1000.	1350.	2250.	3500.	7000.	—	—
1881-S	750.	765.	775.	790.	800.	825.	850.	900.	1250.	4500.
1882	750.	765.	775.	790.	800.	825.	850.	900.	1200.	1800.
1882-CC	875.	975.	1500.	2250.	4500.	8000.	15000.	—	—	—
1882-O	750.	800.	825.	850.	1350.	2500.	3250.	7500.	—	—
1882-S	750.	765.	775.	790.	800.	825.	850.	900.	1350.	5250.
1883	750.	765.	775.	790.	800.	825.	850.	900.	1250.	3400.
1883-CC	850.	900.	950.	1500.	2500.	4500.	6500.	15000.	—	—
1883-O	5000.	8500.	17500.	22500.	30000.	—	—	—	—	—
1883-S	750.	765.	775.	790.	800.	825.	850.	1250.	4500.	11500.
1884	750.	765.	775.	790.	800.	825.	850.	900.	1750.	5250.
1884-CC	850.	900.	1200.	1700.	2500.	4000.	6500.	13000.	—	—
1884-S	750.	765.	775.	790.	800.	825.	850.	900.	1500.	6500.
1885	750.	765.	775.	790.	800.	825.	850.	900.	1200.	4500.
1885-S	750.	765.	775.	800.	825.	850.	875.	925.	1100.	4500.
1886	750.	765.	775.	800.	825.	850.	875.	925.	1350.	4850.
1886-S	750.	765.	775.	800.	825.	850.	875.	900.	1100.	1850.
1887	750.	765.	775.	800.	825.	850.	875.	950.	2850.	6500.
1887-S	750.	765.	775.	800.	825.	850.	875.	925.	1250.	3250.
1888	750.	765.	775.	800.	825.	850.	875.	950.	3250.	7000.
1888-O	750.	765.	775.	800.	825.	850.	875.	975.	2000.	6000.
1888-S	750.	765.	775.	800.	825.	850.	875.	925.	1150.	2750.
1889	750.	765.	775.	850.	975.	1850.	2250.	3000.	4500.	8250.
1889-S	750.	765.	775.	800.	825.	850.	875.	925.	1200.	1800.
1890	750.	765.	775.	800.	825.	850.	900.	950.	2000.	6000.
1890-CC	850.	875.	900.	950.	1250.	1850.	2500.	3500.	7500.	17500.
1891	750.	760.	775.	800.	825.	850.	875.	925.	1250.	4000.
1891-CC	850.	875.	900.	950.	1100.	1250.	1500.	2000.	3500.	7250.
1892	750.	765.	775.	800.	825.	850.	875.	925.	1150.	1800.
1892-CC	850.	900.	950.	1200.	1350.	1750.	2250.	4000.	6000.	11000.
1892-O	750.	765.	775.	800.	825.	850.	875.	1000.	2750.	7250.
1892-S	750.	765.	775.	800.	825.	850.	875.	950.	1350.	3850.
1893	750.	765.	775.	800.	825.	850.	875.	925.	1100.	1900.
1893-CC	875.	925.	1000.	1400.	2000.	3500.	4750.	8000.	15000.	—
1893-O	750.	765.	775.	800.	825.	850.	875.	1000.	2500.	5750.
1893-S	750.	765.	775.	800.	825.	850.	875.	925.	1200.	3600.
1894	750.	765.	775.	800.	825.	850.	875.	900.	1050.	1800.
1894-O	750.	765.	775.	800.	825.	850.	875.	1000.	1900.	5500.
1894-S	750.	765.	775.	800.	900.	1250.	1850.	3750.	7750.	13500.
1895	750.	765.	775.	800.	825.	850.	875.	900.	1000.	1850.
1895-O	750.	765.	775.	800.	825.	850.	900.	1000.	1600.	7000.
1895-S	750.	765.	775.	800.	825.	1250.	1450.	2500.	4000.	10000.
1896	750.	765.	775.	800.	825.	850.	875.	900.	1100.	2000.
1896-S	750.	765.	775.	800.	825.	875.	1000.	2250.	4000.	11500.
1897	750.	765.	775.	800.	825.	850.	875.	900.	1050.	1900.

—— = Insufficient pricing data

CORONET $10 EAGLE (CONTINUED)

	F-12	VF-20	EF-40	EF-45	AU-50	AU-55	AU-58	MS-60	MS-62	MS-63
1897-O	750.	765.	775.	800.	825.	850.	875.	1100.	2000.	5000.
1897-S	750.	765.	775.	800.	825.	850.	875.	950.	1750.	6250.
1898	750.	765.	775.	800.	825.	850.	875.	925.	1150.	1900.
1898-S	750.	765.	775.	800.	825.	850.	875.	925.	1150.	5250.
1899	750.	765.	775.	800.	825.	850.	875.	925.	1050.	1800.
1899-O	750.	765.	775.	790.	800.	850.	900.	1100.	2400.	6250.
1899-S	750.	765.	775.	790.	800.	825.	850.	900.	1150.	3750.
1900	750.	765.	775.	790.	800.	825.	850.	900.	1100.	1900.
1900-S	750.	765.	775.	790.	800.	825.	850.	1000.	2000.	6250.
1901	750.	765.	775.	790.	800.	825.	850.	900.	1050.	1900.
1901-O	750.	765.	775.	790.	800.	825.	850.	950.	1750.	4000.
1901-S	750.	765.	775.	790.	800.	825.	900.	1000.	1050.	1900.
1902	750.	765.	775.	790.	800.	825.	850.	900.	1150.	3000.
1902-S	750.	765.	775.	790.	800.	825.	850.	900.	1150.	1900.
1903	750.	765.	775.	790.	800.	825.	850.	900.	1150.	2650.
1903-O	750.	765.	775.	790.	800.	825.	850.	950.	1500.	3250.
1903-S	750.	765.	775.	790.	800.	825.	850.	900.	1150.	1900.
1904	750.	765.	775.	790.	800.	825.	850.	900.	1150.	2250.
1904-O	750.	765.	775.	790.	800.	825.	850.	925.	1250.	3500.
1905	750.	765.	775.	790.	800.	825.	850.	900.	1150.	1900.
1905-S	750.	765.	775.	790.	800.	825.	900.	1400.	3500.	5750.
1906	750.	765.	—	790.	800.	825.	850.	900.	1150.	2250.
1906-D	750.	765.	775.	790.	800.	825.	850.	900.	1150.	2000.
1906-O	750.	765.	775.	790.	800.	825.	900.	1000.	2500.	4750.
1906-S	750.	765.	775.	790.	800.	825.	850.	900.	1300.	4850.
1907	750.	765.	775.	790.	800.	825.	850.	900.	1150.	1800.
1907-D	750.	765.	775.	790.	800.	825.	850.	900.	1250.	2400.
1907-S	750.	765.	775.	790.	800.	825.	850.	950.	2000.	5250.

—— = Insufficient pricing data

Indian Head $10 eagle

Date of authorization: Jan. 18, 1837
Dates of issue: 1907-1933
Designer: Augustus Saint-Gaudens
Engraver: Charles Barber
Diameter: 27.00 mm/1.07 inches
Weight: 16.72 grams/0.54 ounce
Metallic Content: 90% gold, 10% copper
Specific gravity: 17.16
Weight of pure gold: 15.05 grams/0.48 ounce
Edge: Starred
Mint mark: Reverse left of TEN DOLLARS

	EF-40	AU-50	AU-55	MS-60	MS-62	MS-63	MS-64	MS-65	MS-66
NO MOTTO ON REVERSE									
1907 Wire Rim, Periods	20000.	25000.	27500.	32500.	37500.	45000.	50000.	70000.	120000.
1907 Rolled Rim, Periods	37500.	45000.	52500.	72500.	90000.	115000.	200000.	250000.	325000.
1907 No Periods	790.	825.	850.	1000.	2000.	4000.	6500.	13000.	20000.
1908	790.	825.	850.	1100.	2250.	5000.	7500.	20000.	47500.
1908-D	790.	825.	850.	950.	2750.	7500.	20000.	40000.	110000.
MOTTO ON REVERSE									
1908	790.	825.	850.	900.	1500.	2750.	5750.	13000.	20000.
1908-D	790.	825.	850.	900.	2250.	7250.	17500.	32500.	50000.
1908-S	850.	1000.	1850.	3150.	6500.	11500.	18000.	25000.	40000.
1909	790.	825.	850.	900.	1750.	4000.	6250.	18500.	40000.
1909-D	790.	825.	850.	1100.	3500.	6750.	19000.	35000.	52500.
1909-S	790.	825.	850.	1150.	3750.	6500.	10000.	19500.	30000.
1910	790.	825.	850.	900.	1250.	2250.	3500.	11500.	18500.
1910-D	790.	825.	850.	900.	1250.	1900.	3250.	10500.	18500.
1910-S	790.	825.	850.	1050.	3750.	9250.	20000.	55000.	110000.
1911	790.	825.	850.	900.	1250.	1900.	3250.	11000.	16500.
1911-D	1250.	2500.	3000.	7250.	16500.	29500.	57500.	135000.	—
1911-S	790.	1000.	1200.	1800.	5250.	11500.	13000.	19000.	47500.
1912	790.	825.	850.	900.	1250.	1850.	3500.	12000.	18500.
1912-S	790.	825.	850.	1250.	3750.	8000.	13000.	42500.	110000.
1913	790.	825.	850.	900.	1250.	1850.	3000.	12000.	20000.
1913-S	825.	1000.	2000.	5000.	14000.	32500.	60000.	95000.	—
1914	790.	825.	850.	975.	1400.	2750.	5000.	13000.	25000.
1914-D	790.	825.	850.	900.	1500.	2850.	4500.	16000.	22500.
1914-S	790.	850.	875.	1100.	4000.	8500.	17500.	35000.	—

—— = Insufficient pricing data

INDIAN HEAD $10 EAGLE (CONTINUED)

	EF-40	AU-50	AU-55	MS-60	MS-62	MS-63	MS-64	MS-65	MS-66
1915	790.	825.	850.	900.	1300.	2250.	3850.	11500.	18500.
1915-S	900.	1200.	2000.	3500.	8500.	18500.	40000.	70000.	140000.
1916-S	790.	825.	850.	1050.	3000.	7250.	14000.	27500.	50000.
1920-S	19000.	25000.	29500.	40000.	70000.	95000.	175000.	275000.	—
1926	790.	825.	850.	900.	1150.	1750.	2500.	5750.	12500.
1930-S	12000.	16000.	18000.	27500.	38000.	52500.	67500.	85000.	125000.
1932	790.	825.	850.	900.	1150.	1750.	2500.	5750.	12500.
1933	—	—	—	195000.	215000.	250000.	375000.	550000.	—

Coronet $20 double eagle

Date of authorization: March 3, 1849
Dates of issue: 1850-1907
Designer/Engraver: James B. Longacre
Diameter: 34.29 mm/1.35 inches
Weight: 33.44 grams/1.07 ounce
Metallic Content: (1850-1873): 90% gold, 10% copper and silver
(1873-1907): 90% gold, 10% copper
Specific gravity: 17.16
Weight of pure gold: 30.09 grams/0.97 ounce
Edge: Reeded
Mint mark: Reverse below eagle

	VF-20	EF-40	EF-45	AU-50	AU-55	AU-58	MS-60	MS-62	MS-63
NO MOTTO ON REVERSE									
1849 Unique	*	*	*	*	*	*	*	*	*
1850	1750.	2350.	2800.	3500.	6000.	7750.	10000.	32500.	47500.
1850-O	2250.	4250.	6000.	10000.	25000.	37500.	50000.	—	—
1851	1525.	1725.	1850.	1900.	2000.	2750.	4750.	12500.	20000.
1851-O	1850.	3000.	4500.	6000.	10500.	13500.	22500.	45000.	—
1852	1500.	1600.	1850.	2000.	2500.	3250.	4500.	13500.	18500.
1852-O	1850.	2500.	3750.	5000.	12000.	16500.	22500.	—	—

—— = Insufficient pricing data   * = None issued

CORONET $20 DOUBLE EAGLE (CONTINUED)

	VF-20	EF-40	EF-45	AU-50	AU-55	AU-58	MS-60	MS-62	MS-63
1853	1500.	1750.	1900.	2000.	2350.	2850.	5000.	16500.	25000.
1853/2	1650.	2000.	2500.	4250.	11500.	18500.	37500.	—	—
1853-O	1900.	4000.	7250.	9000.	12000.	25000.	35000.	—	—
1854 Small Date	1500.	1600.	1850.	1900.	2250.	3500.	9500.	20000.	30000.
1854 Large Date	1750.	3000.	5250.	7500.	13000.	25000.	40000.	50000.	65000.
1854-O	130000.	225000.	325000.	400000.	475000.	550000.	—	—	—
1854-S	1750.	2500.	3750.	6000.	7500.	9000.	14000.	18000.	28500.
1855	1500.	1750.	2000.	2250.	3250.	4500.	10000.	18500.	67500.
1855-O	15000.	24500.	32500.	40000.	47500.	55000.	90000.	—	—
1855-S	1500.	1600.	1950.	2250.	2750.	4000.	7500.	12500.	20000.
1856	1500.	1600.	1750.	2000.	3750.	4500.	8750.	16500.	29500.
1856-O	140000.	230000.	335000.	400000.	450000.	525000.	—	—	—
1856-S	1525.	1650.	1850.	2250.	3250.	5250.	6250.	10000.	16500.
1857	1550.	1750.	2000.	2500.	3000.	3500.	4500.	13500.	30000.
1857-O	3000.	5250.	7250.	10500.	18500.	32500.	42500.	—	—
1857-S	1500.	1600.	1850.	2100.	2500.	3000.	6000.	6750.	7250.
1858	1500.	1600.	2000.	2350.	3500.	4250.	6000.	20000.	—
1858-O	3000.	4500.	6250.	8000.	20000.	32500.	50000.	—	—
1858-S	1550.	1900.	2000.	2250.	3000.	5500.	10500.	16000.	—
1859	2000.	4000.	5500.	8250.	12500.	17500.	35000.	50000.	—
1859-O	8500.	22500.	32500.	40000.	62500.	95000.	135000.	—	—
1859-S	1500.	1750.	2000.	2500.	3500.	5000.	8500.	22500.	37500.
1860	1500.	1575.	1750.	2000.	2500.	3000.	5000.	12500.	22500.
1860-O	8500.	17500.	30000.	37500.	52500.	85000.	125000.	—	—
1860-S	1525.	1750.	2250.	2750.	4500.	6500.	8500.	12500.	—
1861	1500.	1575.	1750.	1900.	2350.	3000.	5000.	11000.	20000.
1861-O	7000.	17500.	30000.	40000.	57500.	85000.	110000.	140000.	—
1861-S	1500.	1600.	2100.	2750.	4500.	6250.	14000.	25000.	40000.
1861 Paquet Reverse	—	—	—	—	—	—	— 2000000.	—	—
1861-S Paquet Reverse	30000.	57500.	75000.	90000.	150000.	200000.	230000.	—	—
1862	2750.	6000.	9000.	11000.	12500.	17500.	22500.	32500.	40000.
1862-S	1500.	1900.	2150.	3000.	4500.	7500.	13500.	27500.	40000.
1863	1575.	2350.	3750.	5250.	8500.	16000.	25000.	37500.	52500.
1863-S	1525.	1600.	1900.	2750.	3500.	5250.	9000.	20000.	—
1864	1700.	2250.	2650.	3500.	5500.	7000.	17500.	30000.	—
1864-S	1800.	1900.	2100.	2500.	3750.	6250.	11000.	20000.	35000.
1865	1500.	1575.	1700.	1850.	2500.	3250.	7000.	15000.	27000.
1865-S	1500.	1575.	1650.	1900.	2500.	3500.	4500.	9000.	13500.
1866-S	5000.	13500.	22500.	35000.	70000.	95000.	—	—	—

MOTTO ON REVERSE

	VF-20	EF-40	EF-45	AU-50	AU-55	AU-58	MS-60	MS-62	MS-63
1866	1500.	2000.	2750.	3000.	3250.	4000.	9000.	22500.	35000.
1866-S	1500.	1575.	2000.	3250.	8000.	12000.	17500.	30000.	—
1867	1500.	1575.	1625.	1750.	1900.	2750.	3500.	9500.	19000.
1867-S	1500.	1575.	1750.	2000.	3500.	7500.	16000.	30000.	—
1868	1750.	1900.	2350.	3250.	5500.	8500.	15000.	32500.	52500.
1868-S	1500.	1575.	1625.	1750.	3500.	5000.	11000.	30000.	42500.
1869	1525.	1600.	1750.	2150.	3500.	5250.	7500.	15000.	25000.
1869-S	1500.	1625.	1950.	2500.	3000.	4250.	8000.	21500.	47500.
1870	1500.	1800.	2600.	3500.	4750.	5250.	11000.	35000.	65000.
1870-CC	197500.	260000.	295000.	375000.	450000.		—	—	—
1870-S	1500.	1575.	1625.	1750.	2500.	3750.	6000.	25000.	40000.
1871	1500.	1800.	2000.	2750.	3500.	4500.	6250.	17500.	32500.
1871-CC	12000.	22500.	27500.	38500.	50000.	70000.	90000.	135000.	—
1871-S	1500.	1575.	1625.	1750.	2250.	2750.	4750.	12500.	27500.

—— = Insufficient pricing data

CORONET $20 DOUBLE EAGLE (CONTINUED)

	VF-20	EF-40	EF-45	AU-50	AU-55	AU-58	MS-60	MS-62	MS-63
1872	1500.	1575.	1625.	1750.	1900.	2850.	5000.	15000.	32500.
1872-CC	3750.	5000.	6500.	11000.	16500.	25000.	42500.	—	—
1872-S	1500.	1575.	1625.	1750.	1900.	2500.	3500.	13500.	25000.
1873 Closed 3	1500.	1575.	1625.	1750.	1900.	2500.	3250.	10000.	—
1873 Open 3	1500.	1575.	1625.	1750.	1800.	1900.	2100.	3850.	15000.
1873-CC	3250.	5750.	7250.	12500.	15500.	25000.	40000.	60000.	—
1873-S Closed 3	1500.	1575.	1625.	1750.	1775.	1850.	2650.	6250.	22500.
1873-S Open 3	1500.	1575.	1750.	2000.	2750.	4250.	10000.	—	—
1874	1500.	1575.	1625.	1750.	1775.	1850.	3000.	12500.	22500.
1874-CC	1800.	2250.	2850.	3750.	6250.	8000.	14000.	25000.	—
1874-S	1500.	1575.	1625.	1750.	1775.	1850.	2500.	12000.	26500.
1875	1500.	1575.	1625.	1700.	1750.	1800.	2100.	3850.	14500.
1875-CC	1750.	2000.	2400.	2750.	3400.	3850.	5250.	12500.	28000.
1875-S	1500.	1575.	1625.	1700.	1750.	1800.	2500.	10000.	20000.
1876	1500.	1575.	1625.	1700.	1750.	1800.	2000.	4500.	15000.
1876-CC	1800.	2350.	2600.	3500.	4000.	4500.	8000.	16000.	32500.
1876-S	1500.	1575.	1625.	1700.	1750.	1800.	2000.	4000.	13500.

TWENTY DOLLARS REVERSE

	VF-20	EF-40	EF-45	AU-50	AU-55	AU-58	MS-60	MS-62	MS-63
1877	1500.	1575.	1625.	1675.	1750.	1775.	1800.	3500.	13500.
1877-CC	2000.	2650.	3250.	4000.	6500.	13500.	20000.	45000.	—
1877-S	1500.	1575.	1625.	1650.	1700.	1850.	3000.	4500.	18500.
1878	1500.	1575.	1625.	1650.	1675.	1700.	1800.	3250.	17500.
1878-CC	2800.	5250.	7000.	8500.	13500.	18500.	30000.	50000.	—
1878-S	1500.	1575.	1625.	1650.	1675.	1700.	1800.	6000.	27500.
1879	1500.	1575.	1625.	1650.	1700.	1750.	2000.	6000.	18500.
1879-CC	3750.	5250.	7000.	11000.	19000.	23500.	35000.	55000.	—
1879-O	25000.	35000.	45000.	52500.	65000.	75000.	90000.	110000.	
1879-S	1500.	1575.	1650.	1700.	1725.	1750.	2250.	14000.	45000.
1880	1500.	1575.	1650.	1700.	1750.	1850.	5500.	13500.	25000.
1880-S	1500.	1575.	1650.	1700.	1750.	1800.	2000.	7500.	20000.
1881	14000.	25000.	30000.	37500.	45000.	52500.	72500.		
1881-S	1500.	1575.	1650.	1700.	1750.	1800.	2250.	5250.	23500.
1882	12000.	42500.	60000.	92500.	100000.	110000.	142500.	165000.	—
1882-CC	1800.	2250.	2750.	3000.	4000.	5750.	10000.	22500.	65000.
1882-S	1500.	1575.	1650.	1700.	1725.	1750.	1800.	4000.	20000.
1883 Proof Only	—	—	—	—	—	—	*	*	*
1883-CC	1850.	2250.	2750.	3250.	4000.	5000.	7750.	13500.	27500.
1883-S	1500.	1575.	1625.	1700.	1725.	1750.	1900.	3000.	10000.
1884 Proof Only	—	—	—	—	—	—	*	*	*
1884-CC	1800.	2100.	2250.	2500.	3500.	4250.	5500.	11500.	20000.
1884-S	1500.	1575.	1650.	1700.	1750.	1800.	1900.	2750.	7500.
1885	12500.	17500.	22500.	30000.	47500.	55000.	72500.	85000.	—
1885-CC	3000.	4500.	6000.	7250.	13500.	16500.	26500.	42500.	—
1885-S	1500.	1575.	1650.	1700.	1725.	1750.	1800.	2750.	6000.
1886	17500.	30000.	52500.	62500.	72500.	85000.	100000.	—	—
1887 Proof Only							*	*	*
1887-S	1500.	1575.	1625.	1700.	1750.	1800.	2000.	4500.	18500.
1888	1500.	1575.	1625.	1700.	1725.	1750.	1800.	3500.	12500.
1888-S	1500.	1575.	1625.	1700.	1725.	1750.	1800.	3000.	5500.
1889	1500.	1575.	1625.	1700.	1750.	1800.	2000.	3250.	16500.
1889-CC	1850.	2500.	3000.	3750.	4250.	5750.	9250.	17500.	—
1889-S	1500.	1575.	1625.	1700.	1725.	1750.	1800.	2750.	6250.
1890	1500.	1575.	1625.	1700.	1725.	1750.	1800.	3000.	12000.
1890-CC	1900.	2100.	2500.	2850.	3000.	3250.	5000.	12500.	35000.

—— = Insufficient pricing data   * = None issued

CORONET $20 DOUBLE EAGLE (CONTINUED)

	VF-20	EF-40	EF-45	AU-50	AU-55	AU-58	MS-60	MS-62	MS-63
1890-S	1500.	1575.	1625.	1700.	1725.	1750.	1800.	2500.	8000.
1891	5500.	13500.	17500.	21500.	40000.	47500.	60000.	95000.	125000.
1891-CC	6000.	10000.	12500.	14500.	18500.	21500.	28500.	40000.	—
1891-S	1500.	1575.	1625.	1700.	1725.	1750.	1800.	2000.	3250.
1892	1750.	3250.	4250.	6250.	7500.	9250.	11500.	20000.	35000.
1892-CC	1800.	2100.	2500.	3000.	4000.	5250.	7750.	22500.	40000.
1892-S	1500.	1575.	1625.	1700.	1725.	1750.	1800.	2100.	3750.
1893	1500.	1575.	1625.	1700.	1725.	1750.	1800.	2000.	3000.
1893-CC	1750.	2500.	3000.	3500.	4750.	5750.	7500.	17500.	40000.
1893-S	1500.	1575.	1625.	1700.	1725.	1750.	1900.	2250.	3500.
1894	1500.	1575.	1625.	1700.	1725.	1750.	1800.	2100.	3250.
1894-S	1500.	1575.	1625.	1700.	1725.	1750.	1800.	2000.	3000.
1895	1500.	1575.	1625.	1700.	1725.	1750.	1800.	2000.	3000.
1895-S	1500.	1575.	1625.	1700.	1725.	1750.	1800.	2000.	3250.
1896	1500.	1575.	1625.	1700.	1725.	1750.	1800.	2000.	3000.
1896-S	1500.	1575.	1625.	1700.	1725.	1750.	1800.	2000.	3000.
1897	1500.	1575.	1625.	1700.	1725.	1750.	1800.	2000.	3000.
1897-S	1500.	1575.	1625.	1700.	1725.	1750.	1800.	2000.	3000.
1898	1500.	1575.	1625.	1700.	1725.	1800.	1900.	2250.	5250.
1898-S	1500.	1575.	1625.	1700.	1725.	1750.	1800.	2000.	3250.
1899	1500.	1575.	1625.	1700.	1725.	1750.	1800.	2000.	3250.
1899-S	1500.	1575.	1625.	1700.	1725.	1750.	1800.	2000.	3250.
1900	1500.	1575.	1625.	1700.	1725.	1750.	1800.	2000.	3250.
1900-S	1500.	1575.	1625.	1700.	1725.	1750.	1800.	2000.	3250.
1901	1500.	1575.	1625.	1700.	1725.	1750.	1800.	2000.	3250.
1901-S	1500.	1575.	1625.	1700.	1725.	1750.	1800.	2000.	4500.
1902	1500.	1600.	1700.	1750.	1725.	2000.	2500.	4500.	12500.
1902-S	1500.	1575.	1625.	1700.	1725.	1750.	1800.	2000.	4500.
1903	1500.	1575.	1625.	1700.	1725.	1750.	1800.	2000.	3250.
1903-S	1500.	1575.	1625.	1700.	1725.	1750.	1800.	2000.	3250.
1904	1500.	1575.	1625.	1700.	1725.	1750.	1800.	2000.	3250.
1904-S	1500.	1575.	1625.	1700.	1725.	1750.	1800.	2100.	3250.
1905	1500.	1575.	1625.	1700.	1750.	1800.	2250.	5250.	16500.
1905-S	1500.	1575.	1625.	1700.	1725.	1750.	1900.	2000.	4500.
1906	1500.	1575.	1625.	1700.	1725.	1750.	1800.	2800.	7500.
1906-D	1500.	1575.	1625.	1700.	1725.	1750.	1800.	2000.	3500.
1906-S	1500.	1525.	1625.	1700.	1725.	1750.	1900.	2100.	4000.
1907	1500.	1525.	1625.	1700.	1725.	1750.	1800.	2000.	3250.
1907-D	1500.	1525.	1625.	1700.	1750.	1750.	1800.	2000.	3250.
1907-S	1500.	1525.	1625.	1700.	1725.	1750.	1800.	2000.	3250.

——— = Insufficient pricing data

Saint-Gaudens $20 double eagle

Date of authorization: March 3, 1849
Dates of issue: 1907-1933
Designer: Augustus Saint-Gaudens
Engraver: Charles Barber
Diameter: 34.29 mm/1.35 inches
Weight: 33.47 grams/1.07 ounce
Metallic Content: 90% gold, 10% copper
Specific gravity: 17.16
Weight of pure gold: 30.09 grams/0.97 ounce
Edge: Lettered (E PLURIBUS UNUM,
with stars dividing words)
Mint mark: Obverse above date

	EF-40	AU-50	AU-55	AU-58	MS-60	MS-61	MS-62	MS-63	MS-64	MS-65	MS-66
NO MOTTO ON REVERSE											
1907 Extremely High Relief, Roman Numerals, Plain Edge, Proof Only, Unique	*	*	*	*	*	*	*	*	*	*	*
1907 Extremely High Relief, Roman Numerals, Lettered Edge, Proof Only	*	*	*	*	*	*	*	*	*	*	*
1907 High Relief, Roman Numerals, Wire Rim	12000.	13500.	14000.	15000.	17500.	20000.	22500.	27500.	32500.	50000.	80000.
1907 High Relief, Roman Numerals, Flat Rim	12000.	14000.	15000.	17000.	20000.	22500.	25000.	32500.	37500.	52500.	85000.
1907	1525.	1600.	1625.	1650.	1750.	1800.	1900.	2250.	3000.	5000.	8000.
1908	1525.	1600.	1625.	1650.	1750.	1800.	2000.	2150.	2250.	2500.	4250.
1908-D	1525.	1600.	1625.	1650.	1750.	1800.	2000.	2250.	2850.	8500.	30000.
MOTTO ON REVERSE											
1908	1525.	1600.	1625.	1650.	1750.	1800.	1850.	2500.	5500.	18500.	40000.
1908 Satin Proof	*	*	*	*	*	*	*	*	*	*	*
1908-D	1525.	1600.	1625.	1650.	1750.	1800.	1850.	2150.	2750.	7000.	17500.
1908-S	3750.	6000.	7500.	8250.	12500.	15000.	18500.	25000.	33500.	42500.	60000.
1909/8	1550.	1800.	1875.	2000.	2250.	2750.	3500.	5750.	16000.	47500.	95000.
1909	1525.	1600.	1625.	1650.	1750.	1800.	2000.	3500.	10000.	35000.	95000.
1909-D	1525.	1600.	1625.	2000.	3500.	4250.	5250.	10000.	15000.	50000.	—
1909-S	1525.	1600.	1625.	1650.	1750.	1800.	1850.	2000.	2500.	6000.	22500.

—— = Insufficient pricing data   * = None issued

SAINT-GAUDENS $20 DOUBLE EAGLE (CONTINUED)

	EF-40	AU-50	AU-55	AU-58	MS-60	MS-61	MS-62	MS-63	MS-64	MS-65	MS-66
1910	1525.	1600.	1625.	1650.	1750.	1800.	1850.	2200.	2600.	8500.	40000.
1910-D	1525.	1600.	1625.	1650.	1750.	1800.	1850.	2250.	2500.	3350.	8250.
1910-S	1525.	1600.	1625.	1650.	1750.	1800.	1850.	2250.	3000.	9500.	30000.
1911	1525.	1600.	1625.	1650.	1750.	1800.	1900.	2750.	5000.	17500.	32500.
1911-D	1525.	1600.	1625.	1650.	1750.	1800.	1850.	2150.	2250.	3250.	4000.
1911-S	1525.	1600.	1625.	1650.	1750.	1800.	1850.	2250.	2500.	6000.	17500.
1912	1525.	1600.	1625.	1650.	1750.	1800.	1850.	2750.	7000.	22500.	67500.
1913	1525.	1600.	1625.	1650.	1750.	1800.	1850.	3250.	8000.	55000.	—
1913-D	1525.	1600.	1625.	1650.	1750.	1800.	1850.	2250.	3000.	7000.	32500.
1913-S	1600.	1750.	1850.	2000.	2250.	2500.	3250.	4500.	7250.	35000.	160000.
1914	1525.	1600.	1625.	1650.	1750.	1800.	1900.	3750.	6250.	27500.	50000.
1914-D	1525.	1600.	1625.	1650.	1750.	1800.	1850.	2000.	2350.	3250.	10000.
1914-S	1525.	1600.	1625.	1650.	1750.	1800.	1850.	2000.	2250.	3000.	7000.
1915	1525.	1600.	1625.	1650.	1750.	1800.	1850.	3000.	6750.	23500.	—
1915-S	1525.	1600.	1625.	1650.	1750.	1800.	1850.	2100.	2350.	2800.	6500.
1916-S	1525.	1600.	1625.	1650.	1750.	1800.	1850.	2150.	2350.	3750.	7000.
1920	1525.	1600.	1625.	1650.	1750.	1800.	1850.	2350.	6000.	—	—
1920-S	22500.	35000.	40000.	45000.	60000.	72500.	82500.	115000.	160000.	—	—
1921	47500.	60000.	70000.	82500.	130000.	155000.	195000.	300000.	390000.		
1922	1525.	1600.	1625.	1650.	1750.	1800.	1850.	2250.	2350.	5000.	25000.
1922-S	1525.	1650.	1700.	1850.	2600.	3250.	3850.	5750.	9500.	27500.	70000.
1923	1525.	1600.	1625.	1650.	1750.	1800.	1850.	2100.	2250.	6750.	45000.
1923-D	1525.	1600.	1625.	1650.	1750.	1800.	1850.	2200.	2400.	3000.	4250.
1924	1525.	1600.	1625.	1650.	1750.	1800.	1850.	2000.	2150.	2750.	3850.
1924-D	1800.	2250.	2500.	3000.	4500.	5000.	6250.	11000.	17500.	100000.	—
1924-S	1800.	2250.	2500.	3500.	4250.	5500.	6750.	11000.	20000.	160000.	—
1925	1525.	1600.	1625.	1650.	1750.	1800.	1850.	2000.	2150.	2750.	3850.
1925-D	2250.	3000.	3250.	3500.	5000.	6500.	7250.	13500.	23500.	130000.	—
1925-S	3000.	4250.	5750.	8500.	11500.	14000.	17500.	22500.	55000.	195000.	—
1926	1525.	1600.	1625.	1650.	1750.	1800.	1850.	2000.	2150.	2750.	3850.
1926-D	17500.	21500.	22500.	25000.	28000.	30000.	32500.	35000.	85000.	—	—
1926-S	1750.	2000.	2250.	2500.	3250.	3750.	4500.	6000.	10000.	37500.	80000.
1927	1525.	1600.	1625.	1650.	1750.	1800.	1850.	2000.	2150.	2750.	3850.
1927-D	—	—	—	—	—	850000.	1250000.	16000000.	1800000.	—	
1927-S	10000.	15000.	17500.	22500.	27500.	38500.	42500.	62500.	92500.	150000.	210000.
1928	1525.	1600.	1625.	1650.	1750.	1800.	1850.	2000.	2150.	2750.	4250.
1929	12500.	17500.	18500.	20000.	22500.	26000.	35000.	40000.	50000.	110000.	195000.
1930-S	45000.	52500.	57500.	62500.	72500.	77500.	90000.	110000.	175000.	235000.	—
1931	16000.	22500.	28000.	30000.	40000.	47500.	60000.	75000.	85000.	100000.	150000.
1931-D	14500.	25000.	27500.	32500.	42500.	50000.	62500.	75000.	82500.	140000.	200000.
1932	17000.	20000.	22500.	25000.	28500.	30000.	35000.	75000.	95000.	115000.	175000.
1933	—	—	—	—	—	—	—	—	—	—	—

—— = Insufficient pricing data

Saint-Gaudens Ultra-High Relief gold $20 coin

Date of authorization:	March 3, 1849 (Treasury approval in 2008)
Date of issue:	2009
Designers:	Obverse: Augustus Saint-Gaudens
	Reverse: Augustus Saint-Gaudens
Engraver:	Saint-Gaudens (model of plaster cast was scanned into a computer)
Diameter:	27 mm/1.07 inches
Weight:	1 ounce
Metallic Content:	.9999 fine gold
Specific gravity:	19.32
Weight of pure gold:	1 ounce
Edge:	E✻P✻L✻U✻R✻I✻B✻U✻S✻U✻N✻U✻M✻
Mint mark:	None

	MS-65	MS-66	MS-67	MS-68	MS-69	MS-70	PF-65	PF-68DC	PF-69DC	PF-70DC
GOLD $20			ONE OUNCE							
2009-W	1650.	1675.	1700.	1750.	1800.	2000.	*	*	*	*

First Spouse gold $10 coin

2007

Date of authorization: December 22, 2005

Dates of issue: 2007-present

Designers: Obverse: Differs for each issue

Reverse: Differs for each issue

Engraver: Differs for each issue

Diameter: 27 mm/1.07 inches

Weight: half ounce

Metallic Content: .999 fine gold

Specific gravity: 19.32

Weight of pure gold: half ounce

Edge: Reeded

Mint mark: Obverse, below date, W

2008

	MS-65	MS-68	MS-69	MS-70	PF-65	PF-68DC	PF-69DC	PF-70DC
$10 GOLD								
2007-W Martha Washington	720.	730.	740.	750.	730.	740.	750.	800.
2007-W Abigail Adams	720.	730.	740.	750.	730.	740.	750.	800.
2007-W Draped Bust Liberty	720.	730.	740.	750.	730.	740.	750.	800.
2007-W Dolley Madison	720.	730.	740.	750.	730.	740.	750.	800.
2008-W Elizabeth Monroe	730.	740.	775.	850.	740.	750.	800.	900.
2008-W Louisa Adams	730.	740.	775.	850.	740.	750.	800.	900.
2008-W Capped Bust Liberty	730.	740.	775.	850.	740.	750.	800.	900.
2008-W Seated Liberty	730.	740.	775.	850.	740.	750.	800.	900.

—— = Insufficient pricing data   * = None issued

	MS-65	MS-68	MS-69	MS-70	PF-65	PF-68DC	PF-69DC	PF-70DC
$10 GOLD								
2009-W Anna Harrison	730.	740.	775.	850.	740.	750.	800.	900.
2009-W Letitia Tyler	730.	740.	775.	850.	740.	750.	800.	900.
2009-W Julia Tyler	730.	740.	775.	850.	740.	750.	800.	900.
2009-W Sarah Polk	730.	740.	775.	850.	740.	750.	800.	900.
2009-W Margaret Taylor	730.	740.	775.	850.	740.	750.	800.	900.

—— = Insufficient pricing data   * = None issued

2010

	MS-65	MS-68	MS-69	MS-70	PF-65	PF-68DC	PF-69DC	PF-70DC
$10 GOLD								
2010-W Abigail Fillmore	730.	740.	775.	850.	740.	750.	800.	900.
2010-W Jane Pierce	770.	775.	800.	900.	780.	800.	850.	1000.

Commemorative coins 1892-1954

	EF-40	AU-50	MS-60	MS-63	MS-64	MS-65	MS-66
WORLD'S COLUMBIAN EXPO							
1893 Isabella quarter dollar	450.	500.	600.	700.	800.	2500.	5800.
1892 silver half dollar	18.	21.	32.	90.	150.	450.	1200.
1893 silver half dollar	18.	20.	30.	85.	160.	475.	1300.
LAFAYETTE MONUMENT							
1900 silver dollar	500.	700.	1000.	2000.	3500.	9500.	18000.
LOUISIANA PURCHASE							
1903 Jefferson gold dollar	600.	650.	700.	1100.	1500.	2200.	3000.
1903 McKinley gold dollar	625.	675.	725.	1100.	1700.	2000.	2500.
LEWIS & CLARK EXPEDITION							
1904 gold dollar	950.	1000.	1200.	1800.	3500.	9000.	13000.
1905 gold dollar	1100.	1200.	1500.	2500.	4300.	14000.	25000.
PANAMA-PACIFIC EXPO							
1915-S silver half dollar	250.	500.	600.	850.	1700.	2500.	3500.
1915-S gold dollar	600.	625.	700.	750.	900.	1400.	2800.
1915-S gold $2.50	1400.	1550.	2000.	3800.	5000.	6000.	7500.
1915-S gold $50 Round	50000.	60000.	70000.	85000.	100000.	150000.	200000.
1915-S gold $50 Octagonal	50000.	60000.	65000.	80000.	95000.	140000.	250000.
MCKINLEY MEMORIAL							
1916 gold dollar	550.	575.	625.	700.	900.	1500.	2000.
1917 gold dollar	650.	700.	750.	1100.	1200.	2500.	4500.
ILLINOIS CENTENNIAL							
1918 silver half dollar	135.	150.	175.	200.	250.	550.	800.
MAINE CENTENNIAL							
1920 silver half dollar	115.	135.	175.	210.	275.	450.	700.
PILGRIM TERCENTENARY							
1920 silver half dollar	80.	100.	120.	140.	170.	400.	1100.
1921 silver half dollar	140.	190.	240.	275.	300.	500.	1300.
MISSOURI CENTENNIAL							
1921 silver half dollar, No 2*4	350.	425.	670.	900.	1300.	4000.	9000.
1921 silver half dollar, 2*4	425.	650.	790.	1050.	1800.	4200.	12500.
ALABAMA CENTENNIAL							
1921 silver half dollar, 2x2	200.	350.	400.	600.	700.	1500.	4000.
1921 silver half dollar, No 2x2	150.	225.	250.	450.	550.	1400.	3800.
GRANT MEMORIAL							
1922 silver half dollar, No Star	100.	125.	150.	200.	325.	750.	1200.
1922 silver half dollar, Star	750.	1100.	1400.	2000.	3500.	7500.	15000.
1922 gold dollar, Star	1500.	1600.	1650.	2100.	2700.	3200.	3500.
1922 gold dollar, No Star	1550.	1650.	1750.	2000.	2200.	2400.	3200.
MONROE DOCTRINE CENTENNIAL							
1923-S silver half dollar	50.	65.	85.	160.	450.	2100.	5200.
HUGUENOT-WALLOON TERCENTENARY							
1924 silver half dollar	125.	135.	150.	175.	220.	400.	950.
LEXINGTON-CONCORD SESQUICENTENNIAL							
1925 silver half dollar	85.	110.	125.	140.	190.	625.	1550.
STONE MOUNTAIN MEMORIAL							
1925 silver half dollar	60.	70.	85.	95.	110.	250.	375.

	EF-40	AU-50	MS-60	MS-63	MS-64	MS-65	MS-66
CALIFORNIA DIAMOND JUBILEE							
1925-S silver half dollar	175.	200.	240.	300.	475.	900.	1250.
FORT VANCOUVER CENTENNIAL							
1925 silver half dollar	320.	350.	400.	450.	550.	1100.	1250.
AMERICAN INDEPENDENCE SESQUICENTENNIAL							
1926 silver half dollar	65.	90.	120.	150.	400.	3000.	20000.
1926 gold $2.50	550.	600.	650.	800.	1400.	3000.	15000.
OREGON TRAIL MEMORIAL							
1926 silver half dollar	130.	140.	175.	190.	200.	310.	550.
1926-S silver half dollar	130.	140.	175.	190.	200.	310.	500.
1928 silver half dollar	210.	230.	250.	290.	310.	400.	550.
1933-D silver half dollar	325.	360.	380.	400.	500.	550.	800.
1934-D silver half dollar	185.	200.	225.	245.	250.	400.	800.
1936 silver half dollar	175.	190.	220.	235.	240.	350.	500.
1936-S silver half dollar	185.	200.	220.	240.	260.	375.	550.
1937-D silver half dollar	185.	200.	240.	250.	260.	375.	550.
1938 silver half dollar	150.	160.	200.	215.	220.	315.	500.
1938-D silver half dollar	150.	160.	200.	215.	220.	315.	500.
1938-S silver half dollar	150.	160.	200.	215.	220.	315.	500.
1939 silver half dollar	380.	450.	600.	650.	670.	750.	1000.
1939-D silver half dollar	380.	450.	600.	650.	670.	750.	1000.
1939-S silver half dollar	380.	450.	600.	650.	670.	750.	1000.
VERMONT-BENNINGTON SESQUICENTENNIAL							
1927 silver half dollar	250.	275.	300.	325.	400.	900.	1200.
HAWAII DISCOVERY SESQUICENTENNIAL							
1928 silver half dollar	1550.	1700.	2600.	3400.	3800.	6000.	10500.
MARYLAND TERCENTENARY							
1934 silver half dollar	140.	160.	175.	200.	225.	375.	750.
TEXAS INDEPENDENCE CENTENNIAL							
1934 silver half dollar	125.	140.	160.	175.	180.	325.	400.
1935 silver half dollar	150.	160.	180.	200.	250.	350.	500.
1935-D silver half dollar	150.	160.	180.	200.	250.	350.	500.
1935-S silver half dollar	150.	160.	180.	200.	250.	350.	500.
1936 silver half dollar	150.	160.	180.	200.	250.	350.	500.
1936-D silver half dollar	150.	160.	180.	200.	250.	350.	500.
1936-S silver half dollar	150.	160.	180.	200.	250.	350.	500.
1937 silver half dollar	150.	160.	185.	210.	260.	360.	500.
1937-D silver half dollar	150.	160.	185.	210.	260.	360.	500.
1937-S silver half dollar	150.	160.	185.	210.	260.	360.	500.
1938 silver half dollar	190.	250.	300.	330.	350.	500.	800.
1938-D silver half dollar	190.	250.	300.	330.	350.	500.	800.
1938-S silver half dollar	190.	250.	300.	330.	350.	500.	800.
DANIEL BOONE BICENTENNIAL							
1934 silver half dollar	125.	135.	150.	160.	175.	275.	350.
1935 silver half dollar, Small 1934	135.	150.	175.	190.	200.	300.	400.
1935-D silver half dollar, Small 1934	250.	350.	400.	450.	475.	600.	1000.
1935-S silver half dollar, Small 1934	250.	350.	400.	450.	475.	600.	1000.
1935 silver half dollar	125.	135.	150.	160.	175.	275.	350.
1935-D silver half dollar	135.	145.	160.	170.	185.	290.	375.
1935-S silver half dollar	135.	145.	160.	170.	185.	290.	375.
1936 silver half dollar	125.	135.	150.	160.	175.	275.	350.
1936-D silver half dollar	135.	145.	160.	170.	185.	290.	375.
1936-S silver half dollar	135.	145.	160.	170.	185.	290.	375.
1937 silver half dollar	125.	135.	150.	160.	175.	325.	350.

	EF-40	AU-50	MS-60	MS-63	MS-64	MS-65	MS-66
1937-D silver half dollar	200.	300.	350.	400.	475.	550.	650.
1937-S silver half dollar	200.	300.	350.	400.	475.	600.	750.
1938 silver half dollar	250.	350.	400.	450.	475.	500.	900.
1938-D silver half dollar	250.	350.	400.	450.	475.	500.	900.
1938-S silver half dollar	250.	350.	400.	450.	475.	600.	1000.

CONNECTICUT TERCENTENARY

1935 silver half dollar	220.	240.	270.	285.	310.	500.	850.

ARKANSAS CENTENNIAL

1935 silver half dollar	100.	110.	125.	140.	150.	225.	600.
1935-D silver half dollar	110.	125.	150.	175.	225.	300.	650.
1935-S silver half dollar	110.	125.	150.	175.	225.	300.	650.
1936 silver half dollar	100.	110.	125.	160.	175.	275.	650.
1936-D silver half dollar	100.	110.	125.	160.	175.	275.	650.
1936-S silver half dollar	100.	110.	125.	160.	175.	275.	650.
1937 silver half dollar	110.	125.	150.	175.	200.	325.	750.
1937-D silver half dollar	110.	125.	150.	175.	200.	325.	750.
1937-S silver half dollar	110.	125.	150.	175.	200.	400.	1000.
1938 silver half dollar	150.	200.	250.	275.	300.	700.	1000.
1938-D silver half dollar	150.	200.	250.	275.	300.	700.	1000.
1938-S silver half dollar	150.	200.	250.	275.	300.	800.	1300.
1939 silver half dollar	250.	400.	450.	500.	550.	1100.	3000.
1939-D silver half dollar	250.	400.	450.	500.	550.	1000.	2000.
1939-S silver half dollar	250.	400.	450.	500.	550.	1000.	2000.

ARKANSAS-ROBINSON

1936 silver half dollar	140.	160.	175.	190.	225.	400.	650.

HUDSON, NY, SESQUICENTENNIAL

1935 silver half dollar	750.	800.	900.	1150.	1350.	2000.	3000.

CALIFORNIA-PACIFIC EXPO (SAN DIEGO)

1935-S silver half dollar	85.	95.	125.	135.	140.	160.	300.
1936-D silver half dollar	85.	95.	145.	155.	160.	200.	350.

OLD SPANISH TRAIL

1935 silver half dollar	1100.	1200.	1350.	1550.	1700.	2000.	2300.

PROVIDENCE, RI, TERCENTENARY

1936 silver half dollar	85.	95.	115.	125.	130.	220.	450.
1936-D silver half dollar	100.	110.	135.	150.	160.	250.	500.
1936-S silver half dollar	100.	110.	135.	150.	160.	250.	500.

CLEVELAND CENTENNIAL AND GREAT LAKES EXPO

1936 silver half dollar	125.	135.	150.	160.	170.	200.	400.

WISCONSIN TERRITORIAL CENTENNIAL

1936 silver half dollar	220.	240.	260.	270.	275.	350.	450.

CINCINNATI MUSIC CENTER

1936 silver half dollar	265.	275.	290.	325.	475.	750.	1200.
1936-D silver half dollar	265.	275.	290.	325.	475.	750.	1200.
1936-S silver half dollar	265.	275.	290.	325.	475.	750.	1200.

LONG ISLAND TERCENTENARY

1936 silver half dollar	90.	100.	115.	125.	135.	400.	800.

YORK COUNTY, MAINE, TERCENTENARY

1936 silver half dollar	200.	220.	235.	250.	280.	325.	375.

BRIDGEPORT, CT, CENTENNIAL

1936 silver half dollar	125.	135.	155.	180.	185.	300.	350.

	EF-40	AU-50	MS-60	MS-63	MS-64	MS-65	MS-66
LYNCHBURG, VA, SESQUICENTENNIAL							
1936 silver half dollar	235.	250.	275.	300.	325.	350.	550.
ALBANY, NY, CHARTER 250TH ANNIVERSARY							
1936 silver half dollar	290.	300.	325.	340.	350.	410.	550.
ELGIN, IL, PIONEER MEMORIAL							
1936 silver half dollar	220.	230.	250.	260.	270.	320.	550.
SAN FRANCISCO–OAKLAND BAY BRIDGE							
1936-S silver half dollar	150.	160.	180.	190.	205.	350.	550.
COLUMBIA, SC, SESQUICENTENNIAL							
1936 silver half dollar	250.	260.	275.	290.	300.	350.	400.
1936-D silver half dollar	250.	260.	275.	290.	300.	350.	410.
1936-S silver half dollar	250.	260.	275.	290.	300.	350.	410.
DELAWARE TERCENTENARY							
1936 silver half dollar	225.	240.	260.	280.	290.	350.	550.
BATTLE OF GETTYSBURG 75TH ANNIVERSARY							
1936 silver half dollar	380.	425.	450.	470.	500.	700.	1000.
NORFOLK, VA, BICENTENNIAL & TERCENTENARY							
1936 silver half dollar	360.	400.	475.	485.	490.	500.	625.
ROANOKE COLONIZATION 350TH ANNIVERSARY							
1937 silver half dollar	225.	250.	265.	275.	280.	340.	425.
BATTLE OF ANTIETAM 75TH ANNIVERSARY							
1937 silver half dollar	600.	660.	725.	775.	800.	850.	1100.
NEW ROCHELLE, NY, 250TH ANNIVERSARY							
1938 silver half dollar	340.	350.	375.	400.	410.	500.	700.
IOWA STATEHOOD CENTENNIAL							
1946 silver half dollar	110.	115.	125.	130.	135.	140.	225.
BOOKER T. WASHINGTON MEMORIAL							
1946 silver half dollar	14.	16.	20.	23.	25.	55.	165.
1946-D silver half dollar	20.	25.	30.	35.	45.	85.	225.
1946-S silver half dollar	15.	18.	22.	25.	30.	65.	185.
1947 silver half dollar	25.	30.	45.	65.	75.	100.	800.
1947-D silver half dollar	28.	35.	50.	70.	85.	110.	900.
1947-S silver half dollar	25.	30.	45.	65.	75.	100.	800.
1948 silver half dollar	30.	45.	65.	90.	100.	110.	500.
1948-D silver half dollar	30.	45.	65.	90.	100.	110.	500.
1948-S silver half dollar	30.	45.	65.	90.	100.	110.	500.
1949 silver half dollar	40.	80.	100.	110.	120.	130.	275.
1949-D silver half dollar	40.	80.	100.	110.	120.	130.	275.
1949-S silver half dollar	40.	80.	100.	110.	120.	130.	275.
1950 silver half dollar	40.	80.	100.	110.	120.	130.	275.
1950-D silver half dollar	40.	80.	100.	110.	120.	130.	275.
1950-S silver half dollar	20.	25.	30.	35.	45.	85.	225.
1951 silver half dollar	18.	20.	25.	32.	35.	75.	200.
1951-D silver half dollar	25.	45.	65.	90.	100.	110.	500.
1951-S silver half dollar	25.	45.	65.	90.	100.	110.	500.
BOOKER T. WASHINGTON–GEORGE WASHINGTON CARVER							
1951 silver half dollar	18.	25.	50.	65.	75.	200.	1200.
1951-D silver half dollar	20.	35.	60.	75.	85.	225.	1400.
1951-S silver half dollar	20.	35.	60.	75.	85.	225.	1400.

—— = Insufficient pricing data   * = None issued

	EF-40	AU-50	MS-60	MS-63	MS-64	MS-65	MS-66
1952 silver half dollar	14.	16.	20.	30.	50.	60.	500.
1952-D silver half dollar	20.	35.	60.	75.	85.	210.	800.
1952-S silver half dollar	20.	35.	60.	75.	85.	210.	800.
1953 silver half dollar	20.	35.	60.	75.	85.	210.	800.
1953-D silver half dollar	20.	35.	60.	75.	85.	210.	800.
1953-S silver half dollar	16.	20.	30.	40.	60.	100.	700.
1954 silver half dollar	20.	30.	60.	70.	85.	150.	800.
1954-D silver half dollar	20.	30.	60.	70.	85.	150.	800.
1954-S silver half dollar	17.	20.	25.	35.	55.	80.	700.

Commemorative coins 1982-2010

	MS-65	MS-68	MS-69	MS-70	PF-65	PF-68DC	PF-69DC	PF-70DC
WASHINGTON'S BIRTH 250TH ANNIVERSARY								
1982-D silver half dollar	7.50	10.	375.	—	*	*	*	*
1982-S silver half dollar	*	*	*	*	7.50	12.	25.	—
GAMES OF THE XXIII OLYMPIAD, LOS ANGELES								
1983-P silver dollar	21.	22.	35.	—	*	*	*	*
1983-D silver dollar	21.	22.	35.	—	*	*	*	*
1983-S silver dollar	21.	22.	40.	—	21.	25.	35.	—
1984-P silver dollar	21.	22.	35.	—	*	*	*	*
1984-D silver dollar	21.	22.	35.	—	*	*	*	*
1984-S silver dollar	21.	22.	35.	—	16.	22.	38.	—
1984-P gold $10 eagle	*	*	*	*	660.	—	700.	—
1984-D gold $10 eagle	*	*	*	*	660.	—	700.	—
1984-S gold $10 eagle	*	*	*	*	660.	—	700.	—
1984-W gold $10 eagle	660.	—	700.	—	660.	—	700.	—
STATUE OF LIBERTY–ELLIS ISLAND CENTENNIAL								
1986-D clad half dollar	6.00	8.00	18.	—	*	*	*	*
1986-S clad half dollar	*	*	*	*	6.00	8.00	18.	—
1986-P silver dollar	21.	22.	38.	—	*	*	*	*
1986-S silver dollar	*	*	*	*	18.	22.	38.	—
1986-W gold $5 half eagle	310.	—	340.	—	310.	—	340.	—
CONSTITUTION BICENTENNIAL								
1987-P silver dollar	21.	22.	38.	—	*	*	*	*
1987-S silver dollar	*	*	*	*	18.	22.	38.	—
1987-W gold $5 half eagle	310.	—	340.	—	310.	—	340.	—
GAMES OF THE XXIV OLYMPIAD, CALGARY, SEOUL								
1988-D silver dollar	21.	22.	38.	—	*	*	*	*
1988-S silver dollar	*	*	*	*	18.	22.	38.	—
1988-W gold $5 half eagle	310.	—	340.	—	310.	—	340.	—
BICENTENNIAL OF CONGRESS								
1989-D clad half dollar	8.00	10.	20.	—	*	*	*	*
1989-S clad half dollar	*	*	*	*	8.00	10.	25.	—
1989-D silver dollar	24.	25.	42.	—	*	*	*	*
1989-S silver dollar	*	*	*	*	20.	25.	42.	—
1989-W gold $5 half eagle	310.	—	340.	—	310.	—	340.	—

—— = Insufficient pricing data * = None issued

	MS-65	MS-68	MS-69	MS-70	PF-65	PF-68DC	PF-69DC	PF-70DC
EISENHOWER BIRTH CENTENNIAL								
1990-W silver dollar	24.	25.	40.	—	*	*	*	*
1990-P silver dollar	*	*	*	*	20.	25.	45.	—
MOUNT RUSHMORE 50TH ANNIVERSARY								
1991-D clad half dollar	20.	25.	32.	—	*	*	*	*
1991-S clad half dollar	*	*	*	*	20.	25.	32.	—
1991-P silver dollar	30.	35.	45.	—	*	*	*	*
1991-S silver dollar	*	*	*	*	28.	33.	40.	—
1991-W gold $5 half eagle	375.	—	410.	—	310.	—	340.	—
KOREAN WAR 38TH ANNIVERSARY								
1991-D silver dollar	23.	25.	36.	—	*	*	*	*
1991-P silver dollar	*	*	*	*	21.	26.	40.	—
UNITED SERVICE ORGANIZATIONS 50TH ANNIVERSARY								
1991-D silver dollar	26.	30.	38.	—	*	*	*	*
1991-S silver dollar	*	*	*	*	22.	26.	40.	—
GAMES OF THE XXV OLYMPIAD, ALBERTVILLE, BARCELONA								
1992-P clad half dollar	10.	15.	25.	—	*	*	*	*
1992-S clad half dollar	*	*	*	*	10.	15.	25.	—
1992-D silver dollar	27.	30.	38.	—	*	*	*	*
1992-S silver dollar	*	*	*	*	28.	32.	42.	—
1992-W gold $5 half eagle	375.	—	400.	—	320.	—	350.	—
WHITE HOUSE BICENTENNIAL								
1992-D silver dollar	30.	32.	40.	—	*	*	*	*
1992-W silver dollar	*	*	*	*	28.	32.	42.	—
COLUMBUS DISCOVERY QUINCENTENNIAL								
1992-D clad half dollar	13.	16.	25.	—	*	*	*	*
1992-S clad half dollar	*	*	*	*	13.	16.	25.	—
1992-P silver dollar	*	*	*	*	30.	34.	42.	—
1992-D silver dollar	25.	29.	40.	—	*	*	*	*
1992-W gold $5 half eagle	350.	—	400.	—	325.	—	350.	—
BILL OF RIGHTS–JAMES MADISON								
1993-W silver half dollar	20.	25.	32.	—	*	*	*	*
1993-S silver half dollar	*	*	*	*	18.	23.	30.	—
1993-D silver dollar	22.	26.	35.	—	*	*	*	*
1993-S silver dollar	*	*	*	*	25.	30.	40.	—
1993-W gold $5 half eagle	400.	—	440.	—	325.	—	350.	—
WORLD WAR II 50TH ANNIVERSARY, DUAL DATES 1991-1995								
(1993)-P WWII clad half dollar	30.	—	40.	—	25.	—	35.	—
(1993)-D silver dollar	30.	35.	45.	—	*	*	*	*
(1993)-W silver dollar	*	*	*	*	35.	40.	50.	—
(1993)-W WWII gold $5 half eagle	425.	—	460.	—	350.	—	380.	—
SOCCER WORLD CUP								
1994-D clad half dollar	12.	15.	25.	—	*	*	*	*
1994-P clad half dollar	*	*	*	*	10.	14.	25.	—
1994-D silver dollar	24.	28.	40.	—	*	*	*	*
1994-S silver dollar	*	*	*	*	25.	30.	40.	—
1994-W gold $5 half eagle	350.	—	350.	—	375.	—	400.	—
THOMAS JEFFERSON 250TH ANNIVERSARY 1743-1993								
(1994)-P silver dollar	20.	25.	35.	—	*	*	*	*
(1994)-S silver dollar	*	*	*	*	22.	27.	37.	—

—— = Insufficient pricing data   * = None issued

	MS-65	MS-68	MS-69	MS-70	PF-65	PF-68DC	PF-69DC	PF-70DC
WOMEN IN MILITARY SERVICE MEMORIAL								
1994-W silver dollar	40.	45.	50.	—	*	*	*	*
1994-P silver dollar	*	*	*	*	30.	35.	50.	—
VIETNAM VETERANS' MEMORIAL								
1994-W silver dollar	80.	85.	95.	—	*	*	*	*
1994-P silver dollar	*	*	*	*	70.	75.	85.	—
PRISONER OF WAR MUSEUM								
1994-W silver dollar	85.	95.	105.	—	*	*	*	*
1994-P silver dollar	*	*	*	*	45.	50.	60.	—
UNITED STATES CAPITOL BICENTENNIAL								
1994-D silver dollar	25.	30.	40.	—	*	*	*	*
1994-S silver dollar	*	*	*	*	30.	35.	45.	—
CIVIL WAR BATTLEFIELDS								
1995-S clad half dollar	45.	—	55.	—	42.	—	50.	—
1995-P silver dollar	70.	75.	85.	—	*	*	*	*
1995-S silver dollar	*	*	*	*	70.	75.	85.	—
1995-W gold $5 half eagle	850.	—	900.	—	425.	—	450.	—
SPECIAL OLYMPICS WORLD GAMES								
1995-W silver dollar	33.	36.	42.	—	*	*	*	*
1995-P silver dollar	*	*	*	*	32.	36.	45.	—
GAMES OF THE XXVI OLYMPIAD, ATLANTA								
1995-S Basketball clad half dollar	25.	—	35.	—	25.	—	35.	—
1995-S Baseball clad half dollar	25.	—	35.	—	25.	—	35.	—
1996-S Swimming clad half dollar	155.	—	175.	—	40.	—	50.	—
1996-S Soccer clad half dollar	145.	—	165.	—	100.	—	110.	—
1995-D Gymnastics silver dollar	65.	75.	85.	—	*	*	*	*
1995-P Gymnastics silver dollar	*	*	*	*	60.	65.	70.	—
1995-D Cycling silver dollar	135.	145.	160.	—	*	*	*	*
1995-P Cycling silver dollar	*	*	*	*	55.	60.	65.	—
1995-D Track & Field silver dollar	95.	105.	125.	—	*	*	*	*
1995-P Track & Field silver dollar	*	*	*	*	60.	65.	70.	—
1995-D Paralympic, blind runner silver dollar	80.	90.	100.	—	*	*	*	*
1995-P Paralympic, blind runner silver dollar	*	*	*	*	60.	65.	70.	—
1996-D Tennis silver dollar	300.	310.	325.	—	*	*	*	*
1996-P Tennis silver dollar	*	*	*	*	85.	95.	105.	—
1996-D Rowing silver dollar	325.	335.	350.	—	*	*	*	*
1996-P Rowing silver dollar	*	*	*	*	70.	75.	85.	—
1996-D High Jump silver dollar	350.	375.	400.	—	*	*	*	*
1996-P High Jump silver dollar	*	*	*	*	60.	65.	75.	—
1996-D Paralympic, wheelchair athlete silver dollar	340.	360.	385.	—	*	*	*	*
1996-P Paralympic, wheelchair athlete silver dollar	*	*	*	*	80.	85.	95.	—
1995-W Torch Runner gold $5 half eagle	900.	—	1000.	—	350.	—	380.	—
1995-W Atlanta Stadium gold $5 half eagle	2200.	—	2400.	—	550.	—	600.	—
1996-W Olympic Flame brazier gold $5 half eagle	900.	—	1000.	—	550.	—	600.	—
1996-W Flagbearer gold $5 half eagle	2500.	—	2650.	—	550.	—	600.	—

—— = Insufficient pricing data   * = None issued

	MS-65	MS-68	MS-69	MS-70	PF-65	PF-68DC	PF-69DC	PF-70DC
NATIONAL COMMUNITY SERVICE								
1996-S silver dollar	200.	—	235.	—	75.	—	95.	—
SMITHSONIAN INSTITUTION 150TH ANNIVERSARY								
1996-D silver dollar	130.	140.	150.	—	*	*	*	*
1996-P silver dollar	*	*	*	*	55.	65.	75.	—
1996-W gold $5 half eagle	900.	—	1000.	—	475.	—	510.	—
U.S. BOTANIC GARDEN								
1997-P silver dollar	45.	—	55.	—	45.	—	55.	—
FRANKLIN DELANO ROOSEVELT								
1997-W gold $5 half eagle	1500.	—	1650.	—	350.	—	400.	—
NATIONAL LAW ENFORCEMENT OFFICERS MEMORIAL								
1997-P silver dollar	160.	—	180.	—	95.	—	125.	—
JACKIE ROBINSON								
1997-S silver dollar	90.	—	120.	—	120.	—	140.	—
1997-W gold $5 half eagle	4100.	—	4300.	—	550.	—	625.	—
BLACK REVOLUTIONARY WAR PATRIOTS								
1998-S silver dollar	150.	—	170.	—	100.	—	120.	—
ROBERT F. KENNEDY								
1998-S silver dollar	35.	—	45.	—	55.	—	75.	—
GEORGE WASHINGTON								
1999-W gold $5 half eagle	375.	—	400.	—	325.	—	350.	—
YELLOWSTONE NATIONAL PARK								
1999-P silver dollar	50.	—	65.	—	45.	—	60.	—
DOLLEY MADISON								
1999-P silver dollar	45.	—	55.	—	35.	—	50.	—
LIBRARY OF CONGRESS BICENTENNIAL								
2000-P silver dollar	40.	—	50.	—	35.	—	45.	—
2000-W bimetallic $10 eagle	5500.	—	6000.	—	1000.	—	1150.	—
LEIF ERICSON MILLENNIUM SILVER DOLLAR								
2000-P silver dollar	85.	—	105.	—	70.	—	85.	—
AMERICAN BUFFALO								
2001-D silver dollar	160.	170.	200.	—	*	*	*	*
2001-P silver dollar	*	*	*	*	170.	180.	210.	—
CAPITOL VISITOR CENTER								
2001-P half dollar	15.	—	30.	—	20.	—	30.	—
2001-P silver dollar	33.	—	45.	—	40.	—	50.	—
2001-W gold $5 half eagle	1500.	—	1600.	—	375.	—	400.	—
U.S. MILITARY ACADEMY BICENTENNIAL								
2002-W silver dollar	25.	—	35.	—	25.	—	35.	—
SALT LAKE CITY OLYMPIC GAMES								
2002-P silver dollar	32.	—	42.	—	40.	—	50.	—
2002-W gold $5 half eagle	400.	—	450.	—	330.	—	360.	—
FIRST FLIGHT CENTENNIAL								
2003-P clad half dollar	16.	—	30.	—	18.	—	30.	—
2003-P silver dollar	35.	—	45.	—	35.	—	45.	—
2003-W gold $10 eagle	700.	—	750.	—	675.	—	725.	—

—— = Insufficient pricing data   * = None issued

	MS-65	MS-68	MS-69	MS-70	PF-65	PF-68DC	PF-69DC	PF-70DC
LEWIS & CLARK BICENTENNIAL								
2004-P silver dollar	32.	—	42.	—	30.	—	40.	—
THOMAS ALVA EDISON								
2004-P silver dollar	30.	—	45.	—	35.	—	45.	—
CHIEF JUSTICE JOHN MARSHALL								
2005-P silver dollar	30.	—	45.	—	35.	—	50.	—
MARINE CORPS 230TH ANNIVERSARY								
2005-P silver dollar	40.	—	45.	—	45.	—	55.	—
BENJAMIN FRANKLIN TERCENTENARY								
2006-P Scientist silver dollar	30.	—	40.	—	45.	—	55.	—
2006-P Founding Father silver dollar	30.	—	40.	—	45.	—	55.	—
SAN FRANCISCO OLD MINT								
2006-S silver dollar	45.	—	55.	—	45.	50.	55.	—
2006-S gold $5 half eagle	320.	—	340.	—	310.	—	340.	—
JAMESTOWN (VA.) QUADRICENTENNIAL								
2007-P silver dollar	35.	—	45.	—	35.	—	45.	—
2007-W gold $5 half eagle	320.	—	350.	—	310.	—	340.	—
LITTLE ROCK CENTRAL HIGH SCHOOL DESEGREGATION 50TH ANNIVERSARY								
2007-P silver dollar	36.	—	48.	—	40.	—	55.	—
BALD EAGLE								
2008-S clad half dollar	10.	12.	28.	—	13.	16.	28.	—
2008-P silver dollar	35.	—	50.	—	40.	—	55.	—
2008-W gold $5 half eagle	320.	—	350.	—	320.	—	350.	—
ABRAHAM LINCOLN BICENTENNIAL								
2009-P silver dollar	65.	70.	—	—	65.	70.	90.	—
LOUIS BRAILLE BICENTENNIAL								
2009-P silver dollar	40.	55.	—	—	45.	50.	70.	—
AMERICAN VETERANS DISABLED FOR LIFE								
2010-W silver dollar	—	—	—	—	—	—	—	—
BOY SCOUTS OF AMERICA CENTENNIAL								
2010-P silver dollar	—	—	—	—	—	—	—	—

—— = Insufficient pricing data   * = None issued

Proof sets

	Low	High		Low	High
1936	6500.	8000.	1989-S	7.50	10.
1937	3600.	4500.	1989-S Prestige	32.	36.
1938	1700.	2500.	1990-S	7.00	10.
1939	1550.	2400.	1990-S No S Lincoln cent	5500.	6500.
1940	1400.	1800.	1990-S Prestige	22.	27.
1941	1400.	1800.	1991-S	10.	15.
1942 5-piece	1200.	1500.	1991-S Prestige	45.	55.
1942 6-piece	1300.	1800.	1992-S	6.00	9.00
1950	650.	900.	1992-S Prestige	50.	60.
1951	600.	800.	1992-S Silver	14.	17.
1952	260.	350.	1992-S Silver Premier	15.	18.
1953	230.	300.	1993-S	10.	13.
1954	100.	130.	1993-S Prestige	28.	35.
1955 Flat	150.	200.	1993-S Silver	25.	30.
1956	55.	65.	1993-S Silver Premier	26.	31.
1957	27.	37.	1994-S	10.	13.
1958	48.	55.	1994-S Prestige	35.	40.
1959	25.	30.	1994-S Silver	30.	35.
1960	20.	30.	1994-S Silver Premier	26.	30.
1960 Small Date cent	32.	40.	1995-S	20.	24.
1961	16.	20.	1995-S Prestige	110.	130.
1962	16.	20.	1995-S Silver	65.	75.
1963	16.	20.	1995-S Silver Premier	70.	80.
1964	16.	20.	1996-S	12.	15.
1968-S	6.50	9.00	1996-S Prestige	310.	350.
1969-S	6.50	9.00	1996-S Silver	30.	35.
1970-S	8.50	11.	1996-S Silver Premier	31.	36.
1970-S Level 7 Small Date cent	100.	125.	1997-S	20.	24.
1971-S	5.00	7.00	1997-S Prestige	110.	130.
1972-S	5.50	7.00	1997-S Silver	45.	50.
1973-S	6.00	8.00	1997-S Silver Premier	50.	55.
1974-S	7.00	9.00	1998-S	12.	15.
1975-S	9.00	12.	1998-S Silver	20.	24.
1976-S	8.00	11.	1998-S Silver Premier	21.	25.
1976-S Bicentennial 3-piece	15.	18.	1999-S 9 coin set	35.	40.
1977-S	6.50	9.00	1999-S Quarters 5 coin set	33.	38.
1978-S	8.00	11.	1999-S Silver	240.	280.
1979-S Filled S	8.00	11.	2000-S 10 coin set	11.	14.
1979-S Clear S	85.	100.	2000-S Silver	30.	35.
1980-S	6.00	8.00	2000-S Quarters	7.00	9.00
1981-S Filled S	8.00	11.	2001-S	65.	75.
1981-S Clear S	290.	350.	2001-S Silver	100.	115.
1982-S	5.00	7.00	2001-S Quarters	38.	43.
1983-S	6.00	8.00	2002-S	25.	29.
1983-S Prestige	65.	75.	2002-S Silver	65.	75.
1984-S	7.00	10.	2002-S Quarters	15.	18.
1984-S Prestige	22.	28.	2003-S	14.	18.
1985-S	5.50	8.00	2003-S Silver	29.	33.
1986-S	6.00	8.00	2003-S Quarters	11.	14.
1986-S Prestige	22.	30.	2004-S	28.	32.
1987-S	5.50	8.00	2004-S Silver	30.	35.
1987-S Prestige	20.	25.	2004-S Quarters	12.	15.
1988-S	6.00	8.00	2004-S Silver Quarters	18.	22.
1988-S Prestige	25.	29.	2005-S	13.	16.

—— = Insufficient pricing data   * = None issued

PROOF SETS (CONTINUED)

	Low	High
2005-S Silver	30.	35.
2005-S Quarters	10.	13.
2005-S Silver Quarters	18.	21.
2006-S	30.	35.
2006-S Silver	30.	35.
2006-S Quarters	15.	18.
2006-S Silver Quarters	18.	21.
2007-S	36.	40.
2007-S Silver	50.	55.
2007-S Quarters	15.	18.
2007-S Silver Quarters	19.	22.
2007-S Presidential Dollars	20.	24.
2008-S	85.	95.
2008-S Silver	55.	65.

	Low	High
2008-S Quarters	40.	50.
2008-S Silver Quarters	25.	30.
2008-S Presidential Dollars	25.	30.
2009-S	30.	30.
2009-S Silver	53.	53.
2009-S Quarters	15.	15.
2009-S Silver Quarters	30.	30.
2009-S Presidential Dollars	15.	15.
2009-S Lincoln Cent 4-coin set	7.95	7.95
2010-S	—	—
2010-S Silver	—	—
2010-S Quarters	15.	15.
2010-S Silver Quarters	33.	33.
2010-S Presidential Dollars	16.	16.

Uncirculated Mint sets

	Low	High
1947 Double set	1250.	1500.
1948 Double set	700.	850.
1949 Double set	850.	1100.
1950 No Sets Issued	*	*
1951 Double set	800.	1000.
1952 Double set	750.	900.
1953 Double set	550.	700.
1954 Double set	225.	300.
1955 Double set	150.	200.
1956 Double set	140.	190.
1957 Double set	240.	290.
1958 Double set	130.	190.
1959 Single set	50.	65.
1960	28.	40.
1961	40.	55.
1962	25.	30.
1963	25.	30.
1964	25.	30.
1965 Special Mint Set	6.00	8.00
1966 Special Mint Set	6.00	8.00
1967 Special Mint Set	10.	13.
1968	5.00	7.00
1969	5.00	7.00
1970	15.	18.
1971	5.00	7.00
1972	5.00	7.00
1973	14.	18.
1974	7.00	10.
1975	7.00	10.
1976-S 3-piece 40% silver	14.	18.
1976	7.00	10.
1977	8.00	11.

	Low	High
1978	7.00	10.
1979	6.00	9.00
1980	7.00	10.
1981	14.	18.
1984	5.00	7.00
1985	7.00	10.
1986	10.	13.
1987	6.00	9.00
1988	6.00	9.00
1989	6.00	9.00
1990	6.00	9.00
1991	6.00	9.00
1992	6.00	9.00
1993	7.00	10.
1994	6.00	9.00
1995	9.00	12.
1996	16.	20.
1997	13.	16.
1998	6.00	9.00
1999	13.	18.
2000	13.	18.
2001	16.	20.
2002	21.	25.
2003	17.	21.
2004	32.	36.
2005	10.	13.
2006	15.	19.
2007	25.	30.
2008	55.	65.
2009	30.	35.

——— = Insufficient pricing data   * = None issued

American Eagle silver bullion

Date of authorization: Dec. 17, 1985
Dates of issue: 1986-present
Designers: Obverse: Adolph A. Weinman
Reverse: John Mercanti
Engravers: Obverse: Edgar Steever
Reverse: John Mercanti
Diameter: 40.10 mm/1.58 inches
Weight: 31.10 grams/1.00 ounce
Metallic Content: 100% silver (.999 fine)
Specific gravity: 10.5
Weight of pure silver: 31.10 grams/1.00 ounce
Edge: Reeded
Mint mark: Reverse left of eagle's tail
(none on bullion versions)

	MS-65	MS-69	PF-65	PF-69DC
1986 (S)	24.	40.	*	*
1986-S	*	*	50.	65.
1987 (S)	21.	38.	*	*
1987-S	*	*	50.	65.
1988 (S)	23.	38.	*	*
1988-S	*	*	55.	70.
1989 (S or W)	21.	38.	*	*
1989-S	*	*	55.	70.
1990 (S or W)	22.	38.	*	*
1990-S	*	*	55.	70.
1991 (S or W)	21.	35.	*	*
1991-S	*	*	55.	70.
1992 (S or W)	21.	35.	*	*
1992-S	*	*	55.	70.
1993 (S or W)	21.	35.	*	*
1993-P	*	*	80.	95.
1994 (S or W)	21.	36.	*	*
1994-P	*	*	110.	160.

	MS-65	MS-69	PF-65	PF-69DC
1995 (S or W)	21.	36.	*	*
1995-P	*	*	90.	120.
1995-W	*	*	2800.	3500.
1996 (S or W)	35.	74.	*	*
1996-P	*	*	75.	85.
1997 (S or W)	21.	36.	*	*
1997-P	*	*	78.	100.
1998 (S or W)	22.	35.	*	*
1998-P	*	*	55.	70.
1999 (S or W)	21.	35.	*	*
1999-P	*	*	55.	70.
2000 (S or W)	21.	35.	*	*
2000-P	*	*	55.	70.
2001 (W)	21.	35.	*	*
2001-W	*	*	55.	70.
2002 (W)	21.	35.	*	*
2002-W	*	*	55.	70.
2003 (W)	21.	35.	*	*

* = None issued

AMERICAN EAGLE SILVER BULLION (CONTINUED)

	MS-65	MS-69	PF-65	PF-69DC
2003-W	*	*	55.	70.
2004 (W)	21.	35.	*	*
2004-W	*	*	55.	70.
2005 (W)	21.	35.	*	*
2005-W	*	*	55.	70.
2006 (W)	21.	35.	*	*
2006-W Proof	*	*	55.	70.
2006-P Reverse Proof				
	*	*	185.	210.
2006-W Burnished Uncirculated				
	66.	87.	*	*
2007 (W)	21.	35.	*	*

	MS-65	MS-69	PF-65	PF-69DC
2007-W Proof	*	*	55.	70.
2007-W Burnished Uncirculated				
	26.	33.	*	*
2008 (W)	21.	35.	*	*
2008-W Burnished Uncirculated Rev. of 2007				
	410.	460.	*	*
2008-W Proof	*	*	65.	85.
2008-W Burnished Uncirculated				
	33.	43.	*	*
2009 (W)	21.	35.	*	*
2010 (W)	21.	35.	*	*

American Eagle platinum bullion

Date of authorization: Sept. 30, 1996
Dates of issue: 1997-present
Designers/Engravers: Obverse: John Mercanti
Reverse: Thomas D. Rogers Sr.
(Unc. and 1997 Proof only)
Proof reverses from 1998 onward are changed each year.
Diameter: $100: 32.70 mm/1.29 inches
$50: 27.00 mm/1.07 inches
$25: 22.00 mm/0.87 inch
$10: 16.50 mm/0.65 inch
Weight: $100: 31.12 grams/1.0005 ounce
$50: 15.56 grams/0.5003 ounce
$25: 7.78 grams/0.2501 ounce
$10: 3.112 grams/0.1001 ounce
Metallic Content: 100% platinum (.9995 fine)
Specific gravity: 21.4
Weight of pure platinum: $100: 1.00 ounce; $50: 0.50 ounce
$25: 0.25 ounce; $10: 0.10 ounce
Edge: Reeded
Mint mark: Reverse, location varies
(none on bullion versions)

AMERICAN EAGLE PLATINUM BULLION (CONTINUED)

PLATINUM $10 — TENTH OUNCE

	MS-65	MS-69	PF-65	PF-69DC
1997 (W)	191.	218.	*	*
1997-W	*	*	530.	550.
1998 (W)	191.	218.	*	*
1998-W	*	*	530.	550.
1999 (W)	191.	218.	*	*
1999-W	*	*	530.	550.
2000 (W)	191.	218.	*	*
2000-W	*	*	530.	550.
2001 (W)	191.	218.	*	*
2001-W	*	*	530.	550.
2002 (W)	191.	218.	*	*
2002-W	*	*	530.	550.
2003 (W)	191.	218.	*	*
2003-W	*	*	530.	550.
2004 (W)	191.	218.	*	*
2004-W	*	*	530.	550.
2005 (W)	191.	218.	*	*
2005-W	*	*	530.	550.
2006 (W)	191.	218.	*	*
2006-W Proof	*	*	530.	550.
2006-W Burnished Uncirculated	686.	—	*	*
2007 (W)	191.	218.	*	*
2007-W Proof	*	*	530.	550.
2007-W Burnished Uncirculated	243.	249.	*	*
2008 (W)	191.	218.	*	*
2008-W Proof	*	*	530.	550.
2008-W Burnished Uncirculated	206.	222.	*	*

PLATINUM $25 — QUARTER OUNCE

	MS-65	MS-69	PF-65	PF-69DC
1997 (W)	427.	430.	*	*
1997-W	*	*	600.	630.
1998 (W)	427.	430.	*	*
1998-W	*	*	600.	630.
1999 (W)	427.	430.	*	*
1999-W	*	*	600.	630.
2000 (W)	427.	430.	*	*
2000-W	*	*	600.	630.
2001 (W)	427.	430.	*	*
2001-W	*	*	600.	630.
2002 (W)	427.	430.	*	*
2002-W	*	*	600.	630.
2003 (W)	427.	430.	*	*
2003-W	*	*	600.	630.
2004 (W)	427.	430.	*	*
2004-W	*	*	1275.	1450.
2005 (W)	427.	430.	*	*
2005-W	*	*	620.	740.
2006 (W)	427.	430.	*	*
2006-W Proof	*	*	620.	660.
2006-W Burnished Uncirculated	1272.	—	*	*
2007 (W)	427.	430.	*	*
2007-W Proof	*	*	620.	660.
2007-W Burnished Uncirculated	436.	460.	*	*
2008 (W)	427.	430.	*	*
2008-W Proof	*	*	600.	640.
2008-W Burnished Uncirculated	—	525.	*	*

PLATINUM $50 — HALF OUNCE

	MS-65	MS-69	PF-65	PF-69DC
1997 (W)	753.	753.	*	*
1997-W	*	*	1230.	1275.
1998 (W)	753.	753.	*	*
1998-W	*	*	1230.	1275.
1999 (W)	753.	753.	*	*
1999-W	*	*	1230.	1275.
2000 (W)	753.	753.	*	*
2000-W	*	*	1230.	1275.
2001 (W)	753.	753.	*	*
2001-W	*	*	1230.	1275.
2002 (W)	846.	765.	*	*
2002-W	*	*	1230.	1275.
2003 (W)	846.	846.	*	*
2003-W	*	*	1230.	1275.
2004 (W)	846.	846.	*	*
2004-W	*	*	3675.	4850.
2005 (W)	846.	846.	*	*
2005-W	*	*	1230.	1275.
2006 (W)	846.	846.	*	*
2006-W Proof	*	*	1230.	1275.
2006-W Burnished Uncirculated	1521.	—	*	*
2007 (W)	846.	846.	*	*
2007-W Proof	*	*	1230.	1275.
2007-W Reverse Proof	*	*	—	1350.
2007-W Burnished Uncirculated	846.	846.	*	*
2008 (W)	—	—	*	*
2008-W Proof	*	*	1230.	1275.
2008-W Burnished Uncirculated	—	840.	*	*

PLATINUM $100 — ONE OUNCE

	MS-65	MS-69	PF-65	PF-69DC
1997 (W)	1693.	1707.	*	*
1997-W	*	*	2350.	2400.
1998 (W)	1693.	1707.	*	*
1998-W	*	*	2350.	2400.
1999 (W)	1693.	1707.	*	*
1999-W	*	*	2350.	2400.
2000 (W)	1693.	1707.	*	*
2000-W	*	*	2350.	2400.
2001 (W)	1693.	1707.	*	*
2001-W	*	*	2350.	2400.
2002 (W)	1693.	1707.	*	*
2002-W	*	*	2350.	2400.
2003 (W)	1693.	1707.	*	*
2003-W	*	*	2350.	2400.

—— = Insufficient pricing data   * = None issued

AMERICAN EAGLE PLATINUM BULLION (CONTINUED)

	MS-65	MS-69	PF-65	PF-69DC
2004 (W)	1693.	1707.	*	*
2004-W	*	*	3750.	4000.
2005 (W)	1693.	1707.	*	*
2005-W	*	*	2350.	2400.
2006 (W)	1693.	1707.	*	*
2006-W Proof	*	*	2350.	2400.
2006-W Burnished Uncirculated				
	2679.	—	*	*
2007 (W)	1693.	1707.	*	*

	MS-65	MS-69	PF-65	PF-69DC
2007-W Proof	*	*	2350.	2400.
2007-W Burnished Uncirculated				
	1826.	1856.	*	*
2008 (W)	1693.	1707.	*	*
2008-W Proof	*	*	2350.	2400.
2008-W Burnished Uncirculated				
	—	1575.	*	*
2009-W Proof	*	*	—	—

Proof American Eagle platinum reverses

1998   1999   2000   2001

2002   2003   2004   2005

2006   2007   2008

2009   2010

—— = Insufficient pricing data   * = None issued

American Eagle gold bullion

Date of authorization:	Dec. 17, 1985
Dates of issue:	1986-present
Designers:	Obverse: Augustus Saint-Gaudens
	Reverse: Miley Busiek
Engravers:	Obverse: Matthew Peloso
	Reverse: Sherl Joseph Winter
Diameter:	$50: 32.70 mm/1.29 inches
	$25: 27.00 mm/1.07 inches
	$10: 22.00 mm/0.87 inch
	$5: 16.50 mm/0.65 inch
Weight:	$50: 33.93 grams/1.09 ounce
	$25: 16.97 grams/0.55 ounce
	$10: 8.48 grams/0.27 ounce
	$5: 3.39 grams/0.11 ounce
Metallic Content:	91.67% gold, 5.33% copper, 3% silver
Specific gravity:	17.45
Weight of pure gold:	$50: 1.00 ounce
	$25: 0.50 ounce
	$10: 0.25 ounce
	$5: 0.10 ounce
Edge:	Reeded
Mint mark:	Obverse below date
	(none on bullion versions)

GOLD $5	MS-65	MS-69	PF-65	PF-69DC
TENTH OUNCE				
1986 (W)	157.	212.	*	*
1987 (W)	157.	194.	*	*
1988 (W)	317.	401.	*	*
1988-P	*	*	180.	190.
1989 (W)	157.	184.	*	*
1989-P	*	*	180.	190.
1990 (W)	161.	223.	*	*
1990-P	*	*	180.	190.
1991 (W)	184.	222.	*	*

	MS-65	MS-69	PF-65	PF-69DC
1991-P	*	*	180.	190.
1992 (W)	157.	194.	*	*
1992-P	*	*	180.	190.
1993 (W)	161.	201.	*	*
1993-P	*	*	180.	190.
1994 (W)	161.	201.	*	*
1994-P	*	*	180.	190.
1995 (W)	161.	201.	*	*
1995-W	*	*	180.	190.
1996 (W)	161.	201.	*	*

* = None issued

AMERICAN EAGLE GOLD BULLION (CONTINUED)

	MS-65	MS-69	PF-65	PF-69DC
1996-W	*	*	180.	190.
1997 (S or W)	161.	201.	*	*
1997-W	*	*	180.	190.
1998 (S or W)	161.	201.	*	*
1998-W	*	*	180.	190.
1999 (S or W)	157.	194.	*	*
1999-W	*	*	180.	190.
2000 (S or W)	157.	248.	*	*
2000-W	*	*	180.	190.
2001 (W)	157.	248.	*	*
2001-W	*	*	180.	190.
2002 (W)	157.	248.	*	*
2002-W	*	*	180.	190.
2003 (W)	157.	194.	*	*
2003-W	*	*	180.	190.
2004 (W)	157.	194.	*	*
2004-W	*	*	180.	190.
2005 (W)	157.	194.	*	*
2005-W	*	*	180.	190.
2006 (W)	157.	194.	*	*
2006-W Proof	*	*	180.	190.
2006-W Burnished Uncirculated	182.	208.	*	*
2007 (W)	157.	194.	*	*
2007-W Proof	*	*	180.	190.
2007-W Burnished Uncirculated	182.	208.	*	*
2008 (W)	157.	194.	*	*
2008-W Proof	*	*	180.	190.
2008-W Burnished Uncirculated	182.	208.	*	*
2009 (W)	157.	194.	*	*

GOLD $10   QUARTER OUNCE

	MS-65	MS-69	PF-65	PF-69DC
1986 (W)	353.	391.	*	*
1987 (W)	353.	391.	*	*
1988 (W)	353.	439.	*	*
1988-P	*	*	450.	500.
1989 (W)	353.	391.	*	*
1989-P	*	*	450.	500.
1990 (W)	353.	439.	*	*
1990-P	*	*	450.	500.
1991 (W)	556.	699.	*	*
1991-P	*	*	450.	500.
1992 (W)	353.	391.	*	*
1992-P	*	*	450.	500.
1993 (W)	353.	391.	*	*
1993-P	*	*	450.	500.
1994 (W)	353.	391.	*	*
1994-P	*	*	450.	500.
1995 (W)	353.	391.	*	*
1995-W	*	*	450.	500.
1996 (W)	353.	391.	*	*
1996-W	*	*	450.	500.
1997 (S or W)	353.	391.	*	*
1997-W	*	*	450.	500.
1998 (S or W)	353.	391.	*	*
1998-W	*	*	450.	500.
1999 (S or W)	353.	391.	*	*
1999-W	*	*	450.	500.
2000 (S or W)	353.	391.	*	*
2000-W	*	*	450.	500.
2001 (W)	353.	391.	*	*
2001-W	*	*	450.	500.
2002 (W)	353.	391.	*	*
2002-W	*	*	450.	500.
2003 (W)	353.	391.	*	*
2003-W	*	*	450.	500.
2004 (W)	353.	391.	*	*
2004-W	*	*	450.	500.
2005 (W)	353.	391.	*	*
2005-W	*	*	450.	500.
2006 (W)	353.	391.	*	*
2006-W Proof	*	*	450.	500.
2006-W Burnished Uncirculated	728.	754.	*	*
2007 (W)	353.	391.	*	*
2007-W Proof	*	*	450.	500.
2007-W Burnished Uncirculated	728.	754.	*	*
2008 (W)	327.	360.	*	*
2008-W Proof	*	*	450.	500.
2008-W Burnished Uncirculated	1248.	1300.	*	*
2009 (W)	327.	360.	*	*

GOLD $25   HALF OUNCE

	MS-65	MS-69	PF-65	PF-69DC
1986 (W)	669.	696.	*	*
1987 (W)	669.	696.	*	*
1987-P	*	*	900.	1000.
1988 (W)	669.	885.	*	*
1988-P	*	*	900.	1000.
1989 (W)	899.	1011.	*	*
1989-P	*	*	900.	1000.
1990 (W)	1016.	1211.	*	*
1990-P	*	*	900.	1000.
1991 (W)	1758.	2289.	*	*
1991-P	*	*	900.	1000.
1992 (W)	669.	729.	*	*
1992-P	*	*	900.	1000.
1993 (W)	669.	686.	*	*
1993-P	*	*	900.	1000.
1994 (W)	669.	686.	*	*
1994-P	*	*	900.	1000.
1995 (W)	669.	686.	*	*
1995-W	*	*	900.	1000.
1996 (W)	759.	791.	*	*
1996-W	*	*	900.	1000.
1997 (S or W)	669.	686.	*	*
1997-W	*	*	900.	1000.
1998 (S or W)	669.	686.	*	*
1998-W	*	*	900.	1000.
1999 (S or W)	669.	686.	*	*

——— = Insufficient pricing data   * = None issued

AMERICAN EAGLE GOLD BULLION (CONTINUED)

	MS-65	MS-69	PF-65	PF-69DC
1999-W	*	*	900.	1000.
2000 (S or W)	669.	686.	*	*
2000-W	*	*	900.	1000.
2001 (S or W)	681.	720.	*	*
2001-W	*	*	900.	1000.
2002 (S or W)	669.	686.	*	*
2002-W	*	*	900.	1000.
2003 (S or W)	669.	686.	*	*
2003-W	*	*	900.	1000.
2004 (S or W)	669.	686.	*	*
2004-W	*	*	900.	1000.
2005 (W)	669.	686.	*	*
2005-W	*	*	900.	1000.
2006 (W)	669.	686.	*	*
2006-W Proof	*	*	900.	1000.
2006-W Burnished Uncirculated				
	1505.	1556.	*	*
2007 (W)	669.	686.	*	*
2007-W	*	*	900.	1000.
2007-W Burnished Uncirculated				
	1505.	1556.	*	*
2008 (W)	669.	686.	*	*
2008-W	*	*	900.	1000.
2008-W Burnished Uncirculated				
	1556.	1607.	*	*
2009 (W)	669.	686.	*	*

GOLD $50   ONE OUNCE

	MS-65	MS-69	PF-65	PF-69DC
1986 (W)	1290.	1319.	*	*
1986-W	*	*	1675.	1800.
1987 (W)	1290.	1319.	*	*
1987-W	*	*	1675.	1800.
1988 (W)	1290.	1319.	*	*
1988-W	*	*	1675.	1800.
1989 (W)	1290.	1319.	*	*
1989-W	*	*	1675.	1800.
1990 (W)	1290.	1319.	*	*
1990-W	*	*	1675.	1800.
1991 (W)	1290.	1319.	*	*
1991-W	*	*	1675.	1800.
1992 (W)	1290.	1319.	*	*
1992-W	*	*	1675.	1800.

	MS-65	MS-69	PF-65	PF-69DC
1993 (W)	1290.	1319.	*	*
1993-W	*	*	1675.	1800.
1994 (W)	1290.	1319.	*	*
1994-W	*	*	1675.	1800.
1995 (W)	1290.	1319.	*	*
1995-W	*	*	1675.	1800.
1996 (W)	1290.	1319.	*	*
1996-W	*	*	1675.	1800.
1997 (S or W)	1290.	1319.	*	*
1997-W	*	*	1675.	1800.
1998 (S or W)	1290.	1319.	*	*
1998-W	*	*	1675.	1800.
1999 (S or W)	1290.	1319.	*	*
1999-W	*	*	1675.	1800.
2000 (S or W)	1290.	1319.	*	*
2000-W	*	*	1675.	1800.
2001 (S or W)	1290.	1319.	*	*
2001-W	*	*	1675.	1800.
2002 (S or W)	1290.	1319.	*	*
2002-W	*	*	1675.	1800.
2003 (S or W)	1290.	1319.	*	*
2003-W	*	*	1675.	1800.
2004 (S or W)	1290.	1319.	*	*
2004-W	*	*	1675.	1800.
2005 (W)	1290.	1319.	*	*
2005-W	*	*	1675.	1800.
2006 (W)	1290.	1319.	*	*
2006-W Proof	*	*	1675.	1800.
2006-W Reverse Proof				
	*	*	2800.	2900.
2006-W Burnished Uncirculated				
	1374.	1425.	*	*
2007 (W)	1290.	1319.	*	*
2007-W Proof	*	*	1675.	1800.
2007-W Burnished Uncirculated				
	1478.	1529.	*	*
2008 (W)	1290.	1319.	*	*
2008-W Proof	*	*	1675.	1800.
2008-W Burnished Uncirculated				
	1556.	1608.	*	*
2009 (W)	1290.	1319.	*	*
2010 (W)	1290.	1319.	*	*

—— = Insufficient pricing data   * = None issued

American Buffalo Gold Bullion

Date of authorization: December 22, 2005

Dates of issue: 2006-present

Designers: Obverse: James Earle Fraser
Reverse: James Earle Fraser

Diameter: $50: 32.70 mm/1.29 inches
$25: 27.00 mm/1.07 inches
$10: 22.00 mm/0.87 inch
$5: 16.50 mm/0.65 inch

Weight: $50: 31.10 grams/1.00 ounce
$25: 15.55 grams/0.50 ounce
$10: 7.78 grams/0.25 ounce
$5: 3.11 grams/0.10 ounce

Metallic Content: .9999 fine gold

Specific gravity: 19.32

Weight of pure gold: $50, 1 ounce; $25, half ounce; $10,
quarter ounce; $5, tenth ounce

Edge: Reeded

Mint mark: Obverse, behind Indian's neck,
below feathers, W (collector coins)

		MS-65	MS-68	MS-69	MS-70	PF-65	PF-68DC	PF-69DC	PF-70DC
GOLD $5	**TENTH OUNCE**								
2008-W		—	—	550.	800.	—	—	850.	1000.
GOLD $10	**QUARTER OUNCE**								
2008-W		—	—	1550.	1800.	—	—	1500.	1700.
GOLD $25	**HALF OUNCE**								
2008-W		—	—	1400.	1600.	—	—	1550.	1800.
GOLD $50	**ONE OUNCE**								
2006 (W)		1300.	1350.	1375.	1425.	*	*	*	*
2006-W		*	*	*	*	1400.	1700.	1800.	1900.
2007 (W)		1300.	1350.	1375.	1425.	*	*	*	*
2007-W		*	*	*	*	1400.	1700.	1800.	1900.
2008 (W)		1300.	1350.	1375.	1425.	*	*	*	*
2008-W		*	*	*	*	3600.	3750.	4000.	5500.

—— = Insufficient pricing data   * = None issued

AMERICAN BUFFALO GOLD BULLION (CONTINUED)

	MS-65	MS-68	MS-69	MS-70	PF-65	PF-68DC	PF-69DC	PF-70DC
GOLD $50 **ONE OUNCE**								
2008-W Burnished Uncirculated	2300.	2375.	2500.	3200.	*	*	*	*
2009 (W)	1300.	1350.	1375.	1425.	*	*	*	*
2009-W	*	*	*	*	1400.	1700.	1800.	1900.
2010 (W)	1300.	1350.	1375.	1425.	*	*	*	*
2010-W	*	*	*	*	1400.	1700.	1800.	1900.

Mintage figures 6

The mintage figures that follow are·compiled from official Mint Reports, data from the National Archives, information from the Mint's Public Affairs office and in some cases, an educated guess. Figures given are based on the best information available to researchers today, information less than ideal for some years. Before 1950, the generally accepted source of mintage figures was the *Annual Report of the Director of the Mint.*

However, since the Mint Report for many years was simply a book-keeper's record of how many coins were issued in a given year, it is not a perfect source for mintage information. The figures given often were not related to the actual number of coins struck with each date (dies were sometimes prepared after the start of a new calendar year in the 18th and early 19th centuries). Particularly for many of those earlier coins, mintage figures here reflect the number of coins struck during the year, no matter the date on the coin.

The mintage figures in this book differ from those in other works for coins struck since 1965. A coinage shortage in the mid-1960s led Mint officials to suspend the use of Mint marks from 1965 to 1967. Three facilities—the Philadelphia and Denver Mints and the San Francisco Assay Office—struck coins but their separate products are indistinguishable from each other. Similarly, some coins struck at the former San Francisco Assay Office and West Point Bullion Depository (both received Mint status in 1988) since the mid-1970s have no Mint marks (like most Philadelphia Mint coins until the 1980s). Most price guides combine mintages for coins struck at the West Point and San Francisco facilities without Mint marks with the Philadelphia Mint mintages. The *Coin World Price Guide* publishes separate mintages for each facility; we have not combined mintage figures just because the coins have no Mint marks. To indicate those coins that do not have Mint marks, the Mint mark letter is enclosed in parentheses. To illustrate: A coin indicated by a -P has a P Mint mark, as in 2009-P; one indicated by (P) does not have a Mint mark but was struck at the Philadelphia Mint, as in 2009 (P).

Since the Mint has changed its bookkeeping practices several times, some mintage figures for circulation coins include the circulation-quality coins struck for Uncirculated Mint sets, while other figures may not include those pieces. Similarly, recent circulation mintage figures include circulation-quality State quarter dollars, Kennedy half dollars, and Sacagawea and Presidential dollars struck for sale in roll and bag quantities and sold to U.S. Mint customers at premiums.

In years before 1860, when Proof mintages were small and were not recorded, a delta (Δ) marks those issues that are known or are thought to exist. In many instances from 1860 to 1922, the figures shown are approximate, the result of incomplete records, restrikes and the melting of unsold Proofs. Where a delta is followed by an R in parentheses [Δ(R)], the original Proof mintage is unknown, but original examples are believed to exist, and restrikes are known.

Since 1950, most Proof coins have been available from the Mint in sets only (designated by ‹§› in the Notes column). Therefore, Proof mintages since 1950 listed here represent the official tally of Proof sets sold, distributed across the coins included in the set. Proof coins sold as part of a special set, such as a Prestige Proof set, are also included.

Where [——] appears under a mintage column, no coins of that date/Mint were issued.

Some final comments about "mintages" for commemorative coins struck since 1982, recent Proof coins (2009, for example), various sets issued by the U.S. Mint and other special coins: The figures presented here and in other chapters are sales figures, not mintages. More importantly, these figures are subject to change even years after a program has officially closed. "Final" sales figures can change when buyers return coins or sets to the Mint after a program has closed. Also, when sales figures for programs reported as "sold out" are tabulated, the total figure may be less than the maximum mintage. Collectors should understand that these figures, as reported here, represent figures at a specific point in time, and may change in the future. Figures presented here may differ slightly from figures presented in other sources, owing to these factors.

DATE	NOTE	BUSINESS	PROOF
Liberty Cap, Left half cent			
1793		35,334	——
Liberty Cap, Right half cent			
1794		81,600	——
1795		139,690	——
1796		1,390	——
1797		127,840	——
Draped Bust half cent			
1800		202,908	——
1802		20,266	——
1803		92,000	——
1804		1,055,312	——
1805		814,464	——

DATE	NOTE	BUSINESS	PROOF
1806		356,000	——
1807		476,000	——
1808		400,000	——
Classic Head half cent			
1809		1,154,572	——
1810		215,000	——
1811	‹1›	63,140	——
1825		63,000	Δ
1826		234,000	Δ
1828		606,000	Δ
1829		487,000	Δ
1831		2,200	Δ (R)
1832	‹2›	154,000	Δ
1833	‹2›	120,000	Δ

DATE	NOTE	BUSINESS	PROOF
1834	‹2›	141,000	Δ
1835	‹2›	398,000	Δ
1836		—	Δ (R)

Coronet half cent

DATE	NOTE	BUSINESS	PROOF
1840 (P)		—	Δ (R)
1841 (P)		—	Δ (R)
1842 (P)		—	Δ (R)
1843 (P)		—	Δ (R)
1844 (P)		—	Δ (R)
1845 (P)		—	Δ (R)
1846 (P)		—	Δ (R)
1847 (P)		—	Δ (R)
1848 (P)		—	Δ (R)
1849 (P)		43,364	Δ (R)
1850 (P)		39,812	Δ
1851 (P)		147,672	Δ
1852 (P)		—	Δ (R)
1853 (P)		129,694	—
1854 (P)		55,358	Δ
1855 (P)		56,500	Δ
1856 (P)		40,430	Δ (R)
1857 (P)		35,180	Δ (R)

Flowing Hair, Chain cent

DATE	NOTE	BUSINESS	PROOF
1793		36,103	—

Flowing Hair, Wreath cent

DATE	NOTE	BUSINESS	PROOF
1793		63,353	—

Liberty Cap cent

DATE	NOTE	BUSINESS	PROOF
1793		11,056	—
1794		918,521	—
1795		538,500	—
1796		109,825	—

Draped Bust cent

DATE	NOTE	BUSINESS	PROOF
1796		363,375	—
1797		897,510	—
1798		1,841,745	—
1799		42,540	—
1800		2,822,175	—
1801		1,362,837	—
1802		3,435,100	—
1803		3,131,691	—
1804	‹1›	96,500	—
1805		941,116	—
1806		348,000	—
1807		829,221	—

Classic Head cent

DATE	NOTE	BUSINESS	PROOF
1808		1,007,000	—
1809		222,867	—
1810		1,458,500	—
1811		218,025	—
1812		1,075,500	—
1813		418,000	—
1814		357,830	—

Coronet cent

DATE	NOTE	BUSINESS	PROOF
1816		2,820,982	—
1817		3,948,400	Δ
1818		3,167,000	Δ
1819		2,671,000	Δ
1820		4,407,550	Δ
1821		389,000	Δ
1822		2,072,339	Δ
1823	‹1, 3›	68,061	Δ
1824		1,193,939	—
1825		1,461,100	Δ
1826		1,517,425	Δ
1827		2,357,732	Δ
1828		2,260,624	Δ
1829		1,414,500	Δ
1830		1,711,500	Δ
1831		3,539,260	Δ
1832		2,362,000	Δ
1833		2,739,000	Δ
1834		1,855,100	Δ
1835		3,878,400	Δ
1836		2,111,000	Δ
1837		5,558,300	Δ
1838 (P)		6,370,200	Δ
1839 (P)		3,128,661	Δ
1840 (P)		2,462,700	Δ
1841 (P)		1,597,367	Δ
1842 (P)		2,383,390	Δ
1843 (P)		2,425,342	Δ
1844 (P)		2,398,752	Δ
1845 (P)		3,894,804	Δ
1846 (P)		4,120,800	Δ
1847 (P)		6,183,669	Δ
1848 (P)		6,415,799	Δ
1849 (P)		4,178,500	Δ
1850 (P)		4,426,844	Δ
1851 (P)		9,889,707	—
1852 (P)		5,063,094	Δ
1853 (P)		6,641,131	—
1854 (P)		4,236,156	Δ
1855 (P)		1,574,829	Δ
1856 (P)	‹4›	2,690,463	Δ
1857 (P)		333,456	Δ

Flying Eagle cent

DATE	NOTE	BUSINESS	PROOF
1857 (P)		17,450,000	Δ
1858 (P)		24,600,000	Δ

Indian Head cent

DATE	NOTE	BUSINESS	PROOF
1859 (P)		36,400,000	Δ
1860 (P)		20,566,000	1,000
1861 (P)		10,100,000	1,000
1862 (P)		28,075,000	550
1863 (P)		49,840,000	460
1864 (P)			
C-N	‹5›	13,740,000	300
bronze	‹5›	39,233,714	170
1865 (P)		35,429,286	500
1866 (P)		9,826,500	725
1867 (P)		9,821,000	625
1868 (P)		10,266,500	600
1869 (P)		6,420,000	600
1870 (P)		5,275,000	1,000
1871 (P)		3,929,500	960
1872 (P)		4,042,000	950
1873 (P)	‹6›	11,676,500	1,100
1874 (P)		14,187,500	700
1875 (P)		13,528,000	700
1876 (P)		7,944,000	1,150

DATE	NOTE	BUSINESS	PROOF
1877 (P)	⟨7⟩	852,500	510
1878 (P)		5,797,500	2,350
1879 (P)		16,228,000	3,200
1880 (P)		38,961,000	3,955
1881 (P)		39,208,000	3,575
1882 (P)		38,578,000	3,100
1883 (P)		45,591,500	6,609
1884 (P)		23,257,800	3,942
1885 (P)		11,761,594	3,790
1886 (P)		17,650,000	4,290
1887 (P)		45,223,523	2,960
1888 (P)		37,489,832	4,582
1889 (P)		48,866,025	3,336
1890 (P)		——	2,740
1891 (P)		——	2,350
1892 (P)		37,647,087	2,745
1893 (P)		46,640,000	2,195
1894 (P)		16,749,500	2,632
1895 (P)		38,341,574	2,062
1896 (P)		39,055,431	1,862
1897 (P)		50,464,392	1,938
1898 (P)		49,821,284	1,795
1899 (P)		53,598,000	2,031
1900 (P)		66,821,284	2,262
1901 (P)		79,609,158	1,985
1902 (P)		87,374,704	2,018
1903 (P)		85,092,703	1,790
1904 (P)		61,326,198	1,817
1905 (P)		80,717,011	2,152
1906 (P)		96,020,530	1,725
1907 (P)		108,137,143	1,475
1908 (P)		32,326,367	1,620
1908-S		1,115,000	——
1909 (P)		14,368,470	2,175
1909-S		309,000	——

Lincoln cent

DATE	NOTE	BUSINESS	PROOF
1909 (P)			
VDB		27,994,580	420
No VDB		72,700,420	2,198
1909-S			
VDB		484,000	——
No VDB		1,825,000	——
1910 (P)		146,798,813	2,405
1910-S		6,045,000	——
1911 (P)		101,176,054	1,733
1911-D		12,672,000	——
1911-S		4,026,000	——
1912 (P)		68,150,915	2,145
1912-D		10,411,000	——
1912-S		4,431,000	——
1913 (P)		76,529,504	2,848
1913-D		15,804,000	——
1913-S		6,101,000	——
1914 (P)		75,237,067	1,365
1914-D		1,193,000	——
1914-S		4,137,000	——
1915 (P)		29,090,970	1,150
1915-D		22,050,000	——
1915-S		4,833,000	——
1916 (P)		131,832,627	1,050
1916-D		35,956,000	——
1916-S		22,510,000	——
1917 (P)		196,429,785	Δ
1917-D		55,120,000	——
1917-S		32,620,000	——
1918 (P)		288,104,634	——
1918-D		47,830,000	——
1918-S		34,680,000	——
1919 (P)		392,021,000	——
1919-D		57,154,000	——
1919-S		139,760,000	——
1920 (P)		310,165,000	——
1920-D		49,280,000	——
1920-S		46,220,000	——
1921 (P)		39,157,000	——
1921-S		15,274,000	——
1922-D	⟨8⟩	7,160,000	——
1923 (P)		74,723,000	——
1923-S		8,700,000	——
1924 (P)		75,178,000	——
1924-D		2,520,000	——
1924-S		11,696,000	——
1925 (P)		139,949,000	——
1925-D		22,580,000	——
1925-S		26,380,000	——
1926 (P)		157,088,000	——
1926-D		28,020,000	——
1926-S		4,550,000	——
1927 (P)		144,440,000	——
1927-D		27,170,000	——
1927-S		14,276,000	——
1928 (P)		134,116,000	——
1928-D		31,170,000	——
1928-S		17,266,000	——
1929 (P)		185,262,000	——
1929-D		41,730,000	——
1929-S		50,148,000	——
1930 (P)		157,415,000	——
1930-D		40,100,000	——
1930-S		24,286,000	——
1931 (P)		19,396,000	——
1931-D		4,480,000	——
1931-S		866,000	——
1932 (P)		9,062,000	——
1932-D		10,500,000	——
1933 (P)		14,360,000	——
1933-D		6,200,000	——
1934 (P)		219,080,000	——
1934-D		28,446,000	——
1935 (P)		245,388,000	——
1935-D		47,000,000	——
1935-S		38,702,000	——
1936 (P)		309,632,000	5,569
1936-D		40,620,000	——
1936-S		29,130,000	——
1937 (P)		309,170,000	9,320
1937-D		50,430,000	——
1937-S		34,500,000	——
1938 (P)		156,682,000	14,734
1938-D		20,010,000	——

DATE	NOTE	BUSINESS	PROOF
1938-S		15,180,000	—
1939 (P)		316,466,000	13,520
1939-D		15,160,000	—
1939-S		52,070,000	—
1940 (P)		586,810,000	15,872
1940-D		81,390,000	—
1940-S		112,940,000	—
1941 (P)		887,018,000	21,100
1941-D		128,700,000	—
1941-S		92,360,000	—
1942 (P)		657,796,000	32,600
1942-D		206,698,000	—
1942-S		85,590,000	—
1943 (P)	‹9›	684,628,670	—
1943-D	‹9›	217,660,000	—
1943-S	‹9›	191,550,000	—
1944 (P)		1,435,400,000	—
1944-D		430,578,000	—
1944-S		282,760,000	—
1945 (P)		1,040,515,000	—
1945-D		226,268,000	—
1945-S		181,770,000	—
1946 (P)		991,655,000	—
1946-D		315,690,000	—
1946-S		198,100,000	—
1947 (P)		190,555,000	—
1947-D		194,750,000	—
1947-S		99,000,000	—
1948 (P)		317,570,000	—
1948-D		172,637,500	—
1948-S		81,735,000	—
1949 (P)		217,775,000	—
1949-D		153,132,500	—
1949-S		64,290,000	—
1950 (P)	‹§›	272,635,000	51,386
1950-D		334,950,000	—
1950-S		118,505,000	—
1951 (P)	‹§›	294,576,000	57,500
1951-D		625,355,000	—
1951-S		136,010,000	—
1952 (P)	‹§›	186,765,000	81,980
1952-D		746,130,000	—
1952-S		137,800,004	—
1953 (P)	‹§›	256,755,000	128,800
1953-D		700,515,000	—
1953-S		181,835,000	—
1954 (P)	‹§›	71,640,050	233,300
1954-D		251,552,500	—
1954-S		96,190,000	—
1955 (P)	‹§›	330,580,000	378,200
1955-D		563,257,500	—
1955-S		44,610,000	—
1956 (P)	‹§›	420,745,000	669,384
1956-D		1,098,210,100	—
1957 (P)	‹§›	282,540,000	1,247,952
1957-D		1,051,342,000	—
1958 (P)	‹§›	252,525,000	875,652
1958-D		800,953,300	—
1959 (P)	‹§›	609,715,000	1,149,291
1959-D		1,279,760,000	—
1960 (P)	‹§, 10›	586,405,000	1,691,602
1960-D		1,580,884,000	—
1961 (P)	‹§›	753,345,000	3,028,244
1961-D		1,753,266,700	—
1962 (P)	‹§›	606,045,000	3,218,019
1962-D		1,793,148,400	—
1963 (P)	‹§›	754,110,000	3,075,645
1963-D		1,774,020,400	—
1964 (P)	‹§, 11›	2,648,575,000	3,950,762
1964-D	‹11›	3,799,071,500	—
1965 (P)	‹11›	301,470,000	—
1965 (D)	‹11›	973,364,900	—
1965 (S)	‹11›	220,030,000	—
1966 (P)	‹11›	811,100,000	—
1966 (D)	‹11›	991,431,200	—
1966 (S)	‹11›	383,355,000	—
1967 (P)	‹11›	907,575,000	—
1967 (D)	‹11›	1,327,377,100	—
1967 (S)	‹11›	813,715,000	—
1968 (P)		1,707,880,970	—
1968-D		2,886,269,600	—
1968-S	‹§›	258,270,001	3,041,506
1969 (P)		1,136,910,000	—
1969-D		4,002,832,200	—
1969-S	‹§›	544,375,000	2,934,631
1970 (P)		1,898,315,000	—
1970-D		2,891,438,900	—
1970-S	‹§›	690,560,004	2,632,810
1971 (P)		1,919,490,000	—
1971-D		2,911,045,600	—
1971-S	‹§›	525,130,054	3,220,733
1972 (P)		2,933,255,000	—
1972-D		2,655,071,400	—
1972-S	‹§›	380,200,104	3,260,996
1973 (P)		3,728,245,000	—
1973-D		3,549,576,588	—
1973-S	‹§›	319,937,634	2,760,339
1974 (P)		4,232,140,523	—
1974-D		4,235,098,000	—
1974-S	‹§›	409,421,878	2,612,568
1975 (P)		3,874,182,000	—
1975-D		4,505,275,300	—
1975-S	‹§›	—	2,845,450
1975 (W)		1,577,294,142	—
1976 (P)		3,133,580,000	—
1976-D		4,221,592,455	—
1976-S		—	4,123,056
1976 (W)		1,540,695,000	—
1977 (P)		3,074,575,000	—
1977-D		4,194,062,300	—
1977-S	‹§›	—	3,236,798
1977 (W)		1,395,355,000	—
1978 (P)		3,735,655,000	—
1978-D		4,280,233,400	—
1978 (S)		291,700,000	—
1978-S	‹§›	—	3,120,285
1978 (W)		1,531,250,000	—
1979 (P)		3,560,940,000	—
1979-D		4,139,357,254	—
1979 (S)		751,725,000	—

DATE	NOTE	BUSINESS	PROOF
1979-S	‹§›	—	3,677,175
1979 (W)		1,705,850,000	—
1980 (P)		6,230,115,000	—
1980-D		5,140,098,660	—
1980 (S)		1,184,590,000	—
1980-S	‹§›	—	3,554,806
1980 (W)		1,576,200,000	—
1981 (P)		6,611,305,000	—
1981-D		5,373,235,677	—
1981 (S)		880,440,000	—
1981-S	‹§›	—	4,063,083
1981 (W)		1,882,400,000	—
1982 (P)	‹12›	7,135,275,000	—
1982-D	‹12›	6,012,979,368	—
1982 (S)	‹12›	1,587,245,000	—
1982-S	‹§›	—	3,857,479
1982 (W)	‹12›	1,990,005,000	—
1983 (P)		5,567,190,000	—
1983-D		6,467,199,428	—
1983 (S)		180,765,000	—
1983-S	‹§›	—	3,279,126
1983 (W)		2,004,400,000	—
1984 (P)		6,114,864,000	—
1984-D		5,569,238,906	—
1984-S	‹§›	—	3,065,110
1984 (W)		2,036,215,000	—
1985 (P)		4,951,904,887	—
1985-D		5,287,399,926	—
1985-S	‹§›	—	3,362,821
1985 (W)		696,585,000	—
1986 (P)		4,490,995,493	—
1986-D		4,442,866,698	—
1986-S	‹§›	—	3,010,497
1986 (W)		400,000	—
1987 (P)		4,682,466,931	—
1987-D		4,879,389,514	—
1987-S	‹§›	—	3,792,233
1988 (P)		6,092,810,000	—
1988-D		5,253,740,443	—
1988-S	‹§›	—	3,262,948
1989 (P)		7,261,535,000	—
1989-D		5,345,467,711	—
1989-S	‹§›	—	3,220,914
1990 (P)		6,851,765,000	—
1990-D		4,922,894,553	—
1990-S	‹§›	—	3,299,559
1991 (P)		5,165,940,000	—
1991-D		4,158,442,076	—
1991-S	‹§›	—	2,867,787
1992 (P)		4,648,905,000	—
1992-D		4,448,673,300	—
1992-S	‹§›	—	4,176,544
1993 (P)		5,684,705,000	—
1993-D		6,426,650,571	—
1993-S	‹§›	—	3,360,876
1994 (P)		6,500,850,000	—
1994-D		7,131,765,000	—
1994-S	‹§›	—	3,222,140
1995 (P)		6,411,440,000	—
1995-D		7,128,560,000	—
1995-S	‹§›	—	2,791,067
1996 (P)		6,612,465,000	—
1996-D		6,510,795,000	—
1996-S	‹§›	—	2,920,158
1997 (P)		4,622,800,000	—
1997-D		4,576,555,000	—
1997-S	‹§›	—	2,796,194
1998 (P)		5,032,200,000	—
1998-D		5,225,200,000	—
1998-S	‹§›	—	2,965,503
1999 (P)		5,237,600,000	—
1999-D		6,360,065,000	—
1999-S	‹§, 121›	—	3,362,464
2000 (P)		5,503,200,000	—
2000-D		8,774,220,000	—
2000-S	‹§, 121›	—	4,062,402
2001 (P)		4,959,600,000	—
2001-D		5,374,990,000	—
2001-S	‹§, 121›	—	2,618,086
2002 (P)		3,260,800,000	—
2002-D		4,028,055,000	—
2002-S	‹§›	—	3,210,674
2003 (P)		3,300,000,000	—
2003-D		3,548,000,000	—
2003-S	‹§›	—	3,315,542
2004 (P)		3,379,600,000	—
2004-D		3,456,400,000	—
2004-S	‹§›	—	2,965,422
2005 (P)		3,935,600,000	—
2005 (P) Satin Finish		1,141,895	—
2005-D		3,764,450,500	—
2005-D Satin Finish		1,141,895	—
2005-S	‹§›	—	3,329,229
2006 (P)		4,290,000,000	—
2006 (P) Satin Finish		915,586	—
2006-D		3,944,000,000	—
2006-D Satin Finish		902,184	—
2006-S	‹§›	—	3,077,280
2007 (P)		3,762,400,000	—
2007 (P) Satin Finish		895,628	—
2007-D		3,638,800,000	—
2007-D Satin Finish		895,628	—
2007-S	‹§›	—	2,590,005
2008 (P)		2,569,600,000	—
2008 (P) Satin Finish		745,464	—
2008-D		2,849,600,000	—
2008-D Satin Finish		745,464	—
2008-S	‹§›	—	2,199,761
2009 (P) Childhood		284,400,000	—
2009 (P) Satin Finish		774,844	—
2009-D Childhood		350,400,000	—
2009-D Satin Finish		774,844	—
2009-S Childhood	‹§›	—	2,422,373
2009 (P) Formative		376,000,000	—
2009 (P) Satin Finish		774,844	—
2009-D Formative		363,600,000	—
2009-D Satin Finish		774,844	—
2009-S Formative Years	‹§›	—	2,422,373
2009 (P) Professional		316,000,000	—
2009 (P) Satin Finish		774,844	—

DATE	NOTE	BUSINESS	PROOF
2009-D Professional		336,000,000	—
2009-D	Satin Finish	774,844	—
2009-S Professional Life ‹§›		—	2,422,373
2009 (P) Presidency		129,600,000	—
2009 (P)	Satin Finish	774,844	—
2009-D Presidency		198,000,000	—
2009-D	Satin Finish	774,844	—
2009-S Presidency ‹§›		—	2,422,373

Two cents

DATE	NOTE	BUSINESS	PROOF
1864 (P)	‹13›	19,847,500	100
1865 (P)		13,640,000	500
1866 (P)		3,177,000	725
1867 (P)		2,938,750	625
1868 (P)		2,803,750	600
1869 (P)		1,546,500	600
1870 (P)		861,250	1,000
1871 (P)		721,250	960
1872 (P)		65,000	950
1873 (P)	‹6, 14›	—	1,100

Copper-nickel 3 cents

DATE	NOTE	BUSINESS	PROOF
1865 (P)		11,382,000	400
1866 (P)		4,801,000	725
1867 (P)		3,915,000	625
1868 (P)		3,252,000	600
1869 (P)		1,604,000	600
1870 (P)		1,335,000	1,000
1871 (P)		604,000	960
1872 (P)		862,000	950
1873 (P)	‹6›	1,173,000	1,100
1874 (P)		790,000	700
1875 (P)		228,000	700
1876 (P)		162,000	1,150
1877 (P)	‹7›	—	510
1878 (P)		—	2,350
1879 (P)		38,000	3,200
1880 (P)		21,000	3,955
1881 (P)		1,077,000	3,575
1882 (P)		22,200	3,100
1883 (P)		4,000	6,609
1884 (P)		1,700	3,942
1885 (P)		1,000	3,790
1886 (P)			4,290
1887 (P)	‹15›	5,001	2,960
1888 (P)		36,501	4,582
1889 (P)		18,125	3,336

Silver 3 cents

DATE	NOTE	BUSINESS	PROOF
1851 (P)		5,447,400	Δ
1851-O		720,000	Δ
1852 (P)		18,663,500	—
1853 (P)	‹16›	11,400,000	—
1854 (P)		671,000	Δ
1855 (P)		139,000	Δ
1856 (P)		1,458,000	Δ
1857 (P)		1,042,000	Δ
1858 (P)		1,604,000	Δ
1859 (P)		365,000	Δ
1860 (P)		286,000	1,000
1861 (P)		497,000	1,000
1862 (P)		343,000	550

DATE	NOTE	BUSINESS	PROOF
1863 (P)	‹17›	21,000	460
1864 (P)	‹18›	12,000	470
1865 (P)		8,000	500
1866 (P)		22,000	725
1867 (P)		4,000	625
1868 (P)		3,500	600
1869 (P)		4,500	600
1870 (P)		3,000	1,000
1871 (P)		3,400	960
1872 (P)		1,000	950
1873 (P)	‹6›	—	600

Shield 5 cents

DATE	NOTE	BUSINESS	PROOF
1866 (P)		14,742,500	125
1867 (P)	‹19›	30,909,500	625
1868 (P)		28,817,000	600
1869 (P)		16,395,000	600
1870 (P)		4,806,000	1,000
1871 (P)		561,000	960
1872 (P)		6,036,000	950
1873 (P)	‹6›	4,550,000	1,100
1874 (P)		3,538,000	700
1875 (P)		2,097,000	700
1876 (P)		2,530,000	1,150
1877 (P)	‹7›	—	510
1878 (P)		—	2,350
1879 (P)		25,900	3,200
1880 (P)		16,000	3,955
1881 (P)		68,800	3,575
1882 (P)		11,473,500	3,100
1883 (P)		1,451,500	5,419

Liberty Head 5 cents

DATE	NOTE	BUSINESS	PROOF
1883 (P)			
No CENTS		5,474,300	5,219
CENTS		16,026,200	6,783
1884 (P)		11,270,000	3,942
1885 (P)		1,472,700	3,790
1886 (P)		3,326,000	4,290
1887 (P)		15,260,692	2,960
1888 (P)		10,715,901	4,582
1889 (P)		15,878,025	3,336
1890 (P)		16,256,532	2,740
1891 (P)		16,832,000	2,350
1892 (P)		11,696,897	2,745
1893 (P)		13,368,000	2,195
1894 (P)		5,410,500	2,632
1895 (P)		9,977,822	2,062
1896 (P)		8,841,058	1,862
1897 (P)		20,426,797	1,938
1898 (P)		12,530,292	1,795
1899 (P)		26,027,000	2,031
1900 (P)		27,253,733	2,262
1901 (P)		26,478,228	1,985
1902 (P)		31,487,561	2,018
1903 (P)		28,004,935	1,790
1904 (P)		21,401,350	1,817
1905 (P)		29,825,124	2,152
1906 (P)		38,612,000	1,725
1907 (P)		39,213,325	1,475
1908 (P)		22,684,557	1,620

DATE	NOTE	BUSINESS	PROOF
1909 (P)		11,585,763	4,763
1910 (P)		30,166,948	2,405
1911 (P)		39,557,639	1,733
1912 (P)		26,234,569	2,145
1912-D		8,474,000	—
1912-S		238,000	—
1913 (P)	‹20›	—	—

Indian Head 5 cents

DATE	NOTE	BUSINESS	PROOF
1913 (P)			
Mound		30,992,000	1,520
Plain		29,857,186	1,514
1913-D			
Mound		5,337,000	—
Plain		4,156,000	—
1913-S			
Mound		2,105,000	—
Plain		1,209,000	—
1914 (P)		20,664,463	1,275
1914-D		3,912,000	—
1914-S		3,470,000	—
1915 (P)		20,986,220	1,050
1915-D		7,569,500	—
1915-S		1,505,000	—
1916 (P)		63,497,466	600
1916-D		13,333,000	—
1916-S		11,860,000	—
1917 (P)		51,424,029	Δ
1917-D		9,910,800	—
1917-S		4,193,000	—
1918 (P)		32,086,314	—
1918-D		8,362,000	—
1918-S		4,882,000	—
1919 (P)		60,868,000	—
1919-D		8,006,000	—
1919-S		7,521,000	—
1920 (P)		63,093,000	—
1920-D		9,418,000	—
1920-S		9,689,000	—
1921 (P)		10,663,000	—
1921-S		1,557,000	—
1923 (P)		35,715,000	—
1923-S		6,142,000	—
1924 (P)		21,620,000	—
1924-D		5,258,000	—
1924-S		1,437,000	—
1925 (P)		35,565,100	—
1925-D		4,450,000	—
1925-S		6,256,000	—
1926 (P)		44,693,000	—
1926-D		5,638,000	—
1926-S		970,000	—
1927 (P)		37,981,000	—
1927-D		5,730,000	—
1927-S		3,430,000	—
1928 (P)		23,411,000	—
1928-D		6,436,000	—
1928-S		6,936,000	—
1929 (P)		36,446,000	—
1929-D		8,370,000	—
1929-S		7,754,000	—
1930 (P)		22,849,000	—
1930-S		5,435,000	—
1931-S		1,200,000	—
1934 (P)		20,213,003	—
1934-D		7,480,000	—
1935 (P)		58,264,000	—
1935-D		12,092,000	—
1935-S		10,300,000	—
1936 (P)		118,997,000	4,420
1936-D		24,814,000	—
1936-S		14,930,000	—
1937 (P)		79,480,000	5,769
1937-D		17,826,000	—
1937-S		5,635,000	—
1938-D		7,020,000	—

Jefferson 5 cents

DATE	NOTE	BUSINESS	PROOF
1938 (P)		19,496,000	19,365
1938-D		5,376,000	—
1938-S		4,105,000	—
1939 (P)		120,615,000	12,535
1939-D		3,514,000	—
1939-S		6,630,000	—
1940 (P)		176,485,000	14,158
1940-D		43,540,000	—
1940-S		39,690,000	—
1941 (P)		203,265,000	18,720
1941-D		53,432,000	—
1941-S		43,445,000	—
1942 (P)	‹21›	49,789,000	29,600
1942-P	‹21›	57,873,000	27,600
1942-D	‹21›	13,938,000	—
1942-S	‹21›	32,900,000	—
1943-P	‹21›	271,165,000	—
1943-D	‹21›	15,294,000	—
1943-S	‹21›	104,060,000	—
1944-P	‹21, 22›	119,150,000	—
1944-D	‹21›	32,309,000	—
1944-S	‹21›	21,640,000	—
1945-P	‹21›	119,408,100	—
1945-D	‹21›	37,158,000	—
1945-S	‹21›	58,939,000	—
1946 (P)		161,116,000	—
1946-D		45,292,200	—
1946-S		13,560,000	—
1947 (P)		95,000,000	—
1947-D		37,822,000	—
1947-S		24,720,000	—
1948 (P)		89,348,000	—
1948-D		44,734,000	—
1948-S		11,300,000	—
1949 (P)		60,652,000	—
1949-D		36,498,000	—
1949-S		9,716,000	—
1950 (P)	‹§›	9,796,000	51,386
1950-D		2,630,000	—
1951 (P)	‹§›	28,552,000	57,500
1951-D		20,460,000	—
1951-S		7,776,000	—
1952 (P)	‹§›	63,988,000	81,980
1952-D		30,638,000	—

DATE	NOTE	BUSINESS	PROOF
1952-S		20,572,000	——
1953 (P)	‹§›	46,644,000	128,800
1953-D		59,878,600	——
1953-S		19,210,900	——
1954 (P)	‹§›	47,684,050	233,300
1954-D		117,136,560	——
1954-S		29,384,000	——
1955 (P)	‹§›	7,888,000	378,200
1955-D		74,464,100	——
1956 (P)	‹§›	35,216,000	669,384
1956-D		67,222,640	——
1957 (P)	‹§›	38,408,000	1,247,952
1957-D		136,828,900	——
1958 (P)	‹§›	17,088,000	875,652
1958-D		168,249,120	——
1959 (P)	‹§›	27,248,000	1,149,291
1959-D		160,738,240	——
1960 (P)	‹§›	55,416,000	1,691,602
1960-D		192,582,180	——
1961 (P)	‹§›	73,640,000	3,028,244
1961-D		229,342,760	——
1962 (P)	‹§›	97,384,000	3,218,019
1962-D		280,195,720	——
1963 (P)	‹§›	175,776,000	3,075,645
1963-D		276,829,460	——
1964 (P)	‹§, 11›	1,024,672,000	3,950,762
1964-D	‹11›	1,787,297,160	——
1965 (P)	‹11›	12,440,000	——
1965 (D)	‹11›	82,291,380	——
1965 (S)	‹11›	39,040,000	——
1966 (P)	‹11, 23›		Δ
1966 (D)	‹11›	103,546,700	——
1966 (S)	‹11›	50,400,000	——
1967 (P)	‹11›		——
1967 (D)	‹11›	75,993,800	——
1967 (S)	‹11›	31,332,000	——
1968 (P)			——
1968-D		91,227,880	——
1968-S	‹§›	100,396,004	3,041,506
1969 (P)			——
1969-D		202,807,500	——
1969-S	‹§›	120,165,000	2,934,631
1970-D		515,485,380	——
1970-S	‹§›	238,832,004	2,632,810
1971 (P)		106,884,000	——
1971-D		316,144,800	——
1971-S	‹24›		3,220,733
1972 (P)		202,036,000	——
1972-D		351,694,600	——
1972-S	‹§›		3,260,996
1973 (P)		384,396,000	——
1973-D		261,405,400	——
1973-S	‹§›		2,760,339
1974 (P)		601,752,000	——
1974-D		277,373,000	——
1974-S	‹§›		2,612,568
1975 (P)		181,772,000	——
1975-D		401,875,300	——
1975-S	‹§›		2,845,450
1976 (P)		367,124,000	——

DATE	NOTE	BUSINESS	PROOF
1976-D		563,964,147	——
1976-S			——
1977 (P)		585,376,000	——
1977-D		297,313,422	——
1977-S	‹§›		3,236,798
1978 (P)		391,308,000	——
1978-D		313,092,780	——
1978-S	‹§›		3,120,285
1979 (P)		463,188,000	——
1979-D		325,867,672	——
1979-S	‹§›		3,677,175
1980-P	‹25›	593,004,000	——
1980-D		502,323,448	——
1980-S	‹§›		3,554,806
1981-P		657,504,000	——
1981-D		364,801,843	——
1981-S	‹§›		4,063,083
1982-P		292,355,000	——
1982-D		373,726,544	——
1982-S	‹§›		3,857,479
1983-P		561,615,000	——
1983-D		536,726,276	——
1983-S	‹§›		3,279,126
1984-P		746,769,000	——
1984-D		517,675,146	——
1984-S	‹§›		3,065,110
1985-P		647,114,962	——
1985-D		459,747,446	——
1985-S	‹§›		3,362,821
1986-P		536,883,493	——
1986-D		361,819,144	——
1986-S	‹§›		3,010,497
1987-P		371,499,481	——
1987-D		410,590,604	——
1987-S	‹§›		3,792,233
1988-P		771,360,000	——
1988-D		663,771,652	——
1988-S	‹§›		3,262,948
1989-P		898,812,000	——
1989-D		570,842,474	——
1989-S	‹§›		3,220,914
1990-P		661,636,000	——
1990-D		663,938,503	——
1990-S	‹§›		3,299,559
1991-P		614,104,000	——
1991-D		436,496,678	——
1991-S	‹§›		2,867,787
1992-P		399,552,000	——
1992-D		450,565,113	——
1992-S	‹§›		4,176,544
1993-P		412,076,000	——
1993-D		406,084,135	——
1993-S	‹§›		3,360,876
1994-P	‹116›	722,160,000	——
1994-D		715,762,110	——
1994-S	‹§›		3,222,140
1995-P		774,156,000	——
1995-D		888,112,000	——
1995-S	‹§›		2,791,067
1996-P		829,332,000	——

DATE	NOTE	BUSINESS	PROOF
1996-D		817,736,000	—
1996-S	‹§›	—	2,920,158
1997-P		470,972,000	—
1997-D		466,640,000	—
1997-S	‹§›	—	2,796,194
1998-P		688,292,000	—
1998-D		635,380,000	—
1998-S	‹§›	—	2,965,503
1999-P		1,212,000,000	—
1999-D		1,066,720,000	—
1999-S	‹§, 121›	—	3,362,464
2000-P		846,240,000	—
2000-D		1,509,520,000	—
2000-S	‹§, 121›	—	4,062,402
2001-P		675,704,000	—
2001-D		627,680,000	—
2001-S	‹§, 121›	—	2,618,086
2002-P		539,280,000	—
2002-D		691,200,000	—
2002-S	‹§›	—	3,210,674
2003-P		441,840,000	—
2003-D		383,040,000	—
2003-S	‹§›	—	3,315,542
2004-P Peace Medal		361,440,000	—
2004-D Peace Medal		372,000,000	—
2004-S Peace Medal	‹§›	—	2,965,422
2004-P Keelboat		366,720,000	—
2004-D Keelboat		344,880,000	—
2004-S Keelboat	‹§›	—	2,965,422
2005-P American Bison		448,320,000	—
Satin Finish ‹122›		1,466,895	—
2005-D American Bison		487,680,000	—
Satin Finish ‹122›		1,466,895	—
2005-S American Bison	‹§›	—	3,654,229
2005-P Ocean in View		411,120,000	—
Satin Finish ‹122›		1,466,895	—
2005-D Ocean in View		394,080,000	—
Satin Finish ‹122›		1,466,895	—
2005-S Ocean in View	‹§›	—	3,654,229
2006-P		693,120,000	—
Satin Finish ‹122›		915,586	—
2006-D		809,280,000	—
Satin Finish ‹122›		915,586	—
2006-S		—	3,077,280
2007-P		571,680,000	—
Satin Finish ‹122›		895,628	—
2007-D		626,160,000	—
Satin Finish ‹122›		895,628	—
2007-S		—	2,590,005
2008-P		287,760,000	—
Satin Finish ‹122›		745,464	—
2008-D		352,800,000	—
Satin Finish ‹122›		745,464	—
2008-S		—	2,199,761
2009-P		39,840,000	—
Satin Finish ‹122›		774,844	—
2009-D		46,800,000	—
Satin Finish ‹122›		774,844	—
2009-S		—	2,172,373

DATE	NOTE	BUSINESS	PROOF
Flowing Hair half dime			
1794		7,756	—
1795		78,660	—
Draped Bust half dime			
1796		10,230	—
1797		44,527	—
1800		40,000	—
1801		33,910	—
1802		13,010	—
1803		37,850	—
1805		15,600	—
Capped Bust half dime			
1829		1,230,000	Δ
1830		1,240,000	Δ
1831		1,242,700	Δ
1832		965,000	Δ
1833		1,370,000	Δ
1834		1,480,000	Δ
1835		2,760,000	Δ
1836		1,900,000	Δ
1837		871,000	Δ
Seated Liberty half dime			
1837		1,405,000	—
1838 (P)		2,255,000	Δ
1838-O	‹26›	115,000	—
1839 (P)		1,069,150	Δ
1839-O		981,550	—
1840 (P)		1,344,085	Δ
1840-O		935,000	—
1841 (P)		1,150,000	Δ
1841-O		815,000	—
1842 (P)		815,000	Δ
1842-O		350,000	—
1843 (P)		1,165,000	Δ
1844 (P)		430,000	Δ
1844-O		220,000	—
1845 (P)		1,564,000	Δ
1846 (P)		27,000	Δ
1847 (P)		1,274,000	Δ
1848 (P)		668,000	Δ
1848-O		600,000	—
1849 (P)		1,309,000	Δ
1849-O		140,000	—
1850 (P)		955,000	Δ
1850-O		690,000	—
1851 (P)		781,000	Δ
1851-O		860,000	—
1852 (P)		1,000,500	Δ
1852-O		260,000	—
1853 (P)			
No Arrows ‹16›		135,000	
Arrows ‹16›		13,210,020	Δ
1853-O			
No Arrows ‹16›		160,000	—
Arrows ‹16›		2,200,000	—
1854 (P)		5,740,000	Δ
1854-O		1,560,000	—
1855 (P)		1,750,000	Δ
1855-O		600,000	—

DATE	NOTE	BUSINESS	PROOF
1856 (P)		4,880,000	Δ
1856-O		1,100,000	——
1857 (P)		7,280,000	Δ
1857-O		1,380,000	——
1858 (P)		3,500,000	Δ
1858-O		1,660,000	——
1859 (P)		340,000	Δ
1859-O		560,000	——
1860 (P)	‹28›	798,000	1,000
1860-O	‹28, 29›	1,060,000	Δ
1861 (P)		3,360,000	1,000
1862 (P)		1,492,000	550
1863 (P)		18,000	460
1863-S		100,000	——
1864 (P)	‹18›	48,000	470
1864-S		90,000	——
1865 (P)		13,000	500
1865-S		120,000	——
1866 (P)		10,000	725
1866-S		120,000	——
1867 (P)		8,000	625
1867-S		120,000	——
1868 (P)		88,600	600
1868-S		280,000	——
1869 (P)		208,000	600
1869-S		230,000	——
1870 (P)		535,600	1,000
1871 (P)		1,873,000	960
1871-S		161,000	——
1872 (P)		2,947,000	950
1872-S		837,000	——
1873 (P)	‹6›	712,000	600
1873-S	‹6›	324,000	——

Draped Bust dime

DATE	NOTE	BUSINESS	PROOF
1796		22,135	——
1797		25,261	——
1798		27,550	——
1800		21,760	——
1801		34,640	——
1802		10,975	——
1803		33,040	——
1804		8,265	——
1805		120,780	——
1807		165,000	——

Capped Bust dime

DATE	NOTE	BUSINESS	PROOF
1809		51,065	——
1811		65,180	——
1814		421,500	——
1820		942,587	Δ
1821		1,186,512	Δ
1822		100,000	Δ
1823	‹3›	440,000	Δ
1824		100,000	Δ
1825		410,000	Δ
1827		1,215,000	Δ
1828		125,000	Δ
1829		770,000	Δ
1830		510,000	Δ
1831		771,350	Δ

DATE	NOTE	BUSINESS	PROOF
1832		522,500	Δ
1833		485,000	Δ
1834		635,000	Δ
1835		1,410,000	Δ
1836		1,190,000	Δ
1837		359,500	Δ

Seated Liberty dime

DATE	NOTE	BUSINESS	PROOF
1837		682,500	——
1838 (P)		1,992,500	Δ
1838-O	‹26›	406,034	——
1839 (P)		1,053,115	Δ
1839-O		1,323,000	——
1840 (P)		1,358,580	Δ
1840-O		1,175,000	——
1841 (P)		1,622,500	Δ
1841-O		2,007,500	——
1842 (P)		1,887,500	Δ
1842-O		2,020,000	——
1843 (P)		1,370,000	Δ
1843-O		50,000	——
1844 (P)		72,500	Δ
1845 (P)		1,755,000	Δ
1845-O		230,000	——
1846 (P)		31,300	Δ
1847 (P)		245,000	Δ
1848 (P)		451,500	Δ
1849 (P)		839,000	Δ
1849-O		300,000	——
1850 (P)		1,931,500	Δ
1850-O		510,000	——
1851 (P)		1,026,500	Δ
1851-O		400,000	——
1852 (P)		1,535,500	Δ
1852-O		430,000	——
1853 (P)			
No Arrows	‹16›	95,000	——
With Arrows	‹16›	12,078,010	Δ
1853-O		1,100,000	——
1854 (P)		4,470,000	Δ
1854-O		1,770,000	——
1855 (P)		2,075,000	Δ
1856 (P)		5,780,000	Δ
1856-O		1,180,000	——
1856-S		70,000	——
1857 (P)		5,580,000	Δ
1857-O		1,540,000	——
1858 (P)		1,540,000	——
1858-O		290,000	Δ
1858-S		60,000	——
1859 (P)		430,000	Δ
1859-O		480,000	——
1859-S		60,000	——
1860 (P)	‹28›	606,000	1,000
1860-O	‹28›	40,000	——
1860-S	‹28›	140,000	——
1861 (P)		1,883,000	1,000
1861-S		172,500	——
1862 (P)		847,000	550
1862-S		180,750	——
1863 (P)		14,000	460

DATE	NOTE	BUSINESS	PROOF
1863-S		157,500	——
1864 (P)	‹18›	11,000	470
1864-S		230,000	——
1865 (P)		10,000	500
1865-S		175,000	——
1866 (P)		8,000	725
1866-S		135,000	——
1867 (P)		6,000	625
1867-S		140,000	——
1868 (P)		464,000	600
1868-S		260,000	——
1869 (P)		256,000	600
1869-S		450,000	——
1870 (P)		470,500	1,000
1870-S		50,000	——
1871 (P)		906,750	960
1871-CC		20,100	——
1871-S		320,000	——
1872 (P)		2,395,500	950
1872-CC		35,480	——
1872-S		190,000	——
1873 (P)			
No Arrows	‹6›	1,568,000	600
With Arrows	‹6›	2,377,700	800
1873-CC			
No Arrows	‹6, 30›	12,400	——
With Arrows	‹6›	18,791	——
1873-S			
With Arrows	‹6›	455,000	——
1874 (P)		2,940,000	700
1874-CC		10,817	——
1874-S		240,000	——
1875 (P)		10,350,000	700
1875-CC		4,645,000	——
1875-S		9,070,000	——
1876 (P)		11,460,000	1,150
1876-CC		8,270,000	——
1876-S		10,420,000	——
1877 (P)		7,310,000	510
1877-CC		7,700,000	——
1877-S		2,340,000	——
1878 (P)		1,678,000	800
1878-CC		200,000	——
1879 (P)		14,000	1,100
1880 (P)		36,000	1,355
1881 (P)		24,000	975
1882 (P)		3,910,000	1,100
1883 (P)		7,674,673	1,039
1884 (P)		3,365,505	875
1884-S		564,969	——
1885 (P)		2,532,497	930
1885-S		43,690	——
1886 (P)		6,376,684	886
1886-S		206,524	——
1887 (P)		11,283,229	710
1887-S		4,454,450	——
1888 (P)		5,495,655	832
1888-S		1,720,000	——
1889 (P)		7,380,000	711
1889-S		972,678	——

DATE	NOTE	BUSINESS	PROOF
1890 (P)		9,910,951	590
1890-S		1,423,076	——
1891 (P)		15,310,000	600
1891-O		4,540,000	——
1891-S		3,196,116	——
Barber dime			
1892 (P)		12,120,000	1,245
1892-O		3,841,700	——
1892-S		990,710	——
1893 (P)		3,340,000	792
1893-O		1,760,000	——
1893-S		2,491,401	——
1894 (P)		1,330,000	972
1894-O		720,000	——
1894-S	‹31›	——	——
1895 (P)		690,000	880
1895-O		440,000	——
1895-S		1,120,000	——
1896 (P)		2,000,000	762
1896-O		610,000	——
1896-S		575,056	——
1897 (P)		10,868,533	731
1897-O		666,000	——
1897-S		1,342,844	——
1898 (P)		16,320,000	735
1898-O		2,130,000	——
1898-S		1,702,507	——
1899 (P)		19,580,000	846
1899-O		2,650,000	——
1899-S		1,867,493	——
1900 (P)		17,600,000	912
1900-O		2,010,000	——
1900-S		5,168,270	——
1901 (P)		18,859,665	813
1901-O		5,620,000	——
1901-S		593,022	——
1902 (P)		21,380,000	777
1902-O		4,500,000	——
1902-S		2,070,000	——
1903 (P)		19,500,000	755
1903-O		8,180,000	——
1903-S		613,300	——
1904 (P)		14,600,357	670
1904-S		800,000	——
1905 (P)		14,551,623	727
1905-O		3,400,000	——
1905-S		6,855,199	——
1906 (P)		19,957,731	675
1906-D	‹32›	4,060,000	Δ
1906-O		2,610,000	——
1906-S		3,136,640	——
1907 (P)		22,220,000	575
1907-D		4,080,000	——
1907-O		5,058,000	——
1907-S		3,178,470	——
1908 (P)		10,600,000	545
1908-D		7,490,000	——
1908-O		1,789,000	——
1908-S		3,220,000	——
1909 (P)		10,240,000	650

DATE	NOTE	BUSINESS	PROOF
1909-D		954,000	——
1909-O		2,287,000	——
1909-S		1,000,000	——
1910-(P)		11,520,000	551
1910-D		3,490,000	——
1910-S		1,240,000	——
1911-(P)		18,870,000	543
1911-D		11,209,000	——
1911-S		3,520,000	——
1912-(P)		19,350,000	700
1912-D		11,760,000	——
1912-S		3,420,000	——
1913-(P)		19,760,000	622
1913-S		510,000	——
1914-(P)		17,360,230	——
1914-D		11,908,000	425
1914-S		2,100,000	——
1915-(P)		5,620,000	450
1915-S		960,000	——
1916-(P)		18,490,000	Δ
1916-S		5,820,000	——

Winged Liberty Head dime

DATE	NOTE	BUSINESS	PROOF
1916-(P)		22,180,080	
1916-D		264,000	——
1916-S		10,450,000	——
1917-(P)		55,230,000	——
1917-D		9,402,000	——
1917-S		27,330,000	——
1918-(P)		26,680,000	——
1918-D		22,674,800	——
1918-S		19,300,000	——
1919-(P)		35,740,000	——
1919-D		9,939,000	——
1919-S		8,850,000	——
1920-(P)		59,030,000	——
1920-D		19,171,000	——
1920-S		13,820,000	——
1921-(P)		1,230,000	——
1921-D		1,080,000	——
1923-(P)	‹22›	50,130,000	——
1923-S		6,440,000	——
1924-(P)		24,010,000	——
1924-D		6,810,000	——
1924-S		7,120,000	——
1925-(P)		25,610,000	——
1925-D		5,117,000	——
1925-S		5,850,000	——
1926-(P)		32,160,000	——
1926-D		6,828,000	——
1926-S		1,520,000	——
1927-(P)		28,080,000	——
1927-D		4,812,000	——
1927-S		4,770,000	——
1928-(P)		19,480,000	——
1928-D		4,161,000	——
1928-S		7,400,000	——
1929-(P)		25,970,000	——
1929-D		5,034,000	——
1929-S		4,730,000	——
1930-(P)	‹22›	6,770,000	——
1930-S		1,843,000	——
1931-(P)		3,150,000	——
1931-D		1,260,000	——
1931-S		1,800,000	——
1934-(P)		24,080,000	——
1934-D		6,772,000	——
1935-(P)		58,830,000	——
1935-D		10,477,000	——
1935-S		15,840,000	——
1936-(P)		87,500,000	4,130
1936-D		16,132,000	——
1936-S		9,210,000	——
1937-(P)		56,860,000	5,756
1937-D		14,146,000	——
1937-S		9,740,000	——
1938-(P)		22,190,000	8,728
1938-D		5,537,000	——
1938-S		8,090,000	——
1939-(P)		67,740,000	9,321
1939-D		24,394,000	——
1939-S		10,540,000	——
1940-(P)		65,350,000	11,827
1940-D		21,198,000	——
1940-S		21,560,000	——
1941-(P)		175,090,000	16,557
1941-D		45,634,000	——
1941-S		43,090,000	——
1942-(P)		205,410,000	22,329
1942-D		60,740,000	——
1942-S		49,300,000	——
1943-(P)		191,710,000	——
1943-D		71,949,000	——
1943-S		60,400,000	——
1944-(P)		231,410,000	——
1944-D		62,224,000	——
1944-S		49,490,000	——
1945-(P)		159,130,000	——
1945-D		40,245,000	——
1945-S		41,920,000	——

Roosevelt dime

DATE	NOTE	BUSINESS	PROOF
1946-(P)		255,250,000	——
1946-D		61,043,500	——
1946-S		27,900,000	——
1947-(P)		121,520,000	——
1947-D		46,835,000	——
1947-S		34,840,000	——
1948-(P)		74,950,000	——
1948-D		52,841,000	——
1948-S		35,520,000	——
1949-(P)		30,940,000	——
1949-D		26,034,000	——
1949-S		13,510,000	——
1950-(P)	‹§›	50,130,114	51,386
1950-D		46,803,000	——
1950-S		20,440,000	——
1951-(P)	‹§›	102,880,102	57,500
1951-D		56,529,000	——
1951-S		31,630,000	——
1952-(P)	‹§›	99,040,093	81,980
1952-D		122,100,000	

DATE	NOTE	BUSINESS	PROOF
1952-S		44,419,500	——
1953 (P)	⟨§⟩	53,490,120	128,800
1953-D		136,433,000	——
1953-S		39,180,000	——
1954 (P)	⟨§⟩	114,010,203	233,300
1954-D		106,397,000	——
1954-S		22,860,000	——
1955 (P)	⟨§⟩	12,450,181	378,200
1955-D		13,959,000	——
1955-S		18,510,000	——
1956 (P)	⟨§⟩	108,640,000	669,384
1956-D		108,015,100	——
1957 (P)	⟨§⟩	160,160,000	1,247,952
1957-D		113,354,330	——
1958 (P)	⟨§⟩	31,910,000	875,652
1958-D		136,564,600	——
1959 (P)	⟨§⟩	85,780,000	1,149,291
1959-D		164,919,790	——
1960 (P)	⟨§⟩	70,390,000	1,691,602
1960-D		200,160,400	——
1961 (P)	⟨§⟩	93,730,000	3,028,244
1961-D		209,146,550	——
1962 (P)	⟨§⟩	72,450,000	3,218,019
1962-D		334,948,380	——
1963 (P)	⟨§⟩	123,650,000	3,075,645
1963-D		421,476,530	——
1964 (P)	⟨§, 11⟩	929,360,000	3,950,762
1964-D	⟨11⟩	1,357,517,180	——
1965 (P)	⟨11⟩	845,130,000	——
1965 (D)	⟨11⟩	757,472,820	——
1965 (S)	⟨11⟩	47,177,750	——
1966 (P)	⟨11⟩	622,550,000	——
1966 (D)	⟨11⟩	683,771,010	——
1966 (S)	⟨11⟩	74,151,947	——
1967 (P)	⟨11⟩	1,030,110,000	——
1967 (D)	⟨11⟩	1,156,277,320	——
1967 (S)	⟨11⟩	57,620,000	——
1968 (P)		424,470,400	——
1968-D		480,748,280	——
1968-S	⟨§, 33⟩	——	3,041,506
1969 (P)		145,790,000	——
1969-D		563,323,870	——
1969-S	⟨§⟩	——	2,934,631
1970 (P)		345,570,000	——
1970-D		754,942,100	——
1970-S	⟨§, 34⟩	——	2,632,810
1971 (P)		162,690,000	——
1971-D		377,914,240	——
1971-S	⟨§⟩	——	3,220,733
1972 (P)		431,540,000	——
1972-D		330,290,000	——
1972-S	⟨§⟩	——	3,260,996
1973 (P)		315,670,000	——
1973-D		455,032,426	——
1973-S	⟨§⟩	——	2,760,339
1974 (P)		470,248,000	——
1974-D		571,083,000	——
1974-S	⟨§⟩	——	2,612,568
1975 (P)		513,682,000	——
1975-D		313,705,300	——

DATE	NOTE	BUSINESS	PROOF
1975 (S)		71,991,900	——
1976 (P)		568,760,000	——
1976-D		695,222,774	——
1976-S			——
1977 (P)		796,930,000	——
1977-D		376,607,228	——
1977-S	⟨§⟩		3,236,798
1978 (P)		663,980,000	——
1978-D		282,847,540	——
1978-S	⟨§⟩	——	3,120,285
1979 (P)		315,440,000	——
1979-D		390,921,184	——
1979-S	⟨§⟩	——	3,677,175
1980-P	⟨25⟩	735,170,000	——
1980-D		719,354,321	——
1980-S	⟨§⟩	——	3,554,806
1981-P		676,650,000	——
1981-D		712,284,143	——
1981-S	⟨§⟩	——	4,063,083
1982-P	⟨35⟩	519,475,000	——
1982-D		542,713,584	——
1982-S	⟨§⟩	——	3,857,479
1983-P		647,025,000	——
1983-D		730,129,224	——
1983-S	⟨§⟩	——	3,279,126
1984-P		856,669,000	——
1984-D		704,803,976	——
1984-S	⟨§⟩	——	3,065,110
1985-P		705,200,962	——
1985-D		587,979,970	——
1985-S	⟨§⟩	——	3,362,821
1986-P		682,649,693	——
1986-D		473,326,974	——
1986-S	⟨§⟩	——	3,010,497
1987-P		762,709,481	——
1987-D		653,203,402	——
1987-S	⟨§⟩	——	3,792,233
1988-P		1,030,550,000	——
1988-D		962,385,488	——
1988-S	⟨§⟩	——	3,262,948
1989-P		1,298,400,000	——
1989-D		896,535,597	——
1989-S	⟨§⟩	——	3,220,914
1990-P		1,034,340,000	——
1990-D		839,995,824	——
1990-S	⟨§⟩	——	3,299,559
1991-P		927,220,000	——
1991-D		601,241,114	——
1991-S	⟨§⟩	——	2,867,787
1992-P		593,500,000	——
1992-D		616,273,932	——
1992-S	⟨§⟩		
Clad		——	2,858,903
90% silver		——	1,317,641
1993-P		766,180,000	——
1993-D		750,110,166	——
1993-S	⟨§⟩		
Clad		——	2,569,882
90% silver		——	790,994
1994-P		1,189,000,000	——

DATE	NOTE	BUSINESS	PROOF
1994-D		1,303,268,110	——
1994-S	‹§›		
Clad		——	2,443,590
90% silver		——	778,550
1995-P		1,125,500,000	——
1995-D		1,274,890,000	——
1995-S	‹§›		
Clad		——	2,124,790
90% silver		——	666,277
1996-P		1,421,630,000	——
1996-D		1,400,300,000	——
1996-S	‹§›		
Clad		——	2,145,077
90% silver		——	775,081
1996-W	‹118›	1,450,440	——
1997-P		991,640,000	——
1997-D		979,810,000	——
1997-S	‹§›		
Clad		——	2,055,000
90% silver		——	741,194
1998-P		1,163,000,000	——
1998-D		1,172,300,000	——
1998-S	‹§›		
Clad		——	2,086,507
90% silver		——	878,996
1999-P		2,164,000,000	——
1999-D		1,397,750,000	——
1999-S	‹§›		
Clad	‹121›	——	2,557,899
90% silver		——	804,565
2000-P		1,842,500,000	——
2000-D		1,818,700,000	——
2000-S	‹§›		
Clad	‹121›	——	3,096,981
90% silver		——	965,421
2001-P		1,369,590,000	——
2001-D		1,412,800,000	——
2001-S	‹§›		
Clad	‹121›	——	2,300,944
90% silver		——	889,697
2002-P		1,187,500,000	——
2002-D		1,379,500,000	——
2002-S	‹§›		
Clad		——	2,321,848
90% silver		——	888,826
2003-P		1,085,500,000	——
2003-D		986,500,000	——
2003-S	‹§›		
Clad		——	2,172,684
90% silver		——	1,142,858
2004-P		1,328,000,000	——
2004-D		1,159,500,000	——
2004-S	‹§›		
Clad		——	1,789,488
90% silver		——	1,175,934
2005-P		1,412,000,000	——
2005-P Satin Finish		1,141,895	——
2005-D		1,423,500,000	——
2005-D Satin Finish		1,141,895	——

DATE	NOTE	BUSINESS	PROOF
2005-S	‹§›		
Clad		——	2,310,063
90% silver		——	1,019,166
2006-P		1,381,000,000	——
2006-P Satin Finish		915,586	——
2006-D		1,447,000,000	——
2006-D Satin Finish		915,586	——
2006-S	‹§›		
Clad		——	2,033,734
90% silver		——	1,043,546
2007-P		1,047,500,000	——
2007-P Satin Finish		895,628	——
2007-D		1,042,000,000	——
2007-D Satin Finish		895,628	——
2007-S	‹§›		
Clad		——	1,728,558
90% silver		——	861,447
2008-P		413,000,000	——
2008-P Satin Finish		745,464	——
2008-D		637,500,000	——
2008-D Satin Finish		745,464	——
2008-S	‹§›		
Clad		——	1,426,868
90% silver		——	772,893
2009-P		96,500,000	——
2009-P Satin Finish		774,844	——
2009-D		49,500,000	——
2009-D Satin Finish		774,844	——
2009-S	‹§›		
Clad		——	1,477,967
90% silver		——	694,406
Twenty cents			
1875 (P)		38,500	1,200
1875-CC		133,290	——
1875-S	‹36›	1,155,000	Δ
1876 (P)		14,750	1,150
1876-CC	‹37›	10,000	——
1877 (P)		——	510
1878 (P)		——	600
Draped Bust quarter dollar			
1796		6,146	——
1804		6,738	——
1805		121,394	——
1806		286,424	——
1807		140,343	——
Capped Bust quarter dollar			
1815		89,235	——
1818		361,174	Δ
1819		144,000	——
1820		127,444	Δ
1821		216,851	Δ
1822		64,080	Δ
1823	‹3›	17,800	Δ
1824		24,000	Δ
1825		148,000	Δ
1827	‹38›	——	Δ (R)
1828		102,000	Δ
1831		398,000	Δ
1832		320,000	Δ

DATE	NOTE	BUSINESS	PROOF
1833		156,000	Δ
1834		286,000	Δ
1835		1,952,000	Δ
1836		472,000	Δ
1837		252,400	Δ
1838 (P)		366,000	Δ

Seated Liberty quarter dollar

DATE	NOTE	BUSINESS	PROOF
1838 (P)		466,000	—
1839 (P)		491,146	Δ
1840 (P)		188,127	Δ
1840-O		425,200	—
1841 (P)		120,000	Δ
1841-O		452,000	—
1842 (P)		88,000	Δ
1842-O		769,000	—
1843 (P)		645,600	Δ
1843-O		968,000	—
1844 (P)		421,200	Δ
1844-O		740,000	—
1845 (P)		922,000	Δ
1846 (P)		510,000	Δ
1847 (P)		734,000	Δ
1847-O		368,000	—
1848 (P)		146,000	Δ
1849 (P)		340,000	Δ
1849-O		16,000	—
1850 (P)		190,800	Δ
1850-O		396,000	—
1851 (P)		160,000	Δ
1851-O		88,000	—
1852 (P)		177,060	Δ
1852-O		96,000	—
1853 (P)			
No Arr. & Rays ‹16›		44,200	—
Arrows & Rays ‹16›		15,210,020	Δ
1853-O		1,332,000	—
1854 (P)		12,380,000	Δ
1854-O		1,484,000	—
1855 (P)		2,857,000	Δ
1855-O		176,000	—
1855-S	‹39›	396,400	Δ
1856 (P)		7,264,000	Δ
1856-O		968,000	—
1856-S		286,000	—
1857 (P)		9,644,000	Δ
1857-O		1,180,000	—
1857-S		82,000	—
1858 (P)		7,368,000	Δ
1858-O		520,000	—
1858-S		121,000	—
1859 (P)		1,344,000	Δ
1859-O		260,000	—
1859-S		80,000	—
1860 (P)		804,400	1,000
1860-O		388,000	—
1860-S		56,000	—
1861 (P)		4,853,600	1,000
1861-S		96,000	—
1862 (P)		932,000	550
1862-S		67,000	—
1863 (P)		191,600	460
1864 (P)		93,600	470
1864-S		20,000	—
1865 (P)		58,800	500
1865-S		41,000	—
1866 (P)	‹40›	16,800	725
1866-S	‹40›	28,000	—
1867 (P)		20,000	625
1867-S		48,000	—
1868 (P)		29,400	600
1868-S		96,000	—
1869 (P)		16,000	600
1869-S		76,000	—
1870 (P)		86,400	1,000
1870-CC		8,340	—
1871 (P)		118,200	960
1871-CC		10,890	—
1871-S		30,900	—
1872 (P)		182,000	950
1872-CC		22,850	—
1872-S		83,000	—
1873 (P)			
No Arrows ‹6›		212,000	600
With Arrows ‹6›		1,271,160	540
1873-CC			
No Arrows ‹6›		4,000	—
With Arrows ‹6›		12,462	—
1873-S			
With Arrows ‹6›		156,000	—
1874 (P)		471,200	700
1874-S		392,000	—
1875 (P)		4,292,800	700
1875-CC		140,000	—
1875-S		680,000	—
1876 (P)		17,816,000	1,150
1876-CC		4,944,000	—
1876-S		8,596,000	—
1877 (P)		10,911,200	510
1877-CC		4,192,000	—
1877-S		8,996,000	—
1878 (P)		2,260,000	800
1878-CC		996,000	—
1878-S		140,000	—
1879 (P)	‹41›	14,450	250
1880 (P)		13,600	1,355
1881 (P)		12,000	975
1882 (P)		15,200	1,100
1883 (P)		14,400	1,039
1884 (P)		8,000	875
1885 (P)		13,600	930
1886 (P)		5,000	886
1887 (P)		10,000	710
1888 (P)		10,001	832
1888-S		1,216,000	—
1889 (P)		12,000	711
1890 (P)		80,000	590
1891 (P)		3,920,000	600
1891-O	‹42›	68,000	Δ
1891-S		2,216,000	—

DATE	NOTE	BUSINESS	PROOF
Barber quarter dollar			
1892 (P)		8,236,000	1,245
1892-O		2,640,000	——
1892-S		964,079	——
1893 (P)		5,444,023	792
1893-O		3,396,000	——
1893-S		1,454,535	——
1894 (P)		3,432,000	972
1894-O		2,852,000	——
1894-S		2,648,821	——
1895 (P)		4,440,000	880
1895-O		2,816,000	——
1895-S		1,764,681	——
1896 (P)		3,874,000	762
1896-O		1,484,000	——
1896-S		188,039	——
1897 (P)		8,140,000	731
1897-O		1,414,800	——
1897-S		542,229	——
1898 (P)		11,100,000	735
1898-O		1,868,000	——
1898-S		1,020,592	——
1899 (P)		12,624,000	846
1899-O		2,644,000	——
1899-S		708,000	——
1900 (P)		10,016,000	912
1900-O		3,416,000	——
1900-S		1,858,585	——
1901 (P)		8,892,000	813
1901-O		1,612,000	——
1901-S		72,664	——
1902 (P)		12,196,967	777
1902-O		4,748,000	——
1902-S		1,524,612	——
1903 (P)		9,669,309	755
1903-O		3,500,000	——
1903-S		1,036,000	——
1904 (P)		9,588,143	670
1904-O		2,456,000	——
1905 (P)		4,967,523	727
1905-O		1,230,000	——
1905-S		1,884,000	——
1906 (P)		3,655,760	675
1906-D		3,280,000	——
1906-O		2,056,000	——
1907 (P)		7,192,000	575
1907-D		2,484,000	——
1907-O		4,560,000	——
1907-S		1,360,000	——
1908 (P)		4,232,000	545
1908-D		5,788,000	——
1908-O		6,244,000	——
1908-S		784,000	——
1909 (P)		9,268,000	650
1909-D		5,114,000	——
1909-O		712,000	——
1909-S		1,348,000	——
1910 (P)		2,244,000	551
1910-D		1,500,000	——
1911 (P)		3,720,000	543

DATE	NOTE	BUSINESS	PROOF
1911-D		933,600	——
1911-S		988,000	——
1912 (P)		4,400,000	700
1912-S		708,000	——
1913 (P)		484,000	613
1913-D		1,450,800	——
1913-S		40,000	——
1914 (P)		6,244,230	380
1914-D		3,046,000	——
1914-S		264,000	——
1915 (P)		3,480,000	450
1915-D		3,694,000	——
1915-S		704,000	——
1916 (P)		1,788,000	——
1916-D		6,540,800	——
Standing Liberty quarter dollar			
1916 (P)		52,000	——
1917 (P)			
Bare Breast		8,740,000	Δ
Mailed Breast		13,880,000	——
1917-D			
Bare Breast		1,509,200	——
Mailed Breast		6,224,400	——
1917-S			
Bare Breast		1,952,000	——
Mailed Breast		5,552,000	——
1918 (P)		14,240,000	——
1918-D		7,380,000	——
1918-S		11,072,000	——
1919 (P)		11,324,000	——
1919-D		1,944,000	——
1919-S		1,836,000	——
1920 (P)		27,860,000	——
1920-D		3,586,400	——
1920-S		6,380,000	——
1921 (P)		1,916,000	——
1923 (P)		9,716,000	——
1923-S		1,360,000	——
1924 (P)		10,920,000	——
1924-D		3,112,000	——
1924-S		2,860,000	——
1925 (P)		12,280,000	——
1926 (P)		11,316,000	——
1926-D		1,716,000	——
1926-S		2,700,000	——
1927 (P)		11,912,000	——
1927-D		976,400	——
1927-S		396,000	——
1928 (P)		6,336,000	——
1928-D		1,627,600	——
1928-S		2,644,000	——
1929 (P)		11,140,000	——
1929-D		1,358,000	——
1929-S		1,764,000	——
1930 (P)		5,632,000	——
1930-S		1,556,000	——
Washington quarter dollar			
1932 (P)		5,404,000	——
1932-D		436,800	——

DATE	NOTE	BUSINESS	PROOF
1932-S		408,000	—
1934 (P)		31,912,052	—
1934-D		3,527,200	—
1935 (P)		32,484,000	—
1935-D		5,780,000	—
1935-S		5,660,000	—
1936 (P)		41,300,000	3,837
1936-D		5,374,000	—
1936-S		3,828,000	—
1937 (P)		19,696,000	5,542
1937-D		7,189,600	—
1937-S		1,652,000	—
1938 (P)		9,472,000	8,045
1938-S		2,832,000	—
1939 (P)		33,540,000	8,795
1939-D		7,092,000	—
1939-S		2,628,000	—
1940 (P)		35,704,000	11,246
1940-D		2,797,600	—
1940-S		8,244,000	—
1941 (P)		79,032,000	15,287
1941-D		16,714,800	—
1941-S		16,080,000	—
1942 (P)		102,096,000	21,123
1942-D		17,487,200	—
1942-S		19,384,000	—
1943 (P)		99,700,000	—
1943-D		16,095,600	—
1943-S		21,700,000	—
1944 (P)		104,956,000	—
1944-D		14,600,800	—
1944-S		12,560,000	—
1945 (P)		74,372,000	—
1945-D		12,341,600	—
1945-S		17,004,001	—
1946 (P)		53,436,000	—
1946-D		9,072,800	—
1946-S		4,204,000	—
1947 (P)		22,556,000	—
1947-D		15,338,400	—
1947-S		5,532,000	—
1948 (P)		35,196,000	—
1948-D		16,766,800	—
1948-S		15,960,000	—
1949 (P)		9,312,000	—
1949-D		10,068,400	—
1950 (P)	‹§›	24,920,126	51,386
1950-D		21,075,600	—
1950-S		10,284,004	—
1951 (P)	‹§›	43,448,102	57,500
1951-D		35,354,800	—
1951-S		9,048,000	—
1952 (P)	‹§›	38,780,093	81,980
1952-D		49,795,200	—
1952-S		13,707,800	—
1953 (P)	‹§›	18,536,120	128,800
1953-D		56,112,400	—
1953-S		14,016,000	—
1954 (P)	‹§›	54,412,203	233,300
1954-D		42,305,500	—
1954-S		11,834,722	—
1955 (P)	‹§›	18,180,181	378,200
1955-D		3,182,400	—
1956 (P)	‹§›	44,144,000	669,384
1956-D		32,334,500	—
1957 (P)	‹§›	46,532,000	1,247,952
1957-D		77,924,160	—
1958 (P)	‹§›	6,360,000	875,652
1958-D		78,124,900	—
1959 (P)	‹§›	24,384,000	1,149,291
1959-D		62,054,232	—
1960 (P)	‹§›	29,164,000	1,691,602
1960-D		63,000,324	—
1961 (P)	‹§›	37,036,000	3,028,244
1961-D		83,656,928	—
1962 (P)	‹§›	36,156,000	3,218,019
1962-D		127,554,756	—
1963 (P)	‹§›	74,316,000	3,075,645
1963-D		135,288,184	—
1964 (P)	‹§, 11›	560,390,585	3,950,762
1964-D	‹11›	704,135,528	—
1965 (P)	‹11›	1,082,216,000	—
1965 (D)	‹11›	673,305,540	—
1965 (S)	‹11›	61,836,000	—
1966 (P)	‹11›	404,416,000	—
1966 (D)	‹11›	367,490,400	—
1966 (S)	‹11›	46,933,517	—
1967 (P)	‹11›	873,524,000	—
1967 (D)	‹11›	632,767,848	—
1967 (S)	‹11›	17,740,000	—
1968 (P)		220,731,500	—
1968-D		101,534,000	—
1968-S	‹§›	—	3,041,506
1969 (P)		176,212,000	—
1969-D		114,372,000	—
1969-S	‹§›	—	2,934,631
1970 (P)		136,420,000	—
1970-D		417,341,364	—
1970-S	‹§›	—	2,632,810
1971 (P)		109,284,000	—
1971-D		258,634,428	—
1971-S	‹§›	—	3,220,733
1972 (P)		215,048,000	—
1972-D		311,067,732	—
1972-S	‹§›	—	3,260,996
1973 (P)		346,924,000	—
1973-D		232,977,400	—
1973-S	‹§›	—	2,760,339
1974 (P)	‹43›	801,456,000	—
1974-D	‹43›	353,160,300	—
1974-S	‹§, 43›	—	2,612,568
1976 (P)	‹43›	809,408,016	—
1976-D	‹43›	860,118,839	—
1976-S	‹43›		—
1976 (W)	‹43›	376,000	—
1977 (P)		461,204,000	—
1977-D		256,524,978	—
1977-S	‹§›	—	3,236,798
1977 (W)		7,352,000	—
1978 (P)		500,652,000	—

DATE	NOTE	BUSINESS	PROOF
1978-D		287,373,152	——
1978-S	‹§›	——	3,120,285
1978 (W)		20,800,000	——
1979 (P)		493,036,000	——
1979-D		489,789,780	——
1979-S	‹§›	——	3,677,175
1979 (W)		22,672,000	——
1980-P	‹25›	635,832,000	——
1980-D		518,327,487	——
1980-S	‹§›	——	3,554,806
1981-P		601,716,000	——
1981-D		575,722,833	——
1981-S	‹§›	——	4,063,083
1982-P		500,931,000	——
1982-D		480,042,788	——
1982-S	‹§›	——	3,857,479
1983-P		673,535,000	——
1983-D		617,806,446	——
1983-S	‹§›	——	3,279,126
1984-P		676,545,000	——
1984-D		546,483,064	——
1984-S	‹§›	——	3,065,110
1985-P		775,818,962	——
1985-D		519,962,888	——
1985-S	‹§›	——	3,362,821
1986-P		551,199,333	——
1986-D		504,298,660	——
1986-S	‹§›	——	3,010,497
1987-P		582,499,481	——
1987-D		655,595,696	——
1987-S	‹§›	——	3,792,233
1988-P		562,052,000	——
1988-D		596,810,688	——
1988-S	‹§›	——	3,262,948
1989-P		512,868,000	——
1989-D		896,733,858	——
1989-S	‹§›	——	3,220,914
1990-P		613,792,000	——
1990-D		927,638,181	——
1990-S	‹§›	——	3,299,559
1991-P		570,960,000	——
1991-D		630,966,693	——
1991-S	‹§›	——	2,867,787
1992-P		384,764,000	——
1992-D		389,777,107	——
1992-S	‹§›		
Clad		——	2,858,903
90% silver		——	1,317,641
1993-P		639,276,000	——
1993-D		645,476,128	——
1993-S	‹§›		
Clad		——	2,569,882
90% silver		——	790,994
1994-P		825,600,000	——
1994-D		880,034,110	——
1994-S	‹§›		
Clad		——	2,443,590
90% silver		——	778,550
1995-P		1,004,336,000	——
1995-D		1,103,216,000	——

DATE	NOTE	BUSINESS	PROOF
1995-S	‹§›		
Clad		——	2,124,790
90% silver		——	666,277
1996-P		925,040,000	——
1996-D		906,868,000	——
1996-S	‹§›		
Clad		——	2,145,077
90% silver		——	775,081
1997-P		595,740,000	——
1997-D		599,680,000	——
1997-S	‹§›		
Clad		——	2,055,000
90% silver		——	741,194
1998-P		960,400,000	——
1998-D		907,000,000	——
1998-S	‹§›		
Clad		——	2,086,507
90% silver		——	878,996
1999-P DE		373,400,000	——
1999-D DE		401,424,000	——
1999-S DE	‹§›		
Clad	‹121›	——	3,727,857
90% silver		——	804,565
1999-P PA		349,000,000	——
1999-D PA		358,332,000	——
1999-S PA	‹§›		
Clad	‹121›	——	3,727,857
90% silver		——	804,565
1999-P NJ		363,200,000	——
1999-D NJ		299,028,000	——
1999-S NJ	‹§›		
Clad	‹121›	——	3,727,857
90% silver		——	804,565
1999-P GA		451,188,000	——
1999-D GA		488,744,000	——
1999-S GA	‹§›		
Clad	‹121›	——	3,727,857
90% silver		——	804,565
1999-P CT		688,744,000	——
1999-D CT		657,880,000	——
1999-S CT	‹§›		
Clad	‹121›	——	3,727,857
90% silver		——	804,565
2000-P MA		628,600,000	——
2000-D MA		535,184,000	——
2000-S MA	‹§›		
Clad	‹121›	——	4,092,784
90% silver		——	965,421
2000-P MD		678,200,000	——
2000-D MD		556,532,000	——
2000-S MD			‹§›
Clad	‹121›	——	4,092,784
90% silver		——	965,421
2000-P SC		742,576,000	——
2000-D SC		566,208,000	——
2000-S SC	‹§›		
Clad	‹121›	——	4,092,784
90% silver		——	965,421
2000-P NH		673,040,000	——
2000-D NH		495,976,000	——

DATE	NOTE	BUSINESS	PROOF
2000-S NH ‹§›			
Clad	‹121›	—	4,092,784
90% silver		—	965,421
2000-P VA		943,000,000	—
2000-D VA		651,616,000	—
2000-S VA ‹§›			
Clad	‹121›	—	4,092,784
90% silver		—	965,421
2001-P NY		655,400,000	—
2001-D NY		619,640,000	—
2001-S NY ‹§›			
Clad	‹121›	—	3,100,680
90% silver		—	889,697
2001-P NC		627,600,000	—
2001-D NC		427,876,000	—
2001-S NC	‹121›		
Clad		—	3,100,680
90% silver		—	889,697
2001-P RI		423,000,000	—
2001-D RI		447,100,000	—
2001-S RI ‹§›			
Clad	‹121›	—	3,100,680
90% silver		—	889,697
2001-P VT		423,400,000	—
2001-D VT		459,404,000	—
2001-S VT ‹§›			
Clad	‹121›	—	3,100,680
90% silver		—	889,697
2001-P KY		353,000,000	—
2001-D KY		370,564,000	—
2001-S KY ‹§›			
Clad	‹121›	—	3,100,680
90% silver		—	889,697
2002-P TN		361,600,000	—
2002-D TN		286,468,000	—
2002-S TN ‹§›			
Clad		—	3,085,940
90% silver		—	888,826
2002-P OH		217,200,000	—
2002-D OH		414,832,000	—
2002-S OH ‹§›			
Clad		—	3,085,940
90% silver		—	888,826
2002-P LA		362,000,000	—
2002-D LA		402,204,000	—
2002-S LA ‹§›			
Clad		—	3,085,940
90% silver		—	888,826
2002-P IN		362,600,000	—
2002-D IN		327,200,000	—
2002-S IN ‹§›			
Clad		—	3,085,940
90% silver		—	888,826
2002-P MS		290,000,000	—
2002-D MS		289,600,000	—
2002-S MS ‹§›			
Clad		—	3,085,940
90% silver		—	888,826
2003-P IL		225,800,000	—
2003-D IL		237,400,000	—
2003-S IL ‹§›			
Clad		—	3,398,191
90% silver		—	1,142,858
2003-P AL		225,000,000	—
2003-D AL		232,400,000	—
2003-S AL ‹§›			
Clad		—	3,398,191
90% silver		—	1,142,858
2003-P ME		217,400,000	—
2003-D ME		231,400,000	—
2003-S ME ‹§›			
Clad		—	3,398,191
90% silver		—	1,142,858
2003-P MO		225,000,000	—
2003-D MO		228,200,000	—
2003-S MO	‹§›		
Clad		—	3,398,191
90% silver		—	1,142,858
2003-P AR		228,000,000	—
2003-D AR		229,800,000	—
2003-S AR ‹§›			
Clad		—	3,398,191
90% silver		—	1,142,858
2004-P MI		233,800,000	—
2004-D MI		225,800,000	—
2004-S MI ‹§›			
Clad		—	2,740,684
90% silver		—	1,769,786
2004-P FL		240,200,000	—
2004-D FL		241,600,000	—
2004-S FL ‹§›			
Clad		—	2,740,684
90% silver		—	1,769,786
2004-P TX		278,800,000	—
2004-D TX		263,000,000	—
2004-S TX ‹§›			
Clad		—	2,740,684
90% silver		—	1,769,786
2004-P IA		213,800,000	—
2004-D IA		251,400,000	—
2004-S IA ‹§›			
Clad		—	2,740,684
90% silver		—	1,769,786
2004-P WI		226,400,000	—
2004-D WI	‹124›	226,800,000	—
2004-S WI ‹§›			
Clad		—	2,740,684
90% silver		—	1,769,786
2005-P CA		257,200,000	—
Satin Finish	‹122›	1,141,895	—
2005-D CA		263,200,000	—
Satin Finish	‹122›	1,141,895	—
2005-S CA ‹§›			
Clad		—	3,291,341
90% silver		—	1,625,981
2005-P MN		239,600,000	—
Satin Finish	‹122›	1,141,895	—
2005-D MN		248,400,000	—
Satin Finish	‹122›	1,141,895	—

DATE	NOTE	BUSINESS	PROOF
2005-S MN ‹§›			
Clad		——	3,291,341
90% silver		——	1,625,981
2005-P OR		316,200,000	——
Satin Finish ‹122›		1,141,895	——
2005-D OR		404,000,000	——
Satin Finish ‹122›		1,141,895	——
2005-S OR ‹§›			
Clad		——	3,291,341
90% silver		——	1,625,981
2005-P KS		263,400,000	——
Satin Finish ‹122›		1,141,895	——
2005-D KS		300,000,000	——
Satin Finish ‹122›		1,141,895	——
2005-S KS ‹§›			
Clad		——	3,291,341
90% silver		——	1,625,981
2005-P WV		365,400,000	——
Satin Finish ‹122›		1,141,895	——
2005-D WV		356,200,000	——
Satin Finish ‹122›		1,141,895	——
2005-S WV ‹§›			
Clad		——	3,291,341
90% silver		——	1,625,981
2006-P NV		277,000,000	——
Satin Finish ‹122›		915,586	——
2006-D NV		312,800,000	——
Satin Finish ‹122›		915,586	——
2006-S NV ‹§›			
Clad		——	2,910,530
90% silver		——	1,571,839
2006-P NE		318,000,000	
Satin Finish ‹122›		915,586	——
2006-D NE		276,400,000	——
Satin Finish ‹122›		915,586	——
2006-S NE ‹§›			
Clad		——	2,910,530
90% silver		——	1,571,839
2006-P CO		274,800,000	——
Satin Finish ‹122›		915,586	——
2006-D CO		294,200,000	——
Satin Finish ‹122›		915,586	——
2006-S CO ‹§›			
Clad		——	2,910,530
90% silver		——	1,571,839
2006-P ND		305,800,000	——
Satin Finish ‹122›		915,586	——
2006-D ND		359,000,000	——
Satin Finish ‹122›		915,586	——
2006-S ND ‹§›			
Clad		——	2,910,530
90% silver		——	1,571,839
2006-P SD		245,000,000	——
Satin Finish ‹122›		915,586	——
2006-D SD		265,800,000	——
Satin Finish ‹122›		915,586	——
2006-S SD ‹§›			
Clad		——	2,910,530
90% silver		——	1,571,839
2007-P MT		257,000,000	——
Satin Finish ‹122›		895,628	——
2007-D MT		256,240,000	——
Satin Finish ‹122›		895,628	——
2007-S MT ‹§›			
Clad		——	2,401,220
90% silver		——	1,299,878
2007-P WA		265,200,000	——
Satin Finish ‹122›		895,628	——
2007-D WA		280,000,000	——
Satin Finish ‹122›		895,628	——
2007-S WA ‹§›			
Clad		——	2,401,220
90% silver		——	1,299,878
2007-P ID		294,600,000	——
Satin Finish ‹122›		895,628	——
2007-D ID		286,800,000	——
Satin Finish ‹122›		895,628	——
2007-S ID ‹§›			
Clad		——	2,401,220
90% silver		——	1,299,878
2007-P WY		243,600,000	——
Satin Finish ‹122›		895,628	——
2007-D WY		320,800,000	——
Satin Finish ‹122›		895,628	——
2007-S WY ‹§›			
Clad		——	2,401,220
90% silver		——	1,299,878
2007-P UT		255,000,000	——
Satin Finish ‹122›		895,628	——
2007-D UT		253,200,000	——
Satin Finish ‹122›		895,628	——
2007-S UT ‹§›			
Clad		——	2,401,220
90% silver		——	1,299,878
2008-P OK		222,000,000	——
Satin Finish ‹122›		745,464	——
2008-D OK		194,600,000	——
Satin Finish ‹122›		745,464	——
2008-S OK ‹§›			
Clad		——	2,099,306
90% silver		——	1,201,914
2008-P NM		244,200,000	——
Satin Finish ‹122›		745,464	——
2008-D NM		244,400,000	——
Satin Finish ‹122›		745,464	——
2008-S NM	‹§›		
Clad		——	2,099,306
90% silver		——	1,201,914
2008-P AZ		244,600,000	——
Satin Finish ‹122›		745,464	——
2008-D AZ		265,000,000	——
Satin Finish ‹122›		745,464	——
2008-S AZ ‹§›			
Clad		——	2,099,306
90% silver		——	1,201,914
2008-P AK		251,800,000	——
Satin Finish ‹122›		745,464	——
2008-D AK		254,000,000	——
Satin Finish ‹122›		745,464	——

DATE	NOTE	BUSINESS	PROOF
2008-S AK ‹§›			
Clad		——	2,099,306
90% silver		——	1,201,914
2008-P HI		254,000,000	——
Satin Finish ‹122›		745,464	——
2008-D HI		263,600,000	——
Satin Finish ‹122›		745,464	——
2008-S HI ‹§›			
Clad		——	2,099,306
90% silver		——	1,201,914
2009-P DC		83,600,000	——
Satin Finish ‹122›		774,844	——
2009-D DC		88,800,000	——
Satin Finish ‹122›		774,844	——
2009-S DC ‹§›			
Clad		——	2,093,903
90% silver		——	980,512
2009-P PR		53,200,000	——
Satin Finish ‹122›		774,844	——
2009-D PR		86,000,000	——
Satin Finish ‹122›		774,844	——
2009-S PR ‹§›			
Clad		——	2,093,903
90% silver		——	980,512
2009-P GU		45,000,000	——
Satin Finish ‹122›		774,844	——
2009-D GU		42,600,000	——
Satin Finish ‹122›		774,844	——
2009-S GU ‹§›			
Clad		——	2,093,903
90% silver		——	980,512
2009-P AS		42,600,000	——
Satin Finish ‹122›		774,844	——
2009-D AS		39,600,000	——
Satin Finish ‹122›		774,844	——
2009-S AS ‹§›			
Clad		——	2,093,903
90% silver		——	980,512
2009-P VI		41,000,000	——
Satin Finish ‹122›		774,844	——
2009-D VI		41,000,000	——
Satin Finish ‹122›		774,844	——
2009-S VI ‹§›			
Clad		——	2,093,903
90% silver		——	980,512
2009-P NMI		35,200,000	——
Satin Finish ‹122›		774,844	——
2009-D NMI		37,600,000	——
Satin Finish ‹122›		774,844	——
2009-S NMI ‹§›			
Clad		——	2,093,903
90% silver		——	980,512
2010-P Hot Springs		Pending	——
Satin Finish ‹122›		Pending	——
2010-D Hot Springs		Pending	——
Satin Finish ‹122›		Pending	——
2010-S Hot Springs ‹§›			
Clad		——	Pending
90% silver		——	Pending

DATE	NOTE	BUSINESS	PROOF
2010-P Yellowstone		Pending	——
Satin Finish ‹122›		Pending	——
2010-D Yellowstone		Pending	——
Satin Finish ‹122›		Pending	——
2010-S Yellowstone ‹§›			
Clad		——	Pending
90% silver		——	Pending
2010-P Yosemite		Pending	——
Satin Finish ‹122›		Pending	——
2010-D Yosemite		Pending	——
Satin Finish ‹122›		Pending	——
2010-S Yosemite ‹§›			
Clad		——	Pending
90% silver		——	Pending
2010-P Grand Canyon		Pending	——
Satin Finish ‹122›		Pending	——
2010-D Grand Canyon		Pending	——
Satin Finish ‹122›		Pending	——
2010-S Grand Canyon ‹§›			
Clad		——	Pending
90% silver		——	Pending
2010-P Mount Hood		Pending	——
Satin Finish ‹122›		Pending	——
2010-D Mount Hood		Pending	——
Satin Finish ‹122›		Pending	——
2010-S Mount Hood ‹§›			
Clad		——	Pending
90% silver		——	Pending
Flowing Hair half dollar			
1794		23,464	——
1795		299,680	——
Draped Bust, Small Eagle half dollar			
1796		934	——
1797		2,984	——
Draped Bust, Heraldic Eagle half dollar			
1801		30,289	——
1802		29,890	——
1803		188,234	——
1805		211,722	——
1806		839,576	——
1807		301,076	——
Capped Bust half dollar			
1807		750,500	——
1808		1,368,600	——
1809		1,405,810	——
1810		1,276,276	——
1811		1,203,644	——
1812		1,628,059	——
1813		1,241,903	——
1814		1,039,075	——
1815		47,150	——
1817	‹44›	1,215,567	Δ
1818		1,960,322	Δ
1819		2,208,000	Δ
1820		751,122	Δ
1821		1,305,797	Δ
1822		1,559,573	Δ
1823		1,694,200	Δ
1824		3,504,954	Δ

DATE	NOTE	BUSINESS	PROOF
1825		2,943,166	Δ
1826		4,004,180	Δ
1827		5,493,400	Δ
1828		3,075,200	Δ
1829		3,712,156	Δ
1830		4,764,800	Δ
1831		5,873,660	Δ
1832		4,797,000	Δ
1833		5,206,000	Δ (R)
1834		6,412,004	Δ (R)
1835		5,352,006	Δ (R)
1836			
Lettered Edge		6,545,000	Δ
Reeded Edge	‹45›	1,200	Δ
1837		3,629,820	Δ
1838 (P)		3,546,000	Δ
1838-O	‹46›	——	Δ
1839 (P)		1,362,160	Δ
1839-O	‹47›	178,976	Δ

Seated Liberty half dollar

DATE	NOTE	BUSINESS	PROOF
1839 (P)	‹48›	1,972,400	Δ
1840 (P)		1,435,008	Δ
1840-O		855,100	——
1841 (P)		310,000	Δ
1841-O		401,000	——
1842 (P)		2,012,764	Δ
1842-O		957,000	——
1843 (P)		3,844,000	Δ
1843-O		2,268,000	——
1844 (P)		1,766,000	Δ
1844-O		2,005,000	——
1845 (P)		589,000	Δ
1845-O		2,094,000	——
1846 (P)		2,210,000	Δ
1846-O		2,304,000	——
1847 (P)		1,156,000	Δ
1847-O		2,584,000	——
1848 (P)		580,000	Δ
1848-O		3,180,000	——
1849 (P)		1,252,000	Δ
1849-O		2,310,000	——
1850 (P)		227,000	Δ
1850-O		2,456,000	——
1851 (P)		200,750	——
1851-O		402,000	——
1852 (P)		77,130	Δ
1852-O		144,000	——
1853 (P)	‹16, 49›	3,532,708	Δ
1853-O	‹49›	1,328,000	——
1854 (P)		2,982,000	Δ
1854-O		5,240,000	——
1855 (P)		759,500	Δ
1855-O		3,688,000	——
1855-S	‹50›	129,950	Δ
1856 (P)		938,000	Δ
1856-O		2,658,000	——
1856-S		211,000	——
1857 (P)		1,988,000	Δ
1857-O		818,000	——
1857-S		158,000	——
1858 (P)		4,226,000	Δ
1858-O		7,294,000	——
1858-S		476,000	——
1859 (P)		748,000	Δ
1859-O		2,834,000	——
1859-S		566,000	——
1860 (P)		302,700	1,000
1860-O		1,290,000	——
1860-S		472,000	——
1861 (P)		2,887,400	1,000
1861-O	‹51›	2,532,633	Δ
1861-S		939,500	——
1862 (P)		253,000	550
1862-S		1,352,000	——
1863 (P)		503,200	460
1863-S		916,000	——
1864 (P)		379,100	470
1864-S		658,000	——
1865 (P)		511,400	500
1865-S		675,000	——
1866 (P)	‹40›	744,900	725
1866-S			
No Motto	‹40›	60,000	——
Motto	‹40›	994,000	——
1867 (P)		449,300	625
1867-S		1,196,000	——
1868 (P)		417,600	600
1868-S		1,160,000	——
1869 (P)		795,300	600
1869-S		656,000	——
1870 (P)		633,900	1,000
1870-CC		54,617	——
1870-S		1,004,000	——
1871 (P)		1,203,600	960
1871-CC		153,950	——
1871-S		2,178,000	——
1872 (P)		880,600	950
1872-CC		257,000	——
1872-S		580,000	——
1873 (P)			
No Arrows	‹6›	801,200	600
With Arrows	‹6›	1,815,150	550
1873-CC			
No Arrows	‹6, 52›	122,500	——
With Arrows	‹6›	214,560	——
1873-S			
No Arrows	‹6›	5,000	——
With Arrows	‹6›	228,000	——
1874 (P)		2,359,600	700
1874-CC		59,000	——
1874-S		394,000	——
1875 (P)		6,026,800	700
1875-CC		1,008,000	——
1875-S		3,200,000	——
1876 (P)		8,418,000	1,150
1876-CC		1,956,000	——
1876-S		4,528,000	——
1877 (P)		8,304,000	510
1877-CC		1,420,000	——
1877-S		5,356,000	——

DATE	NOTE	BUSINESS	PROOF
1878 (P)		1,377,600	800
1878-CC		62,000	———
1878-S		12,000	———
1879 (P)		4,800	1,100
1880 (P)		8,400	1,355
1881 (P)		10,000	975
1882 (P)		4,400	1,100
1883 (P)		8,000	1,039
1884 (P)		4,400	875
1885 (P)		5,200	930
1886 (P)		5,000	886
1887 (P)		5,000	710
1888 (P)		12,001	832
1889 (P)		12,000	711
1890 (P)		12,000	590
1891 (P)		200,000	600

Barber half dollar

DATE	NOTE	BUSINESS	PROOF
1892 (P)		934,245	1,245
1892-O		390,000	———
1892-S		1,029,028	———
1893 (P)		1,826,000	792
1893-O		1,389,000	———
1893-S		740,000	———
1894 (P)		1,148,000	972
1894-O		2,138,000	———
1894-S		4,048,690	———
1895 (P)		1,834,338	880
1895-O	‹53›	1,766,000	Δ
1895-S		1,108,086	———
1896 (P)		950,000	762
1896-O		924,000	———
1896-S		1,140,948	———
1897 (P)		2,480,000	731
1897-O		632,000	———
1897-S		933,900	———
1898 (P)		2,956,000	735
1898-O		874,000	———
1898-S		2,358,550	———
1899 (P)		5,538,000	846
1899-O		1,724,000	———
1899-S		1,686,411	———
1900 (P)		4,762,000	912
1900-O		2,744,000	———
1900-S		2,560,322	———
1901 (P)		4,268,000	813
1901-O		1,124,000	———
1901-S		847,044	———
1902 (P)		4,922,000	777
1902-O		2,526,000	———
1902-S		1,460,670	———
1903 (P)		2,278,000	755
1903-O		2,100,000	———
1903-S		1,920,772	———
1904 (P)		2,992,000	670
1904-O		1,117,600	———
1904-S		553,038	———
1905 (P)		662,000	727
1905-O		505,000	———
1905-S		2,494,000	———
1906 (P)		2,638,000	675
1906-D		4,028,000	———
1906-O		2,446,000	———
1906-S		1,740,154	———
1907 (P)		2,598,000	575
1907-D		3,856,000	———
1907-O		3,946,600	———
1907-S		1,250,000	———
1908 (P)		1,354,000	545
1908-D		3,280,000	———
1908-O		5,360,000	———
1908-S		1,644,828	———
1909 (P)		2,368,000	650
1909-O		925,400	———
1909-S		1,764,000	———
1910 (P)		418,000	551
1910-S		1,948,000	———
1911 (P)		1,406,000	543
1911-D		695,080	———
1911-S		1,272,000	———
1912 (P)		1,550,000	700
1912-D		2,300,800	———
1912-S		1,370,000	———
1913 (P)		188,000	627
1913-D		534,000	———
1913-S		604,000	———
1914 (P)		124,230	380
1914-S		992,000	———
1915 (P)		138,000	450
1915-D		1,170,400	———
1915-S		1,604,000	———

Walking Liberty half dollar

DATE	NOTE	BUSINESS	PROOF
1916 (P)		608,000	Δ
1916-D		1,014,400	———
1916-S		508,000	———
1917 (P)		12,292,000	———
1917-D			
Obv. Mint Mark		765,400	
Rev. Mint Mark		1,940,000	
1917-S			
Obv. Mint Mark		952,000	———
Rev. Mint Mark		5,554,000	———
1918 (P)		6,634,000	———
1918-D		3,853,040	———
1918-S		10,282,000	———
1919 (P)		962,000	———
1919-D		1,165,000	———
1919-S		1,552,000	———
1920 (P)		6,372,000	———
1920-D		1,551,000	———
1920-S		4,624,000	———
1921 (P)		246,000	———
1921-D		208,000	———
1921-S		548,000	———
1923-S		2,178,000	———
1927-S		2,392,000	———
1928-S		1,940,000	———
1929-D		1,001,200	———
1929-S		1,902,000	———
1933-S		1,786,000	———
1934 (P)		6,964,000	———

DATE	NOTE	BUSINESS	PROOF
1934-D		2,361,400	——
1934-S		3,652,000	——
1935 (P)		9,162,000	——
1935-D		3,003,800	——
1935-S		3,854,000	——
1936 (P)		12,614,000	3,901
1936-D		4,252,400	——
1936-S		3,884,000	——
1937 (P)		9,522,000	5,728
1937-D		1,676,000	——
1937-S		2,090,000	——
1938 (P)		4,110,000	8,152
1938-D		491,600	——
1939 (P)		6,812,000	8,808
1939-D		4,267,800	——
1939-S		2,552,000	——
1940 (P)		9,156,000	11,279
1940-S		4,550,000	——
1941 (P)		24,192,000	15,412
1941-D		11,248,400	——
1941-S		8,098,000	——
1942 (P)		47,818,000	21,120
1942-D		10,973,800	——
1942-S		12,708,000	——
1943 (P)		53,190,000	——
1943-D		11,346,000	——
1943-S		13,450,000	——
1944 (P)		28,206,000	——
1944-D		9,769,000	——
1944-S		8,904,000	——
1945 (P)		31,502,000	——
1945-D		9,996,800	——
1945-S		10,156,000	——
1946 (P)		12,118,000	——
1946-D		2,151,000	——
1946-S		3,724,000	——
1947 (P)		4,094,000	——
1947-D		3,900,600	——

Franklin half dollar

DATE	NOTE	BUSINESS	PROOF
1948 (P)		3,006,814	——
1948-D		4,028,600	——
1949 (P)		5,614,000	——
1949-D		4,120,600	——
1949-S		3,744,000	——
1950 (P)	‹§›	7,742,123	51,386
1950-D		8,031,600	——
1951 (P)	‹§›	16,802,102	57,500
1951-D		9,475,200	——
1951-S		13,696,000	——
1952 (P)	‹§›	21,192,093	81,980
1952-D		25,395,600	——
1952-S		5,526,000	——
1953 (P)	‹§›	2,668,120	128,800
1953-D		20,900,400	——
1953-S		4,148,000	——
1954 (P)	‹§›	13,188,203	233,300
1954-D		25,445,580	——
1954-S		4,993,400	——
1955 (P)	‹§›	2,498,181	378,200
1956 (P)	‹§›	4,032,000	669,384

DATE	NOTE	BUSINESS	PROOF
1957 (P)	‹§›	5,114,000	1,247,952
1957-D		19,966,850	——
1958 (P)	‹§›	4,042,000	875,652
1958-D		23,962,412	——
1959 (P)	‹§›	6,200,000	1,149,291
1959-D		13,053,750	——
1960 (P)	‹§›	6,024,000	1,691,602
1960-D		18,215,812	——
1961 (P)	‹§›	8,290,000	3,028,244
1961-D		20,276,442	——
1962 (P)	‹§›	9,714,000	3,218,019
1962-D		35,473,281	——
1963 (P)	‹§›	22,164,000	3,075,645
1963-D		67,069,292	——

Kennedy half dollar

DATE	NOTE	BUSINESS	PROOF
1964 (P)	‹§, 11›	273,304,004	3,950,762
1964-D	‹11›	156,205,446	——
1965 (P)	‹11›		——
1965 (D)	‹11›	63,049,366	——
1965 (S)	‹11, 54›	470,000	——
1966 (P)	‹11›		——
1966 (D)	‹11›	106,439,312	——
1966 (S)	‹11, 54›	284,037	——
1967 (P)	‹11›	—	——
1967 (D)	‹11›	293,183,634	——
1967 (S)	‹11, 54›	—	——
1968-D		246,951,930	——
1968-S	‹§›		3,041,506
1969-D		129,881,800	——
1969-S	‹§›		2,934,631
1970-D	‹55›	2,150,000	——
1970-S	‹§›		2,632,810
1971 (P)		155,164,000	——
1971-D		302,097,424	——
1971-S	‹§›		3,220,733
1972 (P)		153,180,000	——
1972-D		141,890,000	——
1972-S	‹§›		3,260,996
1973 (P)		64,964,000	——
1973-D		83,171,400	——
1973-S	‹§›		2,760,339
1974 (P)	‹43›	201,596,000	——
1974-D	‹43›	79,066,300	——
1974-S	‹§, 43›		2,612,568
1976 (P)	‹43›	234,308,000	——
1976-D	‹43›	287,565,248	——
1976-S	‹43›		——
1977 (P)		43,598,000	——
1977-D		31,449,106	——
1977-S	‹§›		3,236,798
1978 (P)		14,350,000	——
1978-D		13,765,799	——
1978-S	‹§›		3,120,285
1979 (P)		68,312,000	——
1979-D		15,815,422	——
1979-S	‹§›		3,677,175
1980-P	‹25›	44,134,000	——
1980-D		33,456,449	——
1980-S	‹§›		3,554,806
1981-P		29,544,000	——

DATE	NOTE	BUSINESS	PROOF
1981-D		27,839,533	——
1981-S	‹§›	——	4,063,083
1982-P		10,819,000	——
1982-D		13,140,102	——
1982-S	‹§›	——	3,857,479
1983-P		34,139,000	——
1983-D		32,472,244	——
1983-S	‹§›	——	3,279,126
1984-P		26,029,000	——
1984-D		26,262,158	——
1984-S	‹§›	——	3,065,110
1985-P		18,706,962	——
1985-D		19,814,034	——
1985-S	‹§›	——	3,362,821
1986-P		13,107,633	——
1986-D		15,366,145	——
1986-S	‹§›	——	3,010,497
1987-P	‹55›	——	——
1987-D	‹55›	——	——
1987-S	‹§›	——	3,792,233
1988-P		13,626,000	——
1988-D		12,000,096	——
1988-S	‹§›	——	3,262,948
1989-P		24,542,000	——
1989-D		23,000,216	——
1989-S	‹§›	——	3,220,914
1990-P		22,278,000	——
1990-D		20,096,242	——
1990-S	‹§›	——	3,299,559
1991-P		14,874,000	——
1991-D		15,054,678	——
1991-S	‹§›	——	2,867,787
1992-P		17,628,000	——
1992-D		17,000,106	——
1992-S	‹§›		
Clad		——	2,858,903
90% Silver		——	1,317,641
1993-P		15,510,000	——
1993-D		15,000,006	——
1993-S	‹§›		
Clad		——	2,569,882
90% Silver		——	790,994
1994-P		23,718,000	——
1994-D		23,828,110	——
1994-S	‹§›		
Clad		——	2,443,590
90% Silver		——	778,550
1995-P		26,496,000	——
1995-D		26,288,000	——
1995-S	‹§›		
Clad		——	2,124,790
90% Silver		——	666,277
1996-P		24,442,000	——
1996-D		24,744,000	——
1996-S	‹§›		
Clad		——	2,145,077
90% silver		——	775,081
1997-P		20,882,000	——
1997-D		19,876,000	——
1997-S	‹§›		
Clad		——	2,055,000
90% silver		——	741,194
1998-P		15,646,000	——
1998-D		15,064,000	——
1998-S	‹§›		
Clad		——	2,086,507
90% silver		——	878,996
1999-P		8,900,000	——
1999-D		10,682,000	——
1999-S	‹§›		
Clad	‹121›	——	2,557,899
90% silver		——	804,077
2000-P		22,600,000	——
2000-D		19,466,000	——
2000-S	‹§›		
Clad	‹121›	——	3,096,981
90% silver		——	965,421
2001-P		21,200,000	——
2001-D		19,504,000	——
2001-S	‹§›		
Clad	‹121›	——	2,300,944
90% silver		——	889,697
2002-P	‹120›	3,100,000	——
2002-D	‹120›	2,500,000	——
2002-S	‹§›		
Clad		——	2,321,848
90% silver		——	888,826
2003-P	‹120›	2,500,000	——
2003-D	‹120›	2,500,000	——
2003-S	‹§›		
Clad		——	2,172,684
90% silver		——	1,142,858
2004-P	‹120›	2,900,000	——
2004-D	‹120›	2,900,000	——
2004-S	‹§›		
Clad		——	1,789,488
90% silver		——	1,175,934
2005-P	‹120›	3,800,000	——
Satin Finish	‹122›	1,141,895	——
2005-D	‹120›	3,500,000	——
Satin Finish	‹122›	1,141,895	——
2005-S	‹§›		
Clad		——	2,310,063
90% silver		——	1,019,166
2006-P	‹120›	2,400,000	——
Satin Finish	‹122›	915,586	——
2006-D	‹120›	2,000,000	——
Satin Finish	‹122›	915,586	——
2006-S	‹§›		
Clad		——	2,033,734
90% silver		——	1,043,546
2007-P	‹120›	4,100,000	——
Satin Finish	‹122›	895,628	——
2007-D	‹120›	4,100,000	——
Satin Finish	‹122›	895,628	——
2007-S	‹§›		
Clad		——	1,728,558
90% silver		——	861,447

DATE	NOTE	BUSINESS	PROOF
2008-P	‹120›	1,700,000	——
Satin Finish	‹122›	745,464	——
2008-D	‹120›	1,700,000	——
Satin Finish	‹122›	745,464	——
2008-S	§		
Clad		——	1,426,868
90% silver		——	772,893
2009-P	‹120›	1,900,000	——
Satin Finish	‹122›	774,844	——
2009-D	‹120›	1,900,000	——
Satin Finish	‹122›	774,844	——
2009-S	§		
Clad		——	1,477,967
90% silver		——	694,406

Flowing Hair silver dollar

DATE	NOTE	BUSINESS	PROOF
1794		1,758	——
1795		160,295	——

Draped Bust silver dollar

DATE	NOTE	BUSINESS	PROOF
1795		42,738	——
1796		72,920	——
1797		7,776	——
1798	‹56›	327,536	——
1799		423,515	——
1800		220,920	——
1801	‹57›	54,454	——
1802	‹57›	41,650	——
1803	‹57›	85,634	——
1804	‹58›	——	——
1805	‹59›	——	——

Gobrecht silver dollar

DATE	NOTE	BUSINESS	PROOF
1836	‹60›	1,600	Δ
1838	‹60›	——	Δ
1839 (P)	‹60›	300	Δ

Seated Liberty silver dollar

DATE	NOTE	BUSINESS	PROOF
1840 (P)		61,005	Δ (R)
1841 (P)		173,000	Δ (R)
1842 (P)		184,618	Δ (R)
1843 (P)		165,100	Δ (R)
1844 (P)		20,000	Δ (R)
1845 (P)		24,500	Δ (R)
1846 (P)		110,600	Δ (R)
1846-O		59,000	—— (R)
1847 (P)		140,750	Δ (R)
1848 (P)		15,000	Δ (R)
1849 (P)		62,600	Δ (R)
1850 (P)		7,500	Δ (R)
1850-O		40,000	—— (R)
1851 (P)		1,300	Δ (R)
1852 (P)		1,100	Δ (R)
1853 (P)	‹16, 61›	46,110	—— (R)
1854 (P)		33,140	Δ
1855 (P)		26,000	Δ
1856 (P)		63,500	Δ
1857 (P)		94,000	Δ
1858 (P)	‹62›	——	Δ
1859 (P)		256,500	Δ
1859-O		360,000	——
1859-S		20,000	——
1860 (P)		217,600	1,330
1860-O		515,000	
1861 (P)		77,500	1,000
1862 (P)		11,540	550
1863 (P)		27,200	460
1864 (P)		30,700	470
1865 (P)		46,500	500
1866 (P)	‹40›	48,900	725
1867 (P)		46,900	625
1868 (P)		162,100	600
1869 (P)		423,700	600
1870 (P)		415,000	1,000
1870-CC	‹63›	12,462	Δ
1870-S	‹64›	——	——
1871 (P)		1,073,800	960
1871-CC		1,376	——
1872 (P)		1,105,500	950
1872-CC		3,150	——
1872-S		9,000	——
1873 (P)	‹6›	293,000	600
1873-CC	‹6›	2,300	——
1873-S	‹6, 65›	700	——

Morgan silver dollar

DATE	NOTE	BUSINESS	PROOF
1878 (P)	‹66›	10,508,550	1,000
1878-CC		2,212,000	——
1878-S		9,774,000	——
1879 (P)		14,806,000	1,100
1879-CC		756,000	——
1879-O	‹67›	2,887,000	Δ
1879-S		9,110,000	——
1880 (P)		12,600,000	1,355
1880-CC		591,000	——
1880-O		5,305,000	——
1880-S		8,900,000	——
1881 (P)		9,163,000	975
1881-CC		296,000	——
1881-O		5,708,000	——
1881-S		12,760,000	——
1882 (P)		11,100,000	1,100
1882-CC	‹68›	1,133,000	Δ
1882-O		6,090,000	——
1882-S		9,250,000	——
1883 (P)		12,290,000	1,039
1883-CC	‹69›	1,204,000	Δ
1883-O	‹70›	8,725,000	Δ
1883-S		6,250,000	——
1884 (P)		14,070,000	875
1884-CC	‹71›	1,136,000	Δ
1884-O		9,730,000	——
1884-S		3,200,000	——
1885 (P)		17,786,837	930
1885-CC		228,000	——
1885-O		9,185,000	——
1885-S		1,497,000	——
1886 (P)		19,963,000	886
1886-O		10,710,000	——
1886-S		750,000	——
1887 (P)		20,290,000	710
1887-O		11,550,000	——
1887-S		1,771,000	——
1888 (P)		19,183,000	832

DATE	NOTE	BUSINESS	PROOF
1888-O		12,150,000	—
1888-S		657,000	—
1889 (P)		21,726,000	811
1889-CC		350,000	—
1889-O		11,875,000	—
1889-S		700,000	—
1890 (P)		16,802,000	590
1890-CC		2,309,041	—
1890-O		10,701,000	—
1890-S		8,230,373	—
1891 (P)		8,693,556	650
1891-CC		1,618,000	—
1891-O		7,954,529	—
1891-S		5,296,000	—
1892 (P)		1,036,000	1,245
1892-CC		1,352,000	—
1892-O		2,744,000	—
1892-S		1,200,000	—
1893 (P)		389,000	792
1893-CC	‹72›	677,000	Δ
1893-O		300,000	—
1893-S		100,000	—
1894 (P)		110,000	972
1894-O		1,723,000	—
1894-S		1,260,000	—
1895 (P)	‹73›	12,000	880
1895-O		450,000	—
1895-S		400,000	—
1896 (P)		9,976,000	762
1896-O		4,900,000	—
1896-S		5,000,000	—
1897 (P)		2,822,000	731
1897-O		4,004,000	—
1897-S		5,825,000	—
1898 (P)		5,884,000	735
1898-O		4,440,000	—
1898-S		4,102,000	—
1899 (P)		330,000	846
1899-O		12,290,000	—
1899-S		2,562,000	—
1900 (P)		8,830,000	912
1900-O		12,590,000	—
1900-S		3,540,000	—
1901 (P)		6,962,000	813
1901-O		13,320,000	—
1901-S		2,284,000	—
1902 (P)		7,994,000	777
1902-O		8,636,000	—
1902-S		1,530,000	—
1903 (P)		4,652,000	755
1903-O		4,450,000	—
1903-S		1,241,000	—
1904 (P)		2,788,000	650
1904-O		3,720,000	—
1904-S		2,304,000	—
1921 (P)		44,690,000	Δ
1921-D		20,345,000	—
1921-S		21,695,000	—

Peace silver dollar

DATE	NOTE	BUSINESS	PROOF
1921 (P)	‹74›	1,006,473	—
1922 (P)	‹74›	51,737,000	Δ
1922-D		15,063,000	—
1922-S		17,475,000	—
1923 (P)		30,800,000	—
1923-D		6,811,000	—
1923-S		19,020,000	—
1924 (P)		11,811,000	—
1924-S		1,728,000	—
1925 (P)		10,198,000	—
1925-S		1,610,000	—
1926 (P)		1,939,000	—
1926-D		2,348,700	—
1926-S		6,980,000	—
1927 (P)		848,000	—
1927-D		1,268,900	—
1927-S		866,000	—
1928 (P)		360,649	—
1928-S		1,632,000	—
1934 (P)		954,057	—
1934-D		1,569,500	—
1934-S		1,011,000	—
1935 (P)		1,576,000	—
1935-S		1,964,000	—

Trade dollar

DATE	NOTE	BUSINESS	PROOF
1873 (P)	‹6, 75›	396,635	865
1873-CC	‹6›	124,500	—
1873-S	‹6›	703,000	—
1874 (P)		987,100	700
1874-CC		1,373,200	—
1874-S		2,549,000	—
1875 (P)		218,200	700
1875-CC		1,573,700	—
1875-S		4,487,000	—
1876 (P)		455,000	1,150
1876-CC		509,000	—
1876-S		5,227,000	—
1877 (P)		3,039,200	510
1877-CC		534,000	—
1877-S		9,519,000	—
1878 (P)		—	900
1878-CC		97,000	—
1878-S		4,162,000	—
1879 (P)		—	1,541
1880 (P)		—	1,987
1881 (P)		—	960
1882 (P)		—	1,097
1883 (P)		—	979
1884 (P)	‹76›	—	10
1885 (P)	‹76›	—	5

Eisenhower dollar

DATE	NOTE	BUSINESS	PROOF
1971 (P)		47,799,000	—
1971-D		68,587,424	—
1971-S 40% silver	‹§, 77›	6,868,530	4,265,234
1972 (P)		75,890,000	—
1972-D		92,548,511	—
1972-S 40% silver	‹77›	2,193,056	1,811,631
1973 (P)	‹78›	2,000,056	—

DATE	NOTE	BUSINESS	PROOF
1973-D	‹78›	2,000,000	———
1973-S			
copper-nickel ‹§›		———	2,760,339
40% silver ‹77›		1,883,140	1,013,646
1974 (P)	‹43›	27,366,000	———
1974-D	‹43›	45,517,000	———
1974-S			
copper-nickel ‹§, 43›		———	2,612,568
40% silver ‹43, 77›		1,900,156	1,306,579
1976 (P)	‹43›	117,337,000	———
1976-D	‹43›	103,228,274	———
1976-S	‹43, 77›		
1977 (P)		12,596,000	———
1977-D		32,983,006	———
1977-S	‹§›		3,236,798
1978 (P)		25,702,000	———
1978-D		33,012,890	———
1978-S	‹§›		3,120,285

Anthony dollar

DATE	NOTE	BUSINESS	PROOF
1979-P	‹25›	360,222,000	———
1979-D		288,015,744	———
1979-S	‹§›	109,576,000	3,677,175
1980-P		27,610,000	———
1980-D		41,628,708	———
1980-S	‹§›	20,422,000	3,554,806
1981-P	‹79›	3,000,000	———
1981-D	‹79›	3,250,000	———
1981-S	‹§, 79›	3,492,000	4,063,083
1999-P		29,592,000	———
1999-D		11,776,000	———
1999-P		———	749,090

Sacagawea/Native American dollars

DATE	NOTE	BUSINESS	PROOF
2000-P	‹123›	767,140,000	———
2000-D		518,916,000	———
2000-S	‹§›	———	4,062,402
2001-P		62,468,000	———
2001-D		70,939,500	———
2001-S	‹§›	———	2,618,086
2002-P	‹120›	3,865,610	———
2002-D	‹120›	3,732,000	———
2002-S	‹§›	———	3,210,674
2003-P	‹120›	3,080,000	———
2003-D	‹120›	3,080,000	———
2003-S	‹§›	———	3,315,542
2004-P	‹120›	2,660,000	———
2004-D	‹120›	2,660,000	———
2004-S	‹§›	———	2,965,422
2005-P	‹120›	2,520,000	———
Satin Finish ‹122›		1,141,895	———
2005-D	‹120›	2,520,000	———
Satin Finish ‹122›		1,141,895	———
2005-S	‹§›	———	3,329,229
2006-P	‹120›	4,900,000	———
Satin Finish ‹122›		915,586	———
2006-D	‹120›	2,800,000	———
Satin Finish ‹122›		915,586	———
2006-S		———	3,077,280
2007-P	‹120›	3,640,000	———
Satin Finish ‹122›		895,628	———

DATE	NOTE	BUSINESS	PROOF
2007-D	‹120›	5,740,000	———
Satin Finish ‹122›		985,799	———
2007-S		———	2,590,005
2008-P	‹120›	9,800,000	———
Satin Finish ‹122›		745,464	———
2008-D	‹120›	14,840,000	———
Satin Finish ‹122›		814,420	———
2008-S		———	2,199,761
2009-P 3 Sisters ‹120›		37,380,000	———
Satin Finish ‹122›		774,844	———
2009-D 3 Sisters ‹120›		33,880,000	———
Satin Finish ‹122›		774,844	———
2009-S 3 Sisters		———	2,172,373
2010-P Iroquois ‹120›		32,060,000	———
Satin Finish ‹122›		Pending	———
2010-D Iroquois ‹120›		41,580,000	———
Satin Finish ‹122›		Pending	———
2010-S Iroquois		———	Pending

Presidential dollars

DATE	NOTE	BUSINESS	PROOF
2007-P G. Washington		176,680,000	———
Satin Finish ‹122›		1,108,459	———
2007-D G. Washington		163,680,000	———
Satin Finish ‹122›		997,045	———
2007-S G. Washington		———	3,919,753
2007-P J. Adams		112,420,000	———
Satin Finish ‹122›		1,107,504	———
2007-D J. Adams		112,140,000	———
Satin Finish ‹122›		997,045	———
2007-S J. Adams		———	3,908,793
2007-P T. Jefferson		100,800,000	———
Satin Finish ‹122›		1,108,173	———
2007-D T. Jefferson		102,810,000	———
Satin Finish ‹122›		997,045	———
2007-S T. Jefferson		———	3,908,351
2007-P J. Madison		84,560,000	———
Satin Finish ‹122›		1,107,761	———
2007-D J. Madison		87,780,000	———
Satin Finish ‹122›		997,045	———
2007-S J. Madison		———	3,906,610
2008-P J. Monroe		64,260,000	———
Satin Finish ‹122›		907,179	———
2008-D J. Monroe		60,230,000	———
Satin Finish ‹122›		821,736	———
2008-S J. Monroe		———	3,080,018
2008-P J.Q. Adams		57,540,000	———
Satin Finish ‹122›		903,366	———
2008-D J.Q. Adams		57,720,000	———
Satin Finish ‹122›		821,736	———
2008-S J.Q. Adams		———	3,076,103
2008-P A. Jackson		61,180,000	———
Satin Finish ‹122›		899,714	———
2008-D A. Jackson		61,070,000	———
Satin Finish ‹122›		821,736	———
2008-S A. Jackson		———	3,072,565
2008-P M. Van Buren		51,520,000	———
Satin Finish ‹122›		897,686	———
2008-D M. Van Buren		50,960,000	———
Satin Finish ‹122›		821,736	———
2008-S M. Van Buren		———	3,070,685

DATE	NOTE	BUSINESS	PROOF
2009-P W.H. Harrison		43,260,000	——
Satin Finish ‹122›		893,865	——
2009-D W.H. Harrison		55,160,000	——
Satin Finish ‹122›		893,865	——
2009-S W.H. Harrison		——	2,800,298
2009-P J. Tyler		43,540,000	——
Satin Finish ‹122›		899,249	——
2009-D J. Tyler		43,540,000	——
Satin Finish ‹122›		899,249	——
2008-S J. Tyler		——	2,800,298
2009-P J. Polk		46,620,000	——
Satin Finish ‹122›		889,075	——
2009-D J. Polk		41,720,000	——
Satin Finish ‹122›		889,075	——
2009-S J. Polk		——	2,800,298
2009-P Z. Taylor		41,580,000	——
Satin Finish ‹122›		887,742	——
2009-D Z. Taylor		36,680,000	——
Satin Finish ‹122›		887,742	——
2009-S Z. Taylor		——	2,800,298
2010-P M. Fillmore		37,520,000	——
Satin Finish ‹122›		Pending	——
2010-D M. Fillmore		36,960,000	——
Satin Finish ‹122›		Pending	——
2010-S M. Fillmore		——	Pending
2010-P F. Pierce		38,220,000	——
Satin Finish ‹122›		Pending	——
2010-D F. Pierce		38,360,000	——
Satin Finish ‹122›		Pending	——
2010-S F. Pierce		——	Pending
2010-P J. Buchanan		Pending	——
Satin Finish ‹122›		Pending	——
2010-D J. Buchanan		Pending	——
Satin Finish ‹122›		Pending	——
2010-S J. Buchanan		——	Pending
2010-P A. Lincoln		Pending	——
Satin Finish ‹122›		Pending	——
2010-D A. Lincoln		Pending	——
Satin Finish ‹122›		Pending	——
2010-S A. Lincoln		——	Pending
Coronet gold dollar			
1849 (P)		688,567	Δ
1849-C		11,634	——
1849-D		21,588	——
1849-O		215,000	——
1850 (P)		481,953	——
1850-C		6,966	——
1850-D		8,382	——
1850-O		14,000	——
1851 (P)		3,317,671	——
1851-C		41,267	——
1851-D		9,882	——
1851-O		290,000	——
1852 (P)		2,045,351	——
1852-C		9,434	——
1852-D		6,360	——
1852-O		140,000	——
1853 (P)		4,076,051	——
1853-C		11,515	——
1853-D		6,583	——

DATE	NOTE	BUSINESS	PROOF
1853-O		290,000	
1854 (P)		736,709	Δ
1854-D		2,935	——
1854-S		14,632	——
Indian Head gold dollar			
1854 (P)		902,736	Δ
1855 (P)		758,269	Δ
1855-C		9,803	——
1855-D		1,811	——
1855-O		55,000	——
1856 (P)			
Large Head		1,762,936	Δ
1856-D			
Large Head		1,460	
1856-S			
Small Head		24,600	——
1857 (P)		774,789	Δ
1857-C		13,280	——
1857-D		3,533	——
1857-S		10,000	——
1858 (P)		117,995	Δ
1858-D		3,477	——
1858-S		10,000	——
1859 (P)		168,244	Δ
1859-C		5,235	——
1859-D		4,952	——
1859-S		15,000	——
1860 (P)		36,514	154
1860-D		1,566	——
1860-S		13,000	——
1861 (P)		527,150	349
1861-D	‹80›		——
1862 (P)		1,361,365	35
1863 (P)		6,200	50
1864 (P)		5,900	50
1865 (P)		3,700	25
1866 (P)		7,100	30
1867 (P)		5,200	50
1868 (P)		10,500	25
1869 (P)		5,900	25
1870 (P)		6,300	35
1870-S	‹81›	3,000	——
1871 (P)		3,900	30
1872 (P)		3,500	30
1873 (P)	‹6›	125,100	25
1874 (P)		198,800	20
1875 (P)		400	20
1876 (P)		3,200	45
1877 (P)		3,900	20
1878 (P)		3,000	20
1879 (P)		3,000	30
1880 (P)		1,600	36
1881 (P)		7,620	87
1882 (P)		5,000	125
1883 (P)		10,800	207
1884 (P)		5,230	1,006
1885 (P)		11,156	1,105
1886 (P)		5,000	1,016
1887 (P)		7,500	1,043
1888 (P)		15,501	1,079

DATE	NOTE	BUSINESS	PROOF
1889 (P)		28,950	1,779
Capped Bust $2.50 quarter eagle			
1796		1,395	——
1797		427	——
1798		1,094	——
1802		3,035	——
1804		3,327	——
1805		1,781	——
1806		1,616	——
1807		6,812	——
Capped Draped Bust quarter eagle			
1808		2,710	——
Capped Head $2.50 quarter eagle			
1821		6,448	Δ
1824		2,600	Δ
1825		4,434	Δ
1826		760	Δ
1827		2,800	Δ
1829		3,403	Δ
1830		4,540	Δ
1831		4,520	Δ
1832		4,400	Δ
1833		4,160	Δ
1834	‹82›	4,000	Δ
Classic Head $2.50 quarter eagle			
1834		113,370	Δ
1835		131,402	Δ
1836		547,986	Δ
1837		45,080	Δ
1838 (P)		47,030	——
1838-C		7,908	——
1839 (P)		27,021	——
1839-C		18,173	——
1839-D		13,674	——
1839-O		17,781	——
Coronet $2.50 quarter eagle			
1840 (P)		18,859	Δ
1840-C		12,838	——
1840-D		3,532	——
1840-O		33,580	——
1841 (P)	‹83›	——	Δ
1841-C		10,297	——
1841-D		4,164	——
1842 (P)		2,823	Δ
1842-C		6,737	——
1842-D		4,643	——
1842-O		19,800	——
1843 (P)		100,546	Δ
1843-C		26,096	——
1843-D		36,209	——
1843-O		368,002	——
1844 (P)		6,784	Δ
1844-C		11,622	——
1844-D		17,332	——
1845 (P)		91,051	Δ
1845-D		19,460	——
1845-O		4,000	——
1846 (P)		21,598	Δ
1846-C		4,808	——
1846-D		19,303	——
1846-O		62,000	——
1847 (P)		29,814	Δ
1847-C		23,226	——
1847-D		15,784	——
1847-O		124,000	——
1848 (P)		7,497	Δ
CAL.	‹84›	1,389	——
1848-C		16,788	——
1848-D		13,771	——
1849 (P)		23,294	Δ
1849-C		10,220	——
1849-D		10,945	——
1850 (P)		252,923	——
1850-C		9,148	——
1850-D		12,148	——
1850-O		84,000	——
1851 (P)		1,372,748	——
1851-C		14,923	——
1851-D		11,264	——
1851-O		148,000	——
1852 (P)		1,159,681	——
1852-C		9,772	——
1852-D		4,078	——
1852-O		140,000	——
1853 (P)		1,404,668	——
1853-D		3,178	——
1854 (P)		596,258	Δ
1854-C		7,295	——
1854-D		1,760	——
1854-O		153,000	——
1854-S		246	——
1855 (P)		235,480	Δ
1855-C		3,677	——
1855-D		1,123	——
1856 (P)		384,240	Δ
1856-C		7,913	——
1856-D		874	——
1856-O		21,100	——
1856-S		71,120	——
1857 (P)		214,130	Δ
1857-D		2,364	——
1857-O		34,000	——
1857-S		69,200	——
1858 (P)		47,377	Δ
1858-C		9,056	——
1859 (P)		39,444	Δ
1859-D		2,244	——
1859-S		15,200	——
1860 (P)		22,563	112
1860-C		7,469	——
1860-S		35,600	——
1861 (P)		1,272,428	90
1861-S		24,000	——
1862 (P)		98,508	35
1862-S		8,000	——
1863 (P)		——	30
1863-S		10,800	——
1864 (P)		2,824	50

DATE	NOTE	BUSINESS	PROOF
1865 (P)		1,520	25
1865-S		23,376	——
1866 (P)		3,080	30
1866-S		38,960	——
1867 (P)		3,200	50
1867-S		28,000	——
1868 (P)		3,600	25
1868-S		34,000	——
1869 (P)		4,320	25
1869-S		29,500	——
1870 (P)		4,520	35
1870-S		16,000	——
1871 (P)		5,320	30
1871-S		22,000	——
1872 (P)		3,000	30
1872-S		18,000	——
1873 (P)	‹6›	178,000	25
1873-S	‹6›	27,000	——
1874 (P)		3,920	20
1875 (P)		400	20
1875-S		11,600	——
1876 (P)		4,176	45
1876-S		5,000	——
1877 (P)		1,632	20
1877-S		35,400	——
1878 (P)		286,240	20
1878-S		178,000	——
1879 (P)		88,960	30
1879-S		43,500	——
1880 (P)		2,960	36
1881 (P)		640	51
1882 (P)		4,000	67
1883 (P)		1,920	82
1884 (P)		1,950	73
1885 (P)		800	87
1886 (P)		4,000	88
1887 (P)		6,160	122
1888 (P)		16,006	92
1889 (P)		17,600	48
1890 (P)		8,720	93
1891 (P)		10,960	80
1892 (P)		2,440	105
1893 (P)		30,000	106
1894 (P)		4,000	122
1895 (P)		6,000	119
1896 (P)		19,070	132
1897 (P)		29,768	136
1898 (P)		24,000	165
1899 (P)		27,200	150
1900 (P)		67,000	205
1901 (P)		91,100	223
1902 (P)		133,540	193
1903 (P)		201,060	197
1904 (P)		160,790	170
1905 (P)		217,800	144
1906 (P)		176,330	160
1907 (P)		336,294	154

Indian Head $2.50 quarter eagle

DATE	NOTE	BUSINESS	PROOF
1908 (P)		564,821	236
1909 (P)		441,760	139

DATE	NOTE	BUSINESS	PROOF
1910 (P)		492,000	682
1911 (P)		704,000	191
1911-D		55,680	——
1912 (P)		616,000	197
1913 (P)		722,000	165
1914 (P)		240,000	117
1914-D		448,000	——
1915 (P)		606,000	100
1925-D		578,000	——
1926 (P)		446,000	——
1927 (P)		388,000	——
1928 (P)		416,000	——
1929 (P)		532,000	——

Three dollar gold

DATE	NOTE	BUSINESS	PROOF
1854 (P)		138,618	Δ
1854-D		1,120	——
1854-O		24,000	——
1855 (P)		50,555	Δ
1855-S		6,600	——
1856 (P)		26,010	Δ
1856-S		34,500	——
1857 (P)		20,891	Δ
1857-S		14,000	——
1858 (P)		2,133	Δ
1859 (P)		15,638	Δ
1860 (P)		7,036	119
1860-S	‹85›	4,408	——
1861 (P)		5,959	113
1862 (P)		5,750	35
1863 (P)		5,000	39
1864 (P)		2,630	50
1865 (P)		1,140	25
1866 (P)		4,000	30
1867 (P)		2,600	50
1868 (P)		4,850	25
1869 (P)		2,500	25
1870 (P)		3,500	35
1870-S	‹86›	——	——
1871 (P)		1,300	30
1872 (P)		2,000	30
1873 (P)	‹6, 87›	——	25 (R)
1874 (P)		41,800	20
1875 (P)		——	20 (R)
1876 (P)		——	45
1877 (P)		1,468	20
1878 (P)		82,304	20
1879 (P)		3,000	30
1880 (P)		1,000	36
1881 (P)		500	54
1882 (P)		1,500	76
1883 (P)		900	89
1884 (P)		1,000	106
1885 (P)		800	110
1886 (P)		1,000	142
1887 (P)		6,000	160
1888 (P)		5,000	291
1889 (P)		2,300	129

Capped Bust $5 half eagle

DATE	NOTE	BUSINESS	PROOF
1795		8,707	——

DATE	NOTE	BUSINESS	PROOF
1796		6,196	——
1797		3,609	——
1798	‹88›	24,867	——
1799		7,451	——
1800		37,628	——
1802		53,176	——
1803		33,506	——
1804		30,475	——
1805		33,183	——
1806		64,093	——
1807		32,488	——
Capped Draped Bust $5 half eagle			
1807		51,605	——
1808		55,578	——
1809		33,875	——
1810		100,287	——
1811		99,581	——
1812		58,087	——
Capped Head $5 half eagle			
1813		95,428	——
1814		15,454	——
1815		635	——
1818		48,588	——
1819		51,723	——
1820		263,806	Δ
1821		34,641	Δ
1822	‹89›	17,796	——
1823		14,485	Δ
1824		17,340	Δ
1825	‹90›	29,060	Δ
1826		18,069	Δ
1827		24,913	Δ
1828	‹91›	28,029	Δ
1829		57,442	Δ
1830		126,351	Δ
1831		140,594	Δ
1832		157,487	Δ
1833		193,630	Δ
1834		50,141	Δ
Classic Head $5 half eagle			
1834		657,460	Δ
1835		371,534	Δ
1836		553,147	Δ
1837		207,121	Δ
1838 (P)		286,588	Δ
1838-C		19,145	——
1838-D		20,583	——
Coronet $5 half eagle			
1839 (P)		118,143	Δ
1839-C		17,235	——
1839-D		18,939	——
1840 (P)		137,382	Δ
1840-C		19,028	——
1840-D		22,896	——
1840-O		38,700	——
1841 (P)		15,833	Δ
1841-C		21,511	——
1841-D		30,495	——
1841-O		None known	——
1842 (P)		27,578	Δ
1842-C		27,480	——
1842-D		59,608	——
1842-O		16,400	——
1843 (P)		611,205	Δ
1843-C		44,353	——
1843-D		98,452	——
1843-O		101,075	——
1844 (P)		340,330	Δ
1844-C		23,631	——
1844-D		88,982	——
1844-O	‹92›	364,600	Δ
1845 (P)		417,099	Δ
1845-D		90,629	——
1845-O		41,000	——
1846 (P)		395,942	Δ
1846-C		12,995	——
1846-D		80,294	——
1846-O		58,000	——
1847 (P)		915,981	Δ
1847-C		84,151	——
1847-D		64,405	——
1847-O		12,000	——
1848 (P)		260,775	Δ
1848-C		64,472	——
1848-D		47,465	——
1849 (P)		133,070	——
1849-C		64,823	——
1849-D		39,036	——
1850 (P)		64,491	——
1850-C		63,591	——
1850-D		43,984	——
1851 (P)		377,505	——
1851-C		49,176	——
1851-D		62,710	——
1851-O		41,000	——
1852 (P)		573,901	——
1852-C		72,574	——
1852-D		91,584	——
1853 (P)		305,770	——
1853-C		65,571	——
1853-D		89,678	——
1854 (P)		160,675	——
1854-C		39,283	——
1854-D		56,413	——
1854-O		46,000	——
1854-S		268	——
1855 (P)		117,098	Δ
1855-C		39,788	——
1855-D		22,432	——
1855-O		11,100	——
1855-S		61,000	——
1856 (P)		197,990	Δ
1856-C		28,457	——
1856-D		19,786	——
1856-O		10,000	——
1856-S		105,100	——
1857 (P)		98,188	Δ
1857-C		31,360	——
1857-D		17,046	——

DATE	NOTE	BUSINESS	PROOF
1857-O		13,000	——
1857-S		87,000	——
1858 (P)		15,136	Δ
1858-C		38,856	——
1858-D		15,362	——
1858-S		18,600	——
1859 (P)		16,814	Δ
1859-C		31,847	——
1859-D		10,366	——
1859-S		13,220	——
1860 (P)		19,763	62
1860-C		14,813	——
1860-D		14,635	——
1860-S		21,200	——
1861 (P)		688,084	66
1861-C	‹93›	6,879	——
1861-D		1,597	——
1861-S		18,000	——
1862 (P)		4,430	35
1862-S		9,500	——
1863 (P)		2,442	30
1863-S		17,000	——
1864 (P)		4,220	50
1864-S		3,888	——
1865 (P)		1,270	25
1865-S		27,612	——
1866 (P)	‹40›	6,700	30
1866-S			
No Motto	‹40›	9,000	——
Motto	‹40›	34,920	——
1867 (P)		6,870	50
1867-S		29,000	——
1868 (P)		5,700	25
1868-S		52,000	——
1869 (P)		1,760	25
1869-S		31,000	——
1870 (P)		4,000	35
1870-CC		7,675	——
1870-S		17,000	——
1871 (P)		3,200	30
1871-CC		20,770	——
1871-S		25,000	——
1872 (P)		1,660	30
1872-CC		16,980	——
1872-S		36,400	——
1873 (P)	‹6›	112,480	25
1873-CC	‹6›	7,416	——
1873-S	‹6›	31,000	——
1874 (P)		3,488	20
1874-CC		21,198	——
1874-S		16,000	——
1875 (P)		200	20
1875-CC		11,828	——
1875-S		9,000	——
1876 (P)		1,432	45
1876-CC		6,887	——
1876-S		4,000	——
1877 (P)		1,132	20
1877-CC		8,680	——
1877-S		26,700	——

DATE	NOTE	BUSINESS	PROOF
1878 (P)		131,720	20
1878-CC		9,054	——
1878-S		144,700	——
1879 (P)		301,920	30
1879-CC		17,281	——
1879-S		426,200	——
1880 (P)		3,166,400	36
1880-CC		51,017	——
1880-S		1,348,900	——
1881 (P)		5,708,760	42
1881-CC		13,886	——
1881-S		969,000	——
1882 (P)		2,514,520	48
1882-CC		82,817	——
1882-S		969,000	——
1883 (P)		233,400	61
1883-CC		12,958	——
1883-S		83,200	——
1884 (P)		191,030	48
1884-CC		16,402	——
1884-S		177,000	——
1885 (P)		601,440	66
1885-S		1,211,500	——
1886 (P)		388,360	72
1886-S		3,268,000	——
1887 (P)		——	87
1887-S		1,912,000	——
1888 (P)		18,202	94
1888-S		293,900	——
1889 (P)		7,520	45
1890 (P)		4,240	88
1890-CC		53,800	——
1891 (P)		61,360	53
1891-CC		208,000	——
1892 (P)		753,480	92
1892-CC		82,968	——
1892-O		10,000	——
1892-S		298,400	——
1893 (P)		1,528,120	77
1893-CC		60,000	——
1893-O		110,000	——
1893-S		224,000	——
1894 (P)		957,880	75
1894-O		16,600	——
1894-S		55,900	——
1895 (P)		1,345,855	81
1895-S		112,000	——
1896 (P)		58,960	103
1896-S		155,400	——
1897 (P)		867,800	83
1897-S		354,000	——
1898 (P)		633,420	75
1898-S		1,397,400	——
1899 (P)		1,710,630	99
1899-S	‹94›	1,545,000	Δ
1900 (P)		1,405,500	230
1900-S		329,000	——
1901 (P)		615,900	140
1901-S		3,648,000	——
1902 (P)		172,400	162

DATE	NOTE	BUSINESS	PROOF
1902-S		939,000	——
1903 (P)	.	226,870	154
1903-S		1,855,000	——
1904 (P)		392,000	136
1904-S		97,000	——
1905 (P)		302,200	108
1905-S		880,700	——
1906 (P)		348,735	85
1906-D	‹95›	320,000	——
1906-S		598,000	——
1907 (P)		626,100	92
1907-D	‹95›	888,000	——
1908 (P)		421,874	——

Indian Head $5 half eagle

DATE	NOTE	BUSINESS	PROOF
1908 (P)		577,845	167
1908-D		148,000	——
1908-S		82,000	——
1909 (P)		627,060	78
1909-D		3,423,560	——
1909-O		34,200	——
1909-S		297,200	——
1910 (P)		604,000	250
1910-D		193,600	——
1910-S		770,200	——
1911 (P)		915,000	139
1911-D		72,500	——
1911-S		1,416,000	——
1912 (P)		790,000	144
1912-S		392,000	——
1913 (P)		916,000	99
1913-S		408,000	——
1914 (P)		247,000	125
1914-D		247,000	——
1914-S		263,000	——
1915 (P)		588,000	75
1915-S		164,000	——
1916-S		240,000	——
1929 (P)		662,000	——

Capped Bust $10 eagle

DATE	NOTE	BUSINESS	PROOF
1795		5,583	——
1796		4,146	——
1797	‹96›	14,555	——
1798		1,742	——
1799		37,449	——
1800		5,999	——
1801		44,344	——
1803		15,017	——
1804		3,757	——

Coronet $10 eagle

DATE	NOTE	BUSINESS	PROOF
1838 (P)		7,200	Δ
1839 (P)	‹97›	38,248	Δ
1840 (P)		47,338	Δ
1841 (P)		63,131	Δ
1841-O		2,500	——
1842 (P)		81,507	Δ
1842-O		27,400	——
1843 (P)		75,462	Δ
1843-O		175,162	——
1844 (P)		6,361	Δ
1844-O	‹98›	118,700	Δ
1845 (P)		26,153	Δ
1845-O		47,500	——
1846 (P)		20,095	Δ
1846-O		81,780	——
1847 (P)		862,258	Δ
1847-O		571,500	——
1848 (P)		145,484	Δ
1848-O		35,850	——
1849 (P)		653,618	——
1849-O		23,900	——
1850 (P)		291,451	——
1850-O		57,500	——
1851 (P)		176,328	——
1851-O		263,000	——
1852 (P)		263,106	——
1852-O	‹99›	18,000	Δ
1853 (P)		201,253	——
1853-O	‹100›	51,000	Δ
1854 (P)		54,250	——
1854-O		52,500	——
1854-S		123,826	——
1855 (P)		121,701	Δ
1855-O		18,000	——
1855-S		9,000	——
1856 (P)		60,490	Δ
1856-O		14,500	——
1856-S		68,000	——
1857 (P)		16,606	Δ
1857-O		5,500	——
1857-S		26,000	——
1858 (P)		2,521	Δ
1858-O		20,000	——
1858-S		11,800	——
1859 (P)		16,093	Δ
1859-O		2,300	——
1859-S		7,000	——
1860 (P)		15,055	50
1860-O		11,100	——
1860-S		5,000	——
1861 (P)		113,164	69
1861-S		15,500	——
1862 (P)		10,960	35
1862-S		12,500	——
1863 (P)		1,218	30
1863-S		10,000	——
1864 (P)		3,530	50
1864-S		2,500	——
1865 (P)		3,980	25
1865-S		16,700	——
1866 (P)	‹40›	3,750	30
1866-S			
No Motto	‹40›	8,500	——
Motto	‹40›	11,500	——
1867 (P)		3,090	50
1867-S		9,000	——
1868 (P)		10,630	25
1868-S		13,500	——
1869 (P)		1,830	25
1869-S		6,430	——

DATE	NOTE	BUSINESS	PROOF
1870 (P)		3,990	35
1870-CC		5,908	—
1870-S		8,000	—
1871 (P)		1,790	30
1871-CC		8,085	—
1871-S		16,500	—
1872 (P)		1,620	30
1872-CC		4,600	—
1872-S		17,300	—
1873 (P)	‹6›	800	25
1873-CC	‹6›	4,543	—
1873-S	‹6›	12,000	—
1874 (P)		53,140	20
1874-CC		16,767	—
1874-S		10,000	—
1875 (P)		100	20
1875-CC		7,715	—
1876 (P)		687	45
1876-CC		4,696	—
1876-S		5,000	—
1877 (P)		797	20
1877-CC		3,332	—
1877-S		17,000	—
1878 (P)		73,780	20
1878-CC		3,244	—
1878-S		26,100	—
1879 (P)		384,740	30
1879-CC		1,762	—
1879-O		1,500	—
1879-S		224,000	—
1880 (P)		1,644,840	36
1880-CC		11,190	—
1880-O		9,200	—
1880-S		506,250	—
1881 (P)		3,877,220	42
1881-CC		24,015	—
1881-O		8,350	—
1881-S		970,000	—
1882 (P)		2,324,440	44
1882-CC		6,764	—
1882-O		10,820	—
1882-S		132,000	—
1883 (P)		208,700	49
1883-CC		12,000	—
1883-O		800	—
1883-S		38,000	—
1884 (P)		76,890	45
1884-CC		9,925	—
1884-S		124,250	—
1885 (P)		253,462	67
1885-S		228,000	—
1886 (P)		236,100	60
1886-S		826,000	—
1887 (P)		53,600	80
1887-S		817,000	—
1888 (P)		132,924	72
1888-O		21,335	—
1888-S		648,700	—
1889 (P)		4,440	45
1889-S		425,400	—
1890 (P)		57,980	63
1890-CC		17,500	—
1891 (P)		91,820	48
1891-CC		103,732	—
1892 (P)		797,480	72
1892-CC		40,000	—
1892-O		28,688	—
1892-S		115,500	—
1893 (P)		1,840,840	55
1893-CC		14,000	—
1893-O		17,000	—
1893-S		141,350	—
1894 (P)		2,470,735	43
1894-O		107,500	—
1894-S		25,000	—
1895 (P)		567,770	56
1895-O		98,000	—
1895-S		49,000	—
1896 (P)		76,270	78
1896-S		123,750	—
1897 (P)		1,000,090	69
1897-O		42,500	—
1897-S		234,750	—
1898 (P)		812,130	67
1898-S		473,600	—
1899 (P)		1,262,219	86
1899-O		37,047	—
1899-S		841,000	—
1900 (P)		293,840	120
1900-S		81,000	—
1901 (P)		1,718,740	85
1901-O		72,041	—
1901-S		2,812,750	—
1902 (P)		82,400	113
1902-S		469,500	—
1903 (P)		125,830	96
1903-O		112,771	—
1903-S		538,000	—
1904 (P)		161,930	108
1904-O		108,950	—
1905 (P)		200,992	86
1905-S		369,250	—
1906 (P)		165,420	77
1906-D	‹101›	981,000	Δ
1906-O		86,895	—
1906-S		457,000	—
1907 (P)		1,203,899	74
1907-D		1,030,000	—
1907-S		210,500	—

Indian Head $10 eagle

DATE	NOTE	BUSINESS	PROOF
1907 (P)	‹102›	239,406	—
1908 (P)			
Without Motto		33,500	—
With Motto		341,370	116
1908-D			
Without Motto		210,000	—
With Motto		836,500	—
1908-S			
With Motto		59,850	—
1909 (P)		184,789	74

DATE	NOTE	BUSINESS	PROOF
1909-D		121,540	——
1909-S		292,350	——
1910 (P)		318,500	204
1910-D		2,356,640	——
1910-S		811,000	——
1911 (P)		505,500	95
1911-D		30,100	——
1911-S		51,000	——
1912 (P)		405,000	83
1912-S		300,000	——
1913 (P)		442,000	71
1913-S		66,000	——
1914 (P)		151,000	50
1914-D		343,500	——
1914-S		208,000	——
1915 (P)		351,000	75
1915-S		59,000	——
1916-S		138,500	——
1920-S		126,500	——
1926 (P)		1,014,000	——
1930-S		96,000	——
1932 (P)		4,463,000	——
1933 (P)	‹103›	312,500	——

Coronet $20 double eagle

DATE	NOTE	BUSINESS	PROOF
1849 (P)	‹104›	——	Δ
1850 (P)	‹105›	1,170,261	Δ
1850-O		141,000	——
1851 (P)		2,087,155	——
1851-O		315,000	——
1852 (P)		2,053,026	——
1852-O		190,000	——
1853 (P)		1,261,326	——
1853-O		71,000	——
1854 (P)		757,899	——
1854-O		3,250	——
1854-S	‹106›	141,468	Δ
1855 (P)		364,666	——
1855-O		8,000	——
1855-S		879,675	——
1856 (P)		329,878	Δ
1856-O		2,250	——
1856-S		1,189,780	——
1857 (P)		439,375	——
1857-O		30,000	——
1857-S		970,500	——
1858 (P)		211,714	Δ
1858-O		35,250	——
1858-S		846,710	——
1859 (P)		43,597	Δ
1859-O		9,100	——
1859-S		636,445	——
1860 (P)		577,611	59
1860-O		6,600	——
1860-S		544,950	——
1861 (P)	‹107›	2,976,387	66
1861-O	‹108›	17,741	——
1861-S	‹109›	768,000	——
1862 (P)		92,098	35
1862-S		854,173	——
1863 (P)		142,760	30
1863-S		966,570	——
1864 (P)		204,235	50
1864-S		793,660	——
1865 (P)		351,175	25
1865-S		1,042,500	——
1866 (P)	‹40, 110›	698,745	30
1866-S			
No Motto	‹40, 110›	120,000	——
With Motto	‹40, 110›	722,250	——
1867 (P)		251,015	50
1867-S		920,750	——
1868 (P)		98,575	25
1868-S		837,500	——
1869 (P)		175,130	25
1869-S		686,750	——
1870 (P)		155,150	35
1870-CC		3,789	——
1870-S		982,000	——
1871 (P)		80,120	30
1871-CC		17,387	——
1871-S		928,000	——
1872 (P)		251,850	30
1872-CC		26,900	——
1872-S		780,000	——
1873 (P)	‹6›	1,709,800	25
1873-CC	‹6›	22,410	——
1873-S	‹6›	1,040,600	——
1874 (P)		366,780	20
1874-CC		115,000	——
1874-S		1,214,000	——
1875 (P)		295,720	20
1875-CC		111,151	——
1875-S		1,230,000	——
1876 (P)		583,860	45
1876-CC		138,441	——
1876-S		1,597,000	——
1877 (P)	‹111›	397,650	20
1877-CC		42,565	——
1877-S		1,735,000	——
1878 (P)		543,625	20
1878-CC		13,180	——
1878-S		1,739,000	——
1879 (P)		207,600	30
1879-CC		10,708	——
1879-O		2,325	——
1879-S		1,223,800	——
1880 (P)		51,420	36
1880-S		836,000	——
1881 (P)		2,220	61
1881-S		727,000	——
1882 (P)		590	59
1882-CC		39,140	——
1882-S		1,125,000	——
1883 (P)		——	92
1883-CC		59,962	——
1883-S		1,189,000	——
1884 (P)		——	71
1884-CC		81,139	——
1884-S		916,000	——
1885 (P)		751	77

DATE	NOTE	BUSINESS	PROOF
1885-CC		9,450	——
1885-S		683,500	——
1886 (P)		1,000	106
1887 (P)		——	121
1887-S		283,000	——
1888 (P)		226,164	102
1888-S		859,600	——
1889 (P)		44,070	41
1889-CC		30,945	——
1889-S		774,700	——
1890 (P)		75,940	55
1890-CC		91,209	——
1890-S		802,750	——
1891 (P)		1,390	52
1891-CC		5,000	——
1891-S		1,288,125	——
1892 (P)		4,430	93
1892-CC		27,265	——
1892-S		930,150	——
1893 (P)		344,280	59
1893-CC		18,402	——
1893-S		996,175	——
1894 (P)		1,368,940	50
1894-S		1,048,550	——
1895 (P)		1,114,605	51
1895-S		1,143,500	——
1896 (P)		792,535	128
1896-S		1,403,925	——
1897 (P)		1,383,175	86
1897-S		1,470,250	——
1898 (P)		170,395	75
1898-S		2,575,175	——
1899 (P)		1,669,300	84
1899-S		2,010,300	——
1900 (P)		1,874,460	124
1900-S		2,459,500	——
1901 (P)		111,430	96
1901-S		1,596,000	——
1902 (P)		31,140	114
1902-S		1,753,625	——
1903 (P)		287,270	158
1903-S		954,000	——
1904 (P)		6,256,699	98
1904-S		5,134,175	——
1905 (P)		58,919	90
1905-S		1,813,000	——
1906 (P)		69,596	94
1906-D	‹112›	620,250	Δ
1906-S		2,065,750	——
1907 (P)		1,451,786	78
1907-D	‹113›	842,250	Δ
1907-S		2,165,800	——

Saint-Gaudens $20 double eagle

DATE	NOTE	BUSINESS	PROOF
1907 (P)			
Roman Numerals	‹114›	12,367	——
Arabic Numerals		361,667	——
1908 (P)			
No Motto		4,271,551	——
With Motto		156,258	101

DATE	NOTE	BUSINESS	PROOF
1908-D			
No Motto		663,750	——
With Motto		349,500	——
1908-S			
With Motto		22,000	——
1909 (P)		161,215	67
1909-D		52,500	——
1909-S		2,774,925	——
1910 (P)		482,000	167
1910-D		429,000	——
1910-S		2,128,250	——
1911 (P)		197,250	100
1911-D		846,500	——
1911-S		775,750	——
1912 (P)		149,750	74
1913 (P)		168,780	58
1913-D		393,500	——
1913-S		34,000	——
1914 (P)		95,250	70
1914-D		453,000	——
1914-S		1,498,000	——
1915 (P)		152,000	50
1915-S		567,500	——
1916-S		796,000	——
1920 (P)		228,250	——
1920-S		558,000	——
1921 (P)		528,500	——
1922 (P)		1,375,500	——
1922-S		2,658,000	——
1923 (P)		566,000	——
1923-D		1,702,250	——
1924 (P)		4,323,500	——
1924-D		3,049,500	——
1924-S		2,927,500	——
1925 (P)		2,831,750	——
1925-D		2,938,500	——
1925-S		3,776,500	——
1926 (P)		816,750	——
1926-D		481,000	——
1926-S		2,041,500	——
1927 (P)		2,946,750	——
1927-D		180,000	——
1927-S		3,107,000	——
1928 (P)		8,816,000	——
1929 (P)		1,779,750	——
1930-S		74,000	——
1931 (P)		2,938,250	——
1931-D		106,500	——
1932 (P)		1,101,750	——
1933 (P)	‹115›	445,000	——

Ultra High Relief .9999 gold $20 coin

DATE	NOTE	BUSINESS	PROOF
2009 (W)		115,178	——

First Spouse half-ounce .9999 gold coins

DATE	NOTE	BUSINESS	PROOF
2007-W M. Washington		17,661	19,169
2007-W A. Adams		17,142	17,149
2007-W T. Jefferson Liberty		19,823	19,815
2007-W D. Madison		11,813	17,661
2008-W E. Monroe		4,519	7,933
2008-W L. Adams		4,223	7,454
2008-W A. Jackson Liberty		4,281	7,454

DATE	NOTE	BUSINESS	PROOF
2008-W M. Van Buren Liberty			
		3,443	6,187
2009-W A. Harrison		2,993	5,801
2009-W L. Tyler		2,381	4,341
2009-W J. Tyler		2,188	3,878
2009-W S. Polk		3,136	4,907
2009-W M. Taylor		2,462	4,076
2010-W A. Fillmore		2,489	4,631
2010-W J. Pierce		1,634	3,180
2010-W Buchanan Liberty		Pending	Pending
2010-W M. Lincoln		Pending	Pending

American Eagle 1-oz silver $1

DATE	NOTE	BUSINESS	PROOF
1986 (S)		5,393,005	——
1986-S			1,446,778
1987 (S)		11,442,335	——
1987-S			904,732
1988 (S)		5,004,646	
1988-S			557,370
1989 (S or W)		5,203,327	
1989-S			617,694
1990 (S or W)		5,840,110	
1990-S			695,510
1991 (S or W)		7,191,066	
1991-S			511,924
1992 (S or W)		5,540,068	
1992-S			498,543
1993 (S or W)		6,763,762	
1993-P			405,913
1994 (S or W)		4,227,319	
1994-P			372,168
1995 (S or W)		4,672,051	
1995-P			438,511
1995-W	‹119›		30,125
1996 (S or W)		3,603,386	
1996-P			500,000
1997 (S or W)		4,295,004	
1997-P			435,368
1998 (S or W)		4,847,549	
1998-P			450,000
1999 (S or W)		7,408,640	
1999-P			549,769
2000 (S or W)		9,239,132	
2000-P			600,000
2001 (W)		9,001,711	
2001-W			746,154
2002 (W)		10,539,026	
2002-W			647,342
2003 (W)		8,495,008	
2003-W			747,831
2004 (W)		8,882,754	
2004-W			813,477
2005 (W)		8,891,025	
2005-W			816,663
2006 (W)		10,676,522	——
2006-W Uncirculated		470,000	
2006-W Proof			843,602
2006-W Reverse Proof			250,000
2007 (W)		9,028,036	
2007-W Uncirculated		711,504	
2007-W Proof			821,759

DATE	NOTE	BUSINESS	PROOF
2008 (W)	‹125›		
		20,583,000	——
2008-W Uncirculated		513,514	——
2008-W Proof		——	713,353
2009 (W)	‹125›		
		30,459,000	——
2009-W Uncirculated		0	——
2009-W Proof		——	0

American Eagle 1/10-oz gold $5

DATE	NOTE	BUSINESS	PROOF
1986 (W)	‹117›	912,609	——
1987 (W)	‹117›	580,266	——
1988 (W)	‹117›	159,500	——
1988-P	‹117›	——	143,881
1989 (W)	‹117›	264,790	——
1989-P	‹117›	——	84,647
1990 (W)	‹117›	210,210	——
1990-P	‹117›	——	99,349
1991 (W)	‹117›	165,200	——
1991-P	‹117›	——	70,334
1992 (W)		209,300	——
1992-P		——	64,874
1993 (W)		210,709	——
1993-P		——	58,649
1994 (W)		206,380	——
1994-P		——	62,849
1995 (W)		223,025	——
1995-W		——	62,673
1996 (W)		401,964	——
1996-W		——	56,700
1997 (S or W)		528,515	——
1997-W		——	34,984
1998 (S or W)		1,344,520	——
1998-W		——	39,706
1999 (S or W)		2,750,338	——
1999-W		——	48,426
2000 (S or W)		569,153	——
2000-W		——	49,970
2001 (W)		269,147	——
2001-W		——	37,547
2002 (W)		230,027	——
2002-W		——	40,864
2003 (W)		245,029	——
2003-W		——	36,668
2004 (W)		250,016	——
2004-W		——	35,487
2005 (W)		300,043	——
2005-W		——	49,265
2006 (W)		285,006	——
2006-W Uncirculated		20,643	——
2006-W		——	47,277
2007 (W)		190,010	——
2007-W Uncirculated		22,501	——
2007-W		——	58,553
2008 (W)		305,000	——
2008-W Uncirculated		13,376	——
2008-W		——	29,155
2009 (W)		270,000	——
2009-W Uncirculated		0	——
2009-W		——	0

DATE	NOTE	BUSINESS	PROOF
American Eagle 1/4-oz gold $10			
1986 (W)	‹117›	726,031	——
1987 (W)	‹117›	269,255	——
1988 (W)	‹117›	49,000	——
1988-P	‹117›	——	98,028
1989 (W)	‹117›	81,789	——
1989-P	‹117›	——	54,170
1990 (W)	‹117›	41,000	——
1990-P	‹117›	——	62,674
1991 (W)	‹117›	36,100	——
1991-P	‹117›	——	50,839
1992 (W)		59,546	——
1992-P		——	46,269
1993 (W)		71,864	——
1993-P		——	46,464
1994 (W)		72,650	——
1994-P		——	48,172
1995 (W)		83,752	——
1995-W		——	47,484
1996 (W)		60,318	——
1996-W		——	37,900
1997 (S or W)		108,805	——
1997-W		——	29,808
1998 (S or W)		309,829	——
1998-W		——	29,733
1999 (S or W)		564,232	——
1999-W		——	34,416
2000 (S or W)		128,964	——
2000-W		——	36,033
2001 (W)		71,280	——
2001-W		——	25,630
2002 (W)		62,027	——
2002-W		——	29,242
2003 (W)		74,029	——
2003-W		——	33,409
2004 (W)		72,014	——
2004-W		——	29,127
2005 (W)		72,015	——
2005-W		——	37,207
2006 (W)		60,004	——
2006-W Uncirculated		15,188	——
2006-W		——	36,127
2007 (W)		34,004	——
2007-W Uncirculated		12,766	——
2007-W		——	46,189
2008 (W)		70,000	——
2008-W Uncirculated		9,200	——
2008-W		——	28,301
2009 (W)		110,000	——
2009-W Uncirculated		0	——
2009-W		——	0
American Eagle 1/2-oz gold $25			
1986 (W)	‹117›	599,566	——
1987 (W)	‹117›	131,255	——
1987-P	‹117›	——	143,398
1988 (W)	‹117›	45,000	——
1988-P	‹117›	——	76,528
1989 (W)	‹117›	44,829	——
1989-P	‹117›	——	44,798
1990 (W)	‹117›	31,000	——

DATE	NOTE	BUSINESS	PROOF
1990-P	‹117›	——	51,636
1991 (W)	‹117›	24,100	——
1991-P	‹117›	——	53,125
1992 (W)		54,404	——
1992-P		——	40,976
1993 (W)		73,324	——
1993-P		——	43,319
1994 (W)		62,400	——
1994-P		——	44,584
1995 (W)		53,474	——
1995-W		——	45,442
1996 (W)		39,287	——
1996-W		——	34,700
1997 (S or W)		79,605	——
1997-W		——	26,340
1998 (S or W)		169,029	——
1998-W		——	25,549
1999 (S or W)		263,013	——
1999-W		——	30,452
2000 (S or W)		79,287	——
2000-W		——	32,027
2001 (S or W)		48,047	——
2001-W		——	23,261
2002 (S or W)		70,027	——
2002-W		——	26,646
2003 (S or W)		79,029	——
2003-W		——	28,512
2004 (S or W)		98,040	——
2004-W		——	27,731
2005 (W)		80,023	——
2005-W		——	34,311
2006 (W)		66,005	——
2006-W Uncirculated		15,164	——
2006-W		——	34,322
2007 (W)		47,002	——
2007-W Uncirculated		11,455	——
2007-W		——	44,025
2008 (W)		61,000	——
2008-W Uncirculated		16,126	——
2008-W		——	27,864
2009 (W)		110,000	——
2009-W Uncirculated		0	——
2009-W		——	0
American Eagle 1-oz gold $50			
1986 (W)	‹117›	1,362,650	——
1986-W	‹117›	——	446,290
1987 (W)	‹117›	1,045,500	——
1987-W	‹117›	——	147,498
1988 (W)	‹117›	465,500	——
1988-W	‹117›	——	87,133
1989 (W)	‹117›	415,790	——
1989-W	‹117›	——	54,570
1990 (W)	‹117›	373,210	——
1990-W	‹117›	——	62,401
1991 (W)	‹117›	243,100	——
1991-W	‹117›	——	50,411
1992 (W)		275,000	——
1992-W		——	44,826
1993 (W)		480,192	——
1993-W		——	34,389

DATE	NOTE	BUSINESS	PROOF
1994 (W)		221,663	——
1994-W		——	46,674
1995 (W)		200,636	——
1995-W		——	46,484
1996 (W)		189,148	——
1996-W		——	36,000
1997 (S or W)		664,508	——
1997-W		——	27,554
1998 (S or W)		1,468,530	——
1998-W		——	26,060
1999 (S or W)		1,505,026	——
1999-W		——	31,446
2000 (S or W)		433,319	——
2000-W		——	33,006
2001 (S or W)		143,605	——
2001-W		——	24,580
2002 (S or W)		222,029	——
2002-W		——	27,499
2003 (S or W)		416,032	——
2003-W		——	28,344
2004 (S or W)		417,019	——
2004-W		——	28,731
2005 (W)		356,555	——
2005-W		——	35,336
2006 (W)		237,510	——
2006-W Uncirculated		45,912	——
2006-W Proof		——	47,096
2006-W Reverse Proof		——	10,000
2007 (W)		140,016	——
2007-W Uncirculated		18,606	——
2007-W		——	51,810
2008 (W)		710,000	——
2008-W Uncirculated		12,387	——
2008-W		——	29,399
2009 (W)		1,493,000	——
2009-W Uncirculated		0	——
2009-W		——	0

American Eagle 1/10-oz platinum $10

DATE	NOTE	BUSINESS	PROOF
1997 (W)		70,250	——
1997-W		——	37,025
1998 (W)		39,525	——
1998-W		——	19,832
1999 (W)		55,955	——
1999-W		——	19,123
2000 (W)		34,027	——
2000-W		——	15,651
2001 (W)		52,017	——
2001-W		——	12,193
2002 (W)		23,005	——
2002-W		——	12,365
2003 (W)		22,007	——
2003-W		——	9,534
2004 (W)		15,010	——
2004-W		——	7,202
2005 (W)		14,013	——
2005-W		——	8,104
2006 (W)		11,001	——
2006-W Uncirculated		3,544	——
2006-W Proof		——	10,205
2007 (W)		13,003	——
2007-W Uncirculated		5,566	——
2007-W Proof		——	8,176
2008 (W)		17,000	——
2008-W Uncirculated		4,623	——
2008-W Proof		——	5,650
2009 (W)		0	——
2009-W Uncirculated		0	——
2009-W		——	Pending

American Eagle 1/4-oz platinum $25

DATE	NOTE	BUSINESS	PROOF
1997 (W)		27,100	——
1997-W		——	18,661
1998 (W)		38,887	——
1998-W		——	14,860
1999 (W)		39,734	——
1999-W		——	13,514
2000 (W)		20,054	——
2000-W		——	11,995
2001 (W)		21,815	——
2001-W		——	8,858
2002 (W)		27,405	——
2002-W		——	9,282
2003 (W)		25,207	——
2003-W		——	7,044
2004 (W)		18,010	——
2004-W		——	5,226
2005 (W)		12,013	——
2005-W		——	6,592
2006 (W)		12,001	——
2006-W Uncirculated		2,676	——
2006-W		——	7,813
2007 (W)		8,402	——
2007-W Uncirculated		3,690	——
2007-W Proof		——	6,017
2008 (W)		22,800	——
2008-W Uncirculated		3,894	——
2008-W Proof		——	3,891
2009 (W)		0	——
2009-W Uncirculated		0	——
2009-W		——	Pending

American Eagle 1/2-oz platinum $50

DATE	NOTE	BUSINESS	PROOF
1997 (W)		20,500	——
1997-W		——	15,463
1998 (W)		32,419	——
1998-W		——	13,821
1999 (W)		32,309	——
1999-W		——	11,098
2000 (W)		18,892	——
2000-W		——	11,049
2001 (W)		12,815	——
2001-W		——	8,268
2002 (W)		24,005	——
2002-W		——	8,772
2003 (W)		17,409	——
2003-W		——	7,131
2004 (W)		13,236	——
2004-W		——	5,095
2005 (W)		9,013	——
2005-W		——	5,942
2006 (W)		9,602	——
2006-W Uncirculated		2,577	——
2006-W Proof		——	7,649

DATE	NOTE	BUSINESS	PROOF
2007 (W)		7,001	——
2007-W Uncirculated		3,635	——
2007-W Proof		——	22,873
2007-W Reverse Proof		——	16,937
2008 (W)		14,000	——
2008-W Uncirculated		3,415	——
2008-W Proof		——	3,654
2009 (W)		0	——
2009-W Uncirculated		0	——
2009-W		——	Pending
American Eagle 1-oz platinum $100			
1997 (W)		56,000	——
1997-W		——	18,000
1998 (W)		133,002	——
1998-W		——	14,203
1999 (W)		56,707	——
1999-W		——	12,351
2000 (W)		10,003	——
2000-W		——	12,453
2001 (W)		14,070	——
2001-W		——	8,990
2002 (W)		11,502	——
2002-W		——	9,834
2003 (W)		8,007	——
2003-W		——	8,246
2004 (W)		7,009	——
2004-W		——	6,074
2005 (W)		6,310	——
2005-W		——	6,602
2006 (W)		6,000	——
2006-W Uncirculated		3,068	——

DATE	NOTE	BUSINESS	PROOF
2006-W Proof		——	9,152
2007 (W)		7,202	——
2007-W Uncirculated		4,177	——
2007-W Proof		——	8,363
2008 (W)		21,800	——
2008-W Uncirculated		4,063	——
2008-W Proof		——	5,030
2009 (W)		0	——
2009-W Uncirculated		0	——
2009-W		——	Pending
American Buffalo 1-oz gold $50			
2006 (W)		337,012	——
2006-W Proof		——	246,267
2007 (W)		136,503	——
2007-W Proof		——	58,998
2008 (W)		189,500	——
2008-W Uncirculated		9,074	——
2008-W Proof		——	18,863
2009 (W)		200,000	——
2009-W Uncirculated		0	——
2009-W Proof		——	0
American Buffalo 1/2-oz gold $50			
2008-W Uncirculated		16,908	——
2008-W Proof		——	12,169
American Buffalo 1/4-oz gold $50			
2008-W Uncirculated		9,949	——
2008-W Proof		——	13,125
American Buffalo 1/10-oz gold $50			
2008-W Uncirculated		17,429	——
2008-W Proof		——	18,884

MINTAGE NOTES

KEY

(R): Known to have been restruck at least once.

(§): Proofs originally sold in sets only.

——: None issued.

Δ: Specimens known or believed to exist; no official mintage reported.

NOTES

1. 1804, 1823 cent, and 1811 half cent: Fakes, called restrikes, exist, which were made outside the Mint, using old, genuine but mismatched Mint dies.

2. 1832-35 half cent: The figures shown are listed in the Mint Report for 1833-36 instead, but are assumed to be misplaced.

3. 1823 cent, dime, quarter dollar: Proofs exist with overdate, 1823/2.

4. 1856 cent: More than 1,000 1856 Flying Eagle cents were struck in Proof and Uncirculated, in this and later years as restrikes.

5. 1864 cent: Proof breakdown by varieties thought to be about 300 to 350 copper-nickel and about 100 to 150 bronze coins without the designer's initial L. Perhaps 20 or fewer Proofs with initial L were struck. Circulation-strike bronze coins with L are also rarer.

6. 1873 coinage: Early in the year a relatively closed style of 3 was used in the date on all denominations. In response to complaints that the 3 looked like an 8, a new, more open 3 was introduced. Most types were struck with both styles, except for those that were created or discontinued by the Act of Feb. 12, 1873. All Proofs are of the relatively Closed 3 variety.

7. 1877 minor coinages: Proof estimates for this year vary considerably, usually upwards. For lack of any records, the number shown is that of the silver Proofs of this year, conforming with the method used in the preceding years. Figures may be considerably low.

8. 1922-D Missing D or "Plain" cent: No cents were struck in Philadelphia in 1922. Some 1922-D cents are found with the Mint mark missing as a result of worn/polished/obstructed dies. Only the second die pair, with strong reverse, brings the Missing D premium. Fakes exist.

9. 1943-(P), D, S cent: All 1943 cents were made of zinc-coated steel, except for a few 1943 copper alloy and 1944 steel cents, made either by accident or deliberately. Many fakes exist. Test any suspected off-metal 1943 or 1944 cent with a magnet to see if it has been plated, and check the date for alterations.

10. 1960 cent: Includes Large Date and Small Date varieties. The Small Date is the scarcer.

11. 1964-67 coinage: All coins dated 1965-67 were made without Mint marks. Many coins dated 1964-66 were struck in later years.

12. 1982 cent: Composition of the cent was changed from 95 percent copper, 5 percent zinc to 97.5 percent zinc, 2.5 percent copper (composed of a planchet of

99.2 percent zinc, 0.8 percent copper, plated with pure copper). Some were struck in late 1981.

13. 1864 2 cents: Struck with Large and Small Motto IN GOD WE TRUST; individual mintages for both subtypes unknown, although the Large Motto is more common. The Small Motto in Proof is rare.

14. 1873 2 cents: Originally struck in Proof only early in 1873 with a Closed 3. An estimated 500 restrikes in Proof with an Open 3.

15. 1887 copper-nickel 3 cents: Many Proofs struck from an overdated die, 1887/6.

16. 1853 silver coin: In early 1853 the weight of all fractional silver coins was reduced by about 7%, to prevent hoarding and melting. To distinguish between the old and new weights, arrows were placed on either side of the date on the half dime through half dollar, and rays were put around the eagle on the quarter and half dollar. The rays were removed after 1853, and the arrows after 1855. The exception to all this was the silver 3-cent coin, which was decreased in weight but increased in fineness, making it intrinsically worth more than before and proportionate with the other fractional silver coins. First of the new weight struck in 1854; an olive branch and a cluster of arrows was added to the reverse.

17. 1863 silver 3 cents: It is possible that all of these non-Proofs were dated 1862. Proof coins dated 1863/2 were struck in 1864.

18. 1864-(P) silver 3 cents, half dime, and dime: These figures, like many others in the years 1861-1871, are highly controversial due to extraordinary bookkeeping methods used in the Mint in this era.

19. 1867 copper-nickel 5 cents: Struck with rays on reverse and without rays. Approximately 25 Proofs struck with rays on reverse, and 600 without rays.

20. 1913 Liberty Head copper-nickel 5 cents: Five unauthorized pieces were struck by persons unknown, using Mint machines and dies. Fakes exist.

21. 1942-1945-(P), D, S 5 cents: To conserve nickel during the war, the composition of the 5-cent coin was changed to a 56% copper, 35% silver, and 9% manganese alloy. Coins of this alloy were marked with a large Mint mark over the dome of Monticello, including those from the Philadelphia Mint. They consist of some 1942 Philadelphia Mint coins, all 1942-S and all 1943-45 coins. The 1942 Philadelphia Mint coins were made in both alloys.

22. 1944 copper-nickel 5 cents, 1923-D and 1930-D dimes: All are counterfeits made for circulation.

23. 1966 5-cent coin: Two Proof Jefferson 5-cent pieces supposedly were struck to mark the addition of designer Felix Schlag's initials, F.S., to the obverse.

24. 1971 5 cents: Some Proof sets contain 5¢ coins that were struck from a Proof die without a Mint mark. Official estimate of 1,655 sets released.

25. P Mint mark: The P Mint mark, placed on the 1979 Anthony dollar, was added to all 1980 coins from the Philadelphia Mint except for the cent.

26. 1838-O half dime, dime: Both of Seated Liberty, No Stars design (type of 1837). 1838 Philadelphia coins have stars, as do all others through 1859.

27. 1856-O half dime: One Proof known.

28. 1860-(P), O, S half dime and dime: Beginning in 1860 (with the exception of the 1860-S dime), the half dime and dime were redesigned by eliminating the stars, moving the legend UNITED STATES OF AMERICA to the obverse, and using a larger, more elaborate wreath on the reverse. A number of fabrications with the obverse of 1859 and the reverse of 1860 (thereby omitting the legend UNITED STATES OF AMERICA), were struck by order of the director of the Mint. These consist of 1859 or 1860 half dimes, and 1859 dimes. Although they are considered by some to be patterns, that designation is doubtful, as the director's intentions were questionable.

29. 1860-O half dime: Three Proofs known.

30. 1873-CC dime: One known, others likely melted.

31. 1894-S dime: Twenty-four pieces were struck at the San Francisco Mint on June 9, 1894, from dies sent by the Philadelphia Mint. The production was noted in records at the San Francisco Mint and at Mint headquarters in Washington, and three of the 24 pieces were sent to Mint headquarters for normal assay and special testing. The circumstances of their production remain under debate, although 1895 newspaper clippings discovered in 2006 quote a San Francisco Mint official as stating production was initiated to use up an odd amount of silver on hand. The same article indicates that the public was aware of the coin as early as 1895, which is years earlier than previously thought. Of the 21 pieces left after assaying, nine can be traced in 2009.

32. 1906-D dime: Proofs struck in honor of the opening of the Denver Mint.

33. 1968 dime: Some Proof sets contain dimes that were struck from a Proof die without a Mint mark; an engraver's oversight. Fewer than two dozen known

34. 1970 dime: Some Proof sets contain dimes that were struck from a Proof die without a Mint mark. This was an engraver's oversight. Official estimate is that 2,200 sets were released.

35. 1982 No-P dimes: Some 1982 dimes were released without a Mint mark.

36. 1875-S 20 cents: Six to seven Proofs known.

37. 1876-CC 20 cents: Virtually all were melted at the Mint. Fewer than 20 are known today.

38. 1827 quarter dollar: Although the Mint Report lists a mintage of 4,000 pieces, it is likely that all of these coins were dated 1825 except for a few Proofs. Later this date was unofficially (but intentionally) restruck at the Mint using an obverse die dated 1827 and a reverse die that had been used in 1819, and that had a Square Base 2 in 1827 rather than the Curled Base 2 of the original 1827.

39. 1855-S quarter dollar: One Proof known, presumably struck to celebrate the beginning of silver coinage at the San Francisco Mint.

40. 1866 coinage: It was decided to add the motto IN GOD WE TRUST to the reverse of all double eagles, eagles, half eagles, silver dollars, half dollars and quarter dollars beginning in 1866. Early in the year, before the new reverse dies had arrived, the San Francisco Mint produced $20, $10, $5, and half dollar coins without the motto. These are regular issue coins and are not patterns or errors. They are not to be confused with a peculiar set of Philadelphia Mint silver coins without motto, consisting of two dollars, one half dollar and one quarter dollar, that was clandestinely struck inside (but not by) the Mint for sale to a collector. A three-piece set containing the unique quarter dollar and half dollar and one of the two known silver dollars was stolen from the Willis H. DuPont collection in 1967; all three coins were recovered, separately, in 1999 and 2004.

41. 1879 quarter dollar: The Proof figure is official, but may be wrong. Might be near or equal to 1,100.

42. 1891-O quarter dollar: Two Proofs known.

43. 1974-1976 quarter dollars, half dollars and dollars: The circulating commemorative coinage dated 1776-1976 in celebration of the nation's Bicentennial wreaked havoc on mintage bookkeeping. In anticipation of the program, 1974-dated coins of these denominations were struck in calendar years 1974 and 1975. No 1975-dated quarter dollars, half dollars or dollars were struck; 1975 Proof and Mint sets contain Bicentennial dates. 1776-1976-dated dollars, half dollars and quarter dollars were struck in calendar years 1975 and 1976. .

44. 1817 half dollar: One Proof known, 1817/3.

45. 1836 Reeded Edge half dollar: Actually a pattern of the design adopted the following year, but much of the mintage was placed into circulation.

46. 1838-O half dollar: It is thought that 20 Proof examples were struck as souvenirs in honor of the opening of the New Orleans Mint. No regular issue coins of this date and Mint were struck, and it is possible that these were struck in 1839.

47. 1839-O half dollar: Three or four Proofs known.

48. 1839-(P) half dollar: Although Christian Gobrecht's half dollar design was slightly modified during 1839 by the addition of a small drapery fold beneath the elbow, the design was never as fully modified as the other Seated Liberty denominations were in 1840. In subsequent years, individual dies would occasionally be overpolished, thus removing this small drapery fold.

49. 1853-(P), O half dollar: All 1853 and virtually all 1853-O half dollars are of the new weight. Two or three 1853-O half dollars are known without the arrows and rays. Beware of alterations from 1858-O.

50. 1855-S half dollar: Three Proofs known.

51. 1861-O half dollar: Mintage includes 330,000 struck by the USA, 1,240,000 by the State of Louisiana, and 962,633 by the Confederate States of America. One obverse die is identifiable as having been used with the CSA reverse to strike four pattern coins. Three to six Proofs known, probably struck by either the state of Louisiana or the CSA.

52. 1873-S half dollar: The 1873-S Seated Liberty, Without Arrows half dollar is unknown in any condition in any collection. Presumably they were all melted with the 1873-S silver dollars.

53. 1895-O half dollar: Proofs issued to mark reopening of New Orleans Mint.

54. Proof set sales suspended 1965-67.

55. 1970-D and 1987 half dollars: Struck only for inclusion in Mint sets. Not a regular issue coin. 1987 coins were struck for Uncirculated sets, Proof sets and Souvenir Mint sets only, forcing a change in the Mint's accounting procedures. Previously, circulation strikes intended for Uncirculated Mint sets and Souvenir sets

had been reported with coins intended for circulation. However, upon seeing "circulation" mintages where none should be, the Mint began separating the mintages of coins intended for sale to collectors from those intended for commerce.

56. 1798 silver dollar: Mintage includes both Small Eagle and Heraldic Eagle reverse designs.

57. 1801, 1802, and 1803 silver dollar: All three dates were restruck in Proof in 1858 with a plain edge, using obverse dies made in 1834-5 and the reverse die from the Class I 1804 dollar, which was also made in 1834. Due to the scandal caused by the private issue of 1804 dollars in 1858, these coins were not offered for sale to collectors until 1875, with lettered edges.

58. 1804 silver dollar: Although the Mint Report lists 19,570 dollars for this year, it is assumed that they were all dated 1803. The 1804 dollars were first struck in 1834-35 for inclusion in diplomatic presentation sets. A few pieces, possibly flawed Proofs or production overruns, reached collectors via trades with the Mint or in circulation, and the coin was popularized as a rarity. In 1858 the son of a Mint employee used the obverse die prepared in 1834 and a newly prepared reverse die plus a plain collar to secretly strike 1804 dollars, a few of which were sold to collectors. While the Mint had intended to do exactly the same thing with dollars dated 1801-04, Mint officials were forced to cancel the project due to the public scandal over the privately issued 1804 dollars. The privately struck coins were recalled, and all but one (which went to the Mint Cabinet collection) were said to have been melted. Instead, they and the plain edged 1801-03 dollars were put in storage and offered for sale in 1875, by which time their edges had been lettered.

59. 1805 silver dollar: The 321 dollars listed in the Mint Report for 1805 were older dollars that were found in deposits of Spanish-American silver and that were reissued through the Treasury.

60. 1836, 1838, and 1839 dollar: Gobrecht dollars, some patterns and some intended for circulation, were struck in these years. Also, some varieties were restruck in later years, making mintage figures questionable. Varieties exist with or without stars and/or the designer's name, some of them exceedingly scarce. The 1,600 mintage figure for 1836 represents 1,000 struck for circulation on the 1836 standard of 416 grains, and 600 pieces struck in 1837 (dated 1836) on the new standard of 412.5 grains.

61. 1853 silver dollar: All Proofs are restrikes, made 1864 to 1865.

62. 1858 silver dollar: It is estimated that 80 Proofs were struck, some of them possibly at a later date.

63. 1870-CC silver dollar: Proof mintage unknown.

64. 1870-S silver dollar: Eleven are known in collections. Not listed in the annual Mint Report. The first official evidence of their production was found in March 2004 in the form of a San Francisco Mint warrant from the second quarter of 1870, found in archives. That warrant recorded the coins that had been struck for placement in the cornerstone of the second San Francisco Mint, which was under construction. Among the coins made for the cornerstone was an 1870-S Seated Liberty dollar. The newly produced warrant was the first record discovered confirming production of the 1870-S Seated Liberty half dime and 1870-S Indian Head gold $3 coin, each of which is known by a single example in collections. The warrant also records production of an 1870-S Seated Liberty quarter dollar, which is unknown in any collection but that is presumably in the lost cornerstone of the San Francisco Mint.

65. 1873-S silver dollar: All were melted at the Mint per order in a June 13, 1873, telegram after production of standard silver dollars was suspended.

66. 1878-(P) silver dollar: Three slightly different designs were used for both the obverse and reverse of this date, including some dies with the second design impressed over the first. All 1878-CC and 1878-S dollars are from the second designs. Most 1879-1904 dollars are of the third design, except for some second design reverses on 1879-S and 1880-CC coins. New, slightly different master hubs were prepared for 1921. Proof mintage includes 700 of the 8 Tail Feathers variety and 300 of the 7 Tail Feathers, flat eagle breast variety.

67. 1879-O silver dollar: Two Proofs now known of 12 struck.

68. 1882-CC dollar: Proof mintage unknown.

69. 1883-CC dollar: Proof mintage unknown.

70. 1883-O dollar: One Proof known of 12 struck to give to various local dignitaries. Occasion uncertain.

71. 1884-CC dollar: One Proof reported.

72. 1893-CC dollar: 12 Proofs struck for Mint officials to mark the closing of the Carson City Mint.

73. 1895 dollar: Researchers differ on whether any of the 12,000 circulation strike dollars produced in 1895 were dated 1895. None known. However, information from assay records implies the 12,000 coins were dated 1895 and not 1894 as some suggest.

74. 1921-22-(P) Peace silver dollar: The 1921 Peace dollars (and a very few Proof 1922s) are of a higher relief than the 1922-35 coins. An experimental medium relief 1922 Peace dollar was produced in January 1922 in three finishes: Sandblast Proof, Brilliant or Satin Proof, and a circulation strike, after which the dies failed. An example of the medium relief 1922 Peace dollar was recently identified. Low relief circulation trial strike 1922 dollars were made.

75. 1873 Trade dollar: All Proofs have the Open 3.

76. 1884-85 Trade dollar: Struck in Proof in the Mint for private distribution. Not listed in the Mint Report.

77. S-Mint clad dollars: Struck only for sale to collectors. In 1971-72 struck in 40% clad silver in Proof and Unc. for individual sale. Beginning in 1973 a copper-nickel clad dollar was added to the Proof sets.

78. 1973-(P), D copper-nickel dollar: Struck only for Mint sets. 1,769,258 Mint sets were sold. 439,899 excess dollars melted, presumably of near-equal distribution. 21,641 coins were kept for a while for replacement of defective sets.

79. Anthony dollars: Sold in three-coin sets only in 1981. None released into circulation.

80. 1861-D gold dollar: Small number struck by CSA.

81. 1870-S gold dollar: 2,000 coins were struck without a Mint mark. It is unknown if they were melted and recoined or released as is as noted in the Mint Report figure of 3,000 coins. See Note 64.

82. 1834 $2.50: Most or all were melted. It may be

that all survivors are Proofs and circulated Proofs.

83. 1841-(P) $2.50: Struck in Proof only, possibly at a later date. Unlisted in Mint Report. Nine known.

84. 1848-(P) $2.50: Approximately 1,389 coins were counterstamped CAL. above the eagle to show that they were made from California gold. This was done while the coins were resting on an inverted obverse die on a worktable. This virtually eliminated distortion of the obverse, which will probably show on a genuine coin with a fake counterstamp.

85. 1860-S $3: Out of 7,000 coins struck, 2,592 pieces were not released because of short weight. They were melted in 1869 for use in other coins.

86. 1870-S $3: Not included in the annual Mint Report. See Note 64 for additional information. One piece is known in a private collection, and the present whereabouts of the cornerstone piece mentioned in Note 64 is unknown. There may be just one piece.

87. 1873 $3: All original Proofs are of the more Open 3 variety. Two restrikes of the Closed 3 version and one with the Open 3 are known.

88. 1798 $5: Mint Report of 24,867 coins includes Small Eagle reverse coins dated 1798, as well as Heraldic Eagle coins dated 1795, 1797 and 1798. This mixture of mulings is the result of an emergency coinage late in 1798 after the Mint had been closed for a while due to yellow fever. Quantities struck of each are unknown and can only be a guess.

89. 1822 $5: Although the Mint Report says 17,796 coins were struck, only three pieces are known; it is likely that most of the mintage was dated 1821.

90. 1825 $5: Struck from the regular overdated dies. 1825/4, one known, and 1825/1, two known.

91. 1828 $5: Includes at least one overdate, 1828/7.

92. 1844-O half eagle: One Proof known.

93. 1861-C $5: Mintage includes 5,992 pieces coined by USA and 887 by CSA. Issuer impossible to prove.

94. 1899-S half eagle: One or two Proofs known, reason for issue unknown.

95. 1906-D and 1907-D $5: Struck at Denver Mint.

96. 1797 $10: Mintage includes both reverse types.

97. 1839 $10: Includes first design head (type of 1838) and modified head (type of 1840-1907). Proofs are of the type of 1838, with large letters and different hair style.

98. 1844-O eagle: One Proof known.

99. 1852-O eagle: Three Proofs known.

100. 1853-O eagle: Proof mintage unknown.

101. 1906-D eagle: Proofs struck in honor of the opening of the Denver Mint.

102. 1907 $10: An unknown number of Indian Head patterns were also struck in Proof.

103. 1933 $10: Very few of these were issued, perhaps several dozens known. Beware of counterfeits.

104. 1849 $20: One example in gold survives of a small number of trial strikes produced in December 1849. The dies were rejected, allegedly because of improper high relief, but in actuality to discredit Longacre in an attempt to force his removal. The attempt failed and Longacre eventually produced a second set of dies, but they were not completed until the following month and so they were dated 1850. The one known Proof gold example is at the Smithsonian

MINTAGE NOTES

Institution, and all others were melted.

105. 1850 $20: One Proof was once owned by the engraver, James B. Longacre. Whereabouts unknown.

106. 1854-S double eagle: One Proof known, in the Smithsonian Institution.

107. 1861-(P) $20: A few trial pieces are known with a reverse as engraved by Anthony Paquet, with taller, thinner letters and a narrow rim. The design was judged unacceptable.

108. 1861-O $20: Mintage includes 5,000 coins struck by the USA; 9,750 by the State of Louisiana; and 2,991 by the Confederate States of America. It is impossible to prove the issuer of any given coin.

109. 1861-S $20: Mintage includes 19,250 pieces struck with the Paquet reverse and released into circulation. Most of these were recalled and melted during the next few years, but specie hoarding during the Civil War probably preserved a number of them.

110. 1866-(P), S $20: When the reverse of the double eagle was altered to include the motto, a few minor changes were made in the scrollwork, the most prominent being the change in the shield from flat-sided to curved, serving as a useful diagnostic.

111. 1877 $20: In this year the master hubs were redesigned slightly, raising the head of Liberty and changing TWENTY D. to TWENTY DOLLARS.

112. 1906-D double eagle: Two Proofs now known of 12 struck for the opening of the Denver Mint.

113. 1907-D double eagle: One Proof known.

114. 1907 $20: Extremely High Reliefs are patterns.

115. 1933 $20: This issue was officially never released, and with one exception, is considered illegal to own; however, from 25 to 30 pieces are known to have escaped the 1930s melting of the coins. Two are held in the Smithsonian Institution, having been given to the Smithsonian by the Mint. The U.S. Secret Service recovered nine pieces from collectors and dealers in the 1940s. Treasury officials later melted all nine pieces. A piece of uncertain origin was confiscated in a sting operation by federal authorities in the 1990s when it was brought into the U.S. from Britain by a British dealer. The dealer claimed several origins for the piece. After a lengthy legal battle, the government declared the coin legal for private ownership in 2000. It sold for $7.59 million in 2003. The Mint recovered 10 more pieces in 2004 from the family of the Philadelphia dealer who handled the pieces that entered the market in the late 1930s and early 1940s.

117. American Eagle gold bullion: Roman numerals used in date from 1986 to 1991.

118. 1996-W Roosevelt dime: Produced with a West Point Mint mark for the 1996 Uncirculated Mint sets for the 50th anniversary of the Roosevelt dime.

119. 1995-W American Eagle silver dollar: Uncirculated piece produced for sale only in special "10th Anniversary" sets.

120. Circulation-quality, but not released into circulation. Sold to collectors in bags and rolls.

121. The Mint reopened sales of 1999, 2000 and 2001 Proof sets on May 29, 2002, in an unprecedented and controversial offering. Officials halted sales June 25, 2002, citing damage to some coins in some 1999 sets.

122. Beginning in 2005, coins in the annual Uncirculated Mint set were given a special Satin Finish. Some Satin Finish coins also have been used in other Mint sets and products.

123. Two different reverse hubs were used for 2000-P Sacagawea dollars, but this was not confirmed until the summer of 2005. The earlier reverse, used in 1999 to strike 2000-P dollars, features an eagle whose tail feathers are much more detailed than the feathers on the later reverse. The reverse with detailed tail feathers was used in 1999 to strike 39 gold test versions (27 were melted; 12 were sent into low-Earth orbit aboard the space shuttle *Columbia* in 1999 and are now stored at the Fort Knox Gold Bullion Depository) and 5,500 pieces of standard composition (all dated 2000) were distributed in boxes of Cheerios during a 2000 promotion. The later reverse, with less-detailed tail feathers, was used to strike all coins produced for general circulation.

124. Small numbers of two different 2004-D Wisconsin quarter dollars were discovered in late 2004 and first publicized in *Coin World* in early 2005 that bear unusual markings dealers and collectors have labeled an "extra leaf." Each "extra leaf" appears as a curved raised area in the area below and to the left of the far left cornhusk on the ear of corn on the reverse. The "Extra Leaf High" variant has a simple, narrow curved line extending from the wheel of cheese to the underside of the far left cornhusk, touching both. The "Extra Leaf Low" variant has a more elaborate, more leaf-like element, the widest end extending from the lower portion of the far left cornhusk and narrowing to a point as it arcs downward until it touches the upper surface of the cheese. A Treasury Office of Inspector General report of an investigation into the variants, issued Jan. 12, 2005, stated that the "Extra Leaf High" version was created in November 2004 during the second shift at night at the Denver Mint, with some pieces caught and destroyed by Mint personnel and other pieces mixed with regular coins and released. The report did not address the "Extra Leaf Low" variant specifically. The Treasury OIG report stated the investigation yielded no evidence of criminal wrongdoing. However, many in the hobby believe that both variants were deliberately if unofficially created.

125. The United States Mint introduced new hubs for all versions of the American Eagle silver bullion coin in 2008. A Mint spokesman confirmed that a different font is being used "to ensure a more consistent fill in metal flow and repeatability of the design." The date appears a bit shorter and thinner. The stars above the eagle are configured slightly differently, particularly in the amount of space between them.

The modification followed "conversion to digital technology in the engraving process," the Mint noted. In April 2008, it was discovered that the Mint had made some Uncirculated 2008-W American Eagle silver coins with the 2007 reverse (the collector Uncirculated version, not the bullion coin). Mint officials confirmed that approximately 47,000 Uncirculated 2008-W American Eagle, Reverse of 2007 silver coins were made during three shifts of production, using 15 reverse dies.

364 — Mintage figures

Grading coins 7

Probably no other subject has been more hotly debated in American numismatics by collectors, dealers and investors than grading. There has been controversy since a dealer first charged a higher price for one example of a coin than for another of the same type, date and Mint mark simply because one had less wear than the other.

The grade of a coin (or note, medal or token) represents what professional numismatist and researcher Dr. Richard Bagg aptly called its "level of preservation." The grading controversy arises from both disagreements over the grade of a coin and the often enormous differences in price between two examples of the same type and date of a U.S. coin, even when the only difference lies in the placement of one or two marks or surface abrasions from contact with other coins, commonly referred to as "contact marks" or "bag marks." Prices can also differ for coins bearing the same grade, but assigned by different private grading services.

A grade measures both the amount of wear, natural mishaps and other surface degradation a coin has received after leaving the coining press and its "eye appeal," a subjective determination that may differ from observer to observer. The more wear and surface marks a coin has received, the less it is worth compared to other examples of the same coin with less surface degradation.

However, not all coins have received circulation wear since they were struck. These coins are called Uncirculated or Mint State. Rather than being easier to grade because there are no points of wear to determine, Uncirculated coins can be harder to grade. One might ask how a coin without wear can be different from other unworn examples of the same coin. In fact, hobbyists identify graduated levels of Mint State, at least 11 (from Mint State 60 to Mint State 70), determined by such factors as contact marks, luster, the strength of the strike and eye appeal of toning. Therein lies the heart of the controversy.

This chapter contains two basic sections: First, a practical guide to grading, with a discussion of what factors go into determining a coin's grade, tips on how to grade a coin, and basic grading descriptions; and the second section, a brief history of third-party grading services.

Grading: What's involved?

Dr. Richard Bagg, in *Grading Coins: A Collection of Readings* (co-edited in 1977 with James J. Jelinski), described the grade of a coin as its "level of preservation." It is not entirely accurate to call grading the charting of wear on a coin. The very definition of an Uncirculated coin (also called Mint State) is "a coin that has never seen general circulation" (in *Official American Numismatic Association Grading Standards for United States Coins,* sixth edition) and a coin with "no wear" (in *New Photograde: A Photographic Grading Guide for United States Coins*). However, Uncirculated coins are subject to forms of surface degradation other than circulation wear.

A coin struck for circulation becomes subject to external factors affecting its surface from the second it leaves the press. The moment a coin is struck, it is pushed from the surface of the anvil die. The coin then falls into a bin of other coins. When the coin hits the previously struck coins lying in the bin, the portion of its surface coming into contact with the other coins will probably be marred. Then, as the coins are transported to the counting and bagging station for placement into bags for shipment to commercial counting rooms and banks, the coins will scrape, scratch and bump each other, causing additional damage.

James L. Halperin, author of *How to Grade U.S. Coins,* identifies four key components of grading: surface preservation, strike, luster and eye appeal.

Surface preservation refers to the condition of the surfaces of the obverse and reverse of the coin. The major elements of surface preservation include wear, contact marks, hairlines and imperfections that were created on the coin during the various stages of its manufacturing.

Wear affects how much of the surface and design remain on a coin. The constant handling a coin receives as it circulates in commerce results in abrasion. Raised design elements, as they wear, lose detail; if the coin circulates long enough, the height of the design elements is reduced. Determining the grade of a circulated coin involves charting how much of the original design remains on a coin and comparing that remaining detail to a set of standards.

Wear interrupts the luster on a coin, manifesting itself as a change in reflectivity that can be seen under the proper circumstances.

The amount of wear a coin receives determines its grade among the circulated grade levels. The high points of a design are usually the first to show wear, since they are the most exposed. Then the raised inscriptions and date exhibit wear, and finally, the flat fields.

Coins with only the slightest hint of wear are called About Uncirculated. Then, in descending order, are Extremely Fine, Very Fine, Fine, Very Good, Good, About Good, Fair (and occasionally, Poor). Graders use several levels for some of the higher circulated grades to denote, for example, an Extremely Fine coin of higher quality than another Extremely Fine coin (EF-45 versus EF-40).

Many hobbyists differentiate between circulation wear and another form of wear labeled "friction." Halperin defines friction: "A disturbance which appears either on the high points of a coin or in the fields, as a result of that coin rubbing against other projections."

Friction should not disturb the luster of the coin or disturb the metal underneath. If it does, the disturbance is considered to be wear.

"Contact marks" (traditionally called "bag marks") occur from the collisions between coins. A contact mark may range in severity from a light, minor disruption of the coin's surface to a large, heavy scrape. Generally, the bigger and heavier the coin, the larger and more unsightly the contact marks, due both to its own weight and that of other coins of the same dimensions jostling against it.

The location of contact marks plays a major role in determining at what level of Mint State a coin may be categorized. For example, marks that are clearly visible in the field of a coin, or on the cheeks, chin or forehead of a Liberty Head device are more distracting than marks of equal severity hidden in curls of Liberty's hair or the wing feathers of the eagle found on the reverse of many U.S. coins.

The size of contact marks also plays a role in determining the particular Mint State level. Larger marks, of course, are more distracting than smaller marks. Remember, however, that a contact mark 1 millimeter long is less distracting on a large coin such as a silver dollar (diameter of 38.1 mm) than it is on a smaller coin such as a silver half dime (diameter of 15.5 mm), general placement of the mark being similar.

The number of contact marks also plays a significant role in determining the numeric level of a Mint State coin. A coin with multiple contact marks is less appealing to the eye than a coin with one or two distracting marks. The diameter of the coin plays a role, too. A silver dollar with five contact marks scattered across its surfaces may be judged appealing; a much smaller half dime with five contact marks may be judged less appealing, since the half dime has a smaller surface area.

Hairlines are thin, incused scratches in a coin's surface occurring after striking. A Mint State coin lightly though improperly rubbed with something like a rough cloth may incur hairlines.

Strike refers to the sharpness and completeness of detail imparted by the dies when they strike a planchet and turn it into a coin. ANACS grader Michael Fahey defines it as "the evenness and fullness of metal-flow into all the crevices of a die." A fully struck coin from unworn dies exhibits all design elements to the smallest detail.

A coin with a weak strike has soft and ill-defined design details. Lower striking pressures may not force the metal into the deepest crevices on the die (the highest point on the coin); thus, the weaker design details. A weakly struck coin may look worn, since design details are missing from the high points of a coin. However, luster is unimpaired.

Strike affects the value of a coin. A coin with a sharp strike will generally have a higher value than a coin with a weak strike, all other factors being equal.

Luster "is simply the way light reflects from the microscopic flow lines of a coin," according to Fahey in *Basic Grading,* a reprint from his series of articles in the American Numismatic Association's *The Numismatist.* Halperin defines luster as "The brightness of a coin which results from the way in which it reflects light."

Luster is imparted to the surfaces of a coin at the moment of striking. The immense pressures used in the coining process create flow lines, the microscopic lines that trace the paths the metal took as it flowed under pressure during striking.

A coin with full luster is generally one that has a bright, shiny surface (although toning, to be discussed later, may obscure full luster), caused by the light reflecting off the surface of the coin. If the luster has been disturbed, the light reflects from the surface of the coin differently; the coin may appear dull.

Circulation wear erases the microscopic flow lines that cause the luster. Heavy cleaning or cleaning with a substance that removes a microscopic layer of the surface metal will also damage the flow lines and disrupt or eliminate the luster of a coin.

A Mint State coin cannot be lackluster. However, high-level circulated coins may show patches of luster in protected areas.

Eye appeal is the aesthetic appeal of a coin's appearance. Eye appeal relates to the overall attractiveness of a coin when all of the other factors (surface preservation, luster, strike) are considered. A potential buyer decides just how attractive he believes the coin to be.

Judging eye appeal is a purely subjective action. For example, a coin could have a strong strike and full details, possess full luster and have few large, distracting contact marks, but still not have eye appeal if it has toned to an unattractive color.

When examining a coin, a buyer must decide for himself just how attractive and appealing the coin is and whether its attractiveness warrants the price being asked.

Toning and color

As a coin ages, the original color changes as the coinage metal reacts chemically to its environment. The original red of copper coins tones to brown, with intermediate "red and brown" stages. Silver coins may tone into nearly any color, often beautifully but often not. Unattractive toning is sometimes called "tarnish," although only aesthetics distinguish between toning—good color—and tarnish—bad color. Gold is a more stable metal and generally shows little change in tone and color, although the silver or copper often alloyed with gold will tone.

The *Official Guide to Coin Grading and Counterfeit Detection* notes that, technically, "Any color on any metal is some form of corrosion or oxidation." To some collectors and dealers, toning represents damage to a coin, while for other hobbyists, calling toning "damage" triggers an emotional, even angry response.

So, is a toned coin or a coin with untoned surfaces better? Whether toning is good or bad often depends on personal opinion, although shared opinions have translated into a marketplace reaction to toning.

Copper collectors tend to pay a premium for a coin with original "red" surfaces, while the same coin with "red and brown" surfaces will trade at a lower value even in the same grade. Mint State coins with fully brown surfaces generally will grade at the lower range of Mint State. (However, some copper coins, like pure copper large cents, can tone to a dark chocolate color that many collectors find very attractive and desirable.)

Toned versus untoned is more a matter of personal preference when silver coins are involved. However, whether one likes brilliant coins or toned coins, what matters most is appearance. Fully lustrous, bright white silver coins will carry a premium over coins with duller or impaired luster. Attractively toned coins can bring prices that are multiples of those for bright white examples, while unattractively toned coins may trade at discounts.

The colors on a silver coin are a film of silver sulfides, formed by a reaction to sulfur. The thickness of this film differs from a few microns (generally appearing as light toning) to much "deeper" (resulting in darker toning). Toning that is too dark or too deep, or is streaky or hazy, may be viewed negatively.

Unattractively toned coins are sometimes "dipped" into special chemical solutions, to remove the film of silver sulfides, or otherwise cleaned. Proper dipping can be beneficial; improper dipping or abrasive cleaning can ruin a coin.

Because attractively toned coins often bring higher prices, some unscrupulous individuals (called "coin doctors") have devised ways of artificially toning coins. The techniques these alterers use vary.

Novices will find it difficult to distinguish between natural toning and artificial toning. Experience is important here. An individual who has looked at a large number of coins often will find that he can easily determine whether the toning is natural or whether it is artificial.

Coin doctoring is universally condemned, although not everyone agrees on what qualifies as "doctoring." For example, some consider dipping a coin to remove tarnish a form of doctoring; others consider it an acceptable practice that need not be noted in a coin's description. Others will deliberately place a coin into an environment that will cause it to tone over time; collectors differ over the appropriateness of this practice. However, the practice of treating a coin to cause it to change in color in a short period of time and then selling it as naturally toned is universally condemned by collectors and dealers (but not by the coin doctors).

Tips for grading

U.S. coins are graded on a scale of 1 to 70, with 1 representing a coin so worn it can barely be identified and 70 representing perfection. The 59 grades from 1 to 59 are used for circulated coins (pieces showing wear). The 11 grades from 60 to 70 are reserved for Uncirculated or Mint State coins.

Experienced graders suggest using incandescent light when grading a coin. Without magnification, tilt the coin back and forth and rotate it, looking for any contrast of luster between the high points and the rest of the design. The high points are those parts of the design that rise the highest from the fields and are the first to wear.

If you detect no difference in luster between the high points and the rest of the coin (be sure to view both sides in this manner), use a loupe or hand-held magnifier to inspect for rubbing. Any abrasion on the high points drops the coin to About Uncirculated at best.

Some grading basics

Even with 70 different grades, most dealers and collectors will acknowledge that some coins with a specific grade are simply better than other coins of the same numerical grade.

Plus signs are used by many dealers and at least two grading services to indicate a coin at the upper range of the numerical grade indicated, but not as good as the next numerical grade. A coin graded MS-60+ should be better than a typical MS-60 coin, but not as good as an MS-61 coin. Professional Coin Grading Service and Numismatic Guaranty Corp., two of the leading grading firms, use a plus sign for coins grading at the upper range of a particular numerical grade.

The term "Premium Quality" means pretty much the same thing as a plus sign.

Some coins graded by NGC are given a star (★), which identifies a coin with high eye appeal.

Many dealers and collectors use adjectives instead of numerals, or combine adjectives and numerals when speaking about Mint State coins. A superb or superb gem coin is generally MS-67. A gem coin is usually MS-65. Some dealers use "choice" to describe an MS-63 coin, and others use "choice" for an MS-65 coin. Mint State 60 coins are generally referred to as Uncirculated or Brilliant Uncirculated; sometimes an MS-60 coin is called typical Uncirculated. Collectors should determine what adjectival system the dealer uses when no numerals are present.

Buyers should remember that different dealers, collectors and investors sometimes use different grading systems. Although various grading services use an 11-point Mint State system, this does not necessarily mean they use the same criteria for assigning grades. In fact, there is no universally accepted standard for determining grades for U.S. coins.

Collectors should also know that grading standards can change over time. Standards sometimes tighten up, with a coin once considered Mint State 65 considered instead MS-64. Standards can also loosen, with a once MS-64 coin grading MS-65 under the looser standards. This can be troublesome, especially if a novice collector buys a slabbed coin graded during a period of loose standards; even if a slab is marked as MS-65, current standards might consider the coin no higher than MS-64.

Many grading services practice "market grading"; coins are assigned a numerical grade where pricing generally matches the amount they would likely bring on the rare coin market. As market standards change, so do the standards used by grading services that "market grade."

Grading guidelines

The following guidelines are not presented as grading standards, but as introductions to the terminology of grading and its usage.

Proof: Traditionally, Proof describes a method of manufacture, not a grade. However, since a Proof coin can gain contact marks after striking or exhibit other flaws, Proof coins acquire a range of qualities — in effect, different grades. A circulated Proof is often called an "impaired Proof." If abbreviated to save space, "Proof" appears as PF or PRF.

Mint State and Uncirculated: The two terms are interchangeable and describe a coin that has no wear. To qualify as Mint State, a coin must not have any level of wear. Even the slightest amount of wear will drop the coin into the About Uncirculated level (or should).

The term "Mint State" is most often used with numerals. The numerical Mint State system so widely used in the current rare coin market is based on a system created by Dr. William H. Sheldon for the U.S. large cents of 1793 to 1814. When the numerical system began to spread to other series, three levels of Mint State were used: Mint State 60, for an Uncirculated coin of average luster, strike and marks; MS-65, an Uncirculated coin of above average quality; and MS-70, a perfect coin as regards luster, strike and marks. Today, all 11 numbers are used from MS-60 to MS-70.

"Uncirculated" is usually abbreviated as Unc. It often appears as Brilliant Uncirculated, abbreviated as BU. Sometimes the term is abbreviated and used with numerals, as Unc. 60, Unc. 61 and so on.

About Uncirculated: This is a coin with only the barest traces of wear on the highest points of the design. The term "About Uncirculated" is abbreviated AU and often appears with numerals as AU-50, AU-55 and AU-58. The AU-58 grade has been described as an MS-63 coin with just the slightest hint of wear.

Extremely Fine: Light overall wear on highest points, but with all design elements sharp and clear, distinguishes this grade. Most hobbyists abbreviate "Extremely Fine" as EF, although a few use XF. It most often appears as EF-40 and EF-45. Sometimes called Extra Fine.

Very Fine: The coin has light to moderate even wear on surface and high points of design. Abbreviated VF, it appears with numerals as VF-20 and VF-30. The abbreviations VF-25 and VF-35 are rarely used.

Fine: The wear is considerable although the entire design is still strong and visible. "Fine" is abbreviated when used as F-12 and F-15.

Very Good: The design and fields are well worn, and main features are clear but flat. The term "Very Good" is abbreviated as VG and used with numerals as VG-8 and VG-10.

Good: Design and surface are heavily worn, with some details weak and many details flat. "Good" is often abbreviated when used with numerals as G-4; G-6 is infrequently used.

About Good: The design is heavily worn with fields fading into rim, and many details are weak or missing. The term "About Good" is abbreviated as AG, and it is used with a numeral as AG-3. Few coins are collectible in About Good condition. Dealers also use the terms "Fair" and "Fair 3" to describe a coin in this state of preservation.

Grading services

For decades, the controversy in determining a coin's grade lay mainly in the differences between the dealer's opinion and the collector's opinion about the grade for a specific coin, and thus their disagreement over a coin's value. When grading guides became widely available beginning in the 1950s, dealers and collectors often referred to one of these books for help in determining a coin's grade.

As grading became more complex and values increased in greater increments between coins of different grades, third-party grading services began operation. Third-party grading has become a lucrative business, with many dealers and collectors willing to pay fees for someone else's opinion about the grade of their coins.

The first third-party grading service, the International Numismatic Society Authentication Bureau, began grading coins in December 1976, several months after it began authenticating coins. It laid the groundwork for third-party grading services, all of which provide an opinion about a coin's grade, for a fee. INSAB was followed March 1, 1979, when the American Numismatic Association Certification Service began grading coins (it had only authenticated coins since its founding in 1972); with each graded coin it provided a photographic certificate, bearing images of the obverse and reverse and a statement of the grading opinion.

Dealer Alan Hager in June 1984 published a two-volume reference introducing the Accugrade System for grading Uncirculated, prooflike and Proof Morgan and Peace dollars. In October 1984, Hager introduced a grading service, Accugrade, and a 50-dealer network to buy and sell coins graded by the service. Hager also introduced a new product into the commercial grading business—the encapsulated graded coin. Accugrade placed each coin it graded into a hard plastic, tamper-resistant holder also containing a photograph of the coin. This concept of a sealed hard plastic holder would be embraced by future grading services.

Another major step in third-party grading services was taken by the Professional Coin Grading Service, a private business founded in February 1986. Like Accugrade, PCGS encapsulated the coins it graded into sealed, hard, clear plastic holders, soon nicknamed "slabs." PCGS licensed the slab concept from Hager. Like Accugrade, PCGS used an internal tag with the assigned grade; unlike Hager's firm, the PCGS slab did not contain a photo of the coin enclosed within the holder. PCGS was the first grading service to use 11 levels of Mint State, from MS-60 to MS-70. It rapidly overtook ANACS, until then the most active of grading services in terms of numbers of coins graded. PCGS also published a grading guide, in 1998.

Numismatic Guaranty Corporation of America (NGC) opened for business in 1987 and immediately challenged PCGS for market share.

As encapsulated coins became more popular with dealers and collectors, existing grading firms expanded their services. INSAB offered a "slab" service starting in 1989, as did the ANA with its ANACS Cache.

In 1990, the ANA sold ANACS—its grading and certification service—to Amos Press Inc., publisher of *Coin World* and other hobby publications, including this book. Amos Press in 2005 sold ANACS to Anderson Press Inc.; Anderson Press owns Whitman Publishing, a numismatic book publisher whose properties include *A Guide Book of United States Coins*. In December 2007, Anderson Press reported that it had sold ANACS to Driving Force LLC, in Colorado.

Over the years, other grading services have entered the market, some specializing in paper money and world coins. Not all of the companies have succeeded; several have closed over the years.

The firms that grade coins charge fees for their services. Fees differ from company to company.

Public perceptions differ

Fees are not the only things that differ between companies. Coins graded by some companies bring often higher prices than do coins assigned the same grades by other companies. Those higher prices generally indicate greater market confidence in the firm grading the coin. Lower prices for coins graded by other companies may indicate a lower level of market confidence in the ability of the firm's graders to accurately grade to market standards, or even a distrust of the firm's adherence to market standards or ability to detect altered or counterfeit coins.

The debate over grading services got even hotter in October 2002 with the publication of the results of a grading service survey conducted by Professional Numismatists Guild and the Industry Council for Tangible Assets, and in May 2003 with the publication of the results of a grading test conducted by *Coin World*.

PNG and ICTA surveyed "more than 300" dealer members (no collectors were surveyed) in August 2002 and asked them to rate seven private grading services in specific categories. The survey results were based on the 151 surveys that were returned and tabulated in September 2002. The PNG-ICTA survey was not a scientific survey.

Proponents of high-rated services and critics of the low-rated firms championed the survey as an important milestone in informing the public about the differences between the grading services. Representatives of the services that were rated as "poor" or "unacceptable" protested the methodology of the survey and called its results biased and inaccurate.

The results of the latest PNG-ICTA survey are posted online at **http://www.pngdealers.com/category.php?category_id=4**.

Coin World conducted a different kind of grading test; it arranged for the president and chief executive officer of the Chicago Better Business Bureau, who is also a coin collector, to send the same 15 coins in turn to eight grading services. *Coin World* embarked upon the test in May 2002. To test all eight services took 11 months: time for the coins to be graded and returned to the submitter, who in turn sent the coins to *Coin World* where the grades were recorded, the coins were photographed in the various services' slabs, removed from their slabs and finally sent to the next service. None of the services was told of the testing in advance.

Coin World published the results of its test in its May 26 and June 2, 2003, issues. Of the 15 coins used in the test, not one was graded the same by all eight services. Some firms refused to grade certain coins, citing that they had been cleaned or otherwise altered; other firms graded the cleaned and altered coins, but noted the cleaning or alteration on the holders; and some firms graded, without notation, coins other services would not grade.

Coin World also published details about the cost per firm and amount of time each firm took to evaluate or grade the 15 coins and return them. *Coin World* also published details about each firm: who owned the service, how many years it had been in business, how many graders it employed, how many graders graded each coin, the grading system/standard used, whether it offered guarantees, whether it graded problem coins and noted the problems on the holders, and whether the firm accepted direct submissions from collectors.

Another danger threatens new collectors: coins promoted in online sales as third-party graded but in actuality graded by the seller and housed within a generic holder mimicking those the grading services use. Third-party grading is supposed to offer an independent opinion of a coin's grade; the grader has no financial interests in the coin other than the fee charged for grading it. However, some online sellers promote coins as having been graded by a so-called independent service, when it is really nothing more than a made-up name designed to lend a degree of legitimacy to the auction.

These self-graded "slabbed" coins may be housed in holders similar to those used by grading services. The sales division of Amos Press Inc. markets, under the *Coin World* label, two different sizes of holders compatible with the slabs used by PCGS and ANACS (collectors can buy these holders to house their coins that do not warrant the expense of third-party grading, and can store them in the same boxes as their slabbed coins). These Amos Press holders bear the *Coin World* name and globe, but bear black or dark green inserts (the similarly sized holders ANACS and PCGS use for slabbing bear white inserts) and, unlike coins certified and slabbed by grading services, are not sonically sealed. Although *Coin World* does not grade or authenticate coins, some online sellers have identified coins (through ignorance or malice) placed into these commercially available holders as being "certified" by *Coin World*. Collectors seeing such auction descriptions should understand that *Coin World* has not certified or graded such pieces.

'Raw' coins versus 'slabbed' coins

When the Professional Coin Grading Service began grading coins in early 1986, it introduced a new product in the marketplace: the slabbed coin.

Proponents of the slab cite several benefits:

1. A coin encased within a slab is protected somewhat from environmental factors that could cause a deterioration in the coin's surfaces, and a lowering of its grade. However, testing has shown that coins encapsulated in grading services' slabs can continue to tone, just as can unslabbed or "raw" coins. That's because the plastic is permeable; the chemicals that cause a coin to tone can permeate the plastic. Slabbed coins should be inspected routinely to ensure that the environment in

which they are stored is not causing the coins to tone unattractively.

2. Encapsulating a coin in the same holder that contains the grading information assures a buyer somewhat that a coin, if graded accurately, meets the grading requirements of a specific grading service.

3. It permits the "sight unseen" trading of a coin (in other words, various dealers have agreed to purchase coins graded by a particular grading service at the grade indicated on the slab, even without seeing the coin first).

An encapsulated, or slabbed, coin.

Individuals who do not like slabbed coins cite detracting factors:

1. A collector cannot handle the coin directly.

2. Some slabs do not permit the edge of the coin to be viewed.

3. It may be difficult to form one's own opinion about a coin's grade if the coin is already encapsulated, since many like to grade a coin without having to examine it through a holder.

4. Grading standards change over time, as noted previously.

Another term, mentioned briefly before, is the "raw" coin. A "raw" coin is the nickname some use for a coin that is not graded and encapsulated by a third-party grading service.

Differences in value

Several times in this chapter, we have stressed that coins of different grades will sell for different prices. Sometimes, those differences in grade can be minute yet represent thousands of dollars.

Take, as an example, the 1881 Morgan dollar. In Mint State 64, it is worth about $175. In MS-64 deep mirror prooflike (the same grade, but with a particularly reflective surface), the coin is worth about $1,750. In MS-65, one level up from an MS-64 coin, the 1881 Morgan dollar is worth $750, and in MS-65 deep mirror prooflike, the coin is worth $20,000! The same coin jumps in value from $175 to $20,000 for a one-point increase in grade and an increase in reflectivity! In such cases, accurate grading is essential. No one wants to pay $20,000 for a coin graded at one level if most collectors or dealers would grade it a level lower and would say it does not meet the higher reflectivity standards and thus is worth $175 rather than the much higher price.

Ultimately, collectors should learn how to grade coins. It is not an easy task, nor one that can be learned in a few days. Individuals the market considers expert graders have taken years to hone their craft. They have looked at hundreds of thousands of coins, maybe more. Collectors should not feel intimidated at this, however. Most collectors can learn to grade coins fairly accurately, if they are willing to devote time to this educational process. There are even classes they can take (some conducted for free, some for a fee) that teach the fundamentals of grading. The time and effort are well worth the expense if one plans to collect coins as a hobby.

CAC stickered coins

During 2007, a group of dealers formed an organization called Collectors Assurance Corp., or CAC. John Albanese, a founder of both PCGS and NGC, is the leader of the group of coin dealers financing CAC. The firm certifies that the grades of individual third-party graded coins meet or exceed CAC standards within a numerical grade. CAC is only stickering PCGS and NGC coins. CAC affixes a hologram sticker to the slab when the coin it contains meets CAC premium-quality standards.

Coins for collectors

In recent years, the U.S. Mint has been producing quantities of high-quality coins for collectors. Coins struck for inclusion in Proof sets, Silver Proof sets and State Quarters Proof sets often are of extremely high quality, as are Uncirculated and Proof commemorative coins, American Buffalo gold bullion coins, and American Eagle platinum, gold and silver bullion coins. It is not unusual for grading services to grade these coins Proof 68, Proof 69 or Proof 70, or MS-68, MS-69 or MS-70, depending on whether a coin is a Proof or Uncirculated strike.

Coin collector publications such as *Coin World* are filled with ads from dealers seeking to sell examples of these super high grades.

As more Proof sets have been broken up for their individual coins, the numbers of third-party graded Proof 69 and Proof 70 coins have increased. In a classic example of supply and demand, the increased number of high-grade coins available has caused prices to fall.

Mint marks and Mints

8

Coin collectors, whether novice or advanced, need to know how to identify which Mint facility struck a particular coin. This information is vital because value can vary between similarly preserved coins of the same denomination, type and date, but different Mints.

For example, consider an 1893 Morgan dollar. Four Mints struck 1893 Morgan dollars: Philadelphia, Carson City, New Orleans and San Francisco. In the lowest level of Mint State (MS-60), a Philadelphia Mint-struck 1893 Morgan dollar is worth $700, one struck at the Carson City Mint is worth $4,000, one struck at the New Orleans Mint is worth $2,500 and one struck at the San Francisco Mint—an 1893-S Morgan dollar—is worth $90,000. In the higher grade of MS-65, the values of the Philadelphia and San Francisco Mint examples differ astonishingly: $7,000 for the Philadelphia Mint dollar and $650,000 for the San Francisco coin!

While the difference in value between similar coins from different Mints is not often as extreme as the example given, knowing the issuing Mint is essential information for any collector. Fortunately, the U.S. Mint has made it easy to identify which Mints struck which coins (most of the time): Many coins bear a small letter that collectors call a "Mint mark."

Mint marks have been used almost as long as coins have been produced. The ancient Greeks and Romans identified the Mints that issued their coins. When the United States began striking its own coinage in 1792, Mint marks were unnecessary because just one striking facility was in use, in Philadelphia. However, the introduction in 1838 of secondary Mint facilities—Branch Mints—made Mint marks a necessity in the United States.

Why is it important to identify which Mint struck a particular coin? When coins still had intrinsic value, when many were composed of silver and gold, any coin containing less than the intended amount of metal was underweight and thus undervalued. A Mint mark allowed officials to identify which Mint was issuing the undervalued coins and made it easier to take corrective actions to restore full value to the coins, or in cases where the undervaluation was deliberate, identify who was responsible (deliberately lowering the metallic value of the coin could result in severe criminal penalties for a Mint official). In some cases, the mintmaster (the man in charge of the mint) and the assayer (the person ensuring the purity of the gold or silver used in the coin) also "signed" the coins by placing special symbols or letters on the dies that identified them as responsible for the production of those coins.

D Mint mark on Walking Liberty half reverse.

Mint marks appear in different locations on coins. Sometimes they appear on the obverse, and other times, on the reverse (the Mint mark for the Presidential and Native America dollars is on the coins' edge). This price guide includes information about the placement of the Mint mark on every major design type. That information can be found at the beginning of each coinage type section.

When looking at a list of coins—for example, a price list of coins available for purchase—one can easily determine the issuing Mint for a particular coin because most hobbyists have adopted a similar style for identifying them: The Mint mark appears after the date, generally linked to the date by a hyphen, as in 1893-S, 1998-D and 2007-W.

Some hobbyists, however, dispense with the hyphen and type a date and Mint mark as follows: 1983S or 1983 S. Beware, though, when someone uses a reference such as 1983s; they may be using the "s" to make the date plural.

The following Mint marks have been used on U.S. coins:

C for Charlotte, N.C., 1838 to 1861, gold coins only

CC for Carson City, Nev., 1870 to 1893

D for Dahlonega, Ga., 1838 to 1861, gold coins only

D for Denver, Colo., 1906 to present

O for New Orleans, La., 1838 to 1861; 1879 to 1909

P for Philadelphia, Pa., 1792 to present

S for San Francisco, Calif., 1854 to 1955; 1968 to present

W for West Point, N.Y., 1984 to present

Confusion sometimes reigns

Collectors sometimes get confused over Mint marks (or the lack thereof). Sometimes they cannot find a Mint mark and wonder whether they have found a valuable error coin. Other times, they identify what they believe to be a Mint mark that was not used on that date and denomination and wonder whether they have bought a counterfeit coin. While sometimes they are right—the coin proves to be an error (though not always a valuable one) or a worthless counterfeit—more often than not they are just confused through lack of knowledge.

First, what about a coin lacking a Mint mark? The coin in all likelihood is normal even without a Mint mark, since not all U.S. coins bear Mint marks.

From 1792, when the Philadelphia Mint was founded, until 1979, the only coins struck there to bear the P Mint mark were the silver alloy, Jefferson, Wartime 5-cent coins of 1942 to 1945 (the P Mint mark was used to make it easy to distinguish the silver-alloy coins from the traditional copper-nickel alloy pieces). In

P Mint mark on Kennedy half dollar obverse.

1979, the Mint added the P Mint mark to the new Anthony dollar, and in 1980, to all other denominations except for the Lincoln cent. To this day, Lincoln cents struck at the Philadelphia Mint bear no Mint marks (and *Coin World* frequently gets letters, telephone calls and e-mail from collectors who find a cent without a Mint mark and think it is an error coin).

Even coins struck at other Mints, normally bearing Mint marks, sometimes lack any identification of the issuing Mint. On coins dated 1965 to 1967, struck during a period of a significant coinage shortage in the United States, the U.S. Mint stopped using Mint marks so coin collectors would not be tempted to save coins from each Mint. Mint officials blamed the coin shortage in part on coin collectors, who often want an example of each Mint's coins. (In reality, other causes were chiefly responsible for the shortage.) And from the mid-1970s to the mid-1980s, some coins struck at the San Francisco and West Point facilities do not bear Mint marks and thus are indistinguishable from their Philadelphia Mint counterparts.

The mintage chapter in this book is a good guide to which Mints struck coins lacking Mint marks. Be sure to pay close attention to how the coins are listed.

Second, what should a collector do if a coin appears to have a Mint mark it should not have?

Often collectors contact *Coin World*. In one case, a collector contacted *Coin World* to complain that a recent news story in the weekly *Coin World* had been in error. Within a couple of days of the first collector, another collector stopped by our offices to report he had been sold a 1923-S Saint-Gaudens $20 double eagle (he knew none had been struck, but the holder was marked "1923-S" and the collector thought he detected an S Mint mark beneath the date).

In both of these examples, the collectors had mistaken a designer's initial or monogram for a Mint mark. In the first example, the collector interpreted the designer's initial D on the coin as a D Mint mark. In the second example, the "S Mint mark" on the double eagle was actually designer Augustus Saint-Gaudens' monogram; in reality, the coin had been struck at the Philadelphia Mint and thus had no Mint mark.

U.S. Mint history

The first U.S. Mint was established in Philadelphia because that city was then the national capital. Later, when the capital was moved to the muddy patch of land and swamp eventually named for the nation's first president, the Mint stayed in place in Philadelphia.

The Mint operated under the supervision of State Department until 1799, when it was made an independent agency. Although it gradually fell under loose oversight by the Treasury Department, it was not until 1873 that it formally became a bureau of the Treasury Department.

The first Philadelphia Mint was primitive by modern standards. The presses were hand-operated, with the other equipment powered by human or horse. The typical coining press in use at the Mint was the screw press, powered by human muscle. A planchet was placed on the bottom die by an early feed system, and two men grasped ropes tied to the two arms of the press and pulled quickly, causing the upper die to descend and strike the coin. The first steam-powered equipment was

O Mint mark on Morgan dollar reverse.

installed June 24, 1816; steam powered the machines that rolled the coinage metal to the proper thickness and the punch press used to produce planchets. Further mechanization came in 1833, when the second Philadelphia Mint was opened. The man-powered screw presses were replaced with steam-powered coining presses within a few years. Other equipment was also mechanized.

The growth of the United States Mint was linked to the westward expansion of the nation. Despite the improved output of the second Philadelphia Mint, by the mid-1830s additional coining facilities were needed. Gold discoveries in the Appalachian Mountains triggered America's first gold rush.

To meet the growing coinage needs of an ever-expanding country and population, Congress authorized the first Branch Mints in 1835, in Dahlonega, Ga.; Charlotte, N.C.; and New Orleans. All of the Southern Branch Mints opened for coining in 1838. The Dahlonega and Charlotte Mints were never prolific; they struck gold coins only, generally in smaller mintages than the Philadelphia Mint struck.

S Mint mark on Washington quarter obverse.

The New Orleans Mint was a better match for the Philadelphia Mint, striking both silver and gold coins.

When William Marshall discovered gold in California on the American River in 1848, the find triggered the biggest gold rush in U.S. history. Tens of thousands of men with visions of unlimited wealth undertook the hazardous journey from the East to the gold fields. California became a state in 1850; the population grew, as did the need for coinage. However, the closest Mint was in New Orleans. A number of private mints sprang up in California, striking pioneer gold coins out of native gold and fulfilling a need for coinage the U.S. Mint was unable to fill until Congress authorized the San Francisco Mint in 1852. The government Mint opened in 1854, striking both silver and gold coins.

Even as thousands moved west to seek their fortune, the nation moved ever closer to war. California had entered the Union a free state, without slavery, the result of the Compromise of 1850. However, the compromise only postponed the inevitable. The sectional troubles that had been tearing the country apart for decades burst into full, horrible bloom following the election of Abraham Lincoln as president in 1860. One by one, the Southern states seceded from the Union. As Louisiana, Georgia and North Carolina left the Union, the federal Mints in those states changed hands. There was no need for Southern troops to use force to capture the facilities; the majority of Mint officials and employees at the three facilities were sympathetic to the Confederate cause. All three facilities struck small quantities of coins in early 1861, the New

CC Mint mark on Coronet $10 eagle reverse.

Orleans facility even striking four half dollars with a special Confederate design on one side. However, coinage at all three Mints ended in 1861 due to dwindling Confederate resources. The Dahlonega and Charlotte Mints never reopened following the war; the New Orleans facility resumed coining activities from 1879 to 1909.

Other gold and silver discoveries in the West, particularly in Nevada and Colorado, triggered the need for additional Mints.

The federal government in 1863 purchased the private Clark, Gruber & Co. mint in Denver and extensively remodeled the building. Although officially designated a Branch Mint, it served instead as an Assay Office (a place where precious metals ores are refined and tested). A new Mint was built in Denver at the turn of the century, opening for coining in 1906. The Denver Mint has struck coins of copper, copper-nickel, silver and gold.

The Carson City Mint in Nevada opened in 1870 and closed in 1893. The Carson City Mint struck silver and gold coins only.

The San Francisco Mint closed after striking 1955 coinage, its presses no longer needed to keep up with the national demand for coinage. Congress revised its status in 1962, naming it the San Francisco Assay Office. However, as noted, a coin shortage struck the country in the 1960s, and in 1965, the San Francisco Assay Office resumed striking coins. The facility regained Mint status in 1988.

The U.S. Mint facility at West Point has been striking coins since 1974, although none of the coins struck for circulation there have borne the W Mint mark. The West Point Mint is the newest Mint facility, having gained Mint status in early 1988; previously, it had been the West Point Bullion Depository (opening in 1938).

Currently, four federal Mints operate in the United States. The Philadelphia Mint strikes all denominations of coins for circulation and some collectors' coins; the engraving staff works there; and the Philadelphia Mint produces coining dies. The Denver Mint is in its original 1906 building, although there have been additions to the facility since its construction; it, too, strikes a combination of circulation issues and collectors' coins, and has had a die production shop since 1996. The San Francisco Mint is in its third building, opened in 1937; today, it strikes coins for collectors only, although it struck coins for circulation as late as 1980. The West Point Mint is currently used only for collectors' programs and bullion coins, although it struck coins

W Mint mark on Roosevelt dime obverse.

for circulation into the 1980s. All platinum and most gold bullion and gold commemorative coins are struck at the West Point Mint. A special 1996-W Roosevelt dime was struck at West Point to commemorate the 50th anniversary of the coin's introduction. It was included at no extra charge in 1996 Uncirculated Mint sets.

How to buy and sell coins 9

New collectors often ask two questions: "How do I buy coins?" and "How do I sell coins?"

Traditional sources for buying and selling coins include local coin dealers, mail-order dealers, public auctions and government mints. Now, even more buying and selling venues exist with the advent of the Internet and easy access to online auctions at such Web sites as eBay.

All collectors, but especially new ones, need to be aware of the benefits and pitfalls of each method of buying and selling coins.

The monthly *Coin World* e-mail newsletter sometimes offers advice from seasoned collectors on buying coins. Sign up to receive the newsletter free of charge in your e-mail in-box every month at the website **www.coinworld.com**. Back issues of the newsletter are archived for free access for frequent referral.

How to buy coins

"How do you buy coins?" "What's the best way to buy coins?"

Such questions are frequently asked by beginning collectors. They're being asked more and more by those who once collected and are now re-entering the hobby, encountering a marketplace somewhat different from what they remember or experienced years ago.

One fundamental hasn't changed: Know what coin or coins you want to buy. "Knowing" necessarily today includes understanding how to grade coins and being cognizant of how the grade relates to the coin's value (see **Chapter 7**, on grading). Additionally, the firmer the grasp one has of the history of the coin or the series, its characteristics, mintage, survivability rates (rarity) and current values, the more one's chances improve for making good purchases.

Where does one start when seeking to buy?

Although local retail coin shops and hobby stores with a good selection of collectible coins are not as prevalent as they once were, they do exist in most large metropolitan areas, and some are still to be found in small towns and cities. A check in the Yellow Pages of the local telephone directory often will reveal whether a local dealer or shop exists.

The big advantage of finding coins at a local coin shop or during a coin show is the ability to inspect coins firsthand, without major travel expense. A good source of upcoming coin shows and locations is the Event and Show Calendar in *Coin World* (**www.coinworld.com**).

Many collectors like the convenience of buying coins by mail order. The mail-order marketplace offers extensive purchasing opportunities. *Coin World* through its advertising pages offers a large mail-order market through its advertisers.

Another time-proven adage is especially important to bear in mind: "There is no Santa Claus in numismatics." A variation on this theme is: "If it looks too good to be true, it probably is." As in any community or marketplace, most coin dealers conduct business honestly and a few conduct business dishonestly.

Collectors who expect to purchase coins from advertisements in *Coin World* or any other periodical should seek out and acquaint themselves with the publication's basic mail-order policy. This policy is an attempt to ensure equity for both buyers and sellers. A key component of the basic mail-order policy is inspection and return privileges.

A cardinal rule of buying by mail order is upon receipt to immediately inspect the coin to verify that it is what was ordered. Do not remove the coin from the holder in which it was shipped; to do so voids any return privileges. If the coin does not meet expectations, return the coin to the seller within the time allowed by the seller's return policy.

Another popular way of acquiring coins is from auctions. Collectors can bid in person at the auction, through a paid representative attending the auction, over the telephone, by mail and, increasingly, online.

Auction lot previewing is generally accorded potential buyers a day or two in advance of public auctions, generally at the auction site.

Veteran collectors and dealers who buy coins at auction caution to "never bid blind." That is, they suggest any coin being considered for purchase at auction should be examined, preferably in person.

Experienced dealers and collectors also suggest if you don't know how to grade coins that you seek the assistance of a professional coin dealer. Don't rely solely on the auction house's opinion of the grade or the grade on the third-party grading service slab wherein a coin rests.

Another important tip veteran collectors offer is to establish a bidding limit before the sale begins. Do price research on the desired coin before the sale begins. Stick to your maximum price.

One should also factor in the buyer's fee, which is added onto the hammer bid to arrive at the total price.

Most of the large numismatic auction companies produce descriptive catalogs featuring high-quality photographs of most of the coins that will be in the auction. Many collectors unable to travel to an auction site and who do not like to use agents to buy for them prefer to place bids by mail. The sale catalog generally includes a form for placing mail bids and specifies deadlines and terms of the sale. Be sure to review the auction house's return policy *before* bidding.

The advent of the Internet has resulted in a huge, easily accessible source for coins. Most large auction houses place their catalogs online and offer online bidding to registered bidders. Participants can enter their bids online. As with the print editions, these online catalogs provide images of the coins being offered.

While print and online images afford collectors who cannot physically attend the show opportunities to examine the coins, the images depicted are only as good as the photographer who took them. Also, colors of the coin visible on one's computer screen may not accurately represent the actual colors present.

In another trend, individual dealers have been selling online for years. As with the online auction sites, collectors should exercise due caution until they become comfortable trading with a particular dealer.

The largest and most direct sources of new coin issues are the government and private mints that produce the coins. The United States Mint sells directly to the public through its Web site (found online at **www.usmint.gov**), via mail order and by phone at (800) 872-6468.

Many foreign mints also sell by mail order or through business agents established within the United States.

Whatever the source, the key to successful coin buying is to know what you are looking for and what you are willing to pay for it.

How to sell coins

"Where can I sell my coins?"

Such a seemingly simple question is not so simply answered, although it is a question frequently asked by beginning collectors, those who have been away from the hobby for a number of years, and by family members who have recently inherited a coin collection.

The first rule of thumb is know what you have to sell. Knowing entails identifying the coin or coins in the collection by type, date, Mint mark and variety (if appropriate). Equally important is knowing the state of preservation or grade. Also important to value is the coin's rarity.

Even rarity does not automatically mean that a coin is of great value. Some rare coins can be purchased for modest sums simply because few people are interested in collecting them or purchasing them.

Ultimately a coin's market value is determined by demand. Demand is determined by the number of buyers desirous of acquiring the coin.

Virtually all of the basic information needed to identify and grade coins is available in print, online or video form. Current retail values can be found in price guides and regular updates such as the monthly *Coin Values,* available by subscription and in the digital edition at Coin World Online (**www.coinvaluesonline.com**).

Additional ways of acquiring information include talking with coin collectors and coin dealers and attending coin shows, coin club meetings and educational presentations. However, if one is unable or unwilling to spend the time necessary to acquire basic knowledge about coins and their values, he or she may wish to engage the services of a professional numismatist or professional coin appraiser. Professionals, whether dealers or appraisers, usually charge an hourly rate and will provide a preliminary estimate of cost of the appraisal based on the number of coins to be evaluated and the time needed to perform the service. A dealer providing an estimate with intent to purchase may waive the fee.

If the seller is the person who acquired the coins, he or she likely will have some ideas about prospective buyers. The most logical candidates are other collectors or dealers specializing in the coins one has for sale. Often collectors make acquaintances with others in their collecting fields through local coin clubs or regional or national organizations.

Clubs and organizations also sponsor shows, inviting members, local coin dealers and dealers from out of state or from various collecting specialties to buy and sell on the coin show's bourse. "Bourse" is the French word for "exchange." Thus, a coin bourse is literally a place to buy and sell coins and other numismatic collectibles. Dealers pay a fee to the show promoter to have a presence on the bourse. Usually this means the show promoter provides a display case, lights, and a table and chairs at an assigned space on the floor to a dealer.

If selling coins is your prime objective at a coin show, the best use of time would be to first identify those dealers who are selling the various types and grades of coins that you may have for sale. The best way to determine this is to spend time going from table to table and looking at what is on display in each dealer's case. After identifying the most likely candidates, the next step is to inquire as to whether the dealer is interested in buying. You will be expected to be able to generally describe your coins by type and grade and have them available for inspection in a reasonably organized and efficient manner. The dealer may not be interested at all. He may already be overstocked and have a large inventory of coins just like yours. If he expresses no interest, thank him politely and move on to the next dealer.

If the dealer looks at your coin or coins and offers a price, you will be expected to respond as to whether the price quoted is agreeable. Sometimes rather than quoting a price, the dealer may ask: "What do you want for this?" or "What's your price?" When asked, be prepared to give a serious and reasonable answer.

In general, dealers expect to buy at wholesale. The wholesale market has a rather wide range, from 30 to 40 percent of the retail price up to 80 percent and sometimes higher. The price a dealer quotes depends on his individual needs. It is not unusual to obtain different bids on the same coin from different dealers. It is up to the seller to determine when his price has been met and whether he desires to sell the coin.

The market to acquire "fresh" new coins—pieces that have been off the market for a long time—in series that are in high demand, especially for pieces that in high grades, often pits dealers against each other in bidding, driving prices well above published retail levels. (Common, low-value coins do not attract the same kind of attention from dealers.)

For routine material, although some dealers will bargain, others are not so inclined, especially if they are only marginally interested in purchasing. You may want to have a price in mind for the initial response and a "fall-back" or bottom line in case bargaining is a possibility.

Sometimes buyers will be interested only in certain dates or grades. If you are attempting to sell a collection, determine whether your strategy is to sell it intact or to sell some or all of the coins individually. Often other collectors or dealers may be interested in key dates or semi-key dates and have little or no interest in purchasing the entire collection.

Also, some dealers today buy and sell only coins that have been graded by a third-party grading service and sonically sealed in plastic holders known as "slabs." Upon your initial inquiry, the dealer may ask whether your coin is "raw" or "slabbed." The term "raw" as used in the coin marketplace refers to a coin that is not encapsulated and graded by a third-party grading service. It may benefit you to have the rarer and more valuable coins in your collection graded by a major grading service; having them slabbed may make them easier to sell. However, low-value coins generally should not be slabbed; the cost of the slabbing may exceed the value of the coin.

Many collectors who are ready to sell coins do not have the time or the inclination to travel to coin shows or club meetings. Thus, mail order becomes an option. Seasoned collectors sometimes sell their coins via "fixed-price" lists that they advertise in the classified sections of publications such as *Coin World*. Classified ads also are a vehicle for selling specific coins.

Many dealers who advertise in publications such as *Coin World* buy as well as sell coins. Often they will list coins that they are interested in obtaining. In most cases, the transaction is contingent upon the dealer being able to inspect the coin, to confirm grade. Whenever coins are sent via mail, a cover letter stating terms of sale and an inventory list of what is being offered should be included in the package. In addition, coins should be sent by registered mail and insured.

Transactions can be conducted entirely by mail. Before sending any coins, the seller should inquire as to whether the dealer or potential collector-buyer is interested. Again, terms of sale should be stated in a forthright manner and an inventory list presented, listing coin type, date, Mint mark, variety, grade and any other important information about the coin. The seller should list a price at which he desires to sell. If he does not list a price, he may ask the dealer to quote a price.

Coins should never be sent on a "blind" inquiry. They should be forwarded only after a prospective buyer has expressed interest in purchasing. If possible, the seller should maintain a photographic record of any coins sent to a prospective buyer. Absent good photographs, detailed inventory records that include grade should be kept by the seller, to be certain that any coins returned are the same ones he sent for possible purchase (coin switching should not be a problem as long as you deal with an established dealer with a good reputation).

Sometimes dealers or other collectors will take groups of coins or collections on consignment. Consignment agreements should be made in writing and should detail the coins, terms of consignment (percentage the consignment agent will receive for selling the coins) and the length of time covered by the agreement.

Public auction is a popular method of selling collectible coins, especially extensive collections and highly collectible coins. Most of the numismatic auction firms have full-time staff that research and prepare descriptions of the coins that they publish in an auction catalog provided to prospective buyers. Most auction houses also extensively advertise forthcoming auctions to the widest possible audiences. Often auction preview days are designated just prior to the sale so that prospective buyers or their agents can inspect the coins. Auction firms charge the seller a fee, usually based on a percentage of the price the coin achieves at auction. Require consignors to sign contracts, which state the terms and conditions of the sale. In selecting an auction firm to sell your coins, it would be important to read and compare consignment contracts.

You should contact more than one auction house and seek to gain the best deal possible. Auction houses compete with each other to obtain desirable consignments.

Depending on the number of coins to be sold in an auction and whether specialized material is being offered, the number of days between consignment and the actual sale date can vary. There could also be a delay from the date of sale until the consignor receives payment.

The impact of the Internet on buyers mentioned earlier also holds true for sellers. Sellers may wish to register with an online auction site and offer their coins directly to collectors worldwide. As with buying coins over the Internet, sellers should also take precautions. A seller may not want to ship coins to a successful bidder until payment has been received. Sellers also should be sure they describe their coins accurately in order to avoid deceiving potential bidders.

As we have shown, ways to sell coins abound. Each seller must determine the best method, depending on the time and energy that can be devoted to the activity.

Online auctions

Before you bid on any online auction site, you have to register. Always read the user's agreement carefully to know what kind of obligations and recourse you will have. Before you bid on an item, pay close attention to the return policies of the seller. Be sure to contact that person if you have any questions.

Often online auctions will provide rating information about buyers and sellers. People who have done business with these sellers in the past will rate their attitude, promptness, honesty and so on. Keep this information in mind when buying or selling. Keep also in mind that rating systems are not foolproof.

Don't be too quick to trust a photograph of the lot. Photo quality may be poor, misleading and inconsistent. Digital images can be enhanced. The item offered may not be the item delivered. Conversely, you may be able to determine the authenticity of a questionable item by looking at the photo, or you might find that a valuable die variety is being offered, with the seller unaware of the coin's true rarity.

This brings up another important point: A certain amount of risk exists in not purchasing or selling through a dealer or numismatic auctioneer. You don't get the benefit of their expertise or return policies.

Because the Internet affords all users a certain amount of anonymity, criminals find they can use this to their advantage and disappear.

Companies such as eBay (**www.ebay.com**) act as middlemen for auctions. On such sites, the owners of the coins post their offerings and pay the site a fee for the service, which is often a percentage of the sale price. If a collector buys a coin on one of these middleman sites, he and the seller must contact each other to complete the transaction. The seller may be a single individual or a company.

Many of these sites indemnify themselves against many potential problems. They are not involved in the actual transaction between buyers and sellers and have limited control over the quality, safety or legality of the items advertised, the truth or accuracy of the listings, the ability of sellers to deliver items or the ability of buyers to buy items. Basically, you are on your own at such sites.

Another kind of auction site is one that accepts consignments for auctions and employs a staff of numismatists to catalog the coins before they are posted on the Internet. The buyer does business directly with this company, and the company is responsible for customer satisfaction.

As a buyer, if you fear that your item may not be all that you hoped, you might want to consider registering your purchase with an online escrow service. Many buyers use this service (there is a fee), especially if the item purchased is very expensive. In this way, the buyer and seller protect each other (or one from the other) jointly by agreeing to place the money for the item with the escrow service using a credit card. Once the funds are there, the seller ships the item.

When the item arrives at the buyer's door, he or she will have an agreed upon period of time to examine the piece. If it is satisfactory, the money is released to the seller. If not, the item is returned and the buyer gets a refund.

If something should go wrong with the sale of the item and the two parties cannot come to an agreement, they should seek arbitration through the venue company (if one was used) or from the Better Business Bureau (**www.bbb.org**), which also provides arbitration services for customers. Incidentally, the BBB is a good place to start to see if any companies with which you will deal are members of BBBOnLine Inc., which promotes ethics in commerce on the Internet.

Storage and preservation 10

Coins and paper money change over time, and not necessarily for the better.

Collectors, dealers and investors too often neglect this simple maxim. Deterioration is at odds with the long-accepted belief that the better the condition of a numismatic collectible, the more it is worth.

The greater awareness of coin and paper money storage and preservation in recent decades has resulted in safer storage materials being offered. Still, however, some coins and paper money sold, bought and stored probably are being housed in holders that do not offer much protection or may even cause harm.

Everyday hazards

Metals vary in their resistance to corrosion and oxidation; however, all coinage metals can be affected by everyday hazards. Gold is probably the most resistant coinage metal, being unaffected by most corrosive agents. A problem arises with some gold coins because they contain copper or silver, and a poor mix can result in areas of high concentration of copper or silver that can corrode, causing streaks, spotting and other surface blemishes. Gold coins are remarkably resistant to damage from storage in dangerous coin holders, in polluted atmospheres and under other adverse conditions.

Silver is also quite resistant, but subject to toning, especially in the presence of sulfur compounds and nitrates, both of which are frequent components of air pollution. Toning is not necessarily bad. Some collectors consider attractive, iridescent toning desirable on silver coins. This toning results from complex chemical processes over a long period, thus the rainbow hues seen on some 19th and 20th century silver coins.

Collectors should remember that toning and tarnishing represent a chemical change to the metal on the surface of the coin. The "difference" between toning and tarnish is the degree of chemical change and how collectors and dealers perceive the change. Essentially, "toning" is used to describe attractive, desirable color; "tarnish" is used to describe unattractive, undesirable color. Over time, if the chemical change is unchecked, desirable toning can become undesirable tarnish.

Upon discovery that toned coins sometimes bring premium prices, modern-day opportunists attempt to duplicate natural toning. By experimenting with various chemicals and techniques, some find that they can produce artificial toning. "Coin doctors" in various parts of the country turn out these coins. The "doctors" have developed many different techniques to change a coin's appearance. Most forms of rapid artificial toning are considered unacceptable, although disagreement exists over the appropriateness of certain procedures.

Beware when toning is used to cover signs of light wear or "rub" on an Uncirculated coin or hairlines on a Proof coin.

The copper-nickel alloy used in U.S. coins is even more susceptible to chemical attack because of the 75 percent copper present. Not only is it affected by atmospheric contaminants, but it is also more subject to electrochemical action (battery action) than silver and gold. Small black spots, called "carbon spots," are sometimes seen. These may be the result of a contaminant embedded in the coin's surface, which later corrodes or oxidizes, or causes the surrounding metal to corrode or oxidize, or the presence of an impurity in the metal that corrodes faster than the alloy of the coin.

Copper is among the most fragile commonly used U.S. coinage materials. Upon oxidation, it forms green to blue copper oxide. Copper alloy coins are very susceptible to carbon spots. The zinc cents, first produced for 1982, are plated with a thin layer of copper and are especially fragile. If the copper plating is broken, the coin can corrode and deteriorate rapidly.

The atmosphere

It should be obvious that airborne gases can adversely affect a coin. Normal pollutants found in the air can cause long-term problems. They can combine with oxygen at the coin's surface. Gases produced while a coin is in a plastic holder, coming from the plastic itself, can also have an adverse effect.

The atmosphere also contains moisture and dust, both dangerous to a coin's surface. Both are carriers of oxygen and other compounds, bringing them into intimate contact with the coin's surface. Since we don't have much direct control over the air around us, the only way to protect a coin from the atmospheric pollutants is to isolate it in a container that is inert, so the container itself won't contaminate the coin, and affords some protection from the atmosphere.

Contaminants

Coins can be dirty, even directly off the coinage press. Since the metal is rolled, punched, annealed, struck by dies and handled by various mechanical devices, even a Mint State coin may be contaminated with metallic particles, oil and grease, rag dust, bag dust and other foreign material. Once the coins leave the Mint, they are further contaminated by counting machines, rolling machines and handling by the collector himself.

Coin holders themselves can contaminate a coin. They may contain dust particles picked up from the air or surfaces. Some also contain paper or cardboard dust, highly dangerous to pristine coins. Some plastic holders, due to their volatility, give off dangerous gases including acetic, hydrochloric and other acids. Some plastic holders "sweat," and the liquid emitted from the plastic is deposited on the coin, causing corrosion.

Dust particles on the coins are dangerous because they themselves may be corrosive. When a particle rests on a coin, it can cause a localized chemical reaction with the coinage metal. A spot may form as a result, and the surface of the coin can pit directly under the dust particle. Experience indicates that paper and cardboard dust particles are especially prone to forming this kind of corrosion.

Handling

Improper handling causes abrasion, decreasing the value of the coin itself, and exposes fresh metal that can oxidize and corrode. Although every collector should be aware of these facts, some can be seen carelessly handling coins. Don't allow coins to contact each other or other surfaces if you value their long-term life.

Coins stored in slide-type albums may develop "slide mark" abrasion on the high points from sliding the windows past the coins. When you lay a loose coin down, be aware of the surface. Is it clean? If not, the coin may pick up contaminants.

Don't eat or speak over a coin, for you may inadvertently spray spittle on the coin. Human saliva can be quite corrosive to a coin.

Don't handle a coin with your bare fingers. Wear special gloves made for collectors to help keep the natural oils of your skin off the coin's surfaces. Fingerprints are especially dangerous; they can cause localized corrosion (anyone who has looked at enough coins has seen pieces bearing fingerprints etched into their surfaces).

Storage materials

The factors described will have adverse effects on coins over time, but they can be reduced and perhaps eliminated by careful selection of materials for storage or display. It is foolish not to take the steps necessary to protect one's coins.

The following first discusses some general subjects involving coin storage and then the most common coin holders and their suitability.

Basic criteria

Susan L. Maltby is a Toronto-based conservation expert and author of a monthly column in *Coin World*, "Preserving Collectibles." Over the years that she has written her column, she frequently has addressed safe and unsafe storage materials.

She recommends coin holders that are see-through (allowing the owner to view the coin within the holder), made of a safe material, easy to use (a holder or album that permits one to remove the coin without risking damage to it) and that hold the coin securely (a coin that slides or rolls in its holder may be subject to wear).

Maltby identifies the following plastics as safe and therefore suitable for coin holders and albums: polyethylene, polypropylene, Mylar D (polyethylene terephthalate), Kodar (similar to Mylar D), and polymethyl methacrylate (Plexiglas is a brand name for this plastic).

She cautions against holders or albums made of cellulose acetate.

Maltby warns that collectors should never use holders made of the following: glassine, polyvinyl chloride (PVC), polyvinylidene chloride (Saran) and paper (the commonly used paper envelopes are not see-through and the purity of the paper can be a concern, she says).

Coin albums

Traditional cardboard albums with plastic slides are potentially bad because of the cardboard and paper, the abrasion possible with the plastic slides, and the fact that a large number of coins are exposed at the same time when the slides are pulled.

These albums also don't protect against the atmosphere or moisture since the cardboard is porous. Some newer albums are made of plastic, and though they eliminate the slides, they are unsuitable because the plastic itself may not be inert. Some of them "sweat" over time, causing tarnish or green corrosion. Coin boards without any covering should obviously never be used for high-grade, valuable coins.

Two-by-twos

Probably the most common coin holder is the cardboard 2-by-2-inch or 1.5-by-1.5-inch square container. They come as one piece usually, with Mylar windows, and are folded and stapled or glued together with the coin placed in between. They are inexpensive, one can view both obverse and reverse, and the cardboard provides space for identifying the coin. Maltby notes that while the cardboard is potentially dangerous, the Mylar separates the coin from the cardboard, affording the coin protection. She said she has examined coins that have been housed in these holders for decades and most of the coins have held up well.

One potential problem involves the rusting of the staples in high-humidity climates. Regular monitoring should keep this problem to a minimum. Use silica gel to help with the humidity and replace holders having rusting staples with new holders. Another potential problem: The Mylar plastic is thin and can tear somewhat easily, so a collector should use care in placing the coins into the holders.

Flips

This is the name given to the 2-by-2-inch plastic holders. They usually have two sections, hinged at the top: one section to hold the coin, and one section to contain a paper insert for labeling.

Some flips are made of polyvinyl chloride, a dangerous plastic because it can combine with oxygen to form compounds that will attack the coin. Do not use these holders.

Some flips are made of Mylar, a polyethylene derivative, and these are basically inert, but are moisture permeable. The Mylar holders are reasonably safe for short-term storage though. A possibility exists of contaminating the interiors of the flips with paper dust from the inserts. In addition, the flips do not seal at the top, thus the coins are exposed to the atmosphere.

Plexiglas

The plastic used in Plexiglas is inert and thus safe for storing coins. Three-layer Plexiglas holders are available for single coins or sets; the layers are generally held together with plastic two-piece screws. However, if the hole for the coin in the center layer of a holder is not properly sized, problems can occur. If the hole is too large, the coin in the hole can be loose and can rattle around, causing the potential for abrasion of the coin. If the hole is too small, the coin will not fit without alteration to the holder. Since the holders are made of three layers and are not sealed along the edges, they are open to the environment.

Polystyrene holders

Polystyrene is one of the few inert plastics and therefore can be considered safe. Single coin or Proof and Mint holders, as well as roll tubes, are available. Being a clear, brittle plastic, the holders usually snap together. The edges of these holders, however, do not seal airtight.

Slabs

The sonically sealed plastic encapsulations used by third-party grading services and euphemistically known as "slabs" offer a lot of protection and are a preferred form of storage for many collectors and dealers, but are not a panacea for all storage problems. Contaminants trapped on a coin when it is being slabbed can continue to cause damage after slabbing. Over time, corrosive chemicals can permeate the plastic and attack the coin housed within the slab. Coins can tone inside a slab that is kept in a corrosive atmosphere.

Intercept Shield

A new product was introduced in a variety of coin storage systems during the summer of 1999 that holds the potential for protecting coins for decades, according to the developers. The technology was developed and patented by Lucent Technologies Bell Labs to protect sensitive electrical components from atmospheric contamination and corrosion. The technology, which is incorporated into the lining of coin albums and folders, 2-by-2-inch holder and slab-sized storage boxes, individual slab storage boxes and in inserts for slabs and envelopes, absorbs harmful chemicals and keeps them away from coins stored within the devices.

Collectors should base their holder choices on the quality and value of the coins in their collections. Not many experienced collectors would choose to house a $5,000 coin in a 5-cent holder, nor would many send a coin worth $1 to a grading service that charges $15 to grade and encapsulate the coin in a slab. Choose the safe holder that best suits your needs and budget.

Following these suggestions will not guarantee that a coin will not deteriorate, but the methods are the best known to ensure that coins that are the pride and joy of a collector will survive for the lifetime of this and future generations of collectors.

U.S. coinage history **11**

After the United States formalized its independence from Great Britain in 1783, the Founding Fathers turned to the practical matters of government, including devising a monetary system and a means of producing sufficient money to meet the needs of the population.

The newly independent United States operated under the Articles of Confederation from 1781 until 1787, when that governing document was replaced by the Constitution. Under the Articles, individual states and the federal government had equal rights to issue coinage, with the federal government setting standards. Massachusetts, Connecticut, New Jersey and the federal government all issued copper coinage under the authority granted by the Articles, while New York issued both copper and gold coinage (the 1786 and 1787 Brasher gold "doubloons"). The Constitution eliminated state authority to issue coinage, placing all coinage authority with the federal government.

The government had begun discussion about authorizing a national Mint before ratification of the Constitution, but the national dialogue about the topic increased in the early 1790s. Alexander Hamilton, the first secretary of the Treasury, diligently researched a coinage and Mint, reporting to Congress on the topics on Jan. 28, 1791. After debate, Congress on April 2, 1792, authorized both a coinage and a Mint. The 1792 act authorized, in copper, a half cent and a cent, neither given legal tender status; in silver, a half disme (5-cent coin), disme (10-cent coin), quarter dollar, half dollar and dollar; and in gold, a $2.50 quarter eagle, $5 half eagle and a $10 eagle. The location of the Mint was to be in the nation's capital, then Philadelphia.

The government struck the first coins, 1,500 silver half dismes, in the cellar of a saw-maker's building in Philadelphia on July 13, 1792, a few days before David Rittenhouse, newly appointed as the first Mint director, purchased the land on which the Mint would be situated (the 1792 act also authorized the top Mint officials, including a director, engraver, coiner and refiner).

With construction of the Mint completed, production of the copper coinage began on site in 1793. The first silver coins, half dimes, half dollars and dollars, were struck in 1794. The production of gold half eagles and eagles began in 1795. Gold quarter eagles and silver dimes and quarter dollars were first struck in 1796.

The early Mint was beset by problems: a somewhat hostile Congress, some of whose members believed it would be more efficient to close the Mint and let private contractors produce the coinage instead; equipment that was not fully capable of performing the various tasks needed to strike coins; frequent design change (for example, the Mint struck three different types of cents in 1793 alone); and shortages of copper planchets on which to strike half cents and cents. Also, production of silver and gold coins at first was limited to what was deposited by individuals and businesses (the Mint would strike the deposited gold and silver into coinage, then turn over the newly struck coins to the depositors). The Mint did not gain authority to purchase bullion on its own account with which to manufacture into silver and gold coins until the mid-19th century.

Other problems existed. The calculations arriving at the weight and fineness of the first silver and gold coins were imperfect; it was financially advantageous for the owners of U.S. gold and silver coins to export them, and then to purchase foreign silver and gold coins that could be deposited at the Mint to be melted and converted into new U.S. coins, which in turn were exported. Because of the exports, it was not easy to find many of the U.S. gold and silver coins in circulation, thus forcing the populace to use foreign gold and silver coins. Congress repeatedly had to extend legal tender status to foreign gold and silver coins, not revoking that status until 1857.

The exportation of gold eagles and silver dollars was so out of hand that the government ordered an end to their production in 1804; it would be three decades before either denomination was struck for circulation again.

Production of other coins would be halted on occasion, sometimes only for a year or two, while other times for a much longer period. Only the copper cent was struck annually, although none dated 1815 were made. The Mint's supplier of planchets for cents was a British firm; the embargo in place during the War of 1812 cut off supplies of the planchets, and once the Mint's stockpile was used up to make 1814 cents, no more cents could be struck. When the war ended officially in 1815, the Mint immediately ordered cent planchets. The first new shipment of copper planchets arrived in December 1815 and was immediately coined into cents, though the new cents were dated 1816, not 1815; 1815 is the only year not represented on a U.S. cent since 1793.

A second, larger Philadelphia Mint was opened in 1833. Mint

officials were also improving technology at the new facility by replacing man- and horse-powered equipment with machines powered by steam.

Despite a larger facility and better equipment, however, the Philadelphia Mint could not meet the national demand for coinage as the nation expanded to the Mississippi River and beyond. Gold finds in Georgia and the Carolinas in the 1820s and 1830s led to the first U.S. gold rush. Private firms in Georgia and North Carolina in the early 1830s began turning the newly mined gold into coins, a practice not forbidden by the Constitution. Under pressure from officials from several states, Congress in the 1830s authorized the opening of three Branch Mints, all in the South (see **Chapter 8**).

Also in the 1830s, the Mint resumed production of gold eagles and silver dollars.

By the mid-point of the 19th century, the 10 denominations authorized in 1792 were no longer sufficient to meet the demands of the nation. One of the primary forces in adding new denominations to those already authorized was the California Gold Rush, which produced tons of gold, much of which would be converted into coins. As during the earlier gold rush, private firms began making gold coins, in California, Oregon and Utah.

Congress in 1849 approved two new gold denominations, a dollar and a $20 double eagle. While both denominations were new as federal coinage, neither coin was new in certain regions of the country. Private minters had already introduced both denominations: the gold dollar, first struck by the private North Carolina minters in the 1830s, and the $20 coin, introduced in 1849 in Utah by the Mormons.

Congressional approval for other new denominations followed over the next three decades: a silver 3-cent coin and gold $3 coin in the 1850s; a bronze 2-cent coin and copper-nickel 3-cent and 5-cent coins in the 1860s; and a silver 20-cent coin in the 1870s. The half cent was eliminated by law from the roster of coinage denominations in 1857, with the same law also authorizing a new, smaller, copper-nickel cent as a replacement for the old large cent. The composition of the copper-nickel cent was changed to bronze (a copper-zinc-tin alloy) in 1864.

Some of the new denominations proved very successful: the copper-nickel 5-cent coin, introduced in 1866, remains in production today, identical in weight and content to the 1866 specifications. The 20-cent coin, however, was struck for circulation only in 1876 and 1877. Other new denominations like the 2-cent coin, both 3-cent coins and the $3 coin lasted longer than the 20-cent coin. However, production of two silver denominations authorized in 1792, the half dime (the spelling of the denomination was changed from "half disme" in the 1830s) and the dollar, ended in 1873. The regular silver dollar returned in 1878 (a Trade dollar of slightly different size from the standard silver dollar and mainly intended for foreign circulation was introduced in 1873). By 1890, however, the 2-cent coin, both 3-cent coins, the gold dollar and the gold $3 coin were all eliminated from production.

At the beginning of the 20th century, the following denominations were in production: a bronze cent; copper-nickel 5-cent coin; silver dime, quarter dollar, half dollar and dollar; and gold quarter eagle, half eagle, eagle and double eagle.

Silver dollars were struck through 1904 even though they were largely unneeded in commerce; lobbyists for silver miners had persuaded Congress to order the production of silver dollars even when most of the dollars being struck went straight into vaults rather than into circulation. The Mint stopped making silver dollars after 1904, but had to resume their production in 1921 under congressional order. Congress in 1918 had ordered millions of silver dollars sitting in vaults to be melted and the silver recovered loaned to Britain to help the British slow the rise of the price of silver in India by flooding the market on the subcontinent with silver. Although silver dollars were still not needed in circulation, Congress ordered that the Mint strike one new silver dollar for every silver dollar melted under the 1918 act, with the new silver dollars to be minted from newly mined, domestic silver (the silver miners were again successful in their lobbying). The Mint would strike silver dollars until 1928 in order to meet the provisions of the 1918 law to replace the melted coins; and then stop making them until 1934 and 1935. Most of these new silver dollars promptly went into vaults, where they would sit for decades (just as had the coins melted in 1918).

The first few decades of the 20th century also witnessed twin coinage design revolutions. From 1907 to 1921, every U.S. coin was redesigned. The designs for most of the coins are so beautiful that this period is known as the Golden Age of U.S. Coinage Design.

The four gold coins were first: in 1907 the eagle and double eagle, and in 1908 the quarter eagle and half eagle. The new double eagle, designed by master sculptor Augustus Saint-Gaudens, is widely considered America's most beautiful coin. Saint-Gaudens also redesigned the gold $10 eagle. The 1908 $2.50 quarter eagle and $5 half eagle were the first U.S. coins to depict an authentic American Indian (earlier "Indian Head" designs, including on Saint-Gaudens' 1907 Indian Head

$10 eagle, were simply Liberty portraits wearing Indian headdresses).

The 1913 Indian Head 5-cent coin, also depicting an authentic Indian, plus a plains bison on the reverse, is considered the most American of coin designs (the designs are so popular that they have been revived in the 21st century, first on a 2001 American Bison silver dollar, then starting in 2006 on the American Buffalo gold bullion coin series).

The silver dime, quarter dollar and half dollar were given new designs in 1916; each design is widely considered the most attractive for the denomination during its centuries-long existence). The designs for the silver coins were selected after Mint officials conducted a limited design contest engaging some of the best medalists and sculptors in the country.

The silver dollar, the last coin of that composition to be redesigned, got new designs in 1921 that are reflective of the peace that followed the end of the Great War in November 1918.

The second design revolution began in 1909, when a portrait of Abraham Lincoln was placed on the cent. The portrait was the first of an actual person to appear on a circulating U.S. coin. Over subsequent years, most other coins would abandon Liberty designs in favor of portraits of actual persons, usually a president (George Washington in 1932, Thomas Jefferson in 1938 and John F. Kennedy in 1964; Benjamin Franklin's portrait was placed on the half dollar in 1948).

The production of gold coins ended in 1929 (the quarter eagle and half eagle) and 1933 (eagle and double eagle). Few Americans were wealthy enough to use gold coins in commerce, so none of the coins circulated widely, particularly when the Great Depression began. When Franklin Roosevelt became president in 1933, one of his first steps to combat the nationwide economic troubles was to order all gold coins removed from circulation. He also required that Americans turn in most of the gold coins in their possession (by law, all Americans could hold a small amount of gold, and gold coins with collector value were supposedly unaffected by the law; however, many Americans misunderstood the law and turned in gold coins they were entitled to retain).

As the United States and the world recovered from the Depression, war clouds grew. War erupted in Asia and Europe in the late 1930s; the United States entered the war in 1941. The war affected U.S. coinage. During World War II, the government had to change the composition of the cent from 95 percent copper to zinc-coated steel (1943 only) and to make the 5-cent coin (the "nickel") out of a nickel-less alloy (mid-1942 to 1945). The metals used in making the coins were more critically needed for the war effort, for making munitions, aircraft and ships.

These compositional changes, which were temporary, were not the last for U.S. coins. In the mid-1960s, the supply of silver for coinage was decreasing. Mint officials were concerned that they could no longer obtain enough silver for coinage to meet public demand. At the urging of the Treasury Department, Congress in 1965 thus authorized that all silver be removed from the dime and quarter dollar, and reduced in the half dollar (silver was completely removed from the half dollar in 1971).

While the government was contemplating removing silver from U.S. coinage, it struck a small number of 1964-D Peace dollars (in 1965). However, once Congress approved the switch to a new alloy, Treasury officials dropped plans to circulate the silver dollars; all were destroyed, according to Mint officials.

The dollar coin (this time, made of copper-nickel clad) was again resurrected in 1971, with a portrait of President Dwight D. Eisenhower. A smaller dollar depicting Susan B. Anthony replaced the Eisenhower dollar in 1979. Neither coin circulated widely. Authorization of Sacagawea, Presidential and Native American dollars followed in the 21st century, although many question the need for any dollar coin, and none of these dollars circulate widely in the United States.

Also in the 21st century, rising prices for such base metals as copper, nickel and zinc have made production costs for the cent and 5-cent coin rise above their face value. While at one time it seemed a strong possibility that the compositions of both coins would be changed before the end of the first decade, falling metals prices make that possibility less likely. While the cost of making the two coins still exceeds their face value, the costs are not at the levels achieved a few years ago.

Commemorative coins 12

A merica's commemorative coins are graphic reminders of the United States' past, honoring its history, its heroes and its accomplishments.

They are special coinage issues, authorized by acts of Congress to recognize the people and events that have shaped the United States. They occasionally honor an individual, like Ulysses S. Grant. They may honor a historical event such as the Battle of Gettysburg or a current event such as the 1996 Olympic Games in Atlanta (commemorated with coins in 1995 and 1996), or an anniversary, as with the 2011 gold $5 coin and silver dollar for the 150th anniversary of the Medal of Honor.

Until 1999, commemorative coins were rarely issued for circulation. That changed when the United States Mint in 1999 began a 10-year program that, completed in 2008, resulted in 50 different circulating quarter dollars, each commemorating one of the 50 states in the Union. The Mint also issued circulating Jefferson 5-cent coins commemorating the Bicentennials of the Louisiana Purchase and Lewis and Clark Expedition (two each in 2004 and 2005). Beginning in 2007, the Mint began issuing four different circulating Presidential dollars; the program will not end until all deceased presidents are honored. In 2009, the Lincoln cent was issued with four different reverses recognizing the stages of Lincoln's life in commemoration of his 200th birthday, and the quarter dollar and Sacagawea/Native American dollar bore commemorative reverses (see **Chapter 3** for more details). Circulating commems continue with the America the Beautiful quarter dollars.

The first series of U.S. commemorative coins dates from 1892 until 1954, and ended under strong pressure by the Department of Treasury after decades of abuse. The abuses were many, with numerous coins issued for events of purely local interest or even to commemorate nonevents (instead, small groups of people benefited). Administrations from the Eisenhower presidency to the Carter presidency opposed all commemorative coinage. There was so much opposition that, when the 1976 Bicentennial of the Declaration of Independence quarter dollars, half dollars and dollars were issued in 1975 and 1976, Treasury officials carefully avoided any use of the word "commemorative," although clearly the coins are commemorative in nature.

It came as a surprise, then, when in 1981 United States Treasurer Angela M. Buchanan announced Treasury Department support for a commemorative half dollar honoring George Washington's 250th birthday in 1982. Buchanan said that the Treasury Department "has not objected to special coinage authorized by Congress for the government's own account," referring specifically to the 40 percent silver versions of the Bicentennial coinage. Buchanan said that the Treasury Department had always objected to "the issuance of commemorative coins for the benefit of private sponsors and organizations." With the Treasury Department supportive of the measure, Congress passed the Washington half dollar bill and President Reagan signed it into law. Thus, the commemorative coin program in the United States was reborn.

Since 1982, commemorative coins have been issued in every year except 1985, often with more than one program in each year. In fact, many of the abuses of the past have resurfaced. Many years have witnessed multiple programs, making acquiring one of every coin an expensive proposition. Congress has also authorized programs of extremely limited interest (as shown by shrinking sales figures), many to raise funds for various congressional projects, such as the 2001 Capitol Visitor Center program. Special-interest groups have come to consider coin collectors a "cash cow," since surcharges added to the cost of modern commemorative coins are given to various special-interest groups to fund a variety of memorials and projects. In one case, $1 million in surcharges originally intended for funding scholarships for disadvantaged youth (from the sales of the Jackie Robinson commemoratives) was diverted to the Botanic Garden, even though the Botanic Garden had already received money from the sales of its own commemorative coin program. The diversion of funds occurred because the wife of the member of Congress sponsoring the diversion of funds was closely connected to the Botanic Garden.

In this section, commemorative issues are presented by year of their first issuance. For early commemoratives, those produced from 1892 to 1954, original mintage, number melted and final mintage are listed. For commemorative coins produced since 1982, the final net mintage only (reflecting sales figures) is listed. The U.S. Mint no longer makes public the original mintage and number of coins melted, nor whether coins have been held in inventory or stored in Treasury vaults. Each coin is listed with the designers, and original issue prices are given, so that the collector may determine the coin's performance against its original cost.

Commemorative / Date	Original Mintage	Melted	Final Mintage	Designer / Original Price
Columbian Exposition half dollar				Charles E. Barber/George Morgan
1892	950,000	None	950,000	$1.00
1893	4,052,105	2,501,700	1,550,405	$1.00
Isabella quarter dollar				Charles E. Barber
1893	40,023	15,809	24,124	$1.00
Lafayette-Washington silver dollar				Charles E. Barber
1900	50,026	14,000	36,026	$2.00
Louisiana Purchase Exposition gold dollar				Charles E. Barber
1903	250,258	215,250	each type 17,375	$3.00
Lewis and Clark Exposition gold dollar				Charles E. Barber
1904	25,028	15,003	10,025	$2.00
1905	35,041	25,000	10,041	$2.00
Panama-Pacific Exposition half dollar				Charles E. Barber
1915-S	60,030	32,896	27,134	$1.00
Panama-Pacific Exposition gold dollar				Charles Keck
1915-S	25,034	10,034	15,000	$2.00
Panama-Pacific Exposition quarter eagle				Charles E. Barber
1915-S	10,017	3,278	6,749	$4.00
Panama-Pacific Exposition $50				Robert Aitken
1915-S Round	1,510	1,027	483	$100
1915-S Octagonal	1,509	864	645	$100
McKinley Memorial gold dollar				Charles E. Barber/George T. Morgan
1916	20,026	10,049	9,977	$3.00
1917	10,014	14	10,000	$3.00
Illinois Centennial half dollar				George T. Morgan/John R. Sinnock
1918	100,058	None	100,058	$1.00
Maine Centennial half dollar				Harry Hayman Cochrane
1920	50,028	None	50,028	$1.00
Pilgrim Tercentenary half dollar				Cyrus E. Dallin
1920	200,112	48,000	152,112	$1.00
1921	100,053	80,000	20,053	$1.00
Missouri Centennial half dollar				Robert Aitken
1921 2*4	5,000	None	5,000	$1.00
1921 No 2*4	45,028	29,600	15,428	$1.00
Alabama Centennial half dollar				Laura Gardin Fraser
1921 2X2	6,006	None	6,006	$1.00
1921 No 2X2	64,038	5,000	59,038	$1.00
Grant Memorial half dollar				Laura Gardin Fraser
1922 Star	5,006	750	4,256	$1.00
1922 No Star	95,055	27,650	67,405	$1.00
Grant Memorial gold dollar				Laura Gardin Fraser
1922 Star	5,016	None	5,016	$3.50
1922 No Star	5,000	None	5,000	$3.00
Monroe Doctrine Centennial half dollar				Chester Beach
1923-S	274,077	None	274,077	$1.00
Huguenot-Walloon Tercentenary half dollar				George T. Morgan
1924	142,080	None	142,080	$1.00
Lexington-Concord Sesquicentennial half dollar				Chester Beach
1925	162,099	86	162,013	$1.00

Commemorative				Designer
Date	Original Mintage	Melted	Final Mintage	Original Price
Stone Mountain half dollar				Gutzon Borglum
1925	2,314,709	1,000,000	1,314,709	$1.00
California Diamond Jubilee half dollar				Jo Mora
1925-S	150,200	63,606	86,594	$1.00
Fort Vancouver Centennial half dollar				Laura Gardin Fraser
1925	50,028	35,034	14,994	$1.00
American Independence Sesquicentennial half dollar				John R. Sinnock
1926	1,000,528	859,408	141,120	$1.00
American Independence Sesquicentennial quarter eagle				John R. Sinnock
1926	200,226	154,207	46,019	$4.00
Oregon Trail Memorial half dollar				James E. and Laura G. Fraser
1926	48,030	75	47,955	$1.00
1926-S	100,055	17,000	83,055	$1.00
1928	50,028	44,000	6,028	$2.00
1933-D	5,250	242	5,008	$2.00
1934-D	7,006	None	7,006	$2.00
1936	10,006	None	10,006	$1.60
1936-S	5,006	None	5,006	$1.60
1937-D	12,008	None	12,008	$1.60
1938	6,006	None	6,006	$6.25
1938-D	6,005	None	6,005	for
1938-S	6,006	None	6,006	three
1939	3,004	None	3,004	$7.50
1939-D	3,004	None	3,004	for
1939-S	3,005	None	3,005	three
Vermont Sesquicentennial half dollar				Charles Keck
1927	40,034	11,872	28,162	$1.00
Hawaiian Sesquicentennial half dollar				Juliette Mae Fraser/Chester Beach
1928	10,000	None	10,000	$2.00
Maryland Tercentenary half dollar				Hans Schuler
1934	25,015	None	25,015	$1.00
Texas Independence Centennial half dollar				Pompeo Coppini
1934	205,113	143,650	61,463	$1.00
1935	10,008	12	9,996	$1.50
1935-D	10,007	None	10,007	$1.50
1935-S	10,008	None	10,008	$1.50
1936	10,008	1,097	8,911	$1.50
1936-D	10,007	968	9,039	$1.50
1936-S	10,008	943	9,055	$1.50
1937	8,005	1,434	6,571	$1.50
1937-D	8,006	1,401	6,605	$1.50
1937-S	8,007	1,370	6,637	$1.50
1938	5,005	1,225	3,780	$2.00
1938-D	5,005	1,230	3,775	$2.00
1938-S	5,006	1,192	3,814	$2.00
Daniel Boone Bicentennial half dollar				Augustus Lukeman
1934	10,007	None	10,007	$1.60
1935	10,010	None	10,010	$1.10
1935-D	5,005	None	5,005	$1.60
1935-S	5,005	None	5,005	$1.60
1935 W/1934	10,008	None	10,008	$1.10
1935-D W/1934	2,003	None	2,003	$3.70
1935-S W/1934	2,004	None	2,004	for two
1936	12,012	None	12,012	$1.10

Commemorative				Designer
Date	Original Mintage	Melted	Final Mintage	Original Price
1936-D	5,005	None	5,005	$1.60
1936-S	5,006	None	5,006	$1.60
1937	15,010	5,200	9,810	$1.60, $7.25 set
1937-D	7,506	5,000	2,506	$7.25 in set
1937-S	5,006	2,500	2,506	$5.15
1938	5,005	2,905	2,100	$6.50
1938-D	5,005	2,905	2,100	for
1938-S	5,006	2,906	2,100	three

Connecticut Tercentenary half dollar — Henry G. Kreiss

1935	25,018	None	25,018	$1.00

Arkansas Centennial half dollar — Edward E. Burr

1935	13,012	None	13,012	$1.00
1935-D	5,005	None	5,005	$1.00
1935-S	5,506	None	5,006	$1.00
1936	10,010	350	9,660	$1.50
1936-D	10,010	350	9,660	$1.50
1936-S	10,012	350	9,662	$1.50
1937	5,505	None	5,505	$8.75
1937-D	5,505	None	5,505	for
1937-S	5,506	None	5,506	three
1938	6,006	2,850	3,156	$8.75
1938-D	6,005	2,850	3,155	for
1938-S	6,006	2,850	3,156	three
1939	2,104	None	2,104	$10.
1939-D	2,104	None	2,104	for
1939-S	2,105	None	2,105	three

Arkansas-Robinson half dollar — Edward E. Burr/Henry G. Kreiss

1936	25,265	None	25,265	$1.85

Hudson, N.Y., Sesquicentennial half dollar — Chester Beach

1935	10,008	None	10,008	$1.00

California-Pacific International Expo half dollar — Robert Aitken

1935-S	250,132	180,000	70,132	$1.00
1936-D	180,092	150,000	30,092	$1.50

Old Spanish Trail half dollar — L.W. Hoffecker

1935	10,008	None	10,008	$2.00

Providence, R.I., Tercentenary half dollar — John H. Benson/Abraham G. Carey

1936	20,013	None	20,013	$1.00
1936-D	15,010	None	15,010	$1.00
1936-S	15,011	None	15,011	$1.00

Cleveland, Great Lakes Exposition half dollar — Brenda Putnam

1936	50,030	None	50,030	$1.50

Wisconsin Territorial Centennial half dollar — David Parsons/Benjamin Hawkins

1936	25,015	None	25,015	$1.50

Cincinnati Music Center half dollar — Constance Ortmayer

1936	5,005	None	5,005	$7.75
1936-D	5,005	None	5,005	for
1936-S	5,006	None	5,006	three

Long Island Tercentenary half dollar — Howard K. Weinmann

1936	100,053	18,227	81,826	$1.00

York County, Maine, Tercentenary half dollar — Walter H. Rich

1936	25,015	None	25,015	$1.50

Bridgeport, Conn., Centennial half dollar — Henry G. Kreiss

1936	25,015	None	25,015	$2.00

Date	Original Mintage	Melted	Final Mintage	Original Price
Lynchburg, Va., Sesquicentennial half dollar				**Charles Keck**
1936	20,013	None	20,013	$1.00
Elgin, Ill., Centennial half dollar				**Trygve Rovelstad**
1936	25,015	5,000	20,015	$1.50
Albany, N.Y., half dollar				**Gertrude K. Lathrop**
1936	25,013	7,342	17,671	$2.00
San Francisco-Oakland Bay Bridge half dollar				**Jacques Schnier**
1936-S	100,055	28,631	71,424	$1.50
Columbia, S.C., Sesquicentennial half dollar				**A. Wolfe Davidson**
1936	9,007	None	9,007	$6.45
1936-D	8,009	None	8,009	for
1936-S	8,007	None	8,007	three
Delaware Tercentenary half dollar				**Carl L. Schmitz**
1936	25,015	4,022	20,993	$1.75
Battle of Gettysburg half dollar				**Frank Vittor**
1936	50,028	23,100	26,928	$1.65
Norfolk, Va., Bicentennial half dollar			**William M. Simpson/Marjorie E. Simpson**	
1936	25,013	8,077	16,936	$1.50
Roanoke Island, N.C., half dollar				**William M. Simpson**
1937	50,030	21,000	29,030	$1.65
Battle of Antietam half dollar				**William M. Simpson**
1937	50,028	32,000	18,028	$1.65
New Rochelle, N.Y., half dollar				**Gertrude K. Lathrop**
1938	25,015	9,749	15,266	$2.00
Iowa Statehood Centennial half dollar				**Adam Pietz**
1946	100,057	None	100,057	$2.50/$3.00
Booker T. Washington half dollar				**Isaac S. Hathaway**
1946	1,000,546	?	?	$1.00
1946-D	200,113	?	?	$1.50
1946-S	500,279	?	?	$1.00
1947	100,017	?	?	$6.00
1947-D	100,017	?	?	for
1947-S	100,017	?	?	three
1948	20,005	12,000	8,005	$7.50
1948-D	20,005	12,000	8,005	for
1948-S	20,005	12,000	8,005	three
1949	12,004	6,000	6,004	$8.50
1949-D	12,004	6,000	6,004	for
1949-S	12,004	6,000	6,004	three
1950	12,004	6,000	6,004	$8.50
1950-D	12,004	6,000	6,004	for
1950-S	512,091	?	?	three
1951	510,082	?	?	$3.00, or $10.
1951-D	12,004	5,000	7,004	for
1951-S	12,004	5,000	7,004	three
Booker T. Washington/George Washington Carver half dollar				**Isaac S. Hathaway**
1951	?	?	110,018	$10.
1951-D	?	?	10,004	for
1951-S	?	?	10,004	three
1952	?	?	2,006,292	$10.
1952-D	?	?	8,006	for
1952-S	?	?	8,006	three
1953	?	?	8,003	$10.
1953-D	?	?	8,003	for
1953-S	?	?	108,020	three

Commemorative				Designer
Date	Original Mintage	Melted	Final Mintage	Original Price
1954	?	?	12,006	$10.
1954-D	?	?	12,006	for
1954-S	?	?	122,024	three

Commemorative coins 1982 to 2010

Commemorative			Designer
Date	Footnotes	Final Mintage	Pre-Issue/ Regular Price
George Washington silver half dollar			Elizabeth Jones
1982-D Unc.	‹1›	2,210,458	$8.50/$10.
1982-S Proof	‹1›	4,894,044	$10./$12.
Los Angeles Olympic Games silver dollar			Elizabeth Jones
1983-P Unc.	‹2›	294,543	$28., or $89.
1983-D Unc.		174,014	for
1983-S Unc.		174,014	three
1983-S Proof	‹2›	1,577,025	$24.95
Los Angeles Olympic Games silver dollar			Robert Graham
1984-P Unc.	‹2›	217,954	$28., or $89.
1984-D Unc.		116,675	for
1984-S Unc.		116,675	three
1984-S Proof	‹2›	1,801,210	$32.
Los Angeles Olympic Games gold $10 eagle			James Peed/John Mercanti
1984-P Proof	‹2›	33,309	$352.
1984-D Proof	‹2›	34,533	$352.
1984-S Proof	‹2›	48,551	$352.
1984-W Proof	‹2›	381,085	$352.
1984-W Unc.	‹2›	75,886	$339.
Statue of Liberty, Immigrant copper-nickel clad 50¢			Edgar Z. Steever IV/Sherl J. Winter
1986-D Unc.	‹3›	928,008	$5.00/$6.00
1986-S Proof	‹3›	6,925,627	$6.50/$7.50
Statue of Liberty, Ellis Island silver dollar			John Mercanti/Matthew Peloso
1986-P Unc.	‹3›	723,635	$20.50/$22.
1986-S Proof	‹3›	6,414,638	$22.50/$24.
Statue of Liberty gold $5 half eagle			Elizabeth Jones
1986-W Unc.	‹3›	95,248	$160./$165.
1986-W Proof	‹3›	404,013	$170./$175.
Constitution Bicentennial silver dollar			Patricia L. Verani
1987-P Unc.	‹3›	451,629	$22.50/$26.
1987-S Proof	‹3›	2,747,116	$24./$28.
Constitution Bicentennial gold $5 half eagle			Marcel Jovine
1987-W Unc.	‹3›	214,225	$195./$215.
1987-W Proof	‹3›	651,659	$200./$225.
1988 Olympic Games silver dollar			Patricia L. Verani/Sherl J. Winter
1988-D Unc.	‹3›	191,368	$22./$27.
1988-S Proof	‹3›	1,359,366	$23./$29.
1988 Olympic Games gold $5 half eagle			Elizabeth Jones/Marcel Jovine
1988-W Unc.	‹3›	62,913	$200./$225.
1988-W Proof	‹3›	281,465	$205./$235.
Congress Bicentennial silver half dollar			Patricia L. Verani/William Woodward
1989-D Unc.	‹3›	163,753	$5.00/$6.00
1989-S Proof	‹3›	767,897	$7.00/$8.00

Commemorative			Designer
Date	Footnotes	Final Mintage	Pre-Issue/ Regular Price
Congress Bicentennial silver dollar			William Woodward
1989-D Unc.	‹3›	135,203	$23./$26.
1989-S Proof	‹3›	762,198	$25./$29.
Congress Bicentennial gold $5 half eagle			John Mercanti
1989-W Unc.	‹3›	46,899	$185./$200.
1989-W Proof	‹3›	164,690	$195./$215.
Eisenhower Birth Centennial silver dollar			John Mercanti/Marcel Jovine
1990-W Unc.	‹3›	241,669	$23./$26.
1990-P Proof	‹3›	1,144,461	$25./$29.
Mount Rushmore 50th Anniversary silver half dollar			Marcel Jovine/T. James Ferrell
1991-D Unc.	‹3›	172,754	$6.00/$7.00
1991-S Proof	‹3›	753,257	$8.50/$9.50
Mount Rushmore 50th Anniversary silver dollar			Marika Somogyi/Frank Gasparro
1991-P Unc.	‹3›	133,139	$23./$26.
1991-S Proof	‹3›	738,419	$28./$31.
Mount Rushmore 50th Anniversary gold $5 half eagle			John Mercanti/Robert Lamb
1991-W Unc.	‹3›	31,959	$185./$210.
1991-W Proof	‹3›	111,991	$195./$225.
Korean War Memorial silver dollar			John Mercanti/T. James Ferrell
1991-D Unc.	‹3›	213,049	$23./$26.
1991-P Proof	‹3›	618,488	$28./$31.
USO 50th Anniversary silver dollar			Robert Lamb/John Mercanti
1991-D Unc.	‹3›	124,958	$23./$26.
1991-S Proof	‹3›	321,275	$28./$31.
1992 Olympics copper-nickel clad half dollar			William Cousins/Steven Bieda
1992-P Unc.	‹3›	161,607	$6.00/$7.50
1992-S Proof	‹3›	519,645	$8.50/$9.50
1992 Olympics silver dollar			John R. Deecken/Marcel Jovine
1992-D Unc.	‹3›	187,552	$24./$29.
1992-S Proof	‹3›	504,505	$28./$32.
1992 Olympics gold $5 half eagle			Jim Sharpe/Jim Peed
1992-W Unc.	‹3›	27,732	$185./$215.
1992-W Proof	‹3›	77,313	$195./$230.
White House Bicentennial silver dollar			Edgar Z. Steever IV/Chester Y. Martin
1992-D Unc.	‹3›	123,803	$23./$28.
1992-W Proof	‹3›	375,851	$28./$32.
Columbus Quincentenary copper-nickel clad half dollar			T. James Ferrell
1992-D Unc.	‹3›	135,702	$6.50/$7.50
1992-S Proof	‹3›	390,154	$8.50/$9.50
Columbus Quincentenary silver dollar			John M. Mercanti/Thomas D. Rogers Sr.
1992-D Unc.	‹3›	106,949	$23./$28.
1992-P Proof	‹3›	385,241	$27./$31.
Columbus Quincentenary gold $5 half eagle			T. James Ferrell/Thomas D. Rogers Sr.
1992-W Unc.	‹3›	24,329	$180./$210.
1992-W Proof	‹3›	79,730	$190./$225.
Bill of Rights/Madison silver half dollar			T. James Ferrell/Dean E. McMullen
1993-W Unc.	‹3›	193,346	$9.75/$11.50
1993-S Proof	‹3›	586,315	$12.50/$13.50
Bill of Rights/Madison silver dollar			William J. Krawczewicz/Dean E. McMullen
1993-D Unc.	‹3›	98,383	$22./$27.
1993-S Proof	‹3›	534,001	$25./$29.
Bill of Rights/Madison gold $5 half eagle			Scott R. Blazek/Joseph D. Pena
1993-W Unc.	‹3›	23,266	$175./$205.

Date	Footnotes	Final Mintage	Pre-Issue/ Regular Price
1993-W Proof	‹3›	78,651	$185./$220.
World War II 50th Anniversary copper-nickel clad half dollar			**George Klauba/ Bill J. Leftwich**
1991-1995-P Unc. (1993)	‹4› ‹3›	197,072	$8.00/$9.00
1991-1995-S Proof (1993)	‹4› ‹3›	317,396	$9.00/$10.
World War II 50th Anniversary silver dollar			**Thomas D. Rogers Sr.**
1991-1995-D Unc. (1993)	‹4› ‹3›	107,240	$23./$28.
1991-1995-W Proof (1993)	‹4› ‹3›	342,041	$27./$31.
World War II 50th Anniversary gold $5 half eagle			**Charles J. Madsen/ Edward Southworth Fisher**
1991-1995-W Unc. (1993)	‹4› ‹3›	23,672	$170./$200.
1991-1995-W Proof (1993)	‹4› ‹3›	67,026	$185./$220.
Thomas Jefferson 250th Anniversary silver dollar			**James Ferrell**
1743-1993-P Unc. (1994)	‹5› ‹3›	266,927	$27./$32.
1743-1993-S Proof (1994)	‹5› ‹3›	332,891	$31./$35.
World Cup Soccer copper-nickel clad half dollar		**Richard T. LaRoche/Dean E. McMullen**	
1994-D Unc.	‹3›	168,208	$8.75/$9.50
1994-P Proof	‹3›	609,354	$9.75/$10.50
World Cup Soccer silver dollar			**Dean E. McMullen**
1994-D Unc.	‹3›	81,524	$23./$28.
1994-S Proof	‹3›	577,090	$27./$31.
World Cup Soccer gold $5 half eagle		**William J. Krawczewicz/Dean E. McMullen**	
1994-W Unc.	‹3›	22,447	$170./$200.
1994-W Proof	‹3›	89,614	$185./$220.
Prisoner of War silver dollar		**Tom Nielsen and Alfred Maletsky/Edgar Z. Steever IV**	
1994-W Unc.	‹3›	54,790	$27./$32.
1994-P Proof	‹3›	220,100	$31./$35.
Vietnam Veterans Memorial silver dollar			**John Mercanti/Thomas D. Rogers Sr.**
1994-W Unc.	‹3›	57,317	$27./$32.
1994-P Proof	‹3›	226,262	$31./$35.
Women in Military Service silver dollar			**T. James Ferrell/Thomas D. Rogers Sr.**
1994-W Unc.	‹3›	53,054	$27./$32.
1994-P Proof	‹3›	213,201	$31./$35.
U.S. Capitol Bicentennial silver dollar			**William C. Cousins/John Mercanti**
1994-D Unc.	‹3›	68,332	$32./$37.
1994-S Proof	‹3›	279,579	$36./$40.
Civil War Battlefields copper-nickel clad half dollar			**Don Troiani/T. James Ferrell**
1995-S Unc.	‹3›	113,045	$9.50/$10.25
1995-S Proof	‹3›	326,801	$10.75/$11.75
Civil War Battlefields silver dollar			**Don Troiani/John Mercanti**
1995-P Unc.	‹3›	51,612	$27./$29.
1995-S Proof	‹3›	327,686	$30./$34.
Civil War Battlefields gold $5 half eagle			**Don Troiani/Alfred Maletsky**
1995-W Unc.	‹3›	12,623	$180./$190.
1995-W Proof	‹3›	54,915	$195./$225.
Special Olympics World Games silver dollar			**Jamie Wyeth and T. James Ferrell/ Thomas D. Rogers Sr.**
1995-W Unc.	‹3, 6›	89,298	$29./$31.
1995-P Proof	‹3, 6›	352,449	$31./$35.
Atlanta Olympic Games copper-nickel clad half dollar		**Clint Hansen/T. James Ferrell**	
1995-S Basketball Unc.	‹7›	169,527	$10.50/$11.50
1995-S Basketball Proof	‹7›	170,733	$11.50/$12.50

Date	Footnotes	Final Mintage	Pre-Issue/ Regular Price
Atlanta Olympic Games copper-nickel clad half dollar			Edgar Z. Steever IV/ T. James Ferrell
1995-S Baseball Unc. ‹7›		164,759	$10.50/$11.50
1995-S Baseball Proof ‹7›		119,396	$11.50/$12.50
Atlanta Olympic Games silver dollar			Jim Sharpe/William Krawczewicz
1995-D Gymnastics Unc.‹7›		43,003	$27.95/$31.95
1995-S Gymnastics Proof‹7›		185,158	$30.95/$34.95
Atlanta Olympic Games silver dollar			John Mercanti/William Krawczewicz
1995-D Cycling Unc. ‹7›		20,122	$27.95/$31.95
1995-S Cycling Proof ‹7›		127,465	$30.95/$34.95
Atlanta Olympic Games silver dollar			John Mercanti/William Krawczewicz
1995-D Track & Field Unc. ‹7›		25,425	$27.95/$31.95
1995-S Track & Field Proof ‹7›		143,304	$30.95/$34.95
Atlanta Olympic Games silver dollar			Jim Sharpe/William Krawczewicz
1995-D Paralympic, blind runner Unc. ‹7›		29,015	$27.95/$31.95
1995-S Paralympic, blind runner Proof ‹7›		139,831	$30.95/$34.95
Atlanta Olympic Games gold $5 half eagle			Frank Gasparro
1995-W Torch Runner gold Unc. ‹7›		14,817	$229./$249.
1995-W Torch Runner gold Proof ‹7›		57,870	$239./$259.
Atlanta Olympic Games gold $5 half eagle			Marcel Jovine/Frank Gasparro
1995-W Atlanta Stadium gold Unc. ‹7›		10,710	$229./$249.
1995-W Atlanta Stadium gold Proof ‹7›		43,399	$239./$259.
Atlanta Olympic Games copper-nickel clad half dollar			William Krawczewicz/ Malcolm Farley
1996-S Swimming clad Unc. ‹7›		50,077	$10.50/$11.50
1996-S Swimming clad Proof ‹7›		114,890	$11.50/$12.50
Atlanta Olympic Games copper-nickel clad half dollar			Clint Hansen/Malcolm Farley
1996-S Soccer clad Unc. ‹7›		53,176	$10.50/$11.50
1996-S Soccer clad Proof ‹7›		123,860	$11.50/$12.50
Atlanta Olympic Games silver dollar			Jim Sharpe/Thomas D. Rogers Sr.
1996-D Tennis Unc. ‹7›		16,693	$27.95/$31.95
1996-S Tennis Proof ‹7›		93,880	$30.95/$34.95
Atlanta Olympic Games silver dollar			Bart Forbes/Thomas D. Rogers Sr.
1996-D Rowing Unc. ‹7›		16,921	$27.95/$31.95
1996-S Rowing Proof ‹7›		155,543	$30.95/$34.95
Atlanta Olympic Games silver dollar			Calvin Massey/Thomas D. Rogers Sr.
1996-D High Jump Unc.‹7›		16,485	$27.95/$31.95
1996-S High Jump Proof‹7›		127,173	$30.95/$34.95
Atlanta Olympic Games silver dollar			Jim Sharpe/Thomas D. Rogers Sr.
1996-D Paralympic, wheelchair athlete Unc. ‹7›		15,325	$27.95/$31.95
1996-S Paralympic, wheelchair athlete Proof ‹7›		86,352	$30.95/$34.95
Atlanta Olympic Games gold $5 half eagle			Frank Gasparro/William Krawczewicz
1996-W Olympic Flame brazier Unc. ‹7›		9,453	$229./$249.
1996-W Olympic Flame brazier Proof ‹7›		38,871	$239./$259.
Atlanta Olympic Games gold $5 half eagle			Patricia L. Verani/William Krawczewicz
1996-W Flag Bearer Unc. ‹7›		9,397	$229./$249.
1996-W Flag Bearer Proof ‹7›		33,214	$239./$259.
National Community Service silver dollar			Thomas D. Rogers Sr./William C. Cousins
1996-P Unc. ‹3›		23,463	$30./$32.
1996-S Proof ‹3›		100,749	$33./$37.
Smithsonian 150th Anniversary silver dollar			Thomas D. Rogers/John Mercanti
1996-P Unc. ‹3›		31,320	$30./$32.
1996-S Proof ‹3›		129,152	$33./$37.

Commemorative			Designer
Date	Footnotes	Final Mintage	Pre-Issue/ Regular Price
Smithsonian 150th Anniversary gold $5 half eagle			Alfred Maletsky/T. James Ferrell
1996-W Unc.	‹3›	9,068	$180./$205.
1996-W Proof	‹3›	21,772	$195./$225.
Botanic Garden silver dollar			Edgar Z. Steever IV/William C. Cousins
1997-P Unc.	‹3›	83,505	$30./32.
1997-P Proof	‹3›	269,843	$33./37.
Franklin Delano Roosevelt gold $5 half eagle			T. James Ferrell/Jim Peed
1997-W Unc.	‹3›	11,887	$180/$205.
1997-W Proof	‹3›	29,417	$195/$225.
National Law Enforcement Officers Memorial silver dollar			Alfred Maletsky
1997-P Unc.	‹3›	28,575	$30./32.
1997-P Proof	‹3›	110,428	$32./37.
Jackie Robinson silver dollar			Al Maletsky/T. James Ferrell
1997-S Unc.	‹3›	30,180	$30./32.
1997-S Proof	‹3›	110,002	$33./37.
Jackie Robinson gold $5 half eagle			William C. Cousins/Jim Peed
1997-W Unc.	‹3›	5,174	$180./205.
1997-W Proof	‹3›	24,072	$195./225.
Robert F. Kennedy silver dollar			Thomas D. Rogers/Jim Peed
1998-S Unc.	‹3›	106,422	$30./32.
1998-S Proof	‹3›	99,020	$33./37.
Black Revolutionary War Patriots silver dollar			John Mercanti/Ed Dwight
1998-S Unc.	‹3›	37,210	$30./32.
1998-S Proof	‹3›	75,070	$33./37.
Dolley Madison silver dollar			Tiffany & Co.
1999-W Unc.	‹3›	89,104	$30./32.
1999-W Proof	‹3›	224,403	$33./37.
George Washington Death Bicentennial gold $5 half eagle			Laura Gardin Fraser
1999-W Unc.	‹3›	22,511	$180./205.
1999-W Proof	‹3›	41,693	$195./225.
Yellowstone National Park 125th Anniversary silver dollar			Edgar Z. Steever IV/ William C. Cousins
1999-P Unc.	‹3›	23,614	$30./32.
1999-P Proof	‹3›	128,646	$32./37.
Library of Congress Bicentennial silver dollar			Thomas D. Rogers Sr./John Mercanti
2000-P Unc.	‹3›	52,771	$25./27.
2000-P Proof	‹3›	196,900	$28./32.
Library of Congress Bicentennial bimetallic (platinum/gold) $10 eagle			John Mercanti/ Thomas D. Rogers Sr.
2000-W Unc.	‹3›	6,683	$380./405.
2000-W Proof	‹3›	27,167	$395./425.
Leif Ericson Millennium silver dollar			John Mercanti/T. James Ferrell
2000-P Unc.	‹3›	28,150	$30./3.2
2000-P Proof	‹3›	144,748	$32./37.
Capitol Visitor Center copper-nickel clad half dollar			Dean McMullen/ Alex Shagin and Marcel Jovine
2001-P Unc.	‹3, 9›	79,670	$8.75/9.75, $7.75/8.50
2001-P Proof	‹3, 9›	77,240	$11.25/12., $10.75/11.50
Capitol Visitor Center silver dollar			Marika Somogyi/John Mercanti
2001-P Unc.	‹3, 9›	35,500	$30./32., $27./29.
2001-P Proof	‹3, 9›	141,425	$33./37., $29./33.
Capitol Visitor Center gold $5 half eagle			Elizabeth Jones
2001-W Unc.	‹3, 9›	6,750	$180./205., $175./200.
2001-W Proof	‹3, 9›	26,815	$195./225., $177./207.

Commemorative			Designer
Date	Footnotes	Final Mintage	Pre-Issue/ Regular Price
American Buffalo silver dollar			James Earle Fraser
2001-D Unc.	‹3›	227,080	$30./32.
2001-P Proof	‹3›	272,785	$33./37.
U.S. Military Academy Bicentennial silver dollar			T. James Ferrell/John Mercanti
2002-W Unc.	‹3›	103,201	$30./32.
2002-W Proof	‹3›	288,293	$33./37.
Salt Lake City Olympic Games silver dollar			John Mercanti/Donna Weaver
2002-P Unc.	‹3›	40,257	$30./32.
2002-P Proof	‹3›	166,864	$33./37.
Salt Lake City Olympic Games gold $5 half eagle			Donna Weaver/Norman E. Nemeth
2002-W Unc.	‹3›	10,585	$180./205.
2002-W Proof	‹3›	32,877	$195./225.
First Flight Centennial copper-nickel half dollar			John Mercanti/Donna Weaver
2003-P Unc.	‹3›	57,122	$9.75/10.75
2003-P Proof	‹3›	109,710	$12.50/13.50
First Flight Centennial silver dollar			T. James Ferrell/ Norman E. Nemeth
2003-P Unc.	‹3›	53,533	$31./33.
2003-P Proof	‹3›	190,240	$33./37.
First Flight Centennial gold $10 eagle			Donna Weaver
2003-W Unc.	‹3›	10,009	$340./365.
2003-W Proof	‹3›	21,676	$350./375.
Thomas Alva Edison silver dollar			Donna Weaver/John Mercanti
2004-P Unc.	‹3›	92,150	$31./33.
2004-P Proof	‹3›	211,055	$33./37.
Lewis and Clark Expedition Bicentennial silver dollar			Donna Weaver
2004-P Unc.	‹3›	142,015	$33./35.
2004-P Proof	‹3›	351,989	$35./39.
Chief Justice John Marshall silver dollar			John Mercanti/Donna Weaver
2005-P Unc.	‹3›	67,096	$33./35.
2005-P Proof	‹3›	196,753	$35./39.
Marine Corps 230th Anniversary silver dollar			Norman E. Nemeth/Charles L. Vickers
2005-P Unc.	‹3›	49,671	$33./35.
2005-P Proof	‹3›	548,810	$35./39.
Benjamin Franklin Tercentenary, Scientist silver dollar			Norman E. Nemeth/ Charles L. Vickers
2006-P Unc.	‹3›	111,956	$33./35.
2006-P Proof	‹3›	137,808	$35./39.
Benjamin Franklin Tercentenary, Founding Father silver dollar			Donald Everhart II/ Donna Weaver
2006-P Unc.	‹3›	64,014	$33./35.
2006-P Proof	‹3›	184,489	$35./39.
San Francisco Old Mint silver dollar			Sherl Joseph Winter/George T. Morgan
2006-S Unc.	‹3›	65,609	$33./35.
2006-S Proof	‹3›	255,700	$35./39.
San Francisco Old Mint gold $5 half eagle			Charles L. Vickers/Various
2006-S Unc.	‹3›	16,149	$220./245.
2006-S Proof	‹3›	41,517	$230./255.
Jamestown 400th Anniversary silver dollar			Donna Weaver/Susan Gamble
2007-P Unc.	‹3›	79,801	$33./35.
2007-P Proof	‹3›	258,802	$35./39.
Jamestown 400th Anniversary gold $5 half eagle			John Mercanti/Susan Gamble
2007-W Unc.	‹3›	18,843	$220./245.
2007-W Proof	‹3›	47,050	$230./255.

Commemorative			Designer
Date	Footnotes	Final Mintage	Pre-Issue/ Regular Price
Little Rock Central High School Desegregation silver dollar			Richard Masters/ Don Everhart
2007-P Unc.	‹3›	66,093	$33./35.
2007-P Proof	‹3›	124,678	$35./39.
Bald Eagle copper-nickel clad half dollar			Susan Gamble/Donna Weaver
2008-S Unc.	‹3›	120,180	$7.95/8.95
2008-S Proof	‹3›	220,577	$9.95/10.95
Bald Eagle silver dollar			Joel Iskowitz/James Licaretz
2008-P Unc.	‹3›	119,204	$35.95/37.95
2008-P Proof	‹3›	294,601	$39.95/43.95
Bald Eagle gold $5 half eagle			Susan Gamble/Don Everhart
2008-W Unc.	‹3›	15,009	$284.95/309.95
2008-W Proof	‹3›	59,269	$294.95/319.95
Abraham Lincoln Birth Bicentennial silver dollar			Justin Kunz/Phebe Hemphill
2009-P Unc.	‹3,10›	125,000	$31.95/33.95
2009-P Proof	‹3,10›	325,000	$37.95/41.95
Louis Braille Birth Bicentennial silver dollar			Joel Iskowitz/Susan Gamble
2009-P Unc.	‹3,10,11›	82,639	$31.95/33.95
2009-P Proof	‹3,10›	135,235	$37.95/41.95
Boy Scouts of America Centennial silver dollar			Donna Weaver/James Licaretz
2010-P Unc.	‹3,10›	105,000	$33.95/35.95
2010-P Proof	‹3,10›	245,000	$39.95/43.95
American Veterans Disabled for Life silver dollar		Donald Everhart II/Thomas Cleveland	
2010-W Unc.	‹3,10›	65,250	$33.95/35.95
2010-W Proof	‹3,10›	153,208	$39.95/43.95

Notes

1. Prices for 1982 George Washington half dollar are for 1982 and 1983 to 1985.
2. Prices for 1983 to 1984 Olympic coins in some cases are first prices charged and do not reflect higher prices charged later.
3. Prices since 1986 are pre-issue/regular issue of single coins only. Most modern commemorative coin programs have offered various packaging options and combinations.
4. Although produced and sold in 1993, none of these coins actually carries the year of issue in its legends, in apparent violation of law. The anniversary dates 1991-1995 refer to the 50th anniversaries of the beginning and ending of United States involvement in World War II. More clearly, it would have been stated "1941-1991/1945-1995."
5. Although produced and sold in 1994, the coin does not carry the year of issue in its legends, in apparent violation of law. 1743 is the year of Jefferson's birth; 1993 is the 250th anniversary of that date.
6. The Special Olympics World Games silver dollar was offered "encapsulated only" without the usual presentation case. The case option was also available, at a slightly higher price.
7. Price options for individual coins. The coins were offered on a subscription basis from Dec. 2, 1994, through Feb. 3, 1995. The coins were then to be released four at a time—one gold, two silver, one clad—in February 1995, July 1995, January 1996 and sometime in the spring of 1996. Pre-issue prices and options were to be offered during the first few weeks of each release.
8. The designs are based on Fraser's submissions in the design contest for the 1932 Washington quarter dollar. The Commission of Fine Art recommended Fraser's designs but was overruled by the secretary of the Treasury, who selected the designs used from 1932 to 1998. A popular movement supporting Fraser's 1932 quarter dollar designs led to them being used on the 1999 gold $5 half eagle.
9. The Mint offered each coin in two packaging offerings (standard packaging with tray and sleeve for the gold and silver coins and Mylar and envelope for the half dollar, and encapsulated with mailer for all), each at pre-issue and regular prices. The different packaging options were designed to afford buyers a choice: the more elaborate and expensive package or the coin in less packaging at lower prices. Prices given are in this order: standard packaging pre-issue and regular, and mailer-only packaging at pre-issue and regular.
10. Not final mintage/sales figures; subject to change.
11. The Uncirculated coin was offered in special packaging that permitted the tactile features of the coin be felt by the blind or visually impaired.

Error and variety coins 13

Most collectors and noncollectors who check the coins in their change eventually will encounter pieces that look *different,* for lack of a better term. The coins may be missing details like a Mint mark or part of an inscription. On other coins, some design elements may be blurry or even appear doubled. Other coins may be in a different color than normal, thinner than usual or otherwise deviate from the norm in appearance or physical standards.

Individuals finding such pieces may have found error coins or die varieties, or coins from a later die state or coins representing a die stage. Alternatively, they might have encountered coins that have been damaged or have otherwise changed while in circulation, or that were deliberately altered.

Some error coins and die varieties carry premiums, from a few dollars to thousands of dollars. Many pieces are collectible but carry no premium. Damaged and altered coins are worth face value only, and if too badly damaged, may not even work in vending machines.

Entire books are devoted to errors, varieties, die states and die stages, so this chapter is best viewed as an introduction to the subject. Collectors wanting more information may want to read the weekly "Collectors' Clearinghouse" column or the twice monthly column "Varieties Notebook" in *Coin World,* or acquire any of the specialty books on these topics (see **www.amosadvantage.com**). In this chapter, we will define the broad terms already used and examine most of the categories of errors, varieties, states and stages.

An *error* coin is one that deviates from the norm because of an accident, mistake or mishap at any stage of the minting processes.

A *die variety* represents a coin produced by a die that differs— from the moment of the die's production—from all other dies for the same denomination, design type or subtype, date and Mint mark. The definitions for specific kinds of die varieties that follow should make this concept easier to understand. Among the 20th century coins considered "varieties" are such coins as the 1955, 1972 and 1995 Lincoln, Doubled Die Obverse cents. Die varieties are encountered less frequently in the 21st century because of modernization of die production processes.

While some classify die varieties as errors, not all die varieties were produced by mistake. The scarcity of die steel in the late 18th century and early 19th century led Mint officials to practices their 21st century counterparts would reject. For example, a die with one date (1798, for example) might be repunched with another date (1800) and used (1800/798 Draped Bust cents actually exist!). Such coins are a form of die variety called "overdates," and while it is possible that some over-dates occurred by mistake, most of the early overdated dies likely were created deliberately.

Deliberate die varieties were produced as recently as 56 years ago, because of the temporary closing of the San Francisco Mint beginning in 1955; reverse dies stamped with the San Francisco Mint's S Mint mark purposely were restamped with the D Mint mark of the Denver Mint after the California facility was closed. The dies with the over Mint marks were placed into use at the Denver Mint and used to strike a series of 1955-D/S Jefferson 5-cent coins.

A *die state* simply represents a specific period within a die's use, marked by the presence or absence of wear or abrasion on the die. Dies wear as they strike coins; the wear will appear on the coins they strike.

A *die stage* represents a period within a die's life marked by some-thing other than wear or abrasion. Many examples will be detailed.

Fewer and fewer

Errors are in very short supply when compared to total mintages, especially in the 21st century. Mint officials have introduced equipment that has reduced the number of errors produced and catches more of those pieces that are made. Because of the reduced numbers of errors being made and released, prices for some 21st century errors can be higher than for older examples of the same type of error.

As with error coinage, the Mint has introduced technological changes that have made most of the significant forms of varieties impos-sible (or highly unlikely). Repunched Mint marks and over Mint marks (both defined later) became impossible at the beginning of the 1990s.

A major doubled die (one with the degree of doubling found on the classic varieties listed in the valuing section of this book) has not been produced for more than a decade. Changes in the die-production process introduced in 1996 and 1997 eliminated the major doubled dies but still permitted production of minor examples, a Denver Mint technician told a *Coin World* staff member in 1996. That technician's statement has gained support with the discovery of numerous coins of various denominations, dates and Mints. The degree of doubling present on these coins is minor compared to that on classic varieties such as the 1955 and 1972 Lincoln, Doubled Die Obverse cents.

Another entire category of error began circulating in early 2007 following the release of the first Presidential dollars: errors involving the edge inscriptions (see section at end of this chapter).

Values

Values for error coins, die varieties and coins of particular die states and die stages depend on the same factors affecting normal numismatic merchandise: supply, demand, condition and the knowledge levels of the buyer and seller in a particular transaction.

Some die variety coins, such as the 1955 Lincoln, Doubled Die Obverse cent, because of publicity and dealer promotion, "cross over" and become popular with general collectors; thus, demand is higher for a fixed supply, and values are correspondingly higher.

Rare does not necessarily mean great value. Many older error coins struck in small quantities are available for a few dollars. Even errors that are considered unique are often available for several dollars.

The knowledge levels of buyers and sellers can play a role in determining the *price* (in contrast to *market value*) of a coin, die variety, die stage or die state. Knowledgeable collectors and specialist dealers generally have a full understanding of the cause of a particular error, variety, state and stage, and know the market for such pieces. They thus can agree on a fair price that likely will be upheld in the market.

Conversely, online auction sites like eBay have opened up new venues for buying and selling coins, where buyers and sellers may lack the same levels of knowledge as the experts, and sometimes buy and sell at prices the established market would not bear. New collectors of these kinds of coins should exercise caution when buying online; consult with knowledgeable specialists before paying for something a seller promotes as the "hot new error!" New sellers should research their finds before selling and make sure they have accurately described the coins they are offering, and they should place starting prices at appropriate levels.

Finding oddities

Error, variety, die state and die stage coins can be found in circulation, unlike many other collector coins. Some collectors go to banks and obtain large quantities of coins to search through; coins not bearing errors are returned to the bank. Many error, variety, die state and die stage coins, particularly of the minor classification, can be discovered simply by going through pocket change. All it takes are sharp eyes and knowledge of what to look for.

Major errors, particularly those that leave the coin misshapen, are increasingly difficult to find. The Mint has improved its ability to keep such pieces from escaping the facility where they were struck, thus making such pieces rarer than before. Collectors and dealers have far fewer opportunities to acquire such pieces than in the past.

Many collectors are adept at what is called "cherrypicking." They use their superior knowledge of die varieties when going through a dealer's stock to obtain scarcer pieces at prices less than what a specialist might charge.

Some of that knowledge comes from a clear understanding of the minting process. The minting of a coin is a manufacturing process and should be fully understood by anyone interested in collecting and studying error coins (see **Chapter 14, "How coins are made"**). Many forms of alteration and damage inflicted outside the Mint resemble certain types of errors, but none precisely duplicates a genuine Mint error. Collectors who understand the minting process should be better able to distinguish between errors, damage and alteration.

The following section classifies the pieces under review into three categories: those involving the die (varieties, states and stages), planchet errors and striking errors.

For those pieces involving the dies, we will list whether they represent a variety, state, stage or something else.

Planchet errors are the result of defective or improperly selected planchets.

Striking errors are coins whose errors result from a mishap occurring during the actual striking process.

The list that follows is not comprehensive. Other forms of errors exist, some rarely encountered, including some requiring more explanation than space permits here.

Die varieties, states and stages

Abraded dies: Mint employees use an abrasive on dies to extend their working life and to remove such things as clash marks, die scratches, dirt and grease. If the die is abraded too much, details may be erased or small raised lines may appear on the coins. Most over-abraded errors have little value, but some are exceptions, most prominently the 1937-D Indian

Head, Three-Legged Bison 5-cent coin. Regarded by many as a die stage.

BIE: The term commonly used for minor die stage errors affecting the letters of the word LIBERTY on Lincoln cents. A small break in the die between the letters, especially BE, often resembles the letter I, hence the BIE designation. Such die stages are much more common on the coins of the 1950s and early 1960s than on more recent issues. Experienced collectors tend to be less interested in such errors in the early 21st century than they were 30 or 40 years ago. They generally carry little to no premium.

Clashed dies

Clashed dies: When, during the striking process, two dies come together without a planchet between them, the dies clash (come into direct contact). Depending on the force with which the dies come together and the nature of the designs, a portion of the obverse design is transferred to the reverse, and a portion of the reverse is transferred to the obverse. Coins struck from the clashed dies will show signs of the transferred designs; the transferred design elements are called clash marks. Although the cause of this type of error occurs during the striking process, the die is affected; thus, it is considered a die stage error. Minor clash marks rate only a slight premium, while stronger clash marks might bring slightly higher premiums. The ultimate clashed dies bear clash marks from different denominations, as with several different 19th century coins; these coins can sell for thousands of dollars.

Design mule: The result of dies for two different design types of the same denomination being used to strike a coin. The only known example on a U.S. coin is a 1959-D Lincoln cent struck with the 1958-style Wheat Heads reverse rather than the 1959-style Lincoln Memorial reverse. The Secret Service has not determined this coin to be counterfeit, although grading services have been reluctant to authenticate the coin and some die variety specialists are skeptical. A convicted and imprisoned counterfeiter-murderer claims to have made this piece, although he has offered no proof of his claims and most are skeptical of his claims. Design mules exist for the coins of other countries.

Die breaks, chips, cracks, gouges, scratches: Dies, like any other piece of steel, are subject to all sorts of damage (resulting in different kinds of related die stages). Any incused mark on the die leaves raised areas on coins. Breaks and cracks are similar, appearing on coins as raised lines. A die break affects a larger area than the die crack, and breaks often result in pieces of the die falling out. A die chip occurs when a small portion of the die breaks away, while gouges and scratches generally occur when a foreign object scores the surface of the die. Minor examples of these carry little to no premiums, although the coins are collectible.

A rim-adjacent die break is often, though somewhat strangely, referred to as a "cud." It occurs when the die breaks at the rim and a piece of the die falls out of the press. The metal of coins struck from that die flows up into the missing area, resulting in a raised blob of metal bearing no image. The side of the coin opposite the raised blob is often weak and indistinct; this is because metal flows along the path of least

Die crack

resistance, flowing into the uncontrolling broken area of the damaged die and not enough into the defined recesses of the opposite, normal die. A retained major die break occurs when the die breaks at the rim, but the piece does not fall out. Coins struck from these dies show the break, but also depict the image inside the break. The design element inside the broken area may be mispositioned slightly because the chunk of broken die shifted. Coins with major die breaks carry premiums, with value dependent on coin, date and size of break.

"Cud"

Double-denomination mule: The result of dies for two different denominations being used to strike a coin. The only known double-denomination U.S. mules were struck from a Washington quarter dollar obverse die and Sacagawea dollar reverse die, on a Sacagawea dollar planchet; from a 1995-D Lincoln cent obverse die and Roosevelt dime reverse die, on a cent planchet; from a 1995 Lincoln cent obverse die and Roosevelt dime reverse die, on a dime planchet; and from a 1999 cent obverse die and dime reverse die, on a cent planchet. They are similar in concept to the design mules (dissimilar dies being used to strike a coin). Authentic U.S. double-denomination mules are extremely expensive coins, bringing five-figure prices.

Doubled dies: If, during the hubbing and die making process, a misalignment between hub and partially completed die occurs, overlapping, multiple images may appear on the die, creating a die variety. Coins struck from the die will show the overlapping images, like the doubled date, IN GOD WE TRUST and LIBERTY on the 1955 Lincoln, Doubled Die Obverse cent. Die doubling, on coins with raised designs, features a rounded second image; on incused designs, the second image is flat and shelflike. At the corners of the overlapping images are distinct "notches" on coins with raised designs. A tripled or quadrupled die is caused by the same misalignment, but bears a tripled or quadrupled image. Major

Doubled die

U.S. doubled dies are considered impossible since 1996 to 1997 due to technological improvements at the Mint, but minor examples continue to appear. Traditional doubled dies can only occur when more than one impression of hub into die is required, and the alignment between hub and die shifts or distorts between hubbing operations. Some specialists suspect these occur when a hub and die blank are tilted in relation to each other at the start of the hubbing operation. Doubled die varieties can sell for a few dollars or many thousands of dollars each, based on rarity, degree of doubling and overall popularity of the specific variety.

Engraving varieties: While more common on the dies of the 18th and 19th centuries, engraving varieties have been made on modern dies. On the earlier dies, numerals and letters were often repunched to strengthen the design, punched in upside down or otherwise out of alignment, and sometimes, wrong letters or numbers were punched into the die. On more modern dies, engraving errors include the use of the wrong size Mint mark by mistake and Mint marks placed too close to design elements or otherwise too far from their intended locations. Other "engraving" errors, discussed in separate sections, include doubled dies, overdates and repunched Mint marks. All are die varieties. Premiums range from low to extremely high depending on rarity and popularity of the variety.

Gouges: Die gouges represent damage incurred on a die after it is produced. A tool or other hard object may scrape across the die, leaving a gouge in its surface. The gouge appears raised on the coin. Value depends on the severity

Repunched date

and placement of the gouge; some die gouge pieces have been heavily hyped. A gouge is regarded as a die stage.

Misaligned dies: Although one side of the coin appears to have been struck off-center, the planchet was not off-centered during striking, as in an off-center coin. A misaligned die occurs when one die is horizontally displaced to the side, causing only a partial image to appear on that side of the coin. However, unlike the off-center coin that it resembles, only one side is affected. The other side is normal. Some specialists classify misaligned dies as striking errors. Premiums differ, though most are relatively low.

Misplaced dates: A misplaced date is a relatively recently studied die variety. Researchers have discovered numerous coins with numbers from the date punched well away from the region of the die where the date was punched. For example, coins have been found with a number or numbers punched into the dentils along the rim or into a major design element. While theories abound, no one is sure whether this punching was accidental or deliberate. Premiums vary; refer to specialist books.

Missing Mint marks: Some coins that should have Mint marks don't. While in most cases the cause of the missing Mint mark is a filled die (thus temporary, and worth very little), sometimes the Mint mark is not punched into the die, creating a die variety. A series of missing Mint mark errors occurred on coins placed into Proof sets, from 1968 to 1990; all carry substantial premiums. Another valuable example is the 1982 Roosevelt dime without Mint mark. They, too, carry a strong premium. Collectors should remember that many normal, older coins lack Mint marks, as do all Lincoln cents struck at the Philadelphia Mint.

Overdates: When one or more numerals in the date are engraved, punched or hubbed over a different numeral or numerals, both the original date and the second date can be seen. Twentieth century hubbed examples include the 1943/2-P Jefferson 5-cent coin and the

Overdate

1942/1 Winged Liberty Head dime (both are also doubled dies). The traditional, pre-20th century overdate occurred when one date was punched over another date, as on the 1818/5 Capped Bust quarter dollar. All overdates are die varieties. Premiums vary, with some pieces bringing tens of thousands of dollars, especially in high grade.

Over Mint marks: A form of repunched Mint mark, but when punches of two different Mints are used. Examples include the 1944-D/S Lincoln cent and the 1938-D/S Indian Head 5-cent coin. These can occur accidentally or deliberately, as noted earlier. All are die varieties. Some are inexpensive, while others carry higher premiums.

Over Mint mark

Repunched Mint marks: Mint marks were punched into each individual working die (for coins issued for circulation) by hand with mallet and punch, before changes were made to the process in 1990 and 1991 (see **Chapter 14, "How Coins Are Made,"** and **Chapter 8, "Mints and Mint marks,"** for details). Under the old system, several blows to the punch were needed to properly sink the Mint mark into the working die. If the punch was not properly placed after the first blow, a multiple image could result. A coin identified as a 1960-D/D Lincoln cent has a repunched D Mint mark, for example. Coins with RPMs are die varieties. Most RPMs carry low premiums.

Repunched

Rotated dies: Most U.S. coins have the obverse and reverse sides oriented so each side is upright when rotated on a horizontal axis. The alignment difference between the two is 180 degrees. However, if the dies are aligned at anything other than 180 degrees, the dies are considered rotated. The Mint considers coins rotated by 5 degrees or less within tolerance. Dies can rotate from the optimal position for various reasons although the cause for a specific coin may not be identifiable. Some specialists consider rotated dies to be striking errors since the die's face is unchanged. Prices vary from no premium to premiums of several hundred dollars.

Worn dies: Dies have a limited life, based on the hardness of the coinage metal being struck and the striking pressures involved. When a die wears beyond a certain point, details around the rim tend to flow into the rim, while other details weaken. The surface of the die becomes scarred, as if heavily polished. Some design elements appear blurry or doubled. Coins struck from worn dies rarely have collector value as die errors. Coins from worn dies represent die states.

Planchet errors

Alloy errors: All U.S. coins are produced today from alloyed metals that are mixed when molten to strict specifications. If mixed incorrectly, the metals may cool in nonhomogeneous form, with streaks of different metals appearing on the surface of the coin. Premiums vary, but tend not to be high.

Brass-plated cent: A post-1982 error is the brass-plated cent. Zinc planchets are plated with copper to form a copper-plated zinc planchet. Zinc planchets sometimes remain within the plating tanks and dissolve, contaminating the plating solution (electrolyte), adding their zinc content to the copper, thus forming brass. Subsequent planchets are plated with brass instead of pure copper. Brass-plated cents have a different color than copper-plated cents, although both can tone and may be difficult to distinguish.

Damaged planchets: Planchets are subject to various sorts of damage, including cracks (not to be confused with die cracks), holes and major breaks. Premiums for these kinds of errors are based on the severity and "coolness" of the planchet damage.

Damaged planchet

Fragments, scrap struck: Small pieces of coinage metal—fragments and scrap left over from the blanking process—sometimes fall between the dies and are struck. Fragments must be struck on both sides and weigh less than 25 percent of a normal coin's weight to qualify as struck fragments. Planchet scrap is generally larger than a fragment, and usually has straight or curved edges because of the blanking process. All carry nice premiums.

Improperly annealed planchets: This form of error, formerly called "copper wash" or "sintered plating," is found on copper-nickel 5-cent coins and copper-nickel clad coins. The coins are found with a thin, varying layer of copper on their surfaces, sometimes cracking and peeling, and they are often varied in color, including bright copper, red, brown, gray and black. New research indicates the copper is intrinsic to the planchet and is not deposited on it from outside sources as was once believed when the phenomenon was called by the older, discarded terms "copper wash" and "sintered plating."

Researcher Mike Diamond queried Mint officials about this form of error in late 2009 and received this reply from the Mint in early 2010:

"I've consulted with our technical experts regarding the cause of the appearance of the coins in the photographs attached with your e-mail.

"The samples shown in the photos were the result of a loss of protective atmosphere or being stuck in the annealing furnace for a prolonged period of time, or both.

"This would result in migration of the copper and nickel to the surface of the blank. Since there is three times as much copper [as] nickel in the outer layer of these coins, the diffusion of copper to the surface will be significantly greater than the diffusion of the nickel, resulting in the reddish appearance noted.

"Depending on the time the blank sits in the annealer, and whether it is exposed to oxidizing conditions, various reactions can occur. This will result in the type of phenomenon shown in the photos, where a distinct layer of material forms on the blank surface (primarily copper, with a high degree of oxidation), which is quite brittle, and will break off in pieces. This will expose the original blank surface, which would also be oxidized, but closer in color to the original alloy. We have seen these types of blanks but only infrequently."

Incomplete planchets: Often, though erroneously, called a "clip," an incomplete planchet results from a mishap in the blanking process. If the planchet strip does not advance far enough after a bank of punches rams through the metal, producing planchets, the punches come down and overlap the holes where the planchets were already punched out. Where the overlapping takes place, a curved area appears to be "missing" from the planchet. The word "clip," commonly used, suggests a piece of an already formed planchet was cut off, which is not the cause of the incomplete planchet. "Clip," when properly used, refers to the ancient process of cutting small pieces of metal from the edges of precious metal coins for the bul-

Incomplete planchet

lion; that is why U.S. gold and silver coins have lettered or reeded edges, to make it more difficult to clip a coin. Other incomplete planchets occur when the strip shifts to the side, causing the punches to overlap the strip's edge, or when the punches overlap the end of the strip. The missing area is represented by a straight edge, not curved. An "incomplete clip" occurs when the punch does not completely punch out a planchet, but leaves a circular groove. If the strip advances improperly, planchets overlapping the incomplete punch will bear a curved groove; the groove remains visible after the coin is struck. Most but not all incomplete planchet errors have a "signature" known as the Blakesley effect. The area of the rim 180 degrees opposite the "clip" is weak or nonexistent since the "clip" impairs the rim-making process in the upset mill. The lack of pressure in the upset mill at the missing spot results in improper formation of the rim on the opposite side. All carry premiums; value depends on the denomination and severity of the error.

Laminations: During the preparation of the planchet strip, foreign materials—grease, dirt, oil, slag or gas—may become trapped just below the surface of the metal. Coins struck from this strip later may begin to flake and peel since adhesion is poor in the location of the trapped material. The Jefferson, Wartime Alloy 5-cent coins are particularly susceptible to laminations, due to the poor mixing qualities of the metals used during the war metal emergency. Premiums depend on the severity of the lamination and the coin affected; many are inexpensive.

Split planchets: Planchets can split due to deep internal laminations or, in the case of clad coinage, because of poor adhesion of the copper-nickel outer layers to the copper core (these are also known as missing clad layer errors). Planchets may split before or after striking. On nonclad coins, the inner portion of the split shows parallel striations typical of the interior structure of coinage metal. The best finds are of both halves of a split planchet. All carry premiums and are nice errors.

Split planchet

Thick and thin planchets: Planchets of the wrong thickness are produced from strip not properly rolled. Too little pressure can result in planchet stock that is too thick; too much pressure can result in thin planchets. Rollers out of alignment on one side create potential for tapered planchets—thicker in one area than another. Values differ.

Unplated planchets: New in U.S. coinage, unplated planchets became possible in 1982 with the introduction of the copper-plated zinc cent (and similarly in 1943 with the zinc-coated steel cents). The zinc-copper alloy planchets are plated after they are punched from the strip, but some planchets miss the plating process. Coins struck on the unplated planchets are grayish-white in color. Beware of Lincoln cents that have had their plating removed or have been replated after leaving the Mint. Major authentication services should be able to distinguish between a genuine unplated planchet and an altered version.

Wrong metal, planchet, stock: A wrong metal error is struck on a planchet intended for a denomination of a different composition. This includes 5-cent coins struck on cent planchets, cents on dime planchets, and higher denominations struck on cent and 5-cent planchets. A second type is the wrong planchet error, defined as a coin struck on a planchet of the correct composition, but the wrong denomination. These include quarter dollars struck on dime planchets, half dollars struck on quarter dollar and dime planchets, and dollars struck on other clad planchets. Some specialists claim that wrong metal and wrong planchet errors are striking errors, not planchet errors. Their argument? The

Wrong planchet

planchet is OK. It was just fed into the wrong coining press. A third type is the wrong planchet stock error. It occurs when clad coinage strip rolled to the thickness of one denomination is fed into the blanking press of another denomination; the diameter is correct, but the thickness is greater or less than normal. The most common is a 1970-D Washington quarter dollar struck on planchet stock intended for dimes. A fourth, rarer, form is the double denomination. It occurs when a coin is struck on a previously struck coin, such as a cent struck over a dime. Since the U.S. Mint has struck coins for foreign governments in the past, it has been possible to find in circulation U.S. coins struck on planchets intended for foreign coins, as well as U.S. coins struck on previously struck foreign coins.

Another rare type of wrong metal error is called the transitional error. It occurs as a coin's composition changes. Some 1965 coins are known struck on silver planchets of 1964 composition, while some 1964 coins were struck on clad planchets. Until 2000, it was thought impossible for a coin to be struck on a planchet larger than normal (the larger planchet, it was thought, would jam the feed mechanism of the press). However, several exceptions to this rule surfaced in 2000, including State quarter dollars struck on the slightly larger Sacagawea dollar planchets. All carry significant premiums, with among the most valuable being double-denomination, transitional errors and, at the top, such coins as the 1943 Lincoln cents struck on copper alloy planchets instead of zinc-coated steel planchets.

Striking errors

Broadstrikes: If the surrounding collar is pushed below the surface of the lower die during the moment of striking, the metal of the coin being struck is free to expand beyond the confines of the dies. The design of the coin is normal at center, but as it nears the periphery, becomes distorted due to the uncontrolled spread of metal. All broadstrike errors carry premiums.

Broadstrike

Brockage and capped die strikes: If a newly struck coin sticks to the surface of one of the dies, it acts as a die itself—called a die cap—and produces images on succeeding coins. The image produced by any die is the direct opposite on a coin, and brockages are no different. Since the

Brockage

image is raised on the coin adhering to the die, the image on the brockage is incused and reversed—a true mirror image. The first brockage strikes, perfect mirror images and undistorted, are most prized and carry the highest premiums. As additional coins are struck from the capped die, the die cap begins to spread and is made thinner under the pressures of striking, distorting its image. Although the image is recognizable, the design expands, producing an image that can be several times the normal size. At some point, as the die cap becomes thinner and the brockage image disappears, the coins struck cease to be brockages and are known as capped die strikes. Capped die strikes are simply a form of struck-through coin. At first, few of the original design elements from the obscured die are visible, though as the cap becomes thinner, more and more of the design elements are transferred from the obscured die through the die cap. Finally, the die cap breaks off or is pounded so thin it ceases to affect succeeding strikes. Sometimes, the die caps fall off early and in a relatively undistorted state. Die caps resemble bottle caps, with the metal wrapping around the shaft of the die. Die caps are very rare and collectible, much more so than capped die strikes. All carry premiums.

Double and multiple strikes: Double strikes are coins struck more than once. If the coin rotates slightly between strikes, but remains centered within the coining chamber, two images will appear on both sides of the coin. The first strike will be almost totally obliterated by the second strike, and the first strike will be flattened and have almost no relief. Sometimes, a struck coin will flip and fall upside down onto the surface of the die; thus, the second strike has an obverse image obliterating the original reverse, and a reverse image flattening the first obverse image. If the coin falls partially outside the dies after the first strike, the second image is only partial. The partial second strike obliterates the original image beneath it, but the rest of the first strike is undistorted, except in the immediate vicinity of the second strike. A saddle strike is generally not a true double strike, but usually the result of having a planchet fall partially between two pairs of dies on a multi-die press. Saddle strikes have two partial images and an expanse of unstruck planchet between the struck areas. Examples of coins struck three, four or more times are known, but are typically more rare than simple double-struck coins. All multiple-struck errors carry premiums.

Filled dies: The Mint factory has its share of dirt, grease and other lubricants, and metal filings. The recessed areas of the dies sometimes fill with a combination of this foreign material,

Filled die

preventing the metal of the coins from flowing into the incused areas. This results in weak designs or missing design details, and is among the most common types of errors. Filled-die coins are a form of struck-through error. Filled-die coins rarely carry significant premiums.

Indented errors: An indented error is a coin struck with another coin or planchet lying partially on its surface. The area covered by the planchet does not hit the die and thus is blank if indented by a planchet, or shows a partial brockage if indented by a struck coin. The most desirable of the indented errors are larger coins with the indentation of a smaller planchet centered on one side. Indented error coins are a form of struck-through error. All carry a premium.

Indented error

Machine, mechanical or strike doubling: Machine doubling is often mistaken by nonspecialists as die doubling although the two forms of errors are unrelated. Machine doubling occurs at the end of the strike and is usually attributed to a loose die or a vibrating die assembly, although other proposed explanations may have validity, notes researcher Diamond. Specialists recognize two forms of machine doubling—"push doubling" and "slide doubling."

Diamond describes the appearances and causes of the two forms:

"Push doubling leaves flat, marginal shelving along the edge of the design and rounded doubling on interior design elements. Push doubling develops when the die (hammer or anvil) bounces up after impact, shifts slightly to one side and lands lightly on the newly-struck design.

"Slide doubling smears the design. It occurs when a die shifts laterally without a bounce and, as a consequence, drags itself through the newly-struck details."

While many specialists find machine doubling uninteresting, some very interesting and collectible pieces have been found. Collectors should be wary of paying a premium for routine examples of machine-doubled

Strike doubling

coins, although the more exotic pieces may carry collector premiums.

Off-center coins: If a planchet lies partially outside of the dies

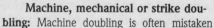
Off center

during the striking, it receives an off-center strike. Each coin struck off center is unique. Off-center coins with dates are more valuable than coins without dates. Generally but not always, on dated coins, the greater the off-center strike, the more it is worth. Some collectors collect off-center coins by their "clock" positions. Hold the coin with portrait upright and look for the direction the strike lies. If it is at 90 degrees, the strike is at 3 o'clock; if it lies at 270 degrees, the strike is at 9 o'clock. Premiums have been rising for late-date examples of this error, since fewer are being produced and released.

Partial collar: Incorrectly called "railroad rim" errors; the edge, not the rim, is the portion of the coin affected. It occurs when the collar, around the anvil die is not fully extended, so that the upper portion of the coin is free to expand beyond the confines of the collar, while the lower portion is restrained. On coins struck from a reeded collar, partial reeding exists on the area restrained by the collar. The error gets the nickname "railroad rim" from its appearance—the coin, viewed edge-on, resembles the wheel from a railroad car. All carry a premium.

Struck-through errors: Struck-through errors occur when foreign objects fall between die and planchet during striking. Pieces of cloth, metal fragments, wire, slivers of reeding, grease, oil, dirt, wire bristles

(from wire brushes used to clean dies, resembling staples), die covers, a thin die cap, other coins, planchets and other objects may fall between the dies and the coin. The most collectible struck-

Struck through

through errors are those with the foreign object still embedded in the surface of the coin. Value can be minimal to hundreds of dollars depending on the object or substance a coin was struck through.

Weak strikes: Weak strikes often resemble coins struck from grease-filled dies, but can be identified. They may occur when the press has been turned off—it tends to cycle through several strikings, each with less pressure than the previous. The error can also occur when the press is being set up by the operators, who test the placement of the dies at lower coining pressures, or if the spacing between the faces of the dies is greater than normal. On reeded coins, weak strikes generally have poorly formed reeding (it is strong on filled dies). Depending on the pressure used, the image may be only slightly weak, practically nonexistent or any stage in between. These coins are worth premiums.

Edge errors

Not long after the first 2007 George Washington Presidential dollars were released into circulation in February 2007, collectors, dealers and the general public began reporting numerous edge errors. The date, Mint mark and mottoes IN GOD WE TRUST and E PLURIBUS UNUM appear on the edges of the Presidential dollars, or should. The edge inscriptions on circulation-quality coins are added in a step separate from and following the striking of the obverse and reverse sides.

The most prevalent form of edge error on the Washington dollar coins is the missing edge lettering. Coins from both the Philadelphia Mint and Denver Mint were struck and shipped to the counting and bagging stations without being fed into the edge-lettering equipment.

Shortly before this book was completed, reports surfaced of 2010-D Sacagawea, Native American dollars with plain edges being found in 2010 Uncirculated Mint sets. The number of the errors released in the sets was unknown at press time.

Numerous other edge errors were discovered as well. One type involves multiplied edge inscriptions, with either partially or completely duplicated edge inscriptions found, some coins having the duplicate inscriptions in the opposite up and down orientation to each other. Another edge error involved improper spacing between individual elements of the inscription. Faint edge inscriptions were encountered, and on some coins, dropped letters from either the obverse or reverse were found impressed into the edge.

An apparently unique error—the design edge mule—was reported in January 2010. A collector found a Zachary Taylor Presidential dollar of 2009 with a 2010-D edge inscription in a roll of 2010-D Native American dollars acquired directly from the U.S. Mint. The Taylor dollar was the last of the 2009 Presidential dollars. This error probably occurred when a Taylor dollar became hung up somewhere between the coining presses and the edge inscription station. Later, when production of 2010-D Native American dollars was begun, the plain edge Taylor dollar was dislodged from its hiding place and became mixed in with Native American dollars being transported to the edge inscription equipment. The Taylor dollar then received the wrong year's edge inscription.

Another category of interesting errors involving the edge occurred when a number of unstruck planchets were edge lettered but not struck between obverse and reverse dies. These pieces are blank on their faces but bear lettered edges; they were found in rolls of Washington dollars.

Some Proof 2007-S Thomas Jefferson Presidential dollars were found with elements of the edge inscriptions out of sequence. Proof coins are struck with three-piece segmented collars that form the edge inscriptions at the time of striking. Mint workers created the Jefferson dollars with out-of-sequence inscriptions by installing the individual collar segments in the wrong order. On the error coins, the motto IN GOD WE TRUST on the edge is followed by the motto E PLURIBUS UNUM.

How coins are made 14

The various coining facilities of the United States Mint are factories, whose products happen to be coinage of the realm.

Like any metal product, coins don't "just happen." A number of intricate steps must be taken, from the preparation of the raw metal used in the coins to the striking of the coins. And before the coins can be struck, dies must be produced.

For a new coin, the design process begins with design renderings by artists for the Mint, who are members of the Mint engraving staff or members of the Mint's Artistic Infusion Program. Once a design for a coin is selected from all the provided sketches, a model is created in the Engraving Department at the Philadelphia Mint.

While some engravers may chose to engrave a model using traditional methods, working in modeling clay, much of the modeling and engraving is now accomplished digitally, using scanners, computers and a computer-controlled milling machine.

In the 21st century, the United States Mint has employed several techniques in designing and model making: the traditional approach, with its origins in the 19th century and earlier, and practiced by a skilled engraver and sculptor; and a modern approach harnessing the power of scanners, computers and lasers in which computer design skills are prized.

Some of the first official comments on the changes in the Engraving Department were made in testimony given before a House subcommittee July 19, 2006, by the deputy director of the Mint. He said: "We have introduced new technologies to improve our design capabilities. The old coin design method—a drawing by hand turned into a clay model followed by a plaster model to be traced and cut into steel—is being replaced with a digital design process—a computer drawing scanned into an engraving machine."

According to the deputy director, this scanning technique was used in making the hubs for the 2006 American Buffalo gold bullion coins, whose designs are based on the designs found on the 1913 Indian Head, Bison on Mound 5-cent coins. The original plasters for the earlier coin by James Earle Fraser were taken from Mint storage and digitally reproduced; new equipment, controlled by computer, cut a hub by laser.

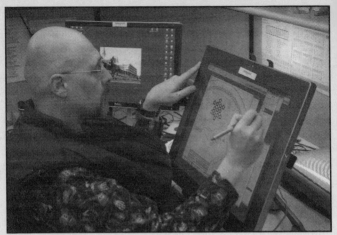

U.S. Mint medallic artist Jim Licaretz models a coin design in
Adobe Photoshop, the first step toward making dies.

The Engraving Department also used a computer system in design-
ing the first Presidential dollar. The computer system enables Mint staff
to design coins using such computer programs as Adobe Photoshop and
Illustrator. Artists can create individual design element "layers." If a
particular device needs to be revised, the changes can be made to that
layer without the need to revise the entire design.

Whether a model is completely computer generated or modeled in
clay and then scanned, the final sculpture is assembled and fine tuned
by computer. Then, the master hub is cut by a computer numerical
controlled (CNC) milling machine. As of 2008, the Mint had mothballed
its Janvier engraving lathe, which had been installed at the Philadelphia
Mint in 1907 and had been used ever since for engraving master hubs.

In recognition of the changes in the 21st century design techniques
introduced, Mint officials have indicated the traditional terms for its staff
coin and medal designers—engraver and sculptor-engraver—are becom-
ing as obsolete as silver coins in circulation. The new name for coin and
medal designers is "medallic artist." Mint medallic artists hired since
2005 and 2006 reportedly have backgrounds in computer design rather
than traditional sculpturing and engraving.

Although the designing and hub production for such issues as the
Presidential dollars and American Buffalo gold coins were largely done

by computer, most of the coins discussed and priced in this book were struck from dies produced in the traditional manner, as least as practiced since the late 19th century and early 20th century. Under this traditional process, a sculptor-engraver following a sketch made a model in plastilene, a modeling clay substance. The model was three to 12 times the size of the actual coin, depending on the denomination.

A hard model was then generated, either in metal by an electroplating method (the model made from this method is called a galvano) or, during the last decades of the 20th century, in epoxy.

The galvano or epoxy model was then mounted on a Janvier transfer-engraving machine. This machine used a stylus to trace the exact details of the model, then reduced them through a ratio bar. At the other end of the machine, a needle-like carbide cutting tool cut the design into soft tool steel, producing a positive replica that Mint officials call a "reduction hub" and collectors call a "master hub."

Making dies and hubs

The master hub, no matter the method used to cut it, has the exact dimensions of the coin. It is then tempered and the steel hardened. The steel bar on which the master hub was engraved is trimmed and the shaft is turned to a specific shape. The master hub then is placed in a hydraulic press and slowly pressed into a blank piece of soft die steel called a "die blank," creating a negative replica called a master die.

Die blanks start as a cylindrical piece of steel with a cone-shaped face. A robotic arm loads each die blank into a polishing machine where the face of the blank is polished to a mirror-like finish. The cone shape of the face of the die blank facilitates the process of creating the design details. Design details are first formed in the center, where the metal of the die blank is the highest and thus comes into contact with the hub first.

The master hub is used to form a master die. (Using a single or master hub and die ensures that subsequent work hubs and dies are identical. Dies were made virtually by hand in the early years of the U.S. Mint, with inscriptions, dates and Mint marks punched into the work dies individually, resulting in dies that can be identified individually by the placement of the individual design elements.)

Multiple work hubs (the Mint's term) or working hubs (the hobby's term) are made from the master die in the hydraulic press in the same way as the original, master die was impressed. Work dies (those used to strike coins) are made from the work hubs in the same way. (A single master die can make multiple work hubs, each of which can be used to make multiple work dies.)

The U.S. Mint used a multiple hubbing process to make master dies, work hubs and work dies for much of its existence. The metal of the hub or die hardened before the design could be fully formed; the uncompleted die or hub had be heated to soften the metal, cooled and reinstalled in the hubbing press. Beginning in fiscal year 1986, the Philadelphia Mint began making master dies and work hubs using a single-squeeze hubbing process. The Denver Mint began making work dies using a single-squeeze press in 1996, upon the opening of a new die shop there. The Philadelphia Mint began using a single-squeeze operation for most dies in 1997. Half dollar and other larger denomination dies continued to be produced throughout 1998 on older equipment requiring multiple impressions of hub into die to fully form the image. The two Mints began producing half dollar dies in a single hubbing operation in 1999. The dies for the 1999 Anthony dollars were made on the old multiple-hubbing press and required multiple hubbings.

The final hub or die needs to be tempered and hardened, and the shafts must be shaped on a lathe to permit their use in the presses.

The introduction of one design element to the die production process requires additional explanation. Mint marks have been added at various stages of the die-production process, depending on the era. Traditionally, beginning in the 1830s, Mint engravers placed the Mint mark by hand on each of the thousands of working dies. That is no longer the case. Mint marks on commemorative coins and Proof coins are placed at the initial modeling stage and have been since the mid- to late 1980s. For the circulating coins, beginning in 1990, the Mint began placing the Mint mark on the master die for the cent and 5-cent coin. The dime, quarter dollar and half dollar followed in 1991. Most recently, the Mint mark (if any) on a circulating coin is placed on the initial model.

All of these changes lessen the possibility of producing Mint mark errors and varieties.

Blanks and planchets

Modern U.S. coins have their beginnings in the private sector, where a number of companies process the raw metals from which coins are made, and produce some coinage blanks and planchets and all coils of strip metal the Mint purchases.

In preparing the raw metals used in coining, the coinage metals are assayed, mixed to the proper proportions, melted and formed into slabs that are heated and rolled to the correct thickness. For clad coinage, bonding operations are required to bond the two outer layers to the inner layer. The strip is then coiled and shipped to the Mint for blanking. The Mint once did all of its own metal processing, including melting, assaying and mixing different metals together to create alloys. The Mint produced its own strip metal as late as Fiscal Year 1982 at the Philadelphia Mint, but the operations were closed in Fiscal 1983.

Die being polished for a Proof coin

Once coinage strip is rolled to the proper thickness, blanks are punched from it (both at the Mint and at the private suppliers, depending on the denomination). Blanks and planchets are the unstruck, circular pieces of metal that become coins when struck between the dies. Blanks and planchets represent the same product at different stages of production, although sometimes the terms "blank" and "planchet" are used interchangeably. Blanks are unfinished planchets that haven't been through all of the processing steps necessary before they can be struck into coins. Once a blank has been through all of the processing steps, it becomes a planchet and is ready to be struck.

Blanks are produced on blanking presses, which are simply punch presses similar to those found in any machine shop. They have a bank of punches (or rams) that travel downward, just barely penetrating the strip of coinage metal. The blanks are partially sheared, partially torn from the strip each time the punches make their downward cycle and pass through the strip. At this stage, the blanks have rough edges where they were torn from the strip. Most of the rough edges (or burrs) are removed during succeeding operations. The blanks at this point are slightly larger than the finished coins.

From this point onward, through the counting and bagging operations that represent the final steps before the Mint ships the coins to the Federal Reserve or other recipient, all the steps are automated. The Mint uses conveyor belts for moving blanks, planchets and coins throughout most steps of the production process, except for Native American and Presidential dollars. (The description of the processes that immediately follow are those used for the blanks intended for the cent through half dollar denominations, and were for the Sacagawea dollars. Because Native American and Presidential dollars have lettered edges, the blanks for these dollar coins undergo slightly different processes on the way to being struck; those processes will be discussed a few paragraphs later.)

Once punched from the strip, the blanks for every circulating coin but Native American and Presidential dollars must next be softened by being heated to controlled temperatures in a process called annealing. The blanks are heated in a rotating tubular furnace to about 1,500 degrees Fahrenheit, changing their crystal structure to a softer state. The annealing process prolongs the life of the coining dies by ensuring well-struck coins with lower striking pressures.

The annealing creates a grayish coloration on the planchets through oxidation, which must be removed. Following the annealing, the blanks are cooled in a "quench tank." From the tank, they are moved into a huge cylindrical tube called the whirlaway. The whirlaway is tilted at a 45-degree angle; blanks travel upward along the whirlaway toward the washer, while the excess liquid picked up in the quench tank is removed. The blanks are placed into washing machines similar to home washers, where they go through a series of cycles that soak and clean the blanks, according to the Mint. The agitation in the washing machines removes the gray oxides, tarnish, discoloration or contamination imparted during annealing. (Blanks for Native American and Presidential dollars are burnished in an extra step.)

After the blanks are removed from the washing machines, they are placed in a tube for drying, then moved to the final step that turns them into planchets. This next step is to give most blanks a slightly raised rim (or proto-rim). This is done in an upsetting mill.

The upsetting mill consists of a rotating wheel with V-shaped grooves on its edge. The grooved edge of the wheel fits into a curved section (or shoe) that has corresponding grooves. The distance between the wheel and the shoe gets progressively narrower so that, as the blank is rolled along the groove, it is compressed and a raised proto-rim is formed on both sides of the blank. This raised rim serves several purposes. It sizes and shapes the blank to lower the stress on the dies in the coining press and facilitates the formation of the rim on the coin. (Their status changes from blank to planchet with the addition of the proto-rim.)

The planchets are ready to be struck into coins.

For Native American and Presidential dollars, the annealing and upsetting steps occur at different points in the process than for blanks for the other coins. These dollar blanks receive a "hard upset"—that is, they are run through the upset mill to form the raised proto-rim without having been first softened by annealing. Mint officials indicate the hard upset for these dollar blanks is done before annealing so that the diameter of the blank does not increase during the upsetting step, which would affect application of the edge lettering after striking.

After annealing and being washed in a detergent solution and dried, the Native American and Presidential dollar coin planchets are burnished with steel pellets held inside a solution containing a brightening agent with anti-tarnishing properties. After drying, the brilliant planchets are ready to be struck on the coinage presses.

Striking the coins

Coining presses are designed for any denomination of coin. Dies and collars can be removed and new ones for a different denomination installed. Striking pressures are adjustable for the various denominations and metals. A circular piece of hardened steel forms the collar, which acts as the wall of the coining chamber. The dies impress the various designs and devices on the obverse and reverse for the coin while the collar forms the edge of the coin, flat and smooth on cents, 5-cent coins and Sacagawea/Presidential/Native American dollars, and reeded on the dime, quarter dollar and half dollar. The collar is mounted on springs that allow slight vertical movement. (Forming Native American and Presidential dollar edges requires a separate operation, described later.)

The principal coining press used by the U.S. Mint for striking circulating coinage is made by Schuler AG, a German firm. Each Schuler press uses a single pair of dies, mounted so that the face of each die is perpendicular to the floor. Planchets are fed between the dies by a gravity-fed mechanism and stand on edge during striking. Each press can strike about 750 coins per minute.

While dies are traditionally designated as obverse or reverse, they are also assigned the technical designations of hammer die or anvil die. The anvil die is the fixed die while the hammer die is the one that moves and thus generates the force that raises the design elements on the coins during striking. Either side can be the anvil die or hammer die.

Newly struck coins fall into a trap. Frequently, while a press is in operation, the press attendant will pick up a finished coin for inspection from the trap, to catch some of the remaining varieties and errors that are still produced. The inspector examines the coin under a magnifier to search for any defects made in the die during operation. If the coin passes inspection, the press operator pulls the trap's lever, which dumps the coins onto a conveyor belt for transportation to the counting and bagging operations, except for the Native American and Presidential dollars.

When those dollars are struck, they have a plain edge. Finished, however, they bear edge inscriptions. The Mint adds these in a separate step following the striking of the coins.

The struck Native American and Presidential dollars, still with plain edges, are moved along a conveyor belt to an edge-lettering station. (The 2007 Presidential dollars were moved from the presses to the edge-inscription station in bins. Tens of thousands of George Washington dollars were released without lettered edges when the bins were moved directly from the presses to the counting-bagging station.)

At the edge-lettering equipment, the coins are vacuumed into an open cylinder that centrifugally forces each struck coin into an edge-lettering channel. On the inner side of the channel is a steel wheel spinning counterclockwise that contacts the plain edge of the struck coin. On the other side is a block of tooling steel that contains the raised edge lettering, formed by laser, in a groove that resembles a semicircle. The struck coins—traveling at the rate of 1,000 coins per minute—pass along the edge lettering segment where they are impressed with the edge inscriptions. The newly edge-lettered coins discharge into a cash box and then are transported to the counting-bagging operation.

Throughout the minting process, computers track such statistics as the productivity of each press operator, any repairs to a coining press, quantities of coins struck per press, plus installation, movement and destruction of the dies.

Once the coins reach the final station, they are counted automatically by machines, and are bagged or placed into shipping bins. The Mint now uses large "ballistic" bags rather than the traditional, smaller canvas bags used for more than a century. Counters atop the mechanism that dumps coins into the ballistic bags remove most out-of-specification coins (errors).

The ballistic bags are sealed and loaded onto pallets for shipment to the Federal Reserve Banks or the banks' contracted private money-handling firms for distribution into commerce.

Proof and Uncirculated coins

15

United States Mint officials angered many in the collecting community in 2009 when they chose not to issue Proof versions of the American Eagle bullion coins—the first time no Proof American Eagles had been produced since 1986 for the gold and silver coins, and since 1997 for the platinum pieces.

Collector anger was especially strong over the Mint's decision not to issue a Proof 2009-W American Eagle silver dollar. The Proof American Eagle silver coin is a popular collectible with many collectors: It bears attractive designs, contains a full ounce of pure silver, is inexpensive (selling at prices ranging from $21 to $29.95 from 1986 to 2008) and was dependably issued annually, until 2009.

Mint officials blamed unprecedented demand for the bullion versions of the gold and silver American Eagle coins and a congressional mandate to produce the bullion pieces to meet that demand, for the decision not to issue Proof versions. All planchets for the gold and silver American Eagles were diverted to the bullion program. None were reserved for collector versions.

While most collectors upset with the Mint's decision cited a "gap" in their collections as the primary reason for their ire, other collectors noted that production gaps had occurred before with the Mint's collector programs, including for Proof coins.

Proof coins are produced using special minting and processing techniques, resulting in coins with special finishes. They have been sold separately in the past, but since 1950, generally have been offered only in sets, although Proof versions of recent commemorative coins, the American Eagle bullion coins, and the Presidential dollars have been offered individually.

For a long time, from 1936 to 1942, from 1950 to 1964, and from 1968 to 1982, the United States Mint offered just one Proof set. The number of coins in the set changed over the years, but never totaled more than six pieces or fewer than five coins. Then, in 1983, the Mint's offerings began to increase as Mint officials experimented with packaging options and including one or more commemorative coins in a set.

What are Proof coins?

Proof coins have always been special. A Proof coin is struck on a specially prepared planchet, using special minting techniques, generally on a specialized coining press.

The term "Proof" means different things to many collectors, dealers and other hobbyists. Some believe Proof is the top level of preservation, or grade—it is not. Others believe Proof coins are particularly shiny coins destined for collectors rather than circulation—they are only partly correct.

"Proof" in numismatics refers to a special manufacturing process designed to result in coins of the highest quality produced especially for collectors. "Proof" is not a grade, as many beginning collectors think, although grading services, dealers and collectors generally assign Proof coins numerical grades such as Proof 65 or Proof 69.

Proof coins result from the same basic processes also required to make coins for circulation. However, Mint employees use special techniques in preparing the surfaces of the dies and planchets intended for Proof coins. Special presses and striking techniques are also used in the production of Proof coins.

Most of the Proof coins sold by the United States Mint today are Cameo Proofs. The flat fields are mirrorlike, reflective and shiny. The raised devices, lettering and other points in relief are frosted, bearing a white, textured, nonreflective finish. The contrast between the frosted relief and mirrored fields gives the coins their cameo appearance. Both the frosted and mirror finishes are the results of the special techniques used in preparing the dies.

To prepare a Cameo Proof die, first, special techniques are used to give the die a rough, textured finish. The fields are then polished to a high sheen to achieve the mirrored effect while leaving the textured, or frosted, devices untouched.

Once the polishing is completed, the die receives a light plating of chrome, two- to three-thousandths of an inch thick. The chrome is then buffed. The finished die now has mirrorlike fields and textured relief, and will impart the same finishes to the coins it strikes.

The planchets used to strike the Proof coins also receive special treatment. The exact treatment has changed over the years, and may be tweaked for planchets of certain compositions. The planchets are burnished in a process that tumbles them in a medium of carbon steel balls, cleaning agents and an anti-tarnishing agent. The process cleans and polishes the planchets. Additional steps are taken to clean the planchets, finalized through the use of compressed air, used to blow lint and dust from the planchets.

Proof coins are struck on special presses that operate at slower speeds than the high-speed presses used for striking circulating coinage. Each Proof coin is struck two or more times, depending on the size of the coin, the design and the composition of the metal. The multiple striking ensures that the detail is brought up fully on each coin. Circulation strikes are struck only once (although some U.S. circulation strikes in the past have been struck more than once, most notably the 1907 Saint-Gaudens, High Relief gold $20 double eagle).

Current Proof coins are then sealed into plastic capsules or plastic holders to give their surfaces some protection (though not total) from potentially damaging environmental factors.

Although most collectors of modern U.S. Proof coins are familiar with the Cameo Proofs in vogue today, the U.S. Mint has used many other types of Proof finishes. Some used by the U.S. Mint include the Matte Proof, first used in the early 20th century; a similar Matte Finish was used on several special coins issued in the 1990s. The entire surface of the coin is uniformly dull or granular; the surface of the original Matte Proof coins resulted from the struck coin being pickled in acid. A Satin Finish Proof coin has a matte, satiny surface; the finishing process, used in the early 20th century, is currently unknown. A Sandblast Proof is a type of Matte Proof in which the surface of the coin is sandblasted, not pickled in acid. A Roman Finish Proof was used on gold Proofs of 1909 and 1910 and is similar to the Satin Finish Proof. A Brilliant Proof is one in which the entire surface is mirrorlike; any frost on its devices is accidental, found generally only on the first few strikes of the die. Brilliant Proofs were produced by the U.S. Mint until the late 1970s and early 1980s, when Mint officials began taking care to produce the Cameo Proofs. A Reverse Proof finish was introduced in 2006 on American Eagle gold and silver coins and in 2007 on American Eagle platinum coins; the finish has frosted fields and mirrored devices, the "reverse" of the standard Proof finish.

A history of U.S. Proof coins

The Philadelphia Mint struck its first true Proof coins in 1817 (then called Master coins, not Proof coins), not for collectors but as presentation pieces. From 1817 to 1859, Proof coins were made in small batches whenever a number of orders had accumulated.

Proof coins were first offered to the public at large in 1858, the result of a decision by Mint Director John Ross Snowden. Not until 1860, however, did mintages jump, as collector interest caught hold; until then, the Mint produced the Proof coins to order.

Coins were sold both individually and in complete sets, the latter in limited quantities. Sets were sometimes sold as separate sets of minor coins and gold coins in addition to the complete sets.

From 1907 to 1916, the Mint began experimenting with various Proof finishes, including the aforementioned Matte Proof, Sandblast Proof and Roman Finish Proof finishes.

The Mint stopped offering Proof coins in 1916. Walter Breen in his *Encyclopedia of United States and Colonial Proof Coins: 1722-1977* notes: "At first ostensibly because of the war, later more likely because of administration changes (there being no coin collectors in high office until William H. Woodin became secretary of the Treasury), no Proofs were publicly sold. The few made went to VIPs and most are controversial."

Proof coinage resumed in 1936 with the production of Brilliant Proofs. Coins were sold by the piece with five denominations making a complete set. Mintages of the Proof "sets" from 1936 through 1942 are based on the coin with the smallest mintage. Abandoned were the experiments with Matte Proofs and other Proof finishes. Proof production halted again at the end of 1942 because of World War II, and did not resume until 1950.

Beginning in 1950, customers could no longer purchase single coins. The five-coin sets were housed in individual cellophane envelopes, stapled together and placed into a cardboard box, a packaging combination not meant for permanent coin storage, something collectors learned after the staple began to rust and threatened to damage the coins within the set. The 1955 set is available two ways, because in mid-1955 the Mint changed to new packaging: a plastic soft-pack inserted into an envelope. This packaging remained in use through 1964.

No Proof sets were struck in 1965 to 1967 because of the massive coin shortage haunting the nation.

Proof set production resumed in 1968, but at a new location. Prior to 1968, most Proof coins were struck at the Philadelphia Mint. All earlier non-Philadelphia Mint Proof coins are rare. Production was moved to the San Francisco Assay Office (the San Francisco Mint became an Assay Office in 1962, and a Mint again in 1988), and the S Mint mark was added to the coins. The coins were housed in a hard-plastic holder.

Proof sets have been struck every year since 1968. From that year through 1972, the sets contain five coins, from the Lincoln cent to the

Kennedy half dollar, all made in the same alloys as the circulating coins.

A Proof version of the Eisenhower copper-nickel clad dollar was first placed in the set from 1973, increasing the number of coins to six. The Eisenhower dollar is found in all Proof sets from 1973 through 1978, with 1975 and 1976 sets containing the Bicentennial version of the coin (bearing a dual 1776-1976 date and special commemorative reverse).

The Proof sets of 1979 to 1981 contain the Anthony dollar, maintaining a count of six coins. Beginning in 1982, with the cessation of production of the Anthony dollar, the count dropped back to five coins in the standard set, where it would remain for nearly two decades.

With the resumption of commemorative coinage production in 1982, and the introduction of American Eagle bullion coins in 1986, Proof production was spread to all four coining facilities, in Philadelphia, Denver, San Francisco and West Point. The San Francisco Mint continues to strike the regular Proof set in addition to some Proof commemorative and bullion coins.

The Mint began to expand its Proof set offerings when a new level of Proof set—a Prestige Proof set—was sold in 1983 and 1984 and again from 1986 through 1997. Prestige Proof sets contain the regular set and a commemorative half dollar, silver dollar or both.

Congress mandated annual sales of a Silver Proof set in 1990; it authorized a Proof set with 90 percent silver versions of all denominations of a dime or higher, the highest at that time being the half dollar, since no dollar coins had been struck for circulation for about a decade. The Mint did not issue the first Silver Proof sets until 1992, citing 1991 production difficulties. From 1992 to 1998, the Mint offered two packaging versions of the new Proof set: a set in the same kind of holder as the standard Proof set, but marked with the word "silver," and a Premier Silver Proof set containing the same coins in a higher quality package.

Beginning in 1999, again in 2000, yet again in 2004 and 2005, and again in 2009 the number of coins in the annual Proof sets increased as the Mint began redesigning circulating coinage.

The State quarter dollars program, introduced in 1999, was reflected in the Proof sets of 1999 through 2008. Since five State quarter dollars were issued each year, the number of coins in the set rose from five to nine (cent, 5-cent coin, dime, five quarter dollars and a half dollar). The State quarter dollars appear in both of the nine-coin sets (standard and Silver Proof set).

A third annual Proof set was added to the Mint's inventory in 1999: a five-coin set offering the five State quarter dollars in the copper-nickel clad composition. A Quarters Proof set has been offered every year since. A State Quarters Silver Proof set was introduced in 2004.

A new offering by the Mint generated a good deal of collector hostility in mid-2002. The Mint briefly reopened sales of sets it had previously reported as closed or sold out. It offered a package of 1999, 2000 and 2001 Proof sets at coin market prices, not at their original prices. A majority of collectors objected to the program, saying that once a program is closed or reported as sold out, it should remain closed. The Mint stopped offering the packaged sets after a few weeks of sales; officials claimed that storage problems resulted in damage to some of the coins in the 1999 sets and made them unsaleable.

Mint officials, in announcing the closing of those sales, also reported that Mint inventories did not contain other unsold coins that it would be offering later.

Meanwhile, additional trends (explored in more detail in other chapters in this book) would increase the number of coins in the standard and Silver Proof sets beginning in 1999. Although the production of 1999 Anthony dollars came too late for inclusion in the standard Proof set and the Mint set, the production of Sacagawea dollars beginning in 2000 increased the coin count in the Proof sets to 10 from nine. (The new coin also prompted the Mint to seek and Congress to grant an exemption to existing law that could have required a 90 percent silver version of the Sacagawea dollar in the Silver Proof set rather than a regular alloy manganese-brass coin; sales of the 2000 Silver Proof set were delayed while the Mint waited for the exemption.) The 10-coin count was maintained until 2004 and 2005, when the production of two Westward Journey 5-cent coins caused an increase to 11 coins. The number of Jefferson 5-cent coins in the standard and Silver Proof sets reverted to one in 2006.

In 2005, the Mint began offering an annual American Legacy Collection set that, like the early Prestige Proof sets, contains one or more commemorative coins plus that year's regular Proof coins.

The Mint starting in 2007 and 2008 offered five different Proof sets: the standard Proof set, with all of the coins in their standard compositions; the Silver Proof set, with the dime, five State quarter dollars and half dollar made of 90 percent silver rather than of copper-nickel clad; the standard State Quarters Proof set, containing all five State quarter dollars in their regular copper-nickel clad composition; the State Quarters Silver Proof set, containing 90 percent silver versions of the five coins; and the new Presidential Dollars Proof set.

The sets beginning in 2007 contain five dollar coins: four

Presidential dollars and a Sacagawea dollar (with, in 2009 and beyond, a reverse that changes every year featuring native American contributions, and called a Native American dollar). The 2007 and 2008 Proof sets contain 14 coins—a cent, 5-cent coin, dime, five State quarter dollars, a half dollar, a Sacagawea dollar and four Presidential dollars.

The State quarter dollar program concluded at the end of 2008, but the same legislation authorizing Presidential dollars also authorized four commemorative 2009 Lincoln cents to celebrate the bicentennial of Abraham Lincoln's birth. Legislation was also approved to strike commemorative 2009 quarter dollars honoring the District of Columbia and five U.S. territories, an extension of sorts to the State quarter dollars program. The number of coins in a 2009 Proof set thus increased to 18. The 2010 sets return to 14 coins—just one Lincoln cent in the now usual mix of coins, including five America the Beautiful quarter dollars.

The introduction of the Presidential dollars in 2007 and Native American dollars in 2009 required innovations by United States Mint officials. The date, S Mint mark and inscriptions IN GOD WE TRUST and E PLURIBUS UNUM appear on the edge of the Proof 2007-S and 2008-S Presidential dollars. Mint officials had to devise set packaging that would permit viewing of the edge inscriptions. The new packaging for the "lenses" features an internal holder that surrounds the Presidential dollars with a clear plastic capsule that permits the edge inscriptions to be read.

Beginning in 2009, the motto IN GOD WE TRUST was moved from the edge to the obverse of the Presidential dollars. The production of error plain edge coins had resulted in what some called "Godless dollars," prompting a congressional order to move the religious motto from the edge to the obverse or reverse of the coin.

The edge inscriptions on the Proof Presidential dollars, or at least the Mint's execution of them, do not please all collectors. *Coin World* received multiple complaints that the edge lettering and numerals are so faint on the Proof coins as to be barely discernible. The edge inscriptions are applied to the Proof Presidential dollars during striking, by a segmented collar.

Uncirculated Mint sets

The first Uncirculated Mint sets, with coins dated 1947, were offered in 1948. After the 1947 sets sold out, 1948-dated sets were offered to the public. Sets were again offered in 1949, but none were offered in 1950 due to a Treasury decision to conserve appropriations and manpower during the Korean War, and because Uncirculated coins were available from banks. From 1951 through 1964, sets were offered every year. The numbers of coins offered fluctuated from year to year, depending upon what denominations were being struck for circulation.

Before 1959, Uncirculated Mint sets were individually packaged in cardboard folders; each set contained two examples of each coin struck that year. Beginning in 1959, sets were packaged in polyethylene packets and contained just one example of each coin struck that year.

No Uncirculated Mint sets or Proof sets were offered from 1965 to 1967 because the Mint focused almost all of its resources to meet a major coin shortage sweeping the country, which was blamed in part on coin collectors and speculators. However, Mint officials did offer Special Mint sets, featuring coins not the quality of Proofs but better than those found in the pre-1964 Uncirculated Mint sets.

Production and sales of Uncirculated Mint sets resumed in 1968. From 1973 to 1978, Philadelphia and Denver Mint examples of the Eisenhower dollar were contained in the set. In 1979, the Eisenhower dollar was replaced by the Anthony dollar, and a San Francisco Assay Office example was added; the Anthony dollars appeared in the sets through 1981. No Uncirculated Mint sets were offered in 1982 and 1983, with Mint officials blaming budgetary cutbacks for the decision to stop their production. Because of collector pressure, Congress passed a law in 1983 requiring annual sales of both Uncirculated Mint sets and Proof sets.

Some Uncirculated Mint sets contain coins not struck for circulation. This generally increases the value of the sets because collectors saving an example of each coin struck each year will be unable to find the needed coins in circulation. In 1970, no half dollars were struck for circulation; thus, the 1970-D Kennedy half dollar could only be found in the set. In 1973, no Eisenhower dollars were struck for circulation, but the dollars were included in the set. The only way to obtain the three 1981 Anthony dollars was to buy the Uncirculated Mint set of that year, and in 1987, no Kennedy half dollars were struck for circulation but they were included in the set. The 1996 Uncirculated sets include a 1996-W Roosevelt dime—available nowhere else—added at no charge to commemorate the 50th anniversary of the coin's introduction. The 2002 to 2008 Uncirculated Mint sets contain Kennedy half dollars and Sacagawea dollars, none of which were struck for circulation (although circulation-quality half dollars and dollars were struck each of those years for collector sales in bag and roll quantities). The 2009 and later sets contain the Native American version of the Sacagawea dollar (coins that by law must be struck for circulation).

For much of the history of Uncirculated Mint set production, the coins in the sets were of identical quality to those issued for circulation.

Then, late in the 20th century, the Mint began taking extra care in preparing the planchets and striking the coins in order to provide coins better than those found in circulation. Still, through 2004 the coins continued to have the same Uncirculated finish as the coins issued for circulation. That changed in 2005, when the Mint began issuing Uncirculated Mint sets with coins bearing a Satin Finish.

Matte Finish coins

The decision by Mint officials in 2005 to offer Satin Finish Uncirculated Mint sets harkens back to another "unusual" finish used on some special coins on three occasions in the 1990s.

As the United States Mint began offering more collector coin products in the 1980s and 1990s, officials began experimenting with special finishes to enhance some of the Uncirculated commemorative coins. By the early 1990s, for example, commemorative silver dollars were given a matte surface similar in appearance to the Matte Proof coins of the early 20th century mentioned earlier. Collectors took little note of this special finish, however, because the Mint referred to it as their Uncirculated finish (not to be confused with the standard finish on coins in the pre-2005 Uncirculated Mint sets). Then the Mint released a special, unexpected coin in a 1994 commemorative coin set, and collector indifference ended.

Congress authorized a commemorative silver dollar celebrating the 250th anniversary of Thomas Jefferson's birth, scheduled for release in 1994. The Mint offered the 1994 Jefferson silver dollar in Proof and Uncirculated versions, the latter bearing the special matte surfaces developed over the years. Mint officials also offered the dollar in a variety of purchasing options.

Among the special options was a Jefferson Coin and Currency set, which contains three monetary instruments bearing Jefferson's portrait: a 1994-P Jefferson silver dollar, a $2 Federal Reserve note and a 1994-P Jefferson 5-cent coin. While Mint officials intended to limit this set to 50,000 pieces, they forgot to mention that detail in any sales literature. Thus the Mint produced the set to order, selling 167,703 sets.

Mint officials also forgot to tell collectors that the Jefferson 5-cent coin in the set was given the same matte surfaces that had been given to the Jefferson silver dollar in the set, to give the two coins uniform finishes. A collector, however, noted the special finish and informed *Coin World,* which confirmed and reported the news. That suddenly made the Jefferson Coin and Currency set a hot property. Many collectors collect Jefferson 5-cent coins, and many seek to acquire Proof and traditional Uncirculated examples of each date and Mint mark. As collectors and dealers began referring to the coin as having a Matte Finish, many sought examples of the special 5-cent coin to complete their collections of the denomination. Many Matte Finish 5-cent coins probably were removed from their original holders for placement into whatever holders the collectors use to store their Jefferson 5-cent sets, and many are encapsulated in commercial grading service holders.

Three years later, Mint officials offered a second Matte Finish Jefferson 5-cent coin (although Mint officials were still not using this terminology), this one dated 1997-P and housed in the Botanic Garden Coin and Currency set (also containing a Botanic Garden silver dollar and $1 Federal Reserve note). Production of the set was limited to 25,000 sets, meaning just 25,000 Matte Finish 1997-P Jefferson 5-cent coins would be offered, and making this set an even hotter property than the Jefferson sets of three years earlier. In what became one of the most criticized offerings by the U.S. Mint in recent years, the Botanic Garden Coin and Currency set sold out in about a week, before many collectors even received their order forms in the mail. Dozens of irate collectors called *Coin World* to complain about being shut out of the offering because other collectors living closer to where the order forms were placed into the mail had an advantage over those living farther away. Few if any of the callers (including those lucky ones receiving the sets) wanted the sets for the Botanic Garden dollar. Most wanted the extremely limited, 25,000-mintage Matte Finish 1997-P Jefferson 5-cent coin for their collections.

Mint officials apparently learned from this experience, so in 1998, when it offered a Kennedy Collectors set bearing a 1998-P Robert F. Kennedy silver dollar and 1998-P John F. Kennedy half dollar, it limited sales to a specific ordering period, not to a specific number of sets. Sales totaled more than 63,000 sets. By this time, Mint officials had also accepted the terminology that had caught on in hobby circles, and noted that the half dollar in the set had been given the special Matte Finish. The same literature also noted that the dollar in the set was an Uncirculated example. However, it was clear to collectors that the finish was the same on both coins (as had been the intention in 1994 when the first Matte Finish 5-cent coin was produced). *Coin World* began calling the RFK dollar a Matte Finish coin, prompting a rival coin collector publication to contact Mint officials, who mistakenly confirmed that the RFK dollar had an Uncirculated surface, not a Matte Finish surface. *Coin World* persisted in calling both coins Matte Finish, and Mint officials eventually confirmed that yes, the finish on both coins is the identical

Matte Finish. (As with the Botanic Garden set, many collectors bought the coin for the Matte Finish half dollar to keep their collections complete, not for the commemorative silver dollar.)

About 'mintages'

About the "mintages" given here: It takes Mint officials months or longer after the close of sales of a particular set to audit the numbers and determine a final "mintage" or sales figure. Expect changes yearly for recent sets.

Proof sets

Year Minted	Note	Sets Sold	Commemorative	Selling Price	Face Value
1950		51,386		2.10	0.91
1951		57,500		2.10	0.91
1952		81,980		2.10	0.91
1953		128,800		2.10	0.91
1954		233,300		2.10	0.91
1955		378,200		2.10	0.91
1956		669,384		2.10	0.91
1957		1,247,952		2.10	0.91
1958		875,652		2.10	0.91
1959		1,149,291		2.10	0.91
1960	‹1›	1,691,602		2.10	0.91
1961		3,028,244		2.10	0.91
1962		3,218,019		2.10	0.91
1963		3,075,645		2.10	0.91
1964		3,950,762		2.10	0.91
Production suspended during 1965, 1966, 1967					
1968	‹2›	3,041,506		5.00	0.91
1969		2,934,631		5.00	0.91
1970	‹3›	2,632,810		5.00	0.91
1971	‹4›	3,220,733		5.00	0.91
1972		3,260,996		5.00	0.91
1973		2,760,339		7.00	1.91
1974		2,612,568		7.00	1.91
1975	‹5›	2,845,450		7.00	1.91
1976	‹5›	4,123,056		7.00	1.91
1977		3,236,798		9.00	1.91
1978		3,120,285		9.00	1.91
1979	‹6›	3,677,175		9.00	1.91
1980		3,554,806		10.00	1.91
1981		4,063,083		11.00	1.91
1982	‹7›	3,857,479		11.00	0.91
1983	‹8›	3,138,765		11.00	0.91
1983 Prestige		140,361	1983-S Olympics silver dollar	59.00	1.91
1984		2,748,430		11.00	0.91
1984 Prestige		316,680	1984-S Olympics silver dollar	59.00	1.91
1985		3,362,821		11.00	0.91

PROOF SETS (CONTINUED)

Year Minted	Note	Sets Sold	Commemorative	Selling Price	Face Value
1986		2,411,180		11.00	0.91
1986 Prestige		599,317	1986-S Immigrant half dollar, 1986-S Ellis Island silver dollar	48.50	2.41
1987		3,356,738		11.00	0.91
1987 Prestige		435,495	1987-S Constitution silver dollar	45.00	1.91
1988		3,031,287		11.00	0.91
1988 Prestige		231,661	1988-S Olympics silver dollar	45.00	1.91
1989		3,009,107		11.00	0.91
1989 Prestige		211,807	1989-S Congress half dollar 1989-S Congress silver dollar	52.00	2.41
1990	‹9›	2,793,433		11.00	0.91
1990 Prestige		506,126	1990-P Eisenhower silver dollar	46.00	1.91
1991		2,610,833		11.00	0.91
1991 Prestige		256,954	1991-S Mount Rushmore half dollar 1991-S Mount Rushmore silver dollar	55.00	2.41
1992	‹10›	2,675,618		11.00/12.50	0.91
1992 Prestige	‹11›	183,285	1992-S Olympics half dollar 1992-S Olympics silver dollar	49.00/56.00	2.41
1992 Silver	‹11, 12›	1,009,586		18.00/21.00	0.91
1992 Premiere	‹11,12›	308,055		29.50/37.00	0.91
1993		2,337,819		12.50	0.91
1993 Prestige	‹11›	232,063	1993-S James Madison half dollar 1993-S James Madison silver dollar	51.00/57.00	2.41
1993 Silver	‹11, 12›	589,712		18.00/21.00	0.91
1993 Premiere	‹11,12›	201,282		29.00/37.00	0.91
1994		2,308,701		12.50	0.91
1994 Prestige	‹11›	175,893	1994-P World Cup half dollar 1994-S World Cup silver dollar	49.00/56.00	2.41
1994 Silver	‹11, 12›	636,009		18.00/21.00	0.91
1994 Premiere	‹11,12›	149,320		29.00/37.00	0.91
1995		2,018,945		12.50	0.91
1995 Prestige	‹11›	105,845	1995-S Civil War Battlefields half dollar 1995-S Civil War Battlefields silver dollar	55.00/61.00	2.41
1995 Silver	‹11, 12›	537,374		18.00/21.00	0.91
1995 Premiere	‹11,12›	128,903		29.00/37.00	0.91
1996		2,085,191		12.50	0.91
1996 Prestige	‹11›	59,886	1996-S Olympic Soccer half dollar 1996-P Olympic Rowing dollar	55.00/61.00	2.41
1996 Silver	‹11, 12›	623,264		18.00/21.00	0.91
1996 Premier	‹11,12›	151,817		29.00/37.00	0.91
1997		1,975,000		12.50	0.91
1997 Prestige		80,000	1997-S Botanic Garden silver dollar	44.00	1.91
1997 Silver	‹11,12›	605,289		18.00/21.00	0.91
1997 Premier	‹11,12›	135,905		29.00/37.00	0.91
1998		2,086,507		12.50	0.91
1998 Silver	‹11,12›	878,996		18.00/21.00	0.91
1999	‹19›	2,557,899		19.95	1.91
1999 State	‹20›	1,169,958		13.95	1.25
1999 Silver	‹12›	804,565		31.95	1.91

PROOF SETS (CONTINUED)

Year Minted	Note	Sets Sold	Commemorative	Selling Price	Face Value
2000	‹19›	3,096,981		19.95	2.91
2000 State	‹20›	995,803		13.95	1.25
2000 Silver	‹12›	965,421		31.95	2.91
2001	‹19›	2,300,944		19.95	2.91
2001 State	‹20›	799,736		13.95	1.25
2001 Silver	‹12›	889,697		31.95	2.91
2002	‹19›	2,319,766		19.95	2.91
2002 State	‹20›	764,419		13.95	1.25
2002 Silver	‹12›	892,229		31.95	2.91
2003	‹19›	2,172,684		19.95	2.91
2003 State	‹20›	1,225,507		13.95	1.25
2003 Silver	‹12›	1,142,858		31.95	2.91
2004	‹19,21›	1,789,488		22.95	2.96
2004 State	‹20›	951,196		15.95	1.25
2004 Silver	‹12,21›	1,175,934		37.95	2.96
2004 Silver State	‹22›	593,852		23.95	1.25
2005	‹19,23,24›	2,260,063		22.95	2.96
2005 State	‹20›	981,278		15.95	1.25
2005 Silver	‹12,24›	1,019,166		37.95	2.96
2005 Silver State	‹22›	606,815		23.95	1.25
2005 United States Mint American Legacy Collection ‹25›		46,057	2005-P Chief Justice John Marshall silver dollar 2005-P Marine Corps 230th Anniversary silver dollar	135.00	4.96
2006	‹19›	1,985,282		22.95	2.91
2006 State	‹20›	876,796		15.95	1.25
2006 Silver	‹12›	1,043,546		37.95	2.91
2006 Silver State	‹22›	528,293		23.95	1.25
2006 United States Mint American Legacy Collection ‹25›		48,452	2006-P Benjamin Franklin, Founding Father silver dollar 2006-P San Francisco Old Mint silver dollar	135.	4.91
2007	‹19,23›	1,702,116		26.95	6.91
2007 State	‹20,23›	672,662		13.95	1.25
2007 Silver	‹12,23›	861,447		44.95	6.91
2007 Silver State	‹22,23›	438,431		25.95	1.25
2007 Presidential Dollars	‹23›	1,285,972		14.95	4.00
2007 United States Mint American Legacy Collection ‹25›		26,442	2007-P Jamestown 400th Anniversary silver dollar 2007-P Little Rock High School Desegregation 50th Anniversary silver dollar	135.00	8.91
2008	‹19,23›	1,405,674		26.95	6.91
2008 State	‹20,23›	672,438		13.95	1.25
2008 Silver	‹12,23›	772,893		44.95	6.91
2008 Silver State	‹22,23›	429,021		25.95	1.25
2008 Presidential Dollars	‹23›	860,172		14.95	4.00
2009	‹33,23,35›	1,477,967		29.95	7.19
2009 Quarters	‹31,23›	615,936		14.95	1.50
2009 Silver	‹34,23,35›	694,406		52.95	7.19
2009 Silver Quarters	‹32,23›	284,884		29.95	1.50
2009 Lincoln Cents	‹35›	200,000		7.95	0.04
2009 Presidential Dollars	‹23›	627,925		14.95	4.00

40% silver clad dollars struck in San Francisco

Year Minted	Uncirculated	Proof
1971	6,868,530	4,265,234
1972	2,193,056	1,811,631
1973	1,883,140	1,013,646
1974	1,900,156	1,306,579

Special Mint Sets

Year Minted	Sets Sold	Selling Price	Face Value
1965	2,360,000	4.00	0.91
1966	2,261,583	4.00	0.91
1967	1,863,344	4.00	0.91

Uncirculated sets

Year Minted	Sets Sold		Selling Price	Face Value
1947		12,600	4.87	4.46
1948		17,000	4.92	4.46
1949		20,739	5.45	4.96
1951		8,654	6.75	5.46
1952		11,499	6.14	5.46
1953		15,538	6.14	5.46
1954		25,599	6.19	5.46
1955		49,656	3.57	2.86
1956		45,475	3.34	2.64
1957		34,324	4.40	3.64
1958		50,314	4.43	3.64
1959		187,000	2.40	1.82
1960		260,485	2.40	1.82
1961		223,704	2.40	1.82
1962		385,285	2.40	1.82
1963		606,612	2.40	1.82
1964		1,008,108	2.40	1.82
1965		2,360,000	4.00	0.91
1966		2,261,583	4.00	0.91
1967		1,863,344	4.00	0.91
1968		2,105,128	2.50	1.33
1969		1,817,392	2.50	1.33
1970		2,038,134	2.50	1.33
1971		2,193,396	3.50	1.83
1972		2,750,000	3.50	1.83
1973		1,767,691	6.00	3.83
1974		1,975,981	6.00	3.83
1975		1,921,488	6.00	3.82
1976		1,892,513	6.00	3.82
1977		2,006,869	7.00	3.82
1978		2,162,609	7.00	3.82
1979	‹13›	2,526,000	8.00	3.82
1980	‹13›	2,815,066	9.00	4.82
1981	‹13›	2,908,145	11.00	4.82
1984		1,832,857	7.00	1.82
1985		1,710,571	7.00	1.82

UNCIRCULATED SETS (CONTINUED)

Year Minted	Note	Sets Sold	Selling Price	Face Value
1986		1,153,536	7.00	1.82
1987		2,890,758	7.00	1.82
1988		1,447,100	7.00	1.82
1989		1,987,915	7.00	1.82
1990		1,809,184	7.00	1.82
1991		1,352,101	7.00	1.82
1992		1,500,098	7.00/8.00	1.82
1993		1,297,094	8.00	1.82
1994		1,234,813	8.00	1.82
1995		1,013,559	8.00	1.82
1995 Deluxe		24,166	12.00	1.82
1996	‹14›	1,450,440	8.00	1.92
1997		940,047	8.00	1.82
1998		1,188,487	8.00	1.82
1999		1,421,625	14.95	3.82
2000		1,490,160	14.95	5.82
2001		1,113,623	14.95	5.82
2002		1,139,388	14.95	5.82
2003		1,001,532	14.95	5.82
2004	‹21›	842,507	16.95	5.92
2005	‹24›	1,141,895	16.95	5.92
2006	‹23›	915,586	16.95	5.82
2007	‹23›	895,628	22.95	13.82
2007 Presidential Dollar set, P ‹23›		20,440	8.95	4.00
2007 Presidential Dollar set, D ‹23›		13,994	8.95	4.00
2007 Presidential Dollar set, P&D ‹23›		87,423	15.95	8.00
2007 Uncirculated Dollar set ‹23,28›		90,171	31.95	6.00
2008	‹23›	745,464	22.95	13.82
2008 Presidential Dollar set, P&D ‹23›		76,272	15.95	8.00
2008 Uncirculated Dollar set ‹23,28›		68,956	31.95	6.00
2009	‹23,35›	774,844		14.38
2009 Presidential Dollar set, P&D ‹23›		105,059	15.95	8.00

Proof American Eagle issue prices ‹15,26,29,30›

Year	Note	Metal	1/10 oz	1/4 oz	1/2 oz	1 oz	Set
1986		Gold	––	––	––	550.	––
		Silver	––	––	––	21.00	––
1987		Gold	––	––	295.	585.	870.
		Silver	––	––	––	23.00	––
1988		Gold	65.00	150.	295.	585.	1065.
		Silver	––	––	––	23.00	––
1989		Gold	65.00	150.	295.	585.	1065.
		Silver	––	––	––	23.00	––
1990		Gold	70.00	150.	285.	570.	999.

PROOF AMERICAN EAGLE ISSUE PRICES (CONTINUED)

Year	Note	Metal	1/10 oz	1/4 oz	1/2 oz	1 oz	Set
		Silver	––	––	––	23.00	––
1991		Gold	70.00	150.	285.	570.	999.
		Silver	––	––	––	23.00	––
1992		Gold	70.00	150.	285.	570.	999.
		Silver	––	––	––	23.00	––
1993		Gold	70.00	150.	285.	570.	999.
		Silver	––	––	––	23.00	––
1993 Philadelphia set ‹16›							499.
1994		Gold	70.00	150.	285.	570.	999.
		Silver	––	––	––	23.00	––
1995		Gold	70.00	150.	285.	570.	999.
		Silver	––	––	––	23.00	––
1995 10th Anniversary set ‹17›							999.
1996		Gold	70.00/75.00	150./159.	285./299.	570./589.	999./1025.
		Silver	––	––	––	23.00	––
1997		Gold	75.00	159.	299.	589.	1,025.
		Silver	––	––	––	23.00	––
		Platinum	99.00	199.	395.	695.	1,350.
1997 Impressions of Liberty set ‹18›							1,499.
1998		Gold	70.00	150.	285.	570.	999.
		Silver	––	––	––	24.00	––
		Platinum	99.00	199.	395.	695.	1,350.
1999		Gold	70.00	150.	285.	570.	999.
		Silver	––	––	––	24.00	––
		Platinum	99.00	199.	395.	695.	1,350.
2000		Gold	70.00	150.	285.	570.	999.
		Silver	––	––	––	24.00	––
		Platinum	118.	227.	405.	740.	1,375.
2001		Gold	70.00	150.	285.	570.	999.
		Silver	––	––	––	24.00	––
		Platinum	118.	227.	405.	740.	1,375.
2002		Gold	70.00	150.	285.	570.	999.
		Silver	––	––	––	24.00	––
		Platinum	118.	227.	405.	740.	1,375.
2003		Gold	85.00	165.	315.	630.	1,098.
		Silver	––	––	––	24.00	––
		Platinum	170.	329.	587.	1,073.	1,995.
2004		Gold	90.	175.	335.	675.	1,175.
		Silver	––	––	––	27.95	––
		Platinum	210.	410.	735.	1,345.	2,495.
2005		Gold	95.	190.	360.	720.	1,260.
		Silver	––	––	––	27.95	––
		Platinum	210.	410.	735.	1,345.	2,495.
2006		Gold	100.	200.	385.	770.	1,350.
			110.	220.	445.	885.	1,575.
			105.	215.	420.	NA	1,495.
		Silver	––	––	––	27.95	––
		Platinum	220.	435.	780.	1,500.	2,750.
2007		Gold	104.95	209.95	399.95	789.95	1,449.95
			116.95	239.95	459.95	NA	1,695.95
			146.95	NA	NA	NA	NA
		Silver	––	––	––	29.95	––
		Platinum	229.95	439.95	809.95	1,599.95	2,949.95

Year	Note	Metal	1/10 oz	1/4 oz	1/2 oz	1 oz	Set
			244.95	475.95	880.95	1,740.95	3,207.95
			269.95	539.95	999.95	1,979.95	NA

Uncirculated American Eagle issue prices <26,27,29,30>

Year	Note	Metal	1/10 oz	1/4 oz	1/2 oz	1 oz	Set
2006		Gold	85.	190.	375.	720.	1,350.
		Silver	– –	– –	– –	19.95	– –
		Platinum	180.	390.	720	1,390.	2,585.
2007		Gold	89.95	195.95	379.95	749.95	1,379.95
			99.95	219.95	424.95	831.95	1,559.95
			119.95	279.95	529.95	1,045.95	1,939.95
		Silver	– –	– –	– –	21.95	– –
		Platinum	189.95	399.95	759.95	1,489.95	1,869.95
			204.95	435.95	830.95	1,630.95	2,976.95
			229.95	499.95	949.95	2,769.95	3,479.95

Proof American Buffalo coins issue prices <29,30>

Year	Note	Metal	1/10 oz	1/4 oz	1/2 oz	1 oz	Set
2006		Gold	– –	– –	– –	800.	– –
2007		Gold	– –	– –	– –	825.95	– –
						899.95	

First Spouse coins issue prices <29,30>

Year	Note	Metal	1/10 oz	1/4 oz	1/2 oz	1 oz	Set
2007 Proof		Gold	– –	– –	– –	429.95	– –
						529.95	
2007 Uncirculated		Gold	– –	– –	– –	410.95	– –
						509.95	

Bicentennial sets

Final mintages for the 3-coin set are 3,998,621 for the Proof set, and 4,908,319 for the Uncirculated set.

Notes

1. Includes Large Date and Small Date cents. The Small Date is rarer.
2. Some Proof sets contain dimes struck from a Proof die missing the Mint mark, an engraver's oversight, not a filled die. Unofficially estimated that 20 examples are known. Beware of sets opened and reclosed with "processed" P-Mint coins inserted. Check edge of case for signs of tampering.
3. An estimated 2,200 Proof sets contain dimes struck from a Proof die missing the Mint mark, an engraver's oversight, not a filled die.
4. An estimated 1,655 Proof sets contain 5-cent coins struck from a Proof die missing the Mint mark, an engraver's oversight, not a filled die.
5. Includes 1776-1976 dated Bicentennial quarter dollar, half dollar and dollar along with the other standard coins.
6. 1979 Proof set: The Anthony dollar replaced the Eisenhower dollar. During latter 1979, a new, clearer Mint mark punch was used on the dies. Sets with all six coins bearing the new Mint mark command a premium.
7. 1982 Proof set: A new Mint mark punch with serifs was introduced.
8. 1983 10-cent piece: Some 1983 sets were issued with dimes missing the S Mint mark, similar to errors on 1968, 1970, 1971 and 1975 Proof coins.
9. The Mint released an estimated 3,555 1990 Proof sets with a cent missing the S Mint mark. The die was for business strikes at Philadelphia, but was inadvertently sent to San Francisco, prepared as a Proof and placed into Proof production.
10. Price increased from $11 to $12.50 July 1, 1992.
11. Prices are pre-issue discount/regular price.
12. Beginning in 1992 a new type of Proof set was issued, consisting of a regular Proof cent and 5 cents, but with the dime, quarter dollar and half dollar struck on 90 percent silver planchets, rather than

the copper-nickel clad planchets of the circulating and regular Proof coinage. A Sacagawea dollar of standard alloy was added to the set in 2000. A "Premiere" edition—essentially fancy packaging—was sold at an additional premium for several years. Starting in 2007, four Presidential dollars were added to the set, and in 2009, the first annual Native American dollar was added (with an annually changing commemorative reverse and the Sacagawea obverse but with date and Mint mark moved to the edge).

13. 1979-81 Uncirculated sets: While Anthony dollars were struck for circulation at the San Francisco Assay Office, the Unc. S dollar was not included in the 1979 Uncirculated Mint set, which has 12 coins and a face value of $3.82. The Anthony dollar was included in the 1980 and 1981 sets, which are 13-coin sets with a face value of $4.82.

14. 1996 Uncirculated set: A 1996-W Roosevelt dime, available only in these sets, was added at no additional cost to mark the 50th anniversary of the coin.

15. Prices are for single-coin or -set purchase only; bulk discounts may apply; in 1996, a pre-issue discount was offered on gold coins.

16. Includes tenth-, quarter-, half-ounce gold, 1-ounce silver coin and 1-ounce silver medal.

17. Includes four gold coins and one silver, all with West Point Mint mark.

18. Includes one each Proof 1-ounce platinum, gold and silver bullion coin.

19. Includes one each of that year's State quarter dollars, plus Proof versions of other regular denominations.

20. Includes one each of that year's State quarter dollars only.

21. Contains Peace Medal and Keelboat 5-cent coins.

22. Contains one each of that year's State quarter dollars only, in 90 percent silver.

23. Sales figures not final.

24. Contains American Bison and Ocean in View 5-cent coins.

25. Also contains the regular Proof coins of standard compositions.

26. Volatile, mostly rising gold and platinum prices led U.S. Mint officials to halt sales of Proof and Uncirculated American Eagles multiple times, in order to determine new, higher or lower prices. These adjustments started in 2006 for the gold coins and in 2007 for the Proof coins. Tables for both Proof and Uncirculated American Eagles feature the various prices charged for the coins.

27. The Mint began selling a new American Eagles product in the summer of 2006: Uncirculated American Eagles with the W Mint mark of the West Point Mint, struck on planchets burnished with a special media. Mint officials dropped the "Uncirculated" designation it had used since 1986 for the bullion coins it sells to a distributor network and began marketing those pieces as American Eagle bullion coins.

28. Contains four Presidential dollars, Sacagawea or Native American dollar, all in Satin Finish, and an Uncirculated American Eagle silver dollar with W Mint mark.

29. A volatile bullion market in 2008 led to multiple price changes for Proof and Uncirculated American Eagle silver, gold and platinum coins, American Buffalo gold coins and First Spouse gold coins sold as numismatic products. At times, sales of certain of these products were suspended while pricing could be adjusted, or to make planchets used in the production of these collector versions available for some of the bullion coin versions instead. These multiple prices are not listed here.

30. Beginning in 2009, the U.S. Mint began selling noncommemorative precious metals (silver, gold, platinum) coins at prices subject to weekly changes in reaction to bullion market conditions.

31. Contains one of each of six quarter dollars in the District of Columbia and U.S. Territories quarter dollar program.

32. Contains one of each of six quarter dollars in the District of Columbia and U.S. Territories quarter dollar program, composed of 90 percent silver.

33. Contains four Lincoln, Bicentennial cents in a 95 percent copper, 3 percent zinc and 2 percent alloy; six copper-nickel clad quarter dollars in the District of Columbia and U.S. Territories quarter dollar program; four Presidential dollars and one Native American dollar in a manganese-brass clad composition; plus the regular Proof 5-cent coin, dime and half dollar.

34. Contains four Lincoln, Bicentennial cents in a 95 percent copper, 3 percent zinc and 2 percent alloy; a copper-nickel clad 5-cent coin; four Presidential dollars and one Native American dollar in a manganese-brass clad composition; and the dime, six quarter dollars in the District of Columbia and U.S. Territories quarter dollar program, and the half dollar, all in 90 percent silver.

35. Collector versions of the 2009 Lincoln, Bicentennial cent are composed of a 95 percent copper, 3 percent zinc and 2 percent alloy. The bronze-alloy coins are found in various Proof sets and the Uncirculated Mint sets.

Glossary

16

Numismatics (pronounced nu·mis·mat·iks), like any science, has a language of its own, spoken by its practitioners and students. New collectors unfamiliar with terms like obverse, reverse, Mint mark and double eagle may feel confused by a bewildering lexicon. However, the language need not be confusing.

The terms defined here are those that may be commonly encountered during the normal course of coin collecting. A more in-depth glossary can be found online at **www.coinworld.com**.

Alloy: Mixture of more than one metal.

Anneal: To soften dies, planchets or metal by heat treatment.

Assay: Analytic test or trial to ascertain the fineness, weight and consistency of precious or other metal in coin or bullion.

Attribution: The identification of a numismatic item by characteristics such as issuing authority, date or period, Mint, denomination, metal in which struck, and by a standard reference.

Base metal: Nonprecious metal; e.g., copper.

Blank, planchet: The disk of metal or other material before the dies of a coin, token or medal impress it. A blank is a piece that has not been given an upset rim; a planchet has the upset rim.

Clad: Composite coinage metal strip composed of a core, usually of a base metal such as copper, and surface layers of more valuable metal like copper-nickel or silver. The dimes, quarter dollars, half dollars and dollars struck for circulation since 1965 are clad coins, including the Sacagawea and Presidential "golden" dollars.

Coin: Usually a piece of metal, marked with a device, issued by a governing authority and intended to be used as money. Coins may or may not be legal tender. All coins issued by the United States government are legal tender.

Contact marks: Surface abrasions found on U.S. coins, because of coins striking the surfaces of other coins during bagging and shipping procedures. See chapter on "Grading," for details. Also called "bag marks"; the older term was derived from the canvas bags in which the Mint formerly transported coins.

Denomination: The face value of a coin; its worth as legal tender.

Dentils: Ornamental device used on rims of coins, often resembling teeth, hence the name; also "beading." Also called denticles.

Die: A hardened metal punch, the face of which carries an intaglio or incused mirror image to be impressed on one side of a planchet.

Disme: Original spelling of "dime," used into the 1830s in Mint documents. Pronunciation uncertain, but probably "dime."

Edge: Often termed the third side of a coin, it is the surface perpendicular to the obverse and reverse. Not to be confused with the rim. Edges can be plain, reeded, lettered or carry other designs or a combination of edge elements.

Field: The flat part of a surface of a coin surrounding and between the head, legend or other designs.

Fineness: Represents the purity of precious metal, either in monetary or bullion form. Often stated in terms of purity per 1,000 parts: A .925 fine silver coin has 92.5% silver and 7.5% other metal.

Flow lines: Microscopic striations in a coin's surface caused by the movement of metal under striking pressures. A coin's luster is caused by its flow lines; loss of luster is the result of wear to the flow lines.

Hairlines: Fine scratches in the surface of the coin. Not to be confused with die scratches.

Hub: A right-reading, positive punch used to impress incused, mirror-image dies.

Incuse: The opposite of bas-relief; design is recessed rather than raised.

Legal tender: Currency (coins and paper money) explicitly determined by a government to be acceptable in the discharge of debts.

Legend: The inscription on a numismatic item.

Luster: Surface quality of a coin, result of light reflected from the microscopic flow lines.

Minor coin: A silver coin of less than crown weight, or any coin struck in base metal.

Mint mark: A letter or other symbol indicating the Mint of origin.

Obverse: The side of a coin that bears the principal design or device, often as prescribed by the issuing authority. (The "heads" side.)

Pattern: Coin-like piece designed to test coin designs, mottoes or denominations proposed for adoption as a regular issue and struck in the metal to be issued for circulation, but that was not adopted, at least in year of pattern issue.

Penny: The nickname given the 1-cent coin. The United States Mint has never struck a penny for use in the United States. The nickname derives from the country's English origins.

Proof: A coin struck on specially prepared planchets on special presses to receive the highest quality strike possible, especially for collectors.

Prooflike: An Uncirculated coin having received special minting treatment and a mirror surface for the benefit of collectors, with minor imperfections due to the minting process permissible.

Restrike: A numismatic item produced from original dies and by the original issuer, but later than original issues. In the case of a coin, the restrike usually occurs to fulfill a collector demand and not a monetary requirement. Sometimes "restrike" is used in a broader sense to refer to coins restruck at a later date, but not from original dies or by the original issuing authority.

Reverse: The side opposite the obverse; usually but not always the side with the denomination. The side opposite the side containing the principal design. Informally, the "tails."

Rim: Raised border around the circumference of a coin, not to be confused with the edge.

Specie: In the form of coin, especially precious metal coin; paper money redeemable in coin. From Latin meaning "in kind."

Subtype: A modification of a basic design type that leaves the basic theme intact without major revision. Examples include the Bison on Plain and Bison on Mound reverses for the Indian Head 5-cent coin.

Type: A basic coin design, regardless of minor modifications. The Indian Head and Jefferson 5-cent coins are different types.